U0915845

ལྷ་སའི་ལོ་རིམ་མེ་ལོང་།

拉萨年鉴

2013

拉　萨　市　人　民　政　府 主办
拉萨市地方志编纂委员会办公室　编

方志出版社

图书在版编目（CIP）数据

拉萨年鉴. 2013 / 拉萨市地方志编纂委员会办公室编. --北京：方志出版社，2013.11
ISBN 978-7-5144-1073-0

Ⅰ. ①拉… Ⅱ. ①拉… Ⅲ. ①拉萨市— 2013—年鉴
Ⅳ. ① Z527.51

中国版本图书馆 CIP 数据核字（2013）第271820号

拉萨年鉴（2013）

编　　者：拉萨市地方志编纂委员会办公室
责任编辑：李　沛

出 版 者：方 志 出 版 社
（北京市东城区夕照寺14号院富瑞苑公寓6层）
邮编　100061
网址　http://www.fzph.org
发　　行：方志出版社发行中心
（010）67110500
经　　销：各地新华书店
法律顾问：北京高文律师事务所
印　　刷：郑州中方印刷有限公司

开　　本：889×1194　　1/16
印　　张：33.5
字　　数：646千字
版　　次：2013年11月第1版　　2013年11月第1次印刷
印　　数：0001～1000册

ISBN 978-7-5144-1073-0/K·869　　定价：480.00元

贺　信

拉萨市地方志办公室：

欣闻《拉萨年鉴》创刊出版，谨表示热烈的祝贺！并向一直高度重视、大力支持年鉴工作的拉萨市委、市政府及各有关部门表示衷心的感谢！向默默无闻、辛勤耕耘的全市年鉴工作者表示崇高的敬意！

近年来，拉萨市年鉴工作者在市委、市政府的正确领导下，以邓小平理论、“三个代表”重要思想、科学发展观为指导，开拓创新，锐意进取，各项工作都取得了较大的成绩，在“文化兴市”战略实施中发挥了积极作用。《拉萨年鉴》的问世，既是拉萨市年鉴工作者奉献的又一项重大文化成果，也为全市地方志工作注入了新的活力，为我国年鉴事业的繁荣发展增添了新的力量。

希望全市年鉴工作者以《拉萨年鉴》创刊出版为契机，全面贯彻落实国务院《地方志工作条例》和中国地方志指导小组颁发的《地方综合年鉴编纂出版规定(试行)》，认真开展年鉴理论研究，切实提高年鉴编纂质量，积极开发年鉴资源，为拉萨市经济社会发展作出新的更大的贡献。

中国地方志领导小组办公室

二〇一三年一月十八日

7月8日，自治区党委常委、拉萨市委书记齐扎拉在中国西藏文化旅游创意园区奠基仪式上讲话

7月23日，市委副书记、市长多吉次珠在拉萨市第十届人民代表大会第一次会议上作政府工作报告

12月29日，市委副书记、市人大常委会主任洛桑旦巴在拉萨市第十届人民代表大会第二次会议上讲话

10月27日，拉萨市委常务副书记、自治区公安厅副厅长、市委政法委书记、市公安局党委书记张延清在学习中共十八大精神座谈会上讲话

7月24日，市委常委、市政协主席王茂雄在拉萨市政协十届一次会议上讲话

12月5日，拉萨市城市供暖试点工程开通（运行）仪式在拉萨经济技术开发区举行

3月16日，拉萨市荣获“全国双拥模范城”荣誉称号庆祝仪式在布达拉宫广场举行

6月7日，拉萨市人民政府 中国东方航空战略合作签字仪式在拉萨举行

7月1日，自治区党委常委、拉萨市委书记齐扎拉看望慰问离退休老党员

7月11日，市委副书记、市长多吉次珠赴蔡公堂乡调研菜篮子工程

3月9日，拉萨市召开创建国家环境保护模范城市动员大会

12月20日，拉萨市老城区保护工程开工典礼在大昭寺广场举行

3月30日，拉萨市举行柳梧新区污水处理厂（一期）项目开工仪式

4月10日，拉萨市举行先进文化“六有”进寺庙全覆盖总结暨甘丹寺广播影视进寺庙开通仪式

5月29日，召开2012年度拉萨市巩固文明城市创建成果工作总结表彰暨2013年度迎检测评动员部署大会

6月18日，拉萨市举行便民畅通工程开通典礼

6月24日，拉萨市举办加强和创新社会管理文艺演出

9月16日，拉萨市举办民族团结颂文艺演出

10月11日，大型史诗音乐剧《文成公主》在北京国家大剧院首演

林周县"四业工程"现场招聘会

9月22日，拉萨教育城开工仪式在蔡公堂乡举行

7月8日，拉萨河景观工程奠基仪式举行

8月17日，中国拉萨雪顿节开幕式在布达拉宫广场举行

9月27日，幸福拉萨规范舞在布达拉宫广场举行

3月17日，林周县举行春播开播仪式

3月26日，红歌拉萨唱活动在宗角禄康公园举行

拉萨市地方志编纂委员会

《拉萨年鉴》编辑部

《拉萨年鉴》特邀委员

（按姓氏笔画排名）

《拉萨年鉴》特邀编辑

（按姓氏笔画排名）

马裴裴	仓决	仓姆拉	尹正珉	巴桑	巴桑卓嘎	巴桑旺堆
文海	方华丽	牛军	王小龙	王小芬	王永祥	王光平
王守峰	王美泉	王荣光	王晓伟	王博	王智旭	王蕊
邓若冰	邓祥学	付亚男	冯立柱	冯林	冯浩	卢国伦
叶倩	尼玛	平措	旦增克珠	白玛曲珍	白坤	边次
亚古	伍玉梅	伍娜	刘世刚	刘民侠	刘亚	刘军
刘俊燕	刘思伟	刘贻齐	刘香	刘娟	刘俊艳	刘淑娟
刘维	刘婷婷	刘琼	向阳	吕才学	吕文治	吕宏波
孙宗麟	孙敏娜	成晋	朱冰	朱胜军	次仁多吉	次旦平措
次旦卓玛	次旦卓嘎	次旺旺久	米玛	西绕尼玛	达娃扎西	邢艳艳
何平	县西峰	吴洪军	吴玲	宋晓婧	宋晓静	宋焕玉
宋雪梅	张玉虎	张文清	张正	张正鹏	张光明	张成
张利勇	张彦凯	张益民	张淑盼	李元录	李伟	李君
李凯	李彦鹏	李晓强	李艳红	李新林	杜巍	杨力涛
杨立峰	杨国忠	杨英	杨恒	杨栋章	杨洪荣	杨翠
杨丽	肖卫荣	肖伟利	肖建林	贡曲	贡桑卓嘎	辛磊
陆青松	陈国明	陈建琼	陈贤清	陈莎莉	陈晶华	卓玛
卓姆拉珍	卓嘎	单增	单增曲扎	周永平	周济燕	周晋
周素梅	和继香	妮珍	岳蕊丽	拉乌次仁	拉巴次仁	拉珍
旺堆	昌幸	林荣	武志刚	罗宁	罗布	罗布次仁
罗布旺堆	罗次	罗志强	罗建均	范昕	郄振雷	郑雁北
侯鹏举	姚翔	段媛媛	洛桑平措	胡烨	胡雯娜	胡蓉
贺美娜	贺恩建	赵建科	赵莹莹	赵新	郝匀嘉	党培治
唐显锋	夏涛	徐春林	徐春梅	徐家伟	徐艳玲	晋美
格西斯满	格桑次旦	格桑卓玛	栾天	桑荣瑞	桑珠次仁	海兰英
索珍	索朗央珍	索朗卓嘎	索朗单增	索朗德吉	贾伟萍	贾奔
郭宝华	郭得敏	郭掌印	郭潇蔓	高子茗	高小丽	高兰
高波	高巍	崔吉庆	崔鹏	康谊	梅青松	符佰祥
黄平	黄伟	黄惠	黄森	塔青	强巴卓嘎	彭仕平
普次	普珍	景书伟	曾小周	曾庆福	确扎	董强金
蒋长城	蒋族	谢东萨	谢永杰	谢体德	谢泽红	韩梅润
蒲鑫	雷绍明	雷勇	雷满兴	谭元林	谭明坤	赛珍
德央	德吉	德庆	樊亚刚	颜培龙	魏文瑞	蘧智超

编辑说明

一、《拉萨年鉴》由拉萨市人民政府主办，拉萨市地方志编纂委员会办公室承办。《拉萨年鉴》自2012年创刊，每年出版1卷，2013年卷为第2卷。

二、《拉萨年鉴》以邓小平理论和“三个代表”重要思想为指导，深入贯彻落实科学发展观，始终坚持“质量第一，常编常新”的办鉴宗旨，全面、系统、翔实地记述拉萨上一年度政治、经济、文化、社会等各项事业的基本情况，为领导决策提供参考依据，为各行各业提供有价值的资料，为国内外各方人士了解拉萨提供最新信息。

三、《拉萨年鉴》采用文章和条目两种体裁，以条目体为主，用规范的语体文、记述体、计量单位直陈其事，文字力求言简意赅。

四、选进《拉萨年鉴》的文章和条目，均通过各级行政系统确定专人（部门）负责撰写和提供，并经主要负责人审核。本市社会经济统计资料统一由市统计局提供，业务部门的统计数据由各主管部门提供。使用时应以统计部门提供的统计数据为准。

五、《拉萨年鉴》2013年卷的文字内容，设有特载、专文、大事记、政治经济文化和社会各行业情况、区情县情、人物、附录等7个基本栏目。

六、本年鉴所载的政治、经济、文化和社会各行业情况栏目采用分类编纂法。《拉萨年鉴》2013年卷分为中国共产党拉萨市委员会、拉萨市人民代表大会常务委员会、拉萨市人民政府、中国人民政治协商会议拉萨市委员会、纪检·监察、群众团体、政法、档案·党史·地方志、民族·宗教、外事、军事、经济综合管理、国有企业、开发区·工业园区、农业·水利、交通邮电、金融·保险、旅游、科技·教育·体育、文化·新闻、医药·卫生、城市建设·管理、人力资源与社会保障、社会生活、区情县情共25个类目。

七、《拉萨年鉴》2013年卷反映2012年1月1日至12月31日期间情况（部分内容依据实际情况时限略有前后延伸），凡2012年事项，均直书月、日，不再写年份。

目　录

特　载

专　文

大　事　记

中国共产党拉萨市委员会

宣传工作

统战工作

党校教育

中共拉萨市委直属机关工作委员会

拉萨市人民代表大会常务委员会

重要会议和活动

藏语文工作(编译局)

市民服务中心

中国人民政治协商会议拉萨市委员会

重要会议

重要活动

专门委员会工作

纪检·监察

对口援藏

北京援藏

江苏援藏

群众团体

拉萨市总工会

共青团拉萨市委员会

拉萨市妇女联合会

拉萨市工商业联合会

政　法

宗教工作

佛 协

外 事

对外交往

外事管理与服务

因公出入境管理

军 事

拉萨警备区

武警拉萨市支队

拉萨市公安消防支队

武警拉萨市森林大队

人民防空

经济综合管理

发展和改革事务

财　政

商 务

国土资源规划

安全生产监督管理

粮 食

电力供应

自来水

石油天然气销售

国有企业

拉萨市城市建设投资经营有限公司

拉萨布达拉旅游文化集团有限公司

拉萨置地投资开发有限公司

燃气热力

公共交通

八一农场

开发区·工业园区

拉萨经济技术开发区

达孜工业园区

堆龙德庆县工业园区

曲水县雅江工业园区

农业·水利

种植业

牧　业

林　业

水利管理

扶贫开发和农业综合开发

气　象

交通·邮电

交通运输

邮　政

电　信

中国电信拉萨分公司

金融·保险

银　行

保　险

旅 游

科技·教育·体育

双拥优抚安置

福利事业

基层政权和社区建设

行政事务管理

项目建设

残疾人事业

区情县情

城关区

堆龙德庆县

墨竹工卡县

当雄县

特 载

在中共拉萨市第八届委员会第二次全体会议上的讲话（摘要）

（2012 年 12 月 18 日）

中共拉萨市委书记 齐扎拉

2012 年 12 月 18 日，中国共产党拉萨市第八届委员会第二次全体会议召开。会议的主要任务是：以党的十八大精神为指导，深入贯彻落实区党委八届三次全委会精神，动员全市广大党员和各族干部群众进一步解放思想、实事求是、转变作风、勤政为民，以更加奋发有为的精神状态全力推进环境立市、文化兴市、产业强市、民生安市、法治稳市"五大战略"，为建成美丽家园幸福拉萨而团结奋斗。

会议审议通过了《中共拉萨市委员会关于认真贯彻落实党的十八大精神全面提高党的建设科学化水平的决定》。

拉萨市委常委会主持会议，自治区党委常委、拉萨市委书记齐扎拉讲话。市领导多吉次珠、洛桑旦巴、张延清、贾沫微、陈勇、土旦赤列、龙志刚、达娃、陈文、斯朗尼玛、普布顿珠、袁训旺、马新明、龚会才、王晖出席。市委委员、候补委员出席会议。

市委副书记、市长多吉次珠传达区党委八届三次全委会议精神。市委副书记贾沫微就《中共拉萨市委员会关于认真贯彻落实党的十八大精神全面提高党的建设科学化水平的决定（讨论稿）》向全会作说明。

会议强调，党的十八大是在我国进入全面建成小康社会决定性阶段召开的一次十分重要的大会。大会通过了胡锦涛同志代表十七届中央委员会所作的报告，《中国共产党章程（修正案）》和中纪委的工作报告，选举产生了以习近平同志为总书记的新一届中央领导集体，对新的时代条件下推进中国特色社会主义事业做出了全面部署，指明了前进方向。认真学习贯彻党的十八大精神，关系党和国家工作全局，关系中国特色社会主义事业长远发展，具有重大现实意义和历史意义。全市各级党组织和广大党员干部必须认真学习研读党的十八大文件，原原本本学习党的十八大报告和党章，学习习近平总书记在党的十八届一中全会上的重要讲话精神，必须深刻领会党的十八大的主题，深刻领会过去 5 年和 10 年党和国家事业取得的新的历史性成就，深刻领会科学发展观的历史地位和指导意义，深刻领会夺取中国特色社会主义新胜利的基本要求，深刻领会全面建成小康社会和全面深化改革开放的目标，深刻领会社会主义经济建设、政治建设、文化建设、社会建设、生态文明建设等方面的重大部署，深刻领会全面提高党的建设科学化水平，切实把思想和行动统一到党的十八大精神上来，把智慧和力量凝聚到实现党的十八大部署要求和各项任务上来。

会议强调，区党委八届三次全委会是在举国上下深入学习贯彻党的十八大精神的新形势下召开的一次十分重要的会议。会议审议通过了《中共西藏自治区委员会关于深入贯彻落实党的十八大精神，推进西藏跨越式发展和长治久安的意见》，对全区上下学习宣传贯彻落实党的十八大精神、推动西藏经济建设、政治建设、文化建设、社会建设、生态文明建设和党的建设、维护社会稳定工作做出了全面部署，提出要着力建设富裕西藏、和谐西藏、幸福西藏、法治西藏、文明西藏、美丽西藏。并特别就加强党的作风建设进行了强调和部署。

会议指出，学习宣传好、贯彻落实好党的十八大精神和区党委八届三次全委会精神，是当前和今后一个时期全市上下的首要政治任务。会议要求，全市各级党组织要以党的十八大精神为指导，落实好区党委八届三次全委会精神，以加强执政能力建设、先进性和纯洁性建设为主线，做到“四个坚持”：一是坚持实事求是，掀起干事创业新高潮。要正确处理真与假、实与虚的关系，着力在“求真”和“务实”上下功夫。不图虚名，不务虚功，不提脱离实际的虚指标，不喊哗众取宠的空口号，不搞劳民伤财的假政绩，扎扎实实地把各项工作落到实处。二是坚持解放思想，拓展观念转变新境界。要坚决破除小富即安、骄傲自满的思想，切实树立危机意识，真正想干事；坚决破除瞻前顾后、消极畏难的思想，切实树立担当意识，真正敢干事；坚决破除故步自封、因循守旧的思想，切实树立进取意识，真正会干事；坚决破除本位主义、狭隘封闭的思想，切实树立大局意识、真正干成事。三是坚持转变作风，率先垂范展现新形象。要切实端正学习之风、改进行文之风、转变工作作风。四是坚持勤政为民，尊重人民群众主体地位。要强化脑勤、腿勤、手勤。确保首府城市首位度作用充分发挥，确保环境立市、文化兴市、产业强市、民生安市、法治稳市“五大战略”全面实施，确保拉萨与全国一道全面建成小康社会。

会议强调，全市各级党组织和广大党员干部要加强理论武装、坚定理想信念、加强道德建设、认真学习贯彻党章，为拉萨全面建成小康社会提供坚强的思想保障；要加强和改进干部队伍工作、加强和改进基层基础工作、加强人才队伍建设、加强党员队伍建设，为拉萨全面建成小康社会提供坚强的组织保障；要坚持人民群众主体地位、坚持解放思想、深化作风效能建设，为拉萨全面建成小康社会提供优良的作风保障；要严肃政治纪律、推进反腐倡廉建设、规范公共权力运行，为拉萨全面建成小康社会提供坚强有力的纪律保障；要加快建立推进跨越式发展的制度体系、加快建立实现长治久安的制度体系、加快建立增进党内外团结的制度体系、加快建立保障落实的制度体系，为拉萨全面建成小康社会提供有力的制度保障。

会议着重对转变工作作风进行了安排部署，提出了明确要求。会议指出，作风建设关系到党和政府形象，关系到人心向背，关系到全市经济社会发展。严格执行中央“八项规定”、区党委“约法十章”和市委“八项要求”，以良好的党风带动政风民风。以改进作风的实际行动，凝聚起全面建成小康社会的强大向心力和聚合力。一要切实端正学习之风。把学习作为一种政治责任、一种人生态度、一种终身行为，切实增强学习的政治责任感和紧迫感。二要切实改进行文之风。减少文件简报。三要切实转变工作作风。把群众呼声作为作风建设的第一信号，树立正确的上下导向，“干净”干事，着力密切党群干群关系，帮助群众解决实际困难，真正让群众受益，使群众满意。

会议号召，让我们紧密团结在以习近平同志为总书记的党中央周围，以邓小平理论、“三个代表”重要思想、科学发展观为指导，以学习贯彻党的十八大精神、区党委八届三次全委会精神为动力，凝心聚力，攻坚克难，锐意进取，努力开创拉萨党的建设新局面，为建成美丽家园幸福拉萨而努力奋斗。

列席会议的人员有：不是市委委员和市纪委委员的拉萨市出席十八大代表，市纪委委员，不是市委委员和市纪委委员的拉萨市在职地级党员领导同志，不是市委委员和市纪委委员的各县（区）委书记、县（区）长，各乡、镇、街道办事处党政主要负责同志，市中（直）部门和单位党政主要负责同志。

市（中、区）直部门和单位副县级实职以上干部旁听了大会第一、二次全体会议。

政府工作报告

——2013年2月27日在拉萨市第十届人民代表大会第三次会议上

拉萨市代市长 张延清

各位代表：

现在，我代表市人民政府向大会报告工作，请予审议，并请市政协委员提出意见。

一、2012年工作回顾

2012年，全市上下按照“三提速”的工作要求，认真贯彻落实自治区党委政府和市委的一系列决策部署，突出把握稳中求快的总基调，审时度势、超前谋划，扎实苦干、提速跨越，全力实施“五大战略”，充分发挥首府城市首位度作用，各项工作取得重大进展，国民经济保持平稳较快发展，社会局势保持和谐稳定。预计实现地区生产总值260.04亿元、增长12.2%，财政一般预算收入34.36亿元、增长46.6%，全社会固定资产投资285.05亿元、增长28.27%，社会消费品零售总额124.56亿元、增长18.46%，进出口总额33.3亿美元、增长154.7%，城镇登记失业率控制在2.6%以内，圆满完成了市人大十届一次会议确定的各项目标任务。

(一)转变方式强产业，发展质量得到新提升。现代农牧业加快发展。现代农业示范区建设扎实推进，综合生产能力进一步增强，粮、油、肉、奶、蛋产量均高于2011年；农机化水平持续提高，农机配套率达到1:2.5，耕种收综合机械化水平提高2个百分点；设施农业加快发展，新增日光温室3000栋，蔬菜生产面积达到7.05万亩，产量达到24.1万吨；组织化程度明显提高，新增专业合作社15家，总数达到94家，带动农牧民7.26万人；科技应用快速推广，培育农牧业科技示范户4611户，挂牌建设农牧业科技示范基地47处；林业生态建设成效显著，及时落实草原生态补助奖励政策，植树造林18.87万亩。工业支柱地位得到加强。规模以上工业增加值达到27.5亿元、增长30%，新增产值超亿元工业企业2家，新增产值超5000万元工业企业4家；园区经济迅猛发展，实现工业销售产值22亿元、工业增加值8.5亿元，分别增长51.7%、44.1%。第三产业持续繁荣。接待游客650.89万人次、实现收入65.48亿元，分别增长26.5%、28.1%，拉萨荣膺“国际最佳魅力旅游名城”称号，布达拉宫跻身国家5A景区；中国西藏文化旅游创意园区、纳木措景区等项目加快推进，纳木措国家公园顺利挂牌；以雪顿节为龙头的节会经济日益红火，拉萨市荣获“全球节庆城市奖”。完善城乡商贸流通体系，建成2个配送中心、6个乡镇商贸中心、516个农家店，兑现家电家具下乡补贴资金1478.77万元，7个蔬菜基地与超市成功对接，在市区农贸市场免费安排230个农牧民自产产品销售摊位，社会消费品零售总额增长20.1%。发展活力明显增强。招商引资成果丰硕，成功举办全国民营企业家拉萨行活动，签约项目33个，总投资达到276.9亿元；全年落实招商引资项目220个，实际到位资金78.3亿元、增长35%。民营经济迅猛发展，减免非公企业税收3060.73万元，市场主体突破4万户，注册资本达到64.3亿元、是2011年的4倍多，非公经济解决就业14万人，非公经济税收占到全市税收的94%。受援工作扎实推进，落实援藏资金5.67亿元，实施建设的43个援藏项目进展顺利。

(二)抓实项目增投资，城乡建设再上新水平。重点项目扎实推进。制定实施加快推进拉萨市重点项目工作的意见，城市供暖工程顺利完成城区供热面覆盖40%的目标，纳金大桥、次角林大桥、教育城、西藏会展中心、农村公路、中小学建设、保障性住房等重大项目扎实推进，老城区保护工程开工建设，拉萨河整治工程等重点项目前期工作进展顺利。基础配套更加完善。完成7750户安居工程、40个行政村人居环境建设整治任务，改扩建农牧区公路758.81公里；解决1.19万名群众安全饮水问题，建成3862座沼气池；完成重点水利工程投资1.78亿元，改善灌溉面积2.6万亩，整治渠道85.67公里，新建改扩建小型塘坝10处，拉萨河堤防二期、色达灌区、中小河流治理项目顺利实施。实施扶贫农发项目221个、农业综合开发项目17个,贫困群众生产生活条件进一步改善。

（三）以人为本重民生,社会事业取得新成绩。人民生活水平快速提高,投入近亿元大力实施“四业工程”,培训城乡居民4.6万人,转移输出劳动力9.06万人、增长11%,实现劳务收入7.31亿元、增长17%,新增城镇就业再就业7541人,农村居民人均纯收入达到7150元、增长18.8%,城镇居民人均可支配收入达到18995.7元、增长7.6%。社会事业加快发展。加快教育改革发展步伐,教育城项目稳步推进,各县教学点撤并工作基本完成,组织实施教育项目154个,投资达到3.61亿元。近33万名城乡居民、4619名僧尼享受免费体检并建立健康档案,城乡居民和僧尼体检率均达到100%。健全文化市场监管工作机制,大型史诗音乐剧《文成公主》在国家大剧院成功首演,幸福拉萨规范舞编排教学圆满完成,在全区率先实现广播电视户户通、广播电视进寺庙全覆盖。社会保障水平不断提高。社会保障体系建设取得新突破,启动实施寺庙僧尼养老保险、医疗保险,社会保险参保人数达到37.5万人;城镇低保标准由月人均360元提高到400元,农村低保标准由年人均1450元提高到1600元,农村五保供养标准达到年人均4320元、高于全区1920元。12个民生项目基本完成,拉萨连续第6年被评为“百姓幸福感最强城市”,在中国社科院公布的2012年《公共服务蓝皮书》中,拉萨市基本公共服务能力在全国38个城市中位列第一。统计、审计、外事、邮政、通信、气象、编译、档案、消防、计划生育、妇女儿童、国防动员、民兵预备役、人民防空、防震减灾、福利慈善、双拥共建等各项工作都取得新成绩。

（四）维护稳定促和谐,社会管理实现新突破。制定实施《拉萨市加强群众工作机制》等58项长效工作机制,成功举办加强和创新社会管理实践与交流研讨会,圆满完成敏感时期和重要节点的维稳任务,顺利实现“三不出”目标,社会局势持续稳定。民族团结宣传教育扎实推进,颁布实施民族团结进步条例及其实施细则,设立民族团结进步节,广泛开展丰富多彩的民族团结进步教育活动,各族人民大团结大发展大繁荣的良好局面得到巩固提升。加强安全生产执法监管,安全生产形势保持基本稳定。创先争优强基础惠民生活动深入实施,五项主要任务有序推进。

（五）加强建设提效率,行政效能得到新提高。围绕目标任务效能三提速,以重大决策部署落实情况监督检查为重点,突出抓好作风效能建设,全市上下比效能、抓落实、干实事的积极性不断高涨,发展动力和活力进一步增强。坚决落实市委的决策部署,自觉接受人大法律监督和政协民主监督,认真听取工商联和无党派人士意见,办理代表建议105件,政协提案160件。依法行政水平不断提高,完善规范性文件备案审查机制,向人大报送地方性法规草案2件,办理行政复议案件6件,出台政府规章10件。市民服务中心规范化建设得到加强。面向县区下放项目投资审批权限,进一步精简行政审批事项。全面推行政务公开和政府信息公开,政府门户网站日均点击量保持在5000人次。“六五”普法深入推进,开展法律援助672件。狠抓工程建设领域突出问题、“小金库”、公务用车等专项治理,行政权力运行监控机制进一步完善,反腐倡廉惩防体系进一步健全。

各位代表,这些成绩的取得,是党中央国务院亲切关怀的结果,是自治区党委政府正确领导的结果,是北京江苏两省市无私援助的结果,是市委坚强领导、高度重视、强力推进的结果,是全市广大干部群众自加压力、顽强拼搏、开拓创新、埋头苦干的结果,其中凝聚着各位代表、各位委员的智慧和力量,饱含着各族人民的心血和汗水。在此,我代表市人民政府,向各位人大代表、政协委员,向奋斗在各条战线的广大干部群众,向离退休老同志,向工商联、无党派人士、各人民团体,向驻市部队、武警官兵,向中央和自治区驻市各单位,向所有关心、支持拉萨跨越式发展和长治久安的各界人士,表示衷心的感谢并致以崇高的敬意!

在肯定成绩的同时,我们也清醒地认识到,拉萨的经济社会发展还面临着一些突出矛盾和问题:一是与全国全区一样,发展中不平衡、不协调、不可持续的问题依然突出,制约科学发展的体制机制障碍依然较多,城乡区域发展差距和居民收入分配差距依然较大。二是今年国内外环境更加复杂,国内经济下行压力仍然较大,不确定因素仍然较多,内地经济发展放缓带来的外部需求不足对我市的影响正在显现,推进经济稳中求快增长的难度增加。三是农牧民增收长效机制仍未形成,城镇居民可支配收入增幅低于全国全区平均水平,消费内生动力不足。四是经济增长依赖投资的现状短期内难以改变,扩大消费的潜力需要深入挖掘,产业创新发展亟待加大扶持力度。五是经济结构相对单一,农牧业产业化程度低,第二产业仍以资源型和劳动密集型为主,第三产业基本属于消费性服务业,现代服务业未形成规模,调整经济结构与转变发展方式的任务仍然艰巨。六是反分裂斗争形势依然复杂严峻,十四世达赖集团分裂祖国的图谋从未停止,影响社会和谐稳定、影响经济发展环境的因素还大量存在。七是一些部门和地方工作人员的服务意识不强,工作作风不实,行政效率不高,形式主义、官僚主义、推诿扯皮、铺张浪费等问题不同程度地存在。这些问题,有的影响当前,有的关系长远,必须采取有力措施,切实加以解决。

二、2013 年主要工作

2013 年是贯彻落实党的十八大、区市党委八届三次全会精神的开局之年,是实施"十二五"规划、为率先全面建成小康社会打下坚实基础的关键之年,也是深入实施五大战略、加快推进提速跨越的重要一年。以党的十八大召开为标志,全国开启了改革开放和现代化建设新征程,推进科学发展、增进民生福祉、促进社会和谐的举措更加有力,拉萨将迎来新一轮大建设、大发展、大跨越的黄金机遇期。从政策环境看,党的十八大为我们在新的历史起点上夺取新胜利,明确了清晰的政治纲领和行动指南;中央进一步加大对民族地区、边疆地区、贫困地区的扶持力度等重大政策措施,新一轮西部大开发的扎实推进,中央第五次西藏工作座谈会精神的深入贯彻落实,北京江苏两省市对口援助力度的持续加大,给我们带来了重大的政策机遇;自治区对拉萨充分发挥首府城市首位度作用的倾斜支持,自治区重点开发以拉萨为核心的中部经济区的发展战略,区市"十二五"规划面临中期评估调整,这些都为推进我市跨越式发展和长治久安带来了难得的历史机遇。从发展基础看,我市正处于工业化起步阶段和城市化快速推进时期,经济持续向好的基本面没有改变,五大战略全力推进,一批大项目好项目加快上马,特别是去年全国民营企业家拉萨行活动的签约项目绝大部分在今年集中开工建设,城市承载能力和服务功能日趋完善,项目的带动效应、园区的支撑效应、产业的引领效应、环境的吸纳效应日益显现,为我们乘势快上、跨越发展注入了新的活力;拉萨市基本公共服务能力在全国 38 个城市中位列第一,城市的综合竞争力和对外吸引力显著提升,拉萨吸引外来资金、技术、人才等发展要素的环境不断改善;社会局势正由持续稳定走向全面稳定,社会管理创新阔步迈进,社会公众安全感和满意度大幅提升,各族人民反分裂、求稳定、盼富裕的愿望更加强烈,为经济社会发展奠定了坚实基础。从干部队伍看,随着市委、市政府对经济工作的坚强领导和强力推进,各级班子活力和干劲进一步增强,各级干部应对风险考验、攻坚克难的能力不断提高,创先争优、提速跨越的氛围更加浓厚、合力更加强大。我们务必要认清形势、抢抓机遇、跨越发展,更加奋发有为地推进拉萨经济社会更好更快更大发展,为在全区率先全面建成小康社会、加快建设美丽家园幸福拉萨而努力奋斗!

总体要求是:高举中国特色社会主义伟大旗帜,坚持以邓小平理论、"三个代表"重要思想、科学发展观为指导,深入学习贯彻落实党的十八大、中央和自治区经济工作会议、区市党委八届三次全会精神,坚持稳中求快的工作总基调,坚持维护稳定和保护生态环境两条底线,全力推进五大战略,深化改革开放,强化创新驱动,推动"四化同步",扩大消费需求,加大投资力度,保障改善民生,加强政府自身建设,确保经济持续快速发展,确保社会大局和谐稳定。

主要预期目标是:地区生产总值增长 17% 以上,地方财政一般预算收入增长 40% 以上,全社会固定资产投资增长 28% 以上,社会消费品零售总额增长 20% 以上,农村居民人均纯收入增长 18% 以上,城镇居民人均可支配收入增长 9% 以上,城镇登记失业率控制在 2.2% 以内,居民消费价格涨幅控制在 3.5% 以内,民生投入达到新增财力的一半以上。

提出这样的奋斗目标,是充分发挥首府城市首位度作用的现实选择,是实施五大战略、推进目标任务效能三提速的必然要求,是建设美丽家园幸福拉萨的迫切需要,既顺应发展要求、又体现人民愿望,既符合实际、又催人奋进,通过全市上下的共同努力,是能够实现的。

实现上述目标,要着力抓好六个方面的工作:

(一)深入实施环境立市战略,全力以赴保护好生态。牢固树立尊重自然、顺应自然、保护自然的生态文明理念,正确处理好发展与生态的关系,坚持把生态文明建设放在突出位置,努力建设美丽拉萨。

改善生态环境。继续以"树上山"、"河变湖"、"暖入户"为抓手,大力推进生态拉萨建设。加快重点区域造林、国道(省道)沿线绿化、防护林、封育林和机场专用公路区域造林等生态工程建设,植树造林 16.63 万亩,南山绿化 600 亩。加快建设拉萨河源头重要生态功能保护区和拉萨周边湿地生态功能保护区,规划建设柳梧湿地公园。推进农牧区环境综合整治,创建自治区级生态乡镇、生态村。全力实施拉萨河综合整治工程，进一步加大中小河流域治理、水土流失治理和山洪灾害防治力度，建立完善矿产资源、森林资源、草原生态补偿机制，加强水资源开发利用管理，严格河道采砂监管，保护好野生动物，保护好饮用水源地。落实节能减排降耗措施，坚持环境影响评价“三同时”制度，完善PM2.5空气质量监测体系，加强工业污染、尾气污染、生活污染等综合治理，城市供暖年底实现全覆盖，用实实在在的行动建设天蓝、地绿、水净的美好家园。

优化发展环境。统筹推进农牧区综合改革，推进基层农技推广服务体系改革与建设，健全完善草原生态保护补助奖励机制，积极稳妥推进农村土地经营权流转。大幅度向县(区)下放经济社会管理权限，激活县域经济发展活力。积极实施户籍、住房改革，推进教育体制改革，深化文化体制改革，加快推进服务业综合改革试点工作，健全企业信用担保体系，着力解决好制约项目建设的土地供应、征地拆迁、资金保障等问题，依法快查严办欺行霸市、制假售假、商业欺诈、地方保护等行为，为项目建设、企业发展、招商引资营造良好环境。

(二)深入实施文化兴市战略，全力以赴弘扬好文化。坚持走中国特色社会主义文化发展道路，依托深厚的文化底蕴和丰富的文化资源，大力推动社会主义文化大发展大繁荣，努力促进文化资源大市向文化发展强市转变。

加强精神文明建设。深入开展社会主义核心价值体系和理想信念教育，大力弘扬民族精神、时代精神和“老西藏精神”，大力倡导富强、民主、文明、和谐，大力倡导自由、平等、公正、法治，大力倡导爱国、敬业、诚信、友善，坚持用社会主义核心价值体系引领社会思潮、凝聚社会共识，在全社会形成加快推进拉萨跨越式发展和长治久安的共同理想和精神支柱。继续深入开展“八看、一算账、一揭批、四增强”感党恩主题教育活动，进一步夯实反对分裂、维护稳定、共同团结奋斗、共同繁荣发展的思想基础。着力巩固提升全国文明城市创建成果，加强社会公德、职业道德、家庭美德、个人品德、法治宣传教育，持续推进“六五”普法，深入开展群众性精神文明创建活动，弘扬传统美德、弘扬时代新风，培育自尊自信、理性平和、积极向上的社会心态。

大力推进文化发展。抓紧编制完成文化产业发展规划，尽快完成《文成公主》实景版及巡演剧本的修订与排练工作，认真组织开展对口援藏省市巡演活动，加快音乐歌舞剧《青稞飘香》创作进度，大力推进中国西藏文化旅游创意园区建设，确保今年6月《文成公主》实景版成功演出。积极创建国家公共文化服务体系示范区，大力实施文化惠民工程，抓好民间艺术团排练场所、市群艺馆新馆、歌舞团搬迁等项目建设，实现乡镇综合文化站全覆盖。尽早开播藏语综合频道和文化旅游频道，提高节目质量。深入推进文化、科技、卫生、法律和爱国爱教宣传服务“五下乡”和科教、文体、法律、卫生“四进社区”活动，完成重点文物保护维修工程，深入开展幸福拉萨规范舞、民间艺术团展演等群众性文化活动。

(三)深入实施产业强市战略，全力以赴发展好经济。加快转变经济发展方式，正确处理好三次产业之间的关系、发展速度与质量效益的关系，努力推动信息化、工业化、城镇化、农业现代化同步发展，大力促进全市经济快增长、扩总量、提质量、增效益。

着力提升一产。加快推进曲水农村综合改革试验区、才纳国家级现代农业示范区和林周现代农业示范区建设，高标准新建温室大棚1500栋，推进农牧业规模化、标准化生产。推进农牧业内部结构调整，推广标准化生产和高产创建示范田18万亩，粮食产量保持在17万吨以上，蔬菜产量达到26万吨，藏鸡养殖达到200万只。扎实做好烟草等新品种的引进试种工作，加大农机具购置力度，加强对综合服务站、沼气服务点的建设管理。加大涉农企业招商引资力度，加强对涉农企业的扶持，壮大农牧业产业龙头企业队伍，新增农牧民专业合作组织15家，大力培育名、优、特品牌，不断提高农业生产经营专业化、规模化、集约化、合作化水平。

着力壮大二产。筹备召开工业专题会议，对全市工业化工作进行研究部署，坚持在发展理念上促进工业化与生态环境相和谐，在发展方式上促进工业化与信息化相融合、与城镇化相互动，在发展特色上促进工业化与资源优势相结合。下功夫做大做强优势矿产业、建筑建材业、高原绿色食(饮)品加工业、民族特色手工业、藏药业以及新能源等支柱产业，大力实施规模以上工业企业培育、工业增加值三年双倍增计划，新增5家规模以上工业企业、1家超亿元工业企业，力争规模以上工业企业销售产值、增加值、税收分别增长30%以上。加强对重点工业项目的全程跟踪、协调、调度和服务，强化要素保障，帮助企业解决好融资、用地、用工、用电等瓶颈制约问题。选取1—2家代表企业重点推进两化深度融合，加快实施工信系统电子政务平台建设项目。坚持走产业入园、要素集聚、集约发展的路子，进一步支持工业园区扩区扩园、升级升位、做大做强，重点建设好经开区B区和其他园区的基础设施、配套设施，力争园区工业销售产值、增加值分别增长40%以上、税收翻一番，经开区固定资产投资、税收收入分别达到50亿元。

着力做强三产。加快旅游资源大整合、品牌大推介、景区大建设、产业大发展，大力加强以老城区改造为抓手的国际旅游目的地建设，切实建好纳木措景区基础设施，积极推进拉鲁湿地项目，组织办好雪顿节，着力打造旅游精品，加强旅游宣传促销，巩固旅游联合执法工作机制，强化行业协会监管，力争接待游客人数增长20%、旅游收入增长25%。积极发展现代商贸服务业，优化商业环境，完善商贸服务设施，培育发展重点骨干企业，大力提高流通服务现代化水平，不断扩大消费需求，力争社会消费品零售总额增长20%、突破150亿元大关。

推进城乡建设。完善城市规划体系，努力实现控制性详规全覆盖。加快东嘎新区、柳梧新区、东城新区建设，加快推进污水处理厂二期工程等市政重点项目。把房地产业作为支柱产业来扶持发展，启动建设拉萨花园小区，打造1—2个高端宜居楼盘，扎实做好干部职工周转房销售工作，建成7000套保障性住房。创新城市管理运行机制，完善城市网格化管理，加快数字城管二期工程建设，做好国家智慧城市试点工作，构建科学高效的城市管理体系。优先发展公共交通，全面整顿规范出租车和旅游客运市场，逐步发展农村客运市场，推进城乡公交一体化进程，力争县（区）公交实现全覆盖。坚持走新型城镇化发展道路，筹备召开专题会议研究部署城镇化工作，力争到2015年人口过百万，让城镇居民搬得进、能就业、住得下、生活好。正确处理好市域经济与县域经济的关系，积极发展以特色农牧业、工业经济、旅游文化产业等为主的城镇基础产业，壮大县域经济实力，突出抓好中心小城镇基础设施建设，加快形成“中心城市、多点联动”和“城关一马当先、梯次竞相跨越”的生动局面。扎实推进新农村建设，建好3000套农牧民集中居住房，实施46个乡村道路通畅项目，修建乡村公路392.13公里。加强农田草场灌溉设施、拉萨河综合整治、澎波等重点灌区项目建设。加快推进农村饮水安全工程，实现农牧区安全饮水全覆盖和157座寺庙通水目标。

加强项目建设。强化项目调度，优化项目服务，切实形成竣工投产一批、续建推进一批、开工建设一批、谋划储备一批的良好格局，确保全社会固定资产投资增长28%以上。安排重点项目前期经费1亿元滚动使用，加快拉萨新机场、南北山造林绿化等项目前期工作，确保城市供暖工程、环城北路等一批重大项目尽快获得审批。抓住“十二五”规划项目中期评估调整和自治区成立50周年大庆项目谋划的重大机遇，力争城市供暖、老城区保护、教育城、中国西藏文化旅游创意园、拉萨河整治、次角林大桥等一批管长远、打基础的重大项目纳入国家支持的建设盘子中。加快建设进度，确保城市供暖工程实现全覆盖，确保纳金大桥、老城区保护、西藏会展中心、八廓商场等项目年内建成并投入使用；配合建好旁多水利枢纽工程、拉日铁路、拉林铁路、拉林高速公路等自治区重点项目。

增强发展活力。从政策、资金、人才、基础、环境、信誉等方面提供全方位支持，大力培育民营经济龙头企业，尽快形成一批实力较强的民营企业集团，高度重视中小企业和微型企业发展，力争非公企业数量增长10%，确保非公经济增加值和上缴税收分别增长15%以上。以民营企业家拉萨行、光彩行动西藏行活动为重要契机，强化产业链招商、工业园区招商、专业化招商，全方位、多层次承接产业转移，积极争取500强企业、中央企业、区内外大型企业前来投资兴业，着力引进一批大项目、好项目，力争招商引资到位资金增长30%以上。做好援藏干部轮换交接，认真开展“十二五”援藏规划中期调整，调剂4亿元援藏资金建设“十二年一贯制”学校，实施好援藏中心等项目。

（四）深入实施民生安市战略，全力以赴改善好民生。始终坚持把人民放在心中最高位置，始终坚持人民主体地位，始终坚持为群众办实事、办大事，着力解决好群众最关心最直接最现实的利益问题，让各族群众生活更加幸福、更加美好。

发展社会事业。大力实施义务教育学校标准化建设达标、农牧区学校规模化集中办学、优质学校建分校、教师素质提升等“四大工程”，推进义务教育均衡发展，确保年内基本建成教育城，努力办好人民满意的教育。进一步加大科技投入、加快科技创新、加强科技服务，扎实做好国家创新型试点城市的申报和规划建设工作。深入推进公立医院内涵建设，全面落实国家基本药物制度，认真执行农牧区群众大病医疗保险制度，大力推行先诊疗后结算服务，加强妇幼保健卫生和疾病预防控制能力建设，建好3个社区卫生服务中心,做好适龄妇女“两癌”筛查工作,加快藏医药发展步伐,强化食品、药品市场安全监管;大力培养农牧区基层卫生人才,年底实现农牧区方圆5公里拥有1名医疗卫生人员。

强化民生保障。大力实施“四业工程”,培训农牧民3.25万人,创业培训100人,力争转移就业率、创业成功率分别达到90%、70%,劳务收入增长25%以上。深入推进创业型城市建设,鼓励引导高校毕业生自主创业,加大公益性岗位开发力度,引导非公企业积极吸纳就业,动态消除零就业家庭,新增城镇就业1万人。健全完善以社会保险、社会救助、社会福利、社会慈善为重点的社会保障体系,实现新农保、居民养老保险制度全覆盖;进一步提高孤老残幼群体福利保障水平,努力实现孤、残、弃儿童集中供养并开展义务教育,推进流浪乞讨人员救助工作迈入制度化、规范化轨道。实施好8个整乡推进扶贫项目,对困难户进行到户帮扶,完成1.3万人脱贫任务。落实“绿色通道”收费优惠政策,推进“菜篮子”生产基地建设,加快构建流通成本低、运行效率高的农畜产品销售网络,完善社会救助和保障标准与物价上涨挂钩联动机制,加强对关系国计民生的重要商品价格监管,确保物价基本稳定。

(五)深入实施法治稳市战略,全力以赴维护好稳定。大力弘扬社会主义法治精神,牢固树立社会主义法治理念,切实提高运用法治思维和法治方式深化改革、推动发展、化解矛盾、维护稳定的能力,努力营造依法守法、和谐稳定的社会环境。

(六)切实加强政府自身建设,全力以赴转变好作风。围绕建设人民满意政府,始终从严治政,坚持依法办事、为民做事、务实成事、团结共事、廉洁干事,全力打造亲民政府、高效政府、法治政府、务实政府、廉洁政府。

转变作风,建设亲民政府。要力戒保守、勇于创新,力戒空谈、敢于真抓,力戒虚假、敢求实效,力戒浮夸、敢于碰硬,力戒推诿、敢于担当,力戒慵懒、敢于奉献,力戒松散、勤于合作,力戒奢侈、乐于清廉,始终保持一股冲劲、一股闯劲,以扎扎实实的作风、自强不息的斗志、顽强拼搏的干劲、甘于奉献的精神,积极投身于建设美丽家园幸福拉萨的伟大实践。

优化服务,建设高效政府。全面加强效能建设,严格执行县域经济发展争先进位考核办法、市(中)直机关效能建设争先进位考核办法、维护社会稳定工作争先进位考核办法,强化行政问责,确保政令畅通,努力营造人人讲效能、处处抓效能、事事高效能的浓厚氛围。大力简化审批程序,优化审批流程,发挥市民服务中心作用,推行网上审批,市直部门审批事项精简50%,最大限度打造政策环境梯度差。

依法行政,建设法治政府。坚持市委核心领导,坚决与市委保持一个声音、一个步调,对市委的决策部署,必须不讲条件、不折不扣地抓好落实、抓出速度、抓出实效。自觉接受市人大的法律监督和市政协的民主监督,认真办理代表建议和政协提案,虚心听取和采纳工商联、无党派人士的意见,主动接受新闻舆论监督和社会公众监督。严格执行民主集中制,健全完善重大工程项目和重大决策风险评估机制。全面规范行政行为,加强对权力运行的制约和监督,把权力关进制度的笼子里,努力用干部的辛苦换来百姓的幸福、用干部的操心换来群众的舒心。

艰苦奋斗,建设务实政府。严格执行中央“八项规定”、区党委“约法十章”和市委相关要求,精文简会、改进作风,少开会、开短会,讲短话、讲管用的话。大力弘扬艰苦奋斗的优良作风,厉行勤俭节约、反对铺张浪费,降低行政成本,最大限度把资金用于促发展、保稳定、惠民生。

清廉干事,建设廉洁政府。认真贯彻落实党风廉政责任制和廉洁自律各项规定,建立健全教育、制度、监督并重的惩防体系。强化对重大工程、重点领域、重要环节的监管,严厉查处各类违法违纪案件,切实解决发生在群众身边的不正之风和腐败问题。严格要求、严格教育、严格管理、严格监督政府机关工作人员特别是领导干部,努力建设高素质的公务员队伍。

各位代表!做好今年的政府工作,责任重大,使命光荣。让我们紧密团结在以习近平同志为总书记的党中央周围,在自治区党委、政府和市委的坚强领导下,坚定信心、团结奋斗、真抓实干、奋力拼搏,努力在推进拉萨跨越式发展和长治久安的伟大征程中再创佳绩,为建设美丽家园幸福拉萨做出新的更大贡献!

拉萨市第九届人民代表大会常务委员会工作报告

——2012年7月23日在拉萨市第十届人民代表大会第一次会议上

拉萨市人民代表大会常务委员会主任 洛桑旦巴

各位代表:

我受拉萨市第九届人民代表大会常务委员会的委托,向大会作工作报告,请予审议。

一、五年来的主要工作

自市九届人大一次会议以来,在中共拉萨市委的坚强领导下,在自治区人大常委会的监督指导下,以邓小平理论和“三个代表”重要思想为指导,深入贯彻落实科学发展观和党的十七大,十七届五、六中全会、中央第五次西藏工作座谈会、胡锦涛总书记“七一”重要讲话、习近平副主席出席西藏和平解放60周年庆祝活动时的一系列重要讲话精神、中央对西藏的一系列重要指示以及自治区和拉萨市第七、八次党代会精神,坚持党的领导、人民当家做主和依法治国有机统一,紧紧围绕“一个中心、两件大事、四个确保”的西藏工作指导方针,着眼全市改革发展稳定工作大局,认真履行宪法和法律赋予的职责,充分发挥首府城市首位度作用,五年来,审议地方性法规案9件;审查备案政府规章和规范性文件47件,清理地方性法规5件;办理全国人大常委会和自治区人大常委会征求意见的法规草案30件。听取专项工作报告45个;检查了26部法律法规的实施情况;协助自治区人大常委会开展各种执法检查、调研42次。依法任免国家机关工作人员291人,为推动我市跨越式发展和长治久安做出了积极贡献。

(一)强化立法 注重质量 不断完善地方性法规 为建设团结民主富裕文明和谐的社会主义新拉萨提供法制保障

中国特色的社会主义法律体系已初步形成。为不断地完善地方性法规,本届人大常委会任职以来,认真研究,制定五年立法规划;立足当前,适时调整立法规划;着眼长远,积极储备立法项目,较好地完成立法任务,为促进拉萨经济社会全面协调可持续发展提供了强有力的法制保障。

一是加强和创新社会管理,修订了《拉萨市暂住人员管理条例》,强化了对流动人员的服务和管理,为维护社会和谐稳定发挥了积极作用。新制定的《拉萨市民族团结进步条例》,首次将每年的9月17日定为民族团结进步节,进一步促进了拉萨各民族共同团结奋斗、共同繁荣发展。

二是加强和改善民生,修订了《拉萨市水资源管理条例》,进一步加强了我市水资源管理,解决了水资源开发、利用及保护管理等方面存在的问题,保证了城镇居民的用水安全。废止了《拉萨市食品卫生管理办法》,实施第十一届全国人大常委会第七次会议审议通过的《中华人民共和国食品安全法》,进一步强化了食品安全监管,保护了人民群众身体健康。

三是加强城乡建设,修订了《拉萨市城乡规划条例》。《条例》的修订和实施,确保了拉萨市规划的科学制定和实施,规范了城乡建设行为,促进了城乡的建设与发展。

四是修订的《拉萨市市容市貌管理条例》,进一步强化市容市貌管理,促进了环境卫生事业的发展。《拉萨市拉鲁湿地自然保护管理条例》的制定,进一步明确了拉鲁湿地的主管部门、管理单位、管理职能、权限,保护对象,保护范围,禁止行为和法律责任,使拉鲁湿地的保护有法可依,有效地保护了湿地,有力地改善了城市的生态环境。

五是加强自身建设,制定了《拉萨市人大常委会组成人员守则》。守则的制定,使常委会的工作进一步制度化、规范化,工作效率不断提高。

六是严格把关,扎实做好规范性文件备案审查工作。先后对《拉萨市信访工作办法》、《拉萨市房屋租赁暂行管理办法》、《拉萨市城市排水设施有偿使用办法》、《拉萨市城市房地产管理办法(试行)》等政府规章进行了备案审查,提出了审查意见和建议,保证了政府规章既符合相关法律法规的规定,又能够适应行政管理的需要,从而进一步促进了政府职能部门依法行政。

七是认真审查,及时清理,保证国家法制统一。中华人民共和国行政许可法和行政强制法出台后,本届人大常委会先后于2009年、2011年两次对拉萨市现行的法规进行了全面清理。尤其是2011年,拉萨市人大常委会成立了分管领导为组长的领导小组,制定了《拉萨市人大常委会关于地方性法规中有关行政强制规定清理工作的方案》,对我市现行的19件地方性法规,特别是行政强制方面的内容,逐条进行审查清理,提出了清理意见,为下一步法规的修订打下了基础。

八是为贯彻落实好区、市第八次党代会精神,与时俱进,因时制宜,适时调整五年立法规划,及时将《拉萨市民族团结进步条例》列入2012年立法计划。同时决定暂缓审议拉萨市九届人大五年立法规划中《拉萨市城市建设用地管理条例(草案)》和《拉萨市城镇居民医疗救助实施办法(草案)》。

(二)强化监督　注重实效　不断拓宽监督范围　有力地促进了拉萨的跨越式发展和长治久安

对“一府两院”工作进行依法监督,是宪法和法律赋予人民代表大会及其常委会的一项重要职权,也是人大常委会服务大局、推进科学发展的重要抓手,常委会高度重视监督工作,把党委要求的、群众希望做的、政府应该并能够做到的重大事项列入监督议程,依法开展监督工作,增强监督实效,促进“一府两院”依法行政、公正司法,有力地推动了拉萨跨越式发展和长治久安。

一是加强执法工作监督。常委会根据拉萨市的实际情况,每年有计划地开展执法检查活动,五年来,先后对《中华人民共和国食品卫生法》、《西藏自治区实施〈中华人民共和国食品卫生法〉办法》、《中华人民共和国职业教育法》、《西藏自治区实施〈中华人民共和国职业教育法〉办法》、《城市居民最低生活保障条例》、《中华人民共和国治安处罚条例》、《中华人民共和国道路交通安全法》等25部法律法规(决议)在我市的执行情况开展执法检查,形成执法检查报告,提出整改意见建议,认真督促落实,推动法律法规正确实施。如在对《中华人民共和国治安管理处罚法》、《中华人民共和国道路交通安全法》执法检查中,发现行政处罚中拘留和罚款合并执行难、交通管理科技手段落后等问题,建议市政府及相关部门进一步加大普法力度,健全预防和管理长效机制,从严治警,不断提高干警综合素质,强化执法为民的服务意识。市政府及有关部门对执法检查中提出的问题或不足进行了认真整改,达到了预期目的。通过执法检查,有力地推动了法律法规在我市的有效实施,维护了广大人民群众的合法权益。同时,积极配合自治区人大常委会在我市的法律法规执法检查和法律法规的立法调研工作,为上级科学立法提供了法律依据。

二是加强计划和财政工作监督。常委会每年年中听取和审议计划和财政预算上半年执行情况的报告,依法开展对国民经济和社会发展计划、财政预算执行情况的监督。下半年听取财政预算变更情况的报告,严格审查财政预算执行中的部分变更和调整方案,先后5次做出批准财政预算部分变更方案的决定,同时围绕涉及民生的重点资金,每年听取市政府关于拉萨市本级预算执行和其他财政收支情况审计工作报告。要求有关部门认真落实审计意见,切实维护预算执行的严肃性,促进了拉萨经济健康快速发展。

三是加强改善民生工作监督。为切实加强民生工作监督,常委会对中央和区、市党委各项惠民政策落实情况开展监督,并形成了报告。通过审议,常委会认为,我市各级政府及有关部门加强领导,全面督促检查,狠抓落实;基层单位精打细算,强化管理,周到服务,使各项惠民政策得以全面贯彻落实,人民群众从内心里感谢党,感谢政府。但由于形势的发展,情况的变化,有的政策还需要补充、完善,有些工作还需要依据新的形势和要求进行调整和改进。市人民政府及有关部门积极向上反映,妥善解决了存在的问题和不足,使党的各项惠民政策得到有效落实,人民群众得到了真正实惠。

常委会还紧紧围绕增加农牧民收入、农牧民安居工程、“村村通”、寺庙“9+5”工程等涉及社会主义新农村建设及社会局势稳定方面的问题,先后听取了市政府关于我市农牧民安居工程建设实施情况、“村村通”实施情况、拉萨“十一五”期间乡村道路建设情况、拉萨市2009年小型农田水利基本建设情况、拉萨市国债农村户用沼气项目建设等工作报告,对工作中存在的问题和不足,责令限期整改。推进了社会主义新农村建设步伐,促进了农牧区经济全面发展和社会局势长治久安。对农牧区医疗卫生工作进行检查调研,听取了拉萨市流行病防控情况及其他传染病防控工作报告。要求政府切实加强各种传染病的防控工作,确保人民群众的身体健康。围绕农牧区医疗、教育事业,听取市政府关于拉萨市农牧区医疗制度执行情况、拉萨市中小学“三包”政策落实情况报告,要求政府不断加大农牧区医疗和教育投入力度，不断提高农牧区医疗和教育水平。围绕涉及人民群众切身利益的就业和物价问题，先后听取了市政府关于开展城市低保、拉萨市国有企业改革、拉萨市2010年就业再就业、拉萨市物价调控等方面工作报告，督促市政府加大低保资金投入，提高就业率，合理控制物价，不断提高人民群众的物质生活水平。

四是加强"六城同创"工作监督。常委会围绕"六城同创"总体目标，先后听取和审议了市政府关于城市规划、城市建设、创建优秀旅游城市、创建模范环保城市等工作报告，充分发挥了人大的监督作用，有力地推动了"六城同创"工作有序开展。

五是加强经济技术开发区运行工作监督。常委会每年听取和审议了市政府关于拉萨经济技术开发区经济运行情况的报告。督促政府切实抓好开发区的各项工作，真正发挥出开发区在西藏经济社会发展中的窗口示范和带动辐射作用，使开发区真正成为拉萨市经济发展新的增长点。

六是加强文化大发展、大繁荣工作监督。为深入贯彻落实党的十七届六中全会精神，进一步深化文化体制改革、推动社会主义文化大发展大繁荣，按照区、市党委的具体部署，常委会从文化强市战略高度出发，对全市的文化事业和文化产业发展情况开展调研，并听取了市政府关于拉萨市文化产业发展情况的报告。同时听取和审议了市政府关于拉萨市工商行政管理局打击侵犯知识产权和制售假冒伪劣商品专项行动工作报告。进一步加大了打击侵犯知识产权和制售假冒伪劣商品力度，维护公平公正竞争的市场经济秩序。

七是加强对"两院"工作监督。维护公平正义是司法工作的生命线，为促进"两院"公正司法，从2009年开始，常委会每年听取两次"两院"工作报告。在深入调研，听取各方意见建议，掌握基本情况的基础上，提出符合"两院"工作实际的意见建议，并督促其及时整改。如在2011年听取"两院"上半年工作报告时，对"两院"继续提高办案质量水平、加强队伍建设，深入推进"社会矛盾化解、社会管理创新、公正廉洁执法"三项重点工作提出了意见和建议，得到有效整改，为我市经济社会发展、创建平安和谐拉萨提供了强有力的司法保障。

八是加强维稳工作监督。常委会高度重视拉萨的维稳工作，2009年，组织执法检查组对我市检察、公安机关执行《西藏自治区人大常委会关于强烈谴责达赖集团策划煽动极少数分裂主义分子打砸抢烧的罪恶行径，坚决维护祖国统一，反对分裂破坏活动，促进社会和谐稳定的决议》情况进行了检查，要求市检察、公安机关进一步认真贯彻执行决议，总结经验，切实加强社会管理，有力打击各种犯罪活动，保护人民群众根本利益，维护社会局势稳定，为我市经济社会又好又快发展创造良好环境。

（三）强化代表工作　创新活动方式　不断开创人大代表工作新局面

人大代表是国家权力机关组成人员，充分发挥代表作用，是做好常委会工作的基础和保证。常委会把做好人大代表工作作为坚持和完善人民代表大会制度的主要工作来抓，转换思路，创新方式，创造条件，优化服务，有效地发挥了代表在建设社会主义新拉萨中的积极作用。

一是加强代表培训。市九届人大代表选举产生后，常委会集中举办了两期人大代表培训班，组织代表学习与履职相关的法律法规和业务知识。针对市九届人大新任的73名代表，常委会专门举办了新任代表培训班，进行了组织法、选举法、代表工作等相关内容的培训，代表进一步加深了对人民代表大会制度的认识，明确了宪法和法律赋予人大的权利和义务，代表的履职能力和水平有了明显提高。

二是丰富代表活动。闭会期间，常委会以不同方式，定期不定期向代表通报常委会和"一府两院"的工作，让代表及时了解常委会和全市经济社会发展及审判、检察工作的重大情况。积极组织代表参与常委会组织的各种活动，五年来，参与常委会组织的执法检查、视察和调研活动的代表172人次，列席市人大常委会的代表50人次，参加常委会组织的区内外学习考察活动的代表243人次。同时开创了人大代表之家，丰富了代表活动载体，搭建了代表履职平台，深得广大代表的好评。

三是认真办理代表议案、建议。代表议案、建议是人民意愿和要求的集中反映，有关机关、组织必须认真办理。五年来共收到议案31件，建议、批评和意见756件。为了使代表提出的议案、意见和建议能够尽快落到实处，常委会加强了交办、督办力度，每年召开代表建议、批评和意见交办会，听取和审议办理情况报告，督促有关机关认真办理，尤其是2011年常委会与市政府组成联合调研组，对2008年以来代表议案、建议、批评和意见的办理情况进行了专题调研。市政府高度重视代表议案、建议、批评和意见的办理工作,指定市政府分管领导具体负责此项工作。通过认真组织,议案按时办理完毕,建议办复率达100%。这些议案和建议的办理,对改善农牧民群众的生产生活条件,尊重人民代表,促进我市经济发展、社会稳定、民族团结发挥了重要的作用。

（四）强化稳定宣传工作　落实重大决策部署　积极促进社会和谐稳定

常委会始终坚持党的领导,讲政治、讲大局,服从市委安排,充分利用各种平台,落实维稳政治责任,扎实做好维稳工作。

一是加强维稳工作。对于2008年发生的拉萨“3·14”严重暴力犯罪事件。市人大常委会坚决服从市委做出的全力维护社会稳定、促进经济发展的决策部署,认真贯彻落实中央和区市党委的一系列重要指示精神,进一步加强对机关干部职工和退休人员的思想政治教育,筑牢反分裂斗争的思想基础。及时抽调党员领导干部及职工50人次,其中地级领导干部6人,县级干部11人,深入到县、乡、居委会和寺庙,长期协助县(区)委、政府开展反对分裂、维护稳定工作,得到当地党委、政府和群众的充分肯定,为确保我市长期稳定发挥了重要作用。同时成立常委会维稳工作领导小组,制定应急预案,加强了对机关安全工作的领导,并坚持24小时值班和“零”报告制度。

二是认真办理群众来信来访,做好教育引导工作,切实维护人民群众合法权益,有力地化解了社会矛盾,消除了不稳定因素,为拉萨的和谐稳定做出了积极贡献。五年中,共接待、受理群众来信来访和申诉、控告案件234件468人次,做到了热情接待,事事有回音,件件有着落。

三是加强对人大工作的宣传。人大宣传工作是人大工作的重要组成部分,有利于人民群众了解人大工作、对人大工作进行监督,也有利于提高全社会对人民代表大会制度的认识,增强人民群众管理国家事务、行使当家做主权利的自觉性和积极性。常委会从增加宣传载体入手,强化人大宣传工作,力求使广大人民群众深化人民代表大会制度的认识,了解人大工作性质、地位和作用,强化对人大工作的监督。常委会在坚持办好人大制度宣传专栏、《人大信息》专刊、《拉萨市人大常委会公报》的同时,2011年创办《拉萨人大》杂志,与兄弟地、市人大开展相互交流,形成了相互学习借鉴的渠道。加强对外交流。五年中,组织代表团到先后赴北京、江苏、上海、内蒙古、广西等地考察学习,在拉萨市主持召开了全国五民族自治区首府市人大工作经验交流会,出席了在乌鲁木齐、银川、南宁等市的相关会议。先后接待考察团213个1630余人次,加强了对外联系和交流,找出了差距,增进了友谊,提高了拉萨人大对外知名度。

（五）强化指导　认真组织协调　依法顺利完成换届选举工作

切实做好市县乡三级人大换届选举指导工作。按照党委领导、人大常委会主办、各方配合的原则,市人大常委会在市委的领导下,把换届选举作为加强基层政权和民主法制建设的契机,认真组织,精心安排,周密部署,积极督促,细心指导,做到了有计划按步骤、依法开展各项工作。今年是《中华人民共和国选举法》修改后实施的第一年,市人大常委会认真组织实施,按照“两升一降”“一保证”的要求,保证了妇女和农牧民代表以及少数民族代表的数量,使人大代表更具广泛性和代表性。同时加大对各县(区)人大换届选举工作指导,及时协调指导在选举过程中出现的各种问题,确保全市换届选举工作的依法顺利开展。

2012年全市选民登记率达99%,参选率达95.54%,57个乡(镇)共选出乡(镇)人大代表880名;选出县(区)人大代表2386名;选出市级人大代表251名。依法选举产生新一届县、乡两级国家机关领导人员505人,保证了党委人事安排意图在各级人大的顺利实现。

（六）强化自身建设　提高自身素质　不断增强履职能力和水平

按照吴邦国委员长提出的“政治坚定、业务精通、务实高效、作风过硬、团结协作、勤政廉洁”的要求,市人大常委会按照新形势下对人大工作的要求,不断加强自身建设,提高履职的能力和水平。

第一,强化思想政治教育,坚定正确的政治方向。常委会抓住思想政治教育不放松,维护祖国统一、加强民族团结不放松,持之以恒,常抓不懈,不断提高人大干部职工政治素质和工作能力。一是加强政治理论学习。组织常委会组成人员及机关干部职工认真学习邓小平理论、“三个代表”重要思想,贯彻落实科学发展观,认真学习和贯彻党的十七大、中央第五次西藏工作座谈会、中央对西藏的一系列重要指示以及区、市党委有关会议精神,学习西藏历史、认清达赖集团反动本质,不断提高干部职工政治理论水平。二是组织收看国家重大政治活动。组织机关干部职工集体收看全国“两会”、建国60周年阅兵式等活动,增强干部职工对新中国经济社会发展成就认识,增强党的意识、国家意识，激发了爱国主义热情，坚定了社会主义信念。三是积极参加纪念西藏民主改革50周年、建党90周年，建国60周年、西藏和平解放60周年等活动，进一步增强了坚持党的领导、坚持社会主义制度、坚持民族区域自治制度、坚持人民代表大会制度的信心和决心。

第二，强化组织、制度、作风和效能建设，坚持依法高效履职。常委会始终坚持依法高效履职，不断强化人大的组织、制度、作风和效能建设。一是加强组织建设。2011年经市委批准，组建了人大办公厅机关党组，充实了机关党组成员，为进一步做好人大工作提供了强有力的组织保障。二是加强制度建设。进一步修改完善各项规章制度，强化责任，健全监督、考核、评价机制。每年与机关相关部门签订《拉萨市人大常委会机关年度党风廉政建设目标责任书》，同时制定了《拉萨市人大机关2011年廉政文化进机关活动计划》和《拉萨市2011年机关作风和行政效能建设工作思路和目标任务工作措施》，为进一步做好人大工作提供制度保障。三是切实转变工作作风，大兴调查研究之风，对审议议题和立法、监督工作中的重大问题，常委会都要组织开展调研活动，先后形成20篇调研报告，为市委、市政府提供决策依据。同时做好了人大机关退休干部职工服务、教育等工作。

第三，强化队伍建设，坚持正确用人导向。常委会始终坚持德才兼备，以德为先的用人标准，积极培养、选拔、任用优秀人才，不断加强干部队伍建设。一是积极培养人才，先后选派27名地、县、科级干部到北京、江苏、吉林、广州等地学习培训，选派10名县、科级干部到区市党委党校学习政治和业务理论知识。二是坚持“三个离不开”、“五湖四海”和德才兼备的原则，注重民族干部的培养、选拔和使用。本届以来选拔了5名正副处级干部，4名机关干部提拔到寺庙管委会担任领导职务，为全市寺庙管理部门输送了人才。

第四，强化基础设施建设，坚持做好服务保障工作。在市委关心、政府的支持下，常委会抓好了各项基础设施建设，新建了人大综合办公楼，配备一批新的办公设备，引入光纤网络、设置内网，优化办公条件和环境，同时改善了机关干部职工食宿条件。

第五，强化实践，坚持做好各项基层服务活动。五年来，按照市委统一部署，常委会选派多名优秀干部先后深入七县一区和市区重点寺庙开展“反对分裂、维护稳定工作”、拉萨“千名干部进百村开展两帮助”、“基层党建年”、“基层建设年”、“创先争优、强基础惠民生”等活动，维护了社会稳定，促进了当地发展。到目前为止，为对口帮扶的乡村，争取项目11个，争取项目资金和帮扶财物累计400余万元。极大地改善了农牧民的生产生活条件。通过参与各项活动，发挥了拉萨人大在拉萨经济和社会发展稳定、基层组织建设等方面的积极作用。

各位代表！市九届人大常委会过去五年取得的成绩，是市委正确领导的结果，是在历届人大工作基础上，全体常委会组成人员和市人大代表共同努力的结果，是“一府两院”及全市各族人民大力支持的结果，在此，我代表市九届人大常委会向所有关心、支持和帮助人大工作的同志和各界人士表示衷心的感谢！

在充分肯定工作成绩的同时，我们也清醒地看到，常委会工作与宪法法律的要求、党和人民的期望以及改革发展的需要还存在一定差距，地方性法规立法步伐不快，立法质量需要进一步提高；监督工作实效需要下功夫；代表服务、培训需要进一步改进；行使重大事项决定和依法人事任免工作需要进一步改进；常委会自身建设还不能完全适应新形势对人大工作的要求，这些都需要在今后的工作中认真加以解决。

各位代表！通过五年的实践，我们有以下几点体会：

一是做好人大工作，必须坚持党的领导。坚持中国特色社会主义民主政治发展道路。人大工作的核心是坚持党的领导，坚持党的领导是人大工作必须始终坚持的最重大政治原则，也是做好人大工作的最根本的政治保证。常委会始终把坚持党的领导贯穿于人大依法履职的全过程，落实到人大工作的各个方面。坚持和完善人民代表大会制度，加强和改进人大工作，与时俱进、开拓创新，有效保障和体现人民参与管理国家事务的权利和意志；坚决拥护和保障区、市党委重大决策的贯彻落实，认真执行党管干部原则，确保市委意图全面实现；坚持重大事项报告制度，对重大会议召开、重大问题决定、重要立法和监督活动必须主动请示汇报，始终坚持在党委领导下开展工作。

二是做好人大工作，必须坚持第一要务和第一责任。发展是硬道理和第一要务，维护稳定是硬任务和第一责任。拉萨作为反分裂斗争的前沿，发展和稳定都是拉萨的工作大局，是中心任务。常委会紧紧围绕这个中心，适时做出决议决定，把市委的重大决策通过法定程序转化为地方国家权力机关的意志和全市人民的行动。同时,按照市委统一安排部署,积极参与并认真开展符合全市各族人民利益的各项重大活动。

三是做好人大工作,必须坚持保障和改善民生。人民当家做主是社会主义民主政治的本质要求。人大作为党领导的、代表人民行使国家权力的机关,要始终保持同人民群众的血肉联系,积极拓宽和畅通人民群众参与政治活动的渠道,充分发挥人民群众当家做主的权利。要真诚倾听群众的呼声,真实反映群众的愿望,真情关心群众疾苦,实现好、维护好、发展好最广大人民群众的根本利益。要坚持以人为本,扎实落实好党的各项惠民政策,积极保障和改善民生,使人民群众真正感受到党的恩情和社会主义大家庭的温暖。

四是做好人大工作,必须坚持与时俱进。新形势新任务对人大工作提出新的更高的要求,常委会要始终坚持把解放思想、实事求是、与时俱进、开拓创新的精神贯穿于人大立法、监督、重大事项决定和人事任免、代表、机关自身建设等各项工作之中,不断推动人大工作开创新局面。

二、2012 年及今后工作的几点建议

2012 年及今后一个时期,是我们建设团结民主富裕文明和谐拉萨的关键时期,市十届人大及其常委会的责任更加重大、任务更加繁重、使命更加光荣。新一届人大常委会应以邓小平理论和"三个代表"重要思想为指导,以科学发展观统领人大工作全局,深入贯彻落实党的十七届六中全会、中央第五次西藏工作座谈会以及区党委八届二次全委会精神,认真落实胡锦涛总书记对西藏工作做出的"继续着力推进跨越式发展、继续着力保障和改善民生、继续着力加强生态保护、继续着力维护社会和谐稳定、继续着力弘扬'老西藏精神'"的重要指示、陈全国同志对拉萨市提出的七个方面的要求和市委提出的"五大战略"、"三个提速",扎实抓好立法、监督、代表、自身建设等各项工作,为全面实现拉萨"十二五"时期经济社会发展目标而努力奋斗!建议下一届人大常委会重点抓好以下几方面工作:

(一)增强党的意识 全面贯彻落实党的各项重大会议精神和重要决策

坚持党的领导,全面贯彻落实党的各项重大会议精神和重要决策部署,是做好人大工作的根本保障。新一届人大常委会要在市委的坚强领导下,认真学习,深刻领会,自觉运用党的十七届六中全会、中央第五次西藏工作座谈会和区、市第八次党代会等重大会议精神,统一思想,武装头脑,凝聚力量,推动工作。坚持中国特色社会主义民主政治发展道路不动摇,坚持党的领导、人民当家做主、依法治国的有机统一,保证党在思想上、政治上、组织上对人大工作的领导。要坚决贯彻党委的意图,按照陈全国书记对拉萨工作提出的 7 个方面的要求,按照市委提出的环境立市、文化兴市、产业强市、民生安市、法治稳市"五大战略",进一步加强和改进人大工作,促进人大工作再上新台阶。

(二)增强法治意识 全面加强和改进立法工作

推进依法治市,是地方权力机关的一项重要职责。新一届人大常委会要牢固树立法治意识,按照完善中国特色社会主义法律体系的要求,切实加强和改进立法工作。要切实按照市委提出的法治稳市的要求,安排好立法项目,积极开展立法前期调研工作,研究制定五年立法规划和年度立法计划,全面完成今年立法任务。要坚持国家法制统一,坚持从拉萨实际出发、体现地方特色的立法原则,把立法决策同改革、发展、稳定的重大决策有机地结合起来,切实增强地方立法的民主性、科学性、针对性和操作性,不断提高立法质量。要认真执行地方性法规,更好地发挥法规的规范、引导和促进作用,为法治稳市提供法制保障。

(三)增强大局意识 全面加强和改进监督工作

监督是人大常委会的一项基本权利。新一届人大常委会要牢固树立大局意识,全面加强监督工作,增强监督实效,推进我市各项目标任务顺利实现。要认真贯彻《监督法》,按照有法可依、有法必依、执法必严、违法必究的要求,围绕市委决策和拉萨市第八次党代会确定的目标及"十二五"规划的实施,不断加强对国民经济发展、财政预算、重大建设项目的监督,推进依法行政,维护司法公正,提高执法水平,促进我市经济社会又好又快发展。

(四)增强服务意识 全面加强和创新代表工作

人大代表是人大工作的主体。新一届人大常委会要进一步完善代表履职的服务保障机制,提高服务质量,积极为代表联系群众和履行职责创造条件。抓好代表的学习培训,不断提高代表素质和履职能力。要密切同人大代表、人民群众的联系,更好地发挥人大代表的作用,扩大公民对人大工作的知情权和有序参与,使人大工作更好地代表人民的意志,符合最广

大人民群众的根本利益。进一步改进代表议案建议的提出、办理和督办机制，努力提高代表议案建议办理质量。

(五)增强进取意识　进一步加强自身建设

开拓进取是人大工作不断适应新形势发展的必然要求。新一届人大常委会，要主动适应形势和任务的要求，与时俱进，锐意创新，积极争取，不断完善人大机构，切实改进作风，完善工作制度，提高服务质量，努力使人大及其常委会担负起宪法和法律赋予的各项职责，按照市委提出的“五大战略”和“三个提速”不断加强和创新社会管理，认真做好人大各项工作。继续深入开展“创先争优、强基础惠民生”活动，把这项活动作为常委会的一项主要工作来抓，务必出实绩、出成效。积极配合当地党委、政府、村委会共同做好维护社会稳定，促进社会和谐，发展当地经济，改善群众生产生活条件等各项工作，建立一支坚强的基层党组织。继续推进人大工作的制度建设，努力创新和完善适合国家权力机关特点的、充满活力的运行机制。

各位代表：

我们肩负的历史使命无比光荣，我们面临的任务更加繁重而艰巨。让我们更加紧密地团结在以胡锦涛同志为总书记的党中央周围，高举中国特色社会主义伟大旗帜，以邓小平理论和“三个代表”重要思想为指导，深入贯彻落实科学发展观，在市委的坚强领导下，恪尽职守，扎实工作，以优异的成绩迎接党的十八大胜利召开。

政协第九届拉萨市委员会常务委员会工作报告

——2012年7月22日在政协第十届拉萨市委员会第一次会议上

拉萨市政协副主席　谢廷锡

各位委员、同志们:

现在,我受政协第九届拉萨市委员会常务委员会委托,向大会报告工作,请予审议,并请列席会议的同志提出宝贵意见。

五年来工作回顾

过去的五年,是我市进一步解放思想,全面落实科学发展观,积极应对各种困难和挑战,圆满完成"十一五"、顺利实施"十二五",经济快速发展,社会和谐稳定、人民安居乐业,各项工作取得显著成就的五年。五年来,市政协常委会在自治区政协的有力指导下,在中共拉萨市委的坚强领导下,在市人大和市政府的大力支持下,始终坚持以邓小平理论和"三个代表"重要思想为指导,认真贯彻落实科学发展观,高举爱国主义、社会主义伟大旗帜,牢牢把握团结和民主两大主题,紧紧围绕全市工作大局,始终把坚持发展作为硬道理和第一要务,把维护稳定作为硬任务和第一责任,切实履行政治协商、民主监督、参政议政职能,在全市工作大局中发挥了积极的作用,为推进拉萨市跨越式发展和长治久安做出了重要贡献。这五年是市政协大事多、要事多的五年,是市政协与时俱进、探索创新的五年,是市政协履职有为、成效显著的五年,也是市政协发展史上的最好时期,呈现出蓬勃向上、奋发有为的良好局面。

一、大力加强政治理论学习,不断增强履职能力水平

学习是人民政协的永恒主题,也是推动政协工作实现创新发展的内在动力。政协九届一次会议以来,常委会紧跟各个时期的形势与任务,始终把抓好政治理论学习作为提高委员理论素养和协商监督、议政建言能力的基本途径,从而提高了政协的履职能力和水平。五年来,始终摆正学习与工作的关系,坚持学习制度不动摇。认真组织领导班子成员、广大政协委员和机关干部职工深入学习邓小平理论、"三个代表"重要思想、科学发展观、党的十七大,十七届三中、四中、五中、六中全会以及中央第五次西藏工作座谈会精神;学习胡锦涛总书记在参加十一届全国人大二次、三次、四次、五次会议西藏代表团审议时的重要讲话精神;学习习近平副主席出席西藏和平解放60周年庆祝活动时的一系列重要讲话精神;学习区、市第八次党代会精神;学习中共中央《关于加强人民政协工作的意见》、《政协章程》、政协统战理论及全国、自治区"两会"精神;学习经济科技、民族宗教、法律法规等知识。通过系统的学习,广大政协委员、干部职工进一步深刻理解中央和区、市会议的精神实质,提高了在政协工作中把握形势和服务大局的能力,进一步增强了议政建言的针对性,进一步巩固了各族各界人士"共同团结奋斗、共同繁荣发展"的思想政治基础,深化了对人民政协性质、地位、作用的认识,增强了做好新时期人民政协工作的信心和决心,为开创政协工作新局面奠定了牢固的思想基础。

二、充分发挥政协组织的特殊作用,在促进社会和谐稳定中凝心聚力

维护社会稳定,是实现跨越式发展的重要前提,是全市各族人民的根本利益所在。常委会始终坚持把维护稳定作为硬任务和第一责任,充分发挥政协组织凝心聚力的特殊作用,深入开展反分裂斗争,为促进社会和谐稳定做出了积极贡献。

1. 夯实维稳思想基础,坚持正确政治方向。常委会紧密结合各个时期维稳工作形势和任务,及时传达学习中央及区、市党委关于维稳工作的会议和文件精神,安排部署每个时期的维稳工作,深入开展了"反对分裂、维护稳定、促进发展"主题教育活动和形势教育活动,不断打牢维护稳定的思想基础。通过学习文件精神和教育活动的开展,使广大政协委员、机关干部职工进一步认清了西方敌对势力的险恶用心和达赖集团的反动本质;进一步认识到反对分裂、维护稳定的严峻形势;进一步感受到政协组织在维护社会局势稳定中所起到的重要作用;进一步增强了政治敏锐性

和政治鉴别力，从而自觉地把思想和行动统一到区、市党委关于维护稳定工作的决策部署上来，做到认识不含混、态度不暧昧、行动不动摇，做到旗帜十分鲜明、立场十分坚定、行动十分坚决。五年来，无论是反分裂斗争的形势复杂严峻，还是重大活动敏感节日的频繁，市政协始终与区、市党委保持高度一致，服从市委的安排，认真负责地配合做好各个时期的维稳工作。

2. *凝聚社会各界力量，促进社会和谐稳定*。市政协汇集了各族各界、社会各阶层的代表人士，具有广泛的代表性、群众性和包容性，在反对分裂、维护祖国统一的斗争中有着凝聚人心、汇集力量的特殊优势。五年来，常委会采取多种形式、运用多种方法，充分发挥政协委员联系面广、影响力大的优势和特点，多渠道、多层次、多角度地与社会各界进行广泛联系，及时了解掌握社情民意，为促进社会和谐稳定献计献策。通过召开“揭批会”、座谈会，安排爱国统战人士接受新闻媒体采访、组织老委员、离退休领导现身说法、应邀担任学校和社区维稳教育辅导员等多种形式，深入寺庙、学校和社区广泛开展反对分裂、维护稳定的形势教育和宣讲活动，用他们的亲闻、亲历、亲见来说服教育各族各界群众和青少年学生认清达赖集团分裂祖国的反动本质和险恶用心，从思想深处认识到“团结稳定是福、分裂动乱是祸”的真理。本届政协任期中，拉萨发生了严重的打砸抢烧暴力犯罪事件，我们及时动员组织各族各界爱国统战人士、广大政协委员、离退休干部接受新闻媒体的采访，召开“揭批会”和座谈会，公开自己的态度，表明自己的立场，撰写揭批材料，强烈谴责、深入揭批达赖集团的罪恶行径，产生了很好的社会效应，在这特殊的时刻，政协组织发挥了不可替代的特殊作用，为拉萨实现社会局势从基本稳定向长治久安发展做出了积极贡献。五年来，坚决服从市委的安排，先后抽调干部职工70多人次参加全市安排的各种类型维稳工作组和临时执勤任务，被抽调人员不怕苦不怕累，严格要求自己，认真负责地工作在维稳第一线，圆满完成了市委交给的各项维稳工作任务，受到市委和相关部门的充分肯定。

3. *落实责任措施，确保一方平安*。市政协党组始终把抓好维稳工作当作硬任务和第一责任完成，时刻把握反分裂斗争新特点、新动向，不断强化维稳工作机制，制定了《拉萨市政协应对突发事件安全防范处突方案》，严格实行领导负责制，坚持执行24小时领导带班和值班制度，加强了夜间巡逻力度。特别是在每逢敏感时段和中央、区、市重大活动、会议期间，坚决按照区、市党委维稳工作部署要求，认真带班值班，从未出现漏岗、脱岗现象，确保了敏感时期和重大活动会议期间单位内部的绝对安全，实现了区、市党委提出的“三不出”维稳工作要求，得到各级督查检查组的一致好评，市政协除2011年外（因个人私车交通事故），连续三年被评为全市“综合治理先进单位”，尽到了确保一方平安的应尽责任。

三、围绕中心，服务大局，在推进经济跨越式发展中献计出力

第九届市政协委员会始终坚持参政有高度、议政有深度、监督有力度的工作原则，紧紧围绕市委、市政府的重大决策和工作部署，坚持把发展作为硬道理和第一要务，准确站位，主动作为，服务党委决策，推进政府工作，努力发挥自身优势，为推进全市经济跨越式发展奋斗目标献良策，建诤言。

1. *着眼全局，咨政建言，政治协商扎实推进*。本届政协在总结以往政治协商经验的基础上，充分运用全委会、常委会、主席会等形式对我市的重大事务进行了协商讨论，提出了许多建设性的意见和建议。五年中，重视开好每年一次的全体委员会议，认真听取和讨论《政府工作报告》、《政协常委会工作报告》和其他报告。共召开全委会议5次，常委会议13次，主席会议32次，广大政协委员们以对党对人民高度负责的政治责任感和使命感，紧紧围绕推进拉萨跨越式发展和长治久安的重大问题积极建言献策，分别就编制“十二五”规划、发展特色产业、加快转变经济发展方式、创新社会管理、农牧民增收、“六城同创”等重点工作进行协商。如在“十二五”规划编制中，就基础设施建设、特色产业、民生工程、生态建设等方面提出了具有前瞻性、科学性、可行性的意见建议，为全市科学编制“十二五”规划提供了有价值的参考依据。每次全会闭幕后，及时将委员所提的意见建议归纳整理，五年间，向市委、市政府共提交了170余条有价值的意见建议。在协商领域方面也不断拓展，凡是市委安排、市政府邀请的各类重要会议、重大活动需要政协领导或政协委员参加参与的，按照相关要求，及时安排绝不推诿，而且在听政议政会议上不失时机地提出意见和建议，很多好的意见和建议被市委、市政府以及相关部门采纳，为全市经济发展、社会稳定、民生改善、社会保障等方面工作起到了积极的促进作用。

2. *搭建平台，畅通渠道，民主监督有效开展*。坚持把开展民主监督与推进工作相结合，秉承在参与中支持、在支持中服务、在服务中监督的原则,对加强行风建设、促进部门工作发挥了积极作用。一是充分发挥委员提案在民主监督中的主渠道作用。认真落实提案办理措施,不断完善办理机制,强化办理责任制,采取主席跟踪督办、上门督办、限期催办等方式加大提案督办力度,有效地发挥了提案的监督督促功能,产生了良好的经济效益和社会效益。二是充分发挥委员担任民主监督员的独特作用。五年来,向纪检委、“两院”、公安、交通、电力、教育、质监等部门推荐了80多名委员担任民主监督员,委员们主动了解部门工作,广泛收集群众意见,积极向有关部门反映行风、政风建设中存在的问题,提出建设性的意见和建议,使民主监督在改进部门工作、促进行风好转、为民办实事中得到充分体现。三是充分发挥听政议政会议的促进作用。先后听取市农牧局、市旅游局、市“创城办”、市建设局、市经开区等部门关于全市农牧业生产形势及农牧民增收情况、国家级拉萨市经济技术开发区建设运行情况、“六城同创”工作开展情况、拉萨市市民服务中心运行情况等方面的工作情况通报,增强了委员们对部门工作的了解,促进了市直有关部门进一步做好工作,主动接受监督的工作氛围。

3. 突出重点,深入调研,参政议政成效显著。紧紧围绕事关我市发展稳定大局中的重大问题、重大项目、重点工作深入开展以委员调研视察为主体的参政议政活动,力求参政参到点子上,建言建在关键处。五年来,共组织开展政协委员调研视察活动26次,形成专题调研报告15份、视察报告21份。视察调研报告中很多好的意见建议被市委、市政府和相关部门采纳。2008年,围绕如何发挥宗教界人士和信教群众作用,促进社会和谐稳定为主题,提交了“关于发挥宗教界人士和信教群众在维稳工作中的积极作用的调研报告”;围绕以促进我市非公经济发展,为拉萨经济发展做贡献为主题,召开了专题研讨会,提出了“关于拉萨市非公有制经济发展与对策的研讨报告”;2009年,为进一步推动我市“六城同创”工作,深入市区8条街道、20多个景点和单位,就“六城同创”工作进行了2次专题视察,形成了“关于对拉萨市创建全国文明城市、国家生态园林城市、国家卫生城市工作情况的视察报告”;2010年,为配合我市创建全国文明城市迎检工作,及时组织委员进行视察,针对视察中委员提出的问题,召开创城办、环保、城建等部门工作协调会,使视察中提出的卫生死角、建筑垃圾等20多个大小问题得到有效的协调解决。如在视察中提出的“世界文化遗产罗布林卡正对南大门厕所搬迁问题的建议案”,经与城建等部门协商后,立即进行了整改,取得了很好的社会效果;2011年,分别组织20多名委员就我市电力发展情况、公安监管等工作开展调研视察,形成了“关于拉萨市电力发展情况的视察报告”、“关于拉萨市公安监管工作情况的视察报告”。此外,我们还积极配合自治区政协,完成了八廓街文化遗产的保护和永续利用、太阳能推广、水利事业发展、特色产业发展、旅游业发展、矿产资源开发利用等专题调研视察活动,为推动我市相关产业发展起到了积极作用。

四、关注民生,在履职为民中倾心尽力

了解民情,倾听民声,反映民意,始终坚持把实现好、维护好、发展好最广大人民的根本利益,作为履行职能的出发点和落脚点。根据政协工作实际,积极开展关注民生、强基惠民活动。

热心送温暖,真情献爱心。五年来,市政协机关和全体委员积极响应区市党委的号召,组织开展了各类“送温暖、献爱心”活动,据不完全统计,广大政协委员和干部职工自发为灾区和困难群众累计捐款捐物折合人民币达2000余万元。其中工商界卓玛丽华委员为灾区和扶贫济困捐款、捐物折合资金就达300多万元,充分体现了一名政协委员的慈善情怀和富了不忘大家的崇高精神。政协机关干部职工、驻会委员和离退休干部也从不落后,积极为内地的冰冻灾害区及汶川、玉树地震灾区捐款就达26.1万元,为灾区人民奉献了一份爱心。同时,在每年重要节日来临之际,市政协在自身经费较紧张的情况下,安排资金看望、慰问困难政协委员、困难职工和扶贫点困难群众等,为群众送去了党和政府的温暖。

强基惠民,密切党群关系。五年来,按照区、市党委的安排部署,市政协积极响应号召,先后深入基层开展了“千名干部下百村,上下联动两帮扶”、“基层建设年”、“创先争优强基础惠民生”等一系列强基惠民活动。在开展“创先争优强基础惠民生”活动中,市政协驻墨竹工卡县怎村和拉龙村两个工作队,恪尽职守,扎实工作,真正按照驻村工作队的“四同”要求,扑下身子与当地干部群众共商发展大计,共谋致富门路。通过深入细致的走访调研,对制约当地经济发展、影响群众脱贫致富的主要因素进行认真细致地分析研究,对群众普遍关心的热点难点问题,想方设法尽力帮助解决,现虽时间不长,但已为村委会和群众办了10多件看得见摸得着的好事实事。同时,紧密结合两村的实际情况，为两村制定了发展规划，明确了发展目标，理清了发展思路。通过真心实意地帮助群众解决生产生活上的实际困难，使群众切身感受到强基惠民活动带来的新变化、新气象、新实惠，体会到了党和政府的温暖，社会主义制度的优越性，进一步密切了党群关系，受到了当地干部群众的一致好评。

五、专委会工作在履职中发挥重要作用

专委会工作是政协工作的重要组成部分，在政协履行职能中发挥着重要作用。各专委会紧密结合工作实际，突出自身特点，积极履职尽责，取得了显著的工作成效。

提案委员会：始终坚持“围绕中心，服务大局，提高质量，讲求实效”的提案工作方针，以提案提出全员化、提案办理规范化、提案督查经常化、提案服务高效化为目标，以创新机制、提升质量、强化督办，务求实效为主线，充分调动广大委员和政协各参加单位撰写提案的积极性。利用每年召开全委会议时机，抓好对委员撰写提案的培训，为委员撰写好提案奠定了基础。在每年的全会期间认真做好提案的征集、审查、立案、翻译、分类、交办等工作，在提案办理方面，采取主席跟踪督办、上门督办、限期催办等多种形式，不断增强提案办理实效，使提案办理的效果大幅提高。为加快提案成果转化，通过市委、市政府领导批示交办，市政协领导领办督办，调研视察催办等多种方法，实现了提案办理由答复型向落实型转变。在市委、市政府的高度重视和各承办单位的共同努力下，提案反映的大部分问题能够得到有效解决或基本解决，许多建议被采纳，在推进我市跨越式发展和长治久安中发挥了重要作用。五年来，共收到委员提案698件，详细办复情况，在《提案工作报告》中还要向大家报告，我这里就不再重复。总体来讲，委员们对提案的认识程度在逐年提高，办理承办单位的重视程度在逐年提升，提案工作受到了全社会的广泛关注，取得了显著的工作成效。

经济资源环境社会教科文卫委员会：始终坚持围绕我市经济发展的主要工作，充分发挥自身优势和特点，积极组织委员开展调研视察活动。结合我市实际，深入全市八县（区）、市直相关单位，就加快我市非公有制经济发展、建设社会主义新农村、提高农牧民收入、廉租房建设、失地农民安置等问题进行专题调研，形成了“关于拉萨市奶牛养殖情况的调研报告”、“拉萨市太阳能综合利用与产业化情况的调研报告”等7份报告，为市委、市政府科学决策提供了参考依据。

文史民族宗教法制委员会：把挖掘历史文化作为文史工作的重点，以调研、访问、请教等形式收集大量文史资料，编写了《哲蚌寺寺史》、《西藏民俗节日》等书籍，为全国政协文史和学习委员会出版的《纵横春秋五十年——我和文史资料》、《西藏佛学》等提供文史资料稿件，为自治区社科院征集了2万多字的关于藏民族婚俗文化、建筑风格和旧西藏政府体制文史稿件。征集了藏民族的茶文化、建筑文化、拉萨地区藏历年的风俗习惯和拉萨地区名山命名的由来等珍贵文史资料。组织编写了以委员“亲历、亲见、亲闻”为主的《政协委员“三亲”史料》一书，较好地发挥了政协文史资料“存史、资政、团结、育人”的作用，有力地推进了历史文化的传承。

六、开拓创新，在加强自身建设中取得新成效

五年来，我们着力以提高履职能力为目标，不断推进自身建设取得新成效，以此推动政协整体工作水平的提高。

（一）切实抓好“三化”建设。加强政协的“三化”建设是《政协章程》所规定的具体要求，是政协履行好职能的先决条件。我们首先从制度建设入手，先后制定和完善了《政协第九届拉萨市委员会常务委员会工作细则》、《政协拉萨市机关作风建设行政效能实施意见》等20余项规章制度和意见，推进了政协工作步入制度化、规范化、程序化轨道，使政协工作开展有章可循，有据可依。实践证明，抓好“三化”建设，是开展好一切工作的基础。同时，积极做好老干部的服务工作，从学习生活等方面关心老干部，大力支持老干部到区内外进行学习考察等活动。

（二）充分发挥委员主体作用。政协的优势在界别，活力在委员，界别委员活动的好坏直接关系到政协整体工作的进展。注重加强与委员的沟通联系，坚持开展走访委员活动，关心委员的工作和生活，组织委员开展学习讨论、视察调研、评议监督等活动，不断拓宽委员履职平台。2008年，对111名新任委员进行培训。为充分调动各界别委员参政议政的积极性，提高其参政议政的质量和成效，将各界别委员活动纳入政协的整体工作中，出台了《市政协关于进一步发挥界别委员作用的意见》，每年都制定了《拉萨市政协各界别委员活动工作计划》。各界别紧密结合各自实际，积极主动开展活动，如党政界组织委员赴江苏、内蒙古等地学习考察，民族界、宗教界委员联合举办了纪念西藏和平解放60周年座谈会，群团界组织委员围绕群团工作进行了务实的恳谈活动。界别活动的开展既丰富了政协工作内容,又增强了委员履职的积极性,在开展界别委员活动方面市政协走在全区各地区的前列,受到了区政协的肯定和赞扬。

(三)精心举办各类重大活动。本届政协任期是大事多、要事多、喜事多的时期,先后组织举办了改革开放30周年、新中国成立60周年、全国政协成立60周年、西藏民主改革50周年、中国共产党成立90周年、西藏和平解放60周年、拉萨市政协成立50周年等一系列重大纪念庆祝活动;还承担举办市委安排的每年度全市各族各界大型团拜会;组织开展了学习实践科学发展观、民族团结宣传教育、创先争优、机关效能建设等活动;积极组织开展“红色歌曲 · 拉萨唱”,举办“感党恩、唱红歌”演唱会等一系列文化活动,积极参加市里安排的群体性演唱活动,通过各类活动的开展,增强了干部职工的理想信念,提升了干部职工的高尚情操,激发干部职工的爱国热情,使干部职工精神面貌得到明显转变,工作作风得到明显改进,同时使一批干部在办会中工作水平得到不断提高,在组织活动中统筹协调能力得到很好锻炼。

(四)注重加强友好往来。本届政协以来,十分重视对区内外省市政协的联谊联络,加强友好往来。通过主动筹办“中国世界遗产地政协主席联席会第十四次会议”、“西南五市政协工作第23次协作会”,拉萨市政协成立50周年庆祝活动等大型活动,增强了与内地兄弟省市政协的友情,还积极派人参加全国少数民族首府市政协联席会议、全国政协干部培训班,组织部分政协常委、委员赴内地相关省、市政协考察学习等,使很多政协委员、政协干部在学习考察中开阔了视野,增长了知识,在会议活动中学到了经验,增进了友谊。拉萨作为西藏的首府,多少人向往这神圣迷人的城市,随着青藏铁路的开通,内地兄弟省市政协来拉萨考察学习的人数逐年猛增。五年来,市政协共接待全国各地政协来访团队307个、达1800多人次,通过热情周到的接待,学到了内地兄弟省市政协“送上门”的好做法、好经验,为我市政协工作的开展拓宽了工作思路,开阔了工作视野,同时,大力宣传推介了拉萨,扩大了拉萨知名度,提升了拉萨政协在全国各地政协中的影响力。

(五)努力改善办公生活条件。市政协自60年代成立以来,由于受到众多因素的影响,机关的基础设施建设较差,长期未能得到较大改变,与开展好政协工作的要求很不相适应。近几年来,在市委、市政府的高度重视和大力支持下,干部职工办公和住宅条件得到较大程度的改善。办公基本实现现代化,住宅条件明显改善,基础设施建设变化较大,充分激发了广大干部职工的工作积极性。

回顾五年来的奋斗历程,政协第九届拉萨市委员会遵照《中共中央关于加强人民政协工作的意见》精神,积极有为地开展工作,继承和发扬历届市政协的优良传统,不断加强履职能力建设,着力提高议政建言质量,突出为民服务的宗旨,不断探索政协事业发展的新方法新途径,积累了一些经验和体会,深刻认识到:

(一)做好政协工作,必须始终坚持党的领导。只有自觉主动接受党对政协工作的领导,主动把政协工作融入市委全局工作,坚定不移地把党的重大决策和工作部署贯彻落实到政协的全部工作中,做到重大事项主动请示、重大活动主动报告、重要意见主动反馈,真正与市委思想同心、目标同向、行动同步,才能保持正确的政治方向,才能切实履行好政协章程赋予的各项职能,才能使人民政协事业蓬勃发展。

(二)做好政协工作,必须围绕中心、服务大局。政协工作围绕中心,服务大局,就是要必须围绕推进拉萨跨越式发展和长治久安的总体目标来确定自己的工作重点,坚持做到:既着眼于涉及全局、宏观的重大问题,又注意到关系群众切身利益的热点问题;既着眼于跨越式发展的前瞻性问题,又注意到当前工作中的一些难点问题,找准位置,选好角度,发挥委员的智力优势,才能大有作为。实践证明,政协只有贴紧党和政府的中心工作履行职能,才能找准用力方向,做出积极贡献。

(三)做好政协工作,必须履职为民。人民政协必须始终把实现好、维护好、发展好最广大人民群众的根本利益,作为工作的出发点和落脚点,把解决群众最关心、最直接、最现实的利益问题,作为政治协商的重要议题、民主监督的重要内容、参政议政的重要任务,察实情、求实招、办实事,充分发挥政协优势助推民生改善。

(四)做好政协工作,必须充分发挥委员主体作用。发挥委员主体作用,是人民政协工作的活力所在、优势所在和希望所在。只有切实维护委员民主权利,尊重委员首创精神,提高委员整体素质,搭建委员履职平台,充分发挥委员在政协工作中的主体作用、在本职工作中的带头作用、在界别群众中的代表作用,充分调动广大委员的积极性,才能保证政协各项工作卓有成效地开展。

(五)做好政协工作,必须加强调查研究。只有开展深入细致的调查研究,才能做到协商有计,监督有力,建言有据,参政参到点子上,议政议在关键处。搞好调查研究工作,必须领导重视,加强指导,亲自参与,推动调研工作的开展。要坚持科学的调研方法,按照"少而精,专而深,建言立论上水平"的原则和"少数人调研,多数人论证"的方法,深入实际,找准问题,认真研究,反复论证。要集思广益,充分发挥政协整体优势,促成调研成果的落实和转化。只有将调查研究工作做深做细,才能不断提高建言立论的水平。

(六)做好政协工作,必须与时俱进、开拓创新。实践发展永无止境,探索创新永无止境。人民政协只有在继承优良传统和宝贵经验的基础上,牢牢把握时代脉搏,始终保持蓬勃朝气,总结新鲜经验,探索发展规律,丰富工作内容,拓展履职领域,不断推进人民政协理论创新、制度创新、工作创新,才能永葆人民政协事业的生机与活力。

各位委员,过去五年,市政协所取得的每一项成绩、每一次进步、每一个进展都得益于区政协的有力指导、得益于市委的高度重视、坚强领导,得益于市人大、市政府的鼎力相助、大力支持,得益于市直相关各部门各单位的密切配合、团结协作,得益于政协各参加单位、广大政协委员和各族各界人士的积极参与和辛勤付出,在此,我代表政协第九届拉萨市常委会,向所有关心支持政协事业发展的领导和朋友们,向所有为政协工作付出辛勤努力的同志们表示崇高的敬意和衷心的感谢!

回顾五年的工作,虽然取得了一些不可磨灭的成绩,但我们也清醒地认识到,政协第九届委员会的工作与中央对新时期人民政协工作的要求相比,与市委和全市人民的期望相比,与广大政协委员的期待相比,还存在许多不足,主要是:履行职能、服务发展的能力和水平还有待进一步提高;调查研究、建言献策的工作还有待进一步深化;委员主体作用的发挥还有待进一步重视;政协工作的"三化"建设还有待进一步加强。这些问题,需要在今后的工作中认真研究,切实加以改进。

今后工作建议

各位委员:市委第八次党代会为拉萨今后五年的发展描绘了宏伟蓝图,对政协工作提出了新的更高要求。第九届委员会的任期即满,第十届委员会即将肩负起新的历史重任,继续前进。借此难得的机会,我谨代表政协第九届委员会,就新一届政协工作提出几点工作建议,仅供参考。

一、深入贯彻市委重大决策部署,推动政协工作新发展

把坚持党的领导始终贯穿政协工作全过程,认真贯彻落实区、市党委重大决策部署,紧紧围绕全市大局安排部署政协工作,始终保持政协工作正确政治方向。把贯彻落实好区、市第八次党代会精神,作为政协当前和今后一个时期的重要政治任务,切实把各项部署要求转化为推动工作的实际成效,积极推进政治协商进程,为党政科学民主决策服务。坚持解放思想,开拓创新,着眼提高服务发展稳定的能力,增强履职质量和实效,推动政协工作更好地体现时代性、把握规律性、富有创造性。

二、进一步加强政治理论学习,在开创政协工作上有新思维

要把加强政治理论学习摆在政协各项工作的首位,发扬人民政协注重学习的优良传统,继续以学习型党组织建设带动学习型机关建设,组织引导政协委员、全体党员、干部职工对党的方针政策、时事政治和形势政策、反腐倡廉、统一战线及人民政协基本理论、国家法律法规等方面的学习,不断增强贯彻执行党的路线方针政策的自觉性,把广大政协委员、全体党员、干部职工的思想和行动统一到实现跨越式发展和长治久安的奋斗目标上来,切实把学习成果转化为谋划工作的思路、促进工作的举措、提升工作的本领,在武装头脑、指导实践,推动工作上实现新突破,自觉地融入全局,服务全局,充分发挥政协组织的优势,增强求作为的责任意识、提升求作为的发展思路、谋划求作为的工作举措、突破求作为的重点任务,以思路的拓展促进履职工作的开展。

三、进一步发挥政协组织优势,在促进社会和谐稳定上有新举措

人民政协是大团结大联合的象征。要充分发挥政协团结面广、包容性强的优势,多做团结联谊、凝聚力量的工作。要深入开展反分裂斗争形势教育,通过开展丰富多彩的交流、联谊等活动,切实加强同各族各界人士的联系,协调关系,增进共识,不断壮大爱国统一战线,努力为跨越式发展凝聚人心、汇聚力量。要主动协助市委、市政府做好新形势下群众工作,鼓励委员深入基层,联系群众,反映群众的愿望和要求,多做协调关系、化解矛盾、理顺情绪的工作,努力维护团结民主、和谐稳定的政治局面。

**四、进一步强化咨政功能,在推动经济跨越式发

展上有新贡献

要发挥政协智力密集的优势,把促进经济跨越式发展作为献计献策的着力点,紧扣充分发挥首府城市首位度作用和“七个方面”的引领作用,全力实施“五大战略”,努力实现“一个确保、两个突破、三个加强”的目标,对事关全市发展的全局性、关键性问题,多做动态性分析、前瞻性研究、可行性论证,搞好咨政建言,通过对影响发展突出问题的监督检查,既实事求是地指出问题,又满腔热情地提出建设性意见,为市委、市政府科学决策提供重要参考依据。同时,引导广大政协委员积极投身经济发展的主战场,创伟业、做表率、当先锋,在实现全市经济跨越式发展的奋斗目标上再立新功。

五、进一步关注民生,在促进解决民生问题上有新作为

关注民生、履职为民,是人民政协适应时代新要求和人民新期待的迫切需要。要牢固树立“人民政协为人民”的工作理念,把实现好、维护好、发展好最广大人民群众的根本利益,作为人民政协履行职能的根本出发点和落脚点,在重大问题决策过程中充分反映社情民意,积极建言献策。在关心民生热点,围绕落实党和政府的惠民利民政策,深入实际,面向基层,贴近群众,摸实情,听真言,出高招,深研长远之道,善建可信之言,多献务实之策,努力推动社会保障、医疗卫生、教育文化、收入分配、稳定物价、住房保障、食品安全等民生问题的落实和解决。要关爱困难群体,引导广大委员和社会各族各界人士积极参与惠民活动,在扶贫济困、爱心资助、结对帮扶等方面办实事出实招,充分体现政协组织和政协委员的社会责任。

六、进一步开拓创新,在加强自身建设上有新成就

政协自身建设是政协事业发展的客观需要,是认真履行职能的前提条件、重要基础和基本保障。要加强常委会建设,增强常委会组成人员的政治意识、大局意识、责任意识和表率意识。要加强专委会组织建设,密切各专委会之间的协作与配合,充分发挥专委会的基础作用。要加强委员队伍建设,使广大委员真正把政协岗位当作崇高事业,以良好的精神面貌和工作状态投入到政协工作之中。要坚持走出去、请进来,充分利用政协平台,加强与区内外政协之间的交流与合作,多渠道、多形式、多层次地宣传拉萨,提升我市及市政协对外影响力。要进一步加强政协机关建设,不断完善工作制度,加强工作力量,创新工作方法,拓展工作领域,确保各项工作顺利推进,不断开创政协工作新局面。

各位委员:过去的五年,政协第九届拉萨市委员会群贤汇聚,履职有为,成绩斐然。展望未来,新一届政协精英云集,协力同心,共担重任。我们相信,政协第十届委员会一定不辱使命,不负重托,在市委的坚强领导下,以更加饱满的精神、更加务实的态度、更加严谨的作风,进一步凝心聚力、勤奋工作,共同谱写人民政协事业发展史上的新篇章,为拉萨早日实现全面建设小康社会的宏伟目标做出新的更大的贡献!

以学习贯彻党的十八大精神为动力 做好党风廉政建设和反腐败斗争各项工作

——在中国共产党第八届拉萨市纪律检查委员会第三次全体会议上的工作报告

（2013 年 3 月 20 日）

中共拉萨市纪律检查委员会书记　诸伟敏

各位委员，同志们：

现在，我代表市纪委常委会向第三次全体会议报告工作，请予审议。

这次会议的主要任务是：深入贯彻党的十八大和十八届中央纪委二次全会特别是习近平总书记的重要讲话精神，贯彻落实区党委八届三次全会、八届自治区纪委三次全会、市委八届三次全会各项决策部署，总结 2012 年全市党风廉政建设和反腐败工作，通报表彰 2012 年度机关作风和行政效能建设考核先进单位，安排部署 2013 年工作任务。市委对这次会议非常重视，市委常委会召开专题会议对报告进行了审议。一会儿，区党委常委、市委书记齐扎拉同志将作重要讲话，我们要认真学习领会，切实抓好落实。

一、2012 年党风廉政建设和反腐败工作

2012 年，全市各级纪检监察机关认真贯彻自治区纪委和市委的决策部署，围绕主线，服务大局，以严明的政治纪律为抓手，加强监督检查，改进作风提升效能，扎实开展惩治和预防腐败各项工作，党风廉政建设和反腐败工作取得明显成效。

（一）严明党的纪律，维护政治纪律的严肃性。加强对党员干部执行党的政治纪律情况的监督检查，在重要敏感节点组织专门力量深入开展维稳督查；成立“2·29”专项工作组，对出境参加达赖“法会”的 1574 人进行了确认，对 11 名共产党员给予了党纪处分，1 名移送司法机关处理，同时完成了 786 名“法会”回流人员的教育培训、转化鉴定工作；成立“5·27”事件调查组，对涉及的 3 名干部给予了免职处理。通过以上工作的开展，一些违反政治纪律的苗头性倾向性问题得到及时纠正，广大党员干部执行和维护政治纪律的责任意识不断增强。

（二）加强监督检查，推动区市党委决策部署贯彻落实。把检查党的路线、方针、政策和区市党委重大决策部署贯彻执行情况作为重要职责。组织开展对中央第五次西藏工作座谈会、加快转变经济发展方式、保障和改善民生等政策落实情况的监督检查。加强对“十二五”规划和市委“五大战略”实施情况的监督检查。全程跟踪监督纳金大桥、城市供气供暖、“天网工程”等重大项目建设。扎实推进工程领域突出问题专项治理，将水利、交通领域的工程招投标项目纳入拉萨市有形建筑市场统一管理。参与监督政府采购 104 批次，节约资金 782 万元。对市直八家单位开展巡查工作。完成对市县乡人大、政府、政协换届纪律执行情况和干部选拔任用工作的监督检查。

（三）推进作风转变，密切联系群众。大力开展联系和服务群众工作，严格落实领导干部结对帮扶、联系点制度，完善地级领导包乡、县级领导包村制度，深入开展“创先争优强基础惠民生”活动，成立强基惠民活动办公室和“四业工程”办公室，扎实推进各项工作。狠刹歪风邪气，对大操大办、奢侈浪费、公车私用等现象进行了专项治理。开展党政机关公车治理，清理超编车 381 辆，对个别单位隐匿车辆的情况进行了通报。推进机关作风和行政效能建设，落实明察暗访、万人评议、办理投诉、综合考评等措施，新聘请 44 名政风行风评议社会监督员；改进完善机关作风效能建设考评体系，进一步加大奖惩力度，促进了机关作风的转变和行政效能的提升。

（四）坚决查办违纪违法案件，保持惩治腐败的高压态势。完善信访举报工作机制，全年共受理各类群众信访举报 123 件，初核了结 76 件，转立案 18 件，给予党纪政纪处分 19 人，其中县处级 2 人，科级以下 17 人，依纪依法解除行政处分 6 人，收缴各类违纪款 190.73 万元。治理“高考移民”，审查考生 6419 名，取消违规报名资格 15 名。继续深化工程建设领域突出问题专项治理，参与市政、农发、水利、交通等领域

招投标工程项目221个、涉及资金33.94亿元,取消不符合规定招投标17次。

(五)坚持整体推进,源头防腐不断深化。继续推进《工作规划》和市委《分工方案》各项目标任务的落实,组织县(区)、市直单位开展自查,建立推进惩防体系建设工作台账。与各县(区)、市直各单位签订《2012—2014年拉萨市党风廉政建设责任书》,对目标任务和具体责任进行层层分解,实行领导班子第一责任人"述责"报告制度,推动党风廉政建设责任制落实。制定《中共拉萨市纪委关于实行"三项谈话制度"暂行办法》,纪委书记同下级党政主要负责人谈话制度得到规范。全面贯彻落实《廉政准则》,严格执行领导干部报告个人有关事项的规定。认真执行党内监督条例,落实述职述廉、谈话、诫勉、函询等制度。利用党风廉政教育基地开展11个班次的教育培训活动,党员领导干部拒腐防变的意识和能力进一步增强。严格落实农牧区党风廉政建设若干规定,推动农牧区基层党风廉政建设向前发展。

(六)严格教育管理,加强自身建设。坚持把纪检监察机关自身建设作为基础性工作来抓。组织广大纪检监察干部深入学习党的十八大精神,加强干部教育培训,推进学习型机关、党的纯洁性建设。进一步理顺干部管理程序,规范纪检监察干部管理工作。积极参与创先争优强基惠民活动,选派16名干部(两批次)深入基层围绕"五项任务"扎实开展驻村工作。加强对基层纪检监察机关建设的支持,深入调研县纪委常委会和乡镇纪委工作运行情况,指导各县(区)纪委做好反腐倡廉工作。

回顾我市一年来的反腐倡廉工作,虽然取得了一些成效,但还有一些薄弱环节,主要是:在落实党风廉政建设责任制中,一些领导履行"一岗双责"不到位,存在一手硬一手软的情况;个别党政机关吃拿卡要、铺张浪费、作风不实、效能不高的问题还比较突出;一些党员干部的能力水平与做好新形势下群众工作的要求还有差距;极少数党员干部违反政治纪律的行为、损害群众利益的现象时有发生;纪检监察机关人少事多的矛盾进一步凸显。这些问题必须引起我们的高度重视,认真加以解决。

二、2013年党风廉政建设和反腐败工作任务

2013年,全市党风廉政建设和反腐败工作的总体要求是:以邓小平理论、"三个代表"重要思想、科学发展观为指导,认真学习贯彻党的十八大、十八届中央纪委二次全会特别是习近平总书记的重要讲话精神,按照区、市党委和区纪委的总体部署,全面履行党章赋予的职责,着力加强党的纪律建设、作风建设,依纪依法严惩腐败,坚决纠正损害群众利益的不正之风,进一步提高反腐倡廉建设科学化水平,为建设"美丽家园、幸福拉萨"提供坚强有力的保证。

(一)加强以严明政治纪律为重点的纪律建设。各级党政组织和广大党员干部特别是领导干部一定要自觉遵守党章,自觉担负起执行和维护政治纪律的责任,加强对党员干部遵守政治纪律的教育、监督和管理。各级纪检监察机关要始终把维护党的政治纪律放在首位,切实加强对党的政治纪律执行情况的监督检查,引导督促各级党员领导干部坚定政治立场和政治方向,提高政治敏锐性和政治鉴别力,在重大问题上头脑清醒、旗帜鲜明,在关键时刻和重大事件中经得起考验。

加强对学习贯彻党的十八大精神情况的监督检查,保证党中央作出的各项战略决策部署得到落实。要吃透中央第五次西藏工作座谈会精神,加强对中央、区市党委关于经济社会发展重大决策部署执行情况的监督检查,确保各项目标任务落到实处。坚决查处和纠正违反党章的行为,坚决做到习近平总书记提出的三个"决不允许"。

认真落实党内监督条例,坚持和完善民主集中制,落实"三重一大"决策机制,强化对"一把手"的监督。积极探索加强和改进监督的新途径新办法,切实加强对领导干部行使权力的监督。认真执行《廉政准则》和自治区出台的相关规定,严格执行领导干部报告个人有关事项和对配偶子女均已移居国(境)外的国家工作人员加强管理等制度,坚决治理党员领导干部在廉洁自律方面存在的参与赌博、借婚丧嫁娶大操大办、收受礼金或有价证券、公款大吃大喝等问题。根据市委统一部署开展好巡查工作,增强发现问题的能力,提高巡查成果运用。

(二)加强以保持党同人民血肉联系为重点的作风建设。认真实施《拉萨市市(中)直机关效能建设争先进位考核办法(试行)》,深化明察暗访、办理投诉、万人评议、通报情况、责任追究等措施,推动机关作风改进和效能提速。严格执行中央"八项规定"、自治区"约法十章"及配套规定,加强对规定执行情况的日常监督。按照市委八届三次全会"三坚决三表率"的目标要求,采取有力措施着力解决虚、懒、软、散

等突出问题。坚持艰苦奋斗，厉行勤俭节约，下决心改进文风会风，严格控制楼堂馆所建设，严肃整治公款大吃大喝、公款旅游等行为。

按照《中共拉萨市委员会关于进一步做好新形势下群众工作的意见》的部署，教育引导广大党员干部进一步增强做好群众工作的紧迫感，把握新形势下群众工作的特点和规律，掌握做好群众工作的方法和本领。积极参与群众工作部的各项工作，围绕《意见》提出的9条措施，会同相关部门及时巡查了解民情动态，认真督查作风效能，通报工作落实情况。对因工作不力酿成群体性事件的单位和个人，年度考评"一票否决"，对损害群众利益、造成严重后果的，依纪依法追究责任严肃处理。

坚决纠正损害群众切身利益的不正之风，继续开展工程建设领域突出问题、公务用车专项治理，深入治理干部选拔任用、征地拆迁、住房保障、食品药品安全、安全生产等方面出现的问题，加强对教育招生和公务员考录工作的监督，办好政风行风热线。加强基层党风廉政建设，切实维护基层农牧民群众的切身利益，严格执行农村基层干部廉洁履行职责若干规定，健全完善农村集体资金资产资源管理以及村（居）委会集体决策和村民议事等制度。继续深化创先争优强基惠民活动，推进"四业工程"，引导党员干部在开展驻村工作中经受锻炼、增进感情、提高能力、办好实事。

（三）加强以完善惩防体系建设为重点的反腐倡廉建设。认真落实党风廉政建设责任制，督促各级党政主要领导履行好"第一责任人"的责任，做到重要工作亲自部署、重大问题亲自过问、重点环节亲自协调、重要案件亲自督办，管好班子、带好队伍，切实履行好"一岗双责"。对不负责任、不抓不管导致发生重大违纪违法问题的要严肃追究责任。总结惩治和预防腐败体系建设有效经验，按照中央和自治区的统一部署，结合拉萨实际认真谋划制定2013—2017年的分工方案，建立健全督查机制和奖惩机制，推动惩防体系建设各项任务的落实。

坚持有案必查、有腐必惩、有贪必肃。突出办案重点，从严从重查处违反政治纪律的案件，严肃查办发生在领导机关和领导干部中以权谋私、贪污贿赂、腐化堕落、失职渎职的案件，严肃查办重点领域和关键环节的腐败案件，严肃查办损害群众利益的案件，严肃查办违反组织人事纪律的案件。坚持依纪依法、安全文明办案，加强案件审理和案件监督管理，规范办案程序和行为，注重从信访举报、巡查工作、专项治理、媒体舆情中发现案件线索，进一步拓宽案源渠道。加强对基层纪检监察机关查办案件工作的指导，提高基层纪检监察干部查办案件的能力和水平。加强对重大典型案件的剖析研究，切实发挥查办案件的治本功能。

深入开展理想信念和宗旨教育、党性党风党纪教育、法制教育、诚信教育，深化示范教育、警示教育和岗位廉政教育，制定并组织实施党风廉政教育基地的教育培训计划，举办相关主题教育活动，引导党员干部牢固树立正确的世界观、权力观、事业观。从关心爱护干部的立场出发，着力加强党员干部特别是领导干部的教育管理和监督，防止"上一个项目倒一批干部"现象的发生，切实增强党员干部拒腐防变能力。加强反腐倡廉宣传工作，深入开展廉政文化创建活动，发挥报刊、广播、电视等传统媒体和网络、手机等新兴媒体的积极作用，大力宣传普及廉政文化。

（四）加强纪检监察机关自身建设。纪检监察机关自身建设是做好反腐倡廉各项工作的基础和前提，也是各级纪检监察机关的永恒主题和长期任务。要加强理论武装，坚持用中国特色社会主义理论体系特别是科学发展观武装头脑，指导实践、推动工作，不断提高政治素质和业务素质。要加强党性修养，增强政治意识、大局意识、责任意识、法纪意识，提高政治敏锐性和政治鉴别力。要加强组织建设，着力在健全机构设置、明确职责定位、发挥职能作用、整合工作力量上下功夫，进一步理顺纪检监察派驻机构统一管理体制机制，提高派驻机构有效发挥监督职能的能力。加强对基层纪检监察机关的建设，落实相关政策和补贴。要加强能力建设，深化教育培训，深入调查研究，完善工作思路，改进工作方法，提高科学履职能力和水平。要加强作风建设，始终保持党同人民群众的血肉联系，自觉接受监督，坚决做到中央纪委提出的"四个不准"。广大纪检监察干部要严格要求自己，带头严守纪律、改进作风、拒腐防变，树立纪检监察干部忠诚可靠、服务人民、刚正不阿、秉公执纪的良好形象。

同志们，反腐倡廉建设是一项重大的政治任务，是各级纪检监察机关肩负的光荣使命。让我们在市委和区纪委的坚强领导下，统一思想、坚定信念，务实创新、奋力进取，扎实做好党风廉政建设和反腐败各项工作，为发挥拉萨首府城市首位度作用、实现拉萨跨越式发展和长治久安作出新的更大贡献！

【注释】

1、《工作规划》:指2008年5月中央颁布的《建立健全惩治和预防腐败体系2008—2012年工作规划》,对2008—2012年建立健全惩治和预防腐败体系涉及的6个方面工作、141项任务作出总体部署和安排,并对任务进行了详细分解,明确了36个牵头部门、87个协办单位的职责。

2、《分工方案》:指2008年11月27日市委印发的《拉萨市贯彻落实〈西藏自治区〈建立健全惩治和预防腐败体系2008—2012年工作规划〉实施办法〉分工方案》(拉委发〔2008〕91号),《分工方案》将贯彻落实自治区《实施办法》的任务分解到各职能部门,具体分为6大责任、18个工作目标、117条工作措施,明确了牵头单位和协办单位的责任,明确了工作标准和完成时限。

3、"一岗双责":指各级领导干部既要抓好分管的业务工作,又要以同等的注意力抓好分管的党风廉政建设,坚持一手抓业务工作、一手抓反腐倡廉,自觉把党风廉政建设融入到各项工作中。

4、"三个决不允许":1月22日,习近平同志在十八届中央纪委二次全会上的讲话中强调,要防止和克服地方和部门保护主义、本位主义,决不允许"上有政策、下有对策",决不允许有令不行、有禁不止,决不允许在贯彻执行中央决策部署上打折扣、做选择、搞变通。

5、"三重一大":指重大决策、重要干部任免、重大项目安排、大额度资金使用。

6、"三坚决三表率":1月14日,齐扎拉同志在八届市委三次全会上的报告中要求,全市党员干部要切实做到"三坚决三表率",坚决服从市委的决定,坚决维护各级党组织的核心地位,坚决完成各项目标任务;争做秉公执法的表率,忠于党、忠于人民、忠于事业、忠于职守,旗帜鲜明、立场坚定;争做勤学善思的表率,通过学习把握规律、开拓创新,不断研究新情况、解决新问题、创造新经验,取得新突破;争做真抓实干的表率,切实贯彻落实中央"八项规定"和自治区"约法十章",讲实话、干实事,敢作为、勇担当,言必行、行必果。

7、"四个不准":1月21日,王岐山同志在十八届中央纪委二次全会工作报告中要求,纪检监察干部要严格遵守党的各项纪律,不准发表与党的路线方针政策和决定相违背的言论,不准越权批办、催办或干预有关单位的案件处理等事项,不准以案谋私、办人情案,不准跑风漏气、泄露工作中的秘密。

拉萨市中级人民法院工作报告

——2013年2月28日在拉萨市第十届人民代表大会第三次会议上

拉萨市中级人民法院院长　边巴拉姆

各位代表：

现在，我代表拉萨市中级人民法院向大会报告工作，请予审议，并请各位政协委员和列席人员提出意见。

2012年，市中院在党委领导、人大及其常委会监督、政府支持、政协民主监督和自治区高院监督指导下，以邓小平理论、“三个代表”重要思想和科学发展观为指导，始终坚持“三个至上”工作指导思想和“为大局服务，为人民司法”工作主题，牢固树立能动司法理念，积极投身社会管理创新，大力推进“全区示范、全国优秀”法院创建进程，为拉萨充分发挥首府城市首位度作用提供了有力的司法保障。

一、履行审判职责，服务跨越式发展和长治久安大局

全市法院坚持抓好执法办案第一要务，切实维护社会公平正义，为拉萨实施“五大战略”营造良好的法治环境。共受理各类案件7255件，审执结6860件，结案率94.5%，收结案同比上升6.5%和5%，其中市中院共受理各类案件2114件，审执结2079件，结案率98.3%，收结案同比上升7.6%和8.4%。

——加强刑事审判工作，全力维护国家安全和社会稳定。共受理刑事案件452件，审结441件，收结案同比下降7.9%和6.9%，判处罪犯524人，其中被判处5年以上有期徒刑的74人。深入开展打击整治专项行动，严惩危害国家安全和严重危害社会治安的杀人、故意伤害、“两抢一盗”及黑恶势力犯罪案件278件，判处罪犯423人，切实维护国家安全和社会稳定，增强人民群众安全感。加大对毒品犯罪打击力度，审结毒品犯罪案件41件，判处罪犯71人，有效遏制毒品犯罪抬头趋势。准确把握宽严相济刑事政策，对66名社会危害性不大、主观恶性不深的被告人依法适用非监禁刑，对1289名罪犯依法减刑。依法保障被告人的各项诉讼权利，为10名符合法律援助条件的被告人指定辩护人。

——加强民商事和行政审判工作，保障经济更好更快更大发展。共受理民商事案件3586件，审结3496件，结案率97.4%，诉讼标的6.1亿余元，收结案同比上升3.5%和3%。把保障民生作为促进经济发展方式转变的出发点和落脚点，依法妥善审结涉及农牧民生产生活的草场、土地、水利、虫草资源纠纷案件687件，促进社会主义新农村建设；审结劳务、相邻、婚姻家庭、人身损害赔偿等事关群众切身利益的案件1023件，维护群众合法权益；审结买卖、矿产开发、房地产开发、工程建设等合同纠纷案件2473件，维护公平诚信的市场秩序，促进经济社会发展。妥善处理索朗等6人与西藏金路通东风汽车销售服务有限公司买卖合同纠纷案。积极探索行政案件协调处理机制，妥善化解行政争议，保护行政相对人合法权益，促进依法行政，全年共受理行政案件33件，审结32件，结案率96.9%，其中协调撤诉结案14件，占43.7%，行政机关负责人参与案件协调与出庭应诉率达45%。

——加强执行工作，努力维护当事人合法权益。共受理执行案件1876件，执结1583件，执结率84.3%，执结标的3.3亿余元，收结案同比上升24%和19.7%。坚持满足人民群众的司法需求，通过提级执行、媒体曝光老赖以及开通“400”执行专线等方式，加大执行力度，顺利执结西藏创业教育投资有限公司系列案等疑难复杂案件。坚持执行和解、强制执行两手抓，教育疏导当事人自动履行、和解539件，采取拘留、查封、扣押、冻结等强制措施强制执行533件。坚持在党委领导下健全执行联动和威慑机制，与公安等部门以及街道办事处、村委会建立执行协作机制，形成执行合力。

二、延伸司法职能，全力推进社会管理创新

全市法院不断强化司法的社会责任，增强司法工作为大局服务的主动性，积极推进社会管理创新，全

力维护社会和谐稳定。

——*延伸司法职能,参与社会治安综合治理*。面对今年异常尖锐复杂的反分裂斗争形势,全市法院不断完善应急预案、强化实战训练,在重要节假日、敏感日和重大活动期间,积极参与重点人员教育管控、重点部位防范、重点区域巡逻值勤等维稳中心工作。共派出干警9410人(次),出动车辆4765台(次),投入经费45.44万元。始终把提高人民群众的法律意识作为延伸司法职能的重点,采取"文艺搭台,法制唱戏"等群众喜闻乐见的方式开展"法律七进"422次,发放宣传材料3.2万余份,受教育人员达4.2万余人。同时,为进一步扩大法制宣传覆盖面,市中院主动加强与媒体的沟通合作,在报纸、电视、网络等媒体上开办了"雪域论案"、"法官说法"等普法栏目。

——*加强源头治理,促进社会和谐*。高度重视涉诉信访源头治理,认真落实最高人民法院"四个必须"、"五项制度"要求,加强信访积案清理,细致排查涉稳矛盾纠纷,妥善化解中央政法委督办的涉诉信访案件7件,市委督办的涉诉信访案件17件。加大司法救助力度,减少涉诉信访隐患,依法为999件案件的困难当事人缓、减、免交诉讼费83.9万余元,为60名胜诉权益无法实现的困难申请执行人发放救助金137万余元。不断加大巡回审判力度,车载流动法庭坚持有案办案、无案宣法,了解社情民意,调处矛盾纠纷,有力维护了社会稳定。共审结各类案件1045件,行程15.8万余公里。

——*创新调解方式,力促案结事了*。贯彻"调解优先,调判结合"原则,将调解作为化解社会矛盾的优先手段,一审民事案件调撤2474件,调撤率70.7%,同比增长10.5%;前移矛盾化解关口,630起矛盾纠纷在诉前调解成功。深入开展诉讼与非诉讼相衔接的矛盾纠纷化解机制改革试点工作,推广法官包村、法官联系点、司法确认等工作方式,实现诉讼调解与人民调解、行政调解的有效衔接。对352份由人民调解组织和交警、劳动仲裁、民政等部门主持达成的调解协议进行司法确认。

三、抓党建带队建,努力提升队伍整体素质

全市法院以提升能力、精细管理为重点,全面加强队伍建设,努力造就一支忠诚、为民、公正、廉洁的法院队伍。

——*加强党的建设,以党建带队建促审判*。深入开展基层组织建设年活动,积极做好党支部分类评级自评自查、整改提高、晋位升级工作。坚持丰富党建工作载体,深入开展政法干警核心价值观暨岗位大练兵等主题教育实践活动,举办"民族大团结"宣讲报告会和金秋运动会,组织开展党员公开承诺、有奖征文、党史知识竞赛,创新开展"幸福星期五"党日活动,坚定信念、增进团结、陶冶情操、提升干劲。狠抓退休支部建设,配齐配强支部班子,健全支部制度,提供经费支持,确保退休不"褪色"。

——*深化司法能力建设,提升队伍司法水平*。注重理论与实践相结合、知识与能力相结合,通过上挂下派、新老法官"传帮带"、岗位练兵、邀请对口援助法院选派优秀干部赴藏挂职锻炼、巡回授课等多种方式,组织干警参加各类培训450余人次,有效提高广大干警的司法能力。认真开展"两评查"活动,邀请人大代表、政协委员、一线法官、西藏大学政法学院师生及群众代表参加庭审观摩,开展互动交流,增强法官驾驭庭审能力和执法办案水平。与西藏大学共建法学教学实习基地,加强干警培训和理论研讨,市中院两名副院长被西藏大学聘为"法学客座教授"。

——*深化党风廉政建设,确保司法廉洁*。认真学习贯彻各级党委关于反腐倡廉的一系列重要精神和决策部署,全面落实党风廉政建设责任制,制定《廉政风险防范申报管理实施细则》及责任追究办法,加强对重点岗位、重要环节、重大事项的全方位监督。大力开展纪律作风警示教育,组织干警收看警示教育片30余次,使干警看得见风险、经得起诱惑、守得住底线。严格执行"四个一律"、"五个严禁"、"六条禁令"等廉政规定,严肃政治纪律、工作纪律、生活纪律,确保廉政教育到位、监督管理到位、责任追查到位。

四、坚持重心下移,夯实人民法院科学发展根基

全市法院坚持重心下移、固本强基,促进人民法院事业科学健康发展。

——*加强基础建设,改善执法办案条件*。狠抓执法办案制度条件的改善,2012年是全市法院规范化建设推进年,通过卓有成效的"废、改、立"工作,全市法院政务、人事、审判管理三者融合的规章制度体系已逐渐形成。狠抓执法办案设施条件的改善,城关区、堆龙德庆县、墨竹工卡县法院改扩建工程主体基

本完工,市中院及其余五县法院改扩建工程以及17个人民法庭等“十二五”规划项目前期准备工作进展顺利,将陆续开工建设。狠抓执法办案信息化条件的改善,加强法院内部局域网建设,市中院、城关区法院、墨竹工卡县法院等均已建成内部局域网,市中院基本实现无纸化办公。

——*加强调研督导,提高基层司法水平*。进一步加强和创新市中院领导联系基层法院制度,强化对各基层法院以审判为中心的各项工作的调研督导,市中院领导班子15次深入基层调研指导,帮助基层法院解决存在的困难和问题,确保政令畅通,令行禁止。依法开展对下业务督导,组织召开审判工作座谈会,并对刑事、民事审判工作专题调研,分析新形势、研究新情况、解决新问题,增进理解信任,统一司法尺度,为新修改法律的实施打下坚实的基础。

——*强基础惠民生,抓住基层发展稳定根本*。全市法院110余名干警组成29个驻村工作队进驻各乡村开展强基惠民活动,全力协助所驻乡党委、政府做好村“两委”换届选举工作,全力为群众办实事、做好事、解难事,共指导基层党建工作172次,发展党员90余名,开展“八看、一算账、一揭批、四增强”感党恩教育231次,为结对帮扶困难群众捐赠物资款项共计33万余元,争取“短、平、快”等项目23个,项目资金269.4万余元。

五、坚持党的领导,自觉接受人大及社会各界监督

坚持重大司法措施、重大工作部署、重大疑难敏感案件及时向党委请示汇报,确保党的路线方针政策和党委重大决策部署得到全面贯彻执行。高度重视人大及其常委会的监督和政协的民主监督,及时主动地向人大及其常委会、政协报告审判职能履行情况以及重大案件审判情况,听取意见和建议,并认真办理、答复,共办理批交办事项和意见建议76件次,答复率达100%。加强与人大代表、政协委员的联络,邀请人大代表、政协委员、廉政监督员召开座谈会、监督执行、旁听庭审127人次。高度重视检察机关的法律监督,邀请检察长列席审判委员会6次6案。积极推进司法民主,促进司法公正透明,邀请58名人民陪审员参与办案338件。

各位代表,全市法院工作取得的成绩,是市委坚强领导、人大有力监督、政府大力支持、政协民主监督及各有关部门、有关方面鼎力支持的结果。所有这些关心支持,是我们创新发展的强大动力,是我们战胜困难的力量源泉,是我们维护公平正义的坚强后盾。在此,我代表全市法院和全体干警向各位领导、人大代表、政协委员及社会各界表示衷心的感谢并致以崇高的敬意!

在看到成绩的同时,我们也清醒地认识到,面对十分严峻的反分裂斗争形势,面对渐趋繁重的审判执行工作任务,面对人民群众日益增长的司法需求,我们的工作中还存在不少差距和不足:一是法院队伍整体素质和司法能力与维护社会公平正义的要求不相适应;二是司法工作机制与人民群众日益增长的司法需求不相适应,审判作风不够深入;三是化解矛盾和做群众工作的能力还需进一步提升;四是案多人少的矛盾依然突出。这些问题,我们有信心、有决心在市委的坚强领导下,认真加以解决。

今后一个时期,是全党、全国上下深入学习贯彻党的十八大精神的重要时期,也是拉萨实施“五大战略”的关键阶段。站在新的历史起点上,我们将认真学习贯彻落实党的十八大和中央、区市经济工作会议、政法工作会议、法院工作会议以及区市八届三次全委会精神,始终坚持“三个至上”工作指导思想,紧紧围绕全面推进依法治国和建设美丽家园、幸福拉萨大局,始终坚持为大局服务、为人民司法,始终坚持狠抓队伍建设、全面提高队伍素质,始终坚持抓好基层基础建设、全面提升司法保障能力,始终坚持以争创“全区示范、全国优秀”法院为目标,为全面实施“五大战略”、全面建成小康社会提供更加有力的司法保障和更加优质的司法服务。

一是致力于推进平安拉萨建设,切实维护国家安全和社会稳定。始终把深入揭批达赖、开展反分裂斗争作为一切工作的重中之重,深入贯彻落实区市维稳综治工作会议精神,以“三不出”和“三无”为目标,以“四个严防”为重点,主动应对、果断出击、依法处置,粉碎达赖集团一切分裂图谋。充分发挥刑事审判职能,依法严厉打击危害国家安全和破坏社会稳定的各类犯罪分子。坚持宽严相济的刑事政策,最大限度减少社会对抗。进一步加强涉诉信访源头治理,深入开展涉诉矛盾纠纷排查化解和社会稳定风险评估工作,巩固诉讼与非诉讼相衔接的矛盾纠纷化解机制改革试点工作成果,加大对因拆迁补偿、土地置换、商业建房引发的涉法涉诉土地纠纷案件的排查化解,把矛盾化解在基层、解决在萌芽状态。

二是致力于推进法治拉萨建设,切实促进经济持续快速发展。牢固树立社会主义法治理念,坚持中国特色社会主义司法制度,以公正高效廉洁司法服务法治稳市战略。紧紧围绕全市经济工作会议提出的拉萨经济发展总思路和总基调,妥善处理涉及优势矿产业、民族手工业、旅游文化产业等拉萨战略支撑产业的各类案件,依法惩处破坏水源耕地草场林木、非法猎杀珍稀动物等破坏环境资源保护的犯罪活动,增强经济科学发展能力。坚持监督与支持并重妥善审理各类行政案件,推进法治政府建设。抓好婚姻家庭、劳动争议、民间借贷、教育就业、医疗保险等民生案件的审判工作,坚持在党委领导下进一步推动和完善执行联动机制,努力解决民生保护、"执行难"等热点、难点问题。完善各项便民利民措施,加强立案信访窗口建设,抓好巡回审判工作,加大司法救助力度,努力满足群众日益增长的司法需求。

三是致力于推进能力建设,切实加强党的建设和队伍建设。紧扣党的十八大全面提高党的建设科学化水平新要求,大力推广"支部建在部门"的经验,加强学习型、服务型、创新型党组、党支部、党小组建设。按照全国、全区、全市政法工作会议精神,深入开展"素质建设年"暨大下访、走基层、转作风、抓落实主题实践活动,通过岗位业务大练兵、"请进来、走出去"、讲师团巡回授课、法官教法官等多种方式,加强对法官特别是年轻法官的教育培训和实践锻炼,进一步提升司法能力。认真落实中央、最高法院和区、市党委关于改进工作作风、密切联系群众的各项规定措施,深入开展纪律作风教育整顿活动,着力解决人民群众反映强烈的突出问题。强化廉政警示教育和保持党的纯洁性教育,建立健全廉政风险点监督制约机制,确保法官清正、法院清廉、司法清明。

四是致力于推进基层基础建设,切实务实人民法院发展根基。加强与党委政府及对口援助法院的沟通联系,积极协调落实"十二五"政法基础建设项目和援助计划,改善执法办案条件。紧密结合全市法院软硬件实际,坚持科学规划和人才储备两手抓,切实把全市法院建成全区信息化建设示范法院。继续开展司法规范化建设推进年活动,积极推进法院管理创新,规范司法权力运行,确保各项工作高水平、高质量均衡发展。加强和改进审判监督指导工作,依法开展对下指导,规范请示案件办理,切实提升基层司法水平。进一步深入开展"创先争优强基惠民"活动,努力加强基层党组织建设,改善群众生产生活条件。

五是致力于推进公平公正司法,切实强化接受监督意识。高度重视人大及其常委会的监督和政协的民主监督,及时主动地向人大、政协汇报法院工作情况,听取意见建议。高度重视党委政法委的执法监督和检察机关的法律监督,不断规范司法行为。切实抓好人大代表建议、政协提案以及代表、委员来信来访办理工作,认真解决代表、委员反映的问题。按照"主动、经常、深入"的工作方针,加强和改进人大代表、政协委员联络工作,切实改进法院工作。

各位代表,面对新形势、新任务、新机遇,全市法院将在党的十八大精神的指引下,在党委坚强领导和人大及其常委会有力监督支持下,进一步解放思想、开拓创新,以更加饱满的热情、更加振奋的精神和更加务实的作风,忠实履行宪法和法律赋予的职责,为完成这次大会提出的各项任务,为拉萨实施"五大战略"和在全区率先建成小康社会而努力奋斗!

拉萨市人民检察院工作报告

——2013年2月28日在拉萨市第十届人民代表大会第三次会议上

拉萨市人民检察院代理检察长 田建设

各位代表：

现在，我代表拉萨市人民检察院向大会报告工作，请予审议，并请市政协各位委员和列席人员提出意见。

2012年检察工作回顾

2012年，全市检察机关在市委和区检院正确领导下，在市人大及其常委会有力监督下，在市政府大力支持、市政协民主监督和社会各界的关心支持下，充分发挥首府检察首位度作用，紧紧围绕全市“五大战略”，守土创安，履职为民，依法办理各类案件2818件，为拉萨改革发展稳定大局提供了坚强有力的法治保障。

一、忠诚履行职责，努力服务大局维护稳定助推发展

牢固树立稳定压倒一切的思想，勇于担当，忠诚履职，服务大局，助推发展，各项工作取得了显著成效。

坚决维护国家安全和社会稳定。围绕确保党的十八大胜利召开这个总任务，按照“三不出”这个总要求，严密防范和严厉打击各类敌对势力分裂破坏活动。与公安、法院等部门密切配合，紧紧抓住维稳工作重要节点，加强社会面管控，派出警力16342人次参与护路、守桥、值班、备勤。加强涉稳、涉众型案件办理，坚决打击危害国家安全犯罪，提起公诉4人，坚决打击危害公共安全犯罪，提起公诉24人。

依法打击各类严重刑事犯罪。严厉打击各类严重暴力犯罪，共受理移送审查批准逮捕448件711人，同比分别减少6.1%、5.5%，批准逮捕388件620人，同比分别减少5%、0.1%；受理移送审查起诉428件655人，同比分别减少1.2%、1.5%；提起公诉357件532人，同比分别减少5.3%、9.2%。依法从快批捕起诉了鲜李章等15人涉嫌黑社会性质组织犯罪。落实宽严相济刑事政策，对犯罪情节轻微人员，决定不批准逮捕88人，不起诉13人，避免了社会对抗，增加了社会和谐。

依法打击各类严重经济犯罪。共审查批捕金融诈骗、生产销售伪劣产品、非法经营等严重破坏市场经济秩序犯罪嫌疑人31人，提起公诉15人。加强重大经济案件、涉众性经济案件办理，依法查办了涉及我区三个地市、涉案金额近1亿元的“8·30”虚开增值税发票案；依法查办了林显财、次仁罗布等聚众扰乱拉日铁路建设的犯罪案件；依法查办了“李明抽逃出资案”等涉及民营企业发展的重大经济犯罪案件。一年来，全市检察机关通过办理案件，挽回经济损失5998.7万元，为全市经济平稳较快发展提供了有力司法保障。

二、强化诉讼监督，维护执法司法公平和社会正义

坚持检察工作主题和总体要求，完善监督机制，强化监督力度，有力维护了执法、司法公平和社会正义。

加强立案监督和侦查活动监督。开展了“另案处理”案件专项检查活动，对应当立案而不立案的，督促立案4件；对不应立案而立案的，督促撤案3件；对应当逮捕而未提请逮捕、应当起诉而未移送起诉的，决定追捕2人、追诉3人。认真纠正侦查活动违法情形，发出纠正违法通知书10件，提出口头纠正意见55件次。做好捕诉衔接，提前介入重大案件28件，引导侦查474件次，确保了案件依法公正快速办理。

加强审判活动监督。推进量刑建议工作，对90%以上的公诉案件纳入量刑建议范围，提出量刑建议297件，法院采纳264件，促进了量刑的公开公正。加强抗诉工作，对确有错误的刑事裁判提出抗诉1件。城关区检察院一起抗诉案件被最高人民检察院选入全国80件“优秀诉讼监督案件”。加强民事行政检察，办理民事行政申诉案件16件，提请抗诉2件。加强民事审判监督，跟庭听审28次，纠正违法5件次。积极维护审判权威，对裁判正确的申诉案件，开展服判息诉10件。

加强监管活动和刑罚执行监督。加强监管活动监督，开展日常巡视检查495次，对发现的问题发出检察建议7件，纠正违法5件，口头纠正44件次，查办狱内脱逃案1件,纠正、催办、清理超期羁押19件。加强刑罚执行监督,审查拟适用减刑、假释、暂予监外执行案件1387件,建议纠正139件。加强暂予监外执行监督,开展回访42人次,避免出现失控、脱管、漏管,保障了刑罚执行的严肃性。

三、深化检察工作触角,推动检察环节社会管理创新

主动融入党委、政府主导的社会管理大格局,延伸检察工作触角,积极参与、保障和推进社会管理法治化。

推进检力下沉,强化矛盾化解。畅通和规范群众诉求表达、权益保障渠道,筹办"12309"民生举报热线,方便群众反映问题。加强对涉法涉诉问题的法治化处理,在办案、执勤、驻村等各项工作中,排查化解群众矛盾纠纷149件次,办理群众控、申、举、访163件次,避免了闹访、缠访、上访事件发生。积极落实刑事和解政策,依法处理邻里纠纷引起的微罪案件、与受害人达成谅解的轻微案件3件,促进了社会关系修复。

加强检察环节社会管理。推行执法办案风险评估预警机制,对可能引发矛盾的不立、不捕、不诉案件,制定预案13件,及时介入处理27件次,有力防范了执法办案风险。加强检察建议落实,向有关单位发出改进管理、堵塞漏洞的检察建议11件,促进了社会管理法治化、规范化。加强监管场所安全管理,开展检查274次,督促整改安全隐患24件次,确保了监管场所安全稳定。加强特殊人群管理,对法会回流、刑满释放等特殊人员开展教育、感化、帮助530人次,对生活确有困难的刑事被害人救助资金28万元,促进了特殊群体安全回归社会。

四、查办预防职务犯罪,推进反腐倡廉建设

不断深化反腐败源头治理和立体工作思维,积极构建惩治预防腐败大格局,推进反腐倡廉建设。

加强职务犯罪查处。初查职务犯罪案件15件18人,立案查办11件13人(贪污贿赂9件11人,渎职侵权2件2人),立案人数同比增加44%。立案案件中,大案9人,县处级以上要案2人,大要案同比增加175%。通过查办职务犯罪,为国家挽回经济损失581万元。加强查办职务犯罪工作协作,会同国土、环保、安监等10家行政执法部门制定了《在查办和预防职务犯罪工作中加强协作配合的意见》。

加强重点项目预防。充分运用预防手段,针对招标、施工、监理、质检、验收、资金拨付等各个环节,开展全程监督,加强了对国家重点建设项目的保护。先后对拉日铁路、自治区自然科学博物馆、柳梧新区奥体大街等重点项目开展专项预防49次,提出预防建议6件,保障了国家重大投资安全。对自然科学博物馆项目提出的预防建议,被建设方采纳,并得到了自治区领导肯定。

深化预防体系建设。推动警示教育进党校和行政学院,为各级领导干部开展专题讲座28场次。城关区院警示教育基地全年安排20家单位,474名国家工作人员参观学习。推进预防职务犯罪工作体系建设,组织召开全市首次预防工作交流会,与70余家单位建立了预防工作联系制度。落实查办预防职务犯罪年度报告制度,两级检察院向党委、人大、政府及有关部门提交职务犯罪发案态势和预防对策综合报告7份。积极开展行贿犯罪档案查询录入工作,开展查询3次,录入行贿记录2人,把好工程建设廉洁准入关。

五、执法为民强化维权,切实保障和改善民生

依法打击危害民生犯罪。开展查办农牧区合作医疗、安居工程建设领域职务犯罪专项工作,查办案件1件,协调兑现群众补助金33万元。积极参与打击拐卖妇女儿童犯罪专项行动,起诉涉嫌拐卖妇女犯罪嫌疑人5人。办理拒不支付劳动报酬案件1件,为群众挽回损失5万元。深化特殊人群服务,开展在押人员维权60人次,督促返还财产23万元。在全区率先挂牌成立未成年人刑事检察办公室,实现了未成年人犯罪案件"捕、诉、监、防"一体化。

扎实推进强基惠民活动。全市检察机关选派37名干警参加驻村工作,协助加强基层组织建设,深入开展主题教育活动,努力夯实反对分裂、维护稳定的群众基础;积极参与农牧区建设,协助申请项目83个,协调落实资金2304万元;认真为群众办实事、做好事、解难事,协助转移农村劳动力28人,组织干警捐款捐物39.2万元。

宣传引领先进法治文化。深入开展法制宣传,与拉萨晚报、西藏法制报合办"检察官说法"、"雪域论案"等专栏,发表法治宣传文章150余篇,取得了良好社会效果。深化"法律七进",选派52名干警到全市中小学担任法制副校长。检察干警到机关、社区、企业和学校开展普法宣传256场次,提供法律咨询633人次,发放宣传资料3.4万份,受教育人员达3.6万人次,提高了社会各界的守法维权意识。

六、加强自身建设,扎实推进检察工作科学发展

深入贯彻落实科学发展观,牢固树立强基固本思想,狠抓基础工作、基本素质和基层基础建设。

加强队伍建设,提升履职能力。扎实开展"政法干警核心价值观”教育实践活动,培育检察职业精神,坚定理想信念。在市委、组织部、政法委的关心支持下,选拔县处级干部9人,科级干部46人,招录引进60人,干部队伍的结构梯次进一步优化。坚持“走出去”、“请进来”和“岗位练兵”三条腿走路,加强干警业务培训。选派309名干警参加了培训锻炼,组织20名干警考取了法律硕士,请进江苏检察机关3名骨干来我院挂职,有力提高了干警业务素质。一年来,23名干警抽调参与区市15个重大专案办理,并圆满完成任务,展现了良好工作能力和素质。

完善监督制约,提升检察公信。细化办案标准、强化流程监督,加强业务规范化建设。开展了“百万案件”评查活动,评查案件723件,对评查出的瑕疵和问题全部作出整改,提高了办案质量。自觉接受人大监督、政协民主监督和社会监督,邀请人大代表、政协委员视察检察工作22次,办结答复人大代表议案2件。大力开展检察开放日活动,印发《检务公开宣传册》5150余份,增进人民群众对检察工作的了解。完善群众意见收集、研判和落实机制,制发检民联系卡1060余份,听取群众意见和建议49件次。加强人民监督员工作,续聘人民监督员2名,监督不起诉案件1件。

加强基层基础,夯实工作根基。扎实推进基层院队伍专业化、业务规范化、保障现代化、管理科学化建设,努力夯实检察工作根基。城关区院被最高人民检察院评为全区唯一的“全国检察文化建设示范院”。扎实推进两级院技侦业务用房建设,竣工投入使用2个,开工建设2个,完成前期工作5个。完善受援工作长效机制,加强工作援助、智力援助,积极开展了业务研讨和工作交流,推进了检察援藏工作从单纯资金援助向全方位支援转变。

各位代表,一年来,全市检察干警忠诚履职,扎实工作,取得了优异成绩,获得国家级荣誉12个,受到区市表彰63项,涌现出了以金淑萍同志为代表的一批先进典型。金淑萍同志先进事迹在全区和内地五省市巡回报告后,产生了强烈反响,充分彰显了拉萨检察干警忠于党、忠于人民、忠于法律的崇高精神风范。取得这些成绩,是市委和区检院正确领导,市人大及其常委会有力监督,市政府、市政协高度重视、大力支持的结果,是各位代表、社会各界和广大人民群众关心、支持、帮助的结果。在此,我代表全市检察机关表示衷心感谢,并致以崇高敬意!

回顾去年的工作,我们深刻体会到,做好拉萨检察工作,必须坚持党对检察工作的绝对领导,紧紧围绕市委中心任务开展工作,确保把党的领导落到实处。必须坚定道路自信、理论自信、制度自信,严防自由主义法律思潮侵蚀,牢牢把握检察工作的正确政治方向。必须坚持“稳定压倒一切”不动摇、坚持“发展是解决一切问题的关键”不动摇、坚持“法治是治国理政的基本方式”不动摇。必须坚持把人民满意作为最高标准,把服务人民作为根本目标,确保检察工作始终建立在坚实的群众基础之上。必须坚持检察工作的自身规律和特点,创新和加强各项检察工作,推进检察工作与时俱进。对于这些经验,我们将继续坚持,并不断完善。

在总结成绩的同时,我们也清醒地认识到,当前的检察工作仍然存在不少突出问题:一是检察职能发挥与经济社会发展的要求和人民群众的期待仍有不小差距。二是检察队伍整体素质有待进一步提高。三是基层基础工作仍需加强。执法规范化、管理科学化、装备现代化水平不高,案多人少等问题依然突出。对此,我们将积极采取措施,认真加以解决。

2013年检察工作建议

党的十八大开启了全面建成小康社会伟大新征程。切实担负起中国特色社会主义事业建设者、捍卫者的职责使命,是新形势对检察工作的新要求。2013年和今后一个时期,全市检察机关的主要任务是:认真学习贯彻党的十八大、区市党委八届三次全委会议、区市维稳政法工作会议、全区检察长会议精神,围绕大局,维护稳定,服务发展,促进和谐,强化法律监督,维护公平正义,切实肩负起社会主义建设者捍卫者的职责使命,努力为实施我市“五大战略”、建设“美丽家园、幸福拉萨”,创造和谐稳定的社会环境,提供坚强有力的法治保障。为此,我们将重点做好以下工作:

一、围绕稳定大局做工作。必须把维护稳定置于检察工作首位,始终绷紧反分裂斗争这根弦,教育干警立场坚定、旗帜鲜明,敢于揭批十四世达赖祸藏乱教的本质,清醒认识中央对达赖集团的“三个定性”,确保每一位干警政治上清醒、态度上端正、行动上坚决。清醒认识当前维稳形势,扎实推进维稳工作机制常态化,把维护稳定、促进和谐、服务发展贯穿到检察工作的全过程。深入开展专项整治和反自焚专项斗争,坚决依法打击各类分裂破坏活动,坚决依法打击严重暴力、黑恶势力犯罪,严惩危害公共安全犯罪和个人极端暴力犯罪,做到快审、快捕、快诉,绝不在检察环节贻误战机,努力为全市经济社会发展创造和谐稳定的社会环境。

二、坚强党的领导做工作。把学习贯彻党的十八大精神作为首要政治任务,认真学习、深刻把握中国特色社会主义的理论体系,坚定全体检察人员的道路自信、理论自信和制度自信,坚定不移地作中国特色社会主义的建设者和捍卫者。坚持把检察工作置于党的绝对领导之下,想问题、做决策、办案子及时向党委、人大和上级检察院汇报,听取指示和要求,确保党令、政令、检令畅通。要紧紧围绕党委、政府中心任务开展工作,把检察工作的主要精力、主要力量、主要目标置于党委、政府的重大部署中,坚持不懈地强化法律监督、维护公平正义、推动科学发展、促进社会和谐,努力开创检察事业新局面。

三、融入"五大战略"做工作。把保障和促进全市"五大战略"实施作为首要职责,努力服务美丽家园幸福拉萨建设。助推"法治稳市"战略,充分发挥检察机关打击和预防犯罪,开展法律监督,参与社会管理的职能作用,积极营造和谐稳定的社会环境、诚信有序的市场环境、清正廉洁的政务环境和公平正义的法治环境。助推"环境立市"战略,围绕保护市场经济秩序,强化案件查办,促进经济繁荣。围绕生态环境重大项目建设跟进预防,确保工程优质、资金安全、干部安全。助推"文化兴市"战略,围绕重大文化推进项目,加强打击预防,促进文化繁荣;扎实开展"扫黄打非"专项斗争,净化文化市场;加强新媒体时代法制宣传,引导和促进社会法治文化建设同步奔向小康。助推"产业强市"战略,依法打击涉农领域、重大项目建设领域、招商引资领域、户籍管理领域、土地流转领域、房地产开发领域的职务犯罪,努力为我市工业化、城镇化和农业现代化保驾护航。助推"民生安市"战略,围绕损害民生行为强化打击,围绕重大民生建设项目强化预防,围绕各类弱势群体强化服务,切实保障和改善民生。

四、强化公平正义做工作。把强化法律监督,维护公平正义作为核心工作目标,认真贯彻落实修改后"两法",切实加大诉讼监督力度。依法加强对有案不移、有罪不究等问题和违法取证活动的监督。依法加强抗诉工作、量刑建议工作,进一步促进量刑公正。加强刑罚执行和监管活动监督,健全刑罚变更执行同步监督机制。积极推广跟庭听案制度,推进督促支持起诉和公益诉讼。推进办案协作制约机制建设,切实把法律监督工作渗透到刑事司法的各个环节,认真把执法不严、执法不规范问题解决好,把群众反映强烈的"以罚代刑"、"有案不立"、"久押不决"等问题解决好,努力营造公平正义的司法环境,赢得人民群众对党和政府、对国家法律、对司法机关的信赖和支持。

五、加强反腐倡廉做工作。按照加强党的建设的新要求,顺应人民群众的新期待,"树形象、出拳头",扎实推进职务犯罪预防和查办工作,促进廉洁政治建设。着力推进职务犯罪预防工作,加强与驻市各单位联系,积极开展预防咨询、预防调查、警示教育等工作,努力将职务犯罪杜绝在源头,解决在初始。加强职务犯罪态势分析和对策研究,积极为党委政府科学决策提供依据。加强廉政警示教育基地建设,联合纪检监察部门,建设全市领导干部廉政警示教育基地,使其成为廉政建设的教学点、预防腐败的桥头堡、干部成长的加油站。着力查办预防发生在领导机关和领导干部中滥用职权、贪污贿赂、失职渎职的职务犯罪,打防并举,努力遏制和减少职务犯罪发生。着力查办预防发生在执法司法领域,贪赃枉法、徇私舞弊、充当黑恶势力"保护伞"的案件。着力查办在维护稳定工作中失职渎职、滥用职权的职务犯罪,促进维稳职责履行,强化维稳责任落实。

六、深入人民群众做工作。把服务人民群众作为基本追求,把人民满意作为最高标准,高度关注人民群众的期待、呼声和情绪,努力建设"护民、便民、亲民、爱民"检察,实实在在做好群众工作。畅通群众诉求表达渠道,加强案管中心(大厅)建设,把好案件"进出口",方便人民群众查询案件、举报申诉,使其成为服务群众、展示形象、接受监督的重要窗口。推进检力下沉,坚决贯彻中央"八项规定"、区党委"约法十章",深入开展"大下访、走基层、转作风、抓落实"主题实践活动,切实转变工作作风。加强派出检察室建设,围绕"三农"深入一线,宣传、推动、监督党的惠民富民政策得到落实,积极化解群众纠纷,服务群众生产生活,提高群众法治意识。保障和改善民生,着力查办教育就业、医疗卫生、社会保障、住房改革、安居工程、扶贫开发、征地拆迁等领域关系民生的职务犯罪,坚决打击危害群众生产生活、侵害群众切身利益、侵害弱势群体权益的犯罪,积极推进刑事被害人救助工作,彰显司法关怀。

七、推进自身建设做工作。以充分发挥首府检察首位度作用为目标,正确把握检察工作的内在规律,创新和加强各项检察工作,认真解决好素质不强的问题、能力不够的问题、水平不高的问题,切实提高拉萨检察机关示范引领、带动全局、担当重任的能力。积极谋划推进业务、队伍、保障、管理和信息化"五位一体"建设,使全市检察机关的各项工作走向规范化、制度化、科学化。以班子建设为核心,推进检察队伍专业化,提升担当力;以业务建设为根本,推进办案工作流程化、网络化,提升执行力;以信息化建设为基础,推进检察管理现代化,提升保障力,努力做到"队伍一流、业务一流、管理一流",真正发挥首府检察首位度作用。

八、完善监督制约做工作。打铁还要自身硬,检察机关的法律监督地位和性质要求,监督者更要接受监督。切实强化自身监督,加强上下级监督、机构相互监督和纪检监察监督,确保严格公正执法,努力做到自身正、自身硬、自身净。把自觉接受人大及各方面监督作为根本工作准则,完善接受人大监督、民主监督和社会监督的制度措施,把落实人大决议和要求作为检察工作的重要指导,保障人民的意志、意见和建议能够在检察工作中得到充分体现和落实。完善与人大代表、政协委员联系机制,建立"一对一"联系模式,认真办理议案和提案,积极邀请开展座谈视察、观摩庭审、参与接待来访和办案回访等活动。深化检务公开,完善民意收集回应机制,主动回应社会关切,积极听取群众意见,真正使检察工作让领导放心、让人民满意。

各位代表,站在新的历史起点上,全市检察机关将紧密团结在以习近平同志为总书记的党中央周围,以邓小平理论、"三个代表"重要思想和科学发展观为指导,深入贯彻落实党的十八大精神,按照本次会议要求,推动科学发展,促进社会和谐,强化法律监督,奋力推进各项检察工作,为拉萨全面建成小康社会提供坚强有力的法治保障!

附件一:

拉萨市人民检察院工作报告有关用语说明

1. 办理各类案件:检察机关侦监、公诉、监所、反渎、反贪、控申、民行等部门办理的各类案件。包含立案监督、批捕、起诉、追捕、追诉、抗诉、减刑、假释、监外执行、保外就医、渎职侵权、贪污贿赂、举报、申诉、控告、信访等案件。

2. 两法衔接:行政执法与刑事司法衔接工作。

3. 刑事和解:在刑事诉讼中,犯罪嫌疑人、被告人与被害人或其近亲属通过协商,达成以犯罪嫌疑人、被告人认罪悔过,被害人或其近亲属给予谅解宽恕为主要内容的和解协议,经人民法院、人民检察院审查认可,依法对犯罪嫌疑人、被告人从轻或免除刑事处罚的案件处理方式。

4. 执法办案风险评估预警机制:案件承办部门对办理的案件是否存在引发个人极端行为、进京非正常上访、群体性事件和其他越级上访等重大涉检信访事项的可能性进行分析、预测和通报,制定化解矛盾工作预案,主动做好释法说理、教育疏导工作,有效防范和化解涉检信访矛盾的工作措施。

5. 刑事被害人救助:由于案件事实不清、证据不足或者犯罪嫌疑人死亡,检察机关作出不批捕或不起诉决定的刑事案件被害人,得不到刑事附带民事赔偿,且具有下列情形之一的:因遭受暴力犯罪侵害丧失劳动能力,无其他收入来源;无力承担巨额直接医疗费用;被害人死亡,依靠其抚养或赡养的近亲属生活特别困难的,由政府给予适当的经济救助。

6. 公益诉讼:检察机关为维护国家和社会公共利益,以国家的名义,对认为侵犯了国家或社会公共利益的民事行为,检察机关以原告身份起诉侵害国家利益、社会公共利益的个人或组织的诉讼活动。

7. 督促支持起诉:督促起诉是在国家利益、集体利益或社会公共利益受到侵害,检察机关依法督促负有直接管理责任的单位向人民法院提起诉讼,请求侵害人返还财产或赔偿损失。支持起诉是当国家利益、社会公共利益遭受非法侵害,可以通过民事诉讼获得救济,但诉讼主体力量相对薄弱时,检察机关介入给予支持,以维护其合法权益的活动。

8. 派出检察室:根据基层法律监督工作需要,在中心乡镇、社区设立的派出机构,主要职责:(1)接收群众举报、控告、申诉,接待群众来访;(2)发现、受理职务犯罪案件线索;(3)开展职务犯罪预防;(4)受理、发现执法不严、司法不公问题;(5)开展法制宣传,化解社会矛盾,参与平安创建;(6)监督并开展社区矫正工作,参与促进社会管理创新。

拉萨市2012年国民经济和社会发展计划执行情况与2013年国民经济和社会发展计划草案的报告

——2013年2月27日在拉萨市十届人大第三次会议上

拉萨市发展和改革委员会

各位代表:

受市人民政府委托,现将拉萨市2012年国民经济和社会发展计划执行情况与2013年国民经济和社会发展计划草案提请本次会议审议,并请政协委员和列席代表提出意见。

一、2012年国民经济和社会发展计划执行情况

今年以来,在市委的坚强领导下,在市人大的有力监督下,全市上下紧紧围绕"一个确保、两个突破、三个加强"的工作目标,按照自治区对拉萨提出的"充分发挥首府城市首位度作用"的总要求,以经济建设为中心,以维护社会稳定为第一责任,以改善民生为出发点和落脚点,深入贯彻落实科学发展观,凝聚力量推动实施环境立市、文化兴市、产业强市、民生安市、法治稳市"五大战略",全面提速,奋发有为,圆满完成了拉萨市九届人大五次会议确定的经济社会发展目标任务,为努力建设团结、民主、富裕、文明、和谐的社会主义新拉萨打下了坚实的基础。预计全市地区生产总值完成260.04亿元,增长12.2%。地方财政一般预算收入达到34.36亿元,增长46.6%。城镇居民人均可支配收入实现19545元,增长10.7%。

(一)坚持强农惠农,农村发展环境逐步改善。坚持把解决"三农"问题作为各项工作的重中之重,进一步改善农牧民生产生活条件,继续调整优化农牧业结构,农牧业保持稳步发展,农牧民实现持续增收,第一产业增加值达到11.67亿元,增长3.5%,农牧民人均纯收入7150元,增长18.8%。贯彻落实强农惠农富农政策,草原生态环保补助奖励全面兑现,草场承包经营责任制度继续完善,落实草场面积3009.42万亩,受益群众5.78万户27万人;落实涉农资金近1亿元,达到9998万元,增长57.49%。稳定粮食种植面积,加强防抗灾体系建设,注重粮食生产管理,粮食持续丰收,粮食产量17.43万吨,增长2%。推进高产创建、标准化创建和现代农业示范区建设,加快实施曲水县才纳乡国家级现代农业示范区和林周县农业现代化示范区,打造农牧业技术示范和推广平台,标准化生产及高产创建12万亩,测土配方施肥示范6万亩。引导种养结构调整,扶持蔬菜、牛羊肉等"菜篮子"产品生产,大力改扩建墨竹工卡县斯布牦牛扩繁场和当雄县牦牛选育场,保障能力整体提升,蔬菜产量达到24.1万吨、增长4.78%,牲畜出栏43.28%、比去年提高7个百分点,肉、奶、蛋产量分别达到3.79万吨、4.05万吨、770.56吨,增长9.86%、5.19%、0.67%。冬虫夏草产量1624.04公斤,实现收入1.6亿元。实施科普惠农兴村计划,加快农业科技利用,农机配套率达到1:2.5,综合机械化水平达到82%以上,比去年提高2个百分点。深入开展农牧业社会化服务,大力发展专业合作组织,提高农牧业组织化程度,落实发展资金1340万元,新增合作社15家。加强农产品质量安全监管,扎实开展"三品"认证,提升农产品质量安全水平,认定无公害农畜产品生产基地13个、增长30%,认证无公害农畜产品70个、增长7.7%。加快推进"人人技能工程"和农牧区"一户一人"工程,培训实用技术人员1.68万人,转移输出农村劳动力9.06万人,实现劳务收入7.31亿元、增长17%。继续加大安居工程建设力度,区、市投入5.03亿元,7750户住上了安全适用的新房。大力实施"八到农家"工程,继续改善农牧区发展环境,农村公路新增里程66公里,寺庙道路总里程70.8公里,解决了1.19万名农牧民群众饮水安全问题,65座寺庙实现通水,改善灌溉面积2.6万亩。自治区批复扶贫开发项目221个投资1.59亿元,1.7万贫困人口实现脱贫。

(二)坚持项目拉动,基础设施建设明显加强。努力消除发展的瓶颈制约,坚持大干快上重点项目,固定资产投资呈现出总量扩大,增长速度较快的态

势，全社会固定资产投资完成 291.11 亿元，增长 31%，其中：市属固定资产投资完成 217 亿元，同比增长 46.04%。安排市级基本建设项目预算内资金 8000 万元，增长 21.2%。围绕民生改善、基础设施、产业发展、生态保护、社会建设等领域，及时制定《拉萨市 2012 年重点项目前期工作计划》，安排落实项目前期经费 1650 万元，确保了"十二五"规划项目前期有序开展，拉萨市城市供暖工程规划方案通过了中咨公司评审，拉萨河景观工程 5 个闸门可研正在编制，柳梧水厂和波玛路上报国家审批，北环路前期进展顺利，西藏 20 兆瓦并网太阳能光伏发电可研通过审查，拉萨新机场已经委托空军工程设计局、拉萨市现代有轨电车委托了成都市新筑路桥机械股份有限公司开展前期研究。项目建设稳步推进，举行集中开工项目两批总投资 48 亿元，柳梧至才纳乡公路、当热路东段、贡布堂路建成通车，柳梧新区污水厂处理顺利完工，纳金大桥进展迅速，拉萨河景观工程 3 号闸门开工建设，拉萨市城市供暖工程、大型实景演出《文成公主》基础设施、次角林大桥等重大项目建设加快。项目管理更加规范，制定了《加快推进拉萨市重点项目工作意见》和《拉萨市重点项目工作任务分解表》，《拉萨市重点工程建设管理办法》待审定。审批改革加快推进，开展项目委托审查。坚持固定资产投资月报机制，加强项目督促检查，配合国家发改委稽查办、自治区人大等部门开展稽查 8 次。

（三）坚持做大做强，特色优势产业加快发展。稳步推进经济结构调整，大力培育具有地方特色和比较优势的战略支撑产业，努力把我市打造成为西藏特色产业大区的核心区，二、三产业增加值分别达到 91.35 亿元、160.44 亿元，增长 21.5%、17.2%，三次产业结构由 2011 年 4.5:33.86:61.64 调整为 4.11:34.79:61.1。培育发展以生物产业、能源产业、建筑建材业、优势矿产业、民族手工业为重点的特色优势工业，突出抓好品种质量、节能降耗、淘汰落后，落实促进中小企业发展的财税金融扶持政策，创建企业知名品牌，推动工业经济优化升级，实现规模以上工业增加值 27.5 亿元，增长 30%；税收完成 5.3 亿元，增长 26.2%。鼓励中小企业采用新技术、新工艺、新设备、新材料，提高传统产业先进产能比重，落实中小企业发展技改专项资金 4581 万元。搭建银企、银担对接平台，拓宽中小企业融资渠道，市信用担保有限责任公司为 25 个项目提供融资担保 1.08 亿元，并获商业银行 4.5 亿元授信支持。芝芝制药业 GMP 改造、藏缘青稞酒小麦深加工系列产品开发、西藏雪山矿泉水等 12 个工业项目顺利完工，西藏屋脊之宝、达孜佳时达皮革、西藏远征生活用纸、天创风电太阳能发电等 34 个工业项目建成投产，工业固定资产投入 52.1 亿元，增长 31.2%。加强园区基础设施建设，经济开发区 B 区基础设施 10 条市政道路加快推进，达孜工业园区丹阳路、扬中路和句容路进展顺利，堆龙德庆县工业园区水厂、曲水工业园区雅江路开工建设，基础条件不断改善，产业承载能力逐步提高，园区工业总产值、销售产值、增加值分别达到 20 亿元、22 亿元、8.5 亿元，增长 37.9%、51.7%、44.1%；完成工业税收 1.6 亿元，增长 60%；解决农牧民就业 4302 人。

围绕建设大旅游、大品牌、大发展，深入实施旅游体制机制改革，以拉萨市旅游文化投资公司为抓手，旅游文化产业发展提速，旅游经济加快发展，接待国内外游客 650 万人次、增长 26.4%，实现旅游收入 65.6 亿元、增长 28.4%。旅游管理机构逐步完善，成立了纳木措、八廓街历史文化街区管委会，组建了旅馆业、旅行社和旅游购物协会，拉萨布达拉旅游文化集团有限公司运作良好。旅游项目建设顺利，市游客服务中心基本完工，铁路、公路和旅游景区（点）沿线可视范围内的景观改造工程全面建成，香格里拉大酒店、飞天国际大酒店加快推进，14 个旅游信息查询终端交付使用，纳木措国家公园正式揭牌成立，星级宾馆饭店新增 8 家。对外宣传力度加大，格桑梅朵旅游形象大使选拔活动圆满完成，联合七地市成功举办"珠三角"和"长三角"旅游推介促销活动，纳木措徒步活动影响力持续扩大，与中央电视台合作拍摄"幸福拉萨"旅游宣传片已经开机，拉萨知名度和美誉度大幅提升。

消费环境进一步改善，城乡消费市场繁荣，社会消费品零售总额达到 126.27 亿元，增长 20.1%。物流业逐步成长，拉萨现代物流园区、拉萨万达广场前期加快，再生资源集散市场、城关区特色农畜产品交易以及西海冷链及生活必需品储备中心、冲赛康农产品交易市场冷链物流等一批物流业基础设施建设积极推进。以百益超市为代表的服务品牌效益明显，连锁经营等现代商贸流通业快速发展，建成配送中心 2 个、乡镇商贸中心 6 个、县级农家店 8 个、乡级农家店 53 个、村级农家店 55 个。农牧区消费市场增长较快，"万村千乡"市场工程、家电家具下乡活动深入推进，累计销售家电家具下乡产品 48042 台（件/套），实现销售额 7432 万元，兑现财政补贴资金 1385.84 万元。

(四)坚持统筹发展,城市发展面貌焕然一新。东城区建设强力推进,西藏会展中心、拉萨市综合展馆、拉萨圣地天堂洲际大饭店建设顺利,东城区加荣路、东三路加快实施,以行政办公区集中、核心商务区集聚、生态优美宜居于一体的现代化新型城区初具雏形。柳梧新区围绕"工业向西、商务向南"的发展架构,铭仕路、柳梧新区燃气主干工程、柳梧新区污水管网改造工程以及自治区青少年活动中心、瑞祥建材有限公司仓储中心、西藏民航局综合业务基地顺利建成,海湾路、奥体大街、红军小学以及拉萨之窗、拉萨国际总部城、君泰大厦、拉萨飞天国际大酒店加快实施,城市聚集能力进一步增强,为建成西藏特色的现代化城市典型示范区迈出了坚实步伐。坚持建新城保老城,积极推进旧城改造,老城区综合整治前期工作取得积极成效,1181 户棚户区改造任务全面完成,拉萨市城市供暖工程力争实现 40% 的供热目标,千佛崖栈道拓宽改造、朵桑格路与林廓北路路口 2 座人行天桥加速推进。加大城市综合治理力度,城市管理得到进一步加强,建成区面积达到平方公里。

(五)坚持民营促动,改革开放水平明显提升。继续深化投资体制改革,认真贯彻国务院促进民间投资新 36 条,在全区首推 BT 建设模式,并率先对社会投资项目开展稳定风险评估。医疗卫生体制改革稳步推进,继续实施和完善国家基本药物制度,落实乡镇"零差率"销售政策,加强县级医院服务能力建设,进一步提高农牧区医疗保障水平,农牧区医疗政府补助标准提高到年人均 300 元,农牧民年累计报销封顶线不低于 6 万元。文化体制改革扎实实施,完成市新华书店转企改制,新华书店实现利润 120 万元,增长 2.5%。加强国有资产监管,重新开展国有资产产权登记,强化八一农场、圣城集团年度经营业绩考核,完成拉百商贸有限公司等企业的换届选举,国有资本实现保值增值。加快推进非公经济发展,认真贯彻落实区、市推进非公有制经济跨越式发展会议精神,市财政局设立扶持非公经济发展资金 4600 万元,市工商局、国税局落实"零成本注册"和税收优惠政策,全市各类市场主体已突破 4 万户。

实施充分开放合作战略,参加第七届跨国零售集团采购会、2012 北京"西藏(拉萨)商品大集"、中国(北京)国际服务贸易交易会以及"西洽会"、"西博会"、"渝洽会"等展会活动,积极融入成渝经济圈等区域经济圈。扎实开展全国知名民营企业拉萨行活动,签约项目 29 个总投资 322.17 亿元,创签约历史新高。探索援藏招商新模式,西藏圣一新能源有限公司百兆瓦等一批重大项目落户我市,全市落实招商引资项目 220 个,实际到位资金 70 亿元,增长 20.7%。加强与对口援藏省市的联系协作,圆满完成拉萨市党政代表团赴北京、江苏两省市回访工作,并签署了相关框架协议。援藏项目加快推进,柳梧新区商业路、市委党校学员公寓、国道沿线民房整治改造、达孜林周两县村容村貌整治、当雄县绵羊短期育肥基地顺利建成,综合展馆、群众文化体育中心、德吉罗布儿童乐园、市公安局 4 个治安检查站、雄嘎自建小区基础设施、墨竹工卡县甲玛景区旅游开发、达孜中小企业创业孵化中心一期、城关区纳金乡塔玛村村容村貌整治等 27 个项目抓紧实施,全年落实援藏资金 5.67 亿元、1‰外援藏资金 2.66 亿元。

(六)坚持绿色拉萨,生态环境建设力度加大。城乡环境综合治理工作成效显著,尼木县垃圾填埋场顺利建成,及时申报达孜工业园区污水处理厂、拉萨市餐厨垃圾处理厂等,基本完成 20 人以上寺庙垃圾储放池建设任务,建成农村户用沼气池 3862 座、农牧区综合服务站和沼气服务网点 58 个,投入资金 9468 万元、完成了 40 个行政村的农村人居环境建设和环境综合整治工作,尼木县吞达村荣获得自治区级生态村殊荣。节能减排工作力度加大,落实节能减排目标责任制,狠抓重点产业、重点耗能企业、重点节能技改项目,开工建设西藏自治区危险废物处置中心、拉萨市重点污染企业在线监控,累计推广新型能源照明节能灯 40 万余支,重点建设项目环境影响评价执行率达 100%,尾气检测车辆 4370 台,顺利通过国家 2011 年度节能目标考核。生态建设稳步推进,扎实推进重点区域、机场专用公路、城市道路和公园等造林绿化,完成造林绿化 16.5 万亩,义务植树 5300 亩,育苗 1300 亩。"创模"工作取得阶段性成效,26 项考核指标中 18 项达标、4 项基本达标。

(七)坚持民生为先,公共服务水平逐步提高。教育事业优先发展,及时出台《关于加快教育改革和发展的意见》,继续巩固"两基"成果,完成 59 个教学点撤并,市直初中、小学、幼儿园正式移交城关区政府管理,教育城项目加快实施,20 所幼儿园、边远地区学校教工宿舍、农村义务教育薄弱学校改造全部竣工,新增校舍面积 5.95 万平方米,职业教育、特殊教育、未成年人思想道德教育全面加强,全市高中、初中毛入学率分别达到 82%、101.68%,小学适龄儿童入学率达到 99.80%,青壮年文盲率控制在 1% 以内。

深入推进素质教育,教育教学质量稳步提高。卫生事业加快发展,卫生服体系逐步完善,当雄、堆龙德庆两县标准化卫生服务中心即将竣工,111 个行政村卫生室已开工建设 107 个。以防控重大突发公共卫生事件为重点,全面提升疾病控制服务水平。继续推行和完善农牧区孕产妇住院分娩和婴儿住院费用100%报销政策,强化“孕产妇、婴儿患病住院绿色通道”,妇女儿童健康水平不断提高。率先在全区完成全民健康体检工作,体检人数 327550 人,体检率 95.81%;0—6 岁儿童免费体检 31500 人,体检率达 96.26%。开展了 0—18 岁先心病患者的筛查体检,组织到内地开展救治手术 29 人。文化事业繁荣发展,完成区市两级藏历新年文艺晚会和中央电视台“经济生活大调查”晚会、李长春同志西藏调研等文艺演出,全年演出 100 余场,观众 9.5 万人次。覆盖城乡的公共文化服务体系逐步形成,建成村级文化室(农家书屋)228 个、警营书屋 5 个、职工书屋 5 个、家庭文明书柜 2000 个、寺庙书屋 231 座、社区书屋 17 个。以西藏历史文化为内容的大型史诗音乐剧《文成公主》在京首演成功,建成拉萨娘热民俗风情园等 5 个国家级、自治区级文化产业发展示范基地,文化产业产值占全市地区生产总值的 2.82%。广播影视服务体系建设初具规模,以广播电视户户通工程、农村电影放映工程、广播影视进寺庙工程为重点,完成电影放映任务 12151 场(次),实现 3556 间僧舍广播电视“舍舍通”,新增农牧民广播电视“户户通”2679 户。民生工程建设成效明显,落实资金 5877.04 万元,保障了十二件实事的顺利实施。档案、地震、人民防空、妇女儿童、民政福利、残疾人工作等各项社会事业扎实推进。就业和社会保障工作进一步加强,全市新增就业再就业人员(包括就业困难群体及“3545”人员)5756 人,开发就业岗位 6912 人。消除零就业家庭 19 户 19 人,继续保持城镇零就业家庭动态清零。城镇登记失业率控制 3%以内。社会保障水平提高,养老、失业、医疗、工伤和生育五项社会保险扩面进展顺利,基本养老保险覆盖人数新增 3600 人,失业、工伤、生育和医疗保险参保新增人数分别达到 824 人,5571 人、3990 人、13956 人。城镇居民特别是低收入家庭住房条件进一步改善,全市新建廉租房 60 套,公租房 600 套,周转房维修改造 400 套,对 1360 户低收入家庭发放了租赁住房补贴 593.64 万元。

在看到成绩的同时,我们也清醒地认识到,经济社会发展中还存在一些突出的困难和问题,主要是:经济总量不大、产业结构不优的状况尚未根本改变,农业产业化进程缓慢,第三产业比重偏低,带动作用不强;交通、水利等基础设施和城乡公共服务体系建设滞后,与首府城市首位度作用要求不相匹配,发展基础需进一步增强;民生和社会事业基础依然较弱,物价上涨过快,城市低收入群体的生活负担仍然较重。我们将高度重视和认真对待这些问题,在发展和改革中努力加以解决。

二、2013 年国民经济和社会发展计划草案

2013 年是全面贯彻落实党的十八大会议精神的开局之年,也是深入实施“十二五”规划的关键之年。展望新的一年,我们将始终把握发展和稳定两件大事,深入推进实施环境立市、文化兴市、产业强市、民生安市、法治稳市“五大战略”,为率先在全区建成小康社会奠定坚实的基础。

2013 年经济社会发展预期目标是:地区生产总值增长 18%以上,地方财政一般预算收入增长 40%以上,全社会固定资产投资增长 30%以上,社会消费品零售总额增长 22%以上,农村居民人均纯收入增长 18%以上,城镇居民人均可支配收入增长 9%以上,城镇登记失业率控制在 2.6%以内,居民消费价格指数控制在合理水平。为实现以上预期目标,促进跨越式发展和长治久安,重点抓好以下几方面工作:

(一)继续扩大投资,狠抓项目建设。投资仍是拉动我市经济增长的主要动力,必须坚定不移狠抓投资狠抓项目,坚持稳定投资与创新融资并重,坚持保重点、保续建、保竣工,努力实现“十二五”规划项目五年任务三年完成、提前两年完成建设任务的工作目标,全社会固定资产投资增长达到 378.44 亿元。抓紧做好项目前期,对列入 2013 年开工计划的投资项目,进一步增加前期投入,深入细致做好项目可研报告和初步设计等编制,抓紧办理项目选址、用地预审、环境影响评价、节能评估等前置手续,推动拉萨河干流治理、拉萨现代物流园区、行政村通畅工程、城网建设改造、北环路等一批重大项目获得审批,促使项目早开工、多开工、快推进、早见效。同时,做好项目储备动态管理,把握好国家、自治区支持重点和资金投向,突出推动实施“五大战略”,抓住“十二五”规划项目中期评估调整和自治区成立 50 周年的机遇,紧扣我市基础设施的薄弱环节和产业发展的需要,加强交通水利、特色产业、城镇基础、民生改善等公共领域项

目的前期工作,及时做好项目的申报、储备等工作,精心上报一批有规模、有优势的项目,挤进国家和自治区的计划盘子,力争更多项目得到国家和自治区资金支持,实现重大项目建设的有序接替。全力抓好重大项目推进,既要抓好2012年结转的续建项目,还要着力新开工一大批投资量大、增长带动明显的项目,力求项目对地方发展要求和企业发展利益的统一融合。完善综合交通体系,继续配合做好拉日铁路建设以及拉林铁路前期工作,力争拉萨新机场前期研究取得积极进展,确保纳金大桥建成通车,新开工乡道、村道通畅等交通项目53个,建设公路里程达到435.5公里。加强水利基础设施建设,配合实施好旁多水利枢纽工程,建设好流沙河整治防洪工程、拉萨河上游香嘎村段防洪堤工程、曲水县色达灌区其努子灌区,开工建设拉萨河二期防洪整治工程。改善能源供求结构,继续推进羊八井地热工程,加快农村电网升级改造,开工建设无锡尚德30兆瓦、阿特斯10兆瓦、西藏20兆瓦并网太阳能光伏发电。加大筹融资力度,积极争取国家、自治区项目资金,加强项目对接和申报,努力争取更多的项目资金投入,带动全市经济社会更快发展;进一步完善融资担保体系,发挥拉萨市城市建设投资经营有限公司、拉萨市置地投资开发公司、柳梧新区城投公司等融资平台对促进项目建设的重要作用;全面落实鼓励引导民间投资健康发展实施意见,大胆探索引进民间投资,盘活存量资产,破解资金“瓶颈”。

(二)发展特色农业,繁荣农村经济。强化农牧业基础地位,加大落实强农惠农富农政策,大力发展现代农业,奋力夺取农牧业好收成,合力促进农牧民较快增收,农林牧渔业总产值增长8.8%,农村居民人均纯收入达到8222.5元。优化农牧业结构调整,加快推进区域化布局、标准化生产、规模化种养,在确保粮食生产安全的基础上,继续开展粮食稳定增产行动,千方百计稳定粮食播种面积,大力发展设施农业,确保粮食产量稳定在17万吨,蔬菜产量达到24.2万吨。大力发展农区畜牧业,鼓励和扶持牦牛、绵羊生产规模化养殖,加强重大动物疫病防控,健全农畜产品质量安全检测体系,提高畜产品出栏率和商品率。推进曲水县才纳乡国家级现代农业示范区建设,积极引导成长性好、带动力强、社会责任感强的农副产品精深加工企业,加快推进农牧业产业化进程。积极发展农民专业合作经济组织,提高专合组织生产运作能力。依靠科技支撑现代农牧业发展,大力实施“科技兴农”战略,加大新型农机具装备建设,实施林周县现代化农业示范区工程,稳步提高农机使用效益。加大对良种培育的研发投入和技术推广,加强与江苏扬州市农科院的交流合作,开展青稞优良品种培育,提高良种统供率及覆盖率。组织农牧业专技人员及科技特派员,开展科技承包、科技培训、科普宣传、科技示范、科技指导、科技咨询、科技蹲点等服务,探索农牧民培训新思路,培训实用技术人员1.35万人。加大劳务转移输出,加速农村富余劳动力向城市和非农产业转移,帮助农民持续稳定增收。不断完善农牧区基础设施,重点抓好水利设施建设,搞好达孜县琼普灌区工程、曲水县德吉干渠等水利工程,继续推进墨达灌区田间工程配套和灌区节水改造,发展高效节水设施。抓好以田型调整、地力培肥为重点的高标准农田建设,推广标准化生产和高产创建示范面积18万亩,开展测土配方施肥6万亩,建设良种繁育基田21676亩。继续开展农村饮水安全工程、农村沼气、病险水库整治等项目建设,不断改善农村生产生活条件,力争解决222座寺庙的通水以及1万人农牧民的饮水安全问题。

(三)坚持产业强市,做强特色工业。坚定不移地走依靠特色取胜、环保取胜、科技取胜、规模取胜、质量取胜的新型特色工业化道路,以市场为导向,以企业为主体,强化技术改造,提升特色工业发展竞争力,全市规模以上工业完成工业增加值35.75亿元,增长30%。着力培育重点产业,围绕全市“五大工业产业”集约发展、规模发展和品牌发展,以招商引资为抓手,进一步落实国家支持中小企业发展的各项税收优惠和财政资金政策,建立形成银企、银担互信合作长效机制,统筹协调用电、用地问题,抓好工业企业循环经济发展,推进中小企业技术改造创新和结构优化调整,提升工业产业发展层次和水平,税收完成6.7亿元,增长26%。加快产业园区建设,按照“工业园区化、园区专业化”的思路,紧紧围绕基础设施和项目落地两个重点,统筹推进园区建设发展,加速推进经济开发区B区基础设施、曲水雅江园区雅江路、达孜园区扬中路、堆龙德庆园区污水处理厂建设,完善园区道路、给排水、供电、供气、通信等配套设施,改善企业入驻条件和发展环境,促进园区产业向集群式发展,“一区三园”完成工业销售产值29亿元,完成工业增加值11亿元,完成工业税收2亿元。加强产业化项目建设,以开发品种、创建品牌、改善服务为重点,在大企业引进、大项目实施上下功夫,抓好已竣工的雪山矿泉水年产1.5万吨富氧矿泉水生产线、藏缘青稞酒小麦深加工系列产品开发等项目的投产达产，加快推进西藏同贺铜业铜压延、雄巴拉曲神水藏药生产工艺技术及剂型改造、藏之梦藏毯生产加工厂房、西藏甘露虫草饮片加工、西藏瑞阳汽车氧传感器等在建项目实施，开工建设驱龙多金属矿采选、年产120万吨新型干法水泥生产线等项目，完成工业投入53.5亿元，同比增长20%。

（四）壮大服务经济，促进产业升级。把发展现代服务业作为产业结构优化升级的重点和经济增长点，大力改造提升传统服务业，提升服务业比重和水平。创新发展旅游业，围绕打造具有高原和民族特色的国际旅游城市，完善旅游基础设施和配套服务，加快推进纳木错景区、热振唐古风旅游景区等景区基础设施建设进度，协调建设好西藏格拉丹东藏游国际浪漫城，推动乡村旅游项目开发建设，加强国道沿线和景区（点）周边旅游服务站的规范管理，努力把拉萨打造成为“游客的度假天堂，百姓的幸福家园”。开展好第八届纳木措徒步大会、旅游户外高峰论坛和名人登山峰会“三大活动”，加大冬季旅游宣传促销工作，推出新颖的旅游产品，提升世界旅游目的地影响力和吸引力，实现旅游产业跨越式发展，接待国内外游客增长20%、达到784万人次；实现旅游收入增长28%、达到83.97亿元。提升传统商贸流通业，完善消费设施，加快建设西藏会展中心、东嘎农产品批发市场，开工建设城关区农畜产品市场、木材交易市场搬迁，确保再生资源集散市场投入使用，大力发展特色餐饮业，鼓励发展社会化养老、康复医疗、家政服务等生活性服务业。重视发展面向农村的服务业，巩固提升农家店、家具家电产品经营网点，继续挖掘农村市场消费潜力，提升农牧区消费水平。健全消费体系，引导大型骨干企业、大店名店以及连锁店、专卖店向城市商业副中心以及片区商业中心延伸，完善生产、生活型流通服务业态。建立以连锁店铺和综合性生活服务为主的社区商业网络，鼓励品牌超市发展社区直营店，百益超市力争完成15个社区连锁超市建设，全面启动20家社区蔬菜直销店试点工作，推进家政服务、早餐示范工程以及再生资源社区绿色回收网点进社区。推广“农超对接”试点经验，扩大产销直接见面的农产品流通体系的覆盖面。全面启动商业普查工作，准确掌握全市商贸服务业基本信息、发展现状等，确保社会消费品零售总额达到154.05亿元。保持房地产业健康发展，以保障性住房为重点，规范房地产市场秩序，合理引导住房消费，优化住房结构，增加有效供给，促进房地产市场平稳健康发展。

（五）深化改革开放，增强发展活力。深化改革开放，必须大力推进体制机制创新，必须实施更加积极主动的对外开放战略，不断提高对外开放水平和层次。深化行政审批制度改革，认真贯彻《国务院关于第六批取消和调整行政审批项目的决定》，清理行政审批服务事项，逐步优化和改善发展环境。深入推进医疗卫生体制改革，完善各项配套政策，逐步推公立医院改革试点工作，力争在完善基本医疗制度、巩固扩大覆盖面、提高补助标准等方面取得新突破，确保医改收到实效。加快推进教育体制改革，基本完成全市教改主体工程建设，科学合理地划定城区学校招生片区，努力开创教改工作新局面。加大对外开放合作力度，大力实施重点招商、定点招商、产业招商，特别突出产业链和产业集群进行招商，组织参加各类投资促进和产业对接活动，做好全国光彩西藏行活动工作，加快推进全方位、深层次交流合作。巩固“全国知名民营企业家拉萨行”活动成果，加大签约项目落地推进力度，抓好已签约招商项目落地建设投产，招商引资实际到位资金增长20%。继续贯彻落实中央第五次西藏工作座谈会精神，加强与北京、江苏两省市的联系沟通，进一步贯彻落实对口支援规划，组织开展好“十二五”援藏规划项目中期调整，推动拉萨市综合展馆、拉萨市群众文化体育中心、德吉罗布儿童乐园等援藏项目加快建设，努力提高我市自我发展能力。

（六）强化节能减排，加强生态建设。坚持资源开发与节约并重，着力抓好生态建设，加强环境保护，使经济社会发展与资源、环境承载力相适应，增强可持续发展能力。强化节能减排，强化节能减排目标责任考核，狠抓重点工业企业节能，继续关闭淘汰落后产能、工艺和设备。统筹加快推进其他领域重大节能工程，大力推进新能源、新材料在新建建筑中的规模化应用试点工作，积极开展已有建筑物节能改造工程，实施城市公共照明节能改造，强化机关节能，逐步减少对环境的污染量；加强农村环境保护治理，在有条件的乡（镇）逐步开展安居住房节能改造工程，抓好农村污染源头防治工作。搞好生态建设，深入开展全国生态园林城市创建，推进自然保护区、生态功能区建设与生物多样性保护工作，加快森林、草地等生态要素的保护与建设，继续抓好天然林保护、退耕还林还草、水土流失治理等工程，稳步提高森林覆盖率。

(七)发展民生事业,改善人民生活。切实加强各项社会事业建设,不断促进社会和谐,努力让经济和社会发展成果更多惠及全市人民。继续深入实施“民生工程”,安排好项目和资金,增加财政投入比重,继续抓好“十二件实事”的落实,争取办成一批群众期盼的大事实事。加强住房保障体系建设,加快推进廉租房、棚户区改造、公租房、经济适用房建设,确保完成10316套(含980套教师公寓)保障性住房建设任务。重视扶贫开发工作,加快推进8个乡(镇)整乡推进扶贫,建设贫困户安居工程1200户,面上扶贫到户项目占全部项目的60%以上、户均投资控制在1万元左右。稳定和扩大城乡就业,实施积极的就业政策,拓宽就业渠道,重点解决好高校毕业生、城镇新增劳动力、零就业家庭等困难群体就业问题。积极引导企业承担社会责任,千方百计稳定就业。完善社会保障体系,全力推进统筹城乡社会保险工作,继续做好社会养老保险工作,加大职工医疗保险基金征缴力度,推进工伤和失业保险参保扩面。加快完善覆盖城乡居民的社会保障体系建设,完善城乡社会救助制度,做好困难群众救助工作。提高教育和医疗服务水平,优先发展教育,促进学前教育、义务教育和高中阶段教育等各类教育协调发展。实施义务教育标准化学校建设工程,加大薄弱学校改造力度,大力改善办学条件。理顺“分级管理,以县为主”的义务教育管理体制,加快推行校长、教师“市管校用”政策。实施优质学校建分校工程,在我市1—2所优质小学、初中试行,拓展培育放大优质教育资源。全面推进公共卫生服务、基本药物制度、农牧区基本医疗制度、基层和妇幼卫生、疾病预防控制、藏医药发展等工作,逐步建立覆盖城乡的公共卫生服务体系,提高应对突发公共卫生事件应急救治能力。提升文化和广播电视发展水平,加大文化、广播电视公用基础设施建设力度,加快实施“文化兴市”战略,抓好乡镇综合文化站、民间艺术团排练场所、县级新华书店、市群艺馆新馆建设,完善城乡公共文化服务体系。推进建设中国西藏文化旅游创意园区、蔡公堂艺术观赏村、吞弥岭藏艺文博园、尼木三绝技艺展示区,推动文化产业大发展大繁荣。巩固“户户通”和“舍舍通”建设成果,继续推进农牧民“户户通”工程,加快建设行政村电影放映室,开展城市电影“六进”活动,完善广播影视公共服务体系。

各位代表,站在新的起点、踏上新的征程、谋求新的发展,我们将在市委的坚强领导下,自觉接受市人大的法律监督、工作监督和市政协的民主监督,以邓小平理论、“三个代表”重要思想、科学发展观为指导,紧扣主题主线,把握工作基调,牢记使命,攻坚克难,团结进取,务实工作,全面实现目标提速、任务提速、效能提速,为推进拉萨大建设、大发展、大跨越做出新的贡献。

关于拉萨市2012年财政预算执行情况和2013年财政收支预算(草案)的报告

——2013年2月27日在拉萨市第十届人民代表大会第三次会议上

拉萨市财政局

各位代表:

受拉萨市人民政府委托,现将拉萨市2012年财政预算执行情况和2013年财政收支预算(草案)的报告提请拉萨市十届人大三次会议审议,并请政协各位委员提出意见。

一、2012年财政收支预算执行情况

2012年,在市委的正确领导下,在市人大的监督指导以及上级业务部门的关心支持下,全市各级财政部门坚持以科学发展观为统领,认真贯彻落实中央第五次西藏工作座谈会、区市党代会、经济工作会议和财政工作会议精神,紧紧围绕“一确保、两突破、三加强”的目标,牢牢把握稳中求快的工作总基调,全力保障“五大战略”的实施,按照目标、任务和效能提速的要求,充分发挥首府城市财政首位度作用,认真履行财政职能,深入推进财政改革,财政收支预算执行良好,各项财政工作取得了新进展,有力地支持了全市经济和社会协调发展。

(一)全市2012年财政收支预算及变更情况

拉萨市九届人大五次会议批准的2012年度全市公共财政收支预算为:财政总财力629421万元(其中:上级财政补助收入418421万元,地方财政收入211000万元)。支出预算为629421万元。

在年度预算执行过程中,根据财力变化情况,经拉萨市十届人大常务委员会第三次会议批准,全市财政支出预算调整为866288万元。

(二)全市2012年收支预算执行情况

2012年全市公共财政决算总财力突破100亿元,达到107.1亿元,比上年增加31.24亿元,增长41.19%。其中:上级财政补助收入72.51亿元,比上年增加20.59亿元,增长39.66%;公共财政预算收入突破34亿元,达到34.36亿元,比上年增加10.93亿元,增长46.64%。

全市公共财政预算支出突破100亿元,达到106.9亿元,为调整预算的123.4%,比上年增加31.27亿元,增长41.35%。

收支相抵,结余1984万元,其中:结转下年继续使用的专款186万元;净结余1798万元。市本级及八县(区)均实现了收支平衡,略有结余。

以上预计执行数与最终决算数将会有一些出入,待全市财政收支决算正式编制完成并经区财政厅审核批复后,将专题向市人大常委会报告。

二、2012年全市财政主要工作

(一)实现收支全新突破。2012年,全市财政总财力达到107.1亿元,比2011年增长41.19%。全市公共财政预算收入(即:一般预算收入)再创历史新高,突破30亿元,达到34.36亿元,比2011年增长46.64%,圆满完成了年初市委、市政府确定的收入奋斗目标。全市财政支出达到106.9亿元,比2011年增长41.35%。

(二)确保民生优先发展。2012年,全市用于民生方面的支出预计达到20.65亿元。其中:全市教育支出预计达到12.96亿元,教育基础设施条件不断改善和完善,免费义务教育扩大到学前教育和高中阶段。财政用于卫生方面的投入预计达到3.77亿元,村卫生室建设全面完成,基本医疗设备配备齐全;设备完善、环境舒适的社区卫生服务中心正式投入使用。社会保障支出预计达到3.92亿元,全市社会保障体系不断完善,城镇职工医疗保险、居民医疗保险、农牧民新型合作医疗全面覆盖城乡;医疗救助体系逐步健全,城乡最低保障实现了应保尽保,保障标准逐步提高,城乡居民社会养老保险实现了全覆盖,保证性住房建设顺利推进,干部职工、城镇低收入家庭的住房困难得到缓解。

全市涉农支出预计达到8.93亿元,农牧民安居

工程、人居环境综合整治、农村沼气、扶贫开发、农田水利设施等项目顺利实施,农牧区基础条件逐步得到改善;林周现代农业示范区、曲水县农村改革试验区建设扎实推进,3000栋日光温室顺利建成,农牧业发展能力得到显著增强;农村税费改革、退耕还林(草)、粮食直补、农资综合补贴、农机具购置补贴、能繁母猪政策性补贴、牲畜出栏补贴、沼气补贴、农牧民免费医疗、农村低保、新型农村养老保险、农牧民医疗救助、农牧民子女教育“三包”等政策措施全面落实;农牧业特色产业和农牧民专业经济合作组织在财政资金的大力扶持下不断壮大;村级组织运转、科技服务、疫病防治、水电运行、广播电视、公共信息、文化体育、农机维护、乡村医疗和疾病控制等基层公共服务资金得到充分保障。

整合资金6000万元,“四业工程”顺利实施,农牧民劳动技能培训工作力度加大,农牧民劳务输出竞争力增强,增收渠道进一步拓宽;围绕强基惠民工作,整合落实资金0.82亿元,解决了广大农村、农牧民群众一大批实际困难和需求;与广大人民群众日常生活息息相关的12件民生实事得到有效落实,人民群众的生产、生活条件切实得到改善,生活质量稳步提升。

(三)支持环境不断改善。2012年,“六城同创”支出预计达到0.78亿元,各项创建工作在财政资金的支撑下顺利推进,不断取得实效,全市人文环境、生态环境、发展环境不断改善,城市品位不断提升。拉萨河源头生态功能保护区、拉萨周边湿地保护与建设、西藏第一个高原生态环境保护试点——纳木措项目前期工作顺利推进;自治区危险废物中心暨拉萨市医疗废物处置中心建设工程正式启动,拉萨市污染源在线监控系统工程建设顺利;饮用水源地保护和污染防治管理力度加大。

财政投入基本建设支出预计达到19.63亿元(含自治区财政下达的基本建设投资13.98亿元)。城市供气供暖项目顺利启动,群众文化体育中心、德吉罗布儿童乐园、西二路、学府路、综合展馆、职工活动中心、妇女儿童活动中心等援藏项目加快推进;政权机关业务用房、廉租房、周转房、便民路等有序推进。

(四)扶持产业提质增效。全力支持园区发展,安排专项资金3600万元,扶持达孜、曲水、堆龙德庆三个工业园区加快完善基础设施,拉萨经济技术开发区、柳梧新区在收入全留政策的支持下发展迅速。寓管理于服务中,协助各级企业向自治区争取了1.2亿元扶持资金,有效缓解了企业发展壮大过程中资金短缺的难题。采取借支的方式,保证了拉萨暖心燃气热力有限公司、置地投资开发有限公司、拉萨布达拉旅游文化有限公司顺利完成注册,三家公司注册资金均达到1亿元。以全国民营企业家西藏行和雪顿节活动为平台,引进了一批知名企业和重点项目,为拉萨的发展注入了新鲜血液和强劲动力。

(五)促进文化跨越发展。按照文化大发展大繁荣的要求,财政部门不断加大对文化方面的资金投入,2012年预计达到1.08亿元。落实资金4500万元,支持了《文成公主》大型山水实景演出和巡回演出的策划及前期准备工作。先期投入5000万元,启动了拉萨电视台增设频道设备采购工作。覆盖城乡的公共文化服务体系基本建立形成,寺庙书屋、僧舍广播电视“舍舍通”实现了全覆盖;安排专项经费保证了公共文化设施免费开放工作全面落实;拉萨晚报覆盖工程让广大农牧民和基层组织、寺庙僧尼免费看到了《拉萨晚报》。财政补助资金促进基层民间艺术团不断发展活跃。

(六)保障社会和谐稳定。始终坚持维稳优先保障的原则,保障了全市维稳任务的圆满完成,促进全市社会局势持续稳定。便民警务站、护城河基础设施建设顺利,各类装备配备完善,加强和创新社会管理、和谐模范寺庙创建、爱国守法先进僧尼表彰等一系列政策措施有效落实。

(七)提高财政监管水平。国库集中支付制度改革在市本级单位实现全面覆盖。财政专户管理实行总户分账制,实现了财政资金集中统一管理。预算编制更加合理透明,县(区)财政预算管理进一步加强。组织实施政府采购410批次,采购金额2.7亿元,资金节约率7.2%,政府采购范围不断扩大,行为不断规范。国有资产信息系统建设顺利完成,行政事业单位国有资产收入管理走向规范。“乡财县管”网络化管理在墨竹工卡县全面推进。配合市纪委顺利完成了公车治理工作。财政信息大平台系统运行平稳,为财政系统工作顺利有效开展提供了技术支撑。监督职能有效发挥,事前、事中、事后监督有机结合的监督机制,确保了每一笔财政资金都能发挥最大的效益。

三、2013年财政收支预算(草案)

根据《预算法》、《西藏自治区财政厅关于编制2013年财政收支预算的通知》(藏财预字【2012】49号)要求,结合我市国民经济和社会发展目标以及全市财力情况，我们编制完成了2013年全市财政收支预算（草案）。

（一）2013年全市公共财政财力安排

2013年全市公共财政总财力为915712.81万元，比上年年初预算增加286291.81万元，增长45.48%。其中：公共财政收入311000万元，上级补助收入604712.81万元。

总财力中：市本级292934.92万元，比上年年初预算增加62660.02万元，增长27.21%。八县（区）、经济技术开发区和柳梧新区安排622777.89万元，比上年年初预算增加223631.79万元，增长56.03%。八县（区）、经济技术开发区和柳梧新区财力占全市总财力的68.01%，由于部分年初安排在市本级的财力（如涉农、教育、科技等专项资金），预算执行中实际使用于各县（区），最终县（区）级财力占全市总财力的比例将达到70%以上。

（二）2013年全市公共财政预算收支安排

1.全市公共财政收入预算安排

2013年全市公共财政收入预算计划安排311000万元，比上年预算增加100000万元，增长47.39%，其中：市本级安排90000万元，比上年预算增加10000万元，增长12.5%；八县（区）安排99600万元，比上年预算增加30600万元，增长44.35%，经济技术开发区安排96400万元，比上年预算增加44400万元，增长85.38%；柳梧新区安排25000万元，比上年预算增加15000万元，增长150%。

2.全市公共财政支出预算安排

2013年全市公共财政支出预算安排915712.81万元，比上年年初预算增加286291.81万元，同比增长45.48%。其中：市本级安排292934.92万元，比上年增加62660.02万元，同比增长27.21%；八县（区）安排356867.51万元，比上年增加81599.6万元，同比增长29.64%；经济技术开发区安排206462.76万元，比上年增加105045.3万元，同比增长103.58%；柳梧新区安排59447.62万元，比上年增加36986.89万元，同比增长164.67%。

3.全市公共财政支出预算分科目安排情况

（1）一般公共服务支出安排90072万元，比上年增加6397.9万元，增长7.65%。

（2）外交支出安排150万元，与上年持平。

（3）国防支出安排720万元，比上年增加8.5万元，增长1.19%。

（4）公共安全支出安排77222万元，比上年增加18281万元，增长31.02%。

（5）教育支出安排143116万元（含自治区财政下达进入年初预算的教育事业费10.26亿元），比上年增加31826.3万元，增长28.6%。

（6）科技支出安排2782万元，比上年增加396万元，增长16.6%。

（7）文化体育与传媒支出安排9966万元，比上年增加2637.1万元，增长35.98%。

（8）社会保障和就业支出安排34322万元，比上年增加4166.3万元，增长13.82%。

（9）医疗卫生支出安排28851万元，比上年增加2991.4万元，增长11.57%。

（10）节能环保支出安排1528万元，比上年增加12.4万元，增长0.82%。

（11）城乡社区事务支出安排31738万元，比上年增加1081.3万元，增长3.53%。

（12）农林水事务支出安排82572万元，比上年增加15632.8万元，增长23.35%。

（13）交通运输支出安排7415万元，比上年增加775万元，增长11.67%（主要是增加对公交公司运营补助）。

（14）资源勘探电力信息等事务支出安排221106万元，比上年增加125362.9万元（主要增加对企业扶持资金）。

（15）商业服务业等事务支出安排2278万元，比上年增加57万元，增长2.57%。

（16）国土资源气象等事务支出安排1623万元，比上年增加1万元，增长0.06%。

（17）住房保障支出安排24970万元，比上年减少2553万元，下降9.28%（主要因为是将保障性住房支出通过政府基金预算安排，减少了公共财政预算中保障性住房支出）。

（18）粮油物资储备管理事务支出安排455万元，比上年增加9万元，增长2.02%。

（19）预备费安排37000万元，比上年增加15300万元，增长70.51%。

（20）其他支出安排117826.81万元，比上年增加63905.6万元，增长118.52%。（其他支出中主要含基本建设57900万元〈市县两级基本建设支出〉、“七城同创”资金6000万元、一区三园建设资金3600万元、实施民生项目专项资金3000万元、实施强基惠民项目资金9500万元、加强和创新社会管理工作经费3000万元等项目资金）。

(三)2013 年全市财政基金收支预算安排情况

2013 年全市基金收入预算安排 58100 万元,基金支出预算安排 58100 万元,按照基金预算管理规定,基金预算将主要用于征地拆迁补偿、土地储备、保障性住房等方面。

(四)市本级财政支出预算安排的具体情况

市本级安排的 292934.92 万元支出中,除优先保证人员工资发放和行政事业机构的正常运转外,重点支持全市各项中心工作有效开展,支持全市经济社会协调可持续发展,支持各项民生政策全面落实。2013 年市本级财政支出主要向以下方面倾斜:

切实推进新农村建设。继续把支持“三农”发展作为 2013 年预算安排和财政保障的重中之重。2013 年财政预算安排农林水事务支出 82572 万元,比上年增加 15632.8 万元,增长 23.35%。其中,安排财政支农专项支出 7620 万元,比上年增加 852 万元,增长 12.59%;安排安居工程和贷款贴息 10000 万元;安排农牧区改革资金 2000 万元;安排村(居)委会干部补贴资金 800 万元;安排设施农业建设资金 2500 万元;新增安排“四业工程”资金 2000 万元;安排扶贫资金 1800 万元。主要支持设施农业、林业生产和农田水利基础设施建设,推进农牧业综合开发、扶贫开发,提高农业综合生产能力和农业综合效益;加大设施农业投入力度;继续落实各项涉农补贴政策,保持财政涉农补贴持续增长;继续支持安居工程建设,着力改善农牧民生产生活条件;支持乡镇企业和龙头企业发展,发挥财政资金的带动作用,引导社会资金加大向农牧业的投入;大力推进“四业工程”;提高基层机关运行能力;继续对村(居)干部实施补贴;扶持贫困地区加快发展。

大力支持环境立市。2013 年计划安排城乡社区建设及环境保护等支出 33266 万元,比上年同期增加 1093.7 万元,增长 3.4%。其中:安排城市维护经费 7000 万元;安排“七城同创”资金 6000 万元。大力支持城市绿化、美化,城市道路维护,城市交通标志标线维护,生活垃圾处理;坚持走绿色拉萨之路,加快推进拉萨周边和南北山、主干交通道路绿化建设,支持生态园林城市创建;支持饮用水源地保护、空气污染防治等环境综合治理工作;大力支持民族团结等各项工作的开展;进一步加强环境保护,建立拉萨生态屏障,切实体现拉萨城乡环境之美、民族团结和谐之美。

大力支持文化兴市。2013 年计划安排教育、科技、文化体育与传媒等支出 155864 万元,比上年同期增加 34859.4 万元,增长 28.82%。其中:对教育事业投入 19000 万元,比上年增加 2400 万元,增长 14.46%;安排科技专项资金 1000 万元;安排党建工作经费 300 万元;安排优秀人才引进资金 300 万元;安排精神文明建设资金 300 万元;安排文化发展资金 3000 万元,比上年增加 2000 万元,增长 200%;大力支持教育城建设,继续改善城乡各类教学机构特别是农村中小学办学条件,加快职业教育发展。落实好教育“三包”、“两免一补”和非义务教育阶段贫困生救助政策,改善教职工生活待遇;进一步加大先进适用技术的引进、推广和创新,扶持西藏高原特色产品的开发,推动产学研有机结合,鼓励科研成果向现实生产力转化,强化对农村科技服务的支持和保障;支持文化产业加快发展,打造特色旅游文化品牌,支持《文成公主》实景剧演出;继续支持广播电视、新闻出版、群众文化等事业健康发展,支持拉萨电视台增设频道工作,使广大农牧民群众及时收看到藏语节目,及时了解党的方针政策;支持文物保护与重点档案抢救等工作;支持全市党建及精神文明建设工作,加强党的建设,提高全民素质;支持优秀人才引进,实施人才强市战略。

大力支持民生安市。2013 年计划安排社会保障和就业、医疗卫生等支出 63173 万元,比上年增加 7157.7 万元,增长 12.78%,其中:安排社会保障补助 8660 万元、城镇低保 900 万元、农村低保 300 万元、城镇居民医疗救助 200 万元、农牧民医疗救助 200 万元、城镇居民养老保险 200 万元、新型农村养老保险 200 万元、政府购买公益性岗位资金 2000 万元。进一步完善养老保险、医疗保险、失业保险、生育保险、工伤保险、妥善解决自主择业军转干部医疗保险;落实城乡居民最低生活保障、城乡救助等政策,妥善解决困难群众的生产生活问题;落实城镇居民养老保险、继续安排资金购买公益性岗位,落实就业再就业政策;加大税费减免、技能培训等各项优惠政策的实施力度,重点支持农牧民转移就业,鼓励大中专毕业生自主择业;继续把医疗卫生工作重点放在农村,提高农村公共医疗保障能力。

大力支持产业强市。按照“提升一产、壮大二产、做强三产”的经济发展战略,不断加强和完善财政职能,进一步创新财政支持经济社会发展的机制,实现拉萨经济又好又快发展。2013 年计划安排一区三园建设资金 3600 万元。企业挖潜改造资金 500 万元、企业发展资金 500 万元、非公经济发展资金 500 万元、品牌创建资金100万元、工业企业奖励资金100万元、招商引资资金300万元、旅游促销及发展资金850万元、纳税大户奖励资金200万元。继续支持县级工业园区发展；大力调整产业结构，加快特色优势产业发展，支持非公经济发展，支持企业品牌创建，提高企业自主创新能力和市场竞争能力；建立激励机制，鼓励企业加快发展。加大招商引资力度，巩固和发展招商引资成果；培育旅游、文化市场，大力支持旅游业的发展，通过旅游业的发展，带动宾馆、餐饮、文化等相关产业的发展，促进经济持续快速增长。

大力支持法治稳市。2013年计划安排公共安全专项支出5200万元；突发公共事件应急处置资金500万元；消防部队专项经费2500万元，比上年增加500万元，增长25%；普法专项资金100万元；安排社会矛盾纠纷化解专项资金2000万元；安排加强和创新社会管理3000万元；支持突发公共安全事件应急处突工作；支持社会治安综合治理、平安拉萨建设、群防群治及流动人口服务与管理、加强和创新社会管理、加强和创新寺庙管理等各项工作，加大对社会面的管控力度；提高消防部队经费保障标准；加大解决社会热点、难点问题的资金投入，妥善处理和化解社会矛盾，维护社会正常秩序和社会局势的长期稳定。

大力支持重点建设。2013年，继续加大对各项重点建设的保障力度，安排预算内基本建设资金8000万元；安排项目前期经费10000万元；安排专项资金300万元，建立拉萨市担保公司风险补偿金；安排资金3000万元，实施民生项目；安排强基惠民项目资金5000万元，强基惠民工作及生活补助资金1700万元，全力保障强基惠民各项工作开展；安排公交公司运营补贴资金6000万元，着力公共设施建设，促进公共资源均等化，让全市人民共享改革成果。

四、深入贯彻落实党的十八大精神，确保2013年财政收支预算任务圆满完成

2013年，各级财政部门将以党的十八大精神为指导，紧紧围绕全市中心工作和奋斗目标开展各项工作，积极发挥财政职能，进一步优化财政支出结构，稳步推进财政改革，促进财政科学化精细化管理，圆满完成年度财政收支预算任务。

（一）千方百计确保收入增长

继续通过大力支持园区发展、落实支持非公有经济发展优惠政策、支持加大招商引资工作等方式，促进全市经济快速健康发展，为全市财政增收奠定坚实基础。同时加强与税务等执收部门的沟通协作，确保各项收入应收尽收。

（二）优化结构保障支出需求

坚持统筹兼顾、突出重点、有保有压的原则，围绕全市中心工作，财政支出向“三农”、保障和改善民生、文化事业发展、社会事业进步、节能环保等方面倾斜。坚决压缩一般性支出，从严从紧安排会议、接待、公务用车购置、出国等费用。

（三）深化改革促进财政管理

加快各项财政改革向县（区）财政推进的步伐，加强财政各项基础性工作，强化乡镇财政财务管理，确保各项惠民政策落到实处。依托财政应用支撑平台系统，提高财政管理信息化、数字化水平。不断完善部门预算、国库集中收付等财政制度，建立健全预算编制、预算执行与预算监督有机结合的财政预算管理体系。

（四）加强监督规范资金使用

健全覆盖所有财政资金和财政运行全过程的监督机制，确保财政资金安全、合规、高效运行；充分发挥基层财政就地和就近监管的优势，强化基层财政监管；加强会计管理与培训，提高财政财务管理水平，特别是要不断提高县级财政管理水平，规范和加强乡级财务管理，把乡镇财务管理纳入规范化、法制化的轨道；全面加强国有资产管理和会计核算工作，做到资产实物管理与价值管理相统一，防止国有资产流失。

（五）转变作风强化自身建设

按照科学发展观的要求，进一步转变作风，变管理为服务，提高工作效率，提高财政部门服务社会的能力；提高财政管理质量和水平；加强财政干部队伍培训，全面提升干部队伍整体素质，努力建成一支人民满意的财政干部队伍。

各位代表，新的一年，我们将深入学习贯彻党的十八大精神，在市委的坚强领导下，自觉接受人大对财政工作的指导和监督，认真听取政协委员的意见和建议，坚定信心，咬定目标，扎实工作，积极为全市经济跨越式发展、社会局势长治久安、全面建设美丽家园、幸福拉萨提供强有力的物质保障。

专 文

砥砺奋进谋发展 激情跨越谱新篇

“十二五”以来,在党中央国务院的特殊关怀下,在西藏自治区党委政府的坚强领导下,在北京江苏两省市的大力支援下,拉萨市深入贯彻落实科学发展观,始终坚持“一个中心、两件大事、四个确保”新时期西藏工作指导方针,充分发挥首府城市的首位度作用,大力实施环境立市、文化兴市、产业强市、民生安市、法治稳市五大战略,充分发挥发展带头、稳定关键、团结模范、民生先行、文化示范、生态引领、党建先锋七个方面作用,加快建设美丽家园幸福拉萨,全力推进跨越式发展和长治久安的伟大进程,改革发展稳定各项事业取得长足进展。今天的拉萨,呈现出经济快速发展、民生持续改善、人民安居乐业、生态环境优美、民族团结和睦、社会和谐稳定的大好局面,进入了历史上最好的发展时期。

促发展 谋跨越 综合实力得到新提升

“十二五”以来,拉萨全市上下突出把握稳中求快的总基调,团结一致、凝聚智慧、挥洒激情、共铸辉煌,推动各项工作取得重大进展。国民经济保持平稳较快发展,全市经济年均增速保持在12%以上,平均高于全国5个百分点,综合实力快速提升。2012年,实现地区生产总值260.04亿元,是2010年的1.45倍,年均增长13.4%;完成固定资产投资285.05亿元,是2010年的1.62倍,年均增长27.17%;完成财政收入34.36亿元,是2010年的2.29倍,年均增长51.2%;完成税收收入26.77亿元,是2010年的2.39倍,年均增长18.8%;完成社会消费品零售总额124.56亿元,是2010年的1.41倍,年均增长18.7%;农牧民人均纯收入7082元,是2010年的1.42倍,年均增长19%;城镇居民人均可支配收入19545元,是2010年的1.18倍,年均增长8.6%。主要指标总量或增速位居全区前列。

2011年、2012年,全市地区生产总值分别达到220亿元、260亿元,成为全区第一个生产总值过百亿元的地区;地区生产总值过百亿元、财政收入过亿元的县(区)分别达到1个、6个;两年累计完成固定资产投资超过500亿元;2011年金融机构本外币存款余额突破千亿元,2012年达到1307.84亿元;2012年三次产业比重依次为4.1%、34.9%、61%,分别拉动经济增长0.3、5、6.9个百分点。地区生产总值、财政收入、农林牧渔业总产值、社会消费品零售总额等主要经济指标占全区比重不断提高、稳居榜首,成为西部省会(首府)城市中快速发展的佼佼者。

调结构 转方式 产业发展开创新局面

“十二五”以来,拉萨市按照“一产上水平、二产抓重点、三产大发展”部署,大力实施产业强市战略,加快经济发展方式转变,产业规模不断扩大,产业体系逐步完善,产业层次不断提升,走上了一条具有高原特色、可持续发展的产业化道路。

着力推进“一产上水平”,以曲水才纳乡国家级现代农业示范区和林周现代农业示范区建设为主要抓手的现代农牧业加快发展。高原绿色食(饮)品提档升级,农机化水平不断提高,庭院经济和温室大棚经济取得重要进展。

着力推进“二产抓重点”,工业支柱地位不断强优。两年来规模以上工业增加值累计达到48.92亿元,年均增速21.8%;园区经济快速发展,园区销售产值、增加值、税收分别实现20亿元、8亿元、18亿元,园区增加值对全市规模工业增长贡献率达到74.8%;

5100矿泉水在香港联交所成功上市，拉萨国家级经济技术开发区成为国家新型工业化产业示范基地。

着力推进“三产大发展”，服务体系逐步完善。柳梧新区、东城新区两个商业副中心渐成规模，拉萨城投公司、旅游文化公司、置地公司、暖心热力公司等政府融资平台公司不断发展壮大，非公经济迅速发展，市场主体达到4.2万户，注册资金90亿元。旅游业继续保持“井喷式”发展势头，两年来接待游客、旅游收入年均增长24%以上；以拉萨雪顿节为龙头的节会经济日益红火，促进了商贸流通业的持续、快速、健康发展，成为经济增长的重要力量，并因此而荣获“全球节庆城市奖”。

强保障 惠民生 民生事业实现新进步

“十二五”以来，拉萨市始终坚持以民为本，切实把人民群众放在心中最高位置，大力实施民生安市战略，加快发展社会事业，全面落实强农惠农政策，促动改革成果由人民共享，着力提升群众幸福指数，城乡居民生活水平不断提高，“民生之花”开满雪域圣城。

不断加大财政支持民生力度，全市对教育、文化、医疗卫生、社会保障和就业等直接与民生息息相关的资金投入累计达40.94亿元，年均增速23.89%。“四业工程”深入推进，公共就业服务体系进一步健全，两年累计培训农牧民75192人，转移输出劳动力15.25万人，实现劳务创收8.94亿元，拉萨籍应届大学毕业生实现全就业。

教育改革发展步伐不断加快，中小学布局调整稳步推进，教育城建设项目进展顺利，教育“三包”补助标准进一步提高，城乡办学条件不断改善，农家书屋、寺庙书屋实现全覆盖。通过实施文化兴市战略，公共文化事业和文化产业蓬勃发展，首届文成公主主题论坛成功举办，《文成公主》大型实景剧实现常态化演出，群众性文化体育活动蔚然成风，非物质文化遗产保护工作卓有成效。

统筹城乡的社会保障制度实现全覆盖，五保老人集中供养率达到76%以上，“五险”扩面两年净增14.54万人。社会保障水平不断提高，居民医保及城乡低保标准逐年提高，城乡居民免费健康体检基本完成，药品零差率销售实现乡镇全覆盖。多层次住房保障体系基本形成，城乡居民人均居住面积分别达到31平方米、30平方米。

惠及千家万户的科技、教育、文化、卫生、社会保障和就业等民生项目如期完成，解决了一批关乎民生的重点难点问题。拉萨被评为“百姓幸福感最强城市”。

优环境 夯基础 城市面貌发生新变化

“十二五”以来，全市大力实施环境立市战略，坚持高起点规划、高效率建设、高标准管理，着力优化城市发展环境，大力夯实城市发展基础，城市发展活力明显增强，人居环境显著改善，古城拉萨焕发着青春气息，现代文明与千年古韵互相辉映。

全市公路、铁路、民用航空和城市公共交通综合运输网络不断完善，跨区、跨境综合运输通道加快形成，公共交通实现市区全覆盖。农村基础设施建设不断改善，安居工程建设和城乡风貌改造工程扎实推进。城市建设不断加强，重点项目遍地开花，基础设施日臻完善，全市累计实施重点工程项目1199个，完成投资145.35亿元，年均增长48%，青藏直流联网工程投入运行，城乡环境综合整治持续推进，城市管理的人性化、精细化、网格化、科学化水平大幅提高，小城镇建设、城镇化水平显著提升。

老城区保护工程高标准完成，八廓街入选“中国十大历史文化名街”，柳梧新区、东城新区、东嘎新区迅速崛起，“一区四园”基础设施不断完善，“一城两岸三区”的城市布局更加优化，城乡供水、供电、供气、通讯、公共交通等保障服务能力有效提升，城市应急能力不断增强。

全面完成布达拉宫、罗布林卡、大昭寺、色拉寺周边环境综合整治工程、市政道路街景改造和亮化美化工程，绿化覆盖率达到33.79%，森林覆盖率达到18.4%，空气质量优良率常年保持在97%以上，市容市貌整洁有序，城乡面貌焕然一新，碧水蓝天得到有力保护，生态环境持续改善。“美丽家园幸福拉萨”内涵更加丰富，千年古城焕发勃勃生机，现代文明城市魅力彰显，城市功能、品位和形象大幅提升。先后荣获“全国文明城市”、“全国优秀旅游城市”及“全国双拥模范城市”。

重维稳 促和谐 社会管理再上新台阶

“十二五”以来，全市严格按照“一个确保、两个突破、三个加强”的工作思路，大力实施法治稳市战略，不断深化社会管理创新，坚持实践探索与理论总结同步进行，实现了管理主体、管理方式、管理重心和领导体制的重大转变，社会管理成效显著。

民族团结基石坚实稳固，以建设民族团结典范城市为引领，在全国首府城市中率先制定《拉萨市民族团结进步条例》，设立民族团结进步节，深入开展共产党员民族团结先锋活动、56个民族团结形象代表“民族情 雪域行”活动，全市民族团结结成对子18394个，投入资金1400余万元,解决群众实际困难4500余件。

政策体系建设逐步完善,抢抓作为全国加强和创新社会管理综合试点地区的有利契机,全面加强和创新社会管理,集中出台了一整套政策意见和52项工作机制。大力实施“以业育人、以业管人、以业安人、以业富人”四业工程,对20至40岁农牧民开展全员培训。全面推行居住证制度,不断加快户籍改革步伐,严格落实登记备案制度,基本做到人来登记、人走注销,初步实现了流动人口的动态管理。

基层基础建设明显加强,大力推进环拉萨护城河工程,建成135个市区便民警务站、28个县镇便民警务站,打造“3分钟警务服务圈”。寺庙“六建”实现全覆盖,“9+5”、“六个一”公共服务加快推进,寺庙创新管理工作取得显著成效。“双联户”活动基本实现城乡全覆盖,创先争优强基础惠民生活动成效明显,基层基础建设得到加强。

扎实推进平安拉萨建设,深入开展打击整治专项行动,全面实施校园安全工程,社会局势正由基本稳定走向更加稳定、持续稳定、全面稳定。短短两年多的时间,平安和谐之曲响彻拉萨河畔,群众安全指数节节攀升。

讲党性　正风气　党建工作取得新成绩

“十二五”以来,全市坚持分类指导、统筹推进,以深入开展基层组织建设年、创先争优强基础惠民生、共产党员民族团结先锋等特色活动为载体,突出抓书记、抓覆盖、抓培训、抓特色、抓投入,党的建设科学化水平不断提升,基层党建工作取得显著成效。

在全区率先实现村(居)党支部第一书记(从市、县、乡三级党政机关中选派)全覆盖。切实加强各级领导班子建设,提高村(居)干部务工补贴标准,发展农牧民党员4441名。扎实推进“两新组织”党的建设,全市规模以上非公企业、社会组织和外来流动党员党组织党建工作指导员实现全覆盖。拉萨党建手机报覆盖全市70%以上的党员,“每月一课”学习教育活动常态开展,培训各级干部近两万人次。

深入开展党员“三项服务”,进一步提升党在群众中的形象。把发展壮大村级集体经济作为农牧区党建的重要内容,激励基层组织因地制宜发展特色产业,全市年收入20万元以上的村(居)集体经济实体有44个。不断加大党员激励帮扶力度,两年来全市累计发放党内激励帮扶资金34.86万元,帮助困难党员226人,扶持10名党员创业致富。

以反对形式主义、官僚主义、享乐主义和奢靡之风为突破口,推动形成祛歪风、树良风的正能量。全市1000多名驻村干部扎根基层,围绕“五项任务”扎实开展工作,成效显著。

积极构建惩治和预防腐败体系,行政权力运行监控机制进一步完善,反腐倡廉惩防体系进一步健全,党风廉政建设和反腐工作取得新成效。短短两年,察民情、听民声、解民困,架起了党群干群的“连心桥”,构筑了党心民心的“同心墙”,党心民心心连心,党群干群一家亲。

乘风破浪会有时,直挂云帆济沧海。勤劳、勇敢、智慧的拉萨人民,必将以崭新的精神面貌,在拉萨这片充满激情与希望的热土上,创造更加辉煌的业绩,谱写更加华美的篇章,把拉萨建设得更加美丽富饶、更加安定祥和、更加幸福美好,让拉萨这颗高原明珠绽放出更加璀璨的光芒!

工作出成效 数据展辉煌

——2012年拉萨市经济运行综述

拉萨市统计局

2012年,面对国际金融危机不利影响及国内、区内经济下行的压力,市委、市政府审时度势、超前谋划,全市上下深入贯彻落实区市党委政府的一系列决策部署,以"五大战略"为抓手,大力实施"提升一产,壮大二产,做强三产"经济发展战略,把握"稳中求快"总基调,充分发挥首府城市首位度作用,各项工作取得重大进展,国民经济实现又好又快发展。

一、从总体看,三次产业共同驱动经济较快增长

2012年,全市实现地区生产总值(GDP)260.04亿元,比上年增长12.2%。分产业看,第一产业实现增加值10.78亿元,增长3.4%;第二产业实现增加值90.7亿元,增长17.2%;第三产业实现增加值158.56亿元,增长9.6%。

产业发展协调。三次产业中,第一产业对经济增长的贡献率为2.1%,拉动GDP增长0.3个百分点;第二产业对经济增长的贡献率为40.8%,拉动GDP增长5.0个百分点;第三产业对经济增长的贡献率为57.1%,拉动GDP增长6.9个百分点。三次产业比重为4.1:34.9:61.0,与上年相比,第一产业比重下降0.4个百分点、第二产业比重提高1.0个百分点、第三产业比重下降0.6个百分点。

二、从生产看,农业生产平稳、工业经济总量稳步增加

(一)农牧业生产保持平稳增长

2012年,全市实现农林牧渔业总产值17.71亿元,比上年增长3.9%。其中农业产值7.52亿元,增长2.5%;林业产值0.39亿元,增长18.5%;牧业产值9.4亿元,增长5.0%;渔业产值0.01亿元,下降31.0%;农林牧渔服务业产值0.39亿元,下降4.0%。

2012年,通过积极推进现代农业建设,不断提升农业生产能力,全市粮食播种面积达2.61万公顷,占农作物总播种面积的比重为67.8%,比上年下降1.2个百分点。粮食总产量17.43万吨,增长0.2%;粮食平均单产445千克/亩,增长0.2%。全年肉类总产量3.14万吨,奶产量3.28万吨,禽蛋产量583.61吨。

(二)工业经济总量稳步增加

2012年,工业实现增加值32.3亿元,比上年增长19.3%。规模以上工业实现增加值26.98亿元,增长19.5%,增速比"十一五"时期平均增速(13%)提高6.5个百分点,比上年下降4.9个百分点。

重工业发展快于轻工业。规模以上重工业实现增加值18.63亿元,增长25.0%,增加值占全市规模以上工业的69%,增速高于全市规模以上工业5.5个百分点,对规模以上工业增长的贡献率为105.2%,拉动规模以上工业增长21个百分点。其中市属规模以上工业企业增加值14.26亿元,增长14.6%,占全市的比重由上年的53.6%下降到52.9%。

从经济类型看,规模以上工业中国有企业实现增加值98214万元,增长9.5%;集体企业5746万元,增长4.9%;股份制企业146537万元,增长29.0%;外商及港澳台商投资企业19303万元,增长18.6%。

三、从需求看,固定资产投资持续较快增长、社会消费品零售总额增速放缓、出口规模大幅扩大

(一)全市固定资产投资持续较快增长

2012年,全市固定资产投资285.05亿元,比上年增长28.3%,增幅同比提高2.4个百分点。

从经济类型看,国有投资153.33亿元,下降3.1%;非国有投资131.72亿元,增长106.1%。

从管理渠道看,城镇固定资产投资259.8亿元,增长24.2%;农村固定资产投资25.2亿元,增长94%。在城镇固定资产投资中,中央项目固定资产投资95.9亿元,下降30.2%;地方项目固定资产投资163.91亿元,增长129.5%。

从三次产业看,第一产业投资7.23亿元,下降36.9%;第二产业投资97.49亿元,增长46.6%,其中工业投资82.94亿元,增长40.4%;第三产业投资180.33亿元,增长25.0%。三次产业投资比例为2.5:34.2:63.3。

从项目个数看,新开工项目1054个,比上年增加592个。

(二)在消费环境不利因素的作用下,消费品市场增速放缓

2012年,全市实现社会消费品零售额124.56亿元,比上年增长18.46%。

城乡市场差距拉大。城镇社会消费品零售额111.63亿元,比上年增长22.8%。其中城区100.11亿元,增长17.9%,继续担当主导力量。随着物价的不断上涨,尤其是食品类上升较快,农民购买能力下降,全市乡村实现零售额12.92亿元,增速下降9.2%。

旅游经济健康发展。全年共接待海外游客650.83万人次,比上年增长26.5%。其中国内游客644.84万人次,增长28.2%;入境游客6.0万人次,下降48.3%。实现旅游总收入65.48亿元,增长28.1%。其中旅游外汇收入2458万美元,下降41.9%。

(三)出口规模大幅扩大

2012年,全市实现外贸进出口总额33.3亿美元,比上年增长154.7%。其中出口总额32.61亿美元,增长188.0%;进口总额0.69亿美元,下降60.9%。

招商引资成效显著。全年新引进项目220个。实际到位资金78.3亿元,增长35%。

四、从质量看,财政收入快速增长、城乡居民收入共同提高

(一)财政收入在经济发展中快速增长

2012年,全市实现公共财政预算收入34.36亿元,比上年增长46.6%。

继续优化财政支出结构,着力保障和改善民生,落实各项强农惠农政策,加快教育改革发展、推进医药卫生体制改革,完善社会保障体系,加强住房保障工作,推动文化事业发展等民生支出得到有力保障。全年公共财政预算支出106.9亿元,增长41.4%。其中科学技术支出增长61.3%,医疗卫生支出增长49.5%,文化体育与传媒增长77.5%,农林水事务支出23.5%,教育支出增长19.0%,社会保障和就业支出增长3.1%,城乡社区事务支出增长40.8%。

(二)城乡居民收入同步增长,城乡收入比例进一步缩小

2012年,城市居民人均可支配收入19545元,比上年增长10.7%;农民人均纯收入7082元,增长17.7%。城乡居民收入比为2.76:1,与上年比下降了0.17个百分点。

城乡居民收入的增加带动了消费支出稳步增长和生活水平提高。城市居民人均消费支出13953元,增长9.1%。其中食品类支出6213元,增长7.2%;衣着类支出1877元,增长5.6%;居住类支出835元,增长8.7%;家庭设备用品及服务类支出840元,增长14.0%;医疗保健类支出654元,增长14.9%;交通及通信类支出1849元,增长10.7%;教育文化娱乐服务类支出824元,增长11.5%;其他商品与服务类支出859元,增长17.8%。

五、从环境看,金融业运行平稳、物价涨幅逐步缩小

(一)金融业运行平稳

截至年底,全市金融机构人民币存款余额1307.84亿元,比上年增长18.1%。增速回落5.5个百分点。单位存款976.58亿元,增长23.5%;个人存款224.3亿元,增长25.5%。人民币贷款余额454.35亿元,比上年增长43.9%,增速下降3.8个百分点。其中中长期贷款余额294.05亿元,增长47.1%;短期贷款余额87.73亿元,增长53.3%。

截至年底,贷款增速快于存款25.8个百分点,贷款占存款的比重为34.8%,比上年提高6.3个百分点。

(二)物价涨幅逐步缩小

2012年,居民消费价格总指数(CPI)上涨3.2%,呈逐渐缩小态势。其中食品类上涨6.8%,衣着类上涨4.3%,家庭设备用品及维修服务类上涨1.5%,烟酒及用品类上涨1.3%,交通及通讯类上涨1.2%,居住类上涨0.9%,娱乐教育文化用品及服务类上涨0.3%,医疗保健和个人用品类下降0.1%。

大　事　记

2012 年拉萨市大事记

2011 年 12 月 30 日　齐扎拉在全市经济工作会议上提出：紧扣“一坚持两强化三突破”的总体思路，坚持稳中求快，突出“环境立市、文化兴市、产业强市、民生安市、法治稳市”五大战略，着力抓好项目拉动、园区带动、产业推动、民营促动、人才培养、环境创优等六项重点，全面实现发展带头、稳定关键、团结模范、民生先行、文化示范、生态引领、党建先锋等七项突破，以经济社会发展的优异成绩迎接党的十八大胜利召开。

1　月

1 日　齐扎拉、多吉次珠出席达孜县委、县政府为金叶敬老院 10 对老人举行的集体藏式婚礼。

▲　西藏道路交通事故社会救助基金正式启动。最高可为受害人垫付 4 万元抢救费。

4 日　拉萨市首个综合性社区卫生服务中心——城关区扎细社区卫生服务中心正式启用。该中心占地面积 2000 余平方米，设有儿童保健室、预防接种室、疾病控制室等 20 多个科室，是西藏首个综合性社区卫生服务中心。

5 日　由西藏自治区群艺馆和拉萨市教育局（体育）局联合举办的首届《未来之星》少儿美术展在自治区群众艺术馆开幕。

6 日　拉萨市阳光公证处荣获“全国巾帼文明岗”荣誉称号。

▲　西藏自治区党委、政府和西藏军区在拉萨市召开自治区第十次双拥模范城（县）命名和表彰大会。拉萨市、城关区、堆龙德庆县、墨竹工卡县荣获“西藏自治区双拥模范城（县）”称号，拉萨市人力和社会保障局、拉萨市双拥办和武警西藏总队拉萨支队大队十六中队、公安消防总队拉萨支队布达拉宫大队、武警水电三队拉萨指挥部分别荣获“爱国拥军模范单位”和“拥政爱民模范单位”称号。

7 日　拉萨市本级地方政府性债务审计项目获国家审计署表彰。

▲　拉萨市人民政府与中国银行西藏分行签署战略合作协议。

10 日　自治区党委书记陈全国夜间暗访拉萨便民警务站，检查值勤民警快速反应能力。

▲　拉萨市举行迎春区域协作座谈会，拉萨市与昌都地区、日喀则地区、山南地区、林芝地区、那曲地区、阿里地区的党委、人大、政府（行署）、政协主要负责同志欢聚一堂，共商发展大计。

▲　拉萨市召开支持拉日铁路建设 2011 年度总结表彰会。

▲　市公安局在全市范围内开展“以拉萨 110 开门评警解民忧保平安”为主题的宣传活动。

▲　城关区举行八廓社区卫生服务中心揭牌仪式。

11 日　西藏自治区党委书记陈全国到拉萨市堆龙德庆县乃琼镇岗德林村、市档案局（馆）驻村工作队、曲水县热振寺聂塘卓玛拉康驻寺工作组暗访干部驻村驻寺工作。

12 日　堆龙德庆县乃琼镇荣获“全国文明村镇”荣誉称号。

13 日　市政府与中交第一公路工程局有限公司在拉萨举行战略合作签约仪式，双方将在城市基础设施投资、设计、建设、管理等方面建立战略合作关系。

▲ 拉萨市特色乡村旅游规划评审会召开。会议对夺底沟乡村、娘热沟乡村、纳木措乡村、桑木村、觉木隆村、塔杰乡旅游规划进行评审。

14日 首期《拉萨年鉴》编辑工作培训班开班。北京市地方志办公室副主任谭烈飞等为学员讲解年鉴的特点和编纂流程、年鉴的历史与现状和年鉴的编写。

15日 齐扎拉主持召开八届市委第五次常委会议,听取拉萨市宗教工作领导小组关于开展寺庙“六建”、“六个一”、“9+5”活动,市教育局(体育局)《关于加快我市教育和发展的意见》的起草说明等事宜。

20日 拉萨市2012年首届烟花爆竹零售从业人员安全培训班开班。来自全市七县一区的从业人员150多人参加了培训。

21日 2012年春节维稳防控拉动演练启动,齐扎拉宣布演练开始。

2 月

1日 全市供暖工程建设座谈会召开。国家住建部城建司、中国建筑设计院、中石油青海分公司、北京热力公司等单位的专家出席座谈会并指导工作。

2日 齐扎拉会见国家住建部城市建设司副司长刘贺明率队的城市供暖专家组,听取专家组关于拉萨城市供暖工作的能源种类、实际效果、供热方式及运营成本等相关情况介绍。

▲ 幸福拉萨规范舞学跳活动文艺骨干表演在宗角禄康公园举行。齐扎拉、多吉次珠观看表演。

▲ 市委、市政府印发《中共拉萨市委员会、拉萨市人民政府关于加快教育改革和发展的意见》。

▲ 拉萨市、成都市、重庆市至林芝航线首航成功,并举行西藏航空有限公司拉萨市、成都市、重庆市至林芝航线首航暨合作协议签约仪式。

▲ 拉萨市感党恩主题教育爱国主义电影放映启动仪式在达孜县塔杰乡塔杰村举行,放映藏语版影片《农奴》。

6日 拉萨市第二高级中学青少年俱乐部、拉萨市第三高级中学青少年体育俱乐部、拉萨市实验小学青少年体育俱乐部、拉萨市第三中学青少年俱乐部、拉萨市尼木县朝阳青少年体育俱乐部、拉萨市第四中学“雪域阳光”青少年俱乐部、林芝“工布阳光”俱乐部等16个单位被命名为“2012年国家青少年体育俱乐部”。

▲ 经国家体育总局评审,拉萨市墨竹工卡县甲玛沟青少年户外活动营地被批准为“2012年全国青少年户外体育活动营地”,获中央级体育彩票公益活动资助50万元。

11日 《拉萨河沿岸景观概念》规划论证会在成都市举行。

12日 多吉次珠在拉萨会见长三角建设投资集团董事长赵新林,并就拉萨四面山绿化项目方案进行交流,听取“绿色拉萨行动”的设计理念等情况汇报。

▲ 市委印发《中共拉萨市委员会关于进一步加强市委常委会自身建设的意见》。

▲ 拉萨市举办首期寺庙卫生工作人员培训班,全市45名僧尼参加培训。

13日 拉萨市城关区人民法院被授予“全国模范法院”先进称号。

▲ 齐扎拉主持召开八届市委第六次常委会议,研究关于进一步加强市维稳一线指挥部运行机制建设相关事宜,全市公安机关社会管理创新工作相关事宜、市纪委八届二次全体会议筹备情况、2011年市直机关作风效能建设考评情况等事宜。

▲ 拉萨市区归国定居藏胞及境内亲属喜迎藏历水龙新年茶话会举行。齐扎拉出席并讲话。

14日 总投资2896.3万元的当热路改造工程开工,江苏省援助2600万元。

15日 拉萨教育城项目启动仪式在蔡公堂举行。拉萨教育城项目包括拉萨中等职业技术学校、拉萨市教师培训中心、青少年校外实践基地、教师园丁园、西藏大学教科研机构、那曲拉萨第二高级中学、阿里拉萨中学等7个项目。

▲ 拉萨市邀请13家自治区(中)直单位驻拉萨的30个驻村工作队及派出单位负责人,自治区相关部门负责人进行座谈,总结前一阶段强基惠民活动取得的成绩和好的经验做法,安排部署下一阶段工作。齐扎拉出席并讲话。

▲ 由共青团西藏自治区团委、西藏自治区青年联合会主办,共青团拉萨市委员会承办的“创先争优强基惠民——春风送温暖”三下乡主题实践活动正式启动。

16日 多吉次珠一行到青海省西宁市与中石油青海公司、中石化西藏销售公司就拉萨市城市供暖供气气源保障项目合作、市场开发进行洽谈。

18日 拉萨“色拉崩坚”宗教活动举行。

20日 拉萨市231座寺庙书屋建设工程完工,提前实现全覆盖。

23日 拉萨“乃琼拉苏”佛事活动举行。

24日 市委、市政府举办的欢度藏历水龙新年幸福拉萨规范舞群众性文化活动启动仪式在布达拉宫广场举行。

25日 齐扎拉主持召开八届市委第一次常委(扩大)会议,传达中央领导同志和自治区党委书记陈全国近期关于维护稳定工作的一系列批示精神,听取全市便民警务站工作开展情况,部署3月份维稳工作。

▲ 齐扎拉主持召开市委专题会议,听取并研究拉萨市加强和创新社会管理工作、城关区加强和创新社会管理工作开展情况。

28日 西藏自治区供销合作社在拉萨市挂牌成立。

▲ 多吉次珠应邀出席《CCTV2011—2012经济生活大调查》发布晚会。拉萨市连续五年位居全国百姓幸福感最强城市第一名。

29日 多吉次珠应中央电视台财经频道邀请,做客《对话》栏目。

▲ 投资285万余元修建的拉萨市城市热岛效应气象观测站建设项目通过国家有关部门验收。该项目于2011年3月开工建设。2012年8月完工并投入试运行,9月通过初验。

3 月

3日 拉萨市举办国家形势及涉藏外交工作报告会。外交部涉外安全司副司长刘光宾作报告,齐扎拉讲话。

4日 拉萨市召开首届驻拉萨市办事处联席会议。邀请外省市及西藏各地区和有关单位驻拉萨办事处主要负责人,各地区驻拉萨维稳协调领导小组组长参加会议,就拉萨市加强和创新社会管理进行探讨。齐扎拉出席并讲话。

5日 中国共产党西藏历史纪念馆项目评估会在拉萨举行。

6日 多吉次珠签署发布拉萨市人民政府第34号、35号、36号、37号令:《拉萨市城市绿化收费缴纳办法》、《拉萨市禁止一次性发泡塑料餐具、塑料购物袋管理办法》、《拉萨市公共厕所管理办法》、《拉萨市户外广告看牌匾》,自4月1日起施行。

▲ 西藏自治区党委决定追授拉萨市城关区检察院副检察长金淑萍"全区优秀共产党员"荣誉称号。

▲ 拉萨市2012年"春风行动"在堆龙德庆县正式启动,共发布招聘岗位1212个。

9日 拉萨市创建国家环境保护模范城市行动动员大会召开。齐扎拉出席并讲话。

10日 在拉萨举行军警民共创拉萨国家环保模范城市启动仪式。

▲ 齐扎拉参加"绿拉鲁湿地,美拉萨之肺"植树活动。

12日 拉萨市举行城市周边重点区域造林工程开工仪式。该工程实施总面积8338.7亩,其中,造林面积7214.9亩,封山育林面积1123.8亩,国家投资2615.8万元。

▲ 全国"两会"间隙,江苏省委书记罗志军在江苏代表团驻地接见多吉次珠,交流下一步援藏工作。

▲ 墨竹工卡县"女子流动法庭"获全国法院先进集体荣誉称号。

▲ 全市寺庙僧尼社会保险基础养老金发放仪式在色拉寺举行。首批色拉寺37名60岁以上僧众每人领取到一季度基础养老金360元。

13日 总投资1.3亿元的达孜县"全区小农重点县"22个水利建设项目集中开工。

14日 多吉次珠应邀出席四川省雅安市投资促进会及藏茶品鉴会,与雅安市签署区域合作框架协议。

15日 齐扎拉主持召开市委常委会,通过了《拉萨市人民政府2012年立法计划(草案)》。

▲ 中、日政府合作利民工程"西藏拉萨市尼木县人民政府医疗设备"项目签字仪式举行。

16日 拉萨市荣获"全国双拥模范城"荣誉称号庆祝仪式在布达拉宫广场举行。

▲ 总投资1亿多元的林周县2012年14个重点项目集中开工。

20日 墨竹工卡县举行2012年嘎则新区自来水厂等100个项目集中开工典礼。

21日 齐扎拉主持召开八届市委第二次常委(扩大)会议,听取并研究拉萨市文化产业园区建设建议方案、《拉萨市促进民族团结进步条例(草案)》。

▲ 82家自治区、市综治委成员单位在宇拓路集中组织开展社会管理综合治理宣传活动。

25日 当雄县政府与拉萨布达拉旅游文化发展有限公司联合开发纳木错景区合作框架协议签字仪式举行。项目总投资8亿多元。

26日 拉萨市首届保安培训班在拉萨金盾保安服务总公司培训学校开班,来自八县(区)的50名学员参加为期一个月的培训。培训班采取定单培训,实现就业率100%。

▲ 堆龙德庆县荣获“全国双拥模范县”,并举行揭牌仪式。

▲ 总投资3.37亿元的尼木县60个的旅游项目集中开工。

27日 拉萨经济技术开发区管委会举行国家级拉萨经济技术开发区B区项目暨市政道路工程奠基仪式。该项目开发总面积2.95平方千米,拟投资3.8亿元,新建17.46千米市政道路。

▲ 全市建设和谐矿区工作总结推进会在墨竹工卡县举行。

▲ 拉萨市各族各界人士纪念“西藏百万农奴解放53周年”座谈会举行。

28日 拉萨市举行纪念西藏百万农奴解放53周年“升国旗、唱国歌”仪式。

29日 多吉次珠会见尼泊尔联邦民主共和国新任驻拉萨总领事馆总领事哈里·普拉德·巴逍一行。

▲ 拉萨市城关区人民法院被最高人民法院授予“全国模范法院”荣誉称号。

▲ 拉萨135个便民警务站设立“便民书窗”配送仪式举行。

▲ 拉萨经济技术开发区举行B区项目启动暨市政道路奠基仪式。

30日 齐扎拉主持召开拉萨市供暖试点工程动员大会。动员驻市各部门、各单位高度重视拉萨市供暖试点工程,全力以赴支持工程建设,确保年底让40%的城市居民用上暖气。

▲ 柳梧新区污水处理厂(一期)举行开工仪式。工程总投资3736.25万元,日处理污水3000吨。西藏自治区财政解决建设资金1295.85万元,柳梧新区配套2440.40万元。

31日 齐扎拉主持召开八届市委第四次常委(扩大)会议,听取并研究加强和创新社会管理工作领导小组办公室制定的第二批21个工作机制建立情况、《中共拉萨市委关于进一步加强市委常委会自身建设的意见》、《中共拉萨市委第八届委员会常务委员会工作规则(试行)》及便民警务站人事安排事宜。

▲ 堆龙德庆县举行2012年重点项目启动暨敬老院开工奠基仪式。

4 月

1日 《拉萨市民族团结进步条例》正式实施。

4日 齐扎拉、多吉次珠等领导来到拉萨烈士陵园,与全市各族各界代表一起,参加清明节祭扫活动,向革命英雄纪念碑敬献花圈。

▲ 拉萨市在布达拉宫广场举行瞻仰西藏和平解放纪念碑缅怀革命先烈活动。

6日 中国西藏文化旅游创意园区规划论证座谈会召开,齐扎拉出席并讲话。

7日 南京农业大学园艺学院西藏达孜县现代农业产学园揭牌仪式在达孜县邦堆乡举行。

7日~12日 应尼泊尔联邦民族共和国加德满都市市长柯达尔·巴哈杜儿·阿迪卡日邀请,多吉次珠率由拉萨市政府办公厅、市外办、市旅游局有关负责人组成的代表团对尼泊尔加德满都市进行了为期5天的友好访问。并向该市捐赠了总价值80多万元的太阳能设备。

9日 拉萨市召开民族团结进步模范表彰大会。齐扎拉在会上对民族团结进步工作提出新要求。

▲ 拉萨市总工会九届六次全委(扩大)会议召开。

10日 拉萨市举行先进文化“六有”进寺庙全覆盖总结暨甘丹寺广播影视进寺庙开通仪式。

▲ 老城区保护工程动员部署会议召开。此次保护工程范围以大昭寺、小昭寺等五个重点文物保护单位及其辅助建筑物为中心,保护范围:林廓北路以南、林廓东路以西、朵森格路以东、江苏路以北。重点整治未依法取得规划批准的建筑物、构筑物及其他设施;未按规定期限拆除的临时建筑物、构筑物及其他设施;严重影响老城区风貌的乱拉乱挂的各种管线;人民群众反应强烈但仍继续顶风抢建的违法建设行为;其他违反《中华人民共和国城乡规划法》、《拉萨市城乡规划条例》和《拉萨市历史文化名城保护规划》等法律法规的建设行为。

11日 拉萨市和西藏日报社举行西藏日报社拉萨分社揭牌暨中国西藏新闻网·拉萨频道开通仪式。

12日 市委印发《中共拉萨市第八届委员会常务委员会工作规则(试行)》。

13日 市妇联第八届执行委员会第五次(扩大)会议召开。

▲ 市委、市人大、市政府、市政协秘书长联席会议召开,研究讨论《拉萨市委、人大、政府、政协秘书工作联席会议制度》,通报全市办公厅(室)主任工作会议筹备情况。

15日 齐扎拉主持召开市委专题会,就《文成公主》大型实景演出项目进行专题研究。

▲ 西藏会展中心举行开工奠基仪式。

17日 齐扎拉主持召开八届市委第八次常委会议,研究县(区)人大、政府、政协换届人事安排方案及相关县级干部调整配备情况。

▲ 青藏铁路公司拉萨火车站荣获第三批“全国文明单位”称号,并正式挂牌。

18日 齐扎拉主持召开市委专题会议,听取各县(区)加快教育改革发展工作和教育城建设情况汇报。

▲ 尼木县吞达村社会主义新农村建设规划汇报会召开。

19日 《文成公主》大型实景演出项目领导小组召开第四次会议。齐扎拉主持并讲话。

▲ 西藏昊泰设备科技有限公司开工典礼在达孜县工业园区举行。

20日 中国共产党第八届拉萨市纪律检查委员会第二次全体会议召开。

21日 中国电信拉萨分公司与拉萨市电视台联合举办“拉萨手机新闻”开通仪式。

▲ 拉萨市举行新公交车投放仪式。

22日 齐扎拉主持召开市委专题会,听取中国西藏文化旅游创意园区概念设计基本构想汇报。

23日 北京市市政市容管理委员会副主任柴文忠一行到拉萨市考察,并捐赠60万元。

24日 拉萨市举行六县新成立政协新闻发布会。

▲ 政协林周县召开第一届委员会第一次会议。

▲ 哲蚌寺举行以歌颂中国共产党、歌颂伟大祖国和中共十八大为主题的第三届藏文书法比赛。

25日 中共中央政治局委员、北京市委书记刘淇在北京民生金融中心会见了以多吉次珠为团长的拉萨市党政代表团一行,并进行了座谈。

▲ 拉萨市2012年青年歌手电视大奖赛举行。齐扎拉观看比赛并为获奖选手颁奖。

▲ 在北京国际饭店会议中心举行“北京·拉萨”对口支援工作座谈会。

26日 齐扎拉主持召开纳木措景区规划专题会议。

▲ 全市政法干警社会主义核心价值观教育实践活动暨岗位大练兵活动部署会议召开。齐扎拉出席并讲话。

▲ 政协墨竹工卡县委员会成立。

▲ 西藏通泰投资有限公司党支部挂牌成立。

▲ 电影《先遣连》藏语首映式在堆龙德庆县中学举行。

26日~28日 拉萨市党政代表团一行考察北京市东城区网格化社会服务管理创新工作,北京市昌平区现代农业科技发展模式,北京市朝阳区798艺术区,北京经济技术开发区北京京东方显示技术有限公司、北京奔驰汽车有限公司。

28日 拉萨市供暖试点工程项目正式开工建设。在市区铺设8条燃气主干管网及3条跨河燃气管道,总长度62公里,2012年完成拉萨市供暖40%的目标任务,2013年基本实现拉萨供暖全覆盖。

▲ 市委印发《中共拉萨市委督促检查工作规则》,自下发之日起试行。

29日 以多吉次珠为团长的拉萨市党政代表团一行到河北省承德市就旅游文化产业发展情况进行实地考察学习,并观看大型实景演出《鼎盛王朝·康熙大典》。承德市委书记郑雪碧会见多吉次珠一行。

30日 齐扎拉会见以海北州委副书记、州长尼玛卓玛为团长的青海省海北藏族自治州代表团一行。

5月

1日 拉萨市城关区娘热民间艺术团“八大藏戏”汇报演出仪式在罗布林卡公园举行。

2日 市委办公厅、市政府办公厅印发《大型实景演出〈文成公主〉项目工作实施方案》。

3日 以多吉次珠为团长的拉萨市党政代表团一行抵达江苏省南京市,参加了“江苏·拉萨”对口支援工作座谈会。拉萨市与江苏省共同签署了“十二五”时期对口支援与合作框架协议,与南京农业大学签署了《关于推进现代农业科技发展的战略合作协议》。

▲ 江苏省委书记罗志军、省长李学勇分别会见多吉次珠一行。

▲ 市委印发《关于在全市寺庙深入开展藏传佛教优良传统主题教育活动的决定》。

▲ 市委办公厅、市政府办公厅印发《拉萨市市(中)直机关作风和行政效能建设考评办法(试行)》、《拉萨市县(区)目标绩效考核实施办法(试行)》、《拉萨市2012年县(区)目标绩效考核体系》。

5日 南京·拉萨对口支援工作座谈会在南京市举行。

6日 北京市对口支援和经济工作合作领导小组

办公室下发《关于做好2012年度对口支援地区干部人才来京培训工作的通知》,审核批准援助拉萨市的11个人才项目。其中党政类4个、专业技术类7个,涉及党建、社会管理、人社、农业、教育、安监、广电、公安等8个领域,为拉萨市培养275名各级各类人才。

7日　齐扎拉主持召开市委专题会议,听取中国西藏文化旅游创意园区概念设计基本构想汇报。

▲　政协尼木县第一届委员会第一次会议召开。

7日~8日　拉萨市党政代表团一行考察了泰州民居、泰州中学老校区、中国(泰州)科学发展观展示馆、扬子江药业、苏州文化艺术中心、园区十八周年成就展、独墅湖科教创新区等地,并与当地政府举行对口支援工作座谈会。

8日　政协当雄县第一届委员会第一次会议召开。

9日　《文成公主》大型实景演出项目剧场版签约仪式在拉萨举行。拉萨市布达拉旅游文化有限公司与北京山水盛典文化产业有限公司签署《<文成公主>剧场版创制委托协议》和《<文成公主>实景版创制委托协议》。

10日　拉萨市"关爱他人、关爱社会、关爱自然"志愿服务活动正式启动。齐扎拉、中央文明办志愿服务工作局领导出席仪式。

▲　拉萨市国家安全局业务技术用房(363工程)奠基仪式在柳梧新区举行。

11日　齐扎拉主持召开市委专题会议,研究拉鲁湿地概念性规划设计情况。

▲　拉萨市县级以上领导捐资助孤捐款仪式在市委办公厅举行。

12日　拉萨市校园周边整治打击严重刑事犯罪和整治社会治安突出问题专项行动动员大会召开。按照《拉萨市打击严重刑事犯罪和整治社会治安突出问题专项行动总体方案》,5月至9月,开展打击严重刑事犯罪和整治社会治安突出问题专项行动。

▲　在全市范围内开展以"弘扬防灾减灾文化,提高防宵减灾意识"为主题的"防灾减灾日"宣传活动。

13日　多吉次珠主持召开《文成公主》大型实景演出项目专题会议,就大力推进《文成公主》项目工作进行专题研究部署。

15日　齐扎拉主持召开市委专题会议,听取中国西藏文化旅游创意园区概念设计基本构想汇报。

▲　拉萨市召开在寺庙僧尼中深入开展弘扬历代高僧大德"爱国爱教、遵规守法、弃恶扬善、崇尚和谐、祈求和平"为主题的法制宣传教育活动动员大会。会议宣读《拉萨市深入开展弘扬历代高僧大德"爱国爱教、遵规守法、弃恶扬善、崇尚和谐、祈求和平"为主题的法制宣传教育活动实施方案》。

16日　齐扎拉主持召开八届市委第十二次常委会议,听取并研究《拉萨市创先争优强基惠民活动半年工作小结暨下一步工作安排》、《拉萨市关于进一步加强农牧民带动技能技术培训的意见》。

▲　由国家级拉萨经济技术开发区投资435万元的墨竹工卡县唐加乡草莫冲村委员会综合办公楼建设项目开工。

18日　曲水县农村改革实验区启动仪式在曲水县聂当乡德吉村举行。

19日　多吉次珠主持召开《文成公主》项目指挥部领导小组办公会议,听取各成员单位筹备情况汇报。

▲　自治区副主席多托,市委常委、副市长陈宗荣出席中国旅游日宣传活动。

▲　拉萨市开展"助残日"活动。

20日　大型民族歌舞剧《英雄格萨尔》在西藏人民会堂上演。

22日　齐扎拉主持召开市委专题会议,听取拉萨市寺庙档案数据库管理软件建设工作汇报。

▲　西藏首家地方性法人银行——西藏银行股份有限公司正式营运。

23日　拉萨市第六次双拥工作总结暨表彰大会在市政府召开。

▲　西藏自治区危险废物处置中心奠基仪式在曲水县聂当乡举行。

24日　市委、市政府印发《关于成立中国西藏文化旅游创意园区建设工作领导小组的通知》。齐扎拉任组长。

▲　拉萨德吉罗布儿童乐园开工奠基仪式在柳梧新区举行。

25日　金淑萍同志先进事迹报告会在市政府举行。

27日　全市教育系统幸福拉萨规范舞老师组合比赛在市二高举行,全市教育系统的1000余名老师参加活动。

▲　西藏传媒集团有限公司举行成立揭牌仪式。

28日　齐扎拉主持召开《文成公主》大型实景演出项目领导小组会议,专题研究《文成公主》大型实景演出项目有关事宜。

▲ 市委、市政府印发《关于进一步加强农牧民技能技术培训和劳动力转移工作的决定》。

▲ 中国人寿西藏分公司新办公楼奠基仪式在拉萨举行。

29日 齐扎拉主持召开八届市委第十三次常委会议,听取市创新办关于拉萨市和各县(区)加强和创新社会管理工作推进情况,听取2012年中国·拉萨雪顿节筹备情况汇报。

▲ 多吉次珠主持召开《文成公主》大型实景演出项目实景版剧场概念设计汇报会。

30日 全国知名民营企业家西藏行活动筹备情况汇报会召开。齐扎拉出席并讲话。

31日 多吉次珠主持召开专题会,听取拉萨河(城区段)综合整治工程——水利部分前期工作开展情况汇报。

▲ 全国政协委员、社会和法制委员会副主任、文化部副部长赵少华为组长的全国政协专题调研组在拉萨市堆龙德庆县就非物质文化遗产——觉木隆藏戏传承与发展现状进行专题调研。

6 月

1日 中国少先队西藏自治区第五次代表大会在拉萨召开。齐扎拉出席开幕式。

▲ 哲蚌寺召开以弘扬藏传佛教历代高僧大德"爱国爱教、遵规守法、弃恶扬善、崇尚和谐、祈求和平"为主题的法制宣传教育活动动员大会。

2日 拉萨市举行维稳防控拉动演练。

5日 西藏自治区环境宣传中心、自治区环境监察总队、市环境保护局及44家拉萨市"创模"成员单位在宇拓路步行街开展"六五"世界环境日环保宣传一条街活动。

▲ 北京市投资促进就业局慰问援藏干部座谈会暨第一届"驻京中外知名企业投资拉萨行"项目推介会在柳梧新区举行。

6日 西藏自治区爱国主席教育基地暨西藏军区军史馆正式开馆。

▲ 齐扎拉会见了以四川省甘孜州委常委、康定县委书记段毅君为团长的康定县党政考察团一行。

7日 拉萨市政府与东方航空有限公司举行战略合作签约仪式。

8日 齐扎拉主持召开八届市委第十四次常委会议,听取并研究《关于贯彻<关于加强新形势下涉藏外宣工作的意见>的实施意见》、城关区八廓街道整治前期工作相关事宜、《拉萨市加强和创新社会管理实践与研究交流研讨会方案》及市人大、市政协、经济技术开发区县级班子调整配备相关事宜。

▲ 拉萨市召开迎接全国爱国卫生运动委员会办公室专家组赴拉萨市督导检查创卫工作动员部署会议。

▲ 达孜县金色池塘生态景区项目开工仪式在达孜县塔杰乡巴嘎雪村举行。项目总投资3.6亿元。

10日 拉萨市举行中央部委援藏干部为拉萨市发展稳定建言献策座谈会。

11日 齐扎拉会见了北京市文联党组书记、常务副主席陈启刚率领的首都艺术家暨媒体代表团一行。

▲ 启动以"节能低碳、绿色发展"为主题的2012年全国节能宣传周活动。

▲ 全国爱国卫生运动委员会办公室专家组一行到拉萨市,听取拉萨市创建国家卫生城市工作汇报。

12日 首都艺术家代表团到拉萨慰问演出举行。

▲ 拉萨市农牧民劳动技能培训就业促进会暨"一区四园"人力资源座谈会在拉萨经济技术开发区举行。

13日 以中央纪委驻安监总局纪检组组长赵惠玲为组长的中央加快转变经济发展方式及中央支持西藏跨越式发展和长治久安政策落实情况检查组在拉萨市调研。

▲ 北京——拉萨书画艺术交流会举行。

▲ 首都艺术家代表团在城关区社区开展慰问演出。

18日 拉萨市便民畅通工程在宗角禄康公园十字路口举行开工典礼。全市10座便民天桥和千佛崖转经通道工程全面实施。

20日 齐扎拉主持召开市委专题会议,听取教育城总体规划和建设进展情况汇报。

24日 自治区党委书记陈全国在途经拉萨市火车站安全检查站时,主动接受检查,慰问执勤民警和检查站工作人员,检查安检措施落实情况。

▲ 拉萨市加强和创新社会管理实践与研究交流研讨会召开。齐扎拉出席并致辞。

▲ 拉萨市召开第三次妇女儿童工作会议。

25日 自治区、市两级国土部门在北京中路开展以“建设高标准基本农田,保障国家粮食安全”为主题的土地日宣传活动。

26日　全市诚信旅游建设推进大会召开。会议宣读《拉萨诚信旅游建设实施方案》。

▲　西藏自治区、拉萨市两级禁毒部门在宇拓路联合开展了禁毒宣传活动。

▲　中国银行拉萨经济技术开发区支行开业典礼举行。

27日　多吉次珠主持召开专题会议,听取拉萨河(城区段)综合整治工程设计方案情况汇报。

▲　拉萨市500名基层专业技术人员到内地考察学习民生项目正式启动。

28日　多吉次珠主持召开专题会议,听取《文成公主》大型实景演出项目进展情况汇报。

▲　由市委、市政府主办的拉萨市庆祝“七一”幸福拉萨规范舞汇演在城关区蔡公堂乡斜组举行。

29日　北京市农业局向拉萨市农牧局捐赠了40万元项目资金。

30日　拉萨市对2012年上半年和谐模范寺庙及爱国守法先进僧尼进行表彰。

7　月

1日　拉萨市召开创先争优表彰大会,对活动中涌现出来的先进基层党组织、优秀共产党员和创先争优活动先进单位进行表彰。

5日　齐扎拉在拉萨会见以江苏省委组织部副部长庄同保为组长的江苏省委组织部干部考察组。

8日　市政府新闻办召开中国西藏文化旅游创意园区项目招商引资工作新闻发布会。齐扎拉出席新闻发布会并回答记者提问。

▲　举行中国西藏文化旅游创意园区及《文成公主》大型实景演出项目、拉萨河景观工程、次角林大桥项目奠基仪式。

▲　中国西藏文化旅游创意园区招商引资签约仪式及座谈会举行。入驻西藏文化旅游创意园区的13家企业意向投资总签约额达107亿余元。

9日　拉萨市创建国家卫生城市“开展甜茶馆卫生和食品安全整治”动员大会召开。

13日　拉萨市文明办主办的道德模范巡讲报告会在拉萨师范高等专科学院举行。

15日　齐扎拉会见以江苏省南京市市委常委、副市长赵晓江为团长的南京市党政代表团一行。

16日　墨竹工卡县南京实验小学等9大援藏项目开工典礼举行。

17日　《西藏百科全书·拉萨卷》终审协调会议召开。

▲　曲水县聂当乡德吉村和南木乡发生洪涝灾害,未造成人畜伤亡。

21日　拉萨市召开迎接全国城市文明程度指数测评考察点申报工作专题会议。

22日　政协第十届拉萨市委员会第一次会议召开。大会应到代表275人,实到代表263人,符合《政协章程》。

23日　拉萨市第十届人民代表大会第一次会议在市政府会议中心开幕。选举多吉次珠为拉萨市市长。

▲　八廓古城管委会正式揭牌成立。

▲　八廓街古城区公安局和城关区公安局举行揭牌仪式。

26日　市政府新闻办举行2012年中国·拉萨雪顿节新闻发布会。

27日　拉萨市举行庆祝“八一”建军节及幸福拉萨规范舞文艺演出。

28日　北京市免费救治拉萨市先天性心脏病儿童工作启动仪式举行。

28日~30日　全市藏传佛教寺庙宗教执事人员主题教育培训班举行。

29日　齐扎拉会见全国工商联副主席、宏达集团董事长刘沧龙一行。

▲　由国家体育总局登山运动管理中心和西藏自治区体育局联合主办的2012“喜马拉雅”全国攀岩邀请赛开幕。

30日　齐扎拉会见中科院院士、原中科院副院长孙鸿烈和中科院院士、中科院青藏所所长姚檀栋一行。

▲　全国民营企业助推拉萨跨越式发展大会在拉萨召开。

▲　拉萨国家经济技术开发区举行16个招商项目集中开工典礼,项目总投资130亿元,涉及农畜产品深加工、生物制药、藏药业、服务业、矿产业、通讯电子、包装材料及建材市场等多个领域。

31日　拉萨市第一小学庆祝建校60周年大会举行。

8　月

1日　市委副书记、常务副市长曹边疆会见中国外交部副部长崔天凯一行。

2日　市政府新闻办公室主持召开"全国民营企业家拉萨行活动"第二次新闻发布会。成功签约项目29个，总投资322.17亿元。

▲　湖南怀化市地方志办公室党组书记杨耀一行到拉萨考察交流地方志工作。

3日　召开全市农牧民技能技术培训和劳动力转移就业工作协调会。

▲　总投资1200余万元的拉萨市公安消防支队机关综合楼举行奠基仪式。

5日　齐扎拉会见北京市新闻出版局（版权局）局长、首都出版发行联盟主席冯俊科一行。

6日　齐扎拉在拉萨会见中国城市规划设计院院长李晓江率领的尼木县吞巴村新农村建设规划设计团。

▲　首都新闻出版界援建拉萨益民书屋、支援拉萨新闻出版工程和京藏手拉手读书活动启动仪式在拉萨市城关区塔玛社区居委会举行，捐赠价值360万元的图书。

▲　江苏省泰州市民政、慈善对口援建曲水福利中心项目捐赠仪式在曲水县举行。项目捐赠150万元，用于曲水县福利中心的公寓、食堂及附属设施建设。

7日　多吉次珠主持召开市政府专题会议，听取拉萨市城市供暖试点工程近期工作情况汇报。

▲　北京儿童医院向拉萨市卫生系统捐赠了20万元的呼吸机、多功能监护仪等设备。

▲　拉萨市医院管理及儿科医师培训班开班。

8日　齐扎拉在拉萨会见中国农业发展银行党委书记、行长郑晖一行。

▲　拉萨市民政局与江苏省民政系统援藏项目衔接工作座谈会召开。江苏省民政厅原则同意援助600万元用于拉萨市儿童福利院扩建项目。原则同意援助200万元用于建设柳梧新区未成年人保护中心。

9日　自治区党委书记陈全国，中国农业发展银行党委书记、行长郑晖，齐扎拉调研中国西藏文化旅游创意园区建设和拉鲁湿地保护开发情况。

10日　齐扎拉会见中国民生银行董事长董文标一行。

▲　多吉次珠主持召开《文成公主》大型实景演出项目指挥部领导小组专题会议。

▲　拉萨市召开创建国家卫生城市反馈意见落实情况汇报会。

12日　齐扎拉会见中国银行副行长王永利一行。

13日　齐扎拉主持召开八届市委第二十三次常委会议，听取全市教育综合改革进展工作及雪顿节期间安防工作、近期信访工作和矛盾纠纷排查等情况汇报，安排部署近期维稳工作，研究中国西藏文化旅游创意园区管理委员会筹备组组长任免事宜。

14日　2012年第七届拉萨纳木错国际徒步大会启动仪式在布达拉宫广场举行。

▲　齐扎拉会见中国国际工程咨询公司副总经理黄峰和国家发改委投资司交通能源处处长陈长耀一行。

▲　西藏自治区政协委员向拉萨市便民警务站捐赠仪式举行。向拉萨市便民警务站捐赠10万元。

15日　2012年"幸福拉萨·文化雪顿"第四届"雪顿之星"全国歌手大奖赛在拉萨电视台演播厅举行。

▲　西藏江苏商会在拉萨成立。

16日　拉萨市举行2012年中国·拉萨雪顿节欢迎宴会，来拉萨参加雪顿节的各方嘉宾出席。

▲　拉萨国际总部城、"拉萨之窗"开工典礼在柳梧新区举行。

▲　西藏自治区文化厅、拉萨市雪顿节组委会主办，市文化局、自治区非物质文化遗产保护中心承办的全区首届藏戏大赛在罗布林卡开幕。

▲　拉萨市实验小学举行建校50周年庆典。

17日　2012年中国·拉萨雪顿节开幕式文艺演出暨焰火晚会在布达拉宫广场举行。

▲　拉萨市实验小学举行建校50周年庆典活动。

18日　"藏地回响"2012年中国首届藏地音乐高峰论坛在拉萨市举行。

19日　2012年幸福城市市长论坛在拉萨市举行。

20日　召开江苏省食品药品监督管理局对口支援拉萨市工作推进会，并向拉萨市药监系统捐赠援助资金90万元。

▲　北京市昌平区区委书记侯君舒带领的党政代表团一行访问拉萨市，并为西藏牦牛博物馆捐赠建设资金100万元。

21日　齐扎拉在拉萨会见北京市昌平区区委书记侯君舒一行。

22 日　齐扎拉在拉萨会见以全国政协常委、云南省政协常务副主席管国忠为团长的驻滇全国政协委员赴藏考察团。

23 日　十届全国人大常委会副委员长热地到拉鲁湿地考察。

24 日　齐扎拉组织召开教育城项目汇报会，听取拉萨教育城一期入驻项目规划情况汇报。

▲　多吉次珠在拉萨分别会见以北京市西城区区委常委、组织部部长章冬梅为团长的北京市西城区党政代表团和以北京市东城区区委副书记、区长牛青山为团长的北京市东城区党政代表团。

▲　市委印发《关于进一步加强干部队伍建设的决定》。

25 日　拉萨市召开大型史诗剧《文成公主》剧场版宣传工作专题协调会，研究在北京开展《文成公主》剧场版宣传工作有关事宜。

26 日　齐扎拉主持召开市委专题会议，听取拉萨市城市规划设计情况汇报。

▲　齐扎拉会见江苏省政协副主席、统战部部长罗一民一行。

27 日　齐扎拉会见中央统战部“同心·西藏”考察团一行。

▲　第五届中国西部物业发展论坛在拉萨开幕。西部 12 省物业管理工作部门参加。

▲　布达拉宫模范消防大队先进事迹报告会在拉萨举行。

28 日　齐扎拉会见武警黄金指挥部政委杨继明一行。

29 日　多吉次珠接受由中央文明办主办，中国文明网、拉萨市文明办承办的全国文明城市(书记)市长电视访谈。

▲　多吉次珠会见参加全国旅游援藏工作座谈会的代表。

▲　市委办公厅印发《关于进一步加强和改进拉萨市重要会议和领导同志公务活动新闻报道的规定》。

30 日　2011 年度国家农业综合开发项目自治区级验收意见交换会在拉萨举行。

▲　拉萨市召开 2012 年迎接全国城市文明程度指数测评再动员大会。

31 日　西藏自治区公积金龙卡暨金融 IC 卡首发仪式在拉萨市举行。

▲　拉萨市属义务教育阶段学校及市实验幼儿园移交城关区仪式举行。

9　月

3 日　多吉次珠接受中央人民广播电台喜迎十八大系列直播节目“幸福城市·拉萨篇”访谈。

▲　多吉次珠会见以尼泊尔联邦民主共和国加德满都市市长柯达尔·巴哈杜尔·阿迪卡日为团长的加德满都市友好代表团。

▲　江苏省档案局援助拉萨市档案局(馆)15 万元。

4 日　齐扎拉主持召开八届市委第二十五次常委会议，听取上半年全市经济运行和全市重点工程进展情况汇报。

▲　齐扎拉在拉萨会见以北京市朝阳区区委书记程连云为团长的朝阳区党政代表团。

▲　拉萨市召开深入推进“四业工程”工作专题会。

5 日　拉萨市召开 2011 ~ 2012 年度创先争优强基惠民活动工作总结暨表彰大会。齐扎拉出席并讲话。

▲　北京市朝阳区区委书记程连云向堆龙德庆县捐赠 240 万元。

6 日　拉萨市荣获第四届“节庆中华奖”最佳节庆旅游目的地称号。“中国拉萨雪顿节”荣获第四届“节庆中华奖”年度大奖——节庆传承奖。市长多吉次珠荣获第四届“节庆中华奖”年度人物奖。

7 日　市委、市政府印发《中共拉萨市委员会、拉萨市人民政府关于印发〈拉萨市开展第一个民族团结进步节暨第 22 个“民族团结月”宣传教育活动方案〉的通知》。

12 日　以国家发改委稽查特派员魏东平为组长的国家发改委稽查办专项稽查组赴拉萨市稽查项目投资工作落实情况。

13 日　拉萨市召开“民族团结月”新闻发布会。宣布 2012 年 9 月 17 日是拉萨市第一个民族团结进步节。

▲　市委、市政府印发《关于加快推进拉萨市重点项目工作的意见》。力争“十二五”规划项目五年任务三年完成，确保全社会固定资产投资年均增长 30% 以上，五年累计完成 2000 亿元以上。

▲　江苏省第七批援藏干部抵达拉萨。

14 日　拉萨市庆祝“民族团结月”设立 22 周年暨共产党员民族团结先锋活动电视知识竞赛决赛

举行。

▲　市妇联举行“贫困母亲两癌救助基金”发放仪式,为19名患有“两癌”的贫困母亲每人发放了1万元救助金。

15日　拉萨市优秀中青年干部培训班开班仪式暨中共拉萨市委党校秋季开学典礼在自治区党校举行。拉萨市120名优秀中青年干部参加培训。

16日　70余家自治区及拉萨市综治成员单位在拉萨市宇拓路步行街开展“9·16”平安西藏宣传活动。

▲　拉萨市1区3县的首批14名先天性心脏病患儿到北京市接受免费治疗。10月5日返回拉萨。

▲　拉萨市在西藏人民会堂举办以“民族团结颂”为主题的专题文艺晚会。

17日　拉萨市举行关帝格萨拉康揭牌仪式。

19日　齐扎拉主持召开市委专题会议,听取拉萨河(城区段)综合整治工程设计情况汇报。

▲　市委办公厅、市政府办公厅印发《关于推广全市加强和创新社会管理试点成果的意见》。

20日　拉萨市举行第22个“民族团结月”座谈会,拉萨各族各界代表150余人参加座谈会。

22日　拉萨举行教育城一期项目开工仪式。

▲　市政府举办以“关爱城市·绿色出行”为主题的环保活动。

23日　拉萨国际总部城·拉萨之窗开盘仪式在柳梧新区举行。

24日　56个民族团结形象代表欢聚拉萨,“民族情·雪域行”活动正式拉开帷幕。

25日　市司法局业务用房项目举行开工奠基仪式。项目总投资1450万元。

25日~26日　拉萨市城市供热规划评估会在四川成都举行,听取北京煤气热力研究院对规划编制的说明和专家组意见。

26日　齐扎拉在拉萨会见长江商学院校友考察团并座谈。

▲　拉萨市举行消防支队新装备服役仪式及打造高原消防铁军汇报演练。

▲　市委常委、常务副市长斯朗尼玛会见江苏省政府办公厅代表团一行,向拉萨市政府办公厅捐赠援助资金30万元。

27日　大型史诗音乐剧《文成公主》剧场版首演筹备工作汇报会在北京召开。

▲　拉萨市妇联主办的第十五期农牧民妇女劳动力技能培训班在当雄县职教中心开班。

▲　市政府《拉萨市城市供热规划》评估意见任务分解落实会议举行。

28日　市委、市政府与北京市、江苏省援藏干部共度中秋佳节,共祝祖国63华诞。

29日　齐扎拉主持召开八届市委第二十七次常委会议,听取《文成公主》剧目北京巡演情况通报和领导干部包案督办的41件信访事项进展情况汇报。

▲　“魅力纳木措”冬季旅游推介会在“天堂草原望圣城”举行。

▲　投资3586万元的拉萨市检察院技侦业务用房项目举行奠基仪式。

▲　第十届拉萨市人民政府第二次全体会议召开。

30日　总投资为2691.52万元的扎基东路市政工程举行开工典礼。

10　月

1日　拉萨市各族各界干部群众在布达拉宫广场集会,举行“升国旗唱国歌”仪式,共同庆祝新中国成立63周年。

8日　多吉次珠主持召开拉萨市人民政府2012年第三次市长办公会议,听取当前全市各项建设工程完成情况。

9日　大型史诗音乐剧《文成公主》剧场版首演北京工作领导小组在京召开首演工作汇报会。

10日　齐扎拉主持召开拉萨市供暖供气工程进展情况专题汇报会。要求确保年底顺利完成40%的供暖任务。

▲　大型史诗音乐剧《文成公主》剧场版全球首演新闻发布会在北京举行。

▲　拉萨市31名优秀农牧民科技特派员到江苏参加种植业技术培训。

11日　大型史诗音乐剧《文成公主》在北京国家大剧院成功首演。

13日　长江商学院EMBA十九期学员“2012雪域高原西藏公益行”捐赠仪式在城关区吉崩岗小学举行,对城关区吉崩岗小学和林周县强嘎中心小学50名家庭困难小学生进行一对一资助,每人资助3600元。向拉萨市卫生局、山南卫生局、林芝卫生局等单位捐赠700余万元的药品。向西藏自治区妇联、市教育局(体育局)和两所小学捐赠500余万元的书籍、设备。

15 日 中国儿童艺术剧院编排的话剧《特殊作业》在拉萨市西藏人民会堂首演。

17 日 总投资4600万元的金凯新能源大厦奠基仪式在国家级拉萨经济技术开发区举行。

18 日 拉萨市机动车尾气排放专项执法检查工作正式启动。

▲ 江苏省卫生援藏医疗队到墨竹工卡县唐加乡开展义诊活动。医疗队为400余名群众进行义诊,发放各种药品价值4000余元。

▲ 西藏自治区"创先争优强基惠民"活动英模人物先进事迹报告会在拉萨市举行。

19 日 国家发改委投资司副司长罗国三在拉萨市考察城市供暖供气试点工程。

21 日 白玛梅朵艺术中心在北京朝阳区798艺术区正式开幕。"盛放的雪莲花——西藏艺术的前世今生"亦同期开幕。

▲ 拉萨市举行全市老干部"喜迎十八大、欢度重阳节"文艺演出活动。

23 日 市委印发《关于成立中共拉萨市企业工作委员会的通知》、《关于成立中共拉萨市非公有制经济组织工作委员会的通知》、《关于成立中共拉萨市社会组织工作委员会的通知》。旨在进一步加强党对国有重要骨干企业、非公有制经济组织、社会组织的领导。分别在市工信局(国资委)、市委统战部、市民政局设党工委办公室。

25 日 齐扎拉主持召开八届市委第二十八次常委会议,听取领导干部包案督办信访事项化解工作进展情况和全市教育改革发展推进情况汇报。

29 日 齐扎拉主持召开市委专题会,听取拉萨市便民天桥工程进展情况汇报,并前往千佛崖便民天桥工程施工点、阜康医院便民天桥工程施工点、青年路便民天桥工程施工点考察工程进展情况。

30 日 强秋同志先进事迹报告会在市政府举行。

▲ 拉萨市文化市场综合执法权力移交及迎接党的十八大文化市场专项整治工作会议召开。市文化、广电、文物部门负责同志与市文化市场综合执法支队负责同志签署文化市场执法权力移交书。

11 月

1 日 齐扎拉主持召开市委专题会,听取重点项目建设情况汇报。2012年,拉萨市以民生为主的重大项目共30个,其中,19个已开工建设,11个正在加快推进。

▲ 齐扎拉主持召开市委专题会,研究城关区、市委党校、市歌舞团搬迁和老城区保护工程有关事宜。

2 日 齐扎拉主持召开八届市委第九次常委(扩大)会议,安排部署近期重点工作,听取大型史诗音乐剧《文成公主》剧场版在京首演工作情况汇报。

▲ 欢迎中共十八大主题献礼演出——革命历史题材民族话剧《解放、解放》在西藏人民会堂上演。

2 日～3 日 拉萨市举办创先争优强基惠民活动市、县两级第二轮驻村(居)工作队队长培训班。会议传达拉萨市《深入开展创先争优强基础惠民生活动驻村工作队轮换交接方案》和《深入开展创先争优强基础惠民生活动第二年年度工作要点》。市(中)直单位和各县(区)派驻的第二轮驻村工作队队长,市强基础惠民生办公室和"四业工程"办公室各组组长及相关人员,各县(区)强基惠民活动办的负责人、工作人员共250人参加开班仪式。

5 日 拉萨市召开大型史诗音乐剧《文成公主》剧场版巡演工作座谈会,听取下一步巡演工作和剧本完善意见建议。

6 日 北京市委书记郭金龙在京会见齐扎拉一行。

▲ 总投资44250万元的西藏自然科学博物馆举行主体结构封顶仪式。

8 日 拉萨市书画界庆祝中共十八大胜利召开座谈会及"格桑花书法艺术奖"颁奖仪式举行。

▲ 市委理论学习中心组集中收看中共十八大开幕式。

9 日 西藏公安消防总队,西藏自治区公安厅、财政厅、发展改革委等34家自治区防火委员会成员单位和拉萨市部分消防重点单位在宇拓路举行以"喜迎党的十八大,共创平安与和谐"为主题的"119"消防宣传一条街活动。

14 日 以中央综治委终期试点工作验收组组长、团中央统战部副部长王阳为组长的中央综治委考核组,在拉萨市对服刑在教人员未成年子女服务管理和预防犯罪试点工作进行终期验收。

▲ 全区宣读骨干学习贯彻中共十八大精神培训班在拉萨市开班。来自全区各地市县宣读骨干和部分驻村工作队队长共80人参加了培训。

15 日 多吉次珠在西郊尼威小区群众家中调研

供暖供气试点工程进展情况。

▲　共青团中央委员会权益部副部长何华一行到曲水县调研重点青少年群体教育帮扶和预防犯罪工作。

18 日　多吉次珠做客拉萨电视台新闻栏目，就拉萨市十六大以来社会各项事业取得的成绩接受记者专访。

19 日　多吉次珠赴次角林《文成公主》实景版演出建设工地了解工程进展情况。

▲　由中国证监会纪委主办，西藏自治区金融办协办，深圳证券交易所、西藏证监局承办的“内幕交易警示教育展”西藏巡展在西藏图书馆开展。

20 日　齐扎拉主持召开市委常委扩大会议，专题研究供暖供气试点工程相关事项。

21 日　拉萨市召开在藏江苏企业发展座谈会，推进江苏和拉萨两地的经贸交流。

22 日　齐扎拉主持召开市委专题会议，听取拉萨市供暖供气工程次干管网工程督办情况汇报。

23 日　拉萨市建立草原生态保护补助奖励机制奖金发放仪式在尼木县续迈乡举行。

24 日　齐扎拉会见四川省甘孜州巴塘县委书记刘志东为团长的基层干部考察代表团。

▲　齐扎拉在供暖供气试点单位——尼威小区检查供暖供气入户工作情况。

25 日　多吉次珠主持召开市委专题会，听取拉萨市供暖供气工程次干管网工程督办落实情况汇报。

26 日　西藏自治区党委宣讲团到拉萨市开展中共十八大精神首场宣讲报告会。

28 日　拉萨市宣讲骨干学习贯彻中共十八大精神培训班开班。

▲　自治区新闻出版局在拉萨举行中共十八大文件及学习辅导读物首发仪式。

29 日　拉萨市中共十八大精神集中宣讲工作动员大会召开。

30 日　中央宣讲团以电视会议的形式在西藏自治区举行宣讲中共十八大精神报告会。

12　月

1 日　西藏自治区党委书记陈全国，区党委副书记、自治区主席白玛赤林来到拉萨市北京中路，参加了第 25 个世界艾滋病日宣传咨询活动。

▲　欢庆“十八大”惠民促销活动仪式在拉萨百货大楼前举行。全区有 150 家企业报告参加活动。

▲　2012 年北京——西藏（拉萨）商品大集在北京市海淀区开集。本届北京——西藏（拉萨）商品大集以“神奇西藏、天堂奇珍”为主题，于 2012 年 11 月 30 日至 12 月 9 日在北京市海淀区举行，共有 53 家企业的产品参展。

▲　由自治区商务厅主办，各地（市）商务局承办，全自治区欢庆“中共十八大”惠民促销活动仪式在拉萨百货大楼前举行。共有 150 家企业报名参加此次促销活动。

2 日　万名干部进农家宣读中共十八大精神及自治区“创先争优 强基惠民”第二批驻村工作队出发仪式在布达拉宫广场举行。

3 日　齐扎拉主持召开八届市委第三十一次常委会议，传达学习习近平同志在参观《复兴之路》展览时的重要讲话精神，听取拉萨市供暖供气工程进展情况汇报和拉萨市十届人大二次会议筹备情况汇报。

4 日　全区县级环境监测执法业务用房项目启动。

▲　市政府召开 2012 年质量兴市创建活动工作会议。

5 日　拉萨市城市供暖供气开通运行仪式在拉萨经济技术开发区举行，如期实现 40% 的供暖目标。

7 日　当雄县举行赛马节旅游景点开业及冬季旅游推介会。

10 日　多吉次珠主持召开市委专题会，听取拉萨市供暖供气工程次干管网督办落实情况汇报。

11 日　市委常委、宣传部部长马新明主持召开大型史诗音乐剧《文成公主》巡演工作专题会议，研究部署相关事宜。

12 日　北京市地方志办公室援助拉萨市地方志办公室资金 10 万元。

▲　拉萨市召开 2012 年下半年和谐模范寺庙及爱国守法先进僧尼表彰大会。

▲　市民政局主办的全市首期灾害信息员培训班开班。

14 日　拉萨市举行城镇医疗救助“一站式”即时结算试点启动仪式。

▲　拉萨市第二高级中学举行主题为“爱我中华激情飞扬”文艺汇演。

15 日　成都市大邑县流动党员拉萨支部举行 2012 年度全体会议及预备党员宣誓仪式。

16 日　江苏省对口支援西藏拉萨市前方指挥部揭牌仪式举行。

17日~18日　中国(西藏)与尼泊尔旅游联合协调委员会第六次会议在拉萨市召开。就积极促进双方旅游业发展、旅游协会合作、口岸开放、恢复拉萨至加德满都客运直通车等事宜签订备忘录。

18日　中共拉萨市第八届委员会第二次全体会议召开。会议审议通过《中共拉萨市委员会关于认真贯彻落实党的十八大精神全面提高党的建设科学化水平的决定》。

▲　齐扎拉主持召开八届市委第三十四次常委(扩大)会议,听取供暖供气试点工程进展情况和老城区保护工程前期进展情况汇报。

19日　多吉次珠在拉萨河(城区段)综合整治工程工地查看工程进展情况,并听取工作汇报。

20日　拉萨市举行老城区保护工程开工仪式。工程建设主要为排水管网改造、供电线路改造、管线综合改造、整治消防安全隐患、实施老城区供暖工程、实施古城特色风貌保护工程等。

▲　由市委组织部、市委委党校组织的拉萨市党政干部学习贯彻中共十八大精神专题培训班开班。

21日　齐扎拉主持召开八届市委第三十五次常委会议,听取中国西藏文化旅游创意园区工作推进情况、拉萨教育城工作推进情况汇报,研究拉萨市出席西藏自治区第十届人民代表大会代表候选人建议名单。

▲　市委副书记、代理市长、市政法委书记张延清主持召开市委专题会议,听取老城区保护工程进展情况汇报。

▲　市政府副秘书长曹志明带领拉萨市、堆龙德庆县、当雄县地方志办公室一行5人赴北京市学习考察。

22日　拉萨市公安机关人民警察执法资格等级考试举行。

23日　2013年新年音乐会"西藏春天"拉萨专场演出在西藏人民会堂举行。

24日　齐扎拉主持召开八届市委第三十六次常委会议,研究《关于下放项目审批权限管理的建议》、《拉萨市党政机关事业单位干部职工周转房出售实施方案(试点)》、《政协第十届西藏自治区委员会拉萨市委员推荐提名人选》和有关人事任免事宜。

25日　拉萨市民族团结进步模范表彰大会召开。多吉次珠代表市委、市政府向56个模范集体和60名模范个人颁奖。

26日　齐扎拉在城关区康雅花园、阳光花园检查供暖供气次干管网管道打压和各小区入院燃气管网建设及户内供暖系统安装运行情况。

27日　拉萨市居住证首发仪式在城关区公德林派出所举行。

28日　市委办公厅印发《拉萨市贯彻落实〈西藏自治区贯彻中国农村扶贫开发纲要(2011－2020年)实施办法〉的实施方案》。

29日　拉萨市第十届人民代表大会第二次会议召开。会议选举产生出席西藏自治区第十届人民代表大会代表96名。

31日　多吉次珠副主席赴老城区检查供暖工程进展情况。

▲　市委办公厅、市政府办公厅印发《拉萨市县(区)域经济发展争先进位考核办法(试行)》、《拉萨市维护社会稳定工作争先进位考核办法(试行)》、《拉萨市(中)直机关效能建设争先进位考核办法(试行)》,自下发之日起试行。原《拉萨市市(中)直机关效能建设考评办法(试行)》、《拉萨市县(区)目标绩效考核实施办法(试行)》、《拉萨市2012年县(区)目标绩效考核体系》中涉及市(中)直单位、县(区)考核评价的相关规定同时废止。

是年,全市实现地区生产总值260.04亿元,比2011年增长12.2%。全市从业人员39.13万人,年末城镇登记失业率控制在2.0%。全市农林牧渔业总产值17.71亿元,比2011年增长3.9%。农作物总播种面积3.85万公顷,比2011年增长0.06万公顷。年末牲畜存栏总头数135.42万头(只、匹),与2011年持平。全社会固定资产投资285.05亿元,比2011年增长28.3%。全年完成社会消费品零售总额124.56亿元,比2011年增长18.5%。全年新引进项目220个,实际到位资金78.3亿元,增长35%。全年接待海内外游客650.83万人次,比2011年增长26.5%。实现旅游总收入65.48亿元,增长28.1%。2012年全市完成公共财政预算收入34.36亿元,增长46.6%。先后实施供暖供气、道路桥梁等市政工程建设17项,总投资达40亿元,比2011年增加235.3%。2012年城市居民人均可支配收入19545元,比2011年增长10.7%。2012年全国公共服务蓝皮书发布,拉萨市在全国38个城市中排名第一,公共交通、公共安全、社会保障与就业、医疗卫生、城市环境五项指标均居榜首,成为全国市民安全感最高城市。

中国共产党拉萨市委员会

综　　述

2012年，中共拉萨市委员会团结带领全市各族人民，深入学习贯彻中共十八大精神，紧紧围绕西藏自治区党委对拉萨市提出的“充分发挥首府城市首位度作用”和“七个方面”的工作要求，推进“目标、任务、效能”三提速，大力实施“环境立市、文化兴市、产业强市、民生安市、法治稳市”五大战略，推进各项事业的快速发展。全年完成地区生产总值260.04亿元，增长12.2%；全社会固定资产投资完成285.05亿元，增长28.27%；地方财政一般预算收入34.36亿元，增长46.6%；城镇登记失业率控制在2.6%以内；农牧民人均纯收入增长18.8%；城镇居民人均可支配收入增长7.6%。

强化生态保障。年内，城市供热面40%目标如期实现；加快推进市区南北山绿化工程，在市区南山栽种雪松、侧柏、油松等14个品种10万余株树苗，绿化山体面积46.67公顷；拉萨河综合整治工程开工建设，《拉萨市野生鱼类保护办法》颁布实施；推进拉鲁湿地保护开发、生态旅游项目。成立八廓古城管委会；投入资金19.5亿元，实施老城区保护性综合整治工程。“六城同创”互促共进、同步提升。

加快产业集群。在稳步提升一产的基础上，壮大二产，做强三产。重点打造旅游文化产业、生物产业、能源产业、建筑建材产业、优势矿产业、民族手工业“六大产业”。加快拉萨经济技术开发区、中国西藏文化旅游创意园等“一区四园”建设，工业增加值同比增长78.48%。

壮大民营经济。设立扶持非公经济发展专项资金500万元。全市各类市场主体超过4万户，注册资本达77.3亿元。坚持内培与外引并重，举办“全国民营企业家拉萨行”活动，邀请国内知名企业家300余人，签约项目33个，总投资276.93亿元，其中已投入生产项目1个、建设完成项目3个、开工项目15个。

强化文化支撑。结合全区以“爱国、团结、和谐、发展、文明”为主题的核心价值观教育，开展“八看、一算账、一揭批、四增强”感党恩主题教育活动，推广普及和展演3套28个曲目的“幸福拉萨”规范舞。着力打造大型史诗音乐剧《文成公主》。开工建设中国西藏文化旅游创意园区，招商企业20余家，总签约额107亿元。

加强民族团结。在全国首府城市中率先制定《拉萨市民族团结进步条例》，规定每年9月为民族团结进步月、9月17日为民族团结进步节。以“一宣讲、两结对、三连心、四恳谈、五解难”为主要内容，深入开展共产党员民族团结先锋活动、共青团员民族团结闪光行动和少先队员民族团结牵手行动，全市结成对子1.8万个，为群众解决实际困难4000余件，投入资金1400余万元。开展56个民族团结形象代表“民族情·雪域行”活动，组织民族团结理论研讨会、“民族团结颂”文艺演出等活动，启动关帝格萨拉康维修工程。

加强寺庙管理。巩固寺庙“六建”工作，推进“六个一”活动和“9+5”工程，健全寺庙社会基本公共服务体系，落实僧尼养老、医疗、低保等社保措施，开展和谐模范寺庙和爱国守法先进僧尼创建评选活动。

开展以“爱国爱教、遵规守法、弃恶扬善、崇尚和谐、祈求和平”为主题的法制宣传教育活动。做好社会流动从事宗教活动人员的服务管理工作。

创新社会管理。开展全国加强和创新社会管理试点工作，建立健全58项社会管理长效机制，形成具有拉萨市特色城镇、寺庙和农牧区三大服务管理模式。举办加强和创新社会管理实践与研究交流研讨会，中央综治办、中央统战部、国家宗教事务局、北京市综治办和内地14所高校、5家社科系统领导、专家参加。

推进教育改革。以市委一号文件下发《关于加快教育改革和发展的意见》，增加教育投入，教育支出占财政总支出10%以上，同比增长78%。明确“市办职高和高中、县办初中和小学、乡办小学和学前班”的办学思路，加快教育资源整合和均衡发展，完成各县(区)教学点撤并，新建幼儿园28个。启动拉萨教育城建设项目，包括北京市、江苏省分别援建十二年一贯制示范学校在内的一期9个项目全部开工。

实施培训就业。年内，投入近1亿元，实施以业育人、以业安人、以业管人、以业富人的“四业工程”，对全市18—50岁农牧(居)民群众全部登记造册，开展就业从业引导培训。全年培训农牧(居)民45817人，新增城镇就业7541人。

落实社保政策。工伤、养老、医疗、失业、生育等保险参保单位、参保人数和资金征缴率稳步上升，全市参加社会保险总人数37.5万人。对45岁以上城乡居民实行免费体检并建立健康档案，城乡低保、医疗保险、新型农村养老保险实现全覆盖，五保老人集中供养率达到76%以上。新建村卫生室108个。

推进安居工程。继续实施农牧民安居工程和安居工程配套提升工程，推进“八到农家”工程，7750户农牧民安居工程、40个点的人居环境建设和环境综合整治完成。实施便民畅通工程，投资5000多万元建设便民人行天桥、拓宽修整千佛崖转经通道。加快建设廉租住房和公共租赁住房、棚户区改造各项工作。

加强干部管理。出台《关于进一步加强干部队伍建设的决定》，在全自治区率先下放科级干部管理权限。优秀中青年干部培训班举办，102名优秀后备干部接受系统培训。对30名干部给予就地免职等严肃处理。

夯实基层组织。在全自治区率先形成乡镇党委书记、乡镇长“一藏一汉”的格局，向全市267个村(居)派驻工作队。全年发展农牧民党员3452人。推进“两新组织”党的建设，成立拉萨市企业党工委、拉萨市非公有制经济组织党工委和拉萨市社会组织党工委。

加强作风建设。贯彻落实中央“八项规定”和自治区党委“约法十章”。狠抓机关作风和行政效能建设工作，做到年初有安排、年中有检查、年底有考核。把群众观点、群众立场、群众路线、群众工作贯穿于一切工作的始终，组织开展“三进、三同、三个一”(进基层、进村居、进农户，与群众同吃、同住、同劳动，交一户农民朋友、做一件好事、写一篇民情心得)活动。

(桑荣瑞)

重要会议和活动

【与中国银行签署战略合作协议】　1月7日，拉萨市政府与中国银行西藏分行在拉萨举行全面战略合作协议签字仪式。西藏自治区党委常委、市委书记齐扎拉，市委副书记、市长多吉次珠等领导出席，中国银行西藏分行行长李瑞强出席签字仪式并讲话。

(桑荣瑞)

【与中交有限公司签署战略合作协议】　1月13日，拉萨市政府与中交第一公路工程局有限公司在拉萨市举行战略合作签约仪式。市委副书记、市长多吉次珠，中交第一公路工程局有限公司董事长兼副总经理都亚洲出席签约仪式。

(桑荣瑞)

【获“全国百姓幸福感最强城市”称号】　2月28日，市委副书记、市长多吉次珠应中央电视台《经济生活大调查》栏目组邀请，以获奖城市代表身份到北京市出席《CCTV2011—2012经济生活大调查》发布晚会，领取“幸福城市奖杯”。拉萨市五年位居全国百姓幸福感最强第一名。2月29日，多吉次珠应中央电视台财经频道邀请，做客《对话》栏目，解读幸福城市的幸福生活。

(桑荣瑞)

【获"全国双拥模范城"称号】 3月16日，拉萨市荣获"全国双拥模范城"荣誉称号庆祝仪式在布达拉宫广场举行。西藏自治区党委常务副书记郝鹏、西藏军区政委郎友良共同揭牌，自治区领导秦宜智、邓小刚、董云虎等出席，齐扎拉主持仪式。

（桑荣瑞）

【市领导会见尼泊尔新任驻拉萨市总领事】 3月29日，多吉次珠在拉萨市会见尼泊尔联邦民主共和国新任驻拉萨总领事哈里·普拉德一行，双方表示将增强合作，谋求更大更好的发展。

（桑荣瑞）

【西藏日报社拉萨分社成立】 4月11日，西藏日报社拉萨分社揭牌暨中国西藏新闻网·拉萨频道开通仪式举行。齐扎拉和自治区党委常委、宣传部长董云虎共同揭牌。

（桑荣瑞）

【拉萨市代表团访问尼泊尔】 4月7日至12日，应尼泊尔联邦民主共和国加德满都市市长柯达尔·巴哈杜儿·阿迪卡日的邀请，多吉次珠率拉萨市代表团对加德满都市进行友好访问，赠送了价值80多万元的太阳能设备。

（桑荣瑞）

【拉萨市供暖试点工程开工建设】 4月28日，拉萨市供暖试点工程项目正式开工建设。自治区党委书记陈全国宣布工程开工，自治区党委副书记、常务副主席吴英杰讲话，齐扎拉主持开工仪式。

（桑荣瑞）

【市领导会见青海省海北州代表团】 4月30日，自治区党委常委、市委书记齐扎拉在拉萨市会见以青海省海北州委副书记、州长尼玛卓玛为团长的代表团。

（桑荣瑞）

【赴江苏省洽谈对口支援工作】 5月3日至8日，以市委副书记、市长多吉次珠为团长的拉萨市党政代表团到江苏省洽谈对口支援工作。

（桑荣瑞）

【农村改革试验区启动仪式举行】 5月18日，自治区农村改革试验区启动仪式在曲水县聂当乡德吉村举行。齐扎拉宣布西藏自治区曲水县农村改革试验区工作正式启动，自治区副主席格桑次仁出席，多吉次珠讲话。

（桑荣瑞）

【双拥工作总结暨表彰大会召开】 5月23日，拉萨市第六次双拥工作总结暨表彰大会召开。大会总结4年来全市双拥工作开展情况，表彰双拥工作模范单位和个人。齐扎拉出席并讲话，自治区人大常委会副主任马如龙、自治区副主席甲热·洛桑丹增、自治区政协副主席洛松多吉出席。

（桑荣瑞）

【拉萨德吉罗布儿童乐园奠基】 5月24日，拉萨德吉罗布儿童乐园开工奠基仪式在柳梧新区举行。齐扎拉出席开工仪式，宣布工程开工并为工程培土奠基。该项目位于柳梧新区拉萨火车站对面的拉萨河畔，占地面积22685平方米，建筑面积4281.82平方米。总投资7500万元，其中北京市专项援藏资金2500万元、首旅集团投入2500万元、柳梧城投公司投入2500万元。

（桑荣瑞）

【创先争优强基惠民活动阶段总结会召开】 5月24日，拉萨市召开会议总结创先争优强基惠民活动半年工作，安排部署下步工作。启动强基惠民活动"短、平、快"项目。齐扎拉出席会议并讲话。2012年，拉萨市"短、平、快"项目共259个，总投资9000多万元。

（桑荣瑞）

【与东方航空公司签署战略合作协议】 6月7日，拉萨市政府与东方航空公司举行战略合作签约仪式。自治区党委常委、常务副主席秦宜智，自治区党委常委、拉萨市委书记齐扎拉，国家民航总局党组副书记、副局长李军等出席。拉萨市委副书记、市长多吉次珠与东航股份公司营销总监、客运营销委总经理董波签署战略合作协议。

（桑荣瑞）

【援藏干部工作成效显著】 6月10日，拉萨市举行中央部委援藏干部为拉萨市发展稳定建言献策座谈会，听取援藏干部为拉萨市发展稳定方面睿智之言和务实之策。齐扎拉和自治区党委常委、组织部长梁田庚出席并讲话。中央部委在区(中)直单位工作的100余名援藏干部参加。

（桑荣瑞）

【拉萨市便民畅通工程开工】 6月18日，拉萨市便民畅通工程在宗角禄康公园十字路口举行开工典礼。工程主要内容是围绕市民转经道建设便民人行天桥以及对千佛崖转经通道进行拓宽，总投资约5000万元。齐扎拉出席并讲话。

（桑荣瑞）

【交流研讨社会管理实践与研究】 6月24日，拉萨市加强和创新社会管理实践与研究交流研讨会开幕式举行。齐扎拉出席并致辞。自治区副主席、公安厅党委书记、厅长李昭出席,自治区政协副主席、社科院院长白玛朗杰主持。中央综治办、中央统战部、国家宗教事务局、北京市综治办和内地14所高校、5家社科系统的专家学者参加。

(桑荣瑞)

【表彰和谐模范寺庙及爱国守法先进僧尼】 6月30日,拉萨召开2012年上半年和谐模范寺庙及爱国守法先进僧尼表彰大会。表彰15座和谐模范寺庙、802名爱国守法先进僧尼、3个先进寺庙管委会、47名优秀驻寺干部。12月12日,拉萨市2012年下半年和谐模范寺庙暨爱国守法先进僧尼表彰大会召开。齐扎拉出席并讲话。一批和谐模范寺庙、爱国守法先进僧尼、先进寺管会、优秀驻寺干部(专职特派员)受到表彰。

(桑荣瑞)

【全市创先争优表彰大会召开】 7月1日,拉萨市召开创先争优表彰大会。齐扎拉出席并讲话,自治区党委常委、组织部部长梁田庚出席。

(桑荣瑞)

【西藏文化旅游创意园区奠基】 7月8日,中国西藏文化旅游创意园区暨《文成公主》大型实景演出项目、拉萨河景观工程、次角林大桥项目奠基仪式在拉萨市城关区蔡公堂乡次角林村彭布山脚下举行。自治区党委书记陈全国为项目奠基发来贺信,自治区党委、常务副书记郝鹏宣布中国西藏文化旅游创意园区暨《文成公主》大型实景演出项目、拉萨河景观工程、次角林大桥项目正式开工奠基。自治区党委常委、市委书记齐扎拉致辞。自治区领导董云虎、新杂·单增曲扎、多托、罗松多吉出席。

(桑荣瑞)

【八廓古城管委会成立】 7月23日,八廓古城管委会正式揭牌成立。齐扎拉、多吉次珠出席并揭牌。

(桑荣瑞)

【宴请十一世班禅】 7月28日,市委、市政府举行宴会,欢迎全国政协委员、中国佛教协会副会长、十一世班禅额尔德尼·确吉杰布来藏进行佛事活动和社会调研。齐扎拉出席并讲话。

(桑荣瑞)

【全国民营企业家拉萨行活动举行】 7月30日,全国民营企业助推拉萨跨越式发展大会在拉萨市举行。自治区区党委常务副书记郝鹏出席。齐扎拉和全国工商联副主席刘沧龙发表讲话。大会邀请国内知名企业家300多名,签约项目33个,总投资276.93亿元,其中已投入生产项目1个、建设完成项目3个、开工项目15个。

(桑荣瑞)

【创建全国文明城市总结表彰会召开】 8月3日,拉萨市召开成功创建全国文明城市总结表彰暨迎检动员部署大会。齐扎拉出席会议并作讲话。会议宣读了《中共拉萨市委员会拉萨市人民政府关于国文明城市先进单位、先进个人的决定》,与市公安局等单位的负责人签订《拉萨市2012年度创建全国文明城市目标管理责任书》。

(桑荣瑞)

【国际徒步大会启动】 8月14日,第七届拉萨—纳木措国际徒步大会启动仪式在布达拉宫广场举行。齐扎拉出席并宣布第七届拉萨—纳木措国际徒步大会正式启动。

(桑荣瑞)

【2012年中国拉萨雪顿节开幕】 8月17日,2012年中国拉萨雪顿节开幕式演出暨焰火晚会在布达拉宫广场举行。自治区党委常委、常务副主席洛桑江村出席并宣布2012年中国拉萨雪顿节开幕。自治区领导齐扎拉、阿登、洛松多吉、卫晋、高雨祥出席。

(桑荣瑞)

【举办幸福城市市长论坛】 8月19日,2012年幸福城市市长论坛在拉萨市举行。本届论坛旨在解读城市的幸福增长点和城市管理者如何发掘各自的“幸福增长点”。齐扎拉致辞,多吉次珠发表主题演讲。

(桑荣瑞)

【表彰“创先争优 强基惠民”活动先进】 9月5日,拉萨市2011—1012年度“创先争优 强基惠民”活动工作总结暨表彰大会召开。大会表彰了14个先进驻村(居)工作队、88名先进驻村(居)工作队队员、15个优秀组织单位。

(桑荣瑞)

【中央政法委领导到拉萨市考察调研】 9月13日,中央政法委副秘书长、中央社会管理综合治理委员会办公室主任陈训秋就进一步加强和创新社会管理工作在西藏自治区考察调研。自治区党委书记陈全国,自治区党委常委、拉萨市委书记齐扎拉,自治区党委常委、政法委书记邓小刚陪同考察。

(桑荣瑞)

【民族团结先锋活动表彰大会召开】 9月16日,拉萨市召开全市共产党员民族团结先锋活动表彰大会,表彰了全市涌现出来的共产党员民族团结先锋活动先进集体和先进个人。

（桑荣瑞）

【关帝格桑拉康揭牌】 9月17日，拉萨市举行关帝格桑拉康揭牌仪式。自治区党委常委、拉萨市委书记齐扎拉、自治区党委常委、宣传部部长董云虎出席仪式并共同为关帝格桑拉康揭牌。

（桑荣瑞）

【拉萨教育城一期项目开工】 9月22日，拉萨市举行拉萨教育城一期项目开工仪式。区党委常委、市委书记齐扎拉，市委副书记、市长多吉次珠，自治区教育厅副厅长达娃出席并共同推动LED推杆，启动拉萨教育一期项目开工建设。

（桑荣瑞）

【“民族情·雪域行”活动举行】 9月27日，“民族情·雪域行”活动的56个民族团结形象代表齐聚拉萨市。市委副书记、市人大常委会主任洛桑旦巴，市委常委、统战部部长达娃，市委常委、常务副市长斯朗尼玛等领导与56个民族团结形象代表一起参加在布达拉宫广场举行“民族情·雪域行”民族团结联谊活动，并为代表们颁发奖杯和证书。

（桑荣瑞）

【《文成公主》剧场版在京举行】 10月11日，大型史诗音乐剧《文成公主》在京上演。自治区党委副书记、自治区主席白玛赤林，自治区党委常委、宣传部部长董云虎等陪同北京市委书记郭金龙、十届全国人大常委会副委员长热地等和曾经在西藏自治区工作过的阴法唐等老领导观看演出。市领导多吉次珠、贾沫微、马新明陪同。

（桑荣瑞）

【市领导考察老城区特色风貌保护工程】 11月1日，齐扎拉考察拉萨市老城区特色风貌保护工程。要求在设计中多增加民族文化元素，增强历史文化厚重感；加强与自治区、拉萨市相关部门的沟通、协调，做好招投标工作，引进实力强、水平高的建筑施工企业。

（桑荣瑞）

【传达学习中共十八大精神大会召开】 11月21日，拉萨市召开传达学习中共十八大精神大会。齐扎拉主持会议并对学习中共十八大精神做出了全面部署。

（桑荣瑞）

【传达学习中央政治局八项规定】 12月6日，市委召开常委会会议，传达学习中央政治局关于“改进工作作风，密切联系群众”的八项规定，研究市委关于加强自身建设，改进工作作风的若干规定。

（桑荣瑞）

【市委八届二次全委会召开】 12月8日，中共拉萨市委八届二次全委会召开。会议审议通过《中共拉萨市委员会关于认真贯彻落实党的十八大精神，全面提高党的建设科学化水平的决定》。

（桑荣瑞）

【老城区保护工程开工】 12月20日，拉萨市老城区保护工程举行开工仪式。市委副书记、市长多吉次珠出席并宣布工程开工。

（桑荣瑞）

【民族团结进步模范表彰大会召开】 12月25日，拉萨市召开民族团结进步模范表彰大会。多吉次珠出席并讲话。56个模范集体和60名模范个人受到表彰。各县（区）、市直各单位、非公企业、驻地部队、各族各界代表300余人参加会议。

（桑荣瑞）

创先争优强基础惠民生活动

【概况】 根据自治区党委统一部署，拉萨市创先争优强基础惠民生活动（以下简称拉萨市创先争优强基惠民活动）暂定3年，第一批于2011年10月开始至2012年11月结束。为做好驻村工作，市委专门召开会议，进行专题研究，并提出拉萨市创先争优强惠民活动走在全区前列的要求，积极推进五项重点任务。截至2012年底，共争取计划外项目1019个，总投资达8.69亿元。排查化解各类矛盾1140余次，投入资金917万元。慰问孤寡老人和贫困户1.6万多人，帮助就业、就学、就医20000多人次，组织开展村容村貌整治998次，累计投入资金1亿多元。

（张玉虎）

【加强组织领导】 2011年10月9日，市委专门召开会议，就创先争优强基惠民活动组织领导、政策措施、驻点安排、人财物保障等相关工作进行专题研究，提出拉萨市创先争优强基惠民活动走在全区前列的要求。成立以自治区党委常委、市委书记齐扎拉任组长,市委副书记、市长多吉次珠任第一副组长的创先争优强基惠民活动领导小组,将“四业工程”(以业育人、以业安人、以业管人、以业富人)纳入创先争优强基惠民活动,下设强基惠民活动办公室和“四业工程”办公室,明确3位地级领导主抓两个办公室工作。各县(区)、市直各单位相继成立主要领导主抓的驻村工作领导小组,为活动顺利开展奠定基础。

(张玉虎)

【强化制度建设】 研究制定《拉萨市创先争优强基础惠民生活动方案》、《拉萨市创先争优强基础惠民生建设项目管理办法》、驻村(居)工作医疗巡诊方案、督导检查制度,在市、县两级建立驻村(居)工作定期经验交流制度,完善地级领导包乡(镇)、县(区)领导包村等各项制度2567条。

(张玉虎)

【积极落实资金】 为保证驻村工作取得实效,拉萨市除落实自治区安排的4500万元项目资金和2610万元办实事经费外,还安排活动专项资金1亿多元。各县(区)财政也根据实际情况配套约1000万元工作经费。堆龙德庆县和城关区在保障工作经费的基础上,分别预算1400万元和1000万元项目资金。市直各单位也安排专项资金,积极开展驻村工作。

(张玉虎)

【加强驻村工作交流】 组织召开全市创先争优强基惠民活动交流会和区直单位驻拉萨村(居)工作队座谈会,指导八县(区)召开经验交流会,在市、县两级建立驻村(居)工作定期经验交流制度。

(张玉虎)

【加强督导检查】 认真落实地级领导包乡(镇),县(区)领导包村(居)等制度,逐步形成对驻村工作的常态化督促和指导。同时,巡查督导组定期不定期开展巡查工作,共开展各类督查3884次,覆盖全市97%的驻村(居)工作队和100%的市直单位,随时掌握活动情况,及时发现问题,帮助抓好整改。

(张玉虎)

【建强基层组织】 各驻村(居)工作队按照“五个好”党支部的要求,认真做好建强基层组织工作。①利用村(居)“两委”换届时机,协助基层选优配强班子成员。②积极协助当地党委政府和村(居)“两委”继续深化“农村和城市社区党组织带头人培养工程”、“党员先锋工程”和“城乡党建结对工程”,大力实施“三个培养”工程。截至2012年9月,将党员培养成致富能手418人,将致富带头人培养成党员422人,将党员致富能手培养成村干部后备人选481人,新发展农牧民党员2193名,培养入党积极分子3102名,组织基层干部外出考察学习1846人次。③健全完善制度,驻村工作队协助村(居)建立完善各项制度2567项,有力推进了基层组织规范化、制度化建设。

(张玉虎)

【维护社会稳定促和谐】 各驻村(居)工作队按照“抓早抓小、抓快抓好”要求,积极配合当地党委、政府建立健全县、乡、村、组、户五级维稳信息互通机制、安全防范机制、纠纷调处机制,协助有关部门和村(居)“两委”排查化解各种矛盾纠纷1140余次、投入资金917万元。在重大节日期间,工作队全员在岗,24小时值守,配合基层党委、政府努力构建和谐稳定社会环境。

(张玉虎)

【理清发展思路】 各驻村(居)工作队在深入走访调研、建立家庭台账、摸清底数的基础上,与当地干部群众共同找差距、明目标、定措施。大部分工作队都制定了一年驻村工作计划和本村经济社会发展三年规划。部分工作队还组织基层干部群众外出考察学习,进一步理清发展思路。

(张玉虎)

【积极落实驻村项目】 各驻村(居)工作队在深入调研论证的基础上,帮助村(居)认真梳理上报50万元以下“短、平、快”项目,经市强基惠民活动办筛选,确定2012年建设项目259个,年内已陆续开工建设。各相关部门也积极发挥作用,努力争取自治区强基惠民活动计划外资金和项目,截至2012年9月,共争取计划外项目1019个、总投资达8.69亿元,其中争取到自治区交通厅、自治区水利厅、自治区扶贫办、自治区林业局等单位强基惠民项目211个、涉及资金5亿多元;自治区财政厅、自治区党委组织部、自治区工商局、自治区住建厅等单位争取1000多万元的项目。通过项目的实施,农牧区(社区)基础设施条件得到明显改善,村(居)自我发展的“造血”功能得到有效提升。

(张玉虎)

【开展感恩教育活动】 各驻村(居)工作队根据市委深入开展“八看、一算账、一揭批、四增强”感党恩主题教育活动的总体要求,①收集历史资料,将新旧西藏的变化通过图片、文字、实物等方式对比体现出来,开设长期固定的展览室进行展示,供群众随时参观。

②以西藏和平解放60年庆祝活动为平台，向农牧民群众发放中央赠送的纪念品，进一步加强对群众的感党恩教育，并购买7万面国旗，装裱9万余帧中央四代领导人集体画像一起赠送群众，群众自发在家庭、学校、村（居）活动场所以及僧舍房顶全都插上国旗，在室内醒目处悬挂领袖画像。③邀请3名退休干部以自己亲身经历向群众现身说法，宣讲党的惠民富民政策，并制作成视频资料，通过农牧区远程教育平台，为群众播放，深受群众喜爱。④从百部爱国主义电影中精心挑选出10部，在全市各村（居）巡回展播。据统计，活动开展以来，各驻村（居）工作队共举办专题讲座1019场次，开展宣讲1595场次，普法教育1062场次，受教育群众达50多万人次，播放爱国主义电影684场次，观看群众超过10万人次。

（张玉虎）

【改善民生解民困】 各驻村（居）工作队在驻村工作中坚持做到“四真”（即讲真话帮群众释疑解惑，拿真心换群众支持信任，动真情系群众安危疾苦，用真诚为群众排忧解难）。市工商局驻墨竹工卡县朗杰林村工作队每名队员捐款17500元资助7名贫困大学生上学；市国税局驻当雄县纳木措村工作队深夜救助被暴风雪围困的2名那曲群众等等。据不完全统计，截至2012年9月，各工作队共慰问“三老”人员、孤寡老人和贫困群众16000多人次，帮助群众就医15164人次，助学663人次，帮助实现就业4345人次，组织开展村容村貌整治998次，累计投入资金超过1亿元，进一步增强党和人民群众的血肉联系，密切党群干群关系，巩固党的基层执政基础。

（张玉虎）

【突出抓好“四业工程”】 根据市委、市政府《关于进一步加强农牧民技能技术培训和劳动力转移工作的决定》，推进全市城镇化、工业化、现代化进程，促进农牧区社会和谐稳定，通过对全市劳动力状况和市场进行调查，制定农牧民职业技能培训计划，重点完成20至40岁年龄段的转移就业培训10000人，努力实现户户有门路、人人有活干、天天有收入的目标。截至2012年底，全市共完成各类农牧民技能技术培训班405期，共培训农牧民群众45975人，其中实用技术培训28743人，转移就业培训16680人，创业培训552人，实现转移就业10542人，创业带动就业510人。

（张玉虎）

【突出加强和创新社会管理】 通过驻村工作平台，采取党员、致富带头人、村组干部、大学生村官对口联系互助等方式，畅通群众诉求渠道，健全群众工作机制，努力探索新形势下做好群众工作的有效途径，不断提高干部做好社会服务管理工作的能力和水平，使农牧区（社区）发展稳定的基础更加坚实，安定团结的局面更加稳固。

（张玉虎）

【强化宣传报道】 发挥“一网一报两台”（拉萨市政府网、拉萨晚报、拉萨电视台、拉萨广播电台）的媒体资源优势，加大舆论宣传。截至2012年9月，共发送活动动态信息近50万条次。及时向自治区强基惠民活动办上报简报信息、调研报告等600多份，自治区强基惠民活动办、中国西藏新闻网、新华网西藏频道、中国西藏之声等媒体对全市创先争优强基惠民活动进行专题报道约400条次。树立市农牧局驻墨竹工卡县帮达村工作队、区党委组织部驻墨竹工卡县工作队、市档案局驻堆龙德庆县岗德林村工作队等一批先进典型。建立短信服务平台，每天及时发布活动进展情况、交流工作做法、总结驻村经验。

（张玉虎）

【关心驻村工作队员】 制定驻村（居）工作医疗巡诊方案，协调派出单位和相关部门对驻村（居）队员进行体检，对4000米以上工作队开展医疗巡诊，为67个较为偏远和海拔较高的工作队购买配备常用“惠民药箱”，保证工作队员身体健康、安心工作。

（张玉虎）

【召开总结表彰大会】 9月5日，拉萨市召开2011至2012年度创先争优强基惠民活动工作总结表彰大会，全市近500人参加大会。会议全面总结创先争优强基惠民活动取得的成绩和经验，对下一步工作进行安排部署，作出《中共拉萨市委员会 拉萨市人民政府关于表彰2011－2012年创先争优强基惠民活动先进驻村（居）工作队、先进驻村（居）工作队员和优秀组织单位的决定》。共有64个工作队被评为先进驻村（居）工作队、261名工作队员被评为先进驻村（居）工作队员，39个工作队派出单位被评为优秀组织单位。

（张玉虎）

拉萨市创先争优强基础惠民生活动领导小组

组　长　齐扎拉

实施“四业工程”

【概况】 2012年5月,市委作出全面推进“四业工程”(即以业育人、以业安人、以业管人、以业富人,以下简称四业工程)的决定,是市委、市政府贯彻落实党和国家治藏方针,从“民生安市”战略需要出发,结合拉萨经济发展和社会和谐稳定需要作出的一项重大决策部署。截至年底,共投入经费4180.59万元,召开综合性座谈会6场,对全市转移就业情况进行全面摸底调查,完成农牧民各类培训45975人,实现观念认识更加统一,培训就业更加相适,服务管理更加有效,致富途径更加多样,支撑发展更加有力的工作目标。

(张玉虎)

【加强组织领导】 市委、市政府就“四业工程”作出《关于进一步加强农牧民技能培训和劳动力转移就业工作的决定》,8月,市委、市政府根据工作需要,在原农牧民技能技术培训与转移就业办公室的基础上,专门成立拉萨市“四业工程”办公室,选派4名地级干部主抓“四业工程”,将政法、农牧、扶贫、科技、林业、人社、教育、旅游、工信、团委、妇联等部门作为主要责任单位,在创先争优强基惠民活动领导小组领导下开展工作。各县(区)也成立“四业工程”办公室,把乡(镇)、村(居委会)和驻村工作队纳入“四业工程”服务管理力量,具体配合完成各级交办的任务。免费为全市城乡劳动者提供职业介绍、职业指导、政策咨询、劳动事务代理等服务。

(张玉虎)

【加大经费投入】 为满足“四业工程”各项任务的需要,市政府承担实用技术培训费200元/人、转移就业培训费2000元/人,汽车驾驶、装载机和挖掘机操作等可以获得国家认证职业技能资格证书的培训费3000元/人,劳动力创业培训费3800元/人。截至年底,“四业工程”共投入培训经费4180.59万元,其中市财政投入3508.2万元,各责任单位向上级业务部门争取培训资金672.39万元。

(张玉虎)

【深入调查统计】 截至年底,先后召开6场综合性座谈会,对全市乡村(居委会)群众的培训、就业意愿和市场用工需求进行调查统计。研究设计培训与转移就业意愿个人信息表,完成全市培训与转移就业人员统计汇总工作。

(张玉虎)

【完善培训机制】 根据市场需求开展订单培训,推广一看就懂、一学就会、一干就灵的“傻瓜式技术”培训。推行“理论+实践+实习”的培训模式,将现场培训、基地实习、专家指导、观摩学习、技术示范、师徒相承、现身说教等方式有机结合,大力提升培训效果。截至年底,全市完成各类培训班405期,共培训农牧民群众45975人,是原计划的140%。其中实用技术培训28743人,转移就业培训16680人,是计划的166.8%;创业培训552人,比计划超额完成452人。

【强化市场对接】 年内,“四业工程”办公室为劳动力供需双方搭建服务平台,与企业联合举办招聘会,推荐优秀学员等方式,全市共实现转移就业10542人,创业带动就业510人。

(张玉虎)

拉萨市“四业工程”领导小组

组　长　齐扎拉

拉萨河(城区段)综合整治工程

【概况】 拉萨河(城区段)综合整治工程是根据国务院批准的《拉萨市城市总体规划(2009-2020)》,拉萨市委、市政府《拉萨市国民经济和社会发展第十二个五年规划》及《拉萨市“十二五”水利发展规划》实施的重点建设项目之一。该工程整体规划已由西藏自治区水利厅审查通过,总体规划设计以生态建设为基础,以城市结构为依据,通过实施水利挡水拦河闸、子堤建设和河道疏浚工程,丰水期可更好地约束拉萨河主流摆动范围、护滩保堤,引导主流沿设计治导线下泄;枯水期或平水期则能在城区段的20公里范围内形成5880亩水面,蓄水534万立方米,实现“河变湖”,使拉萨河城区段能够常年蓄水;结合南山绿化工程，在两岸防洪堤与子堤间进行景观打造，增加城市绿化面积和市民亲水休闲娱乐场所。项目不仅有利于完善城市防洪体系、优化流域内灌溉条件，还能有效减少甚至避免冬季风沙天气、增加空气湿度，改善城市环境条件、增加含氧量，对于保护两岸生态环境、改善城区居住环境、提升城市品位和档次、充分发挥首府城市首位度作用、打造美丽家园幸福拉萨均有着非常重大的现实意义。项目总投资30亿元，其中：水利部分22亿元，两岸景观工程8亿元。

（张玉虎）

【3#拦河闸建设情况】 3#拦河闸闸址位于拉萨市太阳岛下游约1.04千米处（青藏川藏通车纪念碑处），柳梧大桥上游约1.4千米处，由泄洪闸、非溢流土石坝及上、下游辅助建筑物组成，坝顶全长850.975米，闸顶高程3646.80米，闸顶交通桥高程3646.10米，最大闸高9.8米，目的是在枯水期或平水期在闸上游形成1258亩的水面。河道治导工程轴线布置为上起太阳岛卡口河段，下至该拦河闸闸址，并向闸下游延伸400米，中间以圆滑曲线连接，并配合河道清淤疏浚；上、下游治导工程，左岸总长度为2192米，右岸总长度为2012米，两岸合计轴线长度为4204米；治导工程形成的河道主槽宽度最小为220米，最大为851米；河道中心线回水长度约2380米，平均水深2.5米。此拦河闸可研总投资为5.56亿元，按照施工组织计划，主体工程设计建设工期为16个月，两岸景观打造工程同期进行。

（张玉虎）

【组织保障】 为确保该重点工程顺利建设，市政府专门成立拉萨河（城区段）综合整治领导小组和指挥部。张延清市长任领导小组组长，次仁央宗副市长任领导小组副组长，成员单位包括市水利局、发改委等11家相关单位。领导小组下设指挥部，次仁央宗副市长兼指挥长，原市人大副主任次仁旺久任副指挥长。

（张玉虎）

拉萨河（城区段）综合整治工程领导小组

组　长　张 延 清

指挥长　次仁央宗

《文成公主》项目建设

【概　况】 3月，成立大型实景演出《文成公主》项目领导小组并下设办公室，办公室设实景组、巡演组、基础设施组、专家组四个工作小组。市长多吉次珠任总指挥，抽调12名人员参与办公室工作，组建了西藏自治区、拉萨市及北京、江苏、成都近30余名各方面专家组成的咨询及评审团队。先后组织三批考察团到云南、广西、河北等地，考察《丽江印象》《印象刘三姐》《康熙大典》等实景剧，学习借鉴演出工作、合作模式、运营管理等经验。剧场版《文成公主》剧目于10月10日至11日在北京国家大剧院圆满完成演出。

（张玉虎）

《文成公主》实景版

【融资合作】 3月6日，确定大型实景演出《文成公主》项目分别打造实景版、巡演版。决定由拉萨布达拉旅游文化有限公司、成都域上和美投资有限公司、成都嘉信和装饰工程有限公司联合投资实景演出项目，并共同组建专门运营管理公司——拉萨市和美布达拉文化创意产业发展有限公司，共同负责项目建设和运营。

（张玉虎）

【签订协议】 5月7日，拉萨布达拉旅游文化集团有限公司、成都域上和美投资有限公司、成都嘉信和装饰工程有限公司签订《〈文成公主〉实景演出项目战略合作协议》。5月9日，拉萨市布达拉旅游文化有限公司与北京山水盛典文化产业有限公司正式签订《实景版创作委托协议》和《剧场版创制委托协议》。

（张玉虎）

【制定优惠政策】 7月5日，拉萨市人民政府第六次常务会研究同意，出台《拉萨市关于支持实景演出〈文成公主〉项目建设与运营的优惠政策》。

（张玉虎）

【举行实景项目奠基仪式】 7月8日，大型实景演出《文成公主》项目在拉萨市城关区蔡公堂乡次角林村二组彭布山脚举行奠基仪式。

（张玉虎）

《文成公主》剧场版

【确定剧场版首演时间】 5月上旬,市长多吉次珠协调国家大剧院作为《文成公主》实景演出项目首演场地。根据剧场版的进展情况,确定《文成公主》首演时间为10月10日至11日。

(张玉虎)

【招募演员】 5月29日,山水公司招募自治区歌舞团、市歌舞团、六地一市歌舞团、西藏大学、拉萨市城关区娘热乡民间艺术团、次角林农民艺术团等艺术团体的100名演员与北京现代音乐学院挑选出的146名演员共同参加《文成公主》剧目的演出。

(张玉虎)

【签订剧场版演出协议】 5月至10月,分别与北京山水盛典公司签订剧场版创意委托协议,与北京现代音乐学院签订排练场地租赁协议,北京小汤山合成剧场签订场地租赁、舞台搭建、灯光系统协议和文成公主剧目宣传推广协议;与国家大剧院签订10月7日—10月11日的剧院使用协议,补充售票协议;同时与主要演员、群众演员签订演员聘用及演出协议。

(张玉虎)

【成立剧场版组织机构】 7月5日,成立大型实景演出项目《文成公主》剧场版演员管理临时办公室,主要负责对驻北京剧场版演员的管理和服务工作及正式演出中相关事宜的衔接工作。9月1日,成立大型实景剧《文成公主》剧场版首演前期工作协调小组,负责《文成公主》剧目北京首演前期筹备工作与"北京·西藏主题文化周"宣传活动工作。

(张玉虎)

【剧目排练】 7月10日至11日,剧场版《文成公主》在藏演员分批抵达北京现代音乐学院;7月16日,《文成公主》剧场版在北京现代音乐学院528剧场举行开排仪式;8月底,全剧完成初排工作;9月13日,剧目在北京小汤山农业科技示范园进行全面合成;9月27日,大型史诗音乐剧《文成公主》剧场版专家初审会在北京小汤山科技示范园合成剧场举行;10月2日,《文成公主》剧目进行演出前的最后一次带妆彩排。

(张玉虎)

【完成首演】 10月10日至11日,大型史诗音乐剧《文成公主》在北京国家大剧院顺利上演。此次演出共4场(媒体专场、商业演出场、答谢北京专场、答谢中央专场),共邀请组织了北京、西藏各界人士约9000人次进行观看。

(张玉虎)

中共拉萨市委员会

书　记　齐扎拉
副书记　多吉次珠(12月免)
　　　　洛桑旦巴
　　　　张延清(1~10月任市委常委、10~12月任市委常务副书记、12月任市委副书记)
　　　　焦建俊(常务副书记,9月免)
　　　　贾沫微
　　　　王茂雄(7月免)
　　　　陈　勇(10月任)
　　　　赤列多吉(10月免)
　　　　曹边疆(7月任,12月免)
常　委　王茂雄
　　　　土旦赤列
　　　　宇文雪芹(7月免)
　　　　达娃欧珠(7月免)
　　　　龙志刚(7月任)
　　　　诸伟敏
　　　　达　娃
　　　　陈　文
　　　　陈宗荣(7月免)
　　　　周广智
　　　　斯朗尼玛(7月任)
　　　　普布顿珠(6月任)
　　　　袁训旺(7月任)
　　　　马新明(7月任)
　　　　龚会才(10月任)
　　　　王　晖(12月任)
秘书长　诸伟敏(7月免)
　　　　袁训旺(7月任)
副秘书长　张　慧(10月任常务副秘书长)
　　　　李振华
　　　　央　金
　　　　任道波
　　　　钟传彬(12月任)
　　　　曹恩宏(12月任)
　　　　罗宗兵(12月任)

组织工作

【概　况】 2012年,全市组织部门紧紧围绕实施"五大战略"目标、服务首府城市首位度建设要求,紧扣"迎接十八大"这一主题,以市人大、市政府、市政协换届和开展"基层组织建设年"、"创先争优　强基惠民"、"共产党员民族团结先锋"等活动为契机,统筹推进组织、干部、人才、机构编制和老干部各项工作,全面提升选干部、配班子,建队伍、聚人才,抓基层、打基础的能力和水平,为推进拉萨跨越式发展和长治久安、全面建成小康社会提供了坚强的组织保证和人才支撑。

(周　晋)

【基层组织建设】 年内,全市共新建党组织264个,其中基层党委23个、党总支15个、党支部226个。围绕加强和创新社会管理,在城关区八廓街道试点推行"街道大工委制",探索构建"党委领导、政府负责、社会协同、共同参与"的社会管理新格局。从市县乡三级党政机关党员干部和部分离退休老干部党员中选派了67名熟悉党务工作的人员到全市67家规模以上非公有制经济组织担任党建工作指导员,实现规模以上非公企业党建工作指导员全覆盖。加强国有企业、非公有制经济组织和社会组织党建工作指导力度,成立了拉萨市企业党工委、非公有制经济组织党工委和社会组织党工委。结合全市创先争优强基惠民活动,积极帮助村(居)党组织发展壮大村级集体经济。全市村级集体经济累计收入20万元以上的村(居)有44个,其中累计收入达100万元以上的有30个。主动加强与外来流动党组织建立对接关系,向四川省大邑县驻拉萨流动党支部等5个外来流动党组织选派党建指导员。

(杨栋章)

【乡村队伍建设】 年内,实施"领头雁"工程,加大选派干部到村(居)任职工作力度,从市县乡三级党政机关选派267名党员干部到村(居)担任党支部第一书记,实现下派干部担任村(居)党支部第一书记全覆盖。与江苏省委组织部沟通,实施了江苏省与拉萨市大学生村官"牵手结对"工程,选送首批30名大学生村官到江苏进行为期一个月的跟班学习。从全市优秀村(居)党支部书记中选拔14名乡镇公务员。全面推广尼木县乡镇党建副书记"公推双管"模式,选优配强乡镇领导班子,实现乡镇党政正职"一藏一汉"配备格局和党建副书记全覆盖。围绕"到2015年农牧民党员数达到农牧民总数8%"的目标,认真落实发展党员工作责任制,全市党员队伍进一步发展壮大,结构得到不断优化,其中农牧民党员比例比去年增长33%。

(杨栋章)

【基层政权建设】 年内,全面落实人民代表大会制度和中国共产党领导的多党合作和政治协商制度,保障人民依法行使民主选举权利,协助市人大、市政协组织召开了拉萨市十届人大一次会议和市政协十届一次会议,选举产生了新一届市人大常委会、市政府、市政协领导班子。加大基层基础工作和基层政权建设投入力度,有效改善了村级组织活动场所,提高了村(居)干部待遇。进一步提高村(居)误工补贴,全市村"两委"正职误工补贴每人每年最低12677元、村"两委"副职误工补贴每人每年最低7442元、村"两委"其他委员误工补贴每人每年最低6242元,社区"两委"正职误工补贴每人每年最低14200元、社区"两委"副职误工补贴每人每年最低10600元、社区"两委"其他委员误工补贴每人每年最低7000元。加大村(居)领导班子考核工作力度,市财政局向全市80个先进村(居)党支部发放考核奖励资金160万元。

(杨栋章)

【开展基层组织建设年活动】 年内,深入推进基层组织建设年各项工作并巩固提高"基层党建年"等活动成果。创新党建工作载体,在全区率先开通《拉萨市党建手机报》,开展"共产党员民族团结先锋活动",实施"以业育人、以业安人、以业管人、以业富人"工程和"拉萨与江苏大学生村官牵手结对"工程。全市新建党组织267个,新发展2840名党员,其中农牧民党员2477名,培养入党积极分子6204名。形成《分领域专题党建调研报告》8篇和各领域党建工作指导意见9个。选优训强各基层党组织书记,实现了每个后进村(居)都有一名大学生"村官"或下派干部,每个乡(镇)党政正职"一藏一汉"100%配备。开办农牧民党员培训班278次,培训农牧民13600余人次,并建立300万元的市县两级党内激励帮扶资金,其中市级100万元,奖励优秀党员、扶持党员创业、帮助困难党员。完善党建工作制度,全市共建立健全组织、议事、监督等制度500余项。全市各级党组织共慰问"三老"人员、孤寡老人和贫困群众16000余人次,帮助群众就医15164人次,助学663人次,帮助实现就业4345人次,累计投入资金超过1亿元。树立党建工作品牌,形成堆龙德庆县"321凝心聚力党建工程"等特色党建工作方法。

(张 正)

【共产党员民族团结先锋活动】 8月,市委决定在全市共产党员中开展以"一宣讲、两结对、三连心、四恳谈、五解难"为内容的民族团结先锋活动。活动充分发挥共产党员在创建民族团结典范城市中的模范作用。以宣讲《拉萨市民族团结进步条例》为重点,举办了宣讲骨干培训班,深入开展巡回宣讲,举行民族团结先锋活动宣誓大会,利用报纸媒体面向全市党员和群众开展拉萨市共产党员民族团结先锋活动有奖知识竞答,举办市共产党员民族团结先锋活动电视知识竞赛。召开共产党员民族团结先锋活动表彰大会。唱响民族团结主旋律,营造携手团结奋进的强大社会氛围。全市不同民族党员、党员与群众间结成对子1.8万个,广泛开展进家门说团结话、吃团结饭、唱团结歌、跳"幸福拉萨规范舞"等丰富多彩的活动。全市共有16205名党员深入基层,为群众解决实际困难4000余件,涉及资金1400余万元。

(刘 军)

【人事制度改革】 8月,对干部管理权限进行了调整,将除乡(镇、街道)党政正职外的科级干部管理权限全部下放,使市委和市委组织部干部管理更加宏观,县(区)委和市直单位党组(党委)干部管理更加直接,进一步促进了全市干部管理工作的规范化和合理化。9月,认真开展了全市优秀县级、正科级优秀干部推荐工作,开办了为期一个月的全市2012年优秀中青年干部培训班。12月,率先在全自治区开展了正县级领导干部考评工作,对全市100名正县级领导干部开展了集中考评,通过个人述职、群众评议、实地考察的方式,确定了20名求真务实、开拓进取、群众公认、实绩突出的优秀正县级干部,并进行了表彰。

(成 晋)

【市县乡人大常委会、政府、政协换届】 5月,对各县(区)人大、政府、政协班子和成员以及各县(区)上报的乡镇人大、政府班子人选进行全面考察考核,对县(区)人大、政府、政协领导班子及"法检"两院班子人选进行全额定向民主推荐,综合运用民主测评、民意调查、实绩分析、综合分析等办法,对干部现实表现进行量化考核,较为全面地掌握干部的德才表现,制定县(区)人大、政府、政协换届人事安排方案,圆满完成了县(区)人大、政府、政协换届相关工作。7月,与市人大办公厅、市政协办公厅合作,完成了市人大、市政府、市政协及"检法"两院的换届选举工作。做好了严肃换届纪律工作,开展"5个严禁,17个不准,5个一律"宣传工作,引导广大干部自觉遵守换届纪律,保证换届风清气正。做好了中央严肃换届纪律工作督导组到拉萨市检查指导换届风气相关工作。

(成 晋)

【加强和创新社会管理】 5月,根据自治区、拉萨市两级党委关于加强和创新社会管理工作的有关要求,及时组织相关人员对85个便民警务站负责人人选进行考察,完成了便民警务站干部配备工作。6月,从各县、市直各单位选派102名优秀年轻干部到城关区村(社区)学习加强和创新社会管理经验、帮助开展工作,在基层一线和维稳一线锻炼了干部。

(成 晋)

【挂职锻炼】 3月,认真做好选派干部到中央、国家部委和经济发达地区挂职锻炼工作,共选派4名县级干部到江苏省和北京市进行为期一年的挂职锻炼。为全面加强拉萨市信访工作力量,对第二批到信访部门挂职锻炼的干部进行期满考核,出具了挂职鉴定。7月,完成了第三批9名到信访部门挂职干部的选派工作。

(成 晋)

【援藏干部】 3月,做好了江苏省援藏医生进藏迎接等相关工作。12月,完成了17名江苏省援藏医生及专业技术人员期满考核工作。6月至7月,完成了13名北京市援藏医生期满考核及交接轮换工作。配合江苏省到藏工作组做好了江苏省援藏领队考察相关工作和江苏省援藏领队的交接、轮换等工作。8月,成立4个考核组分到8县(区)和37家市直单位对86名援藏干部进行了中期考核。

(成 晋)

【开展各级各类干部教育培训】 年内,全市干部教育培训工作紧扣市委、市政府中心工作,培训规模大幅提升,培训内容拓展延伸,培训方式创新,培训成效显著。共培训各级各类干部5419余人次,其中地级干部50人次、县级干部513人次、科级及以下干部

912 人次、专业技术人员 3799 人次、企业经营管理人员 145 人次；区内培训 3562 人次、区外培训 1834 人次、出国培训 23 人次；培训市县机关干部 4801 人次、乡(镇、办)、村(居)干部和学生村官 618 人次。其中重点培训班有：拉萨市优秀中青年干部理论培训班，通过民主推荐、民主测评、组织选拔方式从全市各个部门选调 102 名优秀中青年干部，采取课堂教学与异地考察相结合、理论培训与军事训练相结合、课堂教学与研讨交流相结合的教学方法和全封闭、军事化、全脱产管理模式，紧紧围绕“锤炼党性、理论武装、开阔视野、拓展思维、提升素质”的培训要求，开展了为期 30 天的教育培训；拉萨市第四批党政干部到北京市、江苏省培训班，从各县(区)、市直各单位选派 50 人分别到北京市和江苏省进行异地培训，通过为期 30 天的教育培训，参训学员的眼界视野进一步开阔，思想观念发生了明显转变，综合素质、业务能力和工作水平得到了普遍提高；拉萨—江苏大学生村官牵手结对暨培训班，根据拉萨市委组织部在与江苏省委组织部《关于实施拉萨市和对口支援省市大学生村官“结对子”工程的意见》，选派 30 名大学生村官到江苏省进行异地培训，通过“一对一”结对、签订合作协议、搭建交流平台、定期互访互学、探索共建措施、延伸结对链条 6 项举措，推动拉萨市和江苏省大学生村官在“结对互助、交流互动、合作共建”中共同成长成才。同时，为加强全市干部教育培训工作的整体规划、宏观管理、督促检查，专门研究制定了《拉萨市大学生村官培训规划(2013—2017 年)》《2013 年拉萨市干部教育培训实施方案》《关于拉萨市干部教育培训学分制管理暂行办法》等，极大地提高了拉萨市干部教育培训工作的针对性、有效性和实效性。

(谭明坤)

【推进机构编制工作】　年内，立足社会稳定大局，加强维稳体制机制建设。探索老城区维稳管理新模式，设立八廓古城管委会；设立市、县两级宗教工作领导小组办公室，推进寺庙管理长效机制建设，落实自治区下达的寺庙管委会(驻寺专职管理特派员)专项编制，对机构设置、领导职数等事宜提出意见；明确市、县两级特警和 7 县便民警务站、乡镇派出所、一级公安检查站等公安机构；加强网络安全监管，设立市、县两级互联网信息办公室；加强和创新社会管理，研究论证社会管理“数字化”建设。完成全市乡镇(办)机构改革工作，乡镇(办)职能逐步转变，机构设置得到进一步健全；适应开发区、柳梧新区快速发展需要，提出开发区管委会升格后管理体制和机构编制调整意见；围绕“文化兴市”战略，争取中国西藏旅游文化创意园区管委会、西藏牦牛博物馆等机构编制；对理顺城乡规划体制和国土资源体制等问题研究论证；完成市委市政府接待处、拉萨市驻北京办事处、拉萨驻成都办事处、市工商联等机构调整工作。推进公共服务体系建设。围绕群众最关心、最直接、最现实的教育、文化、卫生、农牧等事业，加大机构编制倾斜力度。做好教育体制改革工作；调整市环境监测站等机构编制；加强县(区)社会福利院机构编制研究论证工作；科学测算拉萨市 2013 年、“十二五”时期亟须事业机构编制，并积极向上争取；认真做好事业单位清理规范工作，推进事业单位分类改革。

(李艳红)

【慰问离退休老干部】　在“三大节日”期间，为全市离退休干部发放慰问金 236 余万元、慰问信和贺年挂历 3700 余册；春节和藏历年前夕在拉萨市和成都市分别召开了离退休干部职工迎新年茶话会；市领导和部领导看望慰问去世老干部家属及因病住院老干部 14 人；9 月 3 日至 23 日，组织 11 名近两年退休的地级领导干部，前往北京市、江苏省等省市进行参观考察。

(拉乌次仁)

【聘请 167 名退休干部校外辅导员】　年内，先后投入近 11 万元，续聘或新聘 167 名退休干部校外辅导员。在全市各学校举办爱国主义、新旧西藏对比等专题教育 300 余场次，受教学生达 6 万余人。

(拉乌次仁)

【完善人才建设政策】　年内，市委将市人才工作协调小组调整充实至 22 个成员单位 27 名成员，其中各单位“一把手”20 名。设立了 300 万元的市级人才发展专项资金，出台了《拉萨市引进人才优惠政策实施细则》、《“拉萨英才”评选管理办法》、《拉萨市享受政府特殊津贴专家评选管理办法》、《拉萨市扶持高校毕业生自主创业补贴实施办法》等人才政策。

(尹正岷)

【重大人才建设工程】　年内，围绕《拉萨市中长期人才发展规划纲要(2011—2015 年)》确立的 10 大人才工程大力实施人才项目。实施 12 个项目推进特色优势产业人才培养工程，从江苏省扬州市农科院聘请全国小麦育种专家程顺和院士担任青稞育种合作项目专家组组长和技术顾问。实施 8 个项目推进教育人才“115”培养工程，采取市内重点培养与区外跟岗学习相结合的方式培养优秀校长和骨干教师，形成了

《关于实施“教育人才115培养工程”的情况报告》。实施4个项目推进拔尖人才培养工程,选派1名教师作为西部之光访问学者到华东师范大学进修一年,向中央组织部申请选派了3名博士研究生到拉萨市挂职工作一年。

(尹正岷)

【与外省市加强人才智力合作】 年内,与北京市援合办、西藏拉萨指挥部等单位举办了人才智力援助座谈会,建立了市委组织部牵头抓总、主管部门组织实施、市财政局落实资金的三级受援责任体系,确定和实施了2012年度对口支援拉萨市人才智力援助计划。其中北京市11个援助项目投入378万元,培养培训近300名人才;江苏省41个援助项目投入918万元,培养培训800余名人才。

(尹正岷)

【培养引进各类人才】 年内,科研项目带动、重点任务集聚、优化机制催生、结对传承培养、岗位实践锻炼等项目化的人才培养模式初见成效,仅《文成公主》实景演出项目就培养专业演职人才近100名。主动与清华大学、首都经贸大学等院校和“西南人才联盟”城市签订人才培养合作协议。制定了700余名人才37类专业的普通高校招生需求计划,依托自治区内普通高校有重点、有计划地培养未来人才。到兰州市、四川省、贵州省等内地高等院校成功引进39名应届毕业生,公开选调369名各类人才,邀请140家国内外知名企业负责人等高层次企业经营管理人才举办“全国民营企业家拉萨行”活动。

(尹正岷)

【服务管理】 年内,对经开区、达孜工业园、曲水县工业园和堆龙德庆县工业园3300名企业经营管理、专业技术、技能人员进行了调查摸底;专门制作人才登记软件,在达孜县启动了全市首次全口径人才登记试点工作。开设了“拉萨教育人才”、“拉萨西部之光”等QQ群,鼓励各类人才以日志、随笔等方式在互联网上记录工作学习情况,畅通了组织与人才、人才与人才之间的交流渠道。

(尹正岷)

【营造重视人才宣传氛围】 年内,积极用好“拉萨人才网”、“拉萨毕业生就业网”等专门网站,在“拉萨市党建手机报”开辟了“人才工作”专栏,每周至少编发2条人才工作手机短信;创建了《拉萨人才》杂志,宣传拉萨人才工作及相关政策法规。在各网站、报纸、杂志刊发人才理论文章、通讯100余篇。

(尹正岷)

【激励帮扶137名党员】 年内,市委组织下拨党内激励帮扶资金14.4万元,对137名党员进行帮扶,其中帮130人、扶3人、救4人。

(周　晋)

【表彰创先争优先进集体和个人】 年内,在创先争优活动中,1个基层党组织和1个县委分别被评为全国创先争优先进,5个基层党组织、3名共产党员和4个基层党委被评为自治区先进。7月,市委对在创先争优活动中涌现出来的扎细街道党委等37个先进基层党组织、普布扎西等35名优秀共产党员和共青团拉萨市委员会等28个创先争优活动先进单位予以表彰。

(周　晋)

【选调公务员369名】 12月,拉萨市2012年公开选调公务员(工作人员)工作结束,全市共选调公务员(工作人员)369名。

(格西斯满)

中共拉萨市委组织部

部　长　王茂雄(7月免)
　　　　　龙志刚(7月任)

宣传工作

【概　况】 年内,全市宣传思想文化工作围绕中心,服务大局,立足本职,多措并举,以明确的思路、得力的措施,突出重点、抓住关键,扎实开展一系列卓有成效的工作,全面落实年初作风效能建设目标任务,促进、机关作风的转变和行政效能的提高。获得国家级奖项2个、自治区级奖项2个、市级奖项12个,为全市科学发展、跨越式发展和长治久安提供强有力的思想保证、舆论支持、精神动力和文化条件。先进文化进寺庙、幸福拉萨规范舞群众性文化活动、民族团结宣传教育等工作,得到陈全国、郝鹏、齐扎拉、董云虎、贾沫微、马新明等自治区和市领导的肯定。

(杨　丽)

【学习宣传贯彻中共十八大精神】 年内,在市区主要路段及各类显示屏张贴、悬挂、刊播"喜迎十八大"宣传标语口号,并根据十八大内容及时更新宣传标语口号。筹备十八大会议精神宣讲工作,抽调精干讲师成立十八大精神宣讲团,并制定宣讲方案,在对宣讲骨干人员进行培训后在各县(区)、驻市各单位、各乡(镇)、各驻村工作队、各寺庙进行宣讲。年内,拉萨市中共十八大精神宣讲团、各县(区)宣讲组、各驻村工作队、各驻寺工作组共宣讲4900余场次,听众达40万余人次。协调区、市新闻媒体在十八大前中后以专题报道、专家评论、实时刊播等形式宣传十六大以来的辉煌成就和十八大精神学习。

(杨　丽)

【精心安排理论学习工作】 年内,制定下发《拉萨市委理论学习中心组2012年学习安排意见》和《拉萨市2012年全市干部职工理论学习安排意见》,安排市委理论学习中心组学习11次,各级党委(党组)定期组织学习;向全市党员干部推荐《论文化建设——重要论述摘编》、《从"怎么看"到"怎么办"理论热点面对面》等学习书目及《中央第五次西藏工作座谈会精神导读》、《西藏强农惠农政策读本》、《历史的必然不朽的丰碑》、《十八大精神辅导读本》、《十八大报告》、《十八大文件汇编》、《科学发展成就辉煌》等学习教材;组织学习贯彻中共中央政治局常委、中共中央总书记胡锦涛在省部级主要领导干部专题研讨班上的重要讲话精神,中共中央政治局常委李长春在藏考察调研时的重要讲话精神。围绕事关拉萨发展稳定的重大现实问题,向全市各级参学单位提供各类时事政治学习资料。

(杨　丽)

【编辑出版《拉萨宣传》】 年内,指定专人负责,认真编写出版《拉萨宣传》期刊,全年共编辑汉文版4期、藏文版2期。

(杨　丽)

【与京合作编撰《建设中华民族共有精神家园》】 年内,市委宣传部与北京市社科联协调沟通,邀请北京市社科联援助开展《建设中华民族共有精神家园(拉萨篇)》编撰工作。

(杨　丽)

【开展先进文化"六有"进寺庙工作】 年内,开展四位领袖像、国旗、广播电视、电影、报纸、书屋"六有"进寺庙全覆盖工作,用4个月的时间在全区率先完成先进文化进寺庙工作。

(杨　丽)

【普及幸福拉萨规范舞】 2月23日,幸福拉萨规范舞群众性文化活动启动仪式举行。拉萨市广泛开展幸福拉萨规范舞普及活动,全年共普及3套30首舞曲。

(杨　丽)

【开展4个主题教育活动】 7月至10月,拉萨市以全市党政机关、企事业单位、学校、农牧区、城市社区广大干部职工、农牧民(居民)群众和青少年学生为对象,以"八看"、"一算账"、"一揭批"为内容,以增强感恩意识、国家意识、民族团结意识、法制意识为重点,按照"三贴近"的要求,在全市深入开展"八看"、"一算账"、"一揭批"、"四增强"4个主题教育活动。

(杨　丽)

【开展核心价值观宣传教育活动】 年内,在广大干部群众中深入开展以"爱国、团结、和谐、发展、文明"为主题的核心价值观的宣传教育活动。深入学习宣传以"爱国、团结、和谐、发展、文明"为主题的核心价值观的深刻内涵、时代意义及其对推进西藏自治区跨越式发展和长治久安所具有的重要性、必要性和紧迫性,深入揭批达赖集团的"三性"分裂本质。

(杨　丽)

【多种形式宣传民族团结】 年内,完成民族团结宣传教育活动的56个民族团结形象代表"民族情·雪域行"活动、以民族团结为主要内容的理论文章征集活动、民族团结电视知识竞赛活动、专题文艺晚会《民族团结颂》和民族团结优秀电影巡演活动等各项工作任务。

(杨　丽)

【开展"三下乡"和"四进社区"等系列活动】 年内,开展"三下乡"、"四进社区"活动32场(次),受益群众10余万人;评选申报自治区第三批文明乡(镇)村18个、文明单位(行业)13个和第四批自治区级文明户160户(目前自治区正在评审),2人荣获自治区第三届道德模范荣誉称号、3人荣誉自治区第三届道德模范提名奖,评选10名"身边好人"在中国文明网进行网上评议,评选拉萨市第二届道德模范候选人21名。

(杨　丽)

【增强宣教活动的影响力和覆盖面】 年内,做好"西部开发助学"工程,向自治区文明办推荐上报15名品学兼优的大学生作为"西部开发助学"工程受助学生;开展文明单位结对帮扶农村精神文明建设创建活动、"文明餐桌"行动计划、道德领域突出问题专项教育和治理活动、"道德讲堂"等活动;实施好"绿色电脑进西部”工程,将中央文明办赠送的615台“绿色电脑”,配发至各中小学校、文化站,并做好监督检查绿色电脑使用情况。

（杨　丽）

【强化新闻媒体宣传】　年内,与中国电信拉萨分公司合作,开发“拉萨新闻手机看”系统,实现凡是有电信3G信号的手机用户可以不受时间地域限制,随时随地快捷地观看到拉萨电视台藏汉语《拉萨新闻》节目及图片、文字新闻的预期目标。并成立西藏日报拉萨分社,开通中国西藏新闻网拉萨频道。增加西藏日报“首府新闻”版面,实现了首府新闻每周三4个版面,每周五1个版面。更新47000余部固定电话彩铃为创城内容,利用短信平台刊发活动标语和创城动态信息。

（杨　丽）

【扩大宣传阵地】　年内,调整并新增涉及民生改善、民族文化传承、教育发展、经济发展、特色产业等内容的15个外宣采访点。通过科学规划与认真分类,形成主题突出、形式多样、内容丰富的9大类119个采访点。

（杨　丽）

【接访外媒记者95人】　年内,共接访来自希腊、立陶宛、波兰、巴西、法国、俄罗斯等国家的学者、境外记者团共6批33人,接待国内媒体记者9批62人。

（杨　丽）

【组织13场新闻发布会】　年内,组织召开13场新闻发布会,各级媒体发表相关稿件100多篇(条)。

（杨　丽）

【推动开展学雷锋志愿服务】　年内,建立拉萨市学雷锋志愿服务总队QQ群(41393030),建立“拉萨市学雷锋志愿服务总队”新浪实名认证官方微博,在新浪网开设拉萨市学雷锋志愿服务总队博客,通过同名新浪电子邮箱接收志愿者投稿。年内,成立拉萨市学雷锋志愿服务总队(总队办公室设在市文明办)和全市68个学雷锋志愿服务支队,建成拉萨市学雷锋志愿服务网站,开通拉萨市志愿者招募注册平台。发动全市78家企业、商户向中国志愿服务基金会募集资金近30万元,用于拉萨市开展各项志愿服务活动。

（杨　丽）

【推进未成年人思想道德建设】　年内,完善了未成年人思想道德建设领导体制和工作机制,逐步形成学校、家庭、社会“三位一体”的未成年人思想道德建设工作网络。建立“三支队伍”人员动态管理机制(三支队伍:法制辅导员、校外辅导员、法制副校长)。开展整治互联网低俗之风、取缔“黑网吧”、净化荧屏声频视频、清理非法出版物、整治校园周边环境等专项行动。开展学雷锋主题班日(主题队日、主题团日)、争做小小志愿者、“我们的节日”、“做一个有道德的人”、全民阅读和中华经典诵读等活动。投资21.5万元将北京小学心理咨询室改建成市级未成年人心理健康辅导站,并购置10余万元设备,在全市建成第一所未成年人心理健康辅导站。

（杨　丽）

【加快文化产业发展】　年内,制定《〈文成公主〉剧场版工作方案》和《拉萨方演员选拔工作方案》;5月9日,与山水盛典文化产业公司签订总投资3000万元剧场版《文成公主》创意制作协议;5月底,与国家大剧院成功签订租用协议,落实演出剧场事宜,确定101名演员参演剧场版《文成公主》献礼演出;10月10日至11日,《文成公主》剧场版在国家大剧院上演。筹建中国西藏旅游文化创意产业园区,以招商引资为手段,多渠道吸收民间资本、外来资本参与拉萨市文化产业发展,建设集生产、销售、宣传、展示、旅游于一体的多功能文化产业园区。实施“一县一特”特色文化产业发展战略,培育文化产业示范点,以示范点建设推动文化产业发展。发展旅游文化产业,建设纳木措国家主题公园,全面推进拉鲁湿地、古城古院、天堂草原望圣域项目,组织实施拉萨河文化生态保护区项目建设,提升文化旅游附加值。组织全市文化企业参加第八届中国(深圳)文化产业博览会,开展文化“走出去”工作。全年新华书店共销售图书1800万元,实现利润120万元,比上年增加3万元,增长2.5%。

（杨　丽）

【大力发展公益性文化事业】　年内,市县两级财政共投资600万元,实现了藏文版《拉萨晚报》在全市范围内全覆盖。建成文化资源共享工程服务点144个,除达孜县正在组建外其余7县(区)均已建成民间艺术团并投入使用。举办拉萨市2012青年歌手电视大奖赛,在76名参赛选手中评出民族唱法、原生态唱法一、二、三等奖各1名,通俗唱法一等奖1名、二等奖2名、三等奖3名。向自治区申报全区文艺创作扶持项目6个。申报参评全区精神文明建设“五个一工程”项目,共组织申报项目24项。

（杨　丽）

【筑牢基层文化阵地】　年内,建成县级综合文化活动中心8个、乡镇综合文化站14个、村级文化室(农家书屋)228个、警营书屋5个、职工书屋5个、家庭文明书柜2000个、寺庙书屋231座、社区书屋17个，率先在全区实现全覆盖。

（杨　丽）

【推进文化市场健康繁荣发展】　10月30日，拉萨市文化执法支队正式挂牌成立，成功移交文化市场综合执法权。全年不间断地对全市范围内“藏独”反动出版物及宣传品，手机铃声下载点、网吧、娱乐场所等实行排查整治。共出动执法人员3850余人次、执法车辆1330台（次），检查文化经营场所5900余家（次），取缔流动摊贩54个、手机铃声下载点6个，共查缴盗版光盘161000余张（盘）、盗版书刊950余本（册）、带有影射性非法出版物1100余张（册），并将6名违法经营人员移交公安机关。

（杨　丽）

【深入开展驻村工作】　驻村工作队抓好村“两委”班子队伍建设，建立健全各项工作机制，加强党（团员）队伍建设（共发展党员2名，新团员15名，培养入党积极分子7名）。开展惠民富农工程，制定《尚日村三年村级发展规划》。年内，实现劳务输出1500余人次、增加现金收入13.7万元，组建3个施工小队，实现现金收入达34万元。开展感恩教育。以“一重点”、“三平台”为载体，通过“三会一课”、入户走访及文娱活动等平台和渠道，多形式多层面广泛开展感党恩主题教育活动。竭尽全力为群众办实事解难事，实施投资32万元的尚日村黄牛改良集中养殖基地建设项目，投资13万元的青稞水磨坊和青稞翻炒坊建设项目（已投入使用半年，作为村集体经济实体，预计每年收益2.7万元），落实解决86万元的尚日村水渠建设项目（已投入使用），解决2万元的160KW新变压器一台（已投入使用），解决5万余元的电脑、复印机、桌椅等村组办公设备及现金1万元的村级业务经费。

中共拉萨市委宣传部

部　长　马新明

统战工作

【概　况】　年内，拉萨市统战部门坚持团结大多数，孤立极少数，注重凝聚人心、汇聚力量、发挥作用，为促进全市跨越式发展和长治久安做出重要贡献。

（桑珠次仁）

【全市统战部长工作会议召开】　1月20日，全市统战部长会议召开，市委副书记、市人大常委会主任洛桑旦巴讲话，市委常委、统战部部长达娃作工作报告。市人大常委会、市政府、市政协和各县（区）分管副书记、统战部长、市直有关部门相关领导100余人参加会议。会议传达中央第五次工作座谈会、区市八次党代会和全区统战部长会议精神，总结2011年全市统战各项工作，对2012年全市统战工作进行安排部署，与各县（区）签订目标责任书，并对2011年度全市统战工作优秀调研成果、信息先进集体进行总结表彰。

（桑珠次仁）

【慰问归国藏胞和宗教人士】　2月6日至8日，市委统战部组织相关负责人员对全市归国藏胞、统战民宗干部及宗教界人士进行慰问，共送去价值13.54万元慰问金。

（桑珠次仁）

【全市党外人士座谈会召开】　2月10日，举行全市各族各界党外人士座谈会，市委常委、统战部部长达娃讲话。

（桑珠次仁）

【24人入学西藏佛学院】　3月10日，拉萨市24名学员入学西藏佛学院进行深造。

（桑珠次仁）

【多种形式宣传各项惠寺政策】　3月21日，通过悬挂横幅、制作展板、发放宣传资料、接受现场咨询等多种形式，宣传寺庙“六建”工作、“六个一”活动、“9+5”工程、寺庙僧尼养老保险和医疗保险全覆盖的社会保障措施、《西藏自治区实施〈宗教事务条例〉办法（实行）》、《城市民族工作条例》、《中华人民共和国民族区域自治法》、《西藏自治区人民政府关于加强和创新社会流动从事宗教活动人员服务管理的意见》等，共制作展板6块，悬挂横幅1条，发放宣传资料300余份、各种宣传册子180余册。

（桑珠次仁）

【举办纪念西藏百万农奴解放53周年座谈会】　3月27日，举办各族各界人士纪念西藏百万农奴解放53周年座谈会。自治区党委常委、拉萨市委书记齐扎拉讲话，市委副书记、市长多吉次珠主持，市委、市人大常委会、市政府、市政协领导，全市宗教界爱国人士、知识分子、非公经济界人士、归国定居藏胞、离（退）休老干部、翻身农奴、青少年学生等各界代表共200余人参加。

（桑珠次仁）

【培训寺庙管委会干部50人】 4月3日，从全市选派50名寺庙管委会干部，参加在西藏社会主义学院举办为期10天的寺庙管理业务培训。

（桑珠次仁）

【举行"甘丹色唐"宗教活动】 8月2日，甘丹寺举办一年一度的"甘丹色唐"大型传统宗教活动。

（桑珠次仁）

【组织全市各族各界人士学习中共十八大精神】 11月27日，市委统战部组织全市民族界、宗教界、党外知识分子、非公经济界、归国定居藏胞等各界代表共50余人，传达学习中共十八大精神。

（桑珠次仁）

【开展寺庙法制宣传主题教育活动】 年内，开展"爱国爱教、遵规守法、弃恶扬善、崇尚和谐、祈求和平"为主题的法制宣传教育活动。巡回宣讲1197次，发放宣讲资料近19225份，参加僧尼4706人；举办为期3天、164名寺庙宗教执事人员参加的主题教育专题培训班，撰写学习心得体会6155篇。

（桑珠次仁）

【加强专题调研】 年内，市委统战部针对加强和创新寺庙管理长效机制、寺管会干部管理及培养，发展和壮大统战爱国人士等问题开展专题调研。安排全市统战民宗、市佛协、市属寺管会就新形势下基层统战工作活力不够、寺庙财务管理工作机制不全、服务僧尼水平滞后等问题开展调研。截至年底，累计完成各类调研报告15篇。

（桑珠次仁）

【表彰先进】 年内，表彰县级和谐模范寺庙46座，爱国守法先进僧尼1668人；表彰市级和谐模范寺庙15座、爱国守法先进僧尼802人；表彰先进寺管会3个，优秀驻寺干部47名，优秀组织奖单位3个。市委统战部对2012年拉萨统战系统信息工作进行评比，评选出信息工作先进集体3家，予以通报表彰。市委统战部对2012年统战民宗系统工作调研成果进行评审，评选出优秀组织奖3家、一等奖1篇、二等奖2篇、三等奖3篇、优秀奖9篇，予以通报表彰。

（桑珠次仁）

中共拉萨市委统战部

部　长　达　娃

党校教育

【概　况】 年内，拉萨市委党校（行政学院）贯彻《中国共产党党校工作条例》和《行政学院工作条例》，推进"123456"工程，年度工作成效显著。拉萨市党校（院）获得"自治区级创先争优强基惠民活动优秀组织单位"，下派两个驻村（居）工作队荣获"自治区级强基惠民活动先进驻村（居）工作队"、"拉萨市2010—2012年创先争优先进基层党组织"，退休党支部获"拉萨市2010—2012年创先争优先进基层党组织"等10多项荣誉称号。

（杨洪荣）

【举行春季开学典礼】 4月17日，中共拉萨市委党校、拉萨市行政学院举行2012年春季开学典礼。拉萨市委常务副书记、市委党校校长焦建俊出席并作题为《开拓创新谋新篇 凝心聚力抓落实为全面推进首府城市首位度建设而努力奋斗》主题报告，150余人参加开学典礼。

（杨洪荣）

【首个现场教学基地挂牌】 5月15日，拉萨市委党校、市行政学院首个干部教育培训现场教学基地在柳梧新区正式挂牌，拉萨市委组织部副部长冯毓强等领导出席仪式并作讲话。

（杨洪荣）

【组织周末讲堂】 5月25日，邀请区内专家教授在全市范围内开展"关于西藏反分裂斗争形势教育"周末大讲堂活动。讲堂分领导干部讲坛、专家论坛、实践之声三大教学板块，参加人数达150余人。

（杨洪荣）

【县级党校改革与发展】 5月28日，西藏自治区党委党校副校长牛治富率自治区组织部、自治区党校（行政学院）、自治区人力社保厅联合调查组到拉萨市，就加强和改进县级党校工作进行专题调研。结合探索民族边疆地区党校建设的新路子，借助外力、结成对子、利用援藏优势等新举措，抓好党校建设工作。

（杨洪荣）

【举办劳动保障培训研讨班】 8月13日至19日，拉萨市委组织部、拉萨市委党校、拉萨市人力社保局联合举办了拉萨市劳动关系和劳动保障培训研讨班。北京首都经济贸易大学劳动经济学院院长冯喜良教授、中国人民大学博士生导师常凯教授等13位专家应邀参加,90余人参加研讨。

（杨洪荣）

【庆祝教师节暨民族团结先进表彰大会召开】 9月7日,市委党校庆祝第二十八个教师节暨民族团结进步先进表彰大会召开。18位教师及有关人员荣获年度优秀科研成果奖、优秀教学成果奖和民族团结先进个人称号。

（杨洪荣）

【优秀中青年干部培训班开班】 9月15日,拉萨市优秀中青年干部培训班开班仪式暨市委党校2012年秋季开学典礼举行。市领导齐扎拉、多吉次珠、洛桑旦巴、赤列多吉及拉萨市优秀中青年干部培训班全体学员共360余名干部参加开学典礼。

（杨洪荣）

【人才引进培养与交流】 年内,培养1名博士研究生和2名硕士研究生;区外引进2名硕士研究生,区内引进5名紧缺型人才;选派干部职工内地进修学习10人次,委派教职工学习培训40余人次;承接内地15所省市级党校到藏考察交流。

（杨洪荣）

【培训各类干部1380人】 年内,在主体班次中增设48个新专题,举办各类班次24个,其中计划内班次15期、计划外班次9期,培训各级各类干部1380人。

（杨洪荣）

【开展宣传教育“七进”活动】 年内,开展宣讲教育进区、县、机关、学校、企业、社区、部队的“七进”活动。全年宣讲报告共45场,受教育人数达6000余人次。

（杨洪荣）

【科研成果显著】 年内,成功申请并启动国家级科研课题《西藏跨越式发展的人才支撑研究》和自治区哲学社科基金重点课题《西藏文化产业的发展布局和路径研究》。出版《拉萨社会科学》4期,采编《理研信息》9期和《教学资料摘编》18期,干部职工获科研成果奖论文15篇。

（杨洪荣）

【学历教育】 年内,增设首都经贸大学高起专法律专业拉萨市函授站,高起专、专升本3个专业共招生录取85名学员。完成中央党校函授教育最后一批75名学员的毕业收尾工作。

（杨洪荣）

【“创先争优　强基惠民”活动】 年内,拉萨市党校(院)驻村(居)两个工作队,争取项目资金1755万元,为加措社区修建扶贫招待所和太阳能路灯;为曲水色甫村改造乡村公路、实施农村水利建设和借畜还畜项目。开展基层走访调研、入户宣讲、技术培训、捐资助孤等形式多样化的惠民活动。强基惠民活动中获得了10多项集体和个人表彰。

（杨洪荣）

市委党校(行政学院)

党委书记　许广林
校　　长　焦建俊(6月免)
　　　　　陈　勇(10月任)

中共拉萨市委直属机关工作委员会

【概　况】 中共拉萨市直属机关工作委员会(简称市直工委)在职干部职工16人,设办公室、组宣部、群工部(团工委)3个职能部(室)。年内,市直工委辖55个市(中)直单位党组织,其中47个党组、6个基层机关党委、13个党总支、208个党支部(含24个企业党支部),3991名党员。55个市(中)单位建团组织10个、团总支2个、团支部10个,共86名团员。

（曾小周）

【机关党建】 年内,在抓机关党建工作中做到抓书记,强班子;抓基础,强队伍;抓制度,强机制;抓保障,建场所;抓效能,讲大局;抓服务,重意识;抓培训,强素质。研究制定《2012年拉萨市直机关党建工作要点》,编发《中国共产党基层组织工作手册》。按照基层组织建设年阶段安排,完成基层党组织分类定级工作,对拉萨市(中)直236个党总支和党支部进行分类定级。其中先进等级35个,占14.83%;一般等级173个,占73.31%;后进等级28个,占11.86%。在28个后进党组织中,晋升为先进党组织的有6个、晋升为一般党组织的有22个,整顿转化率达100%;在

173个一般党组织中,晋升为先进党组织的有151个,整顿转化晋升率达87%。加大党建经费投入力度,工委所辖55个市(中)直单位中,将党建经费列入本单位财务计划的有33个,共投入经费205万元,其中各单位行政投入党建经费192.5万元、工委投入党费预留经费12.5万元。年内,各级党组织共开展各类党建活动1000余次,共培训党支部书记和党务工作者480余人,发展新党员76人,培养入党积极分子155人。年内,新成立机关党委2个,党总支1个,党支部28个(退休党支部2个);撤销党总支6个,党支部4个。督导29家单位的1个基层党委、2个党总支、58个党支部开展基层党组织换届工作。2月9日至10日,市直机关工委派专人到31到家市直机关、企事业单位,对128名老党员、困难党员进行节前走访慰问,送去6.4万元的慰问金。七一期间,机关工委组织市(中)直机关党组织开展走访慰问活动,慰问老党员、生活特别困难党员和受灾党员等,投入资金约20万元。采取"必选+自选+特色"的方式组织市(中)直机关党组织开展建党91周年系列庆祝活动。

(曾小周)

【团建工作】 4月底,市直机关团工委召开市直机关团组织工作会议,总结2011年团工委工作,对2012年市直机关团的工作进行安排部署,对2011年市直机关优秀团组织、团干部进行了表彰。年内,组织带领市直机关团员青年到群增家庭福利院走访慰问孤儿,送去价值5000多元的大米、面粉、热水器和现金;组织安排市直机关志愿者在市区主要路口、公交站点,开展站点清洁卫生和宣传、引导文明乘车出行、自觉有序排队、劝阻不文明行为活动;组织机关志愿者践行"三关爱"(关爱他人、关爱社会、关爱自然)活动,参加拉萨市"三关爱"活动启动仪式,在全市主要街道路段开展公共设施清洁保洁志愿服务活动;组织市直机关团员青年开展"增强共青团员意识"、"创建全国文明城市志愿者"、"青年文明号"、"青年岗位能手"、"扶贫助学志愿者服务"、"募集捐款支持灾区抗旱"、"讲文明树新风促和谐"、"高举团旗跟党走"、"为团旗增辉、服务一条街"等活动。

(曾小周)

【获两项荣誉】 年内,市直机关工委获2012年度拉萨市民族团结进步模范集体称号和2012年度中国拉萨雪顿节组织奖。

(曾小周)

中共拉萨市委直属机关工作委员会

书　记　袁训旺(兼任)

拉萨市人民代表大会常务委员会

综　述

2012年，市人大常委会加强和改进立法、监督、代表工作和自身建设。全年常委会审议地方性法规案1件，审查备案政府规章和规范性文件2件，清理地方性法规19件，协助自治区人大常委会开展各种执法检查、调研5次，开展《中华人民共和国农业法》等执法检查3次。组织协调办理十届人大一次会议提交的议案4件，建议、批评和意见105件。依法任免国家机关工作人员41人。

（雷绍明）

重要会议和活动

【十届人民代表大会第一次会议召开】 7月23日至25日，拉萨市第十届人民代表大会第一次会议召开。会议表决通过《拉萨市人民政府工作报告决议》、《拉萨市国民经济和社会发展计划执行情况报告决议》、《拉萨市财政工作情况报告决议》、《拉萨市人大常委会工作报告决议》、《拉萨市中级人民法院工作报告决议》、《拉萨市人民检察院工作报告决议》、《关于设立拉萨市十届人民代表大会各专门委员的决定》，表决通过拉萨市第十届人民代表大会法制委员会、财政经济委员会、教科文卫委员会组成人员名单，表决通过《选举办法》及总监票人、监票人名单。选举产生拉萨市十届人大常委会主任、副主任、秘书长、委员，选举产生了新一届拉萨市市长、副市长，选举产生拉萨市中级人民法院院长、人民检察院检察长。

（雷绍明）

【第一次主任会议】 8月3日，拉萨市十届人大常委会召开第一次主任会议。会议由市人大常委会主任洛桑旦巴主持。会议研究了拉萨市第十届人民代表大会常委会主任、副主任分工事宜，传达了自治区人大常委会关于征集2013年至2017年立法项目的通知精神，安排部署拉萨市五年立法规划调研工作，听取和审议拉萨市十届人大常委会代表资格审查委员会组成人员的议案，审议人事任免事项。

（王小龙　雷绍明）

【十届人大常委会第一次会议】 9月5日，拉萨市十届人大常委会举行第一次会议。市人大常委会主任洛桑旦巴主持会议。会议通过人事任免事项，并为被任命人员颁发任命书。

（王小龙　雷绍明）

【第二次主任会议】 10月9日，拉萨市十届人大常委会召开第二次主任会议。会议由市人大常委会副主任达瓦主持。会议听取和审议拉萨市人大财经委员会关于《拉萨市2012年上半年国民经济和社会发展执行情况的审议意见》、《拉萨市2011年财政收支决算和2012年上半年财政预算执行情况的审议意见》、《拉萨市鱼类保护办法的审议意见》、《拉萨市农村五保供养服务机构管理办法的审议意见》,听取市人大教科文卫委员会关于《拉萨市依法管理宗教事务情况的调研报告》。上述议程全部通过,会议同意提交十届人大第二次常委会审议。

(王小龙　雷绍明)

【十届人大常委会第二次会议】 10月17日,拉萨市十届人大常委会举行第二次会议。会议由拉萨市人大常委会副主任徐海元主持。会议应到常委会委员30人,实到21人。会议审议并通过拉萨市政府关于《拉萨市2012年上半年国民经济和社会发展执行情况的报告》、《拉萨市2011年财政收支决算和2012年上半年财政预算执行情况的报告》及市人大财经委员会关于《拉萨市2012年上半年国民经济和社会发展执行情况的审议报告》、《拉萨市2011年财政收支决算和2012年上半年财政预算执行情况的审议报告》;表决通过拉萨市人大常委会关于批准拉萨市2011年财政决算的决议,并要求会后在新闻媒体上予以公告;听取和审议市人大财经委员会关于对拉萨市政府备报的《拉萨市鱼类保护办法》和《拉萨市农村"五供养"服务机构管理办法》的审议意见,同意对上述2个办法进行备案,并要求市人大财经委员会做好两个办法执行情况的监督检查;听取和审议市人大教科文卫委员会关于《拉萨市依法管理宗教事务情况的调研报告》。

(王小龙　雷绍明)

【十届人大常委会第三次会议】 12月3日,拉萨市十届人大常委会举行第三次会议。会议由市人大常委会主任洛桑旦巴主持。会议应到常委会委员30人,实到24人。会议书面学习习近平总书记在十八大记者招待会上的讲话和中央政治局第一次集中学习时的讲话精神。审议通过《拉萨市十届常委会代表资格审查委员会关于拉萨市十届人大代表资格的审查报告》、《拉萨市人大常委会关于召开拉萨市第十届人民代表大会第二次会议的决定》,拉萨市第十届人民代表大会第二次会议主席团和秘书长建议名单、主席团常务主席建议名单、执行主席建议名单、副秘书长建议名单,出席自治区第十届人民代表大会代表候选人建议名单、大会议程。听取由拉萨市财政局副局长高军所作的《拉萨市人民政府关于拉萨市2012年公共财政预算收支变化情况的报告》和市人大财经委员会所作的《拉萨市人民政府关于拉萨市2012年公共财政预算收支变化情况》的审查报告。表决通过《拉萨市第十届人大常委会关于批准拉萨市2012年公共财政预算变更的决定》。听取由拉萨市林业绿化局局长宋留柱所作的《拉萨市2012年林业绿化工作报告》和市人大财经委员会关于《拉萨市2012年林业绿化工作报告的审查报告》。通过拉萨市政府提交的关于孙晓楠等2人的任职议案、拉萨市人民检察院关于谢延生等13人的任免职议案,并向新任职的人员颁发任命书。

(王小龙　雷绍明)

【十届人大常委会第四次会议】 12月21日,拉萨市十届人大常委会举行第三次会议。会议由市人大常委会主任洛桑旦巴主持。会议应到常委会委员31人,实到20人。会议审议通过由市人大常委会副主任达瓦所作的《拉萨市十届常委会代表资格审查委员会关于拉萨市十届人大代表资格的审查报告》。审议人事任免事项,免去8人、新任命5人,并向新任命人员代表颁发任命书。

(王小龙　雷绍明)

【十届人民代表大会第二次会议】 12月29日,拉萨市第十届人民代表大会第二次会议在拉萨召开,会议书面学习了胡锦涛同志在中国共产党第十八次全国代表大会上的报告《坚定不移沿着中国特色社会主义道路前进为全面建成小康社会而奋斗》,习近平同志在中外记者见面会上的讲话。习近平同志在中央政治局第一次集体学习会上的讲话,选举产生拉萨市出席西藏自治区第十届人民代表大会代表69名。

(王小龙　雷绍明)

立法工作

【制定《拉萨市民族团结进步条例》】 3月26日,拉萨市九届人大常委会第二十七次会议表决通过《拉萨市民族团结进步条例》;3月30日,西藏自治区九届人大常委会第二十七次会议批准。该条例以法律形式把每年的9月份定为拉萨市"民族团结进步月",并首次将每年9月17日定为"民族团结进步节"。

(雷绍明)

【完成两部新立规章备案审查工作】　年内，市人大常委会对市政府制定的《拉萨市野生鱼类保护办法》《拉萨市农村五保供养服务机构管理办法》两部新立规章进行备案审查，提出备案审查意见。

（雷绍明）

【制定五年立法规划和年度立法计划】　年内，制定十届人大及其常委会五年立法规划和年度立法计划。确定立法规划项目17件，其中新立项目4件、修订项目3件（包括立新废旧2件）；立法调研储备项目10件。立法项目内容涉及民生、环境保护、老城区保护、城市管理、人大自身建设等方面。

（雷绍明）

【审查清理地方性法规】　年内，市人大常委会成立以主要领导为组长的领导小组，制定《拉萨市人大常委会关于地方性法规中有关行政强制规定清理工作的实施方案》，对拉萨市现行的19部地方性法规，特别是行政强制和行政许可方面的内容逐条进行审查清理，提出清理意见。

（雷绍明）

监督工作

【开展国民经济社会发展监督】　年内，常委会听取和审议《拉萨市2012年上半年国民经济和社会发展计划执行情况》《2012年上半年财政预算执行情况》、《2011年财政预算执行情况审计报告》，审查批准了《2011年财政决算方案》。

（雷绍明）

【开展保障和改善民生监督】　年内，常委会对拉萨市全年的重点项目建设情况进行专项检查。2012年，拉萨市确定重点项目185个，截至年底实际开工项目119个，完成投资217.5亿元。

（雷绍明）

【调研依法管理宗教事务情况】　年内，常委会对拉萨市依法管理宗教事务情况进行调研。从调研情况来看，全市开展了寺庙“六建”“六个一”“9+5”工作和法制宣传主题教育工作，广大僧尼的国家意识、公民意识、法制意识明显提高。

（雷绍明）

【配合自治区人大常委会开展活动】　年内，配合西藏自治区人大常委会开展了城镇保障性住房建设和管理、外事工作、拉萨市农村扶贫开发、两法修改换届和选举工作等专题调研5次，开展《中华人民共和国农业法》等执法检查3次。

（雷绍明）

【开展司法领域监督】　年内，市人大常委会组织人员多次深入市、县人民法院、检察院实地调研。听取了“两院”上半年工作报告，对两院继续提高办案质量水平、加强队伍建设，深入推进“社会矛盾化解、社会管理创新、公正廉洁执法”三项重点工作提出意见和建议。

（雷绍明）

【开展文化事业监督】　年内，市人大常委会对全市的文化事业和文化产业发展情况进行调研，听取市政府相关部门关于拉萨市文化产业发展情况的报告。

（雷绍明）

代表工作

【办理代表议案、建议情况】　年内，市人大常委会认真办理代表提出的议案、建议、批评和意见。市十届人大一次会议代表共提出议案4件，建议、批评和意见105件。

（雷绍明）

【扩大代表知政、知情渠道】　年内，市人大常委会邀请市人大代表、不是常委会委员的县（区）人大常委会主任列席市人大常委会会议；邀请基层代表参加专题调研、考察及执法检查活动，让他们进一步解社情民意；向代表印送《拉萨人大》、《人大信息》、《工作简报》、《常委会公报》及学习资料，帮助他们及时了解全市经济社会发展情况。

（雷绍明）

【完成市县乡三级人大换届选举】　年内，拉萨市完成市县乡三级人大换届选举工作。2012年，全市选民登记率达99%，参选率达95.54%；57个乡（镇）共选出乡(镇)人大代表2391名,选出县(区)人大代表881名,选出市级人大代表251名。选举产生新一届市、县、乡三级国家机关工作人员。

(雷绍明)

宣传工作

【扎实做好维稳工作】 年内,市人大常委会按照市委的要求,安排地级领导在拉萨市一线指挥部带班;安排3名地级领导陪同自治区维稳督导组深入七县一区及相关部门开展维稳督查工作;安排2名地级领导分别到林周、曲水两县驻点维稳;按市委要求抽调8名同志,由一名县级干部带队,到城关区鲁固社区配合维稳。

(雷绍明)

【认真做好人民群众来信来访工作】 全年接待群众来信来访8件21人,电话接访3件3人。按照属地管理原则,转交有关部门办理8件,督办落实3件。

(雷绍明)

【宣传《拉萨市民族团结进步条例》】 "民族团结月"活动期间,市人大常委会机关召开民族团结座谈会,人大常委会主要领导以亲身经历讲解加强民族团结的重要性和必要性。通过向社会发放宣传册和《拉萨人大》刊物宣传《拉萨市民族团结进步条例》。

(雷绍明)

【加强媒体宣传力度】 年内,市人大常委会创办《拉萨人大》双月刊,向全国32个省市免费赠阅。坚持办好人大制度宣传栏、《人大信息》专刊、《拉萨市人大常委会公报》。组织代表团参加在内蒙古自治区呼和浩特市举行的全国五民族自治区首府市人大工作经验交流会,探讨和交流立法方面的好做法和好经验。学习兄弟省市人大工作经验,先后接待了39个内地省市人大考察代表团(组)340多人。

(雷绍明)

自身建设

【思想政治建设】 年内,市人大常委会组织人员和机关干部职工学习邓小平理论、"三个代表"重要思想、科学发展观、中共十八大精神、西藏历史、宪法、法律、人民代表大会制度理论和人大业务知识。

(雷绍明)

【党风廉政建设】 年内,市人大常委会与办公厅、各专门委员会签订《拉萨市人大常委会机关2012年度党风廉政建设目标责任书》,制定《拉萨市人大机关廉政文化进机关活动计划》和《拉萨市人大2012年机关作风和行政效能建设工作思路和目标任务及工作措施》。

(雷绍明)

【开展基层建设年活动】 年内,市人大常委会机关驻村工作队为春堆、当杰两村落实民生项目17个,争取项目资金累计450.97万元。

(雷绍明)

【获奖情况】 年内,市人大常委会驻春堆村工作队获自治区先进集体称号,驻当杰村工作队强巴卓嘎获拉萨市先进工作队员的荣誉称号。

(雷绍明)

拉萨市人大常委会

主　　任　洛桑旦巴
副 主 任　桑颇·才旺桑配
　　　　　徐海元
　　　　　达　瓦
　　　　　龚建彰
　　　　　央金卓嘎
　　　　　谭树辉
　　　　　平措朗杰
　　　　　觉　根
　　　　　许广林
秘 书 长　梁小平
副秘书长　卓　玛
　　　　　张志文
　　　　　次仁央宗

拉萨市人民政府

综　　述

2012年，全市上下按照“三提速”的工作要求，认真贯彻落实自治区党委政府和市委的一系列决策部署，突出把握稳中求快的总基调，审时度势、超前谋划，扎实苦干、提速跨越，全力实施“五大战略”，充分发挥首府城市首位度作用，各项工作取得进展，国民经济保持平稳较快发展，社会局势保持和谐稳定。实现地区生产总值260.04亿元，增长12.2%；财政一般预算收入34.36亿元，增长46.6%；全社会固定资产投资285.05亿元，增长28.3%；社会消费品零售总额124.56亿元，增长18.5%；进出口总额33.3亿美元，增长154.7%；城镇登记失业率控制在2.6%以内。完成市人大十届一次会议确定的各项目标任务。

转变方式强产业，发展质量得到新提升。现代农牧业加快发展，推进现代农业示范区建设，增强综合生产能力，粮、油、肉、奶、蛋产量均高于上年；提高农机化水平，农机配套率达到1:2.5，耕种收综合机械化水平提高2个百分点；加快设施农业发展，新增日光温室3000栋，蔬菜生产面积达到4700公顷，产量达到24.1万吨；提高组织化程度，新增专业合作社15家，总数达到94家，带动农牧民7.26万人；快速推广科技应用，培育农牧业科技示范户4611户，挂牌建设农牧业科技示范基地47处；林业生态建设成效显著，及时落实草原生态补助奖励政策，植树造林12580公顷。加强工业支柱地位，规模以上工业增加值达到26.98亿元，增长19.5%，新增产值超亿元工业企业2家、产值超5000万元工业企业4家；实现工业销售产值22亿元、工业增加值8.5亿元，分别增长51.7%、44.1%。第三产业持续繁荣，接待游客650.89万人次，实现收入65.48亿元，分别增长26.5%、28.1%。拉萨市荣获“国际最佳魅力旅游名城”称号，布达拉宫跻身国家5A景区；推进中国西藏文化旅游创意园区、纳木措景区等项目建设，纳木措国家公园挂牌；以雪顿节为龙头的节会经济日益红火，拉萨市荣获“全球节庆城市奖”。完善城乡商贸流通体系，建成2个配送中心、6个乡镇商贸中心、516个农家店，兑现家电家具下乡补贴资金1478.77万元；7个蔬菜基地与超市成功对接，在市区农贸市场免费安排230个农牧民自产产品销售摊位，社会消费品零售总额增长20.1%。招商引资成果丰硕，举办全国民营企业家拉萨行活动，签约项目33个，总投资达到276.9亿元；全年落实招商引资项目220个，实际到位资金78.3亿元，增长35%。减免非公企业税收3060.73万元，市场主体超过4万户，注册资本达到64.3亿元，是上年的4倍多，非公经济解决就业14万人，非公经济税收占到全市税收的94%。落实援藏资金5.67亿元，加快建设43个援藏项目。

城乡建设再上新水平。推进重点项目，制定《实施加快推进拉萨市重点项目工作的意见》，城市供暖工程完成城区供热面覆盖40%的目标，推进纳金大桥、次角林大桥、教育城、西藏会展中心、农村公路、中小学建设、保障性住房等重大项目建设，老城区保护工程开工建设。基础配套更加完善，完成7750户安居工程、40个行政村人居环境建设整治任务，改扩建农牧区公路758.81千米;解决1.19万名群众安全饮水问题,建成3862座沼气池;完成重点水利工程投资1.78亿元,改善灌溉面积1733.33公顷,整治渠道85.67千米,新建改扩建小型塘坝10处,实施拉萨河堤防二期、色达灌区、中小河流治理项目。实施扶贫农发项目221个、农业综合开发项目17个,改善贫困群众生产生活条件。

社会事业取得新成绩。投入近亿元大力实施"四业工程"。培训城乡居民4.6万人;转移输出劳动力9.06万人,增长11%;实现劳务收入7.31亿元,增长17%;新增城镇就业再就业7541人;农村居民人均纯收入7082.1元,增长17.7%;城镇居民人均可支配收入19545元,增长10.7%。加快教育改革发展步伐,教育城项目稳步推进,各县教学点撤并工作完成,组织实施教育项目154个,投资达到3.61亿元。近33万名城乡居民和4619名僧尼享受免费体检并建立健康档案,城乡居民和僧尼体检率均达到100%。健全文化市场监管工作机制,大型史诗音乐剧《文成公主》在国家大剧院成功首演,幸福拉萨规范舞编排教学完成,在全区率先实现广播电视户户通、广播电视进寺庙全覆盖。社会保障水平不断提高,启动实施寺庙僧尼养老保险、医疗保险,社会保险参保人数达到37.5万人;城镇低保标准由月人均360元提高到400元,农村低保标准由年人均1450元提高到1600元,农村五保供养标准达到年人均4320元,高于全区1920元。12个民生项目完成;拉萨市连续6年被评为"百姓幸福感最强城市";在中国社科院公布的2012年《公共服务蓝皮书》中,拉萨市基本公共服务能力在全国38个城市中位列第一。

社会管理取得新成果。制定实施《拉萨市加强群众工作机制》等58项长效工作机制,举办加强和创新社会管理实践与交流研讨会,完成敏感时期和重要节点的维稳任务,实现"三不出"目标。推进民族团结宣传教育,颁布实施《民族团结进步条例》及其《实施细则》,设立"民族团结进步节",开展丰富多彩的民族团结进步教育活动,各族人民大团结大发展大繁荣的良好局面得到巩固提升。加强安全生产执法监管,安全生产形势保持稳定。创先争优强基础惠民生活动深入实施,五项主要任务有序推进。

行政效能得到新提高。围绕目标任务效能三提速,以重大决策部署落实情况监督检查为重点,突出抓好作风效能建设,全市上下比效能、抓落实、干实事,发展动力和活力进一步增强。落实市委的决策部署,自觉接受人大法律监督和政协民主监督,认真听取工商联和无党派人士意见,办理代表建议105件、政协提案160件。依法行政水平不断提高,完善规范性文件备案审查机制,向人大报送地方性法规草案2件,办理行政复议案件6件,出台政府规章10件。加强市民服务中心规范化建设。面向县区下放项目投资审批权限,进一步精简行政审批事项。全面推行政务公开和政府信息公开,政府门户网站日均点击量保持在5000人次。"六五"普法深入推进,开展法律援助672件。狠抓工程建设领域突出问题、"小金库"、公务用车等专项治理,完善行政权力运行监控机制,健全反腐倡廉惩防体系。

(张玉虎)

政务工作

【加强宣传教育】　年内,通过悬挂横幅、办宣传板报、滚动电子屏幕等宣传手段,深入宣传各项工作的重要意义、主要思路、主要目标及工作任务。刊发《简报》25期,办宣传板报6期,悬挂横幅20余条,电子屏幕滚动宣传字幕70余次,通过政府网站宣传信息600余条。组织干部职工开展反分裂斗争教育、理想信念教育、宗旨意识教育等各类学习教育活动。全年共组织集中学习10余次,个人自学平均达到每人每月15个小时;领导干部深入基层一线调研,开展调研300多人次。充分利用各类培训载体,提高干部素质。全年培训干部12人次,选派1人参加了拉萨市第四批党政干部到江苏培训学习活动。

(张玉虎)

【为企业提供金融服务】　年内,与市工信局、经开区联合召开了拉萨市首次银企对接工作座谈会,邀请驻市9家金融机构和全市35家企业进行面对面座谈,为企业融资发展建立良好平台。

(张玉虎)

【起草制定各类文稿】　年内,共完成政府工作报告及相关材料、领导讲话、会议材料、汇报材料、调研报告等重要文稿近350余篇。其中包括换届政府工作报告、《拉萨市2011年工作回顾和2012年工作展望》、《拉萨市第九届人民政府工作报告汇编》、《拉萨政报》的编写工作，起草《关于申请自治区出台〈关于支持拉萨市充分发挥首府城市首位度作用加快推进跨越式发展和长治久安的若干政策意见〉的报告》、《关于副省级城市经济社会管理权限相关情况的调研报告》、《拉萨市供暖供气相关政策调研报告》、《全市农村扶贫工作调研报告》、《拉萨市医疗卫生事业发展现状调研报告》及每个季度经济运行情况报告、市政府领导在相关会议活动上的讲话、市长在北京江苏拉萨对口支援工作座谈会上的汇报发言、市政府向上级部门汇报材料等各类文稿。

（张玉虎）

【加大督查工作力度】 年内，共形成《督查专报》170期，《督查简报》6期，《督查通报》24期，《政务督查》10期，《领导批示》138期，《督办通知》59期。

（张玉虎）

【人大、政协建议提案全部办结】 年内，共办理人大建议239件，其中议案7件，办结、办复率100%；共办理政协提案264件，办结、办复率达100%。

（张玉虎）

【加大门户网站网络宣传力度】 年内，拉萨市政府门户网站共发布各类信息13400余条，其中图片信息560余条、文字信息12200余条、视频信息410余条、政务公开信息79条。办理市民来信230余件，信件答复率达80%以上；网站点击量达170万人次，日均点击量5600人次。

（张玉虎）

【政务信息】 年内，共采用各县（区）、市直各部门信息7988条，自采信息2851条。其中收集、整理、编辑《政务信息综合》、《政务信息专报》765期，《政务信息特报》210期，《内部情况通报》12期。全年《政务信息特报》受到各级领导批示达50余条，其中受到市长、副市长批示达30余条。被自治区政府信息处采用1689条，累计得分1453分，在全区七地（市）信息考核中继续名列第一，并连续10年蝉联全区第一名。

（张玉虎）

【扎实开展强基惠民活动】 年内，市政府办公厅驻当雄县宁中乡堆灵村工作队落实6个项目，总投资332万元，其中堆萨村路桥项目160万元、乡政府至萨孜岗村四级沙石道路45万元、人畜饮水项目32万元、产业化扶持项目50万元、驾驶技术培训项目15万元、村居小桥涵项目30万元。

（张玉虎）

关系群众生活的12件实事

第1件 新购30辆安全舒适的公交车，完善公交配套设施。1月11日至2月19日，由市政府采购办发布招标公告，并在全国范围内进行公开招标；2月20日至4月10日，厂家生产车辆；4月10日，在拉萨市举行交车仪式；4月，正式向全市投放。

第2件 新建12个停车场。太阳岛停车场，位于太阳岛儿童游乐园对面，为地下停车场，泊位数约200个；团市委停车场，待团市委办公搬迁后，在团市委院内建设地下一层停车场泊位数约50个；会展中心停车场，位于规划中会展中心区域，为地上式，泊位数约915个；民俗风情商业街停车场，为地下地上结合形式，泊位数约150个；藏热路与当热路交叉口停车场，结合该处公园建设，为地下停车场，泊位数约50个；格桑花公园停车场，位于区住建厅对面，结合公园建设，为地下停车场，泊位数约100个；拉萨体育场停车场，在现有拉萨市体育场位置建设一座地下式停车场，泊位数约300个；柳梧新区停车场，在柳梧新区选择适宜位置建设一座停车场，泊位数约100个；西藏自治区群艺馆停车场，位于朵森格路已建成群艺馆北侧，为地上式停车场，泊位数约150个；宇拓路停车场，位于原商务厅办公地（区一站式审批服务中心）大院，为地上及地下一层停车场，泊位数约300个；北京中路停车场，位于区发展改革委斜对面，西藏大厦职工住宅区（二所）内，为地上式停车场，泊位数约80个；宇拓路（西藏旅游商贸服务公司院内）停车场，泊位数约50个。上述停车场泊位数共计2445个。

第3件 建设16所幼儿园

幼儿园名称	建设内容及规模	投资（万元）	工程进展			
			1—2 月	3—4 月	5—10 月	11—12 月
堆龙德庆县乃琼镇小学附属幼儿园	综合活动室、教室、寝室、办公室、教工宿舍、学生食堂1000平方米及附属	240	方案设计	立项审批	开工建设	竣工验收
堆龙德庆县德庆乡附属幼儿园	综合活动室、教室、寝室、办公室、教工宿舍、学生食堂1000平方米及附属	240	方案设计	立项审批	开工建设	竣工验收
达孜县章多乡小学附属幼儿园	综合活动室、教室、寝室、办公室、教工宿舍、学生食堂700平方米及附属	170	方案设计	立项审批	开工建设	竣工验收
曲水县聂当乡小学附属幼儿园	综合活动室、教室、寝室、办公室、教工宿舍、学生食堂1000平方米及附属	240	方案设计	立项审批	开工建设	竣工验收
曲水县才纳乡小学附属幼儿园	综合活动室、教室、寝室、办公室、教工宿舍、学生食堂1000平方米及附属	240	方案设计	立项审批	开工建设	竣工验收
林周县边角林乡小学附属幼儿园	综合活动室、教室、寝室、办公室、教工宿舍、学生食堂700平方米及附属	170	方案设计	立项审批	开工建设	竣工验收
达孜县帮堆乡小学附属幼儿园	综合活动室、教室、寝室、办公室、教工宿舍、学生食堂700平方米及附属	170	方案设计	立项审批	开工建设	竣工验收
达孜县塔杰乡小学附属幼儿园	综合活动室、教室、寝室、办公室、教工宿舍、学生食堂700平方米及附属	170	方案设计	立项审批	开工建设	竣工验收
达孜县雪乡小学附属幼儿园	综合活动室、教室、寝室、办公室、教工宿舍、学生食堂700平方米及附属	170	方案设计	立项审批	开工建设	竣工验收
曲水县茶巴拉小学附属幼儿园	综合活动室、教室、寝室、办公室、教工宿舍、学生食堂1000平方米及附属	240	方案设计	立项审批	开工建设	竣工验收
曲水县达嘎乡小学附属幼儿园	综合活动室、教室、寝室、办公室、教工宿舍、学生食堂1000平方米及附属	240	方案设计	立项审批	开工建设	竣工验收
林周县江夏乡小学附属幼儿园	综合活动室、教室、寝室、办公室、教工宿舍、学生食堂1000平方米及附属	240	方案设计	立项审批	开工建设	竣工验收
墨竹工卡县尼玛江热乡小学附属幼儿园	综合活动室、教室、寝室、办公室、教工宿舍、学生食堂1000平方米及附属	240	方案设计	立项审批	开工建设	竣工验收
墨竹工卡县扎西岗乡小学附属幼儿园	综合活动室、教室、寝室、办公室、教工宿舍、学生食堂1000平方米及附属	240	方案设计	立项审批	开工建设	竣工验收
尼木县吞巴乡小学附属幼儿园	综合活动室、教室、寝室、办公室、教工宿舍、学生食堂700平方米及附属	170	方案设计	立项审批	开工建设	竣工验收
当雄县羊八井镇小学附属幼儿园	综合活动室、教室、寝室、办公室、教工宿舍、学生食堂1000平方米及附属	235	方案设计	立项审批	开工建设	竣工验收

第4件 为环卫工人办理养老保险、工伤保险、购买人身意外伤害保险。年内，城关区政府为该区1567名环卫工人办理工伤保险和人身意外伤害保险工作。

第5件 拉萨市最低工资标准由950元提高到1200元。

第6件 解决原集体所有制工人住房补贴。根据拉萨市人力社保局劳动工资科提供的数据，全市党政机关及全额事业单位集体制工人共316人。该项目采取一次性货币化住房补贴的方式进行。享受一次性住房补贴的条件：无自建私房、无参加集资建房的、未享受一次性住房补贴的。住房补贴建筑面积标准：集体制职工工龄不满25年的参照科（办）员级标准执行，即60平方米；集体所有制职工工龄满25年（含25年）以上的参照正副科级标准执行，即70平方米。住房补贴资金来源：财政补贴，补贴资金约600

万元。

第 7 件 组织 0—6 岁儿童免费体检,同步建立健康档案。年内,市卫生局下发通知要求各县(区)对 0 ~6 岁农牧民及城镇儿童进行再次全面统计、核实,登记造册。截至年底,已全部完成。

第 8 件 提高城乡最低生活保障标准。城乡低保新标准从 1 月 1 日起执行,并确保提标资金在藏历新年之前全部落实到位。全市城镇低保对象 7615 户 13345 人,拉萨市此次提高城镇低保标准是在自治区确定的月人均 360 元的基础上,再提高 40 元,达到月人均 400 元。执行新的城镇低保标准后,月需低保资金 410.07 万元,其中市财政承担 95.54 万元、县级财政承担 87.54 万元。拉萨市有农村低保对象 5591 户 20249 人,此次提高标准是在自治区确定的年人均 1450 元的基础上,再提高 100 元,达到年人均 1550 元。截至年底已全部落实。

第 9 件 新建 145 个村卫生室,实现全覆盖。年内,市卫生局与七县卫生局重新核实了行政村名称及数量,并完成了行政村卫生室建设方案及设计图纸。

第 10 件 组织 500 名基层专业技术人员到内地学习考察。年内,市人社局与各协办单位联系,协商制定具体工作方案,首批基层专业技术人员已到内地学习考察。

第 11 件 为全市所有农牧民购买意外伤害保险。拉萨市 2011 年农牧民人身意外伤害保险实行"政府补贴、保险公司服务"的经营模式。保险期限为一年,以保险合同载明的起讫时间为准。赔偿限额和保险费:5 万元×0.0334% =16.67 元/人(即:赔偿限额按 5 万元计,保险责任为意外身故、残疾或烧伤,费率执行总颁费率 0.2%,在此基础上贯彻中央第五次西藏工作座谈会保险优惠政策再优惠 83.5%,农牧民人身意外伤害保险全年人均保费为 16.67 元/人)。实施对象为具有拉萨市常住农村户口的农牧民。截至年底,已全部完成。

第 12 件 市县医院全部设立残疾人就医绿色通道。年内,市卫生局已对市人民医院、妇保院、七县人民医院及社区卫生服务中心残疾人就医绿色通道工作进行了前期摸底调查,包括经费投入、设备购置等情况;同时,及时向市残联了解了残疾人相关优惠政策,制定残疾人就医绿色通道工作方案;3 月,项目正式完工。截至年底,已全部完工。

(张玉虎)

拉萨市人民政府

市长 多吉次珠(12 月免)
张延清(12 月代理市长)

常务副市长 曹边疆(12 月免)
陈勇(12 月任)
斯朗尼玛(7 月任)
陈文
王晖(12 月任)

副市长 张延清(1 月免)
阿布(1 月免)
陈宗荣(7 月免)
段高喜(8 月免)
马新明(8 月免)
次仁旺堆(12 月任)
计明南加
王常生(7 月免)
次仁央宗
果果
龚会才(12 月免)
郭瑞祥(7 月任)
占堆(7 月任)
刘志强(7 月任)
孙晓南(10 月任)
郑欣(11 月任)

秘书长 龚会才(1 月免)
琼达(3 月任)

常务副秘书长 江嘎(12 月免)

副秘书长 岳国红
张长祥
央金卓嘎
强巴江才
贡扎曲旺
杨汝军
万平
曹志明

政府法制

【概　况】 年内,市政府法制办公室升格为正县制单位。设综合科、立法科、行政复议科(执法监督科)。全年立足法制工作,利用自身优势,紧紧围绕全市中心工作,认真履行政府法制机构在推进依法行政方面的参谋、助手和法律顾问的职责。

(高子茗)

【政府立法】 年内,落实推进《拉萨市人民政府立法工作计划》,制定立法工作进度计划,明确立法项目的责任人,集中研究审核修正立法项目。通过走访相关部门和单位、组织各方座谈会、在市(区)内外进行专题调研等方式,扩大公众参与的范围,进一步增强立法的透明度和科学性。年内,完成《拉萨市民族团结进步条例》《拉萨市流动人口服务管理条例》2件地方性法规的起草、审核工作。完成政府规章10件,其中保护拉萨生态环境方面的有《拉萨市城市绿化收费缴纳办法》《拉萨市禁止一次性塑料餐具、塑料袋管理办法》《拉萨市城市公共厕所管理办法》《拉萨市户外广告、牌匾标识设置管理办法》《拉萨市野生鱼类保护办法》,城市公共服务方面的有《拉萨市旅馆业治安管理办法》《拉萨市房屋租赁管理办法》《关于修改〈拉萨市布达拉宫广场管理办法〉的决定》,社会福利和学校教育方面的有《拉萨市五保供养服务管理办法》《拉萨市控制义务教育阶段学生辍学办法》。完成政府规范性文件3件,为《关于印发〈拉萨市城乡居民医疗救助实施办法〉的通知》《关于下发行政审批项目的通知》《关于加强工程机械租赁市场管理的通知》。

(高子茗)

【培训执法人员4700余人】 年内,对市直部门、各县(区)行政执法人员共4700余人进行行政执法培训考核,发放行政执法培训教材745套5960册。经培训考核合格,为获得行政执法资格的人员办理新版西藏自治区行政执法证和西藏自治区行政执法监督证。

(高子茗)

【审结行政复议案件6件】 年内,共收到行政复议申请6件,已审结6件。其中维持4件,不予受理1件,终止审查1件。接待行政相对人行政复议法律事务咨询事项10余起。

(高子茗)

【提供法律服务】 年内,共提出各种法律意见、建议20余件。参与了无旅游车手续车主上访、格桑林卡业主上访事宜的调处和矛盾化解工作。对拉萨市食品生产加工小作坊和食品摊贩监管职责问题提出了意见。

(高子茗)

【办理仲裁案件7件】 年内,共收案7件,办结7件,涉案标的金额348万余元。

(高子茗)

【做好"创先争优　强基惠民"活动】 年内,市政府法制办驻堆龙德庆县古荣村古荣乡工作队争取资金46.4万元。为古荣村改建卫生所,修建下水道,培训驾驶员20人、致富能手15人。同时,市政府法制办11名党员依托驻村工作队与该村11户困难群众结成"一对一"的帮扶对子。

(高子茗)

【获奖情况】 2012年,市政府法制办党组书记、主任郭龙贵被中共拉萨市委员会、拉萨市人民政府授予拉萨市2012年度民族团结进步模范个人奖。

拉萨市政府法制办公室

党组书记、主任　郭龙贵

八廓古城管理

【概况】 7月23日拉萨市八廓古城管理委员会正式挂牌成立,编制50人(含城关区政法系统5名锻炼人员),内设5个正科级机构,即办公室、社会管理综合治理办公室、流动人口服务和管理科、宗教事务管理科、文化旅游管理科;下设2个副县级机构,即八廓古城公安局、八廓古城市政市容和规划管理局;下派3个派出机构,即八廓街道办事处、吉崩岗街道办事处、吉日街道办事处,管辖15个社区居委会。主要职责:贯彻落实自治区、拉萨市、城关区党委、政府关于推进经济发展、维护稳定、社会管理和保护建设的决策部署，根据授权，统一协调所辖区内行政、公安、寺庙管理等机构，重点加强社会管理和矛盾排查、化解工作，统筹协调区域内经济发展、维护稳定、社会管理和保护建设等各项工作。

（张利勇）

【打造居民生活地、信教群众朝佛地、高端旅游地】 年内，根据西藏自治区党委常委、市委书记齐扎拉提出的要把拉萨古城区打造成为“居民生活地、信教群众朝佛地、高端旅游地”的要求，推进统筹八廓古城管委会与老城三个街道办事处的工作，逐步理顺管委会与办事处、与居委会、与便民警务站之间的关系。推进项目策划及古城基础设施建设工作，谋划古城保护与开发、促进经济发展、保障和改善民生项目及基础设施改造。推进八廓古城管委会的工作体制机制建设。按照“建设高端旅游区”的功能定位，将逐步形成符合实际的规划方案。引导商户自觉维护摊位摆放秩序。推进原住居民留住工作，保证每个大院留住原住户，成为藏族、汉族、回族和其他少数民族混居有序的文明和谐大院。推进古建民居的修缮和许可工作，逐一摸清古城内乱建、乱占、乱改行为。引导居民群众爱好古城、保护古城，支持古城保护工作。推进引导古城游客分流和管理工作，维护古城社会治安秩序、生产生活秩序。

（张利勇）

【开展调研】 年内，拉萨古城管委会就辖区内宗教事务、社会治安管理、旅游文化、市政市容和城市管理等5个方面进行调研完成调研报告5篇。一是开展古城规划调研。到老城区56个古建大院，了解掌握了每个古建大院的基本信息，对八廓古城区域内的违章建筑进行了第二次摸底排查，掌握了157处违章建筑的基本情况，配合中国规划设计院和天津市房屋建筑鉴定设计院做好拉萨市城市规划设计相关工作。二是开展宗教事务管理调研。到25座寺庙进行调研，对每个寺庙的基本情况和存在的问题进行了重新梳理、建档和造册。形成了《八廓古城属地管理寺庙调研报告》。三是开展文化旅游管理调研。走访古城内大街小巷、各居民大院、各景点、宾馆、酒店、旅行社、网吧等旅游文化资源地，了解其基本信息，建立健全相应台账。四是开展流动人口服务管理调研。准确地掌握八廓古城现有常住人口、流动人口、出租房屋、男女性别、年龄阶段、就业务工、民族比例等基本情况，形成《关于八廓古城区流动人口服务管理工作的调研报告》。五是开展综治工作调研。到老城区3个街道办事处、15个社区居委会收集、整理各综治工作相关数据，会同吉日街道办事处调处辖区居民平措央金与巴扎集团公司就“洽玛岗篷”东面200平方米土地纠纷问题。

（张利勇）

拉萨市八廓古城管理委员会

党组书记　多　吉

主　　任　闫卫东

信访工作

【概　况】 年内，全市信访工作紧紧围绕为中共十八大顺利召开营造和谐稳定的社会环境这一目标，突出“事要解决”，推进矛盾纠纷排查调处、信访积案化解、体制机制创新、领导干部接访下访等重点工作，为全市实现“全面稳定、全年稳定”发挥了重要作用，为经济建设的跨越式发展做出了积极贡献。

（妮珍 冯林）

【初信初访办结率达97.3%】 年内，共受理初信初访874件，办结851件，办结率达97.3%。

（妮珍 冯林）

【信访积案化解实现既定目标】 2012年是拉萨市“信访积案化解巩固年”，通过领导包案和地级领导包案督办、签订信访事项化解责任书等措施，化解信访积案56件，使用特殊疑难信访专项资金1亿多元。实现“解决了事情、理顺了情绪、惠及了民生、争取了人心、赢得了主动”。

（妮珍 冯林）

【矛盾纠纷基层排查调处率达96.1%】 年内，共排查矛盾纠纷533件，调处512件，调处率96.1%，把信访问题化解在基层、化解在萌芽状态。

（妮珍 冯林）

【积极解决群众诉求】 年内，70名地（县）级领导对63件特殊疑难信访问题，开展接访工作，现场接待群众716人次,面对面听取信访群众的诉求,现场解决群众的诉求63件,解决率达100%。信访干部共对75件疑难复杂信访问题下访113次,解决75件,办结率100%。

(妮珍 冯林)

【全市信访工作会议召开】 2月17日,全市信访工作会议召开,自治区信访局副局长郭顺成,市委常委、常务副市长曹边疆,市委常委、秘书长诸伟敏,市委常委、政法委书记张延清,人大常委会副主任次仁旺久、政协副主席格宪华,市政府副秘书长、信访局局长央金卓嘎等领导出席会议。会议总结2011年信访工作,表彰20个先进集体和29名先进个人,对2012年信访工作进行安排部署。主要有推动体制机制和社会管理创新,推动信访积案化解,推动领导干部接访下访回访活动,推动矛盾纠纷排查化解向纵深发展,推动信访综合分析研究,推动基层信访人员的业务培训和法制宣传工作,推动干部队伍能力和信访部门自身建设7项重点工作。

(妮珍 冯林)

【10名后备干部到市信访局挂职】 6月13日,市委组织部安排来自经开区、柳梧管委会、市检察院、第三中学、城关区、堆龙德庆县、墨竹工卡县、林周县、曲水县、当雄县的第三批10名干部到市信访局锻炼。

(妮珍 冯林)

【畅通信访渠道】 7月,开通"12345"市长热线电话,受理群众各类意见建议、咨询、求决等事项215件,办理反馈215件,办结率100%。

(妮珍 冯林)

【国家信访局领导到拉萨市调研】 9月9日,国务院副秘书长、国家信访局局长王学军一行到拉萨市调研。实地考察拉萨信访局,并听取拉萨市信访工作汇报,汇报会由自治区党委常委、市委书记齐扎拉主持,市委副书记、常务副市长曹边疆汇报了拉萨市信访工作。自治区党委常委、常务副主席洛桑江村,自治区政府副秘书长、信访局长叶银川出席了会议。市委副书记、人大常委会主任洛桑旦巴,市委副书记赤列多吉,市委常委、政法委书记、公安局党委书记张延清,市委常委、城关区委书记普布顿珠,市委常委、秘书长袁训旺,市政府副秘书长、市信访局局长央金卓嘎出席了会议,拉萨市信访联席会议24个成员单位的主要负责人同志参加了会议。

(妮珍 冯林)

【加强和创新社会管理工作】 年内,建立健全《拉萨市矛盾纠纷排查调处机制》和《拉萨市群众利益诉求表达机制》及《拉萨市重大事项信访稳定风险评估机制》。将矛盾纠纷排查调处工作纳入城关区各社区网格化管理,形成"发现"—"报告"—"调处"的工作流程。在城关区、墨竹工卡县、当雄县、堆龙德庆县扎实开展信访代理、信访"一单式"等试点工作。

(妮珍 冯林)

【建立拉萨市联合接访中心】 11月8日,拉萨市联合接访中心建立。市信访局、市中法、公安局、国土局、人社局、住建局等6个部门派驻工作人员入驻中心开展工作,创新拉萨市信访接访模式。

(妮珍 冯林)

【成立重大事项信访稳定风险评估专家库】 年内,建立市重大事项信访稳定风险评估专家库,全年受理18个项目的风险评估工作。

(妮珍 冯林)

【加强信访队伍建设】 年内,市信访局对全市375名信访专(兼)工作人员就《信访条例》《拉萨市重大事项信访稳定风险评估机制》《拉萨市矛盾纠纷排查调处机制》《拉萨市群众利益诉求表达机制》和《中华人民共和国劳动法》及如何调处建设领域"双拖欠"等内容进行培训,提升市、县、乡、村四级信访专兼(职)干部依法依规依理处理信访问题的能力。

(妮珍 冯林)

【召开7次信访联席会议】 年内,张延清、曹边疆、袁训旺等领导先后召开7次处理突出问题及群体性事件联席会议。会议主要对全市的信访稳定工作进行通报,分析信访形势,研究解决重大疑难信访事项,安排部署阶段性信访工作。

(妮珍 冯林)

【召开4次信访专题会议】 年内,市联席会议召集人先后组织召开4次信访专题会议。其中市委副书记、市长多吉次珠就74件疑难信访事项中需要市政府出资金、出政策解决的突出信访事项召集市财政局、信访局、住建局、国土规划局等部门负责人召开专题会议研究。

(妮珍 冯林)

【推进强基惠民活动】 年内,市信访办领导带队入驻墨竹工卡县扎雪乡龙珠岗村,全年发展农牧民党员31名,培养入党积极分子74名;制定应急处突预案2份、开展感恩教育10次,参加群众1080人次;慰问困难群众9户72人,赠送慰问金61650元;为驻村点争取到126万元项目资金,成立农产品加工合作社和牲畜购销合作社两个经济实体；帮助群众就业38人，实现收入30400元；帮助群众就医259人次，涉及金额9000元。

（妮珍 冯林）

【宣传政策法规】 年内，加强政策法规的宣传工作。3月，参与综治宣传月；6月，参加第二周“综治宣传周”；9月，参加“9·16”平安西藏宣传日综治宣传等活动。共发放藏汉文《国家信访条例》、《西藏自治区信访条例》、《信访人在信访活动中遵守的有关规定》以及信访知识等资料1000余份，投入宣传资金2000余元。

（妮珍 冯林）

【受理群众信访1192件3545人次】 年内，全市共受理群众来信、来访、来电1192件3545人次，办结1159件，办结率97.2%。

（妮珍 冯林）

拉萨市信访局

党组书记　彭　朝　晖

局　　长　央金卓嘎

藏语文工作（编译局）

【概　况】 年内，拉萨市藏语文工作委员会办公室（拉萨市编译局）编制18人，其中县级编制3人、科级编制8人；设综合科、语管科、校审科、翻译科。全市藏语文工作按照《中华人民共和国民族区域自治法》、《西藏自治区学习、使用和发展藏语文若干规定》和《拉萨市社会用字管理办法（试行）》等法律法规要求，推进拉萨市藏语文工作与经济增长协调发展，进一步促进社会用字的规范性。

（洛桑平措）

【规范社会用字】 年内，在拉萨市电视台和拉萨晚报连续宣传报道《拉萨市社会用字检查整改工作通知》。联合市工商局、市市政市容委在全市开展社会用字检查整改，共检查单位和商户共34586个。存在问题的单位、商户共5236个，占15%左右。其中错字漏字470户，比例严重失调1776户，无藏文1611（均为门窗上的经营性广告）户，LED无藏文1355户，单位门牌藏汉错位24家、牌匾陈旧90户，更新牌子86户，当场拆除门牌43户，整改率达到90%以上。

（洛桑平措）

【开展强基惠民活动】 年内，选派4名驻村工作队员，为林周县甘曲镇觉布村争取项目资金40多万元。其中落实短平快项目“牦牛改良项目”，项目投资27万元，受益群众150多户；新建觉布村村委会，投资14万元。

（洛桑平措）

【加强干部队伍建设】 年内，组织翻译业务干部开展藏语文翻译业务培训2期，60人次参加；藏语文计算机软件培训3期，78人次参加。

（洛桑平措）

【翻译各类文件材料75万多字】 年内，完成《深入开展“八看”“一算账”“一揭批”“四增强”感党恩主题教育活动》《拉萨市学习贯彻党的十七届六中全会和自治区第八次党代会精神宣讲提纲》《形势政策宣讲提纲》《拉萨市民族团结进步条例》《政府工作报告》等一系列翻译任务，翻译量达到75万多字。

拉萨市藏语委办（拉萨市编译局）

党组书记、局长　达娃次仁（12月21日去世）

市民服务中心

【概　况】 年内，市民服务中心始终坚持以“依法、公开、便民、高效”为宗旨，为群众提供优质、高效行政服务等措施，不断改进服务方式、规范服务模式，全力打造便民利商的服务窗口，使各项工作有序开展。全年共受理项目241641件。其中便民项目共191779件，占总办件量的79.36%；行政审批项目49862，占总办件量的20.63%。限时办结率99.83%。2012年，年市民服务中心获得拉萨市创建全国文明城市“先进集体”称号；2012年，市民服务中心强基惠民驻村工作队荣获西藏自治区级先进工作队荣誉称号。

（周济燕）

【建设“学习型、和谐型、廉政型”中心】 年内，坚持“三会一课”制度。加强中心党组对全局工作的领导，建立健全重大事项通报、重要情况反馈和重大决策征求意见制度，定期听取班子成员的工作汇报，提出任务和要求。加强组织建设，经市直机关工委批准成立拉萨市市民服务中心党总支，下设三个党支部以及工青妇群团组织。成立党风廉政建设领导小组，制定《拉萨市市民服务中心党风廉政建设责任书》，制定党风廉政建设相关制度。

（周济燕）

【完善制度建设】 年内，制定《首问负责制度》《限时办结制度》《一次性告知制度》《统一收费制度》等业务规范工作制度及《窗口管理制度》《责任追究办法》《工作人员守则》《十禁止规定》《文明服务用语》《窗口和窗口工作人员考核评分细则》等考核管理制度。

（周济燕）

【召开第二批项目进驻协调会】 5月22日，召开第二批项目入驻相关工作协调会。会议就确认入驻项目并提出入驻项目建议，确定分管领导和窗口工作人员，制定流程图、告知单，对报送设备需求等工作提出要求。

（周济燕）

【解决统一收费困难】 年内，中心多次与市文化、民政、农牧、国税局及银行、银联公司协商，采取在国税窗口安装pos机刷卡缴费、在农行拉萨市林廓东路支行营业厅内设立专门的收费窗口，解决收费困难问题。

（周济燕）

【开展“创先争优　强基惠民”活动】 年内，驻村工作队对295户牧民家庭基本情况进行摸底调研，建立了一户一档家庭档案，形成了《甲根村创先争优强基础惠民生活动驻村工作调研报告》《拉萨市市民服务中心驻甲根村工作队基层党组织建设的调研》《拉萨市市民服务中心驻甲根村工作队维护社会稳定促进长治久安调研报告》。投资62.5万元购买生产资料、维修乡村沙石路、修缮水井房等项目。与市就业局协商，争取驾驶培训、乡村旅游、藏式古典建筑、计算机、民族歌舞、摩托车修理等75个培训名额，落实培训资金31.5万元。开展“送爱心”慰问活动，发放资金4万元。

（周济燕）

拉萨市市民服务中心

党组书记　索朗多吉

主　　任　岳国红

中国人民政治协商会议拉萨市委员会

综　　述

2012年,市政协以迎接、学习、宣传、贯彻中共十八大为主线,以邓小平理论、"三个代表"重要思想、科学发展观为指导,紧紧围绕"五大战略"和"一确保、两突破、三加强"目标任务,认真履行政治协商、民主监督、参政议政职能,充分发挥协调关系、汇聚力量、建言献策、服务大局的重要作用,高唱主旋律、共画同心圆,为推进拉萨市跨越式发展和长治久安做出了积极贡献。

思想政治建设取得新进展。常委会始终把思想政治建设摆在政协工作首位,坚持以科学的理论武装头脑、指导实践。按照年度有安排、季度有主题、月月有活动的要求,全年党组理论学习中心组集中学习9次,召开主席会议6次、常委会议3次,组织机关干部、委员学习会议60多次。坚持把学习贯彻中共十八大精神作为首要政治任务。按照"七个深刻领会"的要求,针对政协常委、机关干部集中开展十八大精神学习辅导,交流学习体会,准确把握十八大报告中的新思想、新观点、新论断,增强政协干部、政协委员对中国特色社会主义的道路、制度和理论自信,不断夯实共同团结奋斗的思想政治基础。坚持用党的治藏方略统一思想和行动。认真学习贯彻习近平总书记关于西藏工作的一系列重要讲话精神,学习贯彻中央第五次西藏工作座谈会精神及区市第八次党代会精神,认清西藏的主要矛盾、特殊矛盾,把握西藏工作的大政方针和决策部署,牢记"五个继续着力"和"五个坚定不移",坚定了走有中国特色、西藏特点发展路子的信心和决心。坚持用党的政治理论和方针政策统一思想行动。学习贯彻《政协章程》、《中共中央关于加强人民政协工作的意见》,不断增强全体委员政协工作基本知识,扎实推动委员履职,努力形成党委重视、政府支持、政协主动、各方配合、社会关注的良好局面。坚持在教育活动中统一思想行动。把思想教育作为管方向、管长远的根本性建设来抓。深入开展"反对分裂、维护稳定、促进发展"主题教育活动,教育广大政协委员、干部职工进一步认清十四世达赖集团假和平真暴力、假自治真分裂、假对话真对抗的真实面目,在反对分裂、维护祖国统一、维护民族团结这个重大政治原则问题上,始终做到了立场坚定、旗帜鲜明、认识统一、表里如一、态度坚决、步调一致。把推进学习型组织建设与加强思想政治建设结合起来,大力开展群众性思想教育,深化"四坚持"、"三热爱"和新旧西藏对比、"感党恩、跟党走"、以"爱国、团结、和谐、发展、文明"为主题的核心价值观等主题教育活动,引导广大政协委员、干部职工牢固树立"三个离不开"思想,增强对伟大祖国、中华民族、中华文化和中国特色社会主义道路的认同感。坚持把创新理念作为理论与实践的有利结合点。认真查找影响政协事业科学发展的困难和问题,深入分析原因、充分借鉴经验、改进工作方法,形成"把牢一个要求,围绕三项任务,完善四大机制,抓实六项工作"的政协工作总思路,积极推动政协工作上水平、出成绩。

促进稳定取得新贡献。始终把维护稳定作为政协履行职能的第一政治责任。先后抽调8名地级干部参加维稳一线指挥部带班和面上巡查工作,抽调2

名县级干部和6名工作人员到城关区冲赛康居委会开展维稳工作,为中共十八大召开营造和谐稳定环境和实现“三不出”目标履职尽责做工作。严格落实维稳工作责任制,认真执行维护稳定十项措施。发挥工商界、民族界和宗教界政协委员联系面广、影响力强的独特优势和作用,采用现身说法、加强正面引导等方式,推进“八看、一算账、一揭批、四增强”主题教育活动深入开展,广泛团结引领各族各界人士,切实增强对党的感恩意识和对伟大祖国的认同感,共同维护和发展拉萨市和谐稳定好局面。先后3次邀请民族界、宗教界、工商界委员代表开展联络活动;邀请各界别政协委员、归国藏胞及其眷属、爱国统战人士及各族各界人士参加新年团拜会;推荐1名回族、1名藏族政协委员为56个民族团结形象大使,激发了政协委员的光荣感、自豪感、责任感,政协作为党的统一战线工作阵地作用日趋显现。

助推发展取得新成效。参加民营企业西藏行活动,市政协有关领导及工商界政协委员全身心投入到服务、宣传、推介活动中,全力助推招商引资出成果。拓展知情明政渠道,采取政协全体会议广泛协商、常委会议集中协商、主席会议重点协商、专门委员会对口协商等形式,对拉萨市经济发展、科技教育、生态文明、农牧民增收、“七城同创”等工作进行讨论协商,提出意见和建议32条,得到了市委、市政府及有关部门的重视。市政协主席、副主席还主动参加各类听政议政会议和活动及市委、市政府邀请的各类重要会议、重大活动,并提出意见和建议,一些好的意见和建议被市委、市政府及相关部门采纳。开展调研活动,参政议政成效显著。以“参政参到点子上,建言建在关键处”为原则,组织政协委员对拉萨经济技术开发区和达孜工业园区入驻企业运行情况、供暖供气工程建设工作进展情况、拉萨市区道路设施建设和人员车辆通行情况、彭波河流域治理工程建设情况、林周县矿区环境保护和植被恢复情况、达孜县开展创先争优强基惠民活动情况,以及拉萨市宗教工作、体育、医疗工作开展等情况,开展调研活动8次,形成专题调研报告4份、专察报告2份,所提意见、建议引起市委、市政府领导重视,批转相关部门研究整改。各专委会在履职中的基础作用得到有效发挥。支持专门委员会主动作为,选准角度、发挥优势、突出特色。提案委员会对市政协十届一次会议的182件提案汇总、编号、分类、翻译,确定102件立案,其中筛选出重点提案10件。年内提案已全部办理完毕。经济资源社教科文卫委员会围绕拉萨市经济社会发展,牵头开展考察调研活动2次,提出了有价值的意见和建议,并积极配合自治区政协开展考察调研活动4次。文史民族宗教法制委员会对《政协委员“三亲”史料》一书进行收集整理完成编纂工作。

强基惠民取得新成果。紧扣“五项任务”,在墨竹工卡县日多乡怎村和拉龙村深入开展创先争优强基础惠民生活动,取得实实在在的工作成果。累计投入210多万元为民办实事好事56件,走访慰问困难群众3000人次,发放慰问金4.5万元;培养入党积极分子23名,新发展党员11名,协助村(居)完善党务公开、党风廉政建设规章制度25条;召开维稳宣讲大会70余场次,群众受教育面100%,化解处理各类矛盾12起;召开感恩教育大会46场次、政策宣讲会28场次、专题讲座14场次,群众受教育面100%,发放宣传材料2000多份、领袖像700多张、国旗700多面;理清发展思路30多条。驻怎村工作队被墨竹工卡县评为先进驻村工作队,1名队员被评为市级先进驻村工作队员。响应区市党委的号召,开展捐资助孤活动,累计捐款6万元。形成制度明确的退休干部职工福利待遇和关怀体贴办法,促进老干部工作制度化、规范化运行,组织退休干部、政协委员20多人次到区内外参观考察;解决退休党支部活动经费2万元,及时看望因病入院的政协委员及干部职工20多人,做好传统节日慰问活动,真真切切地把党和政府的温暖送到大家的心坎上。

自身建设取得新加强。以提高履职能力为目的,不断加强自身建设,推动政协整体工作再上新台阶。抓好市政协领导班子换届工作,召开政协第十届拉萨市委员会第一次会议,实现了通过一个好报告、选举一个好班子、营造一个好风气、巩固一个好局面的目标。开展机关作风和行政效能建设,加强组织建设,抓好履行职能的制度化、规范化、程序化建设。补充完善了《车辆管理制度》、《机关考勤制度》、《市政协机关干部职工违反内部管理规定处理办法》等规章制度;严格了财务报批程序,减少了行政开支;广泛开展民族团结先锋活动,通过专题宣讲,机关党员与非党员,机关党员与对口扶贫点贫困党员、非党员结对工作,扎实推进“三连心”、“四恳谈”、“五解难”活动。坚持“友好往来结真情,交流协作学经验”理念,重视做好与区内外省市政协的联谊联络工作,全年接待来访团队100多个;组团参加了河北省承德市举办的世界遗产地政协主席联谊会和广西壮族自治区南宁市举办的西南五市政协工作协作会，初步形成以建机制、搭平台、增活力、促履职、上水平为阶段性目标的政协工作新思路。

（刘俊艳）

重要会议

【九届常务委员会第十三次会议】 7月17日，政协第九届拉萨市委员会常务委员会第十三次会议召开。会议通报换届筹备工作情况，审议通过政协第十届拉萨市委员会第一次会议相关文件。市政协副主席元旦罗布出席并作讲话。

（刘俊艳）

【政协十届一次会议】 7月22日至24日，中国人民政治协商会议第十届拉萨市委员会第一次会议召开。政协第十届拉萨市委员会共有委员275人，出席会议委员263人。大会主席团常务主席王茂雄主持开幕会、大会主席团常务主席次旦朗杰致开幕词，大会主席团常务主席谢廷锡代表政协第九届拉萨市委员会常务委员会作《工作报告》。会议听取审议《政协第九届拉萨市委员会常务委员会工作报告》和《政协第九届拉萨市委员会关于提案工作情况报告》；列席拉萨市第十届人大一次会议，听取讨论《拉萨市政府工作报告》；听取《政协第十届拉萨市委员会第一次会议提案审查情况报告》；审议通过《政协第十届拉萨市委员会第一次会议政治决议》、《常委会工作报告决议》和《提案工作情况报告决议》；审议通过《选举办法》；选举产生政协第十届拉萨市委员会主席、副主席、秘书长和常务委员；表彰了九届一次会议以来优秀提案工作。会议期间，收到委员提案182件，立案102件。西藏自治区党委常委、拉萨市委书记齐扎拉，西藏自治区政协副主席索朗卓玛，拉萨市委副书记、市长多吉次珠及市委、市人大常委会、市政府、拉萨警备区、市中法、市检察院、武警拉萨市支队、市公安消防支队、武警拉萨森林大队负责人等应邀出席了开幕式和闭幕式。市委、市政府主要领导参加委员小组讨论。市政协党组书记、主席王茂雄作闭幕讲话。

（刘俊艳）

【十届常务委员会第一次会议】 8月2日，政协第十届拉萨市委员会第一次常务委员会议召开，政协副主席谢廷锡主持会议。会议传达胡锦涛总书记在省部级主要领导干部专题研讨班开班仪式上的重要讲话精神；通报《市政协2012年下半年工作要点》；会议通过市政协副秘书长，各专委会主任、副主任人事任免事宜；市政协党组书记、主席王茂雄作重要讲话。

（刘俊艳）

【十届常务委员会第二次会议】 12月28日，政协第十届拉萨市委员会第二次常务委员会议召开。会议审议通过《拉萨市政协2012年工作总结暨2013年工作要点》，邀请市委宣讲团成员孙亚杰讲师为政协常委和机关干部进行中共十八大精神宣讲。市政协党组副书记、副主席谢廷锡主持会议并讲话。

（刘俊艳）

【表彰2012年度先进】 12月31日，市政协召开2012年度总结表彰会议。会议通报《市政协2012年工作总结暨2013年工作要点》，表彰2012年度先进集体和先进个人。市政协副主席拉宗卓嘎出席。

（刘俊艳）

重要活动

【指导6县政协机构成立】 年内，市政协对林周县、达孜县、尼木县、墨竹工卡县、曲水县、当雄县政协成立工作进行指导，6县政协成立工作平稳有序进行。3月7日，市政协换届协调领导小组召开6县政协成立工作培训和委员推荐协调会；4月20日至21日，市政协和市委统战部组成督查组，深入6县检查指导成立筹备工作。4月20日至5月8日，林周县、达孜县、尼木县、墨竹工卡县、曲水县、当雄县政协分别成立。

（刘俊艳）

【开展学习中共十八大精神活动】 11月8日，市政协组织全体干部职工、驻会委员和离退休老干部收看中共十八大开幕实况。制定详细的学习计划，通过集中学习、个人自学，召开座谈会、专题讲座等形式，深刻领会《报告》精神实质，将《报告》中新论断、新观点、新要求融入本职工作中。11月22日，召开在职与离退休党员学习中共十八大精神座谈会；12月28日，邀请市委宣讲团成员孙亚杰讲师为部分政协常委和机关干部进行中共十八大精神专题讲座。

（刘俊艳）

【广泛开展民族团结先锋活动】 年内，市政协广泛开展共产党员民族团结先锋活动。制定活动方案，成立活动领导小组；通过举行专题宣讲，认真开展机关党员与非党员，机关党员与对口扶贫点贫困党员、非党员结对工作，共结对22对，扎实开展“三连心”、“四恳谈”、“五解难”活动，推荐1名回族、1名藏族政协委员为56个民族团结形象大使。

（刘俊艳）

【视察活动】 10月16至18日，市政协党组副书记、副主席刘长富带队，组织20多名界别委员，对拉萨市经济技术开发区、达孜工业园区入驻企业运行情况、对拉萨市供暖供气工程建设进展情况进行视察，形成《关于拉萨经济技术开发区、达孜工业园区开发运行情况视察报告》。

（刘俊艳）

【调研活动】 10月15至17日，市政协党组副书记、副主席次旦朗杰带队，组织20多名界别委员，对拉萨市供暖供气工程建设进展情况和存在的问题进行调研，形成《拉萨市城市供暖供气重点工程建设项目情况的调研报告》。

（刘俊艳）

【深入开展“创先争优　强基惠民”活动】 市政协选派8名优秀干部，进驻墨竹工卡县日多乡怎村和拉龙村，开展“创先争优　强基惠民”活动。期间，市政协领导15人次前往驻村工作队，听取汇报、了解情况、帮助解决实际困难。驻村工作队累计投入210多万元为民办实事好事56件，走访慰问困难群众3000人次，发放慰问金4.5万元；培养入党积极分子23名，新发展党员11名，协助村(居)完善党务公开、党风廉政建设规章制度25条；召开维稳宣讲大会70余场次，群众受教育面100%，化解处理各类矛盾12起；召开感恩教育大会46场次、政策宣讲会28场次、专题讲座14场次，群众受教育面100%，发放宣传材料2000多份、领袖像700多张、国旗700多面；理清发展思路30多条。

（刘俊艳）

专门委员会工作

【提案委员会】 年内，对市政协九届一次会议以来收到的698件提案，进行全面的汇总、分类、整理，委员对提案办理落实工作的满意率达98%以上。市政协十届一次会议期间，共收到委员提案182件，经提案审查委员会审查立案102件，作为意见建议处理的80件，筛选10件为重点提案。提案委员会按照规定程序及时开展提案交办前期工作，并于9月7日移交市委、市政府督查室。提案办复181件，办复率达99.5%；未办复1件，占提案总数的0.5%。

（刘俊艳）

【经济社会科教文卫委员会】 年内，参与自治区政协组织的区市两级政协委员视察活动，对林周县矿区环境保护和植被恢复情况、彭波河流域治理工程情况进行视察。

（刘俊艳）

【文史民族宗教法制委员会】 年内，文史民族宗教法制委员会发挥文史资料“存史、资政、团结、育人”的作用，收集、整理委员亲历、亲见、亲闻(简称“三亲”)的第一手资料，并编辑完成《政协委员“三亲”史料》。

（刘俊艳）

中国人民政治协商会议拉萨市委员会

主　　席	王茂雄
副 主 席	拉宗卓嘎
	刘长富
	亚　古
	谢廷锡
	次旦朗杰
	次仁平措
	刘惠兴
	刘全保
	安央金
秘 书 长	王守强
副秘书长	旺　堆
	肖强伟

纪　检·监　察

【概　况】 年内,全市各级党委、政府和纪检监察机关坚持标本兼治、综合治理、惩防并举、注重预防方针,围绕中心、服务大局,忠诚履职、扎实工作,推动党风廉政建设和反腐败工作取得成效。

（何　平）

【贯彻各级会议精神】 年内,组织召开了八届纪委二次全会、拉萨市政府廉政工作会议、全市纪检监察系统集中学习中共十八大精神大会。举办全市党风廉政建设和基层党建责任书签字仪式,市委、市政府主要领导与各县(区)、市直各单位负责人签订《2012—2014 年拉萨市党风廉政建设责任书》,市委主要领导对贯彻落实党风廉政建设责任制提出明确要求。各县(区)、市直各单位结合贯彻落实区、市纪委八届二次全会精神层层签订责任书,并对本地区、本部门的反腐倡廉工作进行周密部署。

（何　平）

【强化监督检查】 围绕春节、三月、萨嘎达瓦、中共十八大等节点组织力量开展维稳专项督查。加强对落实中央第五次西藏工作座谈会精神、加快转变经济发展方式、保障和改善民生各项重大决策部署情况监督检查,加强对"十二五"规划和"环境立市、文化兴市、产业强市、民生安市、法治稳市"五大战略实施情况监督检查,参与并全程监督纳金大桥建设、城市供气供暖项目、《文成公主》文化、"天网工程"、柳梧新区建设、拉萨经开区建设等重大项目建设实施,完成中央加快转变经济发展方式第十检查组对拉萨市的检查指导。会同市住建局、市发展改革委、市财政局等 15 家单位组成联合检查组,对全市在建建筑工程项目开展执法大检查。制定《拉萨市 2012 年巡查工作方案》,并开展巡查工作。

（何　平）

【加强宣传教育】 年内,印发《中共拉萨市纪委关于实行"三项谈话制度"暂行办法》,对纪委书记同下级党政主要负责人谈话、领导干部任前廉政谈话、领导干部诫勉谈话进行制度规范。推进《拉萨市贯彻落实<建立健全惩治和预防腐败体系 2008—2012 年工作规划>分工方案》各项目标任务,制定全市推进惩防体系建设工作台账,组织力量对全市落实《分工方案》情况进行专题调研。制定党风廉政教育培训计划,安排开展 11 个班次的教育培训活动。

（何　平）

【开展专项治理】 年内,开展全市党政机关公务用车专项治理,对市直 70 个一级独立预算机关单位、八县(区)后勤服务中心及政法系统和 65 个乡(镇、街道)党政机关公务用车进行重新核编。根据统计全市实有公务用车 2633 辆,共清理认定超编车 381 辆、超标车 5 辆、违反规定购买的进口车 3 辆,通过集中收缴、公开拍卖等方式进行处理,拍卖成交总额 92.82 万元。会同市公安局、市教育局对高考报名、高考录取进行全程监督,共审查高考报名考生 6419 名,取消违规报名资格 15 名,同时对中考、小考及各类技术职称考试进行监督。对有形市场招投标过程进行监督,将水利、交通领域工程招投标项目纳入拉萨市有形建筑市场统一管理,对涉及市政、农发、水利、交通等领域 221 个工程项目 387 个子项目招投标工作进行监督,涉及资金 33.94 亿元,对其中不符合规定的 17 次招投标行为进行流标处理。对政府集中采购工作进行全程监督,参与办公设备、车辆、检测设备等政府采购行为 104 批次,采购预算资金 8960 万元,实际采购支出8178万元,节约资金782万元,节约率8.7%。组织召开第三届政风行风评议代表聘任会,聘请新一届政风行风评议社会监督员44名,到旅游、教育等单位开展民主评议政风行风活动。

(何　平)

【坚决查办案件】　年内,受理各类群众信访举报123件,初核了结76件,转立案18件,给予党纪政纪处分19人,其中县处级干部1人、科级以下干部17人,依纪依法解除行政处分6人。加大对违反政治纪律行为的问责和惩处力度,共查处问责违反政治纪律党员领导干部14名。依法严肃处理党员干部出境朝拜达赖、参加"法会"等违反政治纪律的行为。成立"2·29"专项工作组,对出境参加达赖"法会"的1574人进行确认,对11名共产党员给予党纪处分、1名移送司法机关处理,完成786名"法会"回流人员的教育培训、转化鉴定工作。成立拉萨市"5·27"事件联合调查组,对涉及失职行为的3名领导干部给予党纪政纪处分。

(何　平)

【开展强基惠民活动】　年内,成立市委主要领导任组长的领导小组,设立强基惠民活动办公室和"四业工程"办公室(以业育人、以业安人、以业管人、以业富人),明确3名地级领导具体主抓两个办公室工作。组织召开推动活动的经验交流会、座谈会和总结会,上报各类简报信息630多份,完善地级领导包乡、县级领导包村制度,利用各类媒体对活动进展及时进行宣传报道,发送动态手机短信65万条,额外投入活动保障资金5100多万元,为67个偏远和海拔较高村组配备了"惠民药箱",开展巡回督查活动4407次。

(何　平)

【落实五项任务】　年内,全市260个区、市、县驻村工作队1000多名广大驻村干部发挥主观能动性,围绕五项任务取得成效。新发展农牧民党员2575名,组织基层干部外出考察学习2864人次;夯实维稳根基方面,健全维稳信息互通、安全防范、纠纷调处等机制,排查各类矛盾纠纷1684次,投入维稳资金1123万元;拓宽致富门路方面,实施"短平快"项目259个、投资7320万元,争取计划外项目2031个、总投资4.06亿元;深化党恩教育方面,突出开展"八看、一算账、一揭批、四增强"主题教育活动,共举办各类专题讲座1143场,开展宣讲2187场、普法教育638场,播放爱国电影2142场次,受教育群众达11.6万人次;办好实事好事方面,慰问孤寡老人、贫困群众19700人次,帮助群众就医16497人次,帮助群众子女就学1567人次,帮助群众实现就业5155人次,组织开展村容村貌整治1322次。

(何　平)

【改进机关工作作风】　年内,对2011年度机关作风和行政效能建设进行认真总结,表彰综合考核排名前十位的单位;综合考核末三位单位进行通报,主要负责人进行了诫勉谈话。研究制定2012年度机关作风和行政效能建设目标任务,对加强机关作风行政效能建设目标考评体系进行认真修改,根据考评单位职能进行分类考评,设置定性考评与定量考评,加大奖惩力度。制定全年目标考核工作方案,对市直机关作风效能建设情况进行考核验收。

(何　平)

【自身建设】　年内,抓好委局理论中心学习组和干部职工学习制度,制定年度学习计划,理顺干部管理程序,清查整理全体干部职工人事档案,明确纪委换届工作程序、纪检监察干部管理权限,规范管理工作的具体程序和要求。选派16名干部(两批次)组成两个驻村工作队,深入基层围绕"五项任务"开展驻村工作;选派23名干部参加中央、自治区和拉萨市组织的各类业务培训活动;围绕全市维稳工作重心积极选派30多名纪检干部深入一线开展维稳工作。组织新成立的各县(区)纪委召开工作会议,召开八县(区)纪委学习中共十八大精神座谈交流会,对县纪委常委会和乡镇纪委工作运行情况进行调研,完成《关于加强我市县乡两级纪检监察机关建设的意见》。

(何　平)

【获奖情况】　年内,市纪检委获西藏自治区精神文明建设指导委员会、市委、市政府授与的2012年度拉萨市巩固全国文明城市创建成果工作先进单位称号,获市委、市政府授与的2012年度全市维稳综治工作先进集体称号,获市委、市政府授与的2012年度全市调研工作先进集体称号。

中共拉萨市纪律检查委员会

纪委书记　诸伟敏
监察局局长　周俊杰

对口援藏

北京援藏

【概况】 2012年,北京援藏团队贯彻“一个促进、两个倾斜、三个重点、四个结合”(即充分发挥北京要素优势和拉萨属地优势促进拉萨市经济社会发展和改善人民群众生产生活条件;向基层倾斜,向农牧民倾斜;以社会公益事业为重点,民生民心工程为重点,基础设施建设为重点;实现当前与长远相结合,输血与造血相结合,提高生活水平与提高科学文化水平相结合,政府投资引导与整合社会资源相结合)的总体思路,通过加强干部管理、项目管理和审计管理,不断创新援藏工作思路和措施,完成北京援藏2013年规划,投入2.3亿元,开工建设21个项目。完成拉萨市各类人才培训1600人次。落实解决100名西藏籍大学毕业生就业工程和救治100名西藏先心病儿童爱心工程,协调北京60多家单位为西藏籍大学毕业生提供工作岗位214个。文化交流工作取得新进展,各部门援藏工作顺利推进,实现“六个推进、四个加强、三个创新”的工作目标。

(孔　铵)

【援藏规划顺利推进】 年内,根据拉萨实际情况,对北京援藏十二五规划进行中期调整,在2012年的规划中,重点推进城乡基础设施建设规划,协助拉萨市相关单位调整援藏重点项目规划。制定和完善北京援藏2013年规划,建立从北京市对口支援和经济合作工作领导小组办公室到北京援藏指挥部和拉萨市受援领导小组办公室(以下简称拉萨市受援办)三位一体的规划编制、调整、实施的有机联系。

(孔　铵)

【援藏建设项目顺利推进】 年内,1‰以内投入2.3亿元,建设21个项目,到年底实现全部开工。其中向农牧区、基层和民生倾斜的项目和资金均超过总数的80%以上。1‰以外项目2个,拉萨市群众文化体育中心各项基础建设全面完成,结构完成工程量40%。5月24日开工建设的德吉罗布儿童乐园已完成工程量的80%。

(孔　铵)

【智力援藏顺利推进】 年内,北京援藏指挥部、北京各相关单位和拉萨市委组织部、相关单位密切配合,共完成各类人才培训1600人次。其中投入370万元开设党政干部和专业技术人员培训班11个,完成275名高端骨干人才培训工作。

(孔　铵)

【文化交流顺利推进】 年内,组织“感恩祖国,感受北京”拉萨中小学生夏令营,40名拉萨中小学生参加活动。北京市文联组织北京书画界、文艺界艺术家赴拉萨进行艺术交流。北京市新闻出版局向拉萨市捐赠了由首都新闻出版界募集的价值360余万元的图书和音像制品,启动北京援助拉萨出版工程。北京旅游学会对拉萨市发展乡村旅游提出系列科学建议。

(孔　铵)

【双百工程顺利推进】 年内,与北京市人力资源和社会保障局、卫生局密切配合,落实解决100名西藏籍大学毕业生就业,救治100名西藏先天性心脏病(以下简称先心病)儿童爱心工程。完成拉萨一区三县先心病儿童的筛查和确诊工作,确定赴京治疗的患儿名单,首批14名患儿已经治愈返藏。西藏籍毕业生就业安置工作建立专门工作机构,协调北京60多家单位为西藏籍大学毕业生提供工作岗位214个。在招聘会上,初步达成赴京工作意向67份。

(孔　铗)

【各部门援藏顺利推进】 年内,北京市各区县、委办局继续加大力度推进援藏工作。朝阳区、大兴区在堆龙德庆县累计投入援藏资金350万元,支持"三化四区"和"321凝心聚力党建工程"建设。北京市政市容委捐赠60万元,用于拉萨市城市信息管理平台二期建设。昌平区对当雄县捐赠100万元,完善当雄援藏工作规划。门头沟区对尼木县捐赠80万元,主要用于县域医疗和卫生条件改善。北京市东城区援助100万元支持城关区经济社会发展,并将东城区网格化社会管理新模式在拉萨进行推广。北京市地方志办公室援助拉萨市地方志办公室10万元。2012年北京各单位累计捐赠资金900万元,捐赠图书、医疗器械等折合420万元。

(孔　铗)

【加强干部管理】 2012年,在藏工作北京援藏干部共110人,其中挂职干部63名、专职干部26名,服务人员21名,党员比例超过90%。全体援藏干部和服务人员纳入统一管理,成立9个支部和5个生活互助组。北京援藏指挥部党委先后制订26项规章制度,规范干部工作生活。加强援藏干部学习,陆续组织学习中共十八大和市党代会精神,学习西藏语言、历史、文化、宗教政策和孔繁森、周广智、张宇等模范人物事迹。同时还组织参观廉政教育基地、摄影比赛等活动,丰富干部业余生活。采取定期组织体检,援藏干部结对子、慰问家属等具体措施关心援藏干部,增加团队的凝聚力和战斗力。

(孔　铗)

【加强项目管理】 援藏项目按照"三个严格"要求推进项目管理。①严格执行项目半月报制度。北京援藏指挥部要求项目管理和监理单位半个月填报一份报告,汇报项目建设情况,高效协调解决矛盾问题。②严格执行并完善项目管理制度。根据工程问题,进一步制订《援藏工程监理管理规定》、《援建工程交支票项目管理办法》等管理办法。③督促项目监理单位,严格施工现场巡查和检查,针对大型施工机械、临时用电、基坑管沟、人员资格等进行重点排查,发现并跟踪整改问题20多处,确保工程不带病运行。

(孔　铗)

【加强财务审计管理】 年内,北京援藏指挥部通过"三个加强"管理援藏资金。①加强财务管理,突出流程科学化、规范化。②加强计划管理,与拉萨市受援办沟通协调京藏两地,确保援藏资金及时足额拨付到位。③加强合同管理,严格按照合同管理项目建设资金的使用。审计监察部门努力发挥职能和优势,以资金和重点项目审计为重点,制定完善《援建资金审计管理办法》等制度,紧跟"文体中心"等重点项目进展情况开展同步审计,加强固定资产清查管理,确保援藏资金使用安全高效。

(孔　铗)

【激发援藏干部工作热情】 2012年,北京援藏指挥部党委对援藏干部提出"放低心态扎下根、放低身子干实事、放眼当前守岗位",要求援藏干部排除私心杂念,把思想放在援藏工作岗位上,把态度放在具体办实事上。春节期间,3名县委书记和政法系统援藏干部放弃节假日休息,返藏开展维稳工作。北京援藏干部有30多人次参加驻村及维稳工作队,长驻基层村庄,克服海拔高,生活条件差,语言不通等困难,为群众办实事、办好事。2012年,北京援藏干部共40多人次获得西藏自治区、拉萨市多项荣誉。

(孔　铗)

【搭建产业平台沟通渠道创新】 产业援藏从产业促进和拓展融资渠道两方面进行推动。①研究设立产业发展基金,重点支持堆龙德庆县工业园区建设;北京市国资委鼓励北京首旅集团、北京住总集团进入拉萨参与援建工作;北京市投资促进局先后组织百盛集团等驻京知名企业和部分中关村高新技术企业赴拉萨考察,和柳梧新区、堆龙德庆县工业园达成合作意向;北京市商务委组织第二次西藏商品大集活动,实现销售收入1200余万元,并在北京开设第一家西藏商品品牌旗舰店。②通过加强宣传工作,带动新希望集团等一批股份制公司和集体企业到拉萨投资,为拉萨经济建设和资金募集拓展渠道。

(孔　铗)

【搭建网络平台立体党建创新】 北京援藏指挥部启动"网络党建"、"手机党建"、"多媒体远程党建"的"立体式"党建平台。建立"北京援藏网",实现文字、图片、视频发布。同时,开发建设二级网络视频学习平台,精心组织制作67部先进人物电教专题节目,成为援藏干部业余学习和了解工作的新园地。

(孔　铗)

【提出援藏精神思想建设创新】 为凝聚全体援藏干

部，北京援藏指挥部党委提出“首善、创新、奉献、律己”的北京援藏精神，在拉萨树立首都干部奋发有为，昂扬向上的形象。“首善”是以最高标准做好援藏工作；“创新”是把北京各方面的好经验好做法创造性培植到拉萨；“奉献”是敢于吃苦、勇于付出、甘于忍耐；“律己”是要求每名援藏干部谨守思想和行为防线。北京援藏精神的提出，为每名援藏干部树立了精神坐标和行为方向。

（孔　铁）

北京援藏指挥部
临时党委书记、指挥长　贾沫微

江苏援藏

【概况】　1994 年，中央第三次西藏工作座谈会确定江苏省对口支援拉萨市。18 年来，江苏全体援藏干部牢牢把握江苏省委、政府提出的“确保江苏援藏工作继续走在全国前列”的定位和总体要求，全体援藏干部与拉萨各族干部群众一道，奋勇拼搏、扎实工作，对口支援拉萨工作取得显著成效。截至 2012 年底，江苏先后选派七批 311 名援藏干部（含 84 名专业技术人员）驻拉萨工作，共落实援藏资金、物资及设备累计达 16.45 亿元，援建 50 万元以上项目 279 个，主要包括拉萨市综合展馆续建，墨竹嘎则新区自来水厂，墨竹工卡县甲玛景区旅游开发续建项目，拉萨市第三高级中学改扩建项目，达孜、林周县村容村貌整治，三县（达孜、曲水、墨竹）设施农业建设，达孜县塔杰路、北固路北段、扬中路北段、焦山路北段等新建项目，为推动拉萨又好又快发展、维护社会长治久安作出应有贡献。2012 年，第六、七批江苏援藏干部轮换，成立援藏指挥部，严格按照江苏省制定的《“十二五”时期对口支援西藏经济社会发展规划》（以下简称《援藏规划》）纲要执行，援藏资金完全按照《援藏规划》进行分配。2012 年江苏省安排 1‰援藏资金 3.38 亿元，援建项目 23 个。同时，围绕产业支持、智力支持完成援藏规划编制。圆满完成 2012 年工作任务和目标。

（林立波）

【深入调研完善援藏工作思路】　按照中央治藏方针，围绕区市党委政府重大决策，江苏援藏干部组成 6 个调研小组，先后深入 38 个乡镇和 20 多个市直部门，召开各类座谈会 100 多个，听取各方面意见建议 1000 多人次，提出：①集中力量做大事，资金使用一定要突出重点。②把握好类型，农业和新农村建设突出示范引领作用，做好工业园区基础设施建设，县城基础设施重点做拉开框架的大工程，社会事业类项目本着教育优先发展原则，集中力量做教育类项目。③研究制定符合当前和今后拉萨实际的项目管理制度，研究制定《江苏省第六批援藏干部三年行动计划》，提出“五大重点任务”（保障和改善民生、实施拉萨城市总体规划、加快工业园区建设、加强干部队伍和人才队伍建设、维护社会稳定）和“五个更加注重”（更加注重改善民生、更加注重城乡统筹、更加注重特色产业发展、更加注重基层基础、更加注重人才培养）的援藏工作总体思路。

（林立波）

【促进农牧区生产生活水平快速提升】　2010 年以来，江苏加大对农牧区和基层的援助力度，农牧区援藏资金比例调整为 4:6。在项目安排上，将“十二五”期间 78.97% 的援助资金用于农牧民安居、教育、卫生等民生项目建设，有力促进拉萨社会主义新农村建设。

（林立波）

【促进社会各项事业快速发展】　大力发展教育、卫生、妇女、儿童等急需建设的社会事业项目。援助建设江苏中学、人民医院改扩建、第四中学、拉萨师专大学生活动中心、青少年活动中心、综合展馆、拉萨市广播电台设备购置等社会事业项目。2012 年，拉萨市妇女儿童活动中心、职工活动中心、东城人民医院等一批重大社会事业项目稳步推进。同时，对城镇功能体系较薄弱的县城和中心镇侧重帮助推进社会公益、市政基础设施项目体系的完善，有力促进拉萨社会事业快速发展和全面进步。

（林立波）

【召开在藏江苏企业座谈会】　11 月 21 日，举办在藏江苏企业座谈会，吸引大批有志企业家赴拉萨投资兴业，此次活动意向签约项目 35 个，总投资 183.3 亿元，签约项目达 29 个，总投资 322.17 亿元；开工项目 16 个，总投资达 130 亿元，极大增强拉萨自我发展能力。

(林立波)

【支持拉萨工业发展】 江苏省投入33亿多元重点围绕太阳能、藏毯、藏药、牦牛、青稞等特色优势资源，精心挑选15个发展态势良好、资源优势明显、产业前进广阔的项目进行重点扶持。同时，成立拉萨江苏经济合作项目对接工作小组，积极开展经贸交流会，招商引资等活动。截至2012年底，招商引资项目20个，协议资金39.7亿元，到位资金19.21亿元，瑞吉、香格里拉、洲际、哇哈哈等一批知名品牌企业落户拉萨。

(林立波)

【达孜县工业园区建设】 年内，围绕“西藏争一流、西部有影响、全国创特色的高原特色产业示范区”的总体目标，多渠道、多层次筹措园区建设与发展资金，全力加大园区开发力度。①园区续建、新建工业项目20个，总投资7.6亿元，实际到位4.46亿元。西藏圣天源农畜产品有限公司、西藏福康安制氧科技有限公司、西藏藏稞食品有限公司等5家企业已全面开工建设；木材交易市场、西藏屋脊之宝食品有限公司、西藏珠峰实业等15家企业正在续建；自治区科技厅科创中心、江苏·拉萨展销中心等10个基建项目有序推进。截至2012年10月，园区新注册企业57家(是2011年的2.4倍)，拥有市级以上龙头企业3家，自治区级龙头企业1家，协议资金27.2亿元；招商引资到位资金4.8亿元，同比增长61.5%。正在跟踪推进200余个项目信息。截至2012年底，镇江南路、自来水厂、110KV变电站、污水处理厂等15个工程项目的设计工作已基本完成。园区区域环境评价工作已通过自治区评审。②积极扶持引导企业致力技术创新，加快转型升级，打造“第三极”纺织品、“优·敏芭”系列藏香水、藏缘青稞酒和品藏原生态天然冰川山泉水等知名品牌。③2012年，累计投入2000万元，规划建设中小企业孵化基地和农牧民创业园，加强特色“园中园”－－民族手工业产业园和吞米岭·藏艺文博园的建设，出台园区项目入驻标准，提升投资强度和产出效益。2012年，园区实现新增就业超过1500人，就业总人数达3000余人，其中农牧民1935人，比去年同期增长207.6%，人均年工资收入达到2万余元。同时，园区企业从农牧民手中收购大量羊毛、羊绒、土豆、青稞、肉类等农产品，带动达孜县1200户种、养殖户，2000余民农牧民增收致富。2012年达孜县工业园区管委会被国务院授予“全国就业先进单位”荣誉称号。

(林立波)

【曲水县雅江工业园区建设】 2010年编制完成《曲水县雅江工业园区控制性详细规划》，雅江工业园区正积极筹备升级为市级工业园区。截至2012年底，共筹资1.18亿元加强园区基础设施建设，园区面积由3.2平方公里增加到6.3平方公里，规划面积达到12.4平方公里，各项援藏建设项目顺利实施，承载能力大为提高。2012年累计洽谈项目约35个，总投资近162.65亿元。成功签定投资合同项目28个，合同投资9.65亿元，资金到帐项目25个，到帐资金5.27亿元。已开工建设项目25个、即将开工建设的项目3个，招商引资到位资金同比增长17.11%。截至2012年底，入园企业个数和税收均占到全县总量的80%，利税超百万元企业增加到8家。

(林立波)

【受援县域经济得到快速发展】 以拉开县域框架为指导，把加强县区城镇基础设施建设作为重点，帮助拉萨实施县城道路、给排水项目等市政重点建设项目，2012年，墨竹工卡嘎则新区水厂、林周县农产品科技展示中心、曲水县江村村容村貌整治等一批基础设施项目正在实施，极大地改善了县区城镇市政基础设施条件，完善了城镇功能。同时，通过实施甲玛景区旅游资源开发、四县设施农业等一批产业项目，县域经济的自我发展能力明显增强，截至2012年底，对口援建的四个县经济总量、县级财政收入、农牧民人均纯收入等各项指标增幅均名列拉萨前茅。尤其是墨竹工卡县，在“矿产业”和“旅游业”两大优势产业的带动下，2010年成为西藏首个税收突破亿元的县，2011年税收达到2.33亿元，由原来的自治区贫困县一跃成为拉萨、甚至全西藏经济发展的排头兵。

(林立波)

【建立健全智力援藏保障机制】 根据《江苏省对口支援西藏“十二五”规划》中提出智力支持类援藏资金投入占总投资4%的要求，制定实施《“十二五”对口支援拉萨市人才智力规划》和《拉萨市乡镇干部赴江苏培训考察三年规划》，江苏省建立拉萨市人才培训专项经费，进一步拓宽智力援藏的新领域。采取“走出去学习考察，请进来实地培训”方式，为拉萨培训党政领导788人、专业技术人员1560人、企业经营管理人员63人、村(居)党支部书记、主任115人、农牧民群众472人，其中赴江苏培训党政领导干部43批606人、专业技术人员29批351人、企业经营管理人员4批59人、大学生村官30人、农牧民群众12批375人。进一步促进援藏工作由输血型向造血型转变，为拉萨经济社会跨越式发展提供坚强的人才智力支撑。

（林立波）

【开展扶贫济困活动】 江苏省援藏干部共结成贫困学生帮扶对子107个，捐助资金41.39万元，结成贫困农牧户帮扶对子58个，捐助资金52.82万元；为墨竹工卡县患白血病儿童色珍等捐款看病，在江苏全体援藏干部捐款3.9万元的基础上，多渠道筹措医药费200多万元；捐赠乡村小学建设资金及县医院卫生医疗设备共计500万元。深入开展扶贫济困和“送医送药”活动，成立由卫生系统援藏干部和医生组成的江苏卫生援藏医疗队，在农牧区开展巡回医疗，共接诊病人4000余人，免费发放药品价值2万余元，开展各类手术190余台次，抢救危重病人105人，开展讲座、培训125次，受训人员6000余人次。

（林立波）

【树立新时期援藏干部典型】 2011年8月1日新华社报道周广智同志扎根曲水造福群众的先进事迹，10月、11月新华社、人民日报、中央电视台、中央人民广播电台、光明日报等中央主要媒体和江苏、西藏两省（区）主要媒体先后报道新时期援藏干部的榜样周广智同志先进事迹。中央领导贾庆林和李源潮同志作出重要批示，西藏自治区党委、江苏省委、拉萨市委也分别作出向周广智同志学习的决定。

（林立波）

【加强思想作风建设打造优秀援藏团队】 按照《江苏省第六批援藏干部三年行动计划》，进一步完善《江苏省第六批援藏干部管理办法》，成立江苏援藏干部临时党委和党支部，将所有江苏援藏干部纳入指挥部统一管理，完善临时党委，增设两个零时党支部，将江苏援藏干部分为四个小组，明确组长和各组职责，制定实施《江苏援藏干部参与指挥部日常工作管理规定》，建立健全学习教育、谈心谈话、民主生活会制度，严格执行组织管理制度、重大事项报告制度、请销假制度、援藏项目管理等制度，加强对援藏干部的日常管理和考核。打造出一支优秀的援助团队。

（林立波）

江苏省援藏指挥部

临时党委书记、指挥长 焦建俊（9月免）
陈　勇（9月任）

群众团体

拉萨市总工会

【概　况】　年内,新建工会69家,发展会员2459人。公德林街道工会荣获“全国百家示范乡镇(街道)工会”。“三大节日”期间,为7人发放生活救助3.04万元;为53人发放大(重)病救助26.7万元;为391名困难职工子女发放金秋助学金76.45万元;为114名非公企业困难职工发放生活救助金10.26万元;十八大期间,为397名企业职工发放生活救助金32.18万元;向27名劳模发放2011年生活困难补助金、特殊困难帮扶资金、健康体检金和2012年春节慰问金共9万元;投入资金1.3万元开展工会五月“五送”活动。“三八”妇女节期间,慰问困难女职工35人,投入资金2.8万元;一线女职工进行“两癌”检查120人,对患病者给予4.2万元帮扶救助。投入59.04万元为120名农(牧)民工提供驾驶、地毯编织、古艺建筑、藏餐饮等技能培训。机关驻村工作组落实项目3个,资金98万元。选派60多名工会干部参加工会干部培训、企业工资集体协商培训以及非公企业工会干部培训等;邀请市委党校讲师讲授中共十八大精神、新党章。调查研究企业生产、职工生活、“职工之家”建设以及社会稳定和工会工作新情况新问题,会同自治区总工会调研组先后到圣城集团、地毯厂等10家企业进行劳务派遣工工资调研活动,对8县(区)总工会“职工之家”建设情况开展调研,完善各县(区)总工会“职工之家”建设规划。做好“拉萨市职工活动中心”建设工作。由江苏援建的“拉萨市职工活动中心”已于10月竣工。

(范　昕)

【市总工会获荣誉称号】　1月5日,西藏工会送温暖20周年、帮扶中心建设10周年座谈暨表彰大会在拉萨召开。自治区人民政府副主席董明俊,自治区总工会党组书记、副主席董春德出席会议。会议总结西藏工会送温暖活动20周年、困难职工帮扶中心建设10周年工作,表彰送温暖活动、帮扶工作先进单位、先进集体和先进个人。市总工会被授予“工会送温暖活动20周年先进集体”荣誉称号;市总工会劳经部长卓嘎、墨竹工卡县总工会主席曲英和堆龙德庆县总工会主席次仁3名同志被授予“工会送温暖活动20周年先进个人”荣誉称号;市总工会法律保障部部长索朗次仁被授予“工会帮扶工作先进个人”荣誉称号并代表市总工会作工作经验交流发言。

(范　昕)

【2011年帮扶救助金大会召开】　1月20日,市总工会召开拉萨工会开展送温暖活动20周年、困难职工帮扶中心建设10周年总结暨兑现2011年帮扶救助金大会,总结了拉萨工会开展温暖活动20周年、困难职工帮扶中心建设10周年来的工作情况和取得成效。区总工会法律保障部负责人出席会议并作讲话,300余人参加会议。会上发放2010年度“金秋助学”及2009年度、2010年度受助学生后续补助金20.7万元,受助学生79人;2011年度“金秋助学”10.8万元,受助学生30人;2011年度重大病患救助金74万元,受助对象111人;2011年度低保家庭学生学费13.8万元,受助学生42人。

(范　昕)

【开展"三大节日"送温暖活动】 1月21日,市总工会慰问团一行走访慰问甘丹寺派出所、纳金大桥便民警务站、拉萨大桥便民警务站、嘎玛贡桑便民警务站和市旅游公司,发放慰问金114400元。

（范　昕）

【嘎巴村两委办公楼维修工程竣工】 2月10日,嘎巴村两委办公楼维修工程竣工验收。市总工会驻嘎巴村工作队为村两委改善办公环境,投入7万元对村两委办公楼进行楼顶防水层补漏、更换办公室防盗铁门、粉刷办公室墙体和天花板、加宽二楼露天阳台及其采光采暖改造等维修工程。

（范　昕）

【驻嘎巴村工作队开展藏历新年集中慰问活动】 2月13日,集中慰问嘎巴村7户贫困户(包括低保户和五保户)、17名"三老人员"(老党员、老基层干部、老技术员)、2名先进个人(劳动模范、致富带头人)、6名村两委班子成员、4名公益性岗位人员、2名兽医和3名民兵。慰问活动中,除给7户贫困户每户发放价值350元的大米、面粉、清油、砖茶和200元现金外,给其余34名慰问对象每人发放500元慰问金。累计发放慰问金2.085万元。

（范　昕）

【开展"三八"妇女节慰问活动】 3月6日,市总工会到全市基层和企业困难女职工中开展走访慰问活动。慰问组一行先后到市公安局、市自来水公司、市粮油公司等单位以及城关区、当雄县、墨竹工卡县、林周县35户困难职工家中,了解她们目前生活和健康状况,并为每人送上800元慰问金。

（范　昕）

【市总工会九届六次全委(扩大)会议召开】 4月9日,市工会九届委员会委员、八县(区)总工会、市直各系统(行业)、企业工会,市直各单位机关工会负责人共130余人参加会议。市委常务副书记焦建俊出席会议并作了讲话,自治区总工会、市政协领导出席会议,向2011年度工会工作目标管理模范单位、先进集体和个人等颁发奖项。

（范　昕）

【获全国荣誉称号】 4月29日,西藏自治区庆祝"五一"国际劳动节暨全国五一劳动奖状、奖章和全国工人先锋号颁奖大会在自治区总工会举行。自治区政府主席白玛赤林及区、市有关领导出席颁奖大会并为获奖集体和个人颁奖。市特殊学校校长李林荣获"全国五一劳动奖状",市政养护处路灯队荣获"全国工人先锋号先进班组"。

（范　昕）

【开展工会系统五月"五送"活动】 5月,市总工会走访曲水县远丰公司和拉萨市赛康集团公司,为2家企业20名困难职工各送上800元的慰问金;投入资金79000元,解决19名职工的生活救助、大病救助。组织3次宣传活动,向职工群众发放《中华人民共和国工会法》《职工代表大会条例》《中华人民共和国社会保险法》、《西藏自治区农民工务工实用手册》等法律法规宣传手册共1000余册。到西藏神猴制药厂、远大集团等16家企业,了解工会组建和工作开展情况,并向未建会企业积极宣讲工会的职能与作用以及国家相关法律政策。为支持达孜县总工会举办"达孜县第八届职工运动会"拨款5000元,为城关区企业新建"职工之家"投入30000元,为市直机关工会解决活动经费3万元。

（范　昕）

【参加全区非公企业已建工会经验交流暨表彰大会】 5月26日,全区非公企业已建工会经验交流暨表彰大会召开,市总工会机关、部分县区总工会、部分非公企业代表共计30余人参加会议。拉萨市2家非公企业荣获全区非公企业先进工会组织荣誉称号,5名企业工会主席荣获全区非公企业优秀工会工作者荣誉称号。远大建材有限公司工会、拉萨地毯有限责任公司工会荣获全区非公企业先进工会组织荣誉称号;拉萨市城关区哈达集团公司工会主席次仁央宗、拉萨市林周县边角林乡农民施工队工会主席索朗、拉萨市达孜县玉雄建筑公司工会主席曲扎、拉萨市墨竹工卡县罗布工贸有限公司工会主席扎西罗布、西藏冰川矿泉水有限公司工会主席孟权荣获全区非公企业优秀工会工作者荣誉称号。

（范　昕）

【开展好帮手家政服务培训工作验收】 9月7日,市总工会会同自治区商务厅、自治区财政厅、自治区总工会、市商务局、市财政局到拉萨市好帮手家政服务有限公司进行检查验收并指导工作并提出整改意见和建议。2011年度共培训学员2114人,其中大部分农牧民学员通过学习和考核后颁发职业资格证书,2011年培训结业的2114名人员已全部安置就业。

（范　昕）

【为10名全国劳模免费体检】 9月25日,投资5000元,组织拉萨市10名全国劳模到西藏自治区武警公安医院接受免费体检。

（范　昕）

【拉萨职工文艺汇演举行】 10月25日在,自治区总工会副主席边巴次仁、市总工会领导以及城关区党委、政府和工会有关领导出席活动。来自市属部分企业、单位和社区的职工群众演员为现场400多名观众表演十几个精彩的节目。

(范 昕)

【工会女职工培训示范学校揭牌】 10月26日,自治区总工会为学校授予证书,市总工会领导为"工会女职工培训示范学校"揭牌。

(范 昕)

【组织120名女职工接受免费"两癌"体检】 10月30日至11月5日,市总工会组织拉萨市工信局、拉萨市商务局、八一农场、城关区环卫局120名一线女职工到拉萨阳光泌尿生殖医院接受免费"两癌"体检。

(范 昕)

【慰问老城区110便民警务站民警】 11月2日,市总工会领导来到大昭寺广场,集中慰问了老城区10个110便民警务站,263名公安干警,发放慰问金21.4万元。

(范 昕)

【"金秋助学"受助发放仪式举行】 11月15日,市总工会为拉萨市25名品学兼优、家境贫困的困难职工子女大学生发放8.4万元的助学金。

(范 昕)

【各县(区)总工会目标管理责任制综合考评】 11月21日至12月5日,市总工会考评组采取各县(区)总工会自查自评和集中考评两种方式,检查核实各县(区)总工会2012年度责任目标完成情况。

(范 昕)

【藏餐烹饪技能培训班开班】 12月28日,藏餐烹饪技能培训班在总工会培训基地——千里马职业技能培训学校开班。该班共投入专项培训经费22万元,培训对象为拉萨市城镇失业人员、待业职工及农牧民群众,采用全封闭式强化技能培训,经培训、考试考核后,颁发《培训合格证书》并推荐就业。

(范 昕)

【市政府领导慰问劳模】 12月29日,副市长计明南加来到全国劳模、拉萨市聚源实业有限公司退休职工强巴格桑和全区劳模、拉萨市新华书店经理江永红家中以及市地毯公司,代表拉萨市委、市人大、市政府、市政协感谢他们在拉萨市发展建设中的突出贡献,并发放慰问金9000元。

(范 昕)

拉萨市总工会

党组书记 白玉福
主　　席 余 刚

共青团拉萨市委员会

【概 况】 年内,拉萨市有14至28岁青年84045人,其中团员23451人,团青比例为25.8%。全市共有直属团委(团工委)63个,基层团组织869个。在全市乡(镇、街道)建立共青团的组织体系,村居团支部书记进村"两委"班子率达100%。基层团组织基本实现了有工作人员、有办公场所、有工作制度、有工作经费、有活动阵地的"五有"工作目标。全市各级团组织共有专兼职团干部528名。

(郑雁北 栾 天)

【推进青少年民族团结活动】 年内,全市各级共青团、少先队组织深入城镇社区、基层农牧区、学校、企业,围绕3万余名团员青年、中小学生、流动青年等群体开展了民族团结主题教育活动,开展青少年民族团结主题座谈会、主题宣传活动30余场次;举办由青联组织、青年文明号单位参加的民族团结送温暖闪光活动40余场次,民族团结牵手行动21场次,近万名青少年学生参加。

(郑雁北 栾 天)

【开展庆祝建团90周年活动】 年内,为庆祝建团90周年,开展拉萨——我的青春"劳动·创造·奋斗"励志教育活动,全市共征集各类青春励志故事题材作品318篇次,在《拉萨晚报》连载21期。

(郑雁北 栾 天)

【推进分类引导青年工作】 年内,按照城镇、农牧区、企事业、流动四类青年分别设计主题,凝聚引导青年,分别编写《拉萨市分类引导青年工作手册》、曲水、堆龙德庆县、墨竹工卡县及四类企业青年引导工作手册,先后与1000余名不同类别青年座谈,发放问卷一万余份,开展各类培训、讲座、文体活动60余次。

开通“青春互动”拉萨共青团、拉萨志愿者、民族团结等微博，吸引各族各界800余名青少年关注。

（郑雁北　栾　天）

【举办8期青年马克思主义工程培训班】　年内，举办8期青年马克思主义工程培训班，培训专兼职团干部、少先队辅导员、青年知识分子680余名，组织36名优秀学员到内地交流学习。青年马克思主义工程纳入江苏对口援藏“智力援藏”项目，核拨工作专项经费10万元。

（郑雁北　栾　天）

【服务青年创业就业工作】　年内，依托社会化职业技能培训学校新建青年就业创业见习基地1家，免费提供应届大学生公务员考试培训482人次，减免培训资金40余万元，提供其他技能见习岗位63个。落实团属创业项目2个、提供创业资金20万元，直接带动32名青年就业；团市委整合市属资金296.8万元，举办汽车驾驶、旅游服务、花卉栽培、酒店管理等21个实用项目6期24个青年农牧民技能培训班，培训总人数1469人，转移就业1020人，培训转移就业率达69.4%。

（郑雁北　栾　天）

【开展青年志愿服务活动】　年内，新增注册志愿者3280名，青年志愿者累计达4928人，新组建学雷锋志愿者服务队9支，平安志愿者服务队12支，平安志愿者820人。围绕创建全国文明城市、平安拉萨建设，开展志愿服务活动180余场次，其中专题平安志愿服务进社区60余场次。集中开展学雷锋志愿者服务月、巩固创城成果志愿者服务月、雪顿节志愿者服务月、三关爱志愿服务、创建全国卫生城市志愿服务，以及环保、助残、禁毒、关爱农民工子女等主题志愿服务活动200余场次，累计参与人数3.2万人次，服务时间累计20余万小时。市青年志愿者协会及拉萨市关爱农民工子女志愿服务项目分别荣获“全国优秀志愿服务集体”和“全国优秀志愿服务项目”称号。

（郑雁北　栾　天）

【推进六类重点青少年群体服务管理工作】　11月4日，拉萨服刑在教未成年子女服务管理和预防工作通过中央综治委专项工作组的终期考核验收。年内，采集六类重点青少年群体数据信息1800余条，走访排查工作对象600余人次，提供社会调查和帮教志愿服务活动6000余人次，开展服刑在教人员未成年子女动态信息调查30余次。

（郑雁北　栾　天）

【开展青少年法制教育活动】　年内，以“青春与法同行”—法律大讲堂进校园、进社区、进农牧区为主要形式，开展青少年法制教育活动32场次，覆盖2万名各族青少年，新增县级青少年维权岗21家，增强青少年法制意识和自我保护意识，优化青少年成长环境。

（郑雁北　栾　天）

【开展共青团关爱农民工子女志愿服务行动】　年内，全市建立6处关爱农民工子女志愿服务基地，50家青年文明号集体，百名青联委员参与关爱志愿服务行动。举办关爱农民工子女志愿服务活动40余次，惠及全市900多名农民工子女，接受社会各界捐款20余万元，捐物价值近10万元。

（郑雁北　栾　天）

【深化团的品牌活动】　年内，深入开展“青年文明号”创建活动、“青年安全生产示范岗”评选活动，组织全市36家行业窗口单位开展青年文明号大检查、调研、培训等活动，推动全市青年文明号规范化建设，开展拉萨市第13批青年文明号创建及命名工作，年度内32家单位参与青年文明号创建活动，16家青年集体创建成功。

（郑雁北　栾　天）

【扩大市外交流】　年内，先后推荐选派28名优秀青少年到内地和港澳交流学习，组织第8期青年马克思主义学员12名到江苏考察学习。

（郑雁北　栾　天）

【强基惠民活动】　年内，团市委驻当雄县乌玛塘乡郭尼村工作队在完成区党委要求的“五项任务”同时，累计整合资金40余万元，落实便民超市、温泉利用、桥梁建设、组织40名青年学习驾驶技能培训、对当雄县各级专兼职团干部进行团务知识培训。

（郑雁北　栾　天）

【完成153个乡镇实体化“大团委”建设】　年内，召开“大团委”建设工作动员会、推进会、座谈会6次，部署各项工作。制定印发《拉萨共青团社区工作方案暨乡镇实体化“大团委”建设工作实施方案》和《拉萨市乡镇实体化“大团委”建设工作50问》工作指导手册，从党建工作经费拨10万元用于“大团委”专项工作，在城关区重点推进。截至年底，乡镇实体化“大团委”建设达153个。

（郑雁北　栾　天）

共青团拉萨市委员会

书　记　张　正

拉萨市妇女联合会

【概　况】 年内,全市有机关事业单位妇女组织128个,乡(镇)、街道妇联57个,村(居)、社区妇联组织261个,妇代会主任100%进“两委”班子,建立尼姑寺庙管委会妇委会11个,市级民营企业妇委会4个,县(区)非公企业妇委会19个,建立县、乡、村级“妇女之家”284个。

(和继香)

【组织座谈会】 3月8日,市妇联组织妇女召开各类座谈会,畅谈在党的领导下,本市妇女事业取得的成就、妇女地位发生的翻天覆地变化。

(和继香)

【维护妇女儿童合法权益】 年内,全市各级妇联组织共处理妇女儿童来信来访81件,信访调解率100%,调解成功率98%。调整充实未成年人思想道德建设工作领导小组,制定家庭教育活动方案,在拉萨市第一中学挂牌成立了全区首家“全国家庭教育实验研究基地”,在城关区海城小学开展“童心向党,快乐成长”活动。市妇联开展女性在押人员心理疏导和刑释解教人员安置帮教工作。在拉萨市妇联权益科创建“青少年维权岗”,在家长学校举办家庭教育心理疏导知识讲座。

(和继香)

【造姐妹林、巾帼林99.6公顷】 年内,各级妇联以“三八”绿色基地为平台,组织开展“关爱自然、义务植树”志愿服务活动,争取全国妇联“三八绿色基地”项目开展植树植绿志愿服务活动,组织7100余名妇女栽种树木25100株,造林面积达950余亩。截至年底,全市共拥有国家级、自治区级、县级“三八”绿色基地8个,“三八”姐妹林、“巾帼林”99.6公顷。

(和继香)

【参与创建文明城市活动】 年内,市妇联组织巾帼志愿者对所辖路段进行了文明劝导,到城关区社区为空巢老人进行慰问及义诊,共送去价值近3000元的慰问品及药品。

(和继香)

【举办培训班】 年内,争取培训资金272.52万元,为1274名农牧区妇女举办以藏鸡养殖、大棚蔬菜种植、藏餐烹饪、藏毯手工艺编织为内容的19期转移就业和创业就业培训,完成了8期916名农牧区妇女的引导性培训。与民族、宗教、统战部门协调,选派本市10名尼姑参加了全区第6期尼姑培训班。

(和继香)

【发放妇女小额担保贴息贷款363.5万元】 年内,在全市范围内开展妇女小额担保财政贴息贷款工作,向农牧区107户农户发放妇女小额担保财政贴息贷款363.5万元,中央财政贴息15万元,推动妇女在运输、小商店经营、种养殖等创业项目。

(和继香)

【开展关爱活动】 年内,实施“蓝天春蕾”计划,为全市100余名女大学生、留守和流动儿童发放资助金25.55万元。争取总投资254.25万元的“母亲水窖”项目,解决了704户、3696人和15450头(只匹)牲畜的安全饮水及119.09公顷农田灌溉问题。为全市45名患有“两癌”(其中乳腺癌13人,宫颈癌32人)的妇女争取32万元的救助金。开展了贫困母亲爱心邮包活动,建立了1000名贫困母亲的家庭档案。建立了贫困“母亲邮包”项目试点县,为40名贫困母亲发放了“母亲邮包”。“三大节日”期间,看望慰问了全国城乡妇女岗位建功先进集体、仓姑寺尼姑和贫困母亲,共发放价值18.39万元的慰问金和慰问品。联合市委统战部在曲水县雄色寺开展“民族团结月”宣传慰问活动,为158名尼姑和驻寺工作人员进行了义诊,发放了价值上万元的药品,赠送了2000元慰问金。

(和继香)

【开展评比评选活动】 年内,各级妇联组织在农牧区妇女中开展了“好婆婆、好儿媳、好子女”评选和“卫生大评比”系列评比活动。

(和继香)

【开展学、讲、树活动】 年内,在城镇妇女中开展了“学雷锋、讲文明、树新风”活动,到繁华路段为过往行人提供维权志愿服务,召开向雷锋学习座谈会,积极推动了学雷锋活动常态化。

(和继香)

【做好法制宣传】 年内,以“三八维权周”、民族团结进步宣传月、“9·16平安西藏宣传日”等各类活动日为契机,深入到社区和繁华街道开展宣传活动,向行人发放《中华人民共和国婚姻法》《中华人民共和国妇女权益保障法》《中华人民共和国未成年人保护法》《拉萨市妇女儿童发展规划(2011—2015年)》

《儿童权利公约》《家长教育行为规范》《家庭教育教材》等宣传资料上万册，宣传男女平等基本国策和儿童优先原则，加强妇女儿童法律法规、方针政策宣传力度。

（和继香）

【组织赴北京、山西参观考察】 年内，市妇联组织10名尼姑到北京、山西等地参观学习加强寺庙创新管理和以寺养寺管理模式。

（和继香）

【市妇联做好驻村工作】 年内，市妇联驻达孜县塔杰乡主西村工作队为该村培养了13名村级后备干部，党员比例由原来的2.73%提高到4.89%。为群众办实事、解难事17件，涉及资金13.34万元。争取到总投资155万元的基础设施和产业发展项目5个。机关干部职工党员与基层贫困党员结对子18个，为结对户送去了5600元的慰问品，并为一户贫困母亲投资3万多元新盖了住房。

（和继香）

拉萨市妇女联合会

党组书记、主席	达　娃（12月免）
党组书记	王秀梅（12月任）
主　　席	赵金花（12月任）

拉萨市工商业联合会

【概　况】 年内，拉萨市工商联围绕市委、市政府的中心工作，引导会员企业科学发展，市工商联企业会员1063个，其中直属企业会员86个，团体会员5个954人（拉萨市美美容发协会623人、拉萨市糖酒饮料副食品协会122人、拉萨市信息技术商会108人、拉萨市土特产品协会85人、西藏自治区地毯出口企业协会16人），个人会员22人，原工商业者“三小”组织1个。

（张正鹏）

【非公经济快速发展】 年内，全市各类市场主体已达到40979户。其中内资企业1233户、注册资金22.3亿元、同比分别增长2.23%、28.65%，私营企业2765户、注册资金39.3亿元、同比分别增长18.21%、42.07%，个体工商户37009户、注册资金15.7亿元、同比分别增长13.41%、22.04%。上缴税金22.96亿元，同比增长39.43%，占全市税收总额的94%，占财政收入的66.8%。非公经济从业人员达到14万人。

（张正鹏）

【县级工商联机构实现全覆盖】 年内，经市工商联召开三次协调会议，在当雄县、林周县、墨竹工卡县、尼木县成立工商联工作机构，科级建制，编制4人，拉萨市工商联机构实现全覆盖。

（张正鹏）

【形成调研报告两篇】 年内，市工商联对七县一区和市直各有关部门及30多家会员企业就拉党发〔2011〕6号、7号文件的贯彻落实情况进行了调研。形成《关于进一步加强和改进新时期工商联工作暨加快推进非公有制经济跨越式发展的调研报告》、《拉萨市工商联关于对市委、市政府出台的拉党发〔2011〕6号、7号文件精神贯彻落实情况的督查报告》两篇。

（张正鹏）

【组织参加跨国零售集体南京采购会】 年内，市工商联与市商务局组织了24家西藏品牌特色产品非公企业参加“2012年第七届跨国零售集团南京采购会”。参加采购会的24家企业取得了较好的成效。

（张正鹏）

【组织民营企业拉萨行活动】 年内，市工商联组织全国民营企业家拉萨行活动。此次活动共邀请到山东省和浙江省34家企业，共签订投资项目29个，涉及资金约322.17亿元。签订意向投资项目35个，涉及资金约196.3亿元。截至年底，已开工项目资金达200多亿元。

（张正鹏）

【加强非公经济人士教育培训】 年内，市工商联组织10名非公经济人士参加2012年黑龙江（西藏）·浙江大学民营企业家高级研修班、组织各县（区）非公企业代表和市直属会员企业共240余人，在市委党校举办中共十八大精神专题报告会等培训班10余次，培训人数达450人次。

（张正鹏）

【加强与内地工商联交流】 年内，市工商联组织拉萨市非公经济人士与北京、江苏、浙江、四川、上海、湖南怀化市等省市工商联及企业家进行座谈,共谋发展,并与云南迪庆藏族自治州工商联缔结为友好商会。

(张正鹏)

【工商界代表参政议政】 年内,市工商联向十届市人大推荐非公经济工商界代表5名,向十届拉萨市政协推荐非公经济界委员19名。工商界代表和委员在"两会"期间积极提交议案、提案10余件。

(张正鹏)

【引导非公企业开展感恩活动】 年内,市工商联组织会员企业捐款30余万元,慰问一线公安干警、武警官兵、社区安保人员。

(张正鹏)

【为非公企业争取项目扶持资金3680万元】 年内,市工商联为17家非公企业争取项目扶持资金3680万元。

(张正鹏)

【加强和创新社会管理】 年内,根据《拉萨市加强和创新社会管理试点工作实施意见》文件精神,市工商联制定了《关于新经济组织服务管理工作机制》和《新经济组织服务管理试点工作方案》,在城关区扎基办事处、八廓办事处、蔡公堂乡进行试点,并把该机制融入城关区网格化管理。

(张正鹏)

【发展非公经济党员组织】 年内,市工商联在基层组织建设年活动中,培训入党积极分子100余人,党支部书记15人。截至年底,全市共有非公有制经济组织2669家,其中规模以上企业99家,党员713人,已建立党组织79个,其中规模以上企业建立党组织的55家,占规模以上企业的55.6%。

(张正鹏)

【强基惠民活动】 年内,市工商联驻村工作队向相关部门争取到91.8万余元项目资金,帮助群众脱贫致富。在"三大节日"期间,先后慰问困难群众、孤寡老人、"三老人员"、困难党员、两寺管委会8次、62户、100多人,并送去各类慰问物资和慰问金3万余元。

(张正鹏)

【走访各县(区)工商联】 年内,到八县(区)工商联进行走访,了解各县(区)工商联工作开展情况,送去慰问金18000元,并赠送工商联业务方面的学习资料。

(张正鹏)

【申请解决人员编制】 年内,向市委机构编制会员会申请并同意市工商联增设内设机构3个,分别是党工委办公室、培训中心和总商会秘书处,解决科级职数4名,事业编制5名。

(张正鹏)

【获奖情况】 2012年7月市工商联被中共拉萨市委员会评为创先争优先进基层党组织先进集体。

(张正鹏)

拉萨市工商业联合会

党组书记　次仁占堆
主　　席　李崇新

政 法

综 述

2012年,拉萨市以创造和谐稳定的社会环境喜迎中共十八大胜利召开为主线,发挥首府城市首位度和维稳关键作用,落实西藏自治区党委、政府10个方面的维稳措施,实施环境立市、文化兴市、产业强市、民生安市、法治稳市"五大战略",确保全年"三不出"的工作目标。本市综治工作在全区连续4年蝉联榜首,22个单位和75名个人被评为全区维稳工作先进单位和个人,拉萨市公安局索娜央宗作为全区政法系统唯一代表出席中共十八大。中国社科院发布的年度全国38个重点城市《公共服务蓝皮书》中,拉萨市公共安全感最高。

(李晓强 辛 磊)

拉萨市委政法委员会

书 记 刘 江(1月免)
张延清(1月任)

公 安

【概 况】 年内,拉萨市公安局共破获刑事案件2207起,破案率为89.3%,抓获犯罪嫌疑人979名。共破获经济犯罪案件116起,破案率为49%,抓获犯罪嫌疑人69人,挽回经济损失1857.69万元。查处治安案件1842起,处罚违反治安管理人员1229人,查结率为88%,调解纠纷253起。发生各类上报交通事故274起,死亡67人,伤263人,直接经济损失247.27万元。共发生火灾74起,死亡0人,受伤3人,直接财产损失387.3万元。

(高 巍)

【开展为期30天的打击扒窃违法犯罪活动】 1月,拉萨市公安局围绕元旦、自治区"两会"、春节安全防范工作,在全市范围内开展为期30天的打击街头扒窃和整治聋哑人员违法犯罪行动,打击扒窃违法犯罪活动,共抓获涉嫌扒窃犯罪嫌疑人14名,破获扒窃案件132起,打掉2个扒窃犯罪团伙。

(高 巍)

【召开全市公安工作会议】 2月16日,全市公安工作会议在区政协礼堂召开。会议总结2011工作,表彰奖励先进,签订责任书,分析形势,部署2012年全市公安机关重点工作。

(高 巍)

【完成"色拉崩坚"活动安防任务】 2月18日,一年一度的"色拉崩坚"宗教活动在色拉寺举行,信教群众63000余人次参加了活动。拉萨市公安局以"大事、中事、小事不出",安全、和谐、有序为工作目标,投入警力1994名,做好活动中心现场和朝佛队伍沿线秩序维护、社会面管控、寺庙消防安全等各项工作。

（高　巍）

【完成藏历新年期间安防任务】　2月份,拉萨市公安局投入警力32000余人次,完成藏历二十九古突(驱鬼)活动、藏历三十暨初一信教群众朝拜、藏历新年幸福拉萨规范舞学跳表演活动、乃琼祭神、赛马场马术表演活动,以及拉萨大桥桥头烧香等各项大型宗教佛事、民俗活动期间的安全防范工作。

（高　巍）

【开展经济犯罪“破案会战”专项行动】　3月至8月,拉萨市公安局在全国经济犯罪“破案会战”专项行动中,共接警503起,受理案件332起;立案198起,破案103起,抓获嫌疑人49人,挽回经济损失1799.6万元。

（高　巍）

【完成“3·28”活动安防任务】　3月28日,拉萨市公安局投入4263名警力,完成布达拉宫广场举行庆祝“3·28”西藏百万农奴解放纪念日升国旗唱国歌活动、龙王潭公园文化广场举行庆祝“西藏百万农奴解放纪念日”群众文艺演出活动、布达拉宫广场规范舞表演活动、西藏各族各界纪念百万农奴解放53周年座谈会、“3·28”百万农奴解放纪念日专题文艺晚会等系列庆祝活动期间安全防范任务。

（高　巍）

【开展严打整治行动】　5月4日,拉萨市公安局开展一系列“严打整治”专项行动。整治行动中,破获各类刑事案件831起,抓获嫌疑人435名;打掉犯罪团伙36个,抓获团伙成员159人,涉案583起;缴获汽车、摩托车、电动车、电脑、照相机、纪念币、现金和衣服、鞋子等物品,折合人民币580余万元。清查出租房22万余间次、宾馆招待所3万余家次,清查酒吧、网吧、娱乐场所等2万间次,流动暂住人员40万余人次。整治各类场所779处,捣毁各类违法场所29处,查获“黄赌毒”违法人员160人。群众主动上缴乳化炸药2.29吨、纸雷管32227枚、导火索855米,枪支312支、仿真枪6支、各类子弹26641发;收缴炸药0.002吨、导火索1278米、雷管1047发,收缴管制刀具569把,收缴违禁物品435件、收缴非法音像制品6137张;收缴赌博机129台,收缴违规汽油4325升、柴油3471升;检查文化市场经营场所683次,收缴非法政治出版物音像制品94787张、盗版光碟1429张、淫秽光碟1356张,盗版音像制品4708张、非法出版物802件,查处非法音像制品黑窝点1个。

（高　巍）

【签发全区第一本电子护照】　5月22日,拉萨市公安局率先在全区正式受理、签发第一本电子普通护照,实现出入境管理工作的电子化、智能化、信息化。全年,共签发电子普通护照65本。

（高　巍）

【完成“萨嘎达瓦”宗教活动安防工作】　5月21日至6月19日“萨嘎达瓦”宗教活动期间,拉萨市公安局共出动警力12.3万余人次,确保“萨嘎达瓦”期间各项活动的平稳正常。

（高　巍）

【完成“7·16”安保工作】　7月18日至21日,“7·16”中央考察团一行到拉萨市考察指导工作。拉萨市公安局投入警力12600余人次,各类车辆660余台次,制定1个总体方案,12个分方案,12张各类警卫路线、警力部署图,会同执勤武警、消防官兵、公安民警、基层党政组织、治保力量、治安积极分子等3万余人次,开展各项安保工作。

（高　巍）

【成立城关区公安局和八廓古城公安局】　7月23日,拉萨市分别举行城关区公安局和八廓古城公安局揭牌仪式。

（高　巍）

【完成“高原卫士—2012”反恐怖处置演习】　8月13日,“高原卫士—2012”反恐怖处置演习之处置劫持火车事件演习在拉萨火车站举行。拉萨市公安局组织特警、科信、城关区、交警、110便民警务等部门警力会同铁路公安处、武警、反恐、市直部门等30个反恐怖成员单位500余人参加演习。

（高　巍）

【完成中国拉萨“雪顿节”安保任务】　8月17日至8月23日,2012中国拉萨雪顿节期间,拉萨市举行展佛、马术表演、文艺演出、藏戏表演、经贸洽谈、商品展销、主题论坛等14项28场次的各类活动,21.3万人次参加活动,拉萨市公安局制定安保总体方案和实施方案14个,会同各级参战部门共投入维稳执勤力量7.8万余人次,车辆3400余台次,开展各项安保工作。

（高　巍）

【做好中共十八大期间稳定工作】　11月8日至11月14日,中国共产党第十八次全国代表大会在首都北京召开。拉萨市公安局提出“大干苦干30天,我为十八大保平安”的口号,从10月26日开始,日均投入警力7200余名,以最高标准、最严要求、最实措施确保拉萨的稳定。

（高　巍）

【完成“白来日追”活动安防任务】 11月28日，传统宗教活动“白来日追”在拉萨市各大寺庙举行。前往各大寺朝佛群众约12.4万余人次，八廓街转经沿线朝佛群众约12.8万余人次。拉萨市公安局共投入警力1073名，会同武警、消防、基层治保组织分为12个安防小组，强化各项工作措施，做好社会面安全防范工作。

（高　巍）

【完成“色拉协曲”和“甘登昂曲”宗教活动安防】 12月7日、8日，拉萨市各大寺庙举行“色拉协曲”、“甘登昂曲”燃灯宗教活动，前往八廓街转经的朝佛群众达15万余人次。拉萨市公安局组织民警、执勤部队、武警、消防、警校、基层治保等执勤力量8200余名，做好活动期间各项安全防范工作。

（高　巍）

【参加人民警察执法资格考试】 12月22日、23日，由公安部统一命题的拉萨公安机关2012年度人民警察执法资格考试在市第四高级中学举行。拉萨市公安局组织非专业警种及刑侦、经侦、交警、治安、出入境、禁毒、消防等7个专业警种5100余名民警分别参加初级、中级两个等级的考试。

（高　巍）

【六人、七个集体获得公安部表彰】 年内，拉萨市公安局高文宏被评为全国“清剿火患”战役成绩突出先进个人；马丽萍被评为全国公安机关经侦部门“清网行动”成绩突出个人；王磊、普布次仁被评为全国优秀人民警察；旺杰被评为全国特级优秀人民警察；达娃次仁被评为全国知识产权系统和公安机关知识产权执法保护先进个人。拉萨市看守所、北京中路派出所被评为全国优秀公安基层单位；城关区公安分局、治安管理支队、警务督察支队被评为全国“清剿火患”战役成绩突出集体；政治部被评为2010—2012年度全国实施东西合作素质强警行动计划成绩突出集体；金珠西路派出所被评为全国公安机关执法示范单位。

（高　巍）

【便民警务工作取得成效】 年内，拉萨市公安局成立110便民警务支队筹备组，全市逐步建成并投入运行154个便民警务站，打造3分钟警务圈。全年共盘查人员610万余人次，盘查车辆410万余辆；检查可疑物品900万余件；服务群众310万余人次；接处警10万余起；开展交通宣传教育1万余次；开展交通安全警（保）卫任务0.8万余次；受理求助8万余起；各类法制宣传活动11万余次、发放各类宣传资料8万余份、受教育群众42万余人次；配备免费“便民单车”200辆，获赠锦旗600余面、感谢信1200余封。

（高　巍）

【制定完善58项维稳措施】 年内，拉萨市公安局围绕加强和创新社会管理工作，按照“关口前移、源头治理、网格化管理、群防群治”总体工作思路，在维稳体制机制上做了积极的探索，制定完善58项维稳措施。在城市网格化管理、旅店业管理、流动人口服务管理、朝佛人员服务引导等方面建立一整套符合拉萨维稳工作实际的动态管理机制。

（高　巍）

【提升“护城河”公安检查站查控水平】 年内，拉萨市公安局依托16个“护城河”公安检查站，配齐配强人员和装备，完善基础设施，实行24小时查控，对进入市区的人、车、物落实“逢人必查、逢车必查、逢物必查、逢疑必查”工作措施，加大对危险物品和违禁物品的查缴工作力度。共检查人员1976957名、车辆562289辆，审核比对到拉萨旅游人员565420人，劝返“三无”人员1410名、劝返僧尼272名，收缴管制刀具91把，收缴非法刊物54册，收缴违禁图片140张；抓获3名在互联网上通辑的在逃人员。

（高　巍）

【夯实流动人口服务管理工作】 年内，拉萨市公安局联合公安部信息化局和北京、江苏通信部门，投入503.6万元建设PGIS平台。以“重点人口、特殊人群、敏感人群、流动人口、户籍人口”以及“人、房、车、事”等为要素，逐村、逐房、逐户、逐人进行地毯式的摸排和信息采集、录入工作。制定、完善、实行准入制、核查到指定旅店入住制，朝佛引导服务制、申报办证制、暂住审批制、清理清查、救助管理制以及3小时落地核查、12小时办证、10分钟旅店核查等一系列工作机制，实现流动人口“底数清、情况明、服务得好、管理得住”的工作目标。12月底，推行“居住证制度”，对在拉短期居留的和在拉萨居住、经商、购房等长期居留的群众免费办理有效期为一年和三年期的居住证。

（高　巍）

【开展警灯警报器专项清理整治工作】 年内，拉萨市公安局组织督察、交警等部门警力，检查车辆4317辆，查处违规安装警灯、警报器车辆456台、收缴警灯警报器456个，移交交警依法处理43起，缴扣牌照3副、缴扣警灯警报使用证18个，批评教育违规车辆驾驶人70余人次;捣毁非法销售警灯警报器窝点1处,收缴警用爆闪灯、长牌警灯15套、控制器11套、警报器16台,拆除废旧警灯警报器5套。

(高 巍)

【开展“缉枪治爆”行动】 年内,开展全市涉爆单位安全检查180余次,签订《民用爆炸物品安全管理责任书》184份,签订《枪支弹药安全管理责任书》169份;核检炸药409.2吨、电雷管128910枚、导爆管337226枚、乳化炸药1.62吨、导火索187132米;收缴炸药50.32公斤、电雷管42033枚、导火线2650米、导爆管10815枚、报废炮弹4枚、黑火药2斤、火雷管2枚、报废手榴弹23枚、藏式火药枪471支、仿真枪8支、小口径2支、自制小口径手枪2支、各类军用枪支32支、发令枪子弹30400发、藏式火药枪子弹9158发、其他各类子弹3035发。

(高 巍)

【捣毁涉黑涉恶犯罪团伙14个】 年内,拉萨市公安局共摧毁涉黑涉恶犯罪团伙14个,抓获犯罪嫌疑人153名,涉案147起,缴获各类枪支3支、弩6把、铅弹1450发、钢珠弹丸2700粒、“五六”半自动步枪子弹47发、管制刀具18把。

(高 巍)

【破获42起涉毒案件】 年内,拉萨市公安局采取公开查缉和秘密侦查相结合的手段,破获42起涉毒案件,缴获各类毒品1857.1克,其中:海洛因838.731克、冰毒872.46克、麻古459粒45.9克、美沙酮100克,抓获涉毒犯罪嫌疑人54名;查处吸毒人员343人次;打掉5处涉毒涉赌场所。破获“4·25”、“4·27”、“9·11”区公安厅毒品目标案件,缴获毒品459克,抓获6名涉毒犯罪嫌疑人。

(高 巍)

【强化出入境管理】 年内,到拉萨旅游的境外人员73157人(次),拉萨市公安局共受理涉外案(事)件12起;签订《拉萨市涉外接待单位外管人管理责任书》80份;查处“五非人员”6人;检查走访涉外单位205家(次),涉外宾馆4657家(次),抽查旅行团103个1502人(次),走访常住外国人632人(次),走访尼泊尔侨民203户684人次。

(高 巍)

【加强驾驶员和车辆服务管理】 年内,拉萨市公安局交警部门开展“党性记心间,模范见行动”为主题的创建“共产党员先锋岗”活动。共办理机动车各类登记业务104966笔,比2011年同期增长22.82%。其中,新车注册16764辆,比2011年同期增长11.17%,转移登记7449辆,比2011年同期增长2.84%;共办理机动车驾驶证业务56577笔,比2011年同期增长104.89%。其中,办理初次申领驾驶证7441个,比2011年同期增长21.05%。

(高 巍)

【打击“黄赌毒”违法犯罪】 年内,拉萨市公安局持续开展打击“黄赌毒”违法犯罪专项行动,查处卖淫嫖娼80余起;查获赌博窝点6处,收缴赌博机72台;检查音像店189家,收缴非法出版物29300余张;取缔11家非法音像制品销售摊点。

(高 巍)

【加强公安基层基础设施建设】 年内,拉萨市公安局投入资金9360.10万元,相继开工建设夺底乡派出所、夺底路公安小区备勤房二期、特警二期、刑事技术鉴定中心、“护城河”公安检查站等工程。并完成柳梧交警大队业务用房、夺底路公安小区备勤房三期、禁毒经侦支队业务用房、曲水聂当乡派出所、技侦网侦支队业务用房、应急联动指挥中心等项目的相关前置手续及施工制作。投入资金1.4亿建设拉萨市城市监控报警联网与指挥调度系统二期工程;投入资金503.6万元建设警用地理信息系统;投入资金470万元建设“大情报”信息系统。

(高 巍)

【表彰奖励先进集体和个人】 年内,拉萨市公安局对年度工作成绩突出的83个先进集体和1895名先进个人、优秀辅警、优秀警嫂、治安积极分子予以表彰奖励。

(高 巍)

【完成执法办案单位场所改建及整改工作】 年内,拉萨市公安局争取资金567万余元,对全市公安机关12个执法基层执法单位办案场所进行改建、对5个执法办案场所进行整改。

(高 巍)

【加强基层党政组织建设】 年内,拉萨市公安局5个驻村队组织召开全体党员专题会议月均5次以上,召开理论学习会月均达3次,经过考察,吸收入党积极分子422名、发展预备党员83名,133名预备党员按期转正。组织村民召开村“两委会”164次,召开党员大会100次,召开群众座谈会114次,走访寺庙32座,发展群众党员258人;共走访3581次,走访群众3045户22317人,为233户困难家庭建立对口扶贫档案,帮助农牧民群众办实事、办好事、解难事136件,化解各类纠纷62起,发放慰问金共计29.37万元;召开集中宣讲大会2次,协调落实资金900余万元,完成驻村项目18个。

(高 巍)

【打牢火灾防控基础工作】 年内,全市各级政府共组织开展各类专项整治活动114次,消防部门共排查社会单位1.79万余家次,消除火灾隐患及消防安全违法行为1.84万余处,下发《责令改正通知书》6154份,实施各类行政处罚339起,责令"三停"单位160家,累计罚款96.15万元,拘留35人。同时,加大对施工现场的检查力度,共检查施工工地82次,督导整改隐患170余条。

(高 巍)

【命案破案率100%】 年内,破命案12起,其中:故意杀人2起、故意伤害致人死亡9起,另破获1999年自治区气象局故意伤害致人死亡案,抓获潜逃13年之久的命案逃犯1名。

(高 巍)

【加强城市静态交通管理】 年内,拉萨市公安局维修各路口交通信号灯2740次,维修、更换交通护栏、人行护栏3960米;核发受限制机动车、货运车辆通行证1492张、车身广告许可证76张;审验停车场许可证40本,新增停车场7处,规范停车场秩序12处;为全市6家出租车公司、23家旅游客运公司3125名驾驶人更换客运车辆交通安全信息卡,新建驾驶人档案2175份;与全市6家出租车公司签订《拉萨市客运车辆管理责任书》25份,建立驾驶人违法档案2300份,查处出租车违法行为945起,组织召开营运车辆公司负责人会议12次。对全市49条主干道和220个路口、路段的道路代码进行更新、维护和升级。利用智能交通监控设备协助破获逃逸案件30起,提供事故证据172起,帮助求助人员追回物品14起,提供破案线索16起,提供治安案件证据7起;通过天网视频抓拍交通违法行为887起,电子警察录入违法行为135129起。

(高 巍)

【破获经济犯罪案件116起】 年内,拉萨市公安局破获各类经济犯罪案件116起(其中诈骗39起,合同诈骗57起,职务侵占3起,非法经营案4起,信用卡诈骗4起,票据诈骗5起,生产销售假冒商标的商品案3起,保险诈骗1起),抓获犯罪嫌疑人69人,挽回经济损失1857.6842万元。

(高 巍)

【强化毒品预防宣传教育】 年内,拉萨市公安局开展"参与禁毒斗争、构建和谐拉萨"为主题的大型宣传活动8次;进学校、社区、街道、娱乐服务场所开展禁毒宣传38次;开展禁毒知识讲座5次;发放宣传资料72万余份,发放禁毒纪念品4000余份,受教育人数达9.3万余人次。

(高 巍)

【实施交通文明行动】 年内,拉萨市公安局开展宣传活动160余次,发放宣传单、宣传资料28万余份、提供法律咨询1000余人次、受教育群众达30余万人,制作宣传图片1360余幅,制作并发放交通安全温馨提示卡和《为了家庭幸福、拒绝酒后驾驶》宣传册18万份,制作各类宣传横幅162条,安排宣传车辆在全市范围巡回播放《中华人民共和国道路交通安全法》《西藏自治区道路交通安全法实施条例》及相关道路交通安全知识等110余次,开办交通违法学习班3150期,累计组织学习达47250人次。

(高 巍)

【开展核心价值观教育】 年内,拉萨市公安局开展了人民警察核心价值观教育实践活动暨岗位大练兵活动。制定下发13个主要警种练兵大纲,投入资金12余万元翻印、购买《简明西藏地方史》《满怀信心迎接党的十八大》等近30余种13600余册学习资料和读本。建立健全《拉萨市公安局民警八小时外管理机制》等7项队伍管理长效机制、勤政廉政机制5项、社会管理创新机制21项、维稳基础工作机制17项、部门联动机制7项,特别是创建"三三制"网格管理机制,突出建立"社区民警—便民警务站—派出所"为模式的警务力量交叉管理队伍,制定实施"群众走访机制"、"警民联勤联动机制"、"巡控机制"等一系列工作机制。

(高 巍)

案例举要

【打掉一盗窃电动车犯罪团伙】 4月10日,市公安局抓获5名嫌疑人,打掉一盗窃电动车犯罪团伙,破获盗窃电动车案43起,追回被盗电动车7辆。经查,2012年元月份以来,由犯罪嫌疑人吴德军(男,汉族,1979年出生,系四川省金堂县人)、郑俊峰(男,汉族,1992年出生,系四川省营山县人)、林治涛(男,汉族,1985年出生,系宁夏回族自治区中卫市人)、张红兵(男,汉族,1982年出生,系四川省遂宁市人)组成的团伙采取两人一组共同作案或单独作案的方式，先后在本市八一菜市场附近、世邦国际花园、娘热路菜市场、朵森格路、德吉路、北京中路、藏热路等地，趁四周无人之机，利用技术开车锁或强拧电动车龙头的方式盗得43辆电动车，并由犯罪嫌疑人马忠海（男，回族，1991年出生，系青海省临夏回族自治州人）收购销售赃物电动车，涉案总价值达10万余元。

（高　巍）

【破获一起特大非法经营案】 4月20日，市公安局在拉萨市夺底南路东方货运站内查处一销售假烟窝点，当场抓获犯罪嫌疑人2名，查获“雪域”、“天下秀”、“大前门”、“紫云”等假烟3000余条，涉案价值达30余万元。经审讯，犯罪嫌疑人柳平（男，汉族，1980年出生，系青海西宁市湟中县人）、顾金兰（女，汉族，1982年出生，系青海西宁市湟中县人）对犯罪事实供认不讳。

（高　巍）

【破获年度最大贩卖毒品案】 5月2日，市公安局破获一起特大贩卖毒品案，在拉萨市城关区花园廉租房抓获犯罪嫌疑人2名，缴获毒品海洛因406.3克。犯罪嫌疑人马占清（别名：哈克，男，回族，1972年出生，系甘肃省广河县人）、马维俊（男，回族，1974年出生，系甘肃省广河县人）对贩卖毒品的犯罪事实供认不讳。

（高　巍）

【铲除黑社会性质犯罪组织】 7月6日，市公安局铲除以鲜李章、陈明贵为首的黑社会性质犯罪组织，抓获14名犯罪嫌疑人，破获67起刑事案件，冻结7个账户（人民币420659.1元），扣押4台涉案车辆；缴获13把管制刀具、5把弩、10.6克毒品甲基苯丙胺。

（高　巍）

【破获“7·09”特大持刀抢劫虫草案】 7月9日，拉萨市金珠西路十六团附近发生一起特大持刀抢劫案，被害人被抢3.5公斤虫草，涉案总价78万元。市公安局用6个小时抓获马达吾德（男，回族，1985年出生，系甘肃省广河县人）、马福（男，回族，1989年出生，系甘肃省广河县人）两名犯罪嫌疑人，侦破此案、挽回损失。

（高　巍）

【破获一起涉案40万元诈骗案】 7月11日，市公安局在青海省公安机关的协助下，破获一起涉案40万元的特大诈骗案。抓获犯罪嫌疑人琼茨（女，藏族，1971年出生，系青海省西宁市城西区人），如数追回赃款。

（高　巍）

【破获特大合同诈骗案】 12月21日，市公安局将涉嫌合同诈骗的犯罪嫌疑人韦光芳（女，汉族，1984年出生，系四川省威远县人）抓获，从其处追回一条100克重的金项链和现金25万元。其交代2011年12月以来，以帮助李某与西藏军区签订一批药品采购合同为由，先后分四次从李某处骗取98万元现金、7.9万元的黄金首饰和25万元的烟酒钱和其他款项共计130万元的犯罪事实。

（高　巍）

【打击涉黑涉恶违法犯罪】 年内，市公安局打掉以薛天龙、阿泽、斯久旺堆为首的三个恶势力犯罪团伙，破案56起，抓获犯罪嫌疑人15名。缴获冰毒3.8克，砍刀7把、弩1把、手枪1支，弩枪1支，制式步枪子弹1发、钢珠弹丸2000余发、黑火药1包。追缴涉案三菱越野车1辆、丰田400型1辆、华普车1辆、管制刀具40余件。

（高　巍）

拉萨市公安局

市公安局党委书记	刘　江（1月免）
	张延清（1月任，12月免）
	龚会才（12月任）
市公安局局长	张延清（1月免）
	龚会才（1月任，12月免）
	次仁旺堆（12月任）

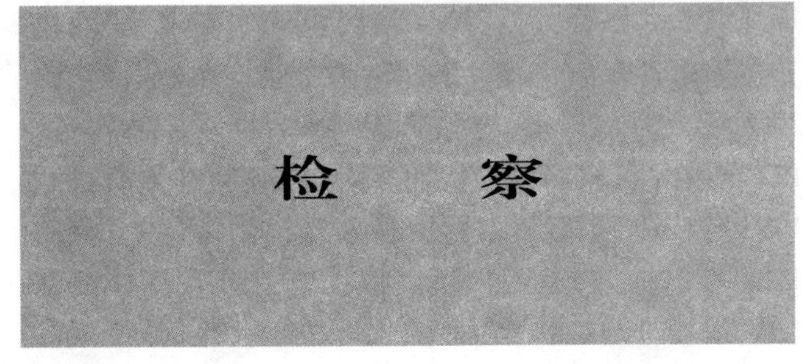

【概　况】 年内，全市检察机关按照“三不出”这个总要求，牢记使命，勇于担当，忠诚履职，各项工作取得了显著成效。防范和打击各类分裂破坏活动，依法打击各类严重刑事犯罪。创新检察环节社会管理，推进法治文化建设，社会管理创新取得了新突破。打击危害经济发展犯罪，参与强基惠民活动，助推发展取得了新成效。严格监督审查，把好案件“进入关、办理

关、执行关”,法律监督开创了新局面。做好职务犯罪查办预防工作,反腐倡廉取得了新进步。加强干警思想政治建设、业务能力建设和纪律作风建设,队伍建设迈上了新台阶。完善监督制约,强化公正执法,检察公信得到提升。

(杨立峰)

【受理移送审查批准逮捕448件】 年内,受理移送审查批准逮捕448件711人,同比分别减少6.1%、5.5%,批准逮捕388件620人,同比分别减少5%、0.1%;落实宽严相济刑事政策,对犯罪情节轻微人员,决定不批准逮捕88人,不起诉13人。对应当立案而不立案的,督促立案4件;对不应立案而立案的,督促撤案3件;对应当逮捕而未提请逮捕、应当起诉而未移送起诉的,决定追捕2人、追诉3人。纠正侦查活动违法情形,发出纠正违法通知书10件,提出口头纠正意见55件次。做好捕诉衔接,提前介入重大案件28件,引导侦查474件次。

(杨立峰 王永祥)

【受理移送审查起诉428件】 年内,共受理移送审查起诉428件655人,同比分别减少1.2%、1.5%;提起公诉357件532人,同比分别减少5.3%、9.2%。推进量刑建议工作,对90%以上的公诉案件纳入量刑建议范围,提出量刑建议297件,法院采纳264件,促进量刑的公开公正。加强抗诉工作,对确有错误的刑事裁判提出抗诉1件。城关区检察院一起抗诉案件被最高人民检察院选入全国80件“优秀诉讼监督案件”。

(杨立峰 王永祥)

【职务犯罪立案查办11件】 年内,初查职务犯罪案件15件18人,立案查办11件13人(贪污贿赂9件11人,渎职侵权2件2人),立案人数同比增加44%。立案案件中,大案9人,县处级以上要案2人,大要案同比增加175%。通过查办职务犯罪,为国家挽回经济损失581万元。加强查办职务犯罪工作协作,会同市国土资源规划局、市环保局、市安监局等10家行政执法部门制定了《在查办和预防职务犯罪工作中加强协作配合的意见》。

(杨立峰 王永祥)

【职务犯罪预防】 年内,先后对拉日铁路、自治区自然科学博物馆、柳梧新区奥体大街等重点项目开展专项预防49次,提出预防建议6件。对自然科学博物馆项目提出的预防建议被建设方采纳,并得到自治区领导肯定。推动警示教育进党校和行政学院,为各级领导干部开展专题讲座28场次。城关区检察院警示教育基地全年安排20家单位474名国家工作人员参观学习。落实查办预防职务犯罪年度报告制度,向党委、人大、政府及有关部门提交职务犯罪发案态势和预防对策综合报告7份。开展行贿犯罪档案查询录入工作,开展查询3次,录入行贿记录2人。

(杨立峰 王永祥)

【办理民事行政申诉案件16件】 年内,共办理民事行政申诉案件16件,提请抗诉2件。加强民事审判监督,跟庭听审28次,纠正违法5件次。维护审判权威,对裁判正确的申诉案件,开展服判息诉10件。

(杨立峰 王永祥)

【开展监所巡视检查495次】 年内,开展日常巡视检查495次,对发现的问题发出检察建议7件,纠正违法5件,口头纠正44件次,查办狱内脱逃案1件,纠正、催办、清理超期羁押19件。审查拟适用减刑、假释、暂予监外执行案件1387件,建议纠正139件。开展回访42人次,避免出现失控、脱管、漏管。

(杨立峰 王永祥)

【控告申诉检察】 年内,畅通和规范群众诉求表达、权益保障渠道,筹办“12309”民生举报热线,方便群众反映问题。加强对涉法涉诉问题的法治化处理,在办案、执勤、驻村等各项工作中,排查化解群众矛盾纠纷149件次,办理群众控、申、举、访163件次,避免闹访、缠访、上访事件发生。落实刑事和解政策,依法处理邻里纠纷引起的微罪案件、与受害人达成谅解的轻微案件3件。

(杨立峰 王永祥)

【开展普法工作】 年内,开展法制宣传,与《拉萨晚报》、《西藏法制报》合办“检察官说法”、“雪域论案”等专栏,发表法治宣传文章150余篇。深化“法律七进”,选派52名干警到全市中小学担任法制副校长。检察干警到机关、社区、企业和学校开展普法宣传256场次,提供法律咨询633人次,发放宣传资料3.4万份,受教育人员达3.6万人次。

(杨立峰 王永祥)

【社会管理创新工作】 年内,与公安、法院等部门配合,抓住维稳工作重要节点,加强社会面管控,派出警力16342人次参与护路守桥、值班备勤。打击危害国家安全、公共安全犯罪,加强涉稳、涉众型案件办理。做好执法办案风险评估预警,对可能引发矛盾的不立、不捕、不诉案件及时介入处理27件次。加强检察建议落实,向有关单位发出改进管理、堵塞漏洞的检察建议 11 件。加强特殊人群管理,对刑满释放等特殊人员开展教育、感化、帮助 530 人次,对生活确有困难的刑事被害人救助资金 28 万元。

(杨立峰　王永祥)

【强基惠民活动】　年内,全市检察机关选派 37 名干警参加驻村工作,协助加强基层组织建设,开展主题教育活动,夯实反对分裂、维护稳定的群众基础;参与农牧区建设,协助申请项目 83 个,协调落实资金 2304 万元;为群众办实事、做好事、解难事,协助转移农村劳动力 28 人,组织干警捐款捐物 39.2 万元。

(杨立峰　王永祥)

【检察工作保障和服务民生】　年内,开展查办农牧区合作医疗、安居工程建设领域职务犯罪专项工作。参与打击拐卖妇女儿童犯罪专项行动,起诉涉嫌拐卖妇女犯罪嫌疑人 5 人。办理拒不支付劳动报酬案件 1 件,为群众挽回损失 5 万元。深化特殊人群服务,开展在押人员维权 60 人次,督促返还财产 23 万元。

(杨立峰　王永祥)

【检察机关主动接受监督】　年内,邀请人大代表、政协委员视察检察工作 22 次,办结答复人大代表议案 2 件。开展检察开放日活动,印发检务公开宣传册 5150 余份。制发检民联系卡 1060 余份,听取群众意见和建议 49 件次。加强人民监督员工作,续聘人民监督员 2 名,监督不起诉案件 1 件。

(杨立峰　王永祥)

【自身建设】　年内,选拔县处级干部 9 人,科级干部 46 人,招录引进 60 人,干部队伍的结构梯次进一步优化。选派 309 名干警参加培训锻炼,组织 20 名干警考取法律硕士,请进江苏检察机关 3 名骨干来市检察院挂职。在全区率先挂牌成立未成年人刑事检察办公室。开展了“百万案件”评查活动,评查案件 723 件,对评查出的瑕疵和问题全部做出整改,提高了办案质量。加强基层基础建设,努力夯实检察工作根基。城关区检察院被最高人民检察院评为全区唯一的“全国检察文化建设示范院”。两级院技侦业务用房竣工投入使用 2 个,开工建设 2 个,完成前期工作 5 个。完善受援工作长效机制,积极开展业务研讨和工作交流,推进了检察援藏工作从单纯资金援助向全方位支援转变。

(杨立峰　王永祥)

案例举要

【未成年人故意伤害案】　被告人白某,男,1997 年 12 月 12 日出生。2012 年 6 月 12 日,被告人白某(14 岁)放学经过纳金乡藏热村河道时,与迎面走来的被害人旦某碰撞后发生口角,在此过程中被告人白某从书包中掏出刀子朝被害人旦某的胸部捅了一刀,后逃离现场。被害人旦某在送往 120 急救中心途中死亡。被告人白某于案发当天投案自首。在办理该案中,本着对未成年人“教育、感化、挽救”的方针,为最大限度地维护涉罪未成年人的合法权益,市检察院在受案 7 天内审查起诉,并依据本案被告人系未成年人,在案发后能够投案自首,被告监护人给予被害人监护人经济赔偿且得到谅解,被告人认罪态度好具有悔罪表现等事实,依法向法院提出了判处 3 年有期徒刑的量刑建议。市中级人民法院采纳了检察机关的量刑建议,判处被告人白某有期徒刑 3 年,缓刑 5 年。

(杨立峰　王永祥)

【马达吾德、马福抢劫案】　被告人马达吾德,男,1985 年 11 月 7 日出生,东乡族。被告人马福,男,1989 年 12 月 3 日出生,回族。2012 年 7 月 9 日,被告人马达吾德、马福在本市宇拓路“天宝土特产”店内假意购买虫草,并要求被害人王毅将虫草送到本市金珠西路十六团附近,当被害人到达指定地点后,二被告人将王毅双手反捆,采取持刀威胁等方式将其控制,并用胶带、布袋将王毅眼睛蒙上带至曲水县聂当大佛附近,抢走王毅所带的中等虫草 3018.9 克,价值 63.4 万元;特等虫草 504.5 克,价值 14.6 万元,共计价值 78 万元。拉萨市检察院对被告人马达吾德、马福以抢劫罪提起公诉。市中级人民法院一审判决被告人马达吾德犯抢劫罪,判处有期徒刑 12 年,并处罚金 5000 元;被告人马福犯抢劫罪,判处有期徒刑 8 年,并处罚金 1000 元。

(杨立峰　王永祥)

拉萨市人民检察院

党组书记、检察长　次仁旺堆(11 月免)
党组书记、代理检察长　田 建 设(11 月任)

审 判

【概 况】 年内,全市法院抓好执法办案第一要务,维护社会公平正义,为拉萨实施“五大战略”营造良好的法治环境。截至年底,共受理各类案件7255件,审执结6860件,结案率94.5%,收结案同比上升6.5%和5%,其中市中院共受理各类案件2114件,审执结2079件,结案率98.3%,收结案同比上升7.6%和8.4%。

(贡 曲)

【审结刑事案件441件】 年内,共受理刑事案件452件,审结441件,收结案同比下降7.9%和6.9%,判处罪犯524人,其中被判处5年以上有期徒刑的74人。开展打击整治专项行动,严惩危害国家安全和严重危害社会治安的杀人、故意伤害、“两抢一盗”及黑恶势力犯罪案件278件,判处罪犯423人。加大对毒品犯罪打击力度,审结毒品犯罪案件41件,判处罪犯71人。准确把握宽严相济刑事政策,对66名社会危害性不大、主观恶性不深的被告人依法适用非监禁刑,对1289名罪犯依法减刑。依法保障被告人的各项诉讼权利,为10名符合法律援助条件的被告人指定辩护人。

(贡 曲)

【审结民商事、行政案件3528件】 年内,全市共受理民商事案件3586件,审结3496件,结案率97.4%,诉讼标的6.1亿余元,收结案同比上升3.5%和3%。依法妥善审结涉及农牧民生产生活的草场、土地、水利、虫草资源纠纷案件687件,促进社会主义新农村建设;审结劳务、相邻、婚姻家庭、人身损害赔偿等事关群众切身利益的案件1023件,维护群众合法权益;审结买卖、矿产开发、房地产开发、工程建设等合同纠纷案件2473件,维护公平诚信的市场秩序,促进经济社会发展。处理索朗等6人与西藏金路通东风汽车销售服务有限公司买卖合同纠纷案。全年共受理行政案件33件,审结32件,结案率96.9%,其中协调撤诉结案14件,占43.7%,行政机关负责人参与案件协调与出庭应诉率达45%。

(贡 曲)

【执结案件1583件】 年内,全市共受理执行案件1876件,执结1583件,执结率84.3%,执结标的3.3亿余元,收结案同比上升24%和19.7%。通过提级执行、媒体曝光以及开通“400”执行专线等方式加大执行力度,执结西藏创业教育投资有限公司系列案等疑难复杂案件。坚持执行和解、强制执行两手抓,教育疏导当事人自动履行、和解539件,采取拘留、查封、扣押、冻结等强制措施强制执行533件。

(贡 曲)

【规范审判管理实现诉调对接】 年内,市中级人民法院严格按照《审判委员会议事规则》,共组织召开审判委员会17次、研究重大疑难案件56件。贯彻“调解优先,调判结合”原则,一审民事案件调撤2474件,调撤率70.7%,同比增长10.5%;前移矛盾化解关口,630起矛盾纠纷在诉前调解成功。开展诉讼与非诉讼相衔接的矛盾纠纷化解机制改革试点工作,推广法官包村、法官联系点、司法确认等工作方式,实现诉讼调解与人民调解、行政调解的有效衔接。对352份由人民调解组织和交警、劳动仲裁、民政等部门主持达成的调解协议进行司法确认。

(贡 曲)

【参与维稳中心工作】 年内,全市法院系统完善应急预案、强化实战训练,在重要节假日、敏感日和重大活动期间,参与重点人员教育管控、重点部位防范、重点区域巡逻值勤等维稳中心工作。截至年底,共派出干警9410人(次),出动车辆4765台(次),投入经费45.44万元。

(贡 曲)

【延伸司法职能扩大法制宣传】 年内,把提高人民群众的法律意识作为延伸司法职能的重点,采取“文艺搭台,法制唱戏”等群众喜闻乐见的方式开展“法律七进”422次,发放宣传材料3.2万余份,受教育人员达4.2万余人。为进一步扩大法制宣传覆盖面,市中院主动加强与媒体的沟通合作,在报纸、电视、网络等媒体上开办了《雪域论案》《法官说法》等普法栏目。

(贡 曲)

【加强信访积案清理】 年内,落实最高人民法院“四个必须”、“五项制度”要求,加强信访积案清理,排查涉稳矛盾纠纷,化解中央政法委督办的涉诉信访案件7件,市委督办的涉诉信访案件17件。加大司法救助力度,减少涉诉信访隐患,依法为999件案件的困难当事人缓、减、免交诉讼费83.9万余元,为60名胜诉权益无法实现的困难申请执行人发放救助金 137 万余元。加大巡回审判力度,车载流动法庭坚持有案办案、无案宣法,了解社情民意,调处矛盾纠纷。共审结各类案件 1045 件,行程 15.8 万公里。

（贡　曲）

【加强队伍队建】　年内,通过上挂下派、新老法官"传帮带"、岗位练兵、邀请对口援助法院选派优秀干部到藏挂职锻炼、巡回授课等多种方式,组织干警参加各类培训 450 余人次,有效提高广大干警的司法能力。开展"两评查"活动,邀请人大代表、政协委员、一线法官、西藏大学政法学院师生及群众代表参加庭审观摩交流,开展政法干警核心价值观暨岗位大练兵等主题教育实践活动,举办"民族大团结"宣讲报告会和金秋运动会,组织开展党员公开承诺、有奖征文、党史知识竞赛,创新开展"幸福星期五"党日活动,与西藏大学共建法学教学实习基地,加强干警培训和理论研讨,市中院两名副院长被西藏大学聘为"法学客座教授"等活动。

（贡　曲）

【全市法院系统做好强基础惠民生活动】　年内,全市法院 110 余名干警组成 29 个驻村工作队进驻各乡村开展强基惠民活动,协助所驻乡党委、政府做好村"两委"换届选举工作,为群众办实事、做好事、解难事,共指导基层党建工作 172 次,发展党员 90 余名,开展"八看、一算账、一揭批、四增强"感党恩教育 231 次,为结对帮扶困难群众捐赠物资款项共计 33 万余元,争取"短、平、快"等项目 23 个,项目资金 269.4 万余元。

（贡　曲）

【自觉接受监督】　年内,共办理批交办事项和意见建议 76 件次,答复率达 100%。加强与人大代表、政协委员的联络,邀请人大代表、政协委员、廉政监督员召开座谈会、监督执行、旁听庭审 127 人次。重视检察机关的法律监督,邀请检察长列席审判委员会 6 次 6 案。积极推进司法民主,促进司法公正透明,邀请 58 名人民陪审员参与办案 338 件。

（贡　曲）

案例举要

【买卖合同纠纷】　年内,审结上诉人(原审被告)西藏金路通东风汽车销售服务有限公司诉被上诉人(原审原告)索某等六人买卖合同纠纷案件。2011 年,上诉人将东风牌自卸汽车出售给六被上诉人。但是,该车因车辆手续不符合国家规定导致无法正常办理注册登记,并经西藏自治区拉萨市公安局交通警察支队车辆管理所出具《证明》,载明:"此车型于 2011 年 2 月 1 日起《公告》已撤销,不得生产、销售,不能作为办理注册登记的依据。"另查明,被告西藏金路通公司向原告出售东风牌自卸车时,未交付该车车辆合格证,并向原告出具了《说明》,载明:"合格证未给用户,用户于 2011 年 5 月 4 日到我公司拿取。"一审法院认为,原告索某等六人与被告金路通公司存在合法有效的买卖合同关系,原告在向被告支付车款后,被告应当全面履行合同义务,保证合同的目的得以实现。经西藏自治区拉萨市公安局交通警察支队车辆管理所出具《证明》,能够证明该车型于 2011 年 2 月 1 日起已不得生产、销售,但被告仍将该车型出售给原告索某等人,该行为已经严重违反合同义务,导致车辆至今仍无法正常办理登记注册,应承担相应的赔偿责任。故判决:被告金路通公司自判决生效之日起 10 日内向原告索某等 6 人返还购车款;二、被告金路通公司自判决生效之日起 10 日内向原告索朗赔偿损失;三、原告索某等 6 人自判决生效之日起 10 日内向被告金路通公司退还其所购买的东风牌自卸车;四、驳回原告其他诉讼请求。宣判后,金路通公司不服一审法院判决,向拉萨市中级人民法院提出上诉。认为:被上诉人所购车辆不能办理上户登记的原因是因为该型号车辆在 2011 年 2 月 1 日起被国家公告目录撤销,此后不得生产和销售,不能办理注册登记。但是生产厂家未向销售者进行告知,应由厂家承担责任。同时,被上诉人索某等 6 人根本没有产生任何损失,上诉人不应承担损失赔偿责任。2012 年 4 月 18 日拉萨中院公开开庭审理了本案。经拉萨市中级人民法院审理认为:上诉人金路通公司与被上诉人索某等六人之间的争议标的物为机动车。而工业和信息化部(以下简称工信部),作为国家主管部门,对于机动车生产及销售做出了十分明确和严格的规定,即车辆生产需要工信部的批准,否则不得生产和销售,本案上诉人金路通公司向被上诉人索朗出售的车型为 EQ3145F3G 的东风牌自卸汽车虽经工信部批准生产,但现业已被工信部公告撤销,即不能再进行生产和销售,而上诉人向被上诉人出售车辆时间为公告之后。因此,上诉人与被上诉人之间的车辆买卖合同因违反了行政法规的强制性规定而为无效合同。一审法院对本案纠纷的买卖合同确定为有效合同的认定不当,应当予以纠正。依照法律规定,合同无效后,因该合同取得的财产,应当予以返还;不能返还或者没有必要返还的,应当折价补偿。有过错的一方应当赔偿对方因此所受到的损失,双方都有过错的,应当各自承担相应的责任。据此,拉萨市中法做出了变更赔偿损失为赔偿购车款利息的二审判决。

（魏文瑞）

【贡嘎等6人聚众扰乱社会秩序罪】　年内,拉萨市中级人民法院对上诉人贡某、阿某、白某、边某、白某、曲某6名被告人,做出聚众扰乱社会秩序罪和敲诈勒索罪,数罪并罚的二审判决,对6名上诉人决定执行4年至8年不等有期徒刑。2008年国家在林周县旁多乡境内建设水利枢纽工程,该工程在建设过程中,当地群众陆续购买58辆运输车且在旁多乡政府的指导下组成林周县旁多乡运输队,并于2009年8月7日在林周县工商行政管理局登记注册,林周县旁多乡人民政府于2010年7月25日委托旁多乡人大常委会副主任米某担任该车队法定代表人,代表车队与施工方签订运输合同,协调运输价格,协调与相关部门的关系,并处理相关纠纷。2009年3月至2010年6月上诉人白琼和贡嘎分别担任该车队的队长和副队长,上诉人曲映伟斯担任会计,2010年6月至11月,上诉人阿旺益西和边巴杰布担任该车队的队长和副队长。该车队成立后于2009年10月30日与重庆市渝万建设集团西藏旁多水利枢纽工程项目部签订运输合同;于2009年7月1日、2010年5月19日分别与安蓉建设总公司西藏旁多水利枢纽工程项目部签订运输水泥、贝雷桥钢结构合同;于2009年9月21日与中国水电基础局有限公司西藏旁多乡工程项目经理部就大坝基础处理工程物品运输事宜签订合同。约定由旁多乡运输队承运上述施工方的部分运输业务,在合同履行过程中,上诉人贡某、阿某、白某、边某、白某、曲某以旁多水利枢纽工程各施工单位违约为由多次纠集旁多乡运输队成员非法扣留各施工单位工程用车、围堵各施工单位或前往工地的主要道路,以“罚款”或“误工损失费”的名义向上述单位索要钱财或运输任务。累计索要人民币7.5万元,实际获得3万元。2010年10月份,该车队的驾驶员提出外来运输车辆增多,影响该车队成员的运输业务,要求设卡拦车,经上诉人白某、贡某、阿某、边某同意后,该车队在旁多乡境内旁多村路口、从当雄到旁多的察加地段、从墨竹到旁多方向的旁管局后面路段及旁多各工地设置4个卡点,24小时拦截外来运输车辆,以此来阻止外来运输车辆进入林周县旁多乡境内,多次致使施工方工作无法进行,造成严重损失。一审法院经过审理认为上述6名被告人实施的行为构成组织、领导、参加黑社会性质组织罪和聚众扰乱社会秩序罪,且数罪并罚对6名被告人决定执行8年至13年不等有期徒刑。宣判后,6名被告人均不服一审判决,上诉至中院。经拉萨中院于2012年11月25日开庭审理,认为上诉人的行为虽然恶劣,但尚不符合为害一方、作恶乡邻的组织、领导、参加黑社会性质组织罪的构成要件,因此做出上述二审判决,予以纠正。

（魏文瑞）

拉萨市中级人民法院

党组书记、院长　马　方

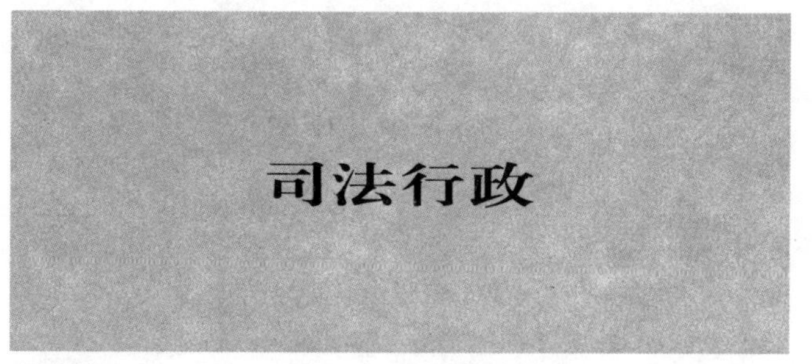

【概　况】　年内,拉萨市司法局围绕市委、市政府中心工作,按照“大事不出、中事不出、力争小事也不出”的总体目标要求,发挥司法行政职能作用,开展法制宣传、法律服务和法律保障等各项工作作用。

（伍玉梅）

【开展法制宣传63场次】　年内,全市各级司法行政部门依托“科技文化卫生三下乡”集中示范活动、“三月综治宣传月”、“三关爱”、“校园法制宣传月”、“法律进寺庙”、“民族团结宣传月”、“9·16平安西藏宣传日”、“聚焦公正执法”、“12·4”全国法制宣传日等平台和载体,集中开展法制宣传教育活动63场次,发放各类宣传资料40余种,19万余份(册),受教育群众达9.8万人(次)。举办社区矫正实务操作专题讲座、老年人维权讲座、“校园法制宣传月讲座”等专题讲座52次,受教育群众达6700余人。完成第一批“六五”普法读物9000册的制作、印刷、发放工作。编制《防骗手册》60余册,成立拉萨市司法局法制宣讲团,在达孜县章多村开展“民主法治示范村”创建活动,编制发放法会回流人员宣传教育资料设备等。

（伍玉梅）

【推进人民调解和矛盾纠纷排查调处】　年内,全市各级人民调解组织共受理各类纠纷733件,涉及当事人2693人,疑难复杂案件12件,协议涉及金额765万余元。调解率为100%,调解成功率为97%。

(伍玉梅)

【开展刑释解教人员安置帮教和教育转化】 年内,通过深入劳教所、监狱、少管所提前衔接刑释解教人员,核对刑释解教人员信息,严格衔接措施等方式,确保重点帮教对象衔接率、建档率、帮教率均达100%。采取落实公益性岗位、技能培训自谋职业、落实责任田以及将贫困家庭释解人员纳入低保等形式,最大限度地安置释解人员。将刑释解教人员与服刑在教人员未成年子女帮教结合,以"多帮一"、"一对一"、教育帮扶形式,开展困难刑释解教人员和服刑在教人员未成年子女结对帮扶和救助行动。

(伍玉梅)

【提升完善法律服务】 年内,拉萨市各级法律援助机构共办理法律援助案件824件,占全区法律援助案件的45%。争取中央专项彩票公益资金55.78万元。"1+1"法律援助志愿者活动成效显著。全年办理公证6020件,占全区公证总数63%,公证涉及标的4亿元,公证收入237万余元。为法律咨询当事人提供咨询服务2万余人次,代写法律文书5000余份。案外调解成功300余人(次)案件,新批准设立律师事务所2家。

(伍玉梅)

【探索社区矫正试点】 年内,经实地核查和调研,掌握全市社区矫正对象86人。矫正对象每周一次电话报到,每月一次书面汇报、对矫正对象开展不定期回访教育,为开展社区矫正工作积累经验。

(伍玉梅)

【推出便民利民惠民措施】 年内,实施"法律援助便民一卡通"、青少年维权法律服务站点建设、律师事务所与贫困大学生"1+1"帮扶计划、"法律服务绿色通道"等便民利民惠民活动和措施,以实际行动践行"执业为民"理念和"全心全意为人民服务"的宗旨。

(伍玉梅)

【获奖情况】 拉萨市达孜县章多乡章多村获第五批"全国民主法治示范村"荣誉称号。拉萨市刑释解教人员安置帮教工作2012年综合考评获全区第一名。拉萨市司法局驻章多村工作队获拉萨市2011—2012年度创先争优强基础惠民生活动先进驻村(居)工作队。拉萨市司法局获得全市2012年度维稳综治工作先进集体。拉萨市司法局获得全市实施妇女儿童发展规划先进集体。

拉萨市司法局

党组书记　蔡严林
局　　长　次　培

档案·党史·地方志

档　　案

【概　况】　年内,全市档案工作围绕市委、市政府中心工作,在档案宏观管理、基础设施建设、档案资源建设、干部队伍建设等方面有了新进展。

（刘淑娟）

【档案业务监督检查】　年内,市档案局档案工作专项检查小组到曲水县、林周县、达孜县、市委办公厅、市政协办公厅、市检察院、市农牧局、市水利局、市科技局等30多家单位分别从领导重视、档案基础设施建设、档案制度建设、档案规范化整理、档案安全等八个方面对全市档案工作开展情况进行专项抽查,指出档案工作中存在问题及安全隐患,提出整改要求。

（刘淑娟）

【调档887卷(次)】　年内,先后为市政府、市委党史办、市老干部局、武警水电三总队等单位调档887卷(次),2168件(次),555人(次),复印文件59份。

（刘淑娟）

【整理西藏和平解放60周年资料50卷】　年内,收集整理西藏和平解放60周年庆祝活动相关资料50多卷,确保大庆期间所形成的原始文字资料、录音、录像、影片以及实物档案的齐全完整。

（刘淑娟）

【强基惠民活动】　年内,市档案局(馆)驻村工作队通过召开群众动员大会及村党员大会、入户调查、走访慰问、发放红旗、组织参观爱国主义教育基地等形式,扎实推进创先争优强基惠民活动。截至年底,已先后投入资金8.97万元,办好事实事21件,已落实项目7个,项目资金达214.7万元,切实帮助基层和群众解决实际困难。

（刘淑娟）

【加强档案安全建设】　4月23日,市档案局(馆)率相关科室负责人前往对口援藏江苏省苏州市档案局商谈档案异地异质备份工作事宜,签订了《拉萨市档案馆苏州市档案馆互存重要档案备份协议书》,明确了互存重要档案备份的所有权和利用权、保管条件和要求。同时就档案馆建设、档案资源建设、数字化档案建设等方面和苏州市档案馆进行了交流,为下一步做好档案安全工作奠定基础。

（刘淑娟）

【举办第一期档案业务培训】　5月29日至6月1日,举办拉萨市第一期档案工作人员业务培训班。邀请国家档案局办公室副主任刘爱民、国家档案局档案馆业务指导司综合档案馆业务指导处处长刘芸两位专家进行授课。市直单位档案工作人员60人参加培训,学习了国家档案局8号令、档案资源建设与做好机关档案工作、突发事件中的媒体应对等方面知识,同时,积极开展以岗代训、现场讲解等培训方式,使档案新手在短时间内快速掌握好规范整理档案的方法。

（刘淑娟）

【市档案馆入驻新馆】　12月28日,市档案馆完成搬迁入驻新馆工作,是拉萨市60大庆献礼项目之一。

（刘淑娟）

拉萨市档案局(馆)

局(馆)长　马荣清

党史研究

【做好中共拉萨市历次代表大会文献选编编纂】　年内,由市委党史研究室负责编纂的《中国共产党拉萨市历次代表大会文献选编》各项工作有序进行。5月底完成初稿。6月,向内地部分老同志邮寄书稿征求意见。10月,在汇总修改意见的基础上,印制书本清样分送拉萨市党史编纂委员会成员征求意见。12月,汇总意见后再次进行了修改。该书历时两年时间,约35万字20余幅图片。年底,出书前期准备工作基本就绪。

(桑荣瑞)

【出刊《拉萨党史》2期】　《拉萨党史》是市委党史研究室负责发行的党史刊物,为半年刊。7月初和12月底,分别按期出版发行2012年第1期和第2期《拉萨党史》。

(桑荣瑞)

拉萨党史研究室

主　任　桑荣瑞

地　方　志

【概　况】　截至年底,拉萨市出版志书5部,其中市志1部,县(区)志4部;出版地方综合年鉴10部,其中拉萨年鉴1部,各县(区)年鉴9部。全面启动拉萨第二轮修志工作,列入第二轮修志工作的有《拉萨市志》1部,县(区)志8部,研究制订《拉萨市志(续)》篇目总体规划和篇目分工。加强与北京市地方志办公室的交流合作,邀请北京专家在拉萨举办年鉴编纂知识培训班。

(张玉虎)

【出版志书5部】　截至2012年底,拉萨市出版志书5部,即《拉萨市志》《堆龙德庆县志》《拉萨城关区志》《墨竹工卡县志》《林周县志》;已提交出版社出版的志书2部,即《达孜县志》《曲水县志》;正在提交自治区地方志总编的志书2部,即《当雄县志》《尼木县志》。

(张玉虎)

拉萨市已出版志书一览表

书名	编纂单位	主编	副主编	出版单位	出版年月	字数(千字)
拉萨市志	拉萨市地方志编纂委员会	许成仓	龚会才	中国藏学出版社	2007.11	2400
堆龙德庆县志	堆龙德庆县地方志编纂委员会	安央金	罗红卫	中国藏学出版社	2010.8	2100
拉萨城关区志	拉萨市城关区地方志编纂委员会	徐　明	索朗次旺	中国藏学出版社	2010.12	890
墨竹工卡县志	墨竹工卡县地方志编纂委员会	江　华 林　生	辜正强	中国藏学出版社	2010.12	620
林周县志	林周县地方志编纂委员会	米玛次仁 雷绍明	雷绍明	中国藏学出版社	2012.4	886

【召开《拉萨年鉴(2012)》工作推进会】　2月29日,市政府副秘书长曹志明主持召开《拉萨年鉴》工作推进会。拉萨八县(区)分管地方志工作的领导和地方志办公室主任和部分市直单位负责同志参加。会议听取参会单位年鉴编纂情况汇报,要求大家一定要按照通知要求,按时保质保量完成年鉴编辑任务。

(张玉虎)

【《拉萨市志(续)》编纂工作启动】　4月5日,拉萨市人民政府办公厅印发了《拉萨市志(续)》编纂方案的通知,对全市志书续修工作的指导思想、目标任务、组织领导、编纂规范、篇目设置、经费保障提出了明确要求,研究制定了《拉萨市志(续)》总体规划和具体分工。通知要求2012年全面启动《拉萨市志(续)》的编纂工作,2013年完成图片、资料的收集整理工作,2014年形成初稿并进行初审,2015年完成复审和终审任务,2016年争取出版发行。通知要求拉萨各县(区)志书的续修工作争取与《拉萨市志(续)》同步启动,同步完成。

(张玉虎)

【召开《拉萨年鉴(2012)》评审会】 7月13日,曹志明主持召开年《拉萨年鉴(2012)》评审会。由自治区党史(地方志)办公室、拉萨警备区、市档案馆、市公安局、武警拉萨支队、市民宗局、市委保密局、市委党史办对《拉萨年鉴(2012)》进行审查。

(张玉虎)

【《拉萨年鉴(2012)》第二次评审会召开】 12月5日,根据多吉次珠市长批示,市委副书记、常务副市长曹边疆主持召开《拉萨年鉴(2012)》第二次评审。市人大办公厅、市政府办公厅、市政协办公厅、市发展和改革委员会、市政府研究室等参会人员重点对书稿中一年来的重大活动、经济指标、工作思路进行审查。

(张玉虎)

【《拉萨年鉴(2012)》出版】 12月底,《拉萨年鉴(2012)》出版发行。《拉萨年鉴(2012)》是迄今为止拉萨第一部详实地记录和反映全市政治、经济、文化、社会的大型综合性、权威性资料年刊,全书包括特载、专文、大事记、政治、经济、军事、文化、社会、区情县情、附录、索引等30个栏目,文字总量达73.5万字,图片1000多张。

(张玉虎)

【出版综合年鉴10部】 年内,拉萨市地方综合年鉴出版10部,其中《拉萨年鉴(2012)》1部,《墨竹工卡年鉴(2010、2012)》两部,《拉萨城关年鉴(2012)》1部,《堆龙德庆年鉴(2012)》1部,《曲水年鉴(2012)》1部,《当雄年鉴(2012)》1部,《达孜年鉴(2012)》1部,《林周年鉴(2012)》1部,《柳梧新区管委会年鉴(2007—2011)》1部。

(张玉虎)

拉萨市地方综合年鉴一览表

书名	编纂单位	主编	副主编	出版单位	出版年月	字数(千字)
拉萨年鉴(2012)	拉萨市地方志办公室	多吉次珠	张慧、张志文 曹志明、羊征	方志出版社	2012.11	735
堆龙德庆年鉴(2012)	堆龙德庆县地方志	杨双旺 赵建科		西藏新闻出版局	2012.9	350
拉萨城关年鉴(2012)	拉萨城关区地方志	龚一枫	胡兴国	西藏新闻出版局	2012.9	350
墨竹工卡年鉴(2010)	墨竹工卡县地方志	樊锋旭	杨传志	清华同方光盘电子出版社	2011.5	430
墨竹工卡年鉴(2012)	墨竹工卡县人民政府办公室	邹玉明	杨传志	方志出版社	2012.7	407
林周年鉴(2012)	林周县人民政府办公室	吕贵声	蒲坚刚	西藏新闻出版局	2012.7	460
达孜年鉴(2012)	达孜县地方志办公室	白珍	王斌忠	西藏新闻出版局	2012.7	300
当雄年鉴(2012)	当雄县编译局	格桑卓嘎	旦增克珠 索朗多吉	西藏新闻出版局	2012.7	300
曲水年鉴(2012)	曲水县人民政府办公室	刘　军	冯立柱	西藏新闻出版局	2012.7	280
柳梧新区管委会年鉴(2007—2011)	柳梧新区管委会	郑丰才	朱胜军	西藏新闻出版局	2012.7	160

队伍培训

【队伍概况】 2012年,除拉萨市地方志编纂委员会办公室为正科级常设参公管理机构(编制5人,实有2人)外,其余八县(区)地方志编纂委员会办公室均为临时机构,有的归县委办负责,有的归政府办负责,有的归宣传部负责,有的归编译局负责,地方志、地方综合年鉴编纂工作人员都是临时抽调。

(张玉虎)

2012年拉萨市、各县(区)方志机构及工作人员一览表

市、县(区)	机构情况	挂靠单位	工作人员
拉萨市	常设	市政府办公厅	2
城关区	临时机构	县政府办	临时指派
堆龙德庆县	临时机构	县委宣传部	4人
达孜县	临时机构	县政府办	3人
墨竹工卡县	临时机构	县政府办	临时指派
林周县	临时机构	县政府办	1人
曲水县	临时机构	县政府办	临时指派
当雄县	临时机构	编译局	3人
尼木县	临时机构	旅游局	2人

【专业培训】 1月12日至13日,邀请北京市地方志办公室副主任谭烈飞;北京市年鉴社社长崔震、副社长沈红岩三位地方志、年鉴专家在拉萨举办了全区首届年鉴编纂知识培训班,对拉萨各县(区)、市直各单位100多名具体负责年鉴编辑人员进行了培训。三位专家从年鉴的特点和编纂流程、年鉴的历史与现状、年鉴的编写等三个方面做详实解读。

(张玉虎)

北京援助

【协助拉萨年鉴(2012)出版】 2012年,北京市地方志办公室在《拉萨年鉴(2012)》的编辑出版过程中给予全程帮助。2012年初,帮助拉萨市地方志办公室研究制定了《拉萨年鉴(2012)》前期准备和启动工作。建立了正常工作联系制度,发现问题随时交流,共同解决。7月初,完成了《拉萨年鉴(2012)》初稿,送北京年鉴社组织有关专家从年鉴体例、结构、内容、表述等方面进行全面细致的调整、修改和规范。由于修改调整幅度很大,提出的意见、需要补充的东西很多,北京市地方志办公室邀请拉萨市地方志办公室工作人员专程到北京对调整、修改部分做详细说明,并与拉萨拉萨地方志工作人员到中国地方志指导小组办公室年鉴处、方志出版社、中国出版者协会年鉴工作委员会就年鉴有关问题进行了沟通交流。9月18日至10月22日,北京年鉴社对《拉萨年鉴(2012)》又进行了第二次全面修改。11月13日至26日,根据北京年鉴社建议,将拉萨年鉴书稿送至北京黑马飞腾科技有限公司进行电脑和人工双重校对。

(张玉虎)

【支持拉萨市地方志10万元】 12月12日,根据拉萨地方志办公室实际情况,北京市地方志办公室支持拉萨市地方志办公室资金10万元。

(张玉虎)

【业务交流】 12月21日,市政府副秘书长曹志明带领拉萨市、堆龙德庆县、当雄县地方志办公室一行5人到北京市地方志办公室就地方志工作日常运作,怎样发挥地方志在经济建设和文化建设中的作用,年鉴的市场运作,地方志学会的成立、学会成员的吸纳范围及工作开展情况等4各方面进行了学习考察,并根据考察情况向拉萨市委组织部提出了《关于拉萨市地方志工作机构行政设置的建议》。

(张玉虎)

交流活动

【湖南怀化地方志到拉萨考察】 8月2日,湖南省怀化市地方志办公室党组书记杨耀一行10人到拉萨市考察,就双方地方志队伍建设,二轮修志,提高志书编纂质量进行了交流。

(张玉虎)

拉萨市地方志办公室

主　任　张玉虎

民族·宗教

综　　述

2012年,拉萨市民宗局按照区市党委、政府要求成功举办了2011年度、2012年度拉萨市民族团结进步模范创建评选表彰活动、拉萨市第一个民族团结进步节暨第22个“民族团结月”宣传教育活动、和谐模范寺庙暨爱国守法先进僧尼评选表彰活动等大型活动;起草印制了全区首个民族团结条例——《拉萨市民族团结进步条例》及《细则》;完成加强和创新社会流动从事宗教活动人员的服务管理工作、开展“爱国爱教、遵规守法、弃恶扬善、崇尚和谐、祈求和平”为主题的寺庙法制宣传主题教育活动、驻寺干部和僧尼培训,为拉萨市不断巩固和发展平等团结互助和谐的社会主义民族关系,推进民族团结进步事业,打牢“共同团结奋斗、共同繁荣发展”的政治思想基础,抵御和打击西方敌对势力和达赖集团的干扰、破坏和渗透,确保拉萨市民族宗教领域的和谐稳定。

(次旺旺久)

民族工作

【召开民族团结进步表彰大会】 4月9日,召开拉萨市2011年度民族团结进步模范集体、模范个人评选表彰大会,大会表彰模范集体56个和模范个人58个。对10个模范集体和10个模范个人在拉萨晚报中设置专刊进行宣传报道。2011年各县(区)共表彰模范集体63个,模范个人99人。

(次旺旺久)

【开展56个民族团结形象代表拉萨行活动】 8月25日,通过人民网、中国西藏新闻网等网站发布了评选民族团结形象代表公告。9月20日,选齐56个民族团结形象代表,并将56个民族团结形象代表相关信息在人民网、中国西藏新闻网等网站进行公示。9月23日,56个民族团结形象代表欢聚拉萨,举行“民族情·雪域行”活动。56个民族团结形象代表在拉萨的7天时间里,相继参观了布达拉宫、大昭寺等拉萨著名景点,举行过林卡、游纳木措神湖、举办民族团结联谊活动等一系列活动。

(次旺旺久)

【举办拉萨市第一个民族团结进步节】 9月17日,拉萨市第一个“民族团结进步节”和第22个“民族团结宣传月”举办,期间开展宣传贯彻《拉萨市民族团结进步条例》;在全市共产党员中开展民族团结先锋活动,在团员青年中开展民族团结“闪光”行动,在少先队员中开展民族团结“牵手”活动。做好宣传民族团结进步节工作。是抓好民族团结宣传教育活动,抓好民族团结理论征文活动,抓好56个民族团结形象代表拉萨行活动,抓好民族团结文艺晚会活动,抓好各族各界民族团结座谈会)为主题的丰富多彩,形式多样的活动。

(次旺旺久)

【营造民族团结社会氛围】 9月16日,由市综治办、市民宗局牵头组织的自治区、拉萨市各单位在宇拓路步行街集中进行宣传,80多家单位以发放宣传册、摆放展板、播放录音带等形式开展宣传活动。各县(区)民宗局也在当天开展开展宣传活动,共发放《拉萨市民族团结进步条例》10000余册,《城市民族工作条例》4000份、《中华人民共和国民族区域自治法》《民族团结宣传册》等方面的藏汉文宣传手册5600余册。

(次旺旺久)

【开展社区创建民族团结示范活动试点】 选择2个示范点作为试点单位,分别为拉萨市城关区扎细社区居委会和吉日街道办事处下属的河坝林社区居委会,下拨活动经费20万元。在两个示范点开展增进各民族团结的活动。在社区宣传党的民族政策和国家的法律法规,普及爱国主义教育,"民族团结示范(试点)创建与"基层党建年创优争先"活动。

(次旺旺久)

【争取39个少数民族发展资金项目】 年内,共争取39个"少数民族发展资金"项目,总资金为1961万元,项目涵盖拉萨市七县一(区),主要有交通、水利、养殖、种植等项目。

(次旺旺久)

【开展少数民族特色村寨建设项目】 年内,自治区民宗委投资200万元用于曲水县俊巴渔村和堆龙德庆县桑木村少数民族特色村寨建设。截至年底,曲水县俊巴渔村已经初步通过国家民委的验收。

(次旺旺久)

【穆斯林教职人员考试和朝觐人员审核】 年内,自治区民宗委、拉萨市民宗局、城关区民宗局通过政审和层层审核,确定拉萨市20名穆斯林群众到沙特阿拉伯王国朝觐;在拉萨市伊斯兰教教职人员中选派部分人员参加全区伊斯兰教教职人员培训班并到内地部分省(市)参观学习。

(次旺旺久)

【组织选派西藏少数民族干部培训】 年内,会同市委组织部在拉萨市寺庙管委会中抽选业务素质高、工作能力强的4名同志参加由国家民委组织的第4期西藏少数民族干部培训班。

(次旺旺久)

【组织参加少数民族参观团人选】 年内,根据国家民委和自治区民宗委的安排,并报市委组织部、统战部同意后、在本市市级、县级及民族团结进步创建示范点中挑选较少去内地的4名人员,到内地4省(市)参观学习。

(次旺旺久)

宗教工作

【召开和谐模范寺庙暨爱国守法先进僧尼评选表彰大会】 6月30日,召开第二次和谐模范寺庙暨爱国守法先进僧尼评选表彰大会,各县(区)共表彰46座和谐寺庙和1668名爱国守法先进僧尼,拉萨市共表彰15座和谐寺庙和803名爱国守法先进僧尼,表彰47名驻寺干部,3个先进寺管会,全市12座寺庙和1975名僧尼被评为自治区级和谐模范寺庙暨爱国守法先进僧尼。

(次旺旺久)

【市委主要领导检查"姜贡曲"冬季大法会筹备工作】 1月7日,西藏自治区党委常委、拉萨市委书记齐扎拉对一年一度的"姜贡曲"冬季大法会开展情况进行检查指导,看望慰问在姜贡寺参加法会的僧众和驻寺干部、公安干警、驻军武警部队等相关工作人员。齐扎拉指出拉萨的寺庙要发挥好拉萨市首府城市首位度作用,争取走在全区前面,做到和谐模范寺庙和爱国守法先进僧尼的表率。

(次旺旺久)

【寺庙"九有"工作】 1月,领袖像、国旗、报纸已全面落实。至2月底,在全区实现寺庙书屋全覆盖,发放图书17万余册。全市寺庙已于3月20日实现广播电视、电影全覆盖。全市未通路和季节性不通公路的寺庙37座,其中季节性不通公路的寺庙12座,建设公路总里程70.818公里,桥梁21座、圆管涵156座、钢筋混凝土盖板涵182座,工程批复投资2700万元。34座寺庙公路已全线贯通。完成建设里程64.754公里,完成投资2540万元。全市需建设供水工程的寺庙共222座,预算总投资6472.55万元,按照先易后难、先大后小的原则,优先开工建设20人以上规模的寺庙65座(含甘丹寺)。全市无电寺庙19座,需要解决低压线路的寺庙(派出所、警务室)102个,估算投资2980万元(其中高压部分投资1960万元,低压部分投资1020万元)。协调电力部门,推进项目建设工作。

(次旺旺久)

【做好持证僧尼社保工作】 6月,完成对全市持证僧尼的养老保险、医疗保障、最低生活保障金的统计、审查、上报工作。全市持证僧尼中,90%以上僧尼参加社会养老保险,95%以上僧尼参加社会基本医疗保险。为2321名僧人发放最低生活保障金。

(次旺旺久)

【开展宗教流动人员培训】 7月至9月,对全市从事民间宗教活动流动人员进行技能培训,共组织248人开展驾驶、农业技能、医务、电脑等方面的培训。

(次旺旺久)

【做好寺庙"9+5"工作】 年内,全市74个寺庙管委会改建澡堂1个,利用自然温泉解决澡堂的寺庙4座,因供水条件限制未建的2座,无场地的3座。改建食堂11个,已竣工11个,另外2座寺庙使用现有食堂;已竣工温室20栋,在建55栋;修建完成垃圾池66个,设置垃圾箱14个,11个垃圾池正在修建中。为期90天的第一期寺庙卫生员培训任务完成,45名学员基本掌握了卫生基础理论知识和各类设备操作技能。

(次旺旺久)

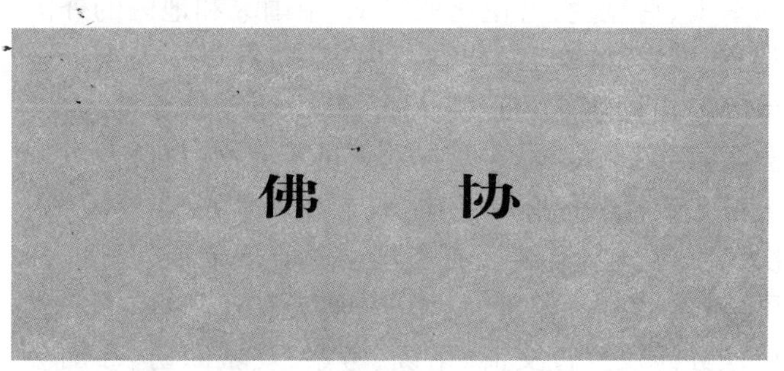

佛协

【参与寺庙法制宣传教育活动】 4月初,拉萨市寺庙法制宣传教育工作领导小组从统战、民宗、政法、佛协等相关部门抽调工作人员,对各个寺庙开展新一轮的法制宣传教育工作。

(次旺旺久)

【开展法制教育活动】 年内,在全市寺庙中广泛开展主题教育活动,从全市僧众中征集以"爱国爱教、遵规守法、弃恶扬善、崇尚和谐、祈求和平"为主题的宣讲材料。主题教育活动办共收集1197篇选将材料、收到476份简报、整理座谈交流内容74份,同时,对思想认识深刻,具有带动、引导、教育内容的6235篇僧尼发言材料经认真整理,作为僧尼学习的典型材料加以推广。

(次旺旺久)

【成立"姜贡曲"冬季大法会领导小组】 年内,按照"属地管理"原则由市佛协和曲水县政府负总责,曲水县委统战部、县民宗局、县公安局具体组织实施工作机制,成立以市佛协会长、秘书长为主的领导小组,领导小组下设各类工作小组协调各组工作,负责"姜贡曲"冬季大法会期间各项议程和佛事活动。

(次旺旺久)

【制定拉萨市佛教协会章程】 年内,制定《拉萨市佛教协会章程》,自筹资金印制3000册《拉萨市佛教协会章程》,发放给佛协理事人员以及市属寺庙和各县(区)寺庙管委会班子。

(次旺旺久)

【参与寺庙法制宣讲】 年内,拉萨市佛协会长和副会长曲仲活佛专门撰写宣讲演稿,对市属三大寺、大小昭寺、下密院和堆龙德庆县楚布寺、曲桑寺、顶嘎寺、其米龙寺及曲水县热堆寺等十几座重点寺庙的1800多名僧尼进行《宗教与社会主义社会相适应》、《宗教教仪、寺规戒律》等方面知识的宣讲。

(次旺旺久)

【开展宗教流动人员考核和发证】 年内,抽调不同教派,有一定宗教造诣,有一定威望的市佛协会长、副会长、理事等10名僧人担任考官,对232名全市符合考核条件的社会流动从事宗教活动人员进行逐一考核培训。对全市211人从事民间宗教活动人员发放《拉萨市民间宗教活动服务证》,按照传统习俗和信教群众实际需要进行日常宗教活动。7月至9月开展对全市社会流动从事民间宗教活动人员技能培训,共组织248人开展驾驶、农业技能、医务、电脑等方面的培训。

(次旺旺久)

拉萨市民宗局

党组书记 刘惠兴

局　　长 (缺)

外　　事

综　　述

2012年,拉萨市外事工作坚持地方外事工作“服务两个大局”方针,全市接待和协助接待了来自美国、加拿大、澳大利亚、尼泊尔、印度、不丹、越南、意大利、加拿大、乌克兰、哥伦比亚等13个国家和地区的外国党宾、国宾、外交官、记者及内宾29批269人次。全市因公出国境21批34人次,其中地级领导4人次,县级领导15人次,专业技术人员6人次,科级及以下干部8人次,企业1人次;汉族15人次,藏族19人次。出访国家及地区有美国、德国、俄罗斯、丹麦、韩国、日本、蒙古、印度、尼泊尔、澳大利亚、越南等。出访任务涉及教育交流、培训、考察、友城回访、参加会议等。

(张　成)

对外交往

【邀请美国建筑规划设计师到拉萨考察】 2月19日至21日,拉萨市邀请美国建筑规划设计师伍德·本杰明·查韦斯到拉萨市就开发拉萨市城关区次角林进行初步设计考察。

(张　成)

【市领导会见尼泊尔驻拉萨总领事】 3月29日,市委副书记、市长多吉次珠会见新任尼泊尔拉萨总领事哈里·普拉萨德·巴逍一行。

(张　成)

【尼泊尔农业部代表团访问拉萨】 5月12日至19日,尼泊尔农业部代表团一行7人到拉萨市参观考察。代表团一行参观林周县种羊场、林周县牦牛选育场、达孜县工业园区西藏第三极羊绒制品有限公司、西藏藏缘青稞酒业有限公司、城关区地毯厂等,学习拉萨市山羊和绵羊养殖、羊毛采集、加工技术以及在产销等方面的经验。

(张　成)

【接待克罗地亚国家电视台一行】 5月18日至21日,克罗地亚国家电视台一行3人在中央电视台工作人员陪同下到拉萨市,就藏民族民族风情、民风民俗、自然风光等进行拍摄。

(张　成)

【印度驻华大使参观拉萨】 6月25日至7月5日,印度驻华大使苏杰生一行5人到西藏参观访问,在拉萨市期间,参观了纳木措、大昭寺、色拉寺,游览了八廓街等。

(张　成)

【哥伦比亚选举委员会到拉萨参观】 7月7日至10日,哥伦比亚选举委员会行政长官赛普罗一行5人到拉萨市参观了大昭寺、布达拉宫、罗布林卡、色拉寺等旅游景点。

(张　成)

【加拿大投资商到拉萨考察】 7月11日至13日，加拿大商人阿奇拉莫雷诺到拉萨市进行商务考察，在拉萨期间，西藏自治区党委常委、市委书记齐扎拉会见并宴请阿奇拉莫雷诺。

（张 成）

【乌克兰外交部长到拉萨访问】 7月19日至21日，乌克兰外交部部长康斯坦丁·伊万诺维奇·格里先科偕夫人、乌克兰驻华大使等一行7人到拉萨参观访问。访问期间参观了拉鲁湿地以及色拉寺、大昭寺等。

（张 成）

【尼中喜马拉雅友好协会到西藏访问】 7月18日至30日，尼中喜马拉雅友好协会一行15人到西藏参观访问，参观了大昭寺。

（张 成）

【越南代表团到西藏考察】 7月24日至26日，越共中央委员、越南老街省市委书记阮友万率越南西北地区指导委员会干部一行6人，由中联部国际交流中心正局级参赞居黎东陪同，到西藏考察访问。代表团一行参观了布达拉宫、大昭寺、色拉寺以及拉萨农牧民安居工程建设。

（张 成）

【加德满都市代表团到拉萨访问】 9月2日至9月6日，拉萨市友城尼泊尔加德满都市代表团市长柯达尔巴哈杜尔·阿迪卡日带队来拉萨访问。代表团一行参观了布达拉宫、大昭寺、色拉寺、农牧民安居工程建设、城关区第二小学、城关区敬老院等。

（张 成）

【接待外宾183人】 年内，全市接待和协助接待来自美国、加拿大、澳大利亚、尼泊尔、印度、不丹、越南、意大利、加拿大、乌克兰、哥伦比亚等13个国家和地区的外国党宾、国宾、外交官、记者及内宾29批269人次，其中记者1批3人次，外国党宾、国宾、外交官18批183人次，内宾10批83人次。参观、访问内容涉及宗教、商务、旅游、安居工程建设、民生、企业、教育、文化等内容。

（张 成）

外事管理与服务

【市委主要领导对全市外事工作做出指示】 3月8日，自治区党委常委、市委书记齐扎拉对2012年全市外事工作做出指示，做好今年的外事工作，全市外事部门要配合国家整体外交，加强境外非政府组织的管理，推进友城友协工作，不断拓宽对外交往空间，努力营造良好国际舆论环境和条件，服从和服务拉萨市跨越式发展和长治久安。

（张 成）

【外交部作国际形势及涉藏外交工作报告】 3月3日，外交部涉外安全司副司长刘少宾应邀到拉萨市做国际形势及涉藏外交工作报告，齐扎拉主持，拉萨市党委、人大、政府、政协在家地级领导同志、8县（区）党政主要领导、市（中）直部门党政主要负责同志、各涉外部门干部职工共计360人出席报告会。

（张 成）

【区委主要领导对拉萨访尼表团做出批示】 4月7日至11日，市委副书记、市长多吉次珠率拉萨友好代表团回访友城加德满都市，自治区党委书记陈全国对拉萨市友好代表团回访加德满都市做出“应加大交往和援助力度，一方面巩固友好关系，一方面对我方同达赖集团做斗争提供支持。”的批示。

（张 成）

因公出入境管理

【拉萨代表团回访尼泊尔】 4月7日至11日，市委副书记、市长多吉次珠率拉萨市人民政府友好代表团回访尼泊尔加德满都市。多吉次珠一行与加德满都市市长柯达尔·巴哈杜儿·阿迪卡日进行会谈，双方就两市今后在经贸、旅游、生态、教育、卫生等领域内的合作交换意见，并对太阳能技术利用、两市政府互派留学生、在两市修建象征友好城市关系的纪念建筑物等方面进行广泛交流。多吉次珠出席了“中国西藏拉萨市人民政府——尼泊尔联邦民主共和国加德满都市政府太阳能设备捐赠仪式”,并代表拉萨市人民政府,向加德满都市赠送了100套总价值80多万元的太阳能设备。

(张　成)

【拉萨代表随团到韩日学习考察新农村建设】 6月26日至7月6日,市委副书记、常务副市长曹边疆带队参加中国人民对外友好协会分批组织的到韩国、日本考察新农村建设友好交流团。同时宣传拉萨、推介拉萨,取得积极的出访成果。

(张　成)

【市佛协领导参加中国藏学家活佛代表团】 9月20日至10月2日,国务院新闻办组织中国藏学家活佛代表团访问日本、俄罗斯、蒙古三国,市佛协副会长贡琼随团出访。

(张　成)

拉萨市外事办公室

党组书记　张文生
主　　任　朗杰卓玛

2012年度来访外国党宾、国宾团统计表

表1

序号	来访团组名称	人数	来自国家地区	来访内容	接待人员	负责人	接待时间
1	美国老人团	73	美国	参观、访问	张成	康娜美朵	1月9日至11日
2	美国建筑师伍德·本杰明·查韦斯	2	美国	工作	张成	康娜美朵	2月19日至21日
3	澳大利亚建筑设计师翁捷	1	澳大利亚	工作	张成	康娜美朵	4月7日至9日
4	美国建筑设计师杜尚平	1	美国、法国	工作	张成	康娜美朵	4月21日至23日
5	尼泊尔中国研究中心学者巴斯卡尔·柯伊拉腊	1	尼泊尔	访问	晋美扎巴	康娜美朵	4月24日
6	尼泊尔农业部代表团	7	尼泊尔	参观、考察	张成	康娜美朵	5月12日至19日
7	尼泊尔海关管理研修班学员	15	尼泊尔	参观	张成	康娜美朵	5月25日
8	印度驻华大使苏杰生	5	印度	参观访问	次仁旦珍	康娜美朵	6月25日至7月5日
9	哥伦比亚选举委员会行政长官	5	哥伦比亚	参观访问	张成	康娜美朵	7月7日至10日
10	加拿大籍投资商 MorenoAkira	1	加拿大	参观考察	张成	康娜美朵	7月11日至13日
11	乌克兰外长代表团	7	乌克兰	参观访问	次仁旦珍	康娜美朵	7月19日至21日
12	尼中喜马拉雅友好协会代表团	15	尼泊尔	参观访问	次仁旦珍	康娜美朵	7月18日至30日
13	越南西北部指导委员会干部代表团	8	越南	参观访问	张成	康娜美朵	7月24日至27日
14	尼泊尔主流媒体考察团	14	尼泊尔	参观访问	张成	康娜美朵	8月23日至29日
15	联合国统计司司长张保罗一行	7	联合国	参观访问	张成	康娜美朵	8月24日至27日
16	意大利土河文化协会代表团	10	意大利	参观访问	张成	康娜美朵	8月11日至15日
17	尼泊尔加德满都市市长阿迪卡日一行	7	尼泊尔	友好访问	市外办	康娜美朵	9月2日至6日
18	不丹国国际事务秘书长白马旺楚克一行	4	不丹	参观访问	张成	康娜美朵	10月17日至10月20日

说明:共计18批183人次,来自美国、加拿大、澳大利亚、尼泊尔、印度、不丹、越南、意大利、加拿大、乌克兰、哥伦比亚。

2012年度因公来访内宾统计表

表2

序号	来访团组名称	人数	组织单位	来访内容	接待人员	负责人	接待时间
1	外交部涉外安全司副司长刘少宾一行	3	外交部	培训	张成	康娜美朵	3月3日至4日
2	我驻尼泊尔大使杨厚兰	3	外交部	参观、调研	张成	康娜美朵	5月24日
3	外交部代表团	8	外交部	培训、参观	张成	康娜美朵	7月22日至25日
4	江苏徐州外办代表团	10	江苏徐州外办	考察交流	市外办	康娜美朵	8月7日至10日
5	国务院港澳办负责主任张晓明一行	7	国务院港澳办	参观、调研	张成	康娜美朵	8月10日至17日

6	江西上饶外办代表团	12	江西上饶外办	考察交流	市外办	康娜美朵	9月2日至5日
7	香港特区前任政务司司长	4	国务院	参观访问	次仁旦珍	康娜美朵	8月14日至19日
8	外交部部长助理张明一行	14	外交部	调研	张成	康娜美朵	9月17日至19日
9	中联部部长助理一行	4	中联部	调研	张成	康娜美朵	9月17日至19日
10	国侨办副主任马儒沛一行	18	国侨办	调研	张成	康娜美朵	9月16日至18日
说明:共计10批83人次							

2012年度来访外国记者团统计表

表3

序号	来访记者团组名称	人数	来自那个国家级、地区	参观采访内容	接待人员	负责人	接待时间
1	克罗地亚国家电视台	3人	克罗地亚	拍摄	张成	康娜美朵	5月18日至21日
说明:共1批3人次							

拉萨市2012年度地厅级领导干部因公出国(境)情况统计表

表4

序号	姓名	民族	工作单位	职务	出访国家、地区	出访时间	出访任务	在外停留时间
1	范春文	汉族	拉萨师专	校长	丹麦	2月7日至12日	教育交流合作	6天
2	多吉次珠	藏族	市政府	市委副书记、市长	尼泊尔	4月7日至11日	友好访问	5天
3	曹边疆	汉族	市政府	市委副书记、常务副市长	韩国、日本	6月26日至7月5日	考察	10天
4	焦健俊	汉族	市委	市委常务副书记	尼泊尔	7月17日至21日	友城回访	5天
说明:总计4人次,其中藏族1人次,汉族3人次。								

拉萨市2012年县级领导干部因公出国(境)情况统计表

表5

序号	姓名	民族	单位名称及职务	出访国家、地区	出访时间	出访任务	在外停留时间
1	洛　色	藏	团市委副书记	印度	2月24日至3月4日	中国青年代表团赴印访问	10天
2	江　嘎	藏	市政府副秘书长	尼泊尔	4月7日至11日	友好回访	5天
3	康娜美朵	藏	市外办党组副书记、主任	尼泊尔	4月7日至11日	友好回访	5天
4	董天林	汉	市旅游局党组书记	尼泊尔	4月7日至11日	友好回访	5天
5	旺　杰	藏	市商务局党组书记	尼泊尔	4月7日至11日	友好回访	5天
6	多吉次仁	藏	市委宣传部副部长	韩日	6月26日至7月5日	考察新农村建设经验	10天
7	任玉萍	汉	市财政局副局长	韩日	6月26日至7月5日	考察新农村建设经验	10天
8	向巴彩喜	藏	市妇联	澳大利亚	7月1日至7月21日	培训	22天
9	李振华	汉	市委副秘书长	尼泊尔	7月17日至21日	友城回访	5天
10	康娜美朵	藏	市外事办党组副书记、主任	尼泊尔	7月17日至21日	友城回访	5天
11	钱文辉	汉	林周县委书记	尼泊尔	7月17日至21日	友城回访	5天

12	李钟法	汉	达孜县委书记	尼泊尔	7月17日至21日	友城回访	5天
13	林　涛	汉	墨竹工卡县委书记	尼泊尔	7月17日至21日	友城回访	5天
14	塔　青	藏	市中法党组副书记、副院长	美国	8月13日至9月1日	培训	21天
15	贡　琼	藏	市佛协副会长	日本、俄罗斯、蒙古	9月20日至10月2日	因公访问	13天
说明:共计15人次,其中藏族9人,汉族6人							

拉萨市2012年科级及以下干部因公出国(境)情况统计表

表6

序号	姓名	民族	单位名称及职务	出访国家地区	出访时间	出访任务	在外停留时间
1	罗雪梅	藏	市残联就业服务中心副主任	越南	2月12日至19日	参加会议	8天
2	次仁旦珍	藏	市外办外事科科员	尼泊尔	4月7日至11日	友好回访	5天
3	张　成	汉	市外事办副科长	韩日	6月26日至7月5日	考察新农村建设经验	10天
4	尼玛阿旺	藏	城关区热木其社区党支部书记	韩日	6月26日至7月5日	考察新农村建设经验	10天
5	晋美扎巴	藏	市外事办科长	尼泊尔	7月17日至21日	友好回访	5天
6	央　青	藏	尼木县团委书记	日本	7月25日至8月1日	友好回访	8天
7	索朗慈仁	藏	城关区法院党组书记、院长	美国	8月13日至9月1日	培训	21天
说明:共计7人次,其中汉族1人次,藏族6人次							

拉萨市2012年专业技术人员因公出国(境)情况统计表

表7

序号	姓名	民族	单位名称及职务	出访国家地区	出访时间	出访任务	在外停留时间
1	张永国	汉	拉萨师专教务处副处长	丹麦	2月7日至12日	教育交流合作	6天
2	吴海栓	汉	拉萨师专语言文学系副主任	丹麦	2月7日至12日	教育交流合作	6天
3	刘群英	汉	拉萨市第一小学校长	德国	10月21日至11月11日	培训	21天
4	达娃潘多	藏	拉萨市第六中学校长	德国	10月21日至11月11日	培训	21天
5	罗桑平措	藏	拉萨市第二中学校长	德国	10月21日至11月11日	培训	21天
6	葛　颖	汉	城关区江苏中学副校长	德国	10月21日至11月11日	培训	21天
说明:共6人次,其中藏族2人次,汉族4人次							

拉萨市2012年企业人员因公出国(境)情况统计表

表8

序号	姓名	民族	单位名称及职务	出访国家、地区	出访时间	出访任务	在外停留时间
1	刘国永	汉族	青达公司董事长	尼泊尔	4月7日至11日	友好回访	5天
说明:总计1人次,汉族1人次。							

军 事

拉萨警备区

【概 况】 年内，强化政治意识、大局意识和责任意识，贯彻两级军区党委全体（扩大）会议精神，围绕使命搞建设，突出重点抓落实，注重经常打基础，在确保部队自身安全稳定的基础上，维护拉萨地区的社会稳定，警备区部队全面建设和拉萨市国防后备力量建设稳步推进。

（王智旭）

【民兵参与巡逻与抗洪抢险】 元旦、春节、藏历年、“3·10”、“3·14”、“萨嘎达瓦”等重大敏感节日和宗教活动期间，各县（区）组织民兵应急分队在各个街道社区、乡镇机关、油库、输油管道、通信线路及铁路沿线等重点目标、要害部位进行执勤巡逻、警戒守护。当雄县、堆龙德庆县组织282名民兵常年担负巡线护路任务，组织民兵712人，先后完成城关区、堆龙德庆县、尼木县和曲水县等方向的抗洪抢险行动7次。

（张 庆）

【组织人武部正规化建设达标验收】 6月，西藏军区先后对城关区、达孜县、堆龙德庆县、尼木县4个人武部，以基础设施建设、正规化建设情况为主检内容，对照《军队工程建设项目管理检查标准（试行）》、《人武部全面建设考评标准（修改稿）》，采取百分制和千分制进行了量化打分，均通过验收。其余林周县、墨竹工卡县、曲水县、当雄县四个人武部由警备区组织验收，均达到良好成绩以上实现达标。

（张 庆）

【组织90名民兵集训】 7月3日至9日，以野营、供水、供电3个专业15个训练科目，对抽组的90名民兵，进行7天集中训练。

（邓祥学 格桑次旦）

【召开拉萨市委议军会议】 12月27日，拉萨市委、市政府、拉萨警备区联合召开拉萨市委议军会议运暨县（区）“人武部党委第一书记述职”会议。中共拉萨市书记齐扎拉、拉萨市长多吉次珠、拉萨警备区领导等50余人参加会议。会议形成五项决议：通过《新形势下拉萨市民兵工作意见》；各县（区）政府于明年持续解决人武部基础设施建设经费缺口；深入贯彻落实《西藏自治区后备力量建设经费保障办法》，将规定的相关经费纳入市、县（区）财政年度预算；着力解决拉萨市民兵综合训练基地后期建设和建成后正常运转经费；逐步建立拉萨市专武干部和民兵干部培训及保障机制。

（张 庆）

【完成学生军训工作】 7月24日至9月25日，为落实“全国学生军训工作座谈会”精神，拉萨警备区委派教官75人，完成西藏大学、藏医学院、拉萨市第一高级中学共3343名学生军训任务。

（格桑次旦）

【完成征兵工作】 2012年度新兵征集工作从10月12日开始至12月15日结束，分为会议部署、宣传动员、应征报名、文化测试、体格检查、政治审查、审批定兵、兵员交接、总结等九个阶段实施。

（陆青松）

【开展思想政治建设】 年内，完成4个专题理论学习。开展“四进入”活动,与12个社区、学校、乡村建立联系点,印发双语宣讲传单2000余份,面对面解读30余场次。组织地方党政领导和群众600余人次参观军区和警备区军史馆。开展以一个试点(军地联创共建基层党支部活动试点)、“两个培训”(《拉萨市民族团结进步条例》培训、农牧民种养殖技术培训)、“三项活动”(创建全国双拥模范城“六连冠”、学跳“幸福拉萨”规范舞、团以上干部“1+1”助学)为重点的群众工作,巩固发展军政军民关系,宣扬部队建设中好的做法和先进典型。

(王智旭)

【增强后勤综合保障能力】　年内,举办各类集(培)训7期,培训后勤专业人员320人次。修建苗木基地灌溉水渠1500余米,种植苗木6个品种10余万株,栽种树苗20余万株,种植草坪1200余平方米,年产蔬菜瓜果30余万公斤,肉类6.5万公斤。自筹资金新建机关仓库及士官周转房,新建阳光棚晒衣场1200余平方米。

(王智旭)

【推进国防后备力量建设规范化制度化】　年内,先后5次召开人武部建设达标会议,明确“五个规范”(人武部办公室、库室物品、应急战备物资、值班室、民兵训练基地设置)、“六个统一”(方法步骤、内容标准、上墙图板、配档资料、应急器材、各类表册)、“七个健全”(健全计划、会议、值班、资料管理、请示报告、请销假、总结七项制度)的建设标准,8个人武部均顺利达标。开展“爱党忠诚、爱国奉献”专题教育,坚定民兵政治立场。加大训演练力度,组织2000余名应急民兵参加基础训练,抽组90名民兵进行为期两周的野营保障训练。召开拉萨市民兵工作会议、县(区)人武部党委第一书记述职会暨市委议军会议,研究制定《拉萨市新形势下民兵工作的意见》。落实《自治区后备力量经费保障办法》,投入1.2亿元新建拉萨市民兵训练基地、国防动员培训指挥中心,完善配套设施和运行办法,建立民兵骨干和专武干部培训机制,有力推进国防后备力量建设规范化、制度化。

(王智旭)

【加强民兵基础设施投入】　年内,拉萨市党委、政府出资400万元,购置应急民兵装备物资器材;召开议军会,决定投入资金近亿元,无偿调配土地13.33多公顷,用于修建拉萨市国防教育培训指挥中心和民兵综合训练基地;各区(县)党委政府为人武部投入资金800余万元,改善人武部基础设施和民兵训练条件。

(张　庆)

【抓好民兵政治工作】　年内,狠抓思想教育不放松,筑牢民兵“坚定信念跟党走”的思想根基,集中对民兵进行新形势、新任务、新使命、新作用和民族宗教政策教育。抓职能任务不放松,强化民兵“忠诚使命保稳定”的使命意识,引导广大民兵认清反分裂斗争、维护祖国统一、保持社会稳定的重要性、长期性、艰巨性和复杂性。抓制度不放松,树立民兵“听党指挥谋打赢”的坚定信心,组织民兵学习《中华人民共和国国防动员法》《民兵工作条例》《民兵政治工作规定》等相关法律法规,探索新形势下行之有效的民兵管理制度,实现管理工作制度化、规范化、人性化、常态化。

(张　庆)

【开展群众工作】　年内,组织部队和民兵参加拉萨“六城同创”协调组织20个双拥共建点开展活动,拟制活动方案10余份,联合开展共建精神文明活动和军地联防演练10余次。重大节日走访慰问孤寡老人、失学儿童、贫困户、复转干部80余人(次),赠送慰问金10万余元。春节期间,为拉萨市社会福利院孤寡老人购买8000元的生活用品和营养品。全年为西藏大学、拉萨市第一高级中学、农牧学院、藏医学院、登山学校等学校军训学生1200余人(次)。拉萨市第6次蝉联全国双拥模范城称号。开展智力助民、科技富民活动,在生产团举办2期农牧民种植养殖技能培训班,培训农牧民100多人,帮助30户农牧民脱贫致富;各县长(区)人武部利用“青年民兵之家”,举办家电维修班、生产经营、文化补习等培训班9期350余人(次),培训生产、经商等骨干200余名。举办民兵种养殖技术骨干培训班3批120人。各县(区)人武部带领民兵参加“三个文明”建设,组织900余名民兵参加了植树造林活动,种植树苗8200余棵。

(武志刚)

【市民兵训练基地建成】　年内,拉萨市民兵训练基地完成建设,场内设置综合教学楼、食堂、地下射击馆、救灾物资仓库、综合训练场及观礼台,功能配套完全,能同时满足300人训练。

(向　阳　肖建林)

拉萨警备区

政　委　土旦赤列

司令员　徐定国

武警拉萨市支队

【概　况】 年内,拉萨市支队围绕迎接"十八大"、学习"十八大",把握稳中求进总基调,紧跟上级党委工作思路,科学筹划、精心组织、狠抓落实。

（蒲　鑫）

【举行《哨位上的忠诚》迎新春文艺晚会】 1月10日,拉萨支队举行《哨位上的忠诚》迎新春文艺晚会。拉萨市、武警西藏总队领导、支队党委二届三次全体(扩大)会议代表、机关军属代表及基层官兵观看演出。

（蒲　鑫）

【召开党委二届三次全体(扩大)会议】 1月11日,拉萨支队召开党委二届三次全体(扩大)会议。会议以电视会议形式进行,机关设主会场,基层中队设分会场。支队党委常委、党委委员、机关干部及中队主官、直属单位主官参加会议。

（蒲　鑫）

【完成自治区"两会"安全保卫任务】 1月8日至12日,自治区"两会"在拉萨召开。按照总队统一部署,拉萨市支队完成会场礼兵哨、周边警戒和机动待令任务。

（蒲　鑫）

【总参领导看望慰问官兵】 1月14日,中国人民解放军副总参谋长章沁生上将一行看望慰问担负布达拉宫广场守卫任务的支队执勤官兵,并作讲话。

（蒲　鑫）

【自治区与市领导看望慰问官兵】 1月17日,西藏自治区党委副书记、常务副主席、政法委书记郝鹏,自治区人大常委会副主任宋善礼,自治区政府副主席、公安厅党委书记、厅长、武警西藏总队第一政委、第一书记李昭,西藏自治区政协副主席央金、西藏军区副政治委员宋景原、武警西藏总队副总队长李绍安等到拉萨支队驻西藏自治区博物馆执勤点看望慰问官兵。拉萨市市委常委、市政法委书记、市公安局党委书记、支队党委第一书记、第一政治委员张延清看望慰问官兵,并作讲话。拉萨市市委副书记、拉萨市城关区区委书记赤列多吉到拉萨支队亲切看望慰问官兵。1月18日,西藏自治区党委常委、拉萨市委书记齐扎拉,市长多吉次珠等到拉萨支队机关走访慰问。2月22日,武警部队司令员王建平到布达拉宫广场考察调研执勤维稳情况,并看望慰问担负广场维稳执勤任务的武警支队官兵。2月22日,李昭一行到拉萨支队驻拉萨柳梧大桥执勤点、人民会堂便民警务站、铜牛公园便民警务站看望慰问执勤官兵。5月19日,郝鹏,区党委常委、政法委书记邓小刚,齐扎拉、西藏总队政委汪象华等到药王山便民警务站检查指导双警执勤工作。

（蒲　鑫）

【组织维稳实兵演练】 2月29日,拉萨支队组织"布达拉宫广场进行维稳处突实兵演练"。

（蒲　鑫）

【开展"警民共建·便民服务一条街"活动】 3月10日,拉萨支队在北京东路开展"便民服务一条街"活动。自治区、总队领导到现场指导活动。活动中,支队官兵成立理发组、维修组、宣传组、保障组四个活动分组,为过往群众义务理发8人次、免费维修自行车10台次、维修电视机3台、发放宣传资料五百余份、普法扑克二百余副。

（蒲　鑫）

【组织官兵到拉萨烈士陵园祭奠革命先烈】 4月1日,拉萨市支队组织官兵们来到拉萨烈士陵园,追忆革命历史,缅怀英雄先烈,接受爱国主义教育。

（蒲　鑫）

【举行日喀则野外驻训誓师动员大会】 4月11日,拉萨市支队机动分队举行到日喀则野外驻训誓师动员大会。支队党委在家常委、驻训指导组及机动分队全体官兵参加会议。

（蒲　鑫）

【组织实兵演练】 4月17日,拉萨市支队组织首长机关、直属分队和大队,进行第一防控区"划区封控,定位配置"和"模块抽组,建制机动"实兵演练。

（蒲　鑫）

【完成首届和谐模范寺庙表彰大会安保任务】 4月19日至20日,自治区首届和谐模范寺庙暨爱国守法先进僧尼表彰大会和创新寺庙管理现场会在人民会堂召开,拉萨市支队完成了会场礼兵哨、制高点控制、周边警戒和机动待令任务。

（蒲　鑫）

【完成自治区党委会议安保执勤任务】 6月26日,西藏自治区第八届委员会第二次全体会议在自治区人民会堂召开。根据总队统一部署,支队出动兵力,完成了会议现场警卫、外围巡逻、制高点控制和应急处突任务。

(蒲　鑫)

【召开“雪顿节”安全保卫任务部署会】 8月14日,拉萨市支队通过电视会议系统召开“雪顿节”安保执勤任务部署会,会议设主会场、分会场,参加安保任务。

(蒲　鑫)

【召开涉日抗议维稳行动部署会】 8月20日,支队通过视频传输系统召开涉日维稳行动部署会,支队领导、机关相关科室负责人、基层大队主官和直属分队主官在机关主会场参加会议,基层全体官兵在各分会场参加会议。

(蒲　鑫)

【学习“7·23”讲话精神】 8月27日,支队利用电视会议系统召开学习胡锦涛总书记“7·23”讲话精神宣讲会,王芳智副支队长组织传达上级下发的《胡锦涛总书记在省部级主要领导干部专题研讨班开班式上重要讲话精神学习辅导提纲》,罗德礼政委结合学习《胡锦涛总书记重要讲话重大理论观点解读》对讲话中的20个重大理论观点进行深入讲解。

(蒲　鑫)

【“执勤标兵中队”揭牌仪式举行】 10月15日,拉萨市支队举行“执勤标兵中队”揭牌仪式。自治区领导向巴平措、张跃平和拉萨市领导,总队领导出席仪式,支队部门以上领导及基层官兵参加。

(蒲　鑫)

【召开迎接保卫十八大、学习贯彻十八大誓师大会】

10月31日,拉萨市支队召开“迎接保卫十八大、学习贯彻十八大”誓师动员大会。大队、中队主官代表一线官兵向支队党委表决心。支队领导在讲话中指出,迎接保卫十八大、学习贯彻十八大是最大的政治要求、是当前最重要的政治任务。

【年度年终工作总结暨欢送大会召开】 11月23日,支队召开2012年度年终工作总结暨考录西藏基层人民警察和乡镇公务员欢送大会。

(蒲　鑫)

【自治区主要领导看望慰问退伍老兵】 11月29日,西藏自治区党委书记、西藏军区第一书记陈全国等领导,望慰问支队即将退伍的警卫战士。

(蒲　鑫)

【做好部队教育训练工作】 年内,部队建设水平不断提升,开展干部专题教育,定期讲评干部,邀请西藏大学教授来队举办3场文化讲座,组织参观西藏军区军史馆;举办2期干部集训。

(蒲　鑫)

武警拉萨市支队

支队长　孙明华

政　委　罗德礼

拉萨市公安消防支队

【概　况】 年内,拉萨市公安消防支队执行二级以上战备287天,完成公务执勤2241项,投入执勤车辆3180辆次,出动警力1.61万人次,80%的警力装备始终坚守在维稳处突及执勤待命的第一线,确保拉萨市社会局势持续稳定。

(贯　奔)

【发生火灾80起】 年内,拉萨市共发生火灾80起,死亡0人,受伤3人,直接财产损失387.8万元。

(贯　奔)

【消防部队接警2470起】 拉萨市消防部队接警2470起,(其中扑救火灾80起,抢险救援74起,公务执勤2241次,社会救助70次,其他接警出动5次),出动2473次(含增援),出动车辆3799辆次,出动警力19461人次,抢救被困人员93人,疏散被困或受灾人员193人,打捞和取出尸体16具。

(贯　奔)

【开展火患清剿整治活动144次】 年内,共组织开展各类火患清剿专项整治活动144次,消防部门共排查社会单位1.58万余家次,发现火灾隐患1.79万处,督促整改火灾隐患及消防安全违法行为1.87万余处,下发《责令改正通知书》6171份,《临时查封决定书》166份,实施各类行政处罚339起,责令“三停”单位160家,累计罚款96.15万元,行政拘留35人。

(贯　奔)

【做好十八大消防安保】 年内,五次召开中共十八大消防安保专题部署会，与各单位签订《拉萨市党的十八大消防安全目标管理责任书》，自治区、拉萨市共85名领导先后35次带队，对130余家寺庙、易燃易爆场所、公众聚集场所等单位进行消防安全检查，提请各级政府挂牌重大火灾隐患单位13家，督改火灾隐患300余处，火灾隐患整改率达到85%，对确实难以整改销案的，采取关停、“死盯死守”等强有力措施，确保绝对安全。依托“1+5+X”网格化防控模式，派出48名官兵分8个区域，并发动古城区各警种力量、46个便民警务站安保人员、治安“红袖标”等近3000名维稳力量，在古城区12条主要街道和34个巷道内进行24小时消防不间断巡查，收缴煤（汽）油52升。

（贡 奔）

【提升社会面火灾防范水平】 年内，先后10余次提请拉萨市政府召开专题会议，督办重大消防安全事项。针对全市娱乐场所、宾馆、饭店、寺庙等开展火灾隐患排查、整治、宣传活动。截至年底，共组织开展消防宣传培训243次，接受群众咨询1.6万人次，在中央级媒体发稿9篇，在区市级媒体发稿130篇。

（贡 奔）

【加强消防基础设施建设】 年内，共购置配备各类消防车辆21辆，个人防护装备、灭火和抢险救援器材5037件（套），配置通信指挥车、主战消防车和18米高喷消防车等设备。娘热消防中队综合业务楼通过验收，完成支队机关综合楼主体工程建设，全市应急救援指挥中心大楼建设任务稳步推进。

（贡 奔）

【扑救胜祥木材市场火灾】 5月9日早晨，拉萨市齐拉路属市商务局主管的胜祥物资贸易责任有限公司木材交易市场发生大火。7时33分，119指挥中心一次性调集全市30辆消防车、200名消防官兵参加扑救。现场指挥部命令4个灭火组从火场西、北两个方向，深入火场内部强攻堵截，快速切断火势蔓延途径；4个灭火组从东、南两个方向组控制火势发展，调集2台挖掘机配合灭火工作。8时10分，大火得到控制。8时50分现场明火全部扑灭。经过6个多小时的奋战，共清理3500平方米过火区域，未造成人员伤亡，保护3.5万余平方米的交易市场、周边400余户居民和下风方向加油加气站的安全。

（贡 奔）

【做好中国拉萨雪顿节消防安保】 8月17日，为确保“中国拉萨雪顿节”消防安全，将哲蚌寺、色拉寺划分为34个基本单元，逐一明确各殿堂、僧舍僧人消防安全责任；检查维修514间僧舍的328个液化气灶，最大限度消除火灾隐患。投入现场执勤、应急增援和社会面火灾防控官兵1027人、执勤执法车辆115台，设置固定执勤点53个，流动巡逻组10个，应急增援组10个，落实火灾防范、应急救援、维稳处突、为民助民各项措施，连续奋战近20小时，消除火灾隐患53处，设立2个便民服务点为群众提供免费饮水、休息服务，急救晕厥、摔倒群众66人，帮扶老人、儿童、残障人士79人，找到走失儿童2人，实现“不冒烟、不起火”和社会面“零火灾”的工作目标。

（贡 奔）

拉萨市公安消防支队

支队长 刘庆永
政　委 达　瓦

武警拉萨市森林大队

【概　况】 年内，中国人民武装警察部队西藏森林总队拉萨大队，主要担负拉萨市七县一区约3万平方公里的森林防火灭火、维稳执勤、野生动植物保护、处置突发事件等任务。境内有林面积约15万公顷，林相多以针叶林、针阔混交林为主，执勤区域主要分布在林周、墨竹工卡、堆龙德庆和曲水等县，辖区内国家级保护动物20余种。按照《纲要》要求，主要对各类库室进行规范统一和调整，累计支出经费5.8216万元，完成基层“四配套”设施和“八个一”建设等工作。

（崔 鹏）

【执勤工作】 1月3日，大队出动官兵10人，到日多林政检查站配合林业公安，遂行堵截冲闯林业检查站任务，拦截偷拉私运木材车辆3台，抓捕违法犯罪嫌疑人10余人。1月8日，大队出动7名战士，到日多检查站配合林业公安执勤检查。1月24日，大队出动官兵19人，运兵客车1台，到日多林政检查站配合林业公安，遂行堵截冲闯松多检查站任务。1月25日，大队出动官兵30人，中巴车2台和给养保障车1台，进驻拉萨市蔡公堂乡救助站遂行看守勤务。5月31

日,大队出动20名官兵,进驻拉萨救助站遂行看管勤务。10月12日,大队出动官兵9人协助市林业绿化局,遂行林政检查勤务一次,检查偷拉私运木材车辆3台。10月13日,大队出动官兵21人遂行看护木材车辆勤务。

(崔　鹏)

【投身驻地建设】 2月28日,协助林业绿化局到拉萨至火车站三公里处栽树,移栽树木300多棵。3月5日,配合总队到步行街开展雷锋宣传日活动。3月12日,参加林业绿化局组织的造林仪式,植树造林100多株。3月26日,拉萨市特殊学校60多名师生,到大队与官兵共同开展篮球、羽毛球、100米等比赛活动。4月18日,参加市委组织的"爱国卫生月"活动,清扫街道5000米,清理非法小广告3000个,清理各类垃圾1吨。4月28日,协助林业局到拉萨大桥南侧山上开展植树造林活动,栽种树木220棵。9月15日,配合总队政治部宣传科到步行街开展国防教育日宣传活动,发放宣传单1000张,受教育群众3000人。9月26日,帮助龙王潭公园打扫卫生。全年,出动官兵295人次,车辆10余台次,参加植树造林活动、环卫工作及宣传工作。

(崔　鹏)

【开展军事训练】 年内,加强对新《军事训练与考核大纲》的学习教育,完成13个训练课目、84个训练日、580课时、体能训练200小时、参训率达百分之九十以上。6月15日,总队考核组一行,对大队进行半年考核。8月26日至9月11日,为探索西藏地区新训法、新战法,历练部队"走、打、吃、住、联、管、供、修"综合能力,大队集中利用16天时间,采取"基础课目集中训、重点难点协同练、单兵训练打基础、分队训练抓提高、综合演练重实效"的方法,扎实开展野外宿营、帐篷架设、灭火机具操作与使用及故障排除、识图用图、灭火综合演练、负重登山等20多个课目训练。

(崔　鹏)

【军事训练实现"四个转变"】 年内,军事训练实现"四个转变"即:由被动训到主动练的转变;由随意训到系统练的转变;由单课目组训到多课目合训的转变;由只训不考到训考结合转变,坚持周会操、月考核、季讲评,使部队军事训练走上制度化、规范化轨道。同时,抓两支队伍建设,加强以警官和士官班长为主要力量的"四会"教练员队伍建设,提高组训任教能力;加强水泵分队建设,将水泵操作与使用及故障排除纳入训练计划,摆在议事日程,开展理论学习和技战术训练,利用门前河水进行模拟实战训练。

(崔　鹏)

【开展主题教育】 年内,利用42个教育日,采取参观见学、理论辅导、集中授课、观看录像、主题演讲、班排讨论等方法,开展"赞颂科学发展成就,忠诚履行职责使命,永远做党和人民的忠诚卫士"主题教育,变"单向说教"为"大家漫谈",变"一人解惑"为"众人释疑",变"典型报告"为"自由访谈"、变"一人定调"为"平等交流"。把教育与平时工作任务相衔接,走访纳金小学等共建单位,"助残日"组织官兵到拉萨特殊教育学校帮助师生开展义务劳动、清扫室内外卫生和篮球比赛等;在宇拓路步行街开展"警民双赢学雷锋"法律咨询、维修服务和双拥共建共保活动。开展"三热爱一维护"为主题的"五会"活动,每周利用两个半天时间,组织官兵学藏语、跳舞蹈、唱藏歌、知藏族风俗、交藏族朋友,每周进行一次小结讲评,采取"一帮一"、评比竞赛等方法,激发大家兴趣,加深官兵与藏族同胞感情。

(崔　鹏)

【做好谈心和思想转化工作】 年内,落实定期谈心和思想分析制度,掌握官兵思想脉搏,关心和解决官兵实际问题。大队发挥思想骨干队伍作用,运用好"三互"、"五会"等载体,缓解官兵思想压力,采取"三帮一"的方法,排查并做好思想转化工作。

(崔　鹏)

【丰富警营文化生活】 年内,开展"四有"活动,真正在"歌曲唱起来、场地用起来、乐器响起来、书籍看起来、警营乐起来"上下功夫、使长劲,警营文化生活更加丰富,利用警营小周报、橱窗和宣传栏宣传党的路线、方针、政策。

(崔　鹏)

【加强教育管理】 年内,加强对零散人员及八小时以外、节假日的教育管理,在安全发展、按纲抓建方面,对外出学习、休假人员多提醒,发放警示卡,填写管理跟踪卡,思想骨干队伍发挥作用,杜绝事故案件发生。

(崔　鹏)

【科学理财管好伙食】 年内,大队定期召开经委会,听取士兵对伙食看法,收集大家对伙食意见与建议。严格落实伙食管理五项制度,坚持党委理财,严格经费开支和报销手续,账目每月在队务公开栏财务专栏公开,贵重物品做到登记造册。

(崔　鹏)

【搞好卫生防病防疫工作】 年内,军医、卫生员经常深入班排巡诊,并检查营区卫生情况,定期对营房、食堂和相关设施进行消毒。落实卫生管理和疫情报告制度,组织官兵上好计划生育和卫生常识课,提高“三自”能力。

(崔 鹏)

【做好装备和器材检修保养】 年内,遵循“依靠科学、依法管理,立足现有、不断创新,勤俭节约、讲求效益”的原则,依据条令条例和各项规章制度,定期对水泵、灭火机具装备和器材等进行检修保养。大队对公用物资进行了3次普查和12次管装爱装专题教育。大队现有装备管理分工明确,实行专人专管,装备建账设卡,出入库手续齐全,还层层签订量化管理责任书10多份,各类库室建设符合“三化”和“三分四定”要求。

(崔 鹏)

【获奖情况】 5月,武警拉萨市森林大队被评为“拥政爱民模范单位”;12月,武警拉萨市森林大队被评为农副业生产先进单位;12月,武警拉萨市森林大队被总队评为“基层建设先进大队”;12月,武警拉萨市森林大队中士杨朋,因工作表现突出,荣立个人三等功一次。

武警拉萨市森林大队

大 队 长 吴西臣

政治教导员 王 楠

人民防空

【概 况】 年内,拉萨市人防办全面贯彻第六次全国人民防空会议精神,区、市两级第八次党代会及经济工作会议精神,围绕全面贯彻党中央关于新时期西藏工作指导思想,坚持走有中国特色、西藏特点的发展路子,逐步推进拉萨人防工作。

(蘧智超)

【开展国防宣传教育】 9月15日,在拉萨市主要街道及人口密集的场所进行国防宣传教育和防空警报试鸣活动,向过往群众发放《西藏自治区实施〈中华人民共和国人民防空法〉办法》手册500余份。

(蘧智超)

【参加全国人防培训】 年内,组织参加在南京、昆明、南昌举办的信息化条件下城市防空袭应对办法研修班、组织分布式人民防空实力统计信息管理系统软件培训和人民防空信息化集训。

(蘧智超)

【开展拉萨人民防空基本指挥所项目前期工作】 年内,开展项目前期工作,已完成用地审批和项目选址工作。市财政局下达项目前期经费50万元。市人防办特邀请重庆人防设计院相关专家开展方案可行性研究和项目初步设计工作。

(蘧智超)

【对两个工程项目人防地下室进行审批】 年内,根据中国人寿保险股份有限公司西藏分公司《关于审批中国人寿保险股份有限公司西藏分公司新建办公楼项目人防工程的函》及拉萨市公安局《关于申请下达我局应急联动指挥中心建设项目人防设计条件》的要求,按照相关法律法规,对两个项目修建人防地下室设计图纸、建筑面积等进行了审批。对项目防空地下室的战时功能和防护等级,及防空地下室建筑面积设定标准。

(蘧智超)

【开展强基惠民工作】 年内,拉萨市人民防空办驻次角林工作队开展感党恩主题教育、中共十八大宣讲等活动。投入10万元,帮助次角林的贫困百姓改善生活,配备文化设施。

(蘧智超)

拉萨市人民防空办公室

党组书记、主任 格 列

经济综合管理

发展和改革事务

【概　况】 年内,全市地区生产总值达到260.04亿元,增长12.2%;地方财政一般预算收入34.36亿元,增长46.6%;全社会固定资产投资完成285.05亿元,增长28.3%;居民消费价格指数104%,下降1个百分点;社会消费品零售总额124.56亿元,增长18.5%;城镇居民人均可支配收入19545元,增长10.7%;农村居民人均纯收入7082.1元,增长17.7%。2012年度拉萨市发展和改革委员会获国家、自治区、拉萨市及有关部门"先进集体"荣誉17项、"先进个人"奖励13人。

(吕文治)

【抓好宏观经济管理】 年内,围绕发展中的热点难点问题,发挥好"参谋部、规划部、协调部"作用。《拉萨市2012年国民经济和社会发展计划》,通过市九届人大五次会议审议,《关于2007年以来国民经济和社会发展计划执行情况与今后五年国民经济和社会发展计划草案》通过市十届人大一次会议审议。加强经济预测预警,提出季度、半年及年度经济运行分析与建议。坚持按季完成固定资产投资统计月报,及时掌握全市固定资产投资及项目建设情况。起草完成《拉萨市"十二五"以来中央赋予的优惠政策和规划项目执行情况的总结》《关于加快转变经济发展方式的调研报告》《做好发展改革工作,服务拉萨发展大局》等多篇调研报告。

(吕文治)

【抓好项目建设和管理】 年内,落实国家投资35.7亿元,增长25%。年初下达前期工作计划、基本建设项目计划,多次召开重点项目协调推进会议,拉萨市北环路、拉萨市柳梧水厂等重点项目前期工作加快推进。相继开工建设拉萨教育城、拉萨河综合整治、拉萨市老城区保护工程、次角林大桥、大型实景演出《文成公主》基础设施等重点项目,西藏会展中心、拉萨市综合展馆、保障性住房加快推进,拉萨城市供暖工程实现供热面覆盖40%目标,纳金大桥顺利合龙,74个寺庙综合服务用房完工53个,16个环拉萨"护城河"检查站完成80%的建设任务,182个便民警务服务站建成投入使用,寺庙"9+5"工程基本完成。

(吕文治)

【大力支持产业发展】 年内,实施建设林周现代农业示范园区规划工程、20个乡镇动物防疫体系、333户已建住房游牧民配套工程等农牧业项目17个,完成投资0.52亿元;实施曲水县德吉干渠、堆龙河口上游左岸香嘎村防洪堤、城关区夺底沟水土流失治理等水利项目5个,完成投资4.88亿元。争取国家支持自主创新和高新技术产业化以及重点产业振兴与技术改造项目28个总投资9.30亿元。以"一区四园"为载体,加快拉萨经济技术开发区B区基础设施、达孜县工作园区展销中心等园区基础设施建设。实施旅游项目8个总投资7860万元。西藏会展中心进展顺利,落实商贸流通发展资金项目7个,总投资1.21亿元。抓住拉萨作为国家服务业综合改革试点城市机遇,争取国家扶持电子商务平台建设项目投资1300万元。

(吕文治)

【招商引资工作成效卓著】　年内，优化投资环境，收集整理基础设施建设、旅游、畜产品加工、民族手工业、新能源开发等领域项目，编印《西藏拉萨投资指南》和《西藏拉萨政策指南》。加强对拉萨圣地天堂洲际大饭店、拉萨香格里拉大酒店、飞天国际酒店、吞米林·藏艺文博园、瑞吉酒店二期工程等项目的跟踪服务，协调解决项目实施中遇到的困难。组织参加“西洽会”、“西博会”、“渝洽会”等展会活动，举办全国民营企业家拉萨行活动，落实招商引资项目220个，实际到位资金78.3亿元，增长35%。

（吕文治）

【助推体制改革】　年内，召开全市医药卫生体制改革会议，总结部署医药保障、医疗服务等工作。完成自治区2012年重点工作任务的28项指标。贯彻国务院促进民间投资新36条，率先在全区实施重大项目BT融资模式，开展社会投资项目稳定风险评估工作。

（吕文治）

【服务生态环境建设】　年内，开工建设西藏危险废物处置中心、拉萨市重点污染企业在线监控等项目，申报达孜工业园区污水处理厂、拉萨市餐厨垃圾处理厂等项目，已列入2013年中央预算内投资计划。实施环保项目8个，完成投资0.56亿元。开展低碳试点城市申报工作，编制完成《拉萨市低碳发展试点工作实施方案》。办理节能登记项目612项，协助自治区办理节能登记项目112项。推广新型能源照明产品，累计推广节能灯50.37万支。

（吕文治）

【支持拉日铁路建设】　年内，督促施工单位及时兑现民工工资、机械租赁费和车辆运输费。配合完成协荣站、曲水站、尼木站站房方案设计。协调铁路建设部门，建设完成新增灌溉管涵27处、调整扩孔19处。配合国家审计署对拉日铁路项目审计，配合自治区纪检委对沿线农民占地和房屋拆迁补偿资金落实情况进行专项检查。配合开展拉林铁路前期工作。

（吕文治）

【维护价格秩序】　年内，加强市场价格监测预警预报，引导群众消费预期，稳定物价水平。上报各类价格信息44条，居民消费价格指数104%，下降1个百分点，物价运行处于正常可控区间。开展涉案财物品价格鉴定，完成262起委托价格鉴定，总价值922万元。

（吕文治）

【搞好粮食管理与基础设施建设】　年内，全市各类粮食经营企业收购粮食1825万公斤，增长90%，其中国有粮企收购粮食245万公斤；采购粮食1.08亿公斤，增长16%，其中国有粮企采购粮食320万公斤。全年销售粮食9910万公斤，增长24%，其中国有粮食企业销售390万公斤。争取当雄县粮食储备库、墨竹工卡县尼玛江热乡粮库、尼木县续迈乡粮库列入自治区“十二五”规划项目建设盘子。解决4个边远易灾乡粮库维修资金70.89万元。

（吕文治）

【开展强基惠民活动】　年内，进驻林周县阿朗乡嘎列、阿布村两个工作队，宣传党的政策，协助基层党建工作，帮助林周县阿朗乡嘎列、阿布两个村办实事解难题。投入资金400.79万元，修建嘎列村阿堆组乡村道路、阿布村乡村道路、70户牲畜暖棚、人畜饮水、桥梁建设等项目，购置赠送脱粒机、柴油机。开展春节、藏历年以及“三老人员”、困难群众的慰问活动。市粮食局驻当雄县龙仁村工作队大力宣传党的富民惠民政策，向贫困牧民群众捐款3.2万元，投入资金8000元更换变压器解决用电问题，为村委会解决维修资金3万余元，捐赠价值6000多元的办公桌椅。

（吕文治）

【开展机关建设活动】　年内，开展基层组织建设年和在共产党员中开展民族团结先锋活动，重点加强回流人员管控和教育。加强领导班子和干部队伍建设，推进以学雷锋活动为重点的机关精神文明建设。开设道德讲堂，开展社会主核心价值观教育和传统美德教育。完成各项资料收集、承包路段管控等任务。配合完成2012年鉴、政区大典、创建文明机关等的资料的整理与修编。加强廉政教育和专题培训，提升廉洁从政能力和依法行政能力。

（吕文治）

【加大维稳及创新社会管理力度】　年内，配合市创新办修改完善相关工作机制48项，编发专题简报18期，组织突发公共事件演练3次。加大机关内部安全保卫力度，执行值（带）班制度，加强流动人员登记与管理，推进“六五”普法宣传教育工作。

（吕文治）

【外省市对口援藏情况】　年内，北京、江苏两省市共安排1‰援藏资金5.67亿元。其中，北京市2.29亿元，项目20个；江苏省3.38亿元，项目23个。43个项目资金到位，并已实施。产业支持、智力支持等项目资金已落实。市属八县区争取援藏资金2.66亿元,主要用于达孜县工业园区展销中心、墨竹工卡县新区就业和社会保障服务中心、墨竹工卡县日多乡中心小学、达孜县全民健身中心、曲水县社会福利院改扩建等重大项目的建设。协助市委、市政府做好受援工作的协调与配合。4月至5月,拉萨市党政代表团到北京、江苏两省市回访;5月,江苏省项目考察团进藏座谈工作;9月,青海省海南州政府组团到拉萨学习交流;10月,与江苏省援藏领导小组在林芝地区召开援藏工作座谈会。

(吕文治)

财　　政

【概　况】　年内,全市地方财政收入继续保持持续稳定增长态势,公共财政预算收入突破30亿元,达到34.36亿元,比2011年增加10.93亿元,增长46.6%;全市公共财政预算支出突破100亿元,达到106.9亿元,为调整预算的123.4%,比2011年增加31.27亿元,增长41.4%;全市财政总财力达到107.1亿元,比2011年增长41.19%。

(肖伟利)

【维护社会和谐稳定】　年内,优先安排维稳支出,确保市委、市政府关于加强和创新社会管理、和谐模范寺庙创建、爱国守法先进僧尼表彰、矛盾纠纷排查化解等维稳政策措施有效落实,保障全市各个便民警务站、护城河工程有效运转,确保全市各类维稳任务完成,维护全市社会局势和谐稳定。

(肖伟利)

【促进产业升级】　年内,投入资金3600万元,支持达孜县、曲水县、堆龙德庆县等工业园区加快基础设施建设。扶持非公经济和中小企业发展,服务各类企业申报并获得财政扶持资金上亿元,累计落实区、市两级财政各项中小企业发展、技术改造、万村千乡、重点支持民族手工业特色优势产业的发展等专项资金5341.06万元。引进一批全国知名企业和重点项目。保证拉萨暖心燃气热力有限公司、置地投资开发有限公司、拉萨布达拉旅游文化有限公司顺利运转。争取上级龙头企业贷款贴息资金512.82万元,支持各县(区)乡镇民族手工业、藏医药生产、高原特色食品、新兴科技等企业和农业产业化经营龙头企业,促进农牧民群众就业和增收。

(肖伟利)

【保障和改善民生】　年内,全市用于民生方面的支出达到23.14亿元。其中全市教育支出15.29亿元,教育基础设施条件不断改善;卫生方面的投入3.85亿元,村卫生室建设全面完成,基本医疗设备配备齐全;社会保障支出4.01亿元,城镇职工医疗保险、居民医疗保险、农牧民新型合作医疗全面覆盖城乡;农牧民新型合作医疗资金累计达8932.7万元;全市涉农支出达6.47亿元,农牧民安居工程、人居环境综合整治、农村沼气、扶贫开发、农田水利设施等项目顺利实施;深化村级公益事业"一事一议"财政奖补工作,向自治区财政争取"一事一议"财政奖补资金1042.74万元,项目涉及水渠改造及维修、乡村道路建设、荒地综合造林、村容村貌整治等方面;安排资金847万元,完成了28553.33公顷的机耕、28133.33公顷的机播及24133.33公顷的机收工作;落实资金6000万元,实施"四业工程",培训城乡居民4.6万人;落实强基惠民资金8217.48万元。

(肖伟利)

【落实12件民生实事】　年内,市财政将市委、市政府确定的12个民生项目所需资金纳入年初预算,积极争取上级财政资金,投入资金5000余万元,保证12件民生实事得到有效落实。实行政府采购新购30辆公交车,完善公交配套设施工作。在市区新建10个停车场。建设16所幼儿园。落实资金37万元,为环卫工人办理养老保险、工伤保险,购买人身意外保险。最低工资标准由950元提高到1200元。解决原集体制工人住房补贴。提高城乡最低生活保障标准,城镇居民最低生活保障由原来的月人均360元提高为月人均400元,农村居民最低生活保障由原来的全区年人均1450元提高为年人均1600元,其中城市低保为13863人,资金6502.21万元,农村最低生活保障低保月平均人数为25891人,资金1511.66万元。投资13

拉萨市发展和改革委员会

党组书记	达　瓦(12月免)
	赵亚萍(12月任)
主　　任	赵亚萍(12月免)
	刘志强(12月任)

万元新建145个村卫生室(每个村卫生室建设规模为70.8平方米),实现全覆盖。组织500名基层专业技术人员到内地学习考察,落实卫生、科技、文化、教育系统学习考察经费474万元。由市、县两级共同出资530.94万元,为全市31.85万农牧民购买意外伤害保险。

(肖伟利)

【基础设施建设】 年内,投入基本建设资金19.63亿元,纳金大桥工程、公安特警支队、刑事技术鉴定中心综合展馆、政府机关业务用房、周转房、农村公路建设、便民路等基建项目有序推进。财政垫资3亿元,用于城市供气供暖工程建设。“七城同创”支出7800万元。纳木措国家4A级景区正式挂牌,拉萨河源头生态功能保护区、拉萨周边湿地保护与建设项目正式启动。自治区危险废物中心暨拉萨市医疗废物处置中心建设工程和拉萨市污染源在线监控系统工程建设顺利。

(肖伟利)

【支持文化发展】 年内,文化产业发展资金投入达到1.2亿元,覆盖城乡的公共文化服务体系基本建立。落实资金4500万元,支持《文成公主》大型实景演出和巡演准备工作。支持拉萨电视台增设两个频道及设备采购等工作。实现寺庙书屋、僧舍广播电视实现全覆盖,全市广大农牧民和基层组织、寺庙僧尼免费看到《拉萨晚报》,支持基层民间艺术团不断发展。

(肖伟利)

【推进财政改革】 年内,制定《预算绩效管理工作考核办法(试行)》及县(区)、市直部门考核评分办法,确保预算绩效管理工作顺利进行。深化国库集中收付改革,国库集中支付制度改革在市本级单位全面覆盖,实行国库集中支付资金达13.32亿元。政府采购范围不断扩大,年内,共组织实施政府采购410次,采购金额2.7亿元(含基本建设项目采购8000万元),节约资金2063万元,节约率7.2%。加强“三公”经费开支管理,完成《拉萨市本级行政事业单位公务车辆配备使管理办法》、《关于进一步加强拉萨市行政事业单位国有资产出租出借管理的通知》和《关于贯彻落实自治区党委厅行勤俭节约反对铺张浪费有关规定的意见》的起草和上报工作。

(肖伟利)

【提高财政监管水平】 年内,对各县(区)、市直各单位《中华人民共和国会计法》执行情况进行监督检查,加强对会计师行业和会计人员的后续教育管理,配合自治区财政投资评审中心对拉萨市7个完工项目进行财政投资评审,市本级投资评审中心共评审项目151个,审减资金4196.35万元。对“七城同创”资金和重大专项资金使用情况进行监督检查,对违规使用资金的单位进行处罚,并责令限期整改。

(肖伟利)

拉萨市财政局

党组书记 琼 达
局　　长 刘全保

工业和信息化局（国资委）

工　业

【概况】 年内,拉萨市工业和信息化局(拉萨市人民政府国有资产监督管理委员会)紧紧围绕“稳重求快”发展总基调和“壮大二产”的总体要求,大力实施“产业强市”战略,全力推进工业经济发展、工业园区建设、重大项目建设、非公经济培育、节能减排降耗、实现“两化”融合等重点工作,有力保障了全市工业经济保持平稳较快发展。

(徐春梅)

【全市工业经济运行情况】 年内,全市工业增加值32.3亿元,同比增长19.3%,规模以上企业完成工业增加值26.98亿元,同比增长19.5%;完成工业税收4.55亿元,同比增长28.5%;全市完成工业投入82亿元,其中市属企业完成工业投入53.7亿元,同比增长35.3%;增加就业人数9901人,同比增长14%。优势矿产业实现销售产值13.82亿元,绿色食(饮)品加工业实现销售产值15亿元,新型建材业实现销售产值11.88亿元,藏药业实现销售产值4.17亿元,民族手工业实现销售产值1.29亿元,新能源产业实现销售产值2000万元。全市新增规模以上企业6家。其中,新增产值超1亿元的工业企业1家,新增产值超5000万元的工业企业3家。

(徐春梅)

【工业园区发展情况】 年内,“一区三园”累计注册企业957户,比2011年同期577户,净增380户。其中,工业企业197户,比去年同期156户,净增40户。实现工业销售产值22亿元,同比增长51.7%;实现工业增加值8.5亿元,同比增长44.1%;完成税收总量30.81亿元,同比增长110.4%。完成固定资产投资33.74亿元,同比增长81.39%,其中完成工业固定资产投资(工业投入)20.99亿元,占园区固定资产投资的62.21%,同比增长30.37%。到2012年末,4个工业园区已累计开发面积28.88平方公里。

(徐春梅)

【召开全市工业和信息化工作会议】 3月16日,召开全市工业和信息化工作会议,市政府副市长王常生、市政协副主席亚古等领导出席会议,市直相关部门、各县(区)政府和各县区工信部门,以及全市部分规模以上工业企业和改制企业负责人参加了会议。会议对2012年全市工业和信息化工作进行了安排部署,并对各县(区)、“一区三园”下达工业经济指标目标任务。

(徐春梅)

【组织召开在藏江苏企业座谈会】 11月21日,召开江苏在藏企业座谈会,市委副书记陈勇、市政府副市长孙晓南出席会议,市工信局相关负责人及22家江苏企业代表参会。

(徐春梅)

【加快工业园区基础设施建设】 年内,市委、市政府安排给“三园”用于完善道路、标准厂房、供电通信等配套设施的3600万元专项资金全部到位。其中,达孜工业园区将1600万元资金用于工业园区金山大道北段及318国道改造硬化彩砖、给排水、路灯等基础设施建设;曲水县工业园区将1000万元资金用于雅江工业园区道路工程一段的1815米的道路建设及绿化、水电照明、桥、涵洞等附属配套工程建设;堆龙德庆县工业园区1000万元资金到位,准备用于工业园区水厂建设项目,该项目的可行性研究报告等已通过专家评审。

(徐春梅)

【市担保公司融资担保额达1亿元】 年内,通过积极搭建银企、银担对接平台,拉萨市信用担保有限责任公司共完成25个融资担保项目,为企业融资担保1.08亿元,并获商业银行4.5亿元授信支持。

(徐春梅)

【落实各项企业扶持资金】 年内,为35家企业争取并拨付了中小企业发展专项资金4581万元;为2家民族手工业企业争取到藏区发展基金100万元;争取到国家、自治区和拉萨市各类计划外资金共计6293.39万元。

(徐春梅)

【组织完成各类项目申报工作】 年内,积极为113家中小企业申报总投资3.25亿元的专项发展资金项目;共审核申报了43家企业总投资约14.32亿元的节能减排、清洁生产、中药材生产、物联网等产业扶持项目,其中,审核上报2012年工业转型升级专项资金质量品牌项目5个,项目总投资1.4亿元;审核上报2012年国家重大科技成果转化项目6个,项目总投资2.56亿元;组织3家具有中药材种植条件的企业申报2012年国家中药材生产扶持项目,项目总投资930万元;申报4家企业的9个地方标准修订项目,项目总投资188.3万元;组织7家企业申报物联网发展专项资金项目,项目总投资4990万元等。

(徐春梅)

【推进“十二五”重点工业和信息化项目建设进程】 年内,全市“十二五”期间重点工业和信息化项目共44个,累计完成投资22.35亿元,完工项目12个。截至2012年底,西藏春光食品青稞精米新产品开发、西藏奇正青稞深加工等2个项目已建成投产;西藏珠穆拉瑞青稞糌粑饼干开发、西藏屋脊之宝饮料生产、西藏绿宝食品牦牛肉流水线改造、藏医学院藏香生产车间改建、拉萨市岗地藏香生产基地等5个项目进入试生产;芝芝制药业GMP改造、藏缘青稞酒小麦深加工系列产品开发、西藏雪山矿泉水等5个项目已建设完工,并进行安装调试生产设备工作。

(徐春梅)

【巩固“全国民营企业家西藏行”活动成果】 年内,市工信局着力加大对“全国民营企业家西藏行活动”签约项目的指导、协调、督促、服务、支持力度,确保项目投资资金及时到位,努力促使签约项目尽快落地投产、开工项目尽快竣工见效。截至2012年底,江苏柯菲平医药有限公司的藏医药研发基地项目、中国隆鑫集团的保健品等生物制剂研发项目、青海互助青稞酒股份有限公司年生产3万吨青稞酒白酒项目等8个项目已开工建设,河北廊坊铜业有限公司铜压延项目、河北大洋集团公司青稞酒食品饮料项目等6个项目已完成项目选址,江西江钨控股集团公司硬质合金钨化工项目和江西山海投资有限公司15万平方米标准厂房项目等2个项目正进行项目选址。

(徐春梅)

【加快淘汰落后产能】 年内,全市大力开展淘汰落后立窑式水泥生产线工作。年产120万吨新型水泥干法熟料生产线项目在堆龙德庆县羊达乡选址建厂,厂区占地33.33公顷,计划总投资8.6亿元,该项目由甘肃祁连山水泥集团股份有限公司(出资16800万元,持股60%)、西藏金哈达实业(集团)有限公司(出资4200万元,持股15%),西藏堆龙东嘎水泥厂(出资4200万元,持股15%),西藏祁连山水泥粉磨有限公司(出资2800万元,持股10%)四家企业共同出资联合建设,项目工程拟分两期建设,一期、二期分别建成60万吨新型干法水泥熟料生产线及配套设施,两期项目建成后,年产水泥120万吨,每年创造利润1亿元,可上缴税金4000万元以上,提供就业岗位302个。截至2012年底,项目已完成厂区及厂区至矿山道路地形图测量工作和可行性研究报告编制。

(徐春梅)

【深入开展创先争优强基础惠民生活动】 年内,市工信局(国资委)分批派驻32名干部职工到尼木县帕古乡帕古村和城关区扎基居委会两个驻村(居)工作点开展工作,为驻村(居)点争取到了总投资93.5万元的项目3个,整理上报10个总投资956万元的改善群众生产生活条件的项目。共为所驻村(居)点办实事30余件,投入资金达43.26万元,其中,为帕古乡130户贫困家庭修建家庭厕所,为帕古乡16户贫困户牧民购置太阳能蓄电发电机,为帕古村修建四座生活垃圾池,实施帕古村水渠恢复工程,维修帕古村草场堤坝等。协助扎细社区解决了89户282人的城镇户口问题。通过与农牧、扶贫、强基办等相关部门沟通、协调,按照当地群众意愿,组织农牧民参加各类技能技术培训。走访慰问贫困户次数累计达100多次,机关职工共为帕古村贫困户捐助10200元以及价值96470元的图书、药品、衣物、大米等物资,及时为扎细社区群众发放价值41900元的慰问金和慰问品。

(徐春梅)

信息化建设

【概况】 年内,拉萨市工业和信息化局(拉萨市人民政府国有资产监督管理委员会)以推进工业企业实现工业化和信息化(简称“两化”)融合为着力点,坚持把“两化”融合作为推动主导产业优化升级的重要抓手,积极探索符合本市发展实际的“两化”融合道路,采用信息技术提升传统产业,不断提升全市产业创新能力、发展水平和综合竞争力,全面推进信息化工作实现新突破。

(徐春梅)

【《拉萨市信息化和工业化深度融合政策研究》课题立项】 4月22日至24日,国家工业和信息化部在北京组织召开“拉萨市信息化和工业化深度融合政策研究座谈会”,研究率先推进拉萨市“两化”深度融合工作,经工信部信息化推进司审核,《拉萨市信息化和工业化深度融合政策研究》课题得到立项,课题进度为2012年4月至2013年4月。

(徐春梅)

【召开市信息化和工业化深度融合政策研究座谈会】 为确保《拉萨市信息化和工业化深度融合政策研究》课题顺利完成,5月25日,江苏省经信委法规处处长王冬青一行5人到拉萨与市工信局、“一区三园”管委会进行座谈,就拉萨市“两化”工作开展调研,并协助市工信局共同完成《拉萨市信息化和工业化深度融合政策研究》课题。

(徐春梅)

【全市农村综合信息服务站建设(二期)工程投入运行】 年内,全市8个县(区)50个行政村的农村综合信息服务站(二期)工程建成并投入运行。

(徐春梅)

【达孜县政府政务公开和政务服务试点工作稳步推进】 年内,达孜县作为“全国依托电子政务平台加强县级政府政务公开和政务服务试点单位”,其电子政务平台建设稳步推进,各项前期准备工作基本完成,网站内容正逐步完善。

(徐春梅)

【信息化项目有序推进】 年内,市工信局积极与中国电科接触,扎实开展拉萨市“智慧城市”项目前期工作;申报西藏百益商贸、西藏高原之宝等7家企业物联网发展专项资金项目,所申报的7个项目均已通过区工信厅专家组评审并已上报国家工信部。

国有资产监管

【概况】 拉萨市工业和信息化局(拉萨市人民政府国有资产监督管理委员会)依法履行政府出资人职

责,努力实现国有资本保值增值,稳妥处理企业改制遗留问题,扎实做好国有企业维护稳定和党的建设等各项工作。

(徐春梅)

【国有资产管理】 年内,市国资委属监管企业实现国有资本收益2107.02万元。

(徐春梅)

【扎实开展国资监管工作】 年内,市工信局(国资委)扎实做好了全市国有企业报表收集、汇总、上报工作,及时、准确地反映拉萨市国有企业经济运行状况;对全市国有资产重新开展产权登记工作,促使产权关系进一步明晰;切实履行出资人职责,与八一农场、圣城集团有限公司2家国资监管企业签订了目标责任书,完成了八一农场、圣城集团年度经营业绩考核工作。

(徐春梅)

【督促指导国企人事工作】 年内,根据《中华人民共和国公司法》中关于公司"两会"三年换届的规定,督促并指导西藏拉百商贸有限公司、拉萨市中盛工贸有限公司、拉萨市旅游有限公司等三家已改制企业进行第一届董事会、监事会换届选举工作。

(徐春梅)

【审核新组建国有企业组建方案】 年内,对新组建的布达拉旅游文化有限公司等国有独资公司的组建方案进行认真审核,指导企业严格按照《中华人民共和国公司法》中有关国有独资公司的规定,规范设置公司董事会、监事会人员。

(徐春梅)

【帮助企业职工解决困难】 年内,为11家监管企业88户、133名困难职工申报2012年度租赁住房补贴,补贴总额达40.7万元;为监管企业患病职工捐款65900元。

(徐春梅)

工商行政管理

【概　况】 年内,全市新增非公有制经济组织4744户,从业人员16363人,免征各类费用19.4万元。办理股权出质企业2户,出质股权总额1亿元,企业融资难题有效解决。达孜工业园区发展迅猛,新增入驻企业41户。截至年底,全市市场主体已达41397户。其中内资企业1246户,注册资金23.32亿元,同比分别增长2.05%、18.19%。私营企业2920户,注册资金47.27亿元,同比分别增长19.72%、44.64%。个体工商户37231户,注册资金17.11亿元,同比分别增长3.18%、14.22%。

(西绕尼玛)

【服务新农村建设成果突出】 年内,服务新农村建设成果突出。截至年底,发展农牧民专业合作社164户,出资总额2.49亿元,同比分别增长43.47%、48.21%。

(西绕尼玛)

拉萨市工业和信息化局

党组书记 次仁平措(12月免)
江　嘎(12月任)
局　　长 刘雨林

【实施商标品牌战略】 年内,共引导企业申请注册商标225件,注册商标88件,申报推荐全区第七批著名商标8件,引导培育企业争创驰名商标2件。9月,尼木藏香获得国家商标局地理标志证明商标,实现了拉萨地区地理标志零的突破。全面推行《商标授权经营制度》,对进场商品品牌建立商标经济档案,公示进场商标品牌的信息,提高消费者识假辨假能力,抑制商家虚假宣传。

(西绕尼玛)

【推进非公党建工作】 年内,推进非公党建工作。截至2012年底,设立领导班子成员非公党建联系点27个,为自治区工商局党委班子成员设立党建联系点9个。设立党建工作联系点46个,选派党建指导员35名、党建联络员28名。新登记党员313名,登记党组织47个。培养入党积极分子70名,发展新党员29名。依托拉萨市个体私营经济协会党委,组建27个党支部。7月,《拉萨晚报》先后头版刊登了拉萨市圣洁商贸有限公司和拉萨市太阳岛个体非公有制经济党支部的先进事迹。

(西绕尼玛)

【强化主体资格审查】 年内,应检内资企业1048户,实检986户,网上年检792户,年检率达94%,网上年检率达80.3%;应检私营企业2396户,实检2062户,网上年检1228户，年检率达86%，网上年检率达60%；应验照个体工商户26630户，实验22482户，验照率达84.42%。查处无照经营案449件，案值688.47万元，罚没款176.02万元。

（西绕尼玛）

【查处各类违法案件1375件】 年内，共查处各类违法案件1375件，案值1000余万元，罚没款407万元。其中查处公平交易案28件、违法广告案39件、商标侵权案16件、不正当竞争案7件。

（西绕尼玛）

【开展食品安全监管】 年内，开展"食品安全示范店"评选活动，健全产品质量和食品安全管理体系。全年查处食品案40件，案值15.7万元，罚没款25.34万元。开展食品快速检测2023批次。

（西绕尼玛）

【打击传销】 年内，制定《拉萨市工商局2012年打击传销工作方案》、《拉萨市打击传销和禁止参与传销工作责任书》、《拉萨市创建无传销乡镇（村）社区学校工作方案》，报请市政府下发执行。9月，在市政府组织召开全市打击传销和禁止参与传销领导小组联席会议第一次全体会议，加强打击传销工作的组织领导。加强对直销企业直销员招募、培训和计酬的监管，监督直销企业营销行为。

（西绕尼玛）

【消费维权】 年内，开展法制宣传7次，发放书刊10种900余本、宣传资料6000余份，现场解答群众咨询600余人次，向群众现场展示假冒伪劣商品23个品种，利用藏、汉双语向群众讲解辨别商品的真伪知识，机关注册大厅设立3个假冒伪劣商品展示柜，充分展示全市工商系统打假治劣的成果和决心。受理申诉举报咨询电话1893件，为消费者挽回经济损失173.64万元。

（西绕尼玛）

拉萨市工商局

党组书记 王军义

局　　长 孙远国

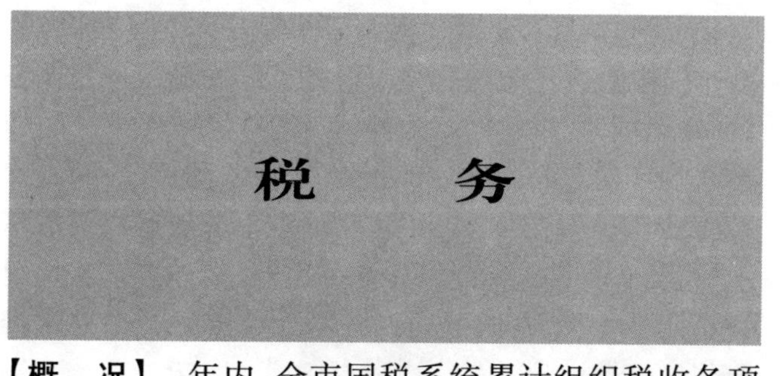

【概　况】 年内，全市国税系统累计组织税收各项收入267690.49万元，同比增收68514.9万元，增长34.4%，完成全年奋斗目标的127.47%。

（谢东萨）

【创新税收管理】 年内，税收资料调查户数826户，同比增加8户，占全区调查总户数的45.11%。利用重点税源数据，做好重点税源监控，2012年拉萨市列入区局及总局监控的企业总户数132户，占全区监控户数的31.65%，比2011年监控户数增加5户。有效整合征管资源，从规范基层单位征管机构入手统一名称，调配征管人员。强化重点行业分类管理，探索重点税源专业化管理有效办法，出台《关于进一步加强矿产企业税收专业化管理意见》，制定《商业零售业增值税管理指导意见（试行）》，修订完善《定期定额税收征收管理暂行办法》，对东、西、北城三个分局辖区内虫草销售行业开展专题调研，分析拉萨市二手房交易税收管理现状，出台《"园区企业"税务管理办法（试行）》。加快信息管税步伐，加强税控收款机异常数据分析、比对、核查，2012年在纳税人中累计推行税控收款机6903户。加强征管数据管理，共清理疑点数据11.6万余条。

（谢东萨）

【纳税服务】 年内，创新纳税服务载体，在市民服务中心实行"办税零距离、零差错、零投诉、零等待"服务，税收业务进驻拉萨市市民服务中心共受理各类涉税业务11313次。向企业发放"纳税人需求调查问卷"，广泛征求纳税人意见。加强办税服务厅建设，合理配置窗口，抓好办税窗口制度建设。利用"12366"纳税服务热线，为纳税人提供涉税问题解答，受理工单65项，受理率达到100%。通过"企信通"手机短信平台向拉萨市新确定的10户定点联系企业发送短信及电子邮箱地址，方便企业随时咨询问题、寻求纳税帮助。制作直观的二手房税收交易指导价格区域划分图。做好纳税人减负工作，筹备增设市区办税服务网点，下放一般纳税人认定权限，对建筑安装行业代开发票业务实行"办税直通"，实行代开发票业务集中办理。在各办税大厅实行POS机缴税业务，扩大财税库银横向联网电子缴税业务推行范围，针对税控收款机用户补税问题开展专题调研，提出减负工作改进建议，并成功试点运行。

（谢东萨）

【**税收宣传**】　年内，利用宣传标语和图片的新年贺卡、台历向纳税人发送万余份宣传，利用《特别关注》杂志封面刊登税宣标语及图片向社会各界赠阅3000册，为辖区内100户重点企业法人代表、财务人员、税务干部，订阅《中国税务报》手机报。利用电视台节目，主要路段公交站台、“便民警务站”、报纸、ELE双屏联播税收动漫片等平台进行税收宣传，为市区内160户纳税人代表开设纳税人讲堂邀请专家讲授税法，利用中国电信宣传平台开通固定电话税收宣传彩铃业务，借助西藏人民广播电台《中国西藏之声网》网站进行专题宣传。

（谢东萨）

【**依法治税**】　年内，规范减免税管理，加强减免税政策宣传解释和审批管理，严格向纳税人兑现税收减免政策，印发《车船税减免税管理办法（试行）》，规范车船税减免管理。落实增值税转型后固定资产进项税额抵扣等政策，2012年拉萨市增值税一般纳税人户数达354户，同比新增81户，累计实际抵扣固定资产进项税额2066.26万元，办理审核出口退税12户45次。规范税收执法行为，成立依法行政领导小组，印发推进依法行政工作的考核实施意见。研究制定并从4月1日开始实施《拉萨市国家税务局规范税务行政处罚自由裁量权实施办法》和《行政处罚自由裁量权执行标准（试行）》，指导和约束税务机关合法合理行使自由裁量权，加强执法风险防范。举办“规范涉税取证工作、提高依法行政能力”专题培训，组织实施税收执法督察重点检查工作。整顿和规范税收秩序，联合开展药品、医疗器械生产经营单位和医疗机构发票使用情况专项整治，组织开展税收专项检查，对辖区内发票违法问题比较集中、违法情况比较严重的行业作为自选对象开展重点检查。

（谢东萨）

【**队伍建设**】　年内，落实领导干部基层联系点制度，局领导带着问题到税收一线掌握第一手资料。推进学习型组织建设，加强干部业务能力建设，按季编发业务学习手册，选派干部跟班学习，组织开展全员业务考试，开展所得税业务技能大比武活动，在西藏税务干部学校自主举办第一期税收业务知识培训班，开展好“推荐一本书”读书活动，邀请专家举办《国学与人生》、摄影、心理健康与调适等专题讲座。推进机构人事改革，组建完成柳梧新区税务分局，将人教科分设为人事和教育两个独立科室，组建督察内审科。建立合理的人员流动机。

（谢东萨）

【**党风廉政建设**】　年内，学习贯彻《税收违法违纪行为处分规定》，不定期更换廉政宣传内容，开展拒腐防变每月一课学习，完成廉政警示教育基地前期选址工作，拓展廉政教育平台。召开廉政专题会议，及时传达学习党风廉政建设会议精神，结合实际提出2012年党风廉政建设工作和反腐败工作的总体要求和任务，落实党风廉政建设责任制，完成两年一度的党风廉政建设责任书考核验收工作。印发权力运行监督管理办法，围绕执法和行政重点环节开展监督，推行“廉政监督卡”制度，在纳税户和全市税务干部中选出德才兼备的10名同志作为党风监督员，明确党风监督员的职责、任务、义务和权利。改进政风行风，加强组织纪律监督，对干部上下班组织纪律和公务车及下户登记情况、机关考勤打卡情况、执行“外出登记”制度落实情况进行监督检查，西城分局在各基层税务机关中首次推行指纹考勤机。

（谢东萨）

拉萨市国家税务局

党组书记　其　美

局　　长　葛程蓉

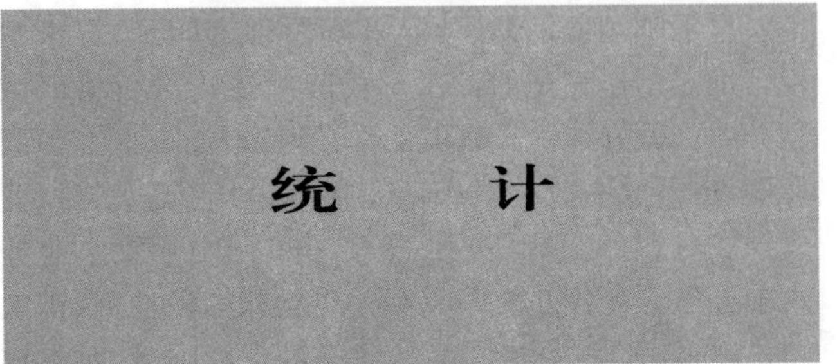

统　计

【**概　况**】　年内，拉萨市统计局、国家统计局拉萨调查队以加强统计调查能力建设、服务科学发展为重点，提高统计数据质量，进一步发挥统计服务、统计咨询和统计监督的整体功能，克服统计任务繁重、基层统计力量薄弱、统计方法相对滞后等困难和因素，促进了全市统计调查事业的不断发展，完成全年各项工作任务。

（陈建琼　胡　烨）

【**巩固和加强队伍建设**】　年内，多次组织局队全体干部职工召开专题会议传达贯彻学习中央第五次西藏座谈会精神和总书记胡锦涛“五个继续着力”重要讲话精神和中共十八大精神，制定《拉萨市统计局国家统计局拉萨调查队2012年机关作风和行政效能建设工作思路目标任务及工作措施》。修改完善《拉萨市统计局、国家统计局拉萨调查队2012年岗位目标管理考评办法》，制定《2012年局队各科室目标考核办法》和《2012年各科室主要工作任务分解》，并与各科室签订责任书。拉萨市统计局获得2012年度市(中)直机关作风和行政效能建设工作综合考评二等奖。制定《拉萨市统计局国家统计局拉萨调查队深入开展“八看、一算账、一揭批、四个增强”主题教育活动的实施方案》和《拉萨市统计局国家统计局拉萨调查队深入开展以“爱国、团结、和谐、发展、文明”为主题的核心价值观教育活动的实施方案》。开展“结对子”帮扶活动，组织党员干部捐款20000余元帮扶驻村点贫困群众，“唱红歌、颂义务”等活动。制定《拉萨市统计局国家统计局拉萨调查队创先争优强基础惠民生活动实施方案》，队员每半年轮换一次。2012年拉萨市统计局驻村工作队共筹集、申报项目资金136.95万元，共办21件实事好事。

（陈建琼　胡　烨）

【完成统计调查业务工作】　年内，完成2011计年报和2012定期报表的收集、审核、汇总和上报工作。全力做好GDP核算和专业核算，准确测算、预测全年主要经济指标完成情况并开展实时调查。编印《统计研究与报告》18期，其中《拉萨市投资、消费与地区生产总值的相关性分析》得到区党委常委、市委书记齐扎拉的重要批示，《狠抓工作落实，确保稳中求快》、《剖析收入结构，拓宽增收渠道》和《探究投资拉动，力促经济发展》等专项课题的研究报告得到市委、市政府主要领导和分管领导的肯定与评价。编印统计分析60期、统计动态105期、被区局、总队和市委、市政府采用分析、信息60余篇；发布《全市经济和社会发展统计公报》，编辑2012年《统计年鉴》和统计月度小册子。在创建全国文明城市中，获得拉萨市创建全国文明城市工作先进单位，3名干部被评为拉萨市创建全国文明城市工作先进个人。被市委、市政府评为2012年全市信息工作先进单位、调研工作先进单位和支持全市工业经济发展先进集体。

（陈建琼　胡　烨）

【推进城乡住户调查一体化改革】　年内，制定《拉萨市统计局国家统计局拉萨调查队城乡住户一体化改革工作实施方案》。各县(区)统计人员、协助调查员等开展城乡住户一体化改革工作相关知识培训。利用目前住户调查样本数据，建立拉萨市城乡住户一体化改革工作字典库。年内，完成共4000多户城乡住户的摸底调查，确定新的400个调查户。

（陈建琼　胡　烨）

【企业一套表工作取得成效】　年内，市政府成立以市委副书记、常务副市长曹边疆为组长，市发改委、市财政局、市工信局、统计局等部门负责人及县(区)分管领导为成员的拉萨市实施“企业一套表”工作领导小组，制定《拉萨市“企业一套表”工作实施方案》。开展了培训会议、走访督导等多种形式的宣传活动。组织全市“三上”企业的企业负责人及统计员、各县区统计工作人员召开“企业一套表”工作专题培训。

（陈建琼　胡　烨）

拉萨市统计局

党组书记　仓　琼(8月任)

局　　长　蔡　岷

质量技术监督

【概　况】　年内，共抽查工业企业49家12大类产品的412批次产品，产品抽样合格率为74.1%。共受理工业类新申证企业5家。定期开展机动车安检机构管理，并组织培训76人。

（贾伟萍）

【食品质量安全监督】　年内，开展食品添加剂、质监利剑行动等专项整治，查处9件违法食品案件，价值204万元。开展监督抽样和风险抽样工作，共抽样503批次产品，合格472批次产品，合格率为94%。通过树立“标杆”食品企业，全面推进食品安全规范化管理，试点推行了食品生产加工企业(小作坊)各3家。

（贾伟萍）

【特种设备安全监察】　年内，共培训特种设备作业人员147名，登记备案全市新增特种设备673台。制定出台《拉萨市气瓶充装单位年度监督检查考核制度》,共送检液化石油气钢瓶3.85万只,报废处理超期服役钢瓶和不合格钢瓶2600只。与89家特种设备重点使用单位签订安全生产责任书,全面落实企业第一主体责任。为全市供暖项目和新建大型游乐园项目提供有关压力管道、锅炉、大型游乐设施和起重机械等特种设备安全技术咨询服务。

(贾伟萍)

【执法监督】 年内,“12365”投诉平台全年处理投诉举报14起、咨询20起,均已调解处理完毕。在重大节日和两会期间,开展各类专项检查和专项整治工作,共出动执法人员2210余人次,出动执法车辆700余台次,共办理16起行政案件,全部已结案。

(贾伟萍)

【标准计量】 年内,共接待标准查询20人次,帮助企业初审产品标准15个,登记产品标准61个。为3家服务业标准化试点单位建立标准体系框架。确定尼木藏香为拉萨市申报的地理标志保护产品,确定尼木藏香和古荣糌粑为拉萨市“十二五”时期地理标志保护产品资源,建立申报资源库。全年共办理组织机构代码证12601件,接受咨询3000人次。

(贾伟萍)

【质量兴市】 年内,制定2012年工作任务及分解目标,有序开展质量兴市创建活动。深入推动名牌战略,积极筹备对获得中国驰名商标、西藏名牌产品的企业和在创建工作中成绩突出的成员单位进行表彰。加强西藏名牌企业的申报和培育工作,年内组织申报西藏名牌20家。

(贾伟萍)

【干部队伍建设】 年内,共培训干部职工80人次,从社会各界聘请30名政风行风特邀监督员。组织学习18次,撰写心得体会45篇。丰富健全群团组织,开展学雷锋、幸福拉萨规范舞、演讲比赛、“一对一”帮扶等系列活动。

(贾伟萍)

拉萨市质量技术监督局

党组书记、局长 郑宏凯

审　计

【概　况】 年内,拉萨市审计局共完成审计项目19个,审计总金额1006999万元,查出违规违纪资金39109.02万元,提出审计建议46条,被审计单位采纳46条。

(杨立涛)

【2011年度预算执行情况审计】 年内,市审计局对拉萨市本级2011年度预算执行和其他财政收支情况的审计,并延伸审计拉萨市交通运输局2011年度预算执行和其他财政收支情况,对墨竹工卡县2008—2011年财政决算和其他收支进行了审计,共完成审计项目3个。审计总金额885807.64万元,查出违纪违规资金31379.32万元,提出审计建议10条,被相关单位采纳10条。

(杨立涛)

【社会保障资金审计】 年内,市审计局从各科室抽调15名审计人员与市直各协调单位抽调的5名人员联合成立拉萨市社会保障资金专项审计工作组,对全市七县一区、柳梧新区、拉萨市经济技术开发区和市直所属部门的12类18项社保资金进行全面审计。在进行社保资金审计时,同时对拉萨市医保中心专项资金进行审计。审计总金额52389.72万元,通过审计查出违规违纪资金1826.57万元,提出审计建议17条,被审计单位采纳17条。

(杨立涛)

【行政事业和专项资金审计】 年内,市审计局开展柳梧新区管委会、曲水县曲水镇人民政府、城关区纳金乡人民政府3个单位2010年至2011年财政收支审计。审计总金额27993.56万元,查出违纪违规资金31.77万元。提出审计建议8条,被审计单位采纳8条。

(杨立涛)

【企业审计】 年内,对拉萨市设计院2009—2010年资产、负债、损益的情况进行审计。经审计,该企业会计资料反映了2009年至2010年的经营成果和财务状况,财务收支活动基本符合相关法律的规定,2009年至2010年实现国有资产保值增值。审计总金额828.96万元,查出违纪违规资金140.23万元(均为应调账处理资金),提出审计建议1条,被审计单位采纳1条。

(杨立涛)

【经济责任审计】 年内，对拉萨市司法局赵涛同志进行离任审计，审计总金额 2285.95 万元。

（杨立涛）

【固定资产投资审计】 年内，市审计局组织实施拉萨市国资委“金鼎百货店”整体升级改造建设项目竣工决算项目审计，开展旁多水利枢纽改造有关移民搬迁以及征地补偿费用专项资金的审计，对拉萨市中小学校舍安全工程 2009—2012 年专项资金进行了审计调查。审计总金额 30963.66 万元，查出违纪违规资金 3,176 万元。提出审计建议 9 条，被相关单位采纳 9 条。

（杨立涛）

【农发项目专项资金审计】 年内，对曲水县重点区域生态公益林建设项目、尼木县 2007—2008 年援藏沼气建设项目、林周县 2011 年农业综合开发土地治理项目资金收支情况项目、堆龙德庆县农业综合开发土地治理项目资金（包含 2 个项目）、西郊自来水厂水源地环境保护工程项目资金收支审计等的审计。审计总金额 4823.45 万元，查出违纪违规资金 41.13 万元，提出审计建议 6 条，被相关单位采纳 6 条。

（杨立涛）

【建立完善审计档案数据库】 年内，完成对 2011 年全年档案的归档工作，对 1996 年至 2010 年的审计档案进行分门别类汇总和整理审计数据，共整理档案 260 卷。拉萨市审计局全年完成 11 个项目的审理，共审理审计报告 18 份，审计决定 7 份，出具书面审理意见书 11 份。

（杨立涛）

拉萨市审计局

党组书记 史 勇
局　　长 次 旦

商　　务

【概　况】 年内，全市完成进出口贸易总额 33.3 亿美元，占全区的 97.2%，同比增长 154.7%。其中出口 32.61 亿美元，与上年同期相比增长 188.0%；进口 0.69 亿美元，与上年同期相比下降 60.9%。贸易顺差为 31.92 亿美元，同比扩大 2.33 倍。

（张文清）

【参加“三下乡”活动】 2 月 19 日，市商务局组织曲水县海尔电器专卖店、移动公司曲水营业厅、电信公司曲水分公司等 3 家单位参加自治区宣传部在曲水县聂当乡德吉村举办 2012 年自治区文化科技卫生“三下乡”集中示范活动。共销售商品 30 件，销售额 12002 元。

（张文清）

【试运行二手车市场管理机制】 4 月 28 日，全市二手车市场管理委员会成员单位入驻夺底路二手车市场。同时，开展新建一家二手车交易市场前期工作。

（张文清）

【参展南京跨国集团采购会】 5 月 9 日至 11 日，组织 23 家特色产品企业，首次参加在南京举办的第七届跨国零售集团采购会。与 100 多家跨国零售集团、国际采购商及江苏省大型超市进行互动对接洽谈，与 20 多家企业达成初步的合作意向，意向签约金额约 300 万元人民币。

（张文清）

【参加中国（北京）国际服务贸易交易会】 5 月 28 日至 6 月 1 日，市商务局组织旅游、文化、经开区、柳梧新区、圣地天堂会展中心、拉萨百货、西藏百益集团等单位参加在北京举行的 2012 年中国（北京）国际服务贸易交易会，发放各种宣传材料、展品、音像制品、书籍画册等 3000 余份，接待咨询群众万余人次，与其他省市代表团、参会企业达成意向性投资项目 20 余个，涉及金额逾亿元。

（张文清）

【举办拉萨生猪定点屠宰场开放日活动】 6 月 13 日，市商务局在曲水聂当工业园区举办拉萨市生猪定点屠宰场开放日活动。区、市有关领导，消费者代表和生猪屠宰企业 40 余人参加活动，代表们参观了生猪屠宰、检疫的全过程，并就生猪定点屠宰工作中的若干问题展开座谈。

（张文清）

【加大碘盐推广力度】 9 月底，全市共配送碘盐 3515.65 吨，配送率达到 100%，其中农牧区配送 1654.65 吨，农牧区碘盐人口覆盖率达到 97% 以上，提前完成全年配送任务。

（张文清）

【举办北京—西藏(拉萨)商品大集活动】　11月30日至12月9日,以“神奇西藏,天堂奇珍”为主题的第二届2012北京—西藏(拉萨)商品大集在北京金源新燕莎购物中心举行。活动累计销售额达1205.2万元,同比销售额增长9.07%。展销期间,商贸意向投资及签约超过500万元。

(张文清)

【搭建消费平台】　12月,市商务局承办拉萨市欢庆“十八大”惠民生、促消费活动,各参与企业当月销售总额累计达15177.95万元。

(张文清)

【社会消费品零售总额达到124.56亿元】　年内,全市累计实现社会消费品零售总额124.55亿元,同比增长18.5%。

(张文清)

【推进“万村千乡市场”工程】　年内,共规划建设2个配送中心、6个乡镇商贸中心、8个县级农家店以及53个乡级农家店和55个村级农家店,实现农家店村级全覆盖。

(张文清)

【开展“家具家电下乡”工作】　年内,全市新增2个家电家具经营网点,家电家具经营网点达到93家,其中全市家电经营网点65个(市区31个,县34个),家具经营网点28个(市区17个,县11个)。全市全年共销售家电家具下乡产品16477台(件/套),销售额达2569.21万元,财政兑现补贴370.37万元。

(张文清)

【推进“农超对接”、“菜篮子”工程】　年内,在市区10个农贸市场内安排八县(区)共230个农牧民自产产品免费摊位。共有4家超市和1家农贸市场与4县7个蔬菜基地实现对接。

(张文清)

【推进四大市场建设】　年内,在市商务局的跟踪督促下,达孜县木材市场基本建成,同时商务局组织开展搬迁前期工作,待相关部门验收后将报请市政府同意后进行搬迁。再生资源集散市场竣工并投入使用。城关区特色农畜产品交易市场开工建设。纳金路农贸市场确定重新选址。

(张文清)

【落实拉萨现代物流园区】　年内,完成《拉萨市物流业发展规划(2012—2020)》与《拉萨综合物流园建设规划编制项目计划书(草案)》的初稿,堆龙德庆县已成立物流园区管委会,注册物流公司,制定用地方案,先期建设用地准备妥当。

(张文清)

【推进拉萨万达广场招商引资项目】　年内,开展招商引资工作,与多家企业达成意向协议。协调相关单位开展拉萨万达广场项目前期相关工作。

(张文清)

【跟踪推进中央投资项目】　年内,西海冷链及生活必需品储备中心、西藏博远仓储中心及果蔬保鲜库、八一农产品市场升级改造、冲赛康农产品交易市场冷链物流建设、天海物流配送中心、堆龙德庆县蔬菜保鲜库等中央投资项目已完成并投入使用。

(张文清)

【开展商务项目申报】　年内,市商务局组织申报仁益公司家电配送中心、润通公司食品流通设施建设、圣美家仓储物流中心项目等3个2013年中央拟投资项目;组织申报达孜工业园区电子商务示范基地项目;开展拉萨市汽车销售行业以及拉萨报废汽车拆解行业调研,组织上报2个报废汽车拆解升级改造项目。编制上报“新网工程”项目库和拉萨市商务整合资金项目库及2013年项目计划表。

(张文清)

【做好重要商品应急储备】　年内,拟定《拉萨市生猪活体储备实施方案》和《拉萨市生活必需品储备实施方案》,报市政府审批。“三大节日”期间,市商务局安排重要商品承储企业及早安排,积极组织货源,确保节日期间生活必需品供应不断档、不脱销。

(张文清)

【开展酒类流通市场备案登记】　年内,市商务局在全市范围内开展酒类流通市场调查摸底及备案登记工作。

(张文清)

【加大市场整治规范力度】　年内,市商务局结合成品油年检,对全市26家加油站进行抽样检查,依法处理3家未批先建加油站。成立专项整治工作领导小组,开展打击私屠滥宰、强化肉品卫生安全专项治理行动。规范生产过程,完善规章制度,落实进场生猪检疫率达100%,出厂肉品合格率100%。结合“食品安全月”,市商务局联合相关职能部门开展肉品上市销售安全隐患集中整治行动,保证上市销售的肉品95%来自定点屠宰场。截至年底,共出动执法人员113人(次),出动执法车辆34辆,查处私屠滥宰行为5起,查扣不合格生猪1800多斤,并全部进行了无害化处理。查没非食用盐、工业盐以及假冒碘盐6

吨多。

（张文清）

【加大农贸市场集中整治】　年内，市商务局制定《市商务局迎接2012年全国城市文明程度指数测评工作方案》和《市商务局创建卫生城市工作方案》，成立市商务局创城迎评工作组，会同创卫办、市政市容、工商局、农牧局、民政局等成员单位，与市区12家农贸市场签订《2012年农贸市场创建国际卫生城市责任书》。制定《农贸市场整治方案》，对各大农贸市场的市场卫生整治情况进行专项检查。

（张文清）

【强基惠民活动】　年内，市商务局驻林周县边交林乡卡优村工作队建立健全村规民约、村务公开、党务公开、党风廉政建设、民主监督机制等规章制度。争取到45万元的人畜安全饮水项目，为民办实事16件，涉及资金13万余元。筹资32000元，为该村的三老人员、贫困户和结对帮扶党员送去大米、面粉、食用油、砖茶、酥油等节日慰问品。联系阜康医院为近200名群众进行了诊治，免费发放价值8000多元的300个品种的药品，派发200份健康教育资料。被市委、市政府授予“先进驻村（居）工作队”称号。

（张文清）

【加强业务培训】　年内，市商务局先后组织两批人员到江苏参加由江苏省商务厅举办的“肉类蔬菜追溯体系建设培训班”和“流通业现代化管理人才培训班”，开阔了开展相关工作的思路，为下一步工作打下了好的基础。

（张文清）

拉萨市商务局

党组书记　旺　杰
局　　长　范红英

国土资源规划

【概　况】　年内，拉萨市国土资源规划局改造高标准基本农田666.67公顷，开展城关区、堆龙堆庆县部分基本农田调整补划工作，共调整补划面积1301.42公顷。全年出让国有建设用地使用权67宗，总面积206.76公顷，出让价款118047.73万元，审批国有划拨用地16宗，面积61.7公顷，收取划拨价款15461.08万元。办理土地初始登记85宗，变更和分割登记2475宗，抵押登记172宗，抵押金额78222.32万元。全市农村宅基地确权登记发证工作完成地籍测图115.6平方公里54660宗，占合同面积的125%。推进和谐矿区建设，提高资源开发利用水平。完成《拉萨市矿产资源总体规划》上报自治区国土资源厅审批。查处违法建设192处，拆除违法建设面积807平方米；整改3处，面积1500平方米。开展老城区违法建设专项整治摸底排查工作，摸底排查违法建设157处，违法建设面积12874平方米。

（蒋长城）

土地管理

【供应建设用地268.46公顷】　年内，共供应建设用地268.46公顷，其中出让67宗206.76公顷，出让价款118047.73万元；划拨16宗61.7公顷，划拨价款15461.08万元。

（蒋长城）

【教育城征地259.59公顷】　年内，拉萨市教育城一期征地工作完成土地征收259.59公顷。

（蒋长城）

【用地预审】　年内，完成达孜县2012年第一、二批次，堆龙德庆县第一批次呈报的建设用地审查报批工作，面积61.63公顷。

（蒋长城）

【耕地保护达标】　年内，拉萨市耕地保护目标54786.67公顷，实有54800公顷；基本农田保护面积目标49333.33公顷，实有49333.33公顷，耕地保护和基本农田保护均达标。截至年底，改造高标准基本农田666.67公顷，完成高标准基本农田建设任务。开展城关区、堆龙堆庆县部分基本农田调整补划工作，共调整补划面积1301.42公顷，并通过自治区检查组的验收。

（蒋长城）

【地籍管理工作】　年内，共办理土地初始登记85宗，变更和分割登记2475宗，抵押登记172宗，抵押金额

78222.32万元。完成自治区民航局等23宗土地使用权价值评估和拉萨饭店等21宗土地评审。

(蒋长城)

【推进军地土地纠纷调处工作】 年内,18宗军地土地权属纠纷协调解决5宗。

(蒋长城)

【招拍挂土地】 年内,通过招拍挂程序出让土地37宗,面积210.36公顷,成交价14.51亿元。

(蒋长城)

【完成全市农村宅基地登记发证工作】 年内,全市七县一区农村宅基地确权登记工作全部完成。

(蒋长城)

矿产资源管理

【和谐矿区建设】 3月,在墨竹工卡县组织召开拉萨市建设和谐矿区工作总结推进会,总结全市建设和谐矿区工作经验,表彰建设和谐矿区工作先进集体,安排部署全市巩固和扩大建设和谐矿区成果工作。组织各县开展建设和谐矿区成效交叉检查以及建设和谐矿区经验交流。

(蒋长城)

【矿产资源规划】 年内,编制完成《拉萨市矿产资源总体规划》,已按程序上报自治区国土资源厅审批。

(蒋长城)

【矿产资源执法监察】 年内,督促西藏望果矿业有限公司、西藏墨竹宝源选矿厂、西藏宝翔矿业有限公司南木乡铜钼选矿厂等9家选矿厂于年底完成关闭和限期整改工作。

(蒋长城)

【矿产资源补偿费】 年内,上缴矿产资源补偿费。截至3月底,完成2011年度上缴矿产资源补偿费600余万元,同比增长100%。

(蒋长城)

【地质灾害防治】 年内,编制印发《2012年度汛期地质灾害防治方案》,开展拉萨市西城片区东嘎石灰矿矿山地质环境治理生态恢复工程前期准备工作。配合中国地质大学地调院、中科院地球物理研究所等14家单位做好青藏专项工作。

(蒋长城)

城乡规划管理

【完成文化旅游创意园规划编制】 9月,由中国城市规划设计研究院上海分院承担的中国西藏文化旅游创意园规划编制工作启动。12月12日,市政府组织召开中国西藏文化旅游创意园专项规划专家论证会,评审通过《中国西藏文化创意园道路与竖向系统专项规划》和《中国西藏文化旅游创意园水系统专项规划》。

(蒋长城)

【规划服务】 年内,绘制建设用地红线图400余宗,提供各类规划图、地形图1000多张(幅),办理《建设项目选址意见书》120本,建设用地规划许可证189本,建设工程规划许可证189本,乡村建设规划许可证9本。

(蒋长城)

【实现城市规划全覆盖】 年内,编制完成拉萨市教育城城市设计和控制性详细规划,启动拉萨市东嘎新区控制性详细规划编制(修编)工作。

(蒋长城)

【重大项目选址】 年内,完成供暖供气工程项目、次角林大桥、实景(文成公主)演艺场、自治区组织部搬迁、自治区宣传部办公楼、自治区省级干部职工周转房项目和车管所搬迁等重大项目选址工作。

(蒋长城)

执法检查

【查处违法建设192处】 年内,共查处违法建设192处,拆除违法建设面积807平方米;整改3处,面积1500平方米。开展老城区违法建设专项整治摸底排查工作,摸底排查违法建设157处,违法建设面积12874平方米。

(蒋长城)

【卫片执法检查】 年内,开展2011年度土地矿产和城乡规划卫片执法检查工作,核查土地图斑173个、矿产图斑16个、城乡规划图斑187个。土地矿产卫片图斑初报数据已通过省级验收,违法比例为6.55%。城乡规划查处违法图斑17个,已责令整改。

(蒋长城)

机关动态

【推进强基础惠民生活动】 年内,完成当雄县乌玛塘乡郝如村游牧点人畜饮水、纳龙村委会维修项目,启动郝如村摩托车维修站、乌玛商业一条街道路整治、牛奶加工厂改扩建和各村组文化活动室等项目工程。截至年底,自筹和争取项目资金合计400万余元,帮助两村积极组建培育牧民建筑施工队、奶牛养殖、缝纫等专业经济合作组织。驻当雄县郝如村工作组被评为拉萨市优秀驻村工作队,拉萨市国土资源规划局被评为自治区“优秀组织单位”。

(蒋长城)

拉萨市国土资源规划局

党组书记 龚建彰

局　　长 杨　林

安全生产监督管理

【概　况】 截至年底,全市共发生各类安全生产事故360起,死亡79人,伤268人,直接经济损失819.39万元。与2011年同期(发生事故385起,死亡78人,伤304人,直接经济损失322.24万元)相比,事故起数下降6.49%,死亡人数上升1.28%,受伤人数下降11.84%,直接经济损失上升154.28%。事故起数占全年总体控制指标355起的101.41%;死亡人数占全年死亡总体控制指标143人的55.24%。

(冯　浩)

【烟花爆竹安全监管】 1月6日,举办拉萨市烟花爆竹零售经营从业人员安全培训班。全市7县1区烟花爆竹(零售)经营主要负责人和安全管理人员共120人(其中,城关区80人、七县40人)参加。2012年春节、藏历年期间,全市共审批烟花爆竹(零售)店66家,其中市区内42家,各县24家。1月19日、1月21日、2月6日、6月9日组织市公安局三处、市消防支队、市工商局、市质监局、市政管委等部门和城关区安监局组成联合检查组对全市烟花爆竹市场进行3次联合安全检查。2月15日,烟花爆竹协会、公安、安监、消防和城关区安监局,将一年来与相关部门收缴的过期、存在安全隐患的660件产品,价值22万余元的烟花爆竹进行统一销毁。

(冯　浩)

【做好援藏协调工作】 5月9日,在林芝召开全国对口支援西藏安全监管系统工作座谈会。北京、江苏两省市安全监管局表示将从资金、项目、人才培养等方面,做好援藏工作。7月15日至30日拉萨市安监局党组副书记、常务副局长王中堂带领市安监局及七县一区安监系统共11人到北京市安全监管局,以办班授课、交流座谈等方式,学习借鉴先进经验。

(冯　浩)

【道路交通事故】 年内,全市发生交通事故276起,死亡74人,伤265人,车物直接经济损失250.58万元(经交警支队调查,有1起已上报的死亡1人的事故属于刑事案件,予以核减)。其中:城区:发生事故162起,死亡26人,伤145人;堆龙德庆县:发生事故49起,死亡13人,伤45人;林周县:发生事故12起,死亡6人,伤17人;当雄县:发生事故34起,死亡10人,伤28人;墨竹工卡县:发生事故3起,死亡1人,伤4人;尼木县:发生事故9起,死亡9人,伤19人;曲水县:发生事故3起,死亡4人,伤4人;达孜县:发生事故4起,死亡5人,伤3人。与2011年同期(发生事故274起、死亡75人,伤299人,车物直接经济损失223.16万元)相比,事故总起数上升0.73%;死亡人数下降1.35%,受伤人数下降11.38%,车物直接经济损失上升12.29%。死亡人数占全市道路交通事故总控制指标129人的57.36%。

(冯　浩)

【火灾事故】 年内,全市发生事故80起,无死亡人员,伤3人,直接财产损失387.81万元(消防支队补报火灾事故5起、财产损失341.59万元)。其中:市辖区:发生事故24起,无死亡人员,伤3人;城关区:发生事故36起,无人员伤亡;堆龙德庆县:发生事故9起,无人员伤亡;曲水县:发生事故3起,无人员伤亡;墨竹工卡县:发生事故2起,无人员伤亡;当雄县:发生事故3起,无人员伤亡;尼木县:发生事故1起,无人员伤亡;达孜县:发生事故1起,无人员伤亡;林周县:发生事故1起,无人员伤亡。与2011年同期(发生火灾事故109起,死亡1人,伤5人,直接财产损失35.53万元)相比,事故总起数下降26.61%,死亡人数下降100%,受伤人数下降40%,直接财产损失上升991.50%。

(冯　浩)

【工矿商贸事故】 年内,全市发生工矿商贸事故2起,死亡3人,无受伤人员,直接经济损失181万元。与2011年同期(发生事故2起,死亡2人,无受伤人员,直接经济损失63.55万元)相比,事故起数持平,死亡人数上升50%,均无受伤人员,直接经济损失上升184.82%。死亡人数占全市工矿商贸事故总控制指标9人的33.33%。

(冯　浩)

【铁路交通事故】　年内,全市发生铁路交通事故2起,死亡2人,无受伤人员(补报事故1起、死亡1人)。与2011年同期(无事故发生)相比,事故起数增加2起,死亡人数增加2人,均无受伤人员。

(冯　浩)

【较大及重特大安全事故】　年内,全市发生4起较大道路交通安全事故,死亡22人,伤13人。无重特大生产安全事故发生。

(冯　浩)

【安全生产宣传】　年内,结合"打非治违"专项行动开展安全生产知识、宣传及安全生产月活动启动仪式、收看全国"安全生产月"活动视频、安全生产事故警示周(6月4日至10日)、安全生产宣传咨询日(6月10日)、安全文化周(6月11日至17日)、安全生产应急预案演练周(6月18日至24日)等活动。43家单位参加安全宣传咨询日活动,出动宣传人员180人,流动宣传车1台,悬挂宣传横幅110条,摆放各类展板125个,发放宣传资料30000余份。2012年拉萨市安全监管局再次被国家六部委评为"全国安全生产月"活动先进单位。

(冯　浩)

【推进"打非治违"专项行动】　年内,拉萨市责令停产整顿矿山企业2家;整合矿山企业1家;关闭非法采石采砂点22个;查处非法制售光盘窝点2处;停业整顿违规经营网吧1家;取缔成品油非法销售点1个;取缔非法加工醇基液体燃料窝点1个。墨竹工卡县安全监管局对涉及墨竹工卡县哈海岗钼多金属矿详查项目无证生产事宜的中国有色桂林矿产地质研究院有限公司(原桂林矿产地质研究院西藏分院)、开县惠逢源矿业有限责任公司分别做出行政处罚。市安监局对全市所有金属矿山进行安全生产资质核查,验收4家非金属矿山,验收并颁发非金属矿山安全生产证2个。

(冯　浩)

【非煤矿山安全监管】　年内,成立复产验收领导小组,采取明察暗访和随机检查的方式,对已开工的矿山企业、尾矿库、采石采砂企业落实安全生产责任制、安全生产各项措施、安全生产资质、作业现场安全管理和安全生产隐患排查治理等情况进行严格检查。加大矿山安全生产风险抵押金缴存力度,确定华泰龙、金和、宁玛、珠冶等非煤矿山企业作为拉萨市矿山标准化及安全避险"六大系统"建设试点企业。建设非煤矿山安全生产信息平台,完成施工方案商定、平面图绘制、房屋装修、电视墙安装等工作,待机房设备安装调试完毕后即可运行。对矿山企业检查138次,联合检查38次,专项检查19次,查处各类隐患146处,现场整改77处,下发整改指令书39份。

(冯　浩)

【危险化学品安全监管】　年内,对涉及拉萨市加气站、汽车加油加气站和城镇燃气管理工作的西藏自治区住建厅、西藏自治区安全监管局、拉萨市市政市容管理委员会、拉萨市住建局和市安全监管局等相关职能部门提出职责分工,加强拉萨市城镇燃气安全管理工作。对危化企业检查120次,联合检查8次,专项检查11次,查处各类隐患101处,现场整改45处,下发整改指令书33份。

(冯　浩)

【安全生产综合监管】　年内,编制《拉萨市安全生产监管机制》;5月18日,召开《拉萨市安全生产监管机制试点工作方案》讨论会;6月8日,拉萨市安监局牵头联合消防支队、城关区安监局,在城关区扎西办事处雄嘎居委会进行处置油罐车泄漏事故(桌面推演)演练,对拉萨市安全生产监管机制落地(社区网格管理人员)进行检验。5月18日,拉萨市安监局召开《拉萨市安全生产监管机制试点工作方案》征求意见座谈会,9月初修改后最终定稿报创新办。对开展拉萨市打击整治专项行动公共安全及道路交通安全专项整治行动工作进行6次督导,检查32次,编制工作简报60期,上报周报6期,月报4期。6月5日,组织相关单位召开协调会,明确职责、任务,对整治工作重点进行安排部署。5月22日至24日,配合质监局等相关部门对电梯进行安全检查。调查处理和起草"1·09"、"8·19"较大道路交通死亡事故调查报告。制订《拉萨市推进〈道路交通"双下降"专项整治行动工作方案〉深入开展迎"十八大"道路交通百日大整治行动工作方案》。"十八大"期间安全生产执法检查组出动检查人员180余人次,检查企业75家,发现隐患43处,现场整改37处,下发整改指令书6份。

(冯　浩)

【确保节假日和敏感日期间生产安全】　年内,市安委会下发《关于全市"决胜十八大维稳安保攻坚战"

期间持续开展安全生产执法检查的工作方案》。要求各县(区)政府、市相关行业主管部门进一步突出道路交通、人员密集场所等八大安全生产高危行业(领域)的执法检查,及时发现和指出各县(区)、各行业工作中存在的突出问题和薄弱环节,严格督促事故查处,认真执行较大以上事故查处挂牌督办和跟踪督办制度。对检查出的安全隐患和违法违规行为,要依法督促整改、严肃查处。

【推进安全生产责任落实】 年内,与各县(区)人民政府、各相关部门、重点企业签订《安全生产目标责任书》。充分发挥监督协调指导作用,督促各县(区)人民政府、市直各部门、各单位强化安全生产意识,促进安全生产工作在行业和基层的有效落实。

(冯 浩)

【推进创先争优强基础惠民生活动】 年内,市安监局驻村工作队召开维稳会议22次,保证敏感时期24小时工作队全员在岗,督促村委会每天安排两名村干部轮流值守。分别为村党支部和村委会建章立制18条;召开11次群众大会和14次工作队、村组干部学习工作会议。市安监局机关党员干部与该村群众建立一对一帮扶对象,对贫困户、五保户人员、困难党员等进行了5慰问,送去价值45000余元的生活用品,为民办实事13件,调解矛盾纠纷5次;帮助已故三组组长和五组群众唐曲卓玛申请医疗救助款15000多元和28000多元。筹集资金342.3万元为该村改建蓄水库、改建农田水渠、农田围栏、建设村组文化室、建设桥梁、改良土壤。出资8万元为该村休闲庄购置相关设施。义务放映电影3次、影片4部,观看群众150多人。

(冯 浩)

拉萨市安全生产监督管理局

党组书记 白玉峰

局　　长 孙文斌

粮　食

【概　况】 2012年,全市各类经营企业收购粮食2401.81万千克,较2011年同期增长150%,其中国有粮食企业收购粮食159.81万千克;采购粮食12387.6万千克,较2011年同期增长32%,其中国有粮食企业采购粮食502.6万千克;销售粮食11217.48万千克,较2011年同期增长40%,其中国有粮食企业销售629.48万千克。截至年底,全市粮食库存2082万千克,其中国有粮食企业粮食库存208.8万千克,较2011年同期增长14%。

(索朗卓嘎)

【加强粮油监管】 年内,在粮食收购旺季和重大节庆日期间,市粮食局到县、乡、村,和主要粮油市场进行监督检查,同时在每个月组成检查组,对粮油商店和粮油仓库,粮油品质、仓储条件等情况进行检查,分析研究粮油价格走势,维护粮食流通秩序,保护粮食生产者、经营者和消费者的合法权益。

(索朗卓嘎)

【统计调查】 年内,拉萨市粮食局与三个自治区储备粮代储库签订了《自治区储备粮管理责任书》《自治区储备粮代储合同》。筛选45户规模较大的粮油经营、转化和加工企业,并将其纳入重点统计范围,每月对以上45户粮油购销和加工企业进行统计调查,及时向市政府和区粮食局报送统计信息。

(索朗卓嘎)

【对粮食收购许可证进行年审】 年内,市粮食局依法对粮食收购许可工作加强审核管理,对全市22家取得粮食收购许可证的企业进行年审。

(索朗卓嘎)

【加强基础设施建设】 年内,按照“十二五”项目建设规划,市粮食局将当雄县粮食储备库(投资300万元)、拉萨墨竹工卡县尼玛江热乡粮库(投资90万元)和尼木县续迈乡粮库(投资90万元),向市发改委上报可研项目报告。

(索朗卓嘎)

【强基惠民活动】 年内,市粮食局积极开展捐款和慰问活动,解决贫困牧民群众的生活困难问题,捐款金额达到3.2万元;为龙仁村更换变压器,解决了用电问题,投入资金8000元;为龙仁村解决村委会维修资金3万余元;为龙仁捐赠价值6000多元的办公桌椅。

(索朗卓嘎)

【对外交流】 8月和12月,市粮食局组成援藏工作协调组,分别到北京、江苏两省粮食局,加强交流、汇报工作、申报援藏项目,就有关援藏工作进一步衔接。

(索朗卓嘎)

【援藏工作】 8月30日和9月9日,北京、江苏两省市粮食局的主要领导带队到市粮食局调研,并在拉萨市粮食局召开座谈会,共商援藏事宜,座谈会上签订《北京市粮食局拉萨市粮食局关于对口支援西藏粮食流通工作框架协议书》《北京市粮食局对口支援西藏拉萨市粮食局项目协议书》,并无偿援助资金40万元,用于市粮食监督检查体系建设。江苏省粮食局党组书记、局长王元慧对市粮食局监督检查和统计调查赠送两台业务车(价值50万元),同时对拉萨市应急储备粮库建设项目、粮油加工改扩建项目、粮食监督检查(统计调查)信息化建设以及人才培训等方面给予帮助。

(索朗卓嘎)

拉萨市粮食局

局　长　宗金贤

电力供应

【概　况】 2012年,拉萨地区最高负荷达到31.5万千瓦。完成售电量15.09亿千瓦时,同比增长15.5%;销售收入7.73亿元,同比增长15%;售电均价599.18元/千瓦时,同比降低0.1%;陈欠和当年电费实现"双结零"目标;综合线损率为11.35%,同比降低0.26%。

(蒋　族)

【电网建设】 12月20日,拉萨市老城区保护工程电力改造项目开工建设。完成经济开发区110千伏变电站10千伏出线工程。完成旁多水利枢纽线路改迁、拉日铁路相关线路改迁工程。截至年底,自治区公司下达的技改项目15项,完成投资769万元,完成计划资金的84.9%。结转技改项目33项,结转资金801万元,完成结转资金的65.41%,配网项目18项,结转资金12854.3万元,完成结转资金的61.47%。大修项目8项,计划投资为150万元,完成计划资金的100%。

(蒋　族)

【经营管理】 年内,建立定期统计、分析、调整、通报与考核机制,全面加强"三定"、"三考"工作,建立全员绩效管理机制,深化财务预算管理工作。截至年底,专、公变负控安装改造工程已完成,智能电表累计安装19959块。完成七县一区的农电体制调研及资料整理、汇编、上报工作。配合完成国网公司依法治企专项检查和区公司审计部对供电公司2011年财务收支情况的内部审计工作。

(蒋　族)

【安全供电】 年内,开展"安全日"活动,与供暖工程建设指挥部和施工单位签订《电力设施保护安全责任书》。截至年底,公司安全生产运行天数累计达992天,实现安全生产"零事件"目标。

(蒋　族)

【队伍建设】 年内,推进"企业文化落地"主题实践活动,先后组织班组开展劳动技能竞赛6次,法律安全和"三集五大"体系建设相关知识竞赛2次,建立"职工书屋",举办基层党务工作者培训班,开展"青年光明行—走进福利院、学校献爱心、送温暖"等系列活动,全面加强公司队伍建设。

(蒋　族)

拉萨市电业局

党委书记　杜金水

局　　长　谭志红

自来水

【概　况】 年内,四个水厂及五个泵站日供水能力超过30万吨,使用自来水人口数约45万人,供水普及率90%,城市供水面积55平方千米,给水管网长度733.15千米,2012年供水突破1.16亿吨。水厂水源主要含水层岩性为砂卵石,地下水资源丰富、采用地下集中式开采方式,生产工艺采用取水——排沙——沉淀——蓄水——消毒——配入城市供水管网。拉萨市自来水公司前期筹措160余万元建设柳梧泵站;投入320余万元建设了西郊水厂至柳梧新区的跨河管道;2012年自筹资金120余万元在柳梧泵站打造一眼深井、安装消毒设备及附属设施,实现24小时供水目标。

(高 兰)

【药王山水厂消毒设备试运行】 9月25日,完成药王山水厂的2台消毒设备(二氧化氯发生器)的安装和调试工作。10月25日,注水试漏,10月28日,加药试运行,拉萨市疾控中心与公司化验室工作人员对出厂水、末梢水、管网水抽样检验,各项指标均符合国家饮用水消毒要求。

(高 兰)

【收费水价标准】 年内,根据拉萨市物价局文件,水价标准为生活用水1元/吨;商品房用水1.2元/吨;施工用水1.4元/吨;餐馆用水1.5元/吨;地下自备水源0.2元/吨(2009年前帮财政代收);居民(老城区)按人头收费3.6元1人/月。

(高 兰)

【水质化验工作】 年内,按照国家GB5749—2006卫生标准对各水厂的源水、出厂水、末梢水以及泵站源水进行微生物指标、毒理指标、一般化学指标20个项目分析检测。水质每季度进行监测。截至年底,公司正按照国家106项检测标准要求,开展筹建拉萨市自来水公司水质检测中心工作。

(高 兰)

【重视水源地保护】 年内,四个水厂水源地保护区范围设立警示牌32块,界桩80个,围栏500米,修建围墙400米,水源地绿化面积20.44万平方米,绿化面积占厂区89%。同时投入资金275万元对北郊水厂、献多水厂的水源地补栽树木。

(高 兰)

【确保安全供水】 年内,加强各水厂、泵站设施设备的维护保养工作,加大市政供水管网及消防设施的巡查检修力度,提供24小时供水管网抢修热线6388711。

(高 兰)

【节水宣传】 年内,根据国家住建部确定每年5月13日至19日为"节约用水宣传周",拉萨市自来水公司组织开展主题为"倡导低碳绿色生活,推进城镇节水减排"形式多样的宣传活动。

(高 兰)

【创先争优强基惠民活动】 年内,市自来水公司开展"创先争优 强基惠民"工作。2012年春节、藏历新年、"八一"建军节、雪顿节、国庆节等重要节日,公司主要领导和职工代表与甘巴拉英雄雷达团、驻守北郊水厂、药王山水厂开展"共叙军民鱼水情深"的军民共建活动,全年为官兵们赠送价值45000元慰问品。2012年为达孜县德庆镇新仓村扶贫点送去26550元的慰问金和慰问品,为乌玛塘村委会购买复印机、打印机、电脑、书籍等价值3万元的办公用品。看望慰问SOS儿童村孤儿、便民服务站警务人员、驻城关区巴朗学、吉崩岗、吉日维稳工作小组和市政市容管委会系统在当雄县马乡的护路人员,送去3万元慰问金。公司投资65万元完成达孜县德庆镇白朗乡饮水工程。铺设管网4888米,修建27立方米的蓄水池1座。

(高 兰)

拉萨市自来水公司

总经理 普布次仁

石油天然气销售

【概 况】 年内,中国石油天然气股份有限公司西藏拉萨销售分公司营业加油站28座,全部具备银联卡、昆仑加油卡消费条件,遍布拉萨市行政区域。

(郭得敏)

【履行责任】 年内,油料资源紧张时期,优先保证公共事业、政府企事业单位和群众生产生活用油。春耕时节组织送油下乡服务,调配市场所需油品类型。开展为民服务创先争优,解决企业驻村地牧民群众吃水、通信难题,"一对一"帮扶特困户。配合政府安置复员退伍军人,大力实施"金秋助学",深入孤儿院爱心帮扶;定期慰问困难员工及其子女,帮扶重症患者。

(郭得敏)

【HSE管理】 年内,推进HSE体系建设与管理,逐级签订安全环保责任书,实行安全经验分享制度;开展危险源和环境因素辨识工作,辨识危险源3125项,环境因素140项,完善加油现场、特殊作业、施工现场、车辆交通、油品接卸等关键环节的风险防控措施,完善应急预案,举行各类演练300余次。

(郭得敏)

【加油站建设】 年内,完成4座加油站标准化改造工程,配合拉萨城市发展规划,完成1座加油站新建、3座新建加油站选址工作。

(郭得敏)

【信息化建设】 年内,28座加油站资金平台上线使用,加油站四大应用系统推行,远程监控指挥系统初步建成。

(郭得敏)

中国石油天然气股份有限公司
西藏拉萨销售分公司

总经理 李建国

国有企业

拉萨市城市建设投资经营有限公司

【概况】 2006年,拉萨市人民政府出资成立拉萨市城市建设投资经营有限公司(以下简称拉萨城投),注册资金1.2亿元,经营范围涵盖城市建设、开发、环境治污、城市基础设施综合开发项目的承包经营和技术咨询等,2011年7月公司正式启动运营。公司下设四部一室一工会(计划财务部、投资发展部、资产管理部、工程部;综合办公室;工会委员会)。下辖一家全资子公司,拉萨城投出租车有限公司(控股100%);一家控股子公司,地下管网经营管理有限公司(控股51%)。有员工52人(原水泥制品厂分流安置到公司的有15人),其中党员12人。

(张玉虎)

【主要经济指标情况】 截至2012年底,拉萨城投资产总额81346万元,负债48900万元,所有者权益32446万元。公司资产比去年增加60991万元,资产增长率300%,负债比2011年增加41448万元,负债增长率556%。

(张玉虎)

【中期投资情况】 2012年9月1日,与拉萨青达建设集团有限公司签订隧道窑生产线;11月7日,又与该公司签订加气混凝土生产线。截至2012年底,拉萨城投中期投资2760.3万元。

(张玉虎)

【资产移交相关情况】 2012年12月19日,完成江苏生态园大酒店、四川岷山拉萨大酒店资产清查及评估移交拉萨城投工作,并按照中介机构出具的资产评估报告进行账务处理。

(张玉虎)

【相关项目进展情况】 ①东嘎农贸市场。项目选址堆龙德庆县东嘎镇,投资金额4119.59万元。一期融资7400万元已全部到位,一期项目主体与配套工程已建成。②东城民族风情商业街。拉萨城投与拉萨神力地产公司合作开发,拉萨城投控股51%,合作公司占49%,该项目占地64亩,计划投资3亿元。③太阳岛项目。拉萨城投与拉萨神力地产公司合作开发,拉萨城投控股51%,合作公司占49%。④会展中心项目。该项目规划占地面积约403亩,总建筑面积33542平方米,总投资4.93亿元。⑤八廓商城项目。该项目由上海林 & 李设计公司设计,拉萨城投与云南城投公司合作开发。⑥公交站台项目。该项目投资500万元,采用BOT模式,截至年底,新建50座公交站台。⑦拉萨老城区保护工程。截至2012年底,该项目由中标单位中交一公局采用BT模式建设。⑧七一会所项目。该项目初步方案已完成,总投资1.5亿元,以BOT、BT等方式筹集项目建设资金。⑨12条市政道路项目。该项目由拉萨城投以融资方式进行建设,贷款总金额24564.6万元,融资方案已报市政府。

(张玉虎)

【地下管网公司运行情况】 2011年11月,地下管网经营管理有限公司成立,2012年5月30日与西藏移动拉萨分公司签订合作框架协议。截至年底,投入资金400万元,完成综合弱电管道15.36沟千米,达

112.3孔千米;投入资金1200万元,完成约19沟千米,达315.5孔千米。两项工程购置合同金额2300万元。

(张玉虎)

【拉萨城投出租车公司运营情况】 2012年1月,拉萨城投出租车公司成立。年内,公司招聘45名驾驶员与公司签订聘用合同,另有5台出租车因未能招到合适的驾驶员而改为"市场化"模式运营,截至年底,公司投入50辆出租车上路运营。

(张玉虎)

【融资情况】 截至年底,拉萨城投累计完成融资7400万元。西藏会展中心项目贷款3.93万元;拉萨供暖供气工程贷款3亿元。

(张玉虎)

【自身建设】 年内,拉萨城投先后成立党委、机关党支部和工会、职代会;对原水泥制品厂15名职工进行妥善安置;投资7.4万元为尼木县尼木乡曲林村修建一条公路。2012年4月28日,公司与武警西藏总队第二支队反恐大队反劫机中队联合举行"警民共建"活动启动仪式并签定警民共建协议,共同举办"八一"警民联欢活动。2012年5月,公司贯彻学习国务院第五次廉政工作会议暨自治区政府廉政工作会议精神。2012年11月20日,公司组织全体干部职工进行为期4天的全员培训。2012年12月5日,公司邀请市委党校讲师为拉萨城投全体干部职工作学习中共十八大的宣讲报告。

(张玉虎)

拉萨市城市建设投资经营有限公司

董事长、总经理	阿　布(2006.4~2007.4)
	格桑平措(2011.1任)
监事会主席	次仁平措(2006.5~2009.5)
	刘雨林(2011.4任)
总经理	格桑平措(2010.7)

拉萨布达拉旅游文化集团有限公司

【概况】 2月17日,成立拉萨布达拉旅游文化集团有限公司(以下简称布达拉公司),注册资金1亿元,设总经理办公室、文化产业部、人力资源部,项目开发投资部、财务部五个部门。年内,成立3家子公司,分别为:①4月24日成立拉萨雪域明珠国际旅行社有限公司(以下简称雪域明珠公司),注册资金500万元;②4月27日成立拉萨纳木措景区保护开发有限公司(以下简称纳木措公司),注册资金1000万元;③7月24日成立拉萨布达拉旅游文化传媒有限公司注册资金3700万元。与成都域上和美集团共同出资成立拉萨市和美布达拉文化创意产业发展有限公司(布达拉公司入股32%,以下简称和美公司)。年内,纳木措景区项目建设进展顺利,《文成公主》大型实景剧成效显著,雪域明珠公司工作稳步推进。

(张玉虎)

【纳木措景区工作稳步推进】 5月25日,市政府明确由纳木措公司接手纳木措景区经营和固定资产管理工作,并于当日对相关固定资产进行签字移交。邀请自治区环保厅、自治区旅游局等单位专家对景区规划进行评审。制定《纳木措子公司管理制度》、《景区运营管理办法》、《拉萨纳木措景区保护开发有限公司考勤制度》、《景区预防腐败制度》、《保安保洁等人员的奖惩办法》、《纳木措景区公务接待的相关规定》。对景区基础设施和大门进行改造。出资近70万元将"游客服务中心"打造成集便民警务站、消防、医务室、管委会、景区公司办公室为一体的综合服务平台。制定《纳木措景区冬季旅游促销及奖励办法》,引进铲雪设备,完善景区内雨雪天气道路的保障措施,并及时发布纳木措道路、气象情况信息,鼓励西藏地区各大旅行社参与并推广纳木措景区冬季旅游活动。9月29日,"魅力纳木措"冬季旅游推介会在"天堂草原望圣城"举行。截至10月12日,纳木措景区已完成上交当雄县政府5600万元财政收入任务。10月23日,纳木措国家公园正式挂牌。

(张玉虎)

【《文成公主》剧场版成效显著】 参加大型史诗音乐剧《文成公主》剧场版排练的演员共247名,其中西藏演员101名,北京音乐学院演员146名。和美公司负责大型史诗音乐剧《文成公主》剧场版10月在北京首演前期筹备、演出剧场版合成、把关、宣传、售票、协调、正式演出、北京站巡回演出等相关工作。10月10日,大型史诗音乐剧《文成公主》剧场版首演新闻发布会在北京国家大剧院举行。10月11日在北京国家大剧院首演成功。并在国家大剧院举办《和美西藏感恩祖国》、《文成公主》主题展览，展示西藏和平解放60年来，特别是近年来西藏经济社会发展所取得的巨大成就。同时，公司抽调多名工作人员到《文成公主》实景演出指挥部协助完成各项工作。

（张玉虎）

【雪域明珠旅行社稳步发展】 5月，制定《雪域明珠旅行社组建方案》，完成旅行社公司注册和初期组建工作。邀请西藏大学旅游系等多位教师对员工进行业务知识培训。开通贡嘎机场VIP通道。研究开发出具有拉萨特色的旅游产品系列。年内，制定《旅行社(2012－2015)发展规划》、《加强旅行社建设的实施方案》、《旅游集散中心运营方案》、《旅游网站建设方案》、《旅游综合服务中心营运方案》等。提出一核三圈六线的西藏旅游产品开发总体设想和一心两点三区的拉萨市旅游产品开发思路。参加北京国际旅游博览会、上海国际旅交会和自治区、市政府组织的旅游推介会，制定“动观世、静修心－－感悟藏地尊贵之旅”营销宣传方案，积极开展与全国重点地区、重点旅行社的交流合作。完成北京老艺术家交流代表团、全国人社系统专家代表团、中国西藏文化旅游创意园区、《文成公主》大型实景剧项目、仙足岛大桥项目奠基仪式暨园区招商引资签约仪式的企业代表和媒体记者团接待工作。

（张玉虎）

【完成天堂草原望圣城活动】 8月20，完成天堂草原望圣城项目主帐篷建设工作。完成2012年雪顿节幸福城市市长论坛相关省市领导和嘉宾共同出席天堂草原望圣城活动接待工作，并获得“接待工作先进单位”和“先进集体”称号。

（张玉虎）

拉萨布达拉旅游文化集团有限公司

董事长、总经理 米玛次仁(2月任)

拉萨置地投资开发有限公司

【概况】 2011年12月，成立拉萨置地投资开发有限公司(以下简称置地公司)，注册资金1亿元，开办经费100万元。是集土地开发、投融资、市政基础设施建设为一体的综合性国有独资企业。公司内设综合办公室、财金融资部、工程项目部；此外，置地公司设有企业党委、纪委及工会组织。公司员工总数28人，其中正式员工为21人，临时员工7人。截至年底，主要完成教育城开发(前期和基础设施)建设工作及西藏文化旅游创意园区前期融资等相关工作。

（张玉虎）

【拉萨教育城开发建设融资情况】 2012年，置地公司抵押土地750亩，贷款融资4.5亿元。截至年底，实际到位资金3.6亿元。向拉萨教育城拨付征地拆迁补偿费3.4亿元。另外，置地公司从自有资金先后分三次拨付教育城征地款1.13亿元，共计拨付教育城征地拆迁补偿款4.53亿元，占项目征地款项的67%。9月20日，完成教育城基础设施建设(BT)项目的招标工作，与中标单位(西藏新筑投资有限公司)完善项目建设(BT)合同，合同金额3.75亿元。

（张玉虎）

【中国西藏旅游文化创意园区项目融资情况】 年内，置地公司与西藏农业发展银行多次洽商，达成中国西藏旅游文化创意园区项目融资意向。完成兑付《文成公主》实景剧项目征地拆迁补偿费2668万元。完成兑付中国西藏旅游文化创意园区规划设计编制经费774万元。

（张玉虎）

拉萨置地投资开发有限公司

党委书记 包庆雨(2012.12月任)

董 事 长 王 晖

总 经 理 包庆雨

燃气热力

【概　况】　年内,拉萨市城市供暖试点工程总投资196亿元。2012年计划实施供暖居民小区114个,共计43000户。其中拉萨市暖心燃气热力有限责任公司受拉萨市城市供暖工程项目建设指挥部委托,负责组织实施88个小区,总计31027户的户内壁挂炉供暖系统和天然气入户安装工程建设。

（孙敏娜　岳蕊丽）

【东城区输配监控中心建设】　10月,完成东城区输配监控中心项目初设、概算书编制、地勘、环评工作,《建设项目选址意见书》审批到位。

（孙敏娜　岳蕊丽）

【参加城市供暖开通仪式】　12月5日,公司组织户内供暖系统建设施工单位工人代表200名、公司干部职工15名参加拉萨市城市供暖开通(运行)仪式,并向区、市相关领导进行管道天然气、采暖情况进行现场汇报。

（孙敏娜　岳蕊丽）

【智能燃气信息化系统建设】　年内,燃气主干管网同沟敷设通信光缆工作完成56千米;燃气主干管网及次干管网电子标识球共埋设154千米,并收集管网完整的地理信息资料,为GIS地理信息系统的建设提供准确的管网信息;确定9座各占地18平方米的自动控制阀室;完成35个小区的远传抄表系统建设运营工作。

（孙敏娜　岳蕊丽）

【公司运营情况】　年内,“96188客户服务专线”共接听客户来电1787个,平均每天接听热线80个左右。协调、处理业务1699件,完成率95%以上。11月,尼威小区首次接通天然气,公司市场客服部开通组加班加点,坚持“供暖供气施工完成一个小区,通气供暖一个小区”。年内,通气小区达59个。公司抽调12名技术骨干成立两个供暖供气应急抢险分队,配备抢险装备,完善巡检机制,并制定《关于成立应急抢险组小分队的方案(暂行)》。

（孙敏娜　岳蕊丽）

【政策研究和政策制定】　年内,向市政府呈报《关于拉萨市天然气暂行价格实施细则的请示》和《关于批准执行天然气销售价格的请示》等。

（孙敏娜　岳蕊丽）

拉萨市暖心燃气热力有限责任公司

总 经 理　劳明伟

公共交通

【概　况】　截至年底,拥有四个公交场站,其中两处场站属于临时租借的场地。营运车辆312辆,营运线路26条,营运总里程为515千米。

（徐春林）

【推行各项改革】　4月,在各场站选择1条线路试点推行无人售票(投币)票制改革。6月,全面总结推广试点经验,彻底终结拉萨市公交沿用50年的人工售票票制。7月,全面实行新的驾驶员薪酬方案,驾驶员工资从2500元增加到4000元左右。从原先的固定工资变成包括安全、班次、准点、投诉等在内的绩效考核工资。重点完成聘用工缴纳“四险”工作,乘务员的转岗等重点工作。实行无人售票后,为承担企业的社会责任,保证富余的乘务员不丧失岗位和收益,安排100余人向收银中心、油务中心等岗位上进行转岗安排。截至年底,剩余的150人计划转岗为公交车驾驶员,登记申报工作正在开展中。

（徐春林）

【完善修改规章制度】　年内,修改完善车辆调度管理制度、运营安全管理制度、运营车辆卫生保洁制度、运营车辆服务标准、智能调度系统应用管理规范、运营秩序稽查制度、服务质量投诉处理制度等制度。委托北京正略均策管理咨询公司编制《公交集团管控体系优化与制度流程项目方案》,编制全新的管理制度和流程,明确集团公司的管控体系、组织架构、机构职能、产业布局和发展战略。公交集团公司的登记注册等前期工作进展顺利。4月10日开始,编制集团运行细化方案,召开班子会进行研究,征求国资委等部门领导专家的意见，上报市政府，6月17日，集团挂牌运营。

（徐春林）

【改进营运管理】 年内，公司成立课题调研组，到运营一线调查研究，征求群众乘客意见，评估论证运行效能等办法，分析总结新公交运营情况和经验，启动完善公交线网布局，合理站点设置及优化运营时刻工作。对驾驶员尤其是安置过来的原中巴车驾驶员中存在的超速超车、乱停乱靠以及车辆规范操作水平差等问题进行专项治理，开展“双控双优双满意”（控投诉、控违章，服务优、操作优，市民满意、政府满意）专项治理活动。

（徐春林）

拉萨市公共交通总公司

总经理　泽　兵

八一农场

【概　况】 年内，农场拥有土地793.33余公顷，职工83人，退休职工223人，实现销售收入2603.51万元。

（伍　娜）

【招商引资】 5月，农场通过招商引资，引进西藏蓝天生态农业有限公司（私企），投资4000万元在大佛岛发展占地10公顷的生态养殖及有机蔬菜种植产业，前期投入已达400万元。

（伍　娜）

【建场60周年庆祝活动】 7月31日，举办建场60周年纪念活动，自治区、市四大家领导、西藏军区、国家农业部农垦局、江苏农垦集团有限公司和区、市相关单位领导、农场老同志及在职和离退休职工等共500余人参加庆祝大会。为全场干部职工（含离退休职工）每人发放1000元建场60周年慰问金。农场设计录制场歌1首，制作纪念光盘500张，印制纪念画册800册，印制纪念邮册300册，制作纪念徽章500个，庆祝活动总投资为180余万元。

（伍　娜）

【经济运行情况】 年内，农场实现销售收入2603.51万元；创利润284.54万元；上缴税金606.4万元；国有资本税后利润241.86万元；国有资产保值增值率101.6%，职工人均收入7.5万元。实现粮油总产2万千克，蔬菜总产260万千克。

（伍　娜）

【产业发展】 年内，农场争取到国家扶贫资金400万元，在大佛岛兴建3.33公顷高效日光温室，截至年底，完成高效日光温室项目建设的实施方案、规划设计工作。

（伍　娜）

【民生工作】 年内，农场投入211.42余万元为职工办实事。“三大节日”期间为离退休职工及困难职工等共计送去慰问金及慰问品合计金额达32.5万余元。支出0.7万元组织基层女职工进行专项健康体检。支出11.32万元组织第三批离退休职工前往北京参观学习，对因年老多病和体弱等原因未能去北京参观学习的退休职工发放10.1万元的补助。为31名公益性岗位职工上交2012年三项保险7.4万元。支出56.4万元给47名离岗的正式职工实行每人每月发放1000元生活补贴的政策。投资93万余元进行美朵小区退休基地道路改造工程建设。

（伍　娜）

拉萨市八一农场

党委书记　索朗次仁

场　　长　毛玉军

开发区·工业园区

拉萨经济技术开发区

【概　况】 拉萨经济技术开发区是西藏唯一一家国家级经济技术开发区，总规划面积5.46平方千米，分为A、B两区，A区面积为2.51平方千米，B区面积2.95平方千米，其中，A期为首期用地已开发建设完成，B区于2012年3月全面启动。年内，开发区完成税收28.19亿元，同比增长104%；实现工业总产值10.81亿元，同比增长104%；工业增加值3.73亿元，同比增长143%；实现工业销售产值10.15亿元，同比增长160%。

（谢永杰）

【招商引资】 年内，开发区注册企业754家，注册资金115.32亿元。引进企业357家，同比增长82%，注册资金47.32亿元，实际招商引资到位资金13.46亿元，同比增长31%；新增固定资产投资19.26亿元，增长121%。

（谢永杰）

【园区企业建设】 年内，开发区已落地建设企业76家，总投资达79亿余元，已投产运营项目有西藏天地绿色饮品有限公司、西藏娃哈哈食品有限公司、西藏天知生物科技开发有限公司、中国石油青海油田LNG公司、西藏金采科技股份有限公司、西藏珂尔信息技术有限公司等35个，续建项目有西藏高原天然水有限公司、西藏月王生物技术有限公司、西藏修正医药销售有限公司、西藏诺迪康药业有限公司、西藏彩轮藏药有限公司等24个，新开工项目有西藏同贺铜业有限公司、西藏天佑德青稞酒有限公司、西藏高原之宝牦牛乳业有限公司、西藏藏之梦地毯有限公司等17个。

（谢永杰）

【基础设施建设】 年内，开发区继续完善A区基础和配套设施，B区开发建设于3月29日全面启动，总规划面积2.95平方公里，涉及柳东路、乃岗路、拉青路和园区南路等市政道路13条，总长18.76千米，总投资11.3亿元。年底，柳东路已经基本完成工程建设任务，玻玛路的建设由堆龙德庆县交由开发区后，完成工程量10%，其余11条市政道路地下管网埋设完成，路基已经形成，累计完成总工程量的60%。开发区由A区分片开发进入到A、B两区联动开发、整体发展的新阶段。

（谢永杰）

【B区拆迁】 年内，5000多平方米的无公害蔬菜大棚基地拆除；波玛路沿线97户群众全部搬迁；临时租地企业基本完成搬迁；乃琼镇政府、镇医院对影响市政建设的障碍物进行拆除。

（谢永杰）

【全国民营企业家西藏行活动】 年内，根据7月9日至8月1日在拉萨举行的全国民营企业家西藏行活动整体安排，开发区派出两个小组，分别到上海、浙江、江苏、福建、广东、山东、河北、重庆等省市对知名企业走访，共有80家企业接受邀请并进藏参加活动，开发区签约开工项目16个，总投资130亿元，并举行集中开工仪式。

（谢永杰）

【解决失地群众就业】 年内，开发区在各入区企业的保安、保洁、用工等岗位上解决失地农民就业800多人,定期不定期地从失地农民中征聘劳务输出人员达10000多人次,创收350多万元。在东嘎村失地群众兴办经济实体,村委会得利润100万元。为东嘎村修建沿街商品房项目,总投资1110万元,总建筑面积4412平方米。

(谢永杰)

【创先争优强基惠民】 年内,开发区两个驻村工作队投资430万元为墨竹工卡县唐家乡莫冲村修建综合办公区,包括"两委"综合办公楼、路面硬化、院庭绿化、无塔供水、厨房、戏台等,并拿出30万元,为会议室、各办公室、阅览室等配备办公桌椅、电脑、日常办公用品等。为堆龙德庆县乃琼镇色玛村分别投资50万元建设人畜饮水工程和15万元修建寺庙道路。

(谢永杰)

【解决拖欠民工工资】 年内,经多次协调,解决拖欠农民工工资750余万元。

(谢永杰)

拉萨市经济技术开发区

党工委书记　黄羽天

管委会主任　郭瑞祥

【开展"五送"活动】 6月13日,西藏总工会"送温暖、送文化、送法律、送政策、送医药"进企业活动在园区开展,向园区企业40名贫困员工及国有企业10名贫困职工每人发放800元的慰问金;区法援中心专家、区总工会工作人员对职工进行现场法律政策宣传咨询服务,区人民医院、区藏医院专家对参加活动的职工进行免费医疗服务。

(付亚男)

【项目对接洽谈】 7月29日,"全国知名民营企业家西藏行"项目对接洽谈活动在罗布林卡召开。园区向客商展示6大类项目,接待各地企业家3批次以上,发放宣传画册、推介项目可研报告数十本,现场签约瑞丰新能源项目、生物制剂研发项目、藏医药开发项目、青稞食品加工项目及化妆品项目共5个,协议总投资12.97亿元;达成意向项目5个,意向资金5亿元。

(付亚男)

【专题培训会】 8月28日,上海股权托管交易中心股份有限公司(以下简称"上海股交中心")在园区管委会举行企业股权托管专题培训会。

(付亚男)

【援藏讲座】 9月3日,园区管委会联合江苏南京苏高专利商标事务所举办"江苏知识产权援藏讲座"。

(付亚男)

【参加民族团结电视知识竞赛】 9月19日,园区管委会派代表参加拉萨市庆祝"民族团结月"设立22周年暨共产党员民族团结先锋活动电视知识竞赛,并荣获三等奖。

(付亚男)

【荣获全国就业工作先进单位】 7月,园区管委会荣获国务院授予的"全国就业先进工作单位"称号。

(付亚男)

达孜工业园区

【概　况】 年内,园区入驻企业105家,协议资金51.4亿元,实际到位资金17.55亿元。园区全年实现工业总产值5.21亿元,同比增长48.6%;实现销售18亿元,同比增长113.3%;实现工业增加值5.9亿元,同比增长113.5%;完成税收1.3亿元,同比增长125.1%;完成工业性总投入6.65亿元,同比增长53.9%;解决就业3105人,同比增长107.6%,提前一年超额完成"到2013年,实现销售10个亿,完成税收一个亿,园区企业安排农牧民就业3000人以上"的目标任务。

(付亚男)

【参加产品展销会】 5月9日至5月15日,西藏藏缘青稞酒业有限公司、西藏阳光庄园农牧资源开发有限公司、西藏华草堂药业有限公司、西藏屋脊之宝食品有限公司、西藏春光食品有限公司、拉萨品藏饮品有限公司等6家企业到江苏南京参加"拉萨(西藏)特色产品展销会"。

(付亚男)

【个体非公组织党支部揭牌仪式举行】 5月24日上午,拉萨市工商局个体非公经济组织党支部揭(授)牌仪式在园区企业西藏天圣医药贸易有限公司举行。

(付亚男)

【企业家座谈会】 6月1日,工业园区管委会、县工信局组织召开"达孜县2012年企业家座谈会"。

(付亚男)

【基础设施建设】　年内,园区重点推进自治区科技厅科创中心、江苏·拉萨展销中心等10余个基建项目,总投资1.77亿元,年内实际到位4720万元,同比增长12.3%;年内完成园区一期电力杆线迁移、弱电光缆入地、基础设施建设等工程。

（付亚男）

【工作开展】　年内,园区完成6.02平方千米的区域环评;完成园区迎接牌、金山大道绿化工程验收;完成了句容北路工程验收;通过北固北路、扬中北路、塔杰路初设复审;通过中小企业孵化基地规划设计验收;通过318国道园区段绿化初验。

（付亚男）

【培优扶强】　年内,筹建科技创新办公室(科创办)、企业上市办公室(上市办)等部门,专职引导企业转型优化发展;设立园区科技创新资金、人才发展资金、中小企业扶持资金,鼓励企业自主创新、帮助企业破解难题;举办园区企业股权托管交易、知识产权专题讲座,组织5家企业到上海股交中心进行挂牌培训。成立昊泰研发中心,推动一批高原制氧设备在园区成功孵化;建立中小企业孵化创业中心,以创业带动就业为目标,搭建培育、扶持中小企业发展和壮大的平台;建立自治区科技厅科创中心。

（付亚男）

【"园中园"建设】　年内,启动"园中园"建设,增强产业的集中度和扩张力:中小企业创业园以创业带动就业为目标,搭建起培育、扶持中小企业发展和壮大的平台;民族手工业产业园促使民族手工业企业集聚发展,为拉萨市民族手工业的发展提供一个生产、服务、营销、展示、交流平台;自治区科技厅科创园为园区科技型企业积蓄充足的技术、资金后劲;吞米岭·藏艺文博园将文化旅游、文化体验、文化消费与休闲娱乐、观光度假有机地结合起来;江苏·拉萨展销中心打造了一个集江苏特色产品与西藏民族特色产品于一体的大市场,使拉萨、镇江两地资源得以共享,优势得以互补。

（付亚男）

【品牌建设】　年内,园区企业诞生"全国就业创业优秀个人"、全国唯一一名藏族"中国工艺美术大师"、自治区进出口贸易奖、全市工业企业"先进企业"等荣誉10余项,打造"第三极"纺织品、"优·敏芭"系列藏香水、藏缘青稞酒和品藏原生态天然冰川山泉水等知名品牌和"圣雪源"、"经稞"等商标10余个。

（付亚男）

【项目建设】　年内,园区续建、新建工业项目20个,总投资7.6亿元,实际到位4.46亿元(2011年实际到位25726万元,2012年实际到位18874万元)。其中西藏圣天源农畜产品有限公司、西藏福康安制氧科技有限公司、西藏藏稞食品有限公司等5家企业全面开工建设,总投资额1.2亿元,2012年实际到位资金5534万元;木材交易市场、西藏屋脊之宝食品有限公司、西藏珠峰实业等15家企业正在进行续建,总投资额6.42亿元,2012年实际到位资金3.9亿元。

（付亚男）

【农牧民就业】　年内,园区投产企业、在建项目职工总人数3105人,其中西藏籍农牧民总人数2003人,占职工总人数64.5%;达孜籍农牧民总人数1394人,占西藏籍农牧民总人数69.6%。园区现有区级龙头企业1家,市级以上龙头企业6家,间接带动达孜县1500户种养殖户、2200余名农牧民增收致富。

（付亚男）

达孜县工业园区

党工委书记、主任　王旭光

堆龙德庆县工业园区

【概况】　堆龙德庆县工业园区始建于2008年,规划面积6.07平方公里,以109国道为界分为A、B两区,A区规划面积为3.1平方公里,A区布局集仓储物流、建筑建材、民族手工艺等多种产业于一体;B区规划面积为2.97平方公里,B区布局将以仓储物流业、绿色食(饮)品加工及高新技术产业为主。截至2012年底,园区共有企业40家,其中仓储物流2家、绿色食(饮)品加工3家、建筑建材10家、民族手工艺15家、其他行业10家。2012共完成固定资产投资2.8亿元,协议资金10.52亿元,到位资金3.31亿元。

（杨　恒）

【工业经济强势增长】　年内,实现工业总产值6.27亿元,同比2011年增长4.95倍;完成工业销售产值6.1亿元,同比2011年增长4.3倍;实现工业增加值2.19亿元,同比2011年增长5.91倍;实现工业税收1.03亿元,同比增长 11.34 倍。

(杨 恒)

【项目建设稳步推进】 年内,工业园区 A 区共引进项目 13 个,其中新建项目 7 个、续建项目 6 个。项目总投资 44880 万元,已到位 28800 万元。包括投资 2800 万元的西藏藏泉酒业有限公司万吨低度青稞饮料酒二期建设项目、投资 3080 万元的西藏正源生物科技有限公司生态藏药材砂生槐加工项目以及西藏兰泽贸易有限公司总投资 3000 万元的新建年产 3200 万平方米纸面石膏板生产线建设项目、投资 1000 万元的西藏彤云工贸有限公司木制加工项目等 13 个千万元以上项目正在全力施工建设。按照《堆龙德庆县招商引资暂行规定》、《招商引资奖励办法》,对新引进投资的项目立项、审批、返税等各环节手续进行简化,对重点项目实行专人负责制,逐步完善项目后续服务机制。

(杨 恒)

【基础设施日趋完善】 年内,自筹资金 2600 余万元完成园区 A 区、一期、二期道路建设,完成了总投资 600 余万元的园区管委会办公大楼建设及园区 109 国道沿线绿化改造。总投资 959.64 万元的园区水厂建设项目即将施工。总投资 443.42 万元的园区鹤翔路市政工程项目已通过审批。园区安康路、规划一号路、110KV 输变电工程项目和园区污水处理厂建设项目正在审批之中。

(杨 恒)

【土地利用率有效提高】 年内,西藏圆满家私有限公司与西藏安泰商贸有限公司成功嫁接,将尽快实施投资 6500 万元的年加工 10 万吨面粉及挂面生产线建设项目;西藏兰泽贸易有限公司总投资 3000 万元的新建年产 3200 万平方米纸面石膏板生产线建设项目与西藏沙龙建材科技有限公司成功嫁接,目前正在建设之中;朱光生个人置换地与西藏鑫旺生物科技有限公司成功嫁接,西藏鑫旺生物科技有限公司总投资 1300 万元的新建纯种藏鸡养殖基地项目现已动工建设。

(杨 恒)

【两项规划进一步完善】《园区产业规划》、《园区控制性详细规划》设计方于 2011 年 9 月初递交规划成果,并经县委、县政府研究通过。《两项规划》成果(中稿)已分别报送至市发改委及市国土局组织专家进行评审。

(杨 恒)

【其他工作开展情况】 近年来,在拉萨市委、市政府的高度重视和关心扶持下,堆龙德庆县工业园区物流仓储企业发展较为迅速,为堆龙乃至拉萨的物流业发展及满足群众消费品起到了积极的促进作用。根据《关于市商务局拉萨物流园区建设用地规划重新选址的批复》(拉政复〔2011〕144 号),拉萨市物流园区建设规划用地选址调整在堆龙德庆县工业园区内,目前市商务局负责拉萨市物流园区整体定位及区域划分的设计规划,堆龙德庆县负责物流园区的招商引资及后续管理等工作。同时,为进一步壮大堆龙德庆县经济实体,整合物流仓储等相关产业,突出堆龙物流园区区位优势,经县委、县政府研究,同意组建成立堆龙德庆县县物流园区管理委员会、堆龙德庆县龙达物流建设管理公司,办公室设在堆龙德庆县工业园区管委会内,专门负责管理和整合全县物流仓储的相关企业,负责拉萨市大型物流园区的招商引资洽谈,并协助客商办理相关手续。

(杨 恒)

堆龙德庆县工业园区

负责人 洛 旦

曲水县雅江工业园区

【概况】 曲水县雅江工业园区由聂当工业集中区和县城工业集中区组成,总规划面积 12.4 平方公里,基础设施采取一次性规划,分步实施的方式建设。聂当工业集中区:位于曲水县聂当乡德吉村境内,于 2005 年 7 月进行规划,总规划面积 10 平方公里。2006 年 10 月县政府筹资 1200 多万元完成道路硬化 2.21 公里及给排水网、电照工程、场地平整等基础设施建设,于 2007 年 6 月投入使用,目前园区入驻企业 31 家,主要以建筑建材、民族传统手工业、高原特色产品开发为主。县城工业集中区:位于县城东南角,规划总面积 2.4 平方公里,县政府于 2005 年筹资 1000 多万元对第一期的基础设施进行建设,完成 1.4 公里道路及其他市政设施建设,目前入驻企业 7 家。主要以农副产品加工、藏药生产、高新技术产品开发为主。2009 年,启动第二期工程建设,投资 2000 万元的

2.18 公里园区道路中的人民路已完工并投入使用，投资 3200 万元专供园区的输变电线路已投入使用。2012 年，总投资 2700 万元(援藏资金 1000 万元、市财政投入 1000 万元、项目资金 700 万元)的县城园区滨江路及其附属设施已建成并投入使用。

(胡雯娜)

【工业经济完成情况】 年内，园区累计完成工业总产值 70667 万元，同比增长 60.15%；完成工业增加值 21200 万元，同比增长 123.16%；完成销售收入 49062 万元，同比增长 73.98%；上缴税金 3497.6 万元，同比增长 118.60%。共吸纳 2000 余名当地农牧区剩余劳动力就业，同时带动约 500 名本地群众致富，每年直接为当地群众增收创收达 4000 万元以上。

(胡雯娜)

【招商引资情况】 年内，雅江工业园区招商引资累计到位资金达 52700 万元，同比增长 17.11%；共接待外来投资企业 35 家，洽谈项目 30 个，成功签约 26 个，其中新建项目 17 个，总投资 57.50 亿元，实际到位资金 28700 万元；续建项目 9 个，总投资 104.85 亿元，实际到位资金 24000 万元。

(胡雯娜)

【为企业申请技改资金 3500 万元】 年内，园区为西藏高争民爆物资有限公司、西藏帮锦镁朵工茂有限公司、西藏宝莱食品有限公司、西藏绿宝食品开发有限公司、西藏山湖土特产有限公司、西藏洛拉工贸有限公司等 6 家企业申请到技改资金、扶持资金 3500 万元。

(胡雯娜)

【区市领导调研工业园区】 5 月 10 日，朱强副秘书长及工信厅朱太中助理巡视员等人一行到雅江工业园区开展调查研究工作；7 月 10 日，西藏自治区党委副书记、自治区常务副主席吴英杰、自治区副主席丁业现及自治区政府党组成员、发改委主任金世洵一行来到雅江工业园区西藏帮锦镁朵工贸有限公司，就生产经营和安全生产等情况开展调查研究工作；9 月 22 日，国家食品药品管理局黄建生主任一行到金哈达药业有限公司就金哈达牌养生秘制虫草胶囊系列(虫草灵芝胶囊、虫草藏红花胶囊、虫草灵芝藏红花胶囊)的试生产情况进行调研；10 月 26 日，白玛赤林主席一行对帮锦镁朵哈达生产进行调研指导，强调要下决心支持本土民族产业的发展，特别是哈达产业的扶持。

(胡雯娜)

【项目前期完成情况】 年内，已完成聂当工业集中区 110KV 输变电站项目的前期工作；投资 1500 万元的聂当工业集中区支二路(总长 1.71KM)的设计工作已全面完成。

(胡雯娜)

【品牌建设】 2012 年，西藏帮锦镁朵工贸有限公司获得农牧业产业化经营龙头企业称号。

(胡雯娜)

曲水县雅江工业园区

管委会主任 王万卿

农业·水利

种植业

【概　况】 年内，全市种植业逐步形成以曲水县、堆龙德庆县、林周县等县为主青稞生产基地，面积为1.65万公顷，青稞产量达到10.18万吨；形成以堆龙德庆县岗德林蔬菜生产基地、城关蔡公堂科技示范园等集中连片设施农业基地13个，设施蔬菜面积0.12万公顷，产量为10.78万吨。全市总播种面积3.85万公顷，其中粮食作物种植面积2.61万公顷、经济作物种植面积0.857万公顷、饲草作物种植面积0.383万公顷。

（方华丽）

【粮食作物生产】 年内，全市粮食作物种植面积2.61万公顷，与上年基本持平。实施“提高粮食单产”五个行动计划，实施标准化生产和高产创建示范活动。在曲水、堆龙德庆、林周、达孜、墨竹工卡、尼木6个商品粮基地县，按照“八个统一”的技术规程，落实标准化生产和高产创建示范田0.8万公顷。建设良种繁育基地，全市落实麦类作物良种繁育田0.145万公顷。实施测土配方施肥示范，测土配方示范田0.4万公顷。实施病虫害科学防治，对农牧民进行病虫害防治技术培训。实施科技服务行动，开展技术服务工作，将标准化种植、测土配方施肥、科学防治病虫害等重要技术落实到田间，农田科技承包面积占粮油播种面积的90%以上。年内，粮食产量达到17.43万吨（包含豆类），比2011年增产0.04万吨，其中青稞产量为10.18万吨，单产6243.38千克/公顷；小麦产量为7.06万吨，单产为7357.73千克/公顷。

（马裴裴）

【经济作物生产】年内，经济作物种植面积0.857万公顷，比2011年增加了0.01万公顷，主要种植作物为油菜、蔬菜等。油菜作物主要以藏油5号、青油17号为主，建立藏油5号种子田3939.77公顷，全市油菜产量为1.36万吨，比2011年增产0.02万吨。全市新增3000栋日光温室，蔬菜生产面积达到4626.75公顷，比2011年增加0.15万公顷，上市蔬菜品种100余种，包括白菜、萝卜、西红柿、花菜、黄瓜、草莓、南瓜、茄子等；各类蔬菜产量达到24.1万吨，比2011年增加1.1万吨。其中设施蔬菜面积为0.12万公顷，比上年增加0.013万公顷；产量为10.78万吨，比上年增产1.28万吨。设施农业中高效日光温室面积0.062万公顷，比上年增加0.015万公顷。

（晋　美）

【农田土壤培肥】 年内，全市订购化肥8800吨，包括二铵、尿素、过磷酸钙、氯化钾等，农牧民在购买化肥时给予一定的差价补贴。发动农牧民利用冬闲时节开展农家肥积造，积造农家肥65万屯以上。落实测土配方施肥示范面积6万公顷，在六个商品粮基地县树立样板，展示测土配方施肥技术效果，引导农民科学施肥。改造低产田0.457万公顷，维修水渠和完成水渠清淤291.2千米，新修水利设施60.05千米。

（马裴裴）

【农业机械化】 年内，全市落实农机具购置补贴2450万元、农柴油补贴847万元。全市农机总动力达到47.54万千瓦，比2011年增加0.01万千瓦，农机配套率达到1:2.5,河谷农区耕种收综合机械化水平提高到82%,比2011年提高2个百分点。

(罗布旺堆)

【农牧业项目建设】 年内,落实资金12722.8万元,实施牦牛选育场建设、游牧民定居工程、青稞生产基地等27个农牧业基本建设项目;多部门协作筹措资金11886.5万元,建设日光温室3000栋;投入360万元,发展庭院经济示范户2000户;新建农村户用沼气3862户,总数达到28034户;推进曲水县才纳乡国家现代农业示范区、曲水县农村改革试验区和林周县农业现代化示范区建设。

(文　海)

【农业自然灾害】 年内,拉萨市发生雪灾、泥石流、蝗虫、飞蛾、毛虫等灾害,共造成牲畜死亡393头(只),农田受灾0.152万公顷(其中重灾0.029公顷),草原受灾0.521万公顷。各级农牧部门争取技术、资金、物资等方面的救援,共发放抗灾饲料310吨、抗灾化肥75吨、种子1850公斤、喷施宝95箱、农药330箱、机动喷雾器210台;联系保险部门,做好灾后理赔服务工作。农作物有害生物灾害损失控制在2.5%之内。实施曲水县有害生物预警和控制站项目、拉萨市、当雄县、尼木县、墨竹工卡县农牧业放抗灾物资储备库项目。

(吕才学)

【农牧业产业化经营】 年内,4家市级龙头企业升级为自治区级龙头企业,全市涉农企业实现产值5.3亿元,实现销售收入3.4亿元,产业涉及青稞、畜产品加工等。推广"基地+协会+农牧户"、"能人+协会+农牧户"等发展模式,发展农牧民专业专合组织,为专合组织争取到发展资金1340万,发展规范并依法登记注册的合作社增加到94个,年内新增15家,带动农牧民72600人,涉及糌粑加工、蔬菜、瓜果、奶牛、农机等各个领域。

(次旦平措)

【农牧民培训及就业转移】 年内,培训农牧业实用技术及致富带头人1.68万人,培育农牧业科技示范户4611户,挂牌建设农牧业科技示范基地47处。

(吕才学)

【强农惠农富农政策】 年内,通过电台广播、印发《拉萨市强农惠农政策汇编》、张贴标语、组织工作人员进村入户宣传等形式向农牧户开展政策普及活动。兑现农机购置补贴2450万元、农柴油补贴847万元;兑现牲畜良种补贴222万元;兑现能繁母猪保险保费补贴77.76万元。落实农牧民种粮直补、化肥差价补贴、农牧民免费培训、良种繁育补贴、新增畜禽出栏补贴等优惠政策。

(吕才学)

牧　业

【概　况】 年内,全市有天然可利用草原201.134万公顷,人工种草面积为0.787万公顷,主要种植的品种是紫花苜蓿,箭舌豌豆、披碱草和燕麦草等。畜牧业生产以牛羊短期育肥、藏鸡养殖、人工种草等项目为依托,大力发展特色养殖业,奶牛、藏鸡等养殖基地不断发展壮大,高产奶牛存栏17900头;彭波半细毛羊存栏6.8万余只;藏鸡养殖70万余羽;新建城关区嘎巴村生猪养殖场和墨竹工卡县天牧庄园藏猪养殖场2个,生猪出栏8.82万头;基地出栏育肥牦牛4万余头。肉、奶、蛋产量分别为3.79万吨、4.05万吨、770.56吨,分别比2011年增产0.34万吨、0.2万吨、5.12吨。

(樊亚刚)

【全市农牧业工作会议召开】 1月19日,拉萨市召开2012年全市农牧业工作会议。会议总结回顾2011年农牧业工作,安排部署2012年农牧业工作重点;表彰2011年度农牧业工作先进集体;副市长次仁央宗同志分别与各县(区)人民政府分管农牧业副县长签订《2012年重大动物疫病防控责任书》,农牧局党总书记其美旺姆同志分别与各县区农牧局负责人签订《2012年度农牧业经济发展责任书》。

(方华丽)

【动物疫病防控】 3月初至4月底,春季重大动物疫病防疫结束。9月初至10月底,秋季重大动物疫病防疫结束。及时发放各类畜情疫苗及驱虫剂,免疫率达100%;禽类高致病性禽流感免疫率达100%。坚持24小时值班制度和日报告制度,密切关注动物疫情动态。未发生重大动物疫情。

(刘跃武)

【全区种植业现场会召开】 7月16日，全区种植业现场会在拉萨召开，来自全区的农牧业战线代表相继参观考察堆龙德庆县岗德林蔬菜生产基地、曲水县聂当乡高产创建示范区、曲水县茶巴朗良种繁育田、市农科所试验田、城关区白定科技示范园区。

（方华丽）

【畜牧业生产】 年内，拉萨市加强对母畜和仔畜的饲养管理，提前进行维护暖圈和羔宫，加强春季接羔育幼工作。开展草原生态保护补助奖励机制工作，率先通过自治区验收，全市农牧民可享受补奖资金6708.62万元；结合草补工作，加大牲畜出栏，牲畜出栏率达到43.28%，比2011年提高7.05个百分点。加大黄牛改良、绵羊改良的工作力度，黄改、绵改各2万头只。实施当雄县牦牛选育场建设、当雄县尼木县天然草地保护与建设工程等项目。

（樊亚刚）

【动植物及其产品检疫监督】 年内，拉萨市开展动物卫生及植物检疫监督工作，对出入本地的水果、蔬菜、种子、动物及其产品严格检疫监督。组织出动执法人员100余人次，检查各类农资经营主体30余家。加大对农资销售市场、种养基地、屠宰场、农产品批发零售市场的监管检查，全市蔬菜抽检合格率达到99.59%，比2011年提高2.59个百分点。开展“三品”认证工作，全市共认定无公害农畜产品生产基地13个，比2011年增加3个，面积达到0.125万公顷，比2011年增加0.058万公顷；共认证无公害农畜产品70个，比2011年新增5个。

（晋 美）

【创先争优强基惠民活动】 年内，选派17名干部职工入驻墨竹工卡县帮达村、格老窝村、芒热村，三个驻村工作组开展了一系列工作：深入群众，摸透村情民意，挨家挨户走访群众，开展调查统计工作，走访率100%；增强活力，建强基层组织，制定《村规民约》《党务公开制度》《矛盾纠纷排查调处工作制度》等规章制度，完善发展党员和干部后备军档案，创新组织形式；加强教育，打牢维稳基础，开展“八看”“一算账”“一揭批”“四增强”感党恩主题教育活动，组织召开文明家庭评选活动，看望贫困户、残疾人、三老人员等，成立村级维稳联防机构，组建民兵队伍，构建维稳长效机制；因地制宜，理清发展思路，结合当地农牧业的发展特点和农村牧区的发展基础，争项目促发展，争取资金近1900万元，为所驻村解决民生项目70余个。

（次旦卓玛）

拉萨市农牧局

党组书记 其美旺姆

局　　长 刘俊博

林　　业

【概　况】 2012年，拉萨市有林地面积53.98万公顷，其中人工林3.38万公顷，天然乔木林6133.33公顷，疏林地面积466.67公顷，灌木林地面积49.94万公顷，森林覆盖率为17.3%；物种资源共有938种，其中植物741种，鸟类175种。全市公园、街头游园、街旁绿地58个，城市建成区绿化覆盖面积2054.43公顷，公园绿地面积218.7公顷，建成区绿化覆盖率33.79%、绿地率32.76%，人均公共绿地面积10.99平方米。全市建有四个保护区、两个森林公园（雅江中游黑颈鹤国家级自然保护区、拉鲁湿地国家级自然保护区、纳木湖自治区级自然保护区、林周阿朗—司布白唇鹿市级自然保护区；林周热振大果圆柏国家级森林公园、尼木国家级森林公园）。

（海兰英）

【森林病虫害防治】 6月，对全市30余家个体经营户和公司进行检查，对引进的1000余万株、几十个品种的各类苗木进行抽查，共查处违规苗木调运、货证不符等9起不法行为。下发《拉萨市林业绿化局关于做好春季林业有害生物监测预报和防减灾工作的通知》，及时掌握虫情发生发展动态，实行日报告制度。启动曲水除治工作，采取封锁、扑灭和清除虫源木等措施，青杨天牛大发生趋势得到控制。

（海兰英）

【完成造林绿化任务】 年内，拉萨市的造林绿化计划任务1.07万公顷，年度投资7854.38万元。完成造林任务1.32万公顷（其中造林7050公顷、封山育林6150公顷）超额完成2500公顷。开展核桃、枸杞、沙棘、沙枣、雪桃种植，在曲水县茶巴拉乡色麦村种植6.67余公顷核桃，在曲水县才纳乡才纳村种植4.33

公顷、3000余株丽江雪桃。机场专用公路绿化工程中种植枸杞6.67公顷,在村庄四旁栽植桃树和杏树3329株。在城市周边亮点工程的纳金山实施点种植6.67公顷沙棘。

(海兰英)

【机场高速公路两侧区域绿化工程】　年内,拉萨至贡嘎机场专用公路区域造林绿化项目完成2115.73公顷。共计栽植各类苗木82.4万株,其中栽植落叶乔木35.8万株(杨树、柳树、榆树、槐树、紫叶李),常绿树8345株(雪松、侧柏、刺柏、塔柏等),经济树种(桃树、杏树、沙枣、枸杞)10.7万株,花灌木(丁香、贴梗海棠、连翘、细叶红柳等)35.9万株。种植花草(波斯菊、油菜花、早熟禾、黑麦草)13.33公顷,治沙(柠条、砂生槐、花棒)60公顷。在年度验收中,整体成活率基本达到90%以上。

(海兰英)

【落实退耕还林政策】　年内,完成退耕地还林任务2009.8公顷,实施荒山荒地造林1.56万公顷,完成国家下达的工程建设资金6649.8万元,涉及全市5个县30个乡(镇)惠及退耕农户5746户,2.95万农牧民群众受益。

(海兰英)

【提高城市园林绿化建设和管理水平】　年内,大力做好春节、藏历新年、“3·28”西藏百万农奴解放纪念日、“五一”、雪顿节、“十一”等各大节日及相关节庆期间共悬挂灯笼和饰品13万余个,LED彩灯1000余米,仿真花1.5万余盆、绢花130万余朵,摆放花车110个,悬挂灯笼和饰品42万余个,摆放各类草花17万盆。对金珠西路、金珠中路、林廓北路、当热路、朵森格路、罗布林卡路、民族北路、娘热路、色拉路、生态路、七一路等近20余条道路绿化进行全面改造,共栽植14个品种的苗木37万余株。河坝林公园、格桑花公园在规划和建设中,苗木品种近80种。东郊苗圃地已种植栾树、碧桃、紫玉兰等5个品种共2000余株苗木进行引种驯化。

(海兰英)

【开展“创园”工作】　年内,完成拆除靠流沙河中国税务林南侧围栏协议的拟定工作。协助自治区国税局在中国税务林组织的义务植树活动,共栽植以常绿树种为主的苗木3840株(其中红叶李110株、雪松150株、榆树2800株、云杉80株、塔柏600株、桃树100株)。投资100万元在税务林主园路新栽400株雪松、200株油松、350株云杉、300株红叶李、4个红叶李亭子、播撒100公斤波斯菊种子。与国家住建部部分专家沟通和咨询拉萨市的指标收集、资料汇编以及申报资料的相关信息,以便完善资料和拟定下一步需开展的相关工作和经费。参加由建设部在重庆、北京主办的第八、九届园博会,荣获重庆第八届园博会展园建设先进单位。截至年底,北京第九届园博会拉萨展园正在建设当中。2012年是创园申报年,拉萨市聘请国家住建部专家开展遥感测绘工作;同时聘请创园专家开展了指标收集、资料汇编、申报资料编撰等方面的培训和指导工作,申报工作已完成。

(海兰英)

【林政执法工作】　年内,林政、森林公安、木材检查站执法人员查处林政案件4起,批评教育2起,依照《中华人民共和国森林法》和相关法律法规进行处理,收缴木材216立方米,为国家挽回经济损失232万元。查处国道、省道、高速公路周边行道树在修剪上存在不履行报批手续、擅自修剪、过度修剪20余起,滥伐树木12起。截至年底,共办理各类报批手续120件,处理违章损坏绿化事故200余起。配合市商务局做好木材市场的搬迁事宜,并且对市区范围内的各大木材加工、家具加工、木材集散地、木材市场进行一次拉网式的排查,针对排查中出现的问题,对新办、补办以及需要年审的木材加工商户采取暂停办理木材经营加工许可证的措施。开展安居工程木材实际需求量建立台账和核实工作,完成年度农牧民安居工程建设所需木材的统计、上报工作。全年共有达孜、尼木、堆龙三县有安居工程建设所需木材数为1382立方米。安居工程木材供应延伸“供需双方直接见面”政策管理,有效堵塞安居木材供应、运输、分配等环节漏洞。

(海兰英)

【保护野生动植物】　年内,通过自治区、市、县级财政,落实上一年野生动物肇事损失金额839.97万元。全年野生肇事补偿资金自治区级财政承担部分的80%部分资金271.93万元也已到位。截至年底,拉萨市未发现野生动物感染传播禽流感等疫病情况。年内共救治黑颈鹤、狐狸、鹰、隼、獭、獐等保护动物40余只。联合相关部门开展依法查处非法经营野生动物产品及其制品活动,重点清理检查酒店、饭店、集贸市场共200余家,收缴以象牙为材料的工艺品、饰件56件,鹿茸4984克,鹿制品83件,国家一级野生动物藏羚羊角1对,红豆杉菜板19个等。共破获野生植物资源的违法犯罪行为2起,收缴野生动物盗猎工具10支,收缴野生动物皮12张。开展爱鸟周等野生动植物保护宣传活动5次,发放宣传材料5000余份。

(海兰英)

【落实生态效益补偿基金】 年内,拉萨市纳入公益林管护的面积已扩大到49.52万公顷,年内国家拨付生态效益补偿基金2228.49万元,全市管护人员达到3986名,人均年增收5590元。8月,市林业绿化局会同市财政局对拉萨市七县一区2010年至2011年中央财政森林生态效益补偿基金管理和使用情况进行全面核查。

(海兰英)

【森林防火工作】 年内,与各县(区)均签订森林防火责任状,散发防火宣传单3000余份,张贴临时性防火宣传标语5条幅,出动宣传车辆100台次,在林区路口和重要地段设立醒目的警示牌。强化值班制度,拉萨市各级防火办坚持24小时值班和领导带班制度。截至年鉴拉萨市未发生森林火灾事故。

(海兰英)

拉萨市林业绿化局

党组书记 占 堆

局　　长 宋留柱

水利管理

【概 况】 年内,谋划水利项目7大类39项,落实水利投资达到4.4亿元,同比增长547%。其中续建、新建项目15个,完成投资1.6亿元,同比增长65%。落实规划外项目拉萨河景观工程和桑益沟防洪工程开建工作。全年累计完成水利投资3.7亿元。

(刘民侠)

【水利设计工作】 年内,完成林周县澎波灌区规划、松古河中小河流治理工程的设计;尼木县城防洪堤、尼木县东风灌区、尼木县普松灌区、尼木县夏曲河中小河流等工程的设计。在做好防洪堤工程、灌区工程设计的同时,配合成都市水利勘测设计院完成拉萨市重点项目拉萨河工程的初步设计和可行性研究报告。配合文成公主实景演艺场办公室完成演艺场周边水文报告及排洪渠的设计工作。

(刘民侠)

【水利基础设施建设】 年内,全市水利基本建设投资重点以城市防洪、中小河流治理、山洪灾害防治、农田水利建设、农村饮水安全和水土保持等民生水利工程为主。重点项目共31个,总投资为4.8亿元,其中已实施完成项目10个,总投资1.1亿元。新开工项目有流沙河防洪工程,完成投资2550万元,澎波中小河流治理项目,完成投资1370万元,城镇防洪体系不断完善。

(刘民侠)

【加强民工工资管理】 年内,在拨付重点水利建设工程款时,预留工程款项的10%作为农民工工资保证金,确保民工工资不拖欠,切实保护好群众利益。

(刘民侠)

【农村饮水安全工程建设】 年内,新建饮水点56处,其中自流引水29处、机井23处、大口井4处,解决1.4万农牧民和2556人农村师生的饮水安全。

(刘民侠)

【防汛抗旱】 年内,落实防汛抗旱行政首长责任制,修改补充完善应急预案,重点水库(水电站)安全度汛预案和山洪灾害防治预案,及时储备和调拨防汛抢险物资(编织袋7万条、铁丝10吨、编织铁丝网200张和石料等),成立检查组到七县一区检查督促防汛抗旱工作,同时对拉萨河纳金乡嘎巴段至七一农场全长20余公里堤防进行拉网式检查,对险工险段进行加固维修,清理拉萨河左右岸河道周边建筑垃圾、生活垃圾7吨,投入资金8万元。成功应对主汛灾情,确保汛期堤防无一决口,水库无一垮坝。

(刘民侠)

【小型农田水利工程建设】 年内,新开工建设重点灌区达孜县琼普灌区和曲水县聂当乡德吉干渠工程,完成投资996万元。完成达孜县小型农田水利建设工程重点县建设任务,投资1470万元。曲水县国家级小型农田水利建设工程重点县项目立项审批,计划投资1411万元。结合创先争优强基础惠民生活动,实施面上小型农田水利建设工程81处,完成投资3823.7万元,同比增长280%,创历史新高。年新增和改善有效灌溉面积近1733.33公顷。

(刘民侠)

【安全生产与监督管理】　年内,对在建水利工程的各项手续是否完备和施工现场经常进行排查,发现的问题及时下达整改通知,落实整改措施,加强对水利工程建设、设计、施工、监理和农牧民工安全教育和宣传工作,实现全年无安全事故的目标。

(刘民侠)

【水利普查】　年内,拉萨市水利在拉萨七县一区57个乡镇261个行政村(253个行政村、8个社区)开展水利普查工作,共发放普查表3306张,收回3306张;普查名录数2918个。

(刘民侠)

【水资源管理】　年内,开展水行政专项执法检查,对城镇排污口、高耗水企业和采砂点进行全面监督和执法检查,确保全市水生态安全。

(刘民侠)

【"基层建设年"活动】　年内,继续开展"基层建设年"活动,水利局党组派出8名干部职工参加市委驻村工作组。形成领导班子成员、全体党员与对口扶贫点林周县卡孜乡困难党员结成"一对一"帮扶关系29对,捐款58000元。

(刘民侠)

【水利援藏工作】　年内,第六批援藏干部积极与江苏省水利厅、淮委联系,拟建设"拉萨水利工程质量监测中心"。截至年底,已筹措资金450万元,前期准备工作均已完成。

(刘民侠)

拉萨市水利局

党组记书　唐　登　田
局　　长　欧阳莉萍

扶贫开发和农业综合开发

【概　况】　年内,共建设扶贫农发项目276个,比2011年增加120个,增加77%;项目总投资2.89亿元,国家投资2.2亿元,分别比2011年增长62%、69%。其中扶贫开发项目231个,总投资1.68亿元,国家投资1.29亿元;农业综合开发项目17个,总投资1.15亿元,国家投资0.85亿元;扶贫培训项目28期,投入培训资金600万元。自治区扶贫办对拉萨市扶贫开发工作给予充分肯定,并给予920万元的项目奖励资金。

(康　谊)

【召开全市扶贫农发工作会议】　2月10日,全市扶贫开发和农业综合开发工作会议召开。拉萨市副市长次仁央宗出席并讲话,政府副秘书长曹志明主持会议。拉萨市政府与各县(区)签订2011—2015年扶贫开发工作责任书;总结2011年全市扶贫农发工作取得的成绩和经验,对2012年工作做具体的安排部署。全市扶贫农发系统、各市直"涉农"单位领导参加会议。

(康　谊)

【召开扶贫办主任座谈会】　7月19日,召开2012年度扶贫(农发)办主任座谈会,学习贯彻中央扶贫工作会议、全区扶贫开发工作会议和全区扶贫农发工作会议精神,交流2012年上半年扶贫农发工作经验,对下半年工作进行再动员、再部署。

(康　谊)

【建立年度扶贫工作台账制】　年内,市扶贫办研究出台扶贫工作台账制,将全年扶贫开发任务翔实细化分解,形成主管领导负总责,分管领导直接抓,相关科室和各县(区)扶贫部门具体落实的管理责任机制。

(康　谊)

【落实扶贫开发项目231个】　年内,落实扶贫开发项目231个,减少贫困人口1.6万人。其中面上扶贫项目112个,总投资7032万元,投入财政扶贫资金5525万元;整乡推进扶贫项目39个,总投资3407万元,投入财政扶贫资金2464万元;劳动力转移项目6个,总投资1158万元,投入财政扶贫资金344万元;贫困户安居工程项目1个,投入财政扶贫资金2500万元;按照"市、县以不低于2011年本级财政收入的2%的比例安排扶贫开发资金的规定",协调财政部门落实市级财政扶贫项目66个,总投资2414.92万元,投入财政扶贫资金1734万元;互助资金、连片开发项目7个,总投资332万元,投入财政扶贫资金320万元。

(康　谊)

【到户帮扶扶贫】　年内,与各县(区)扶贫部门签订《拉萨市2011—2015年扶贫开发工作责任书》,明确各县(区)每年必须完成的到户帮扶任务。全年共落实到户帮扶项目190项,资金8306万元,9810户、4.4

万人得到帮扶,户均增收2000元以上。2012年申报的扶贫项目中,到户项目占总项目的85%以上。

(康 谊)

【“两项制度”衔接】 年内,根据2300元的扶贫标准,按照“应保尽保、应扶尽扶”、“动态管理”的原则和“三调查、四公示、五优先、五不评”要求,督促指导各县(区)扶贫办开展“两项制度”衔接工作,完成前期宣讲部署、召开动员大会、整套工作流程培训、入户调查、评议公示等规定动作,准确填写“三表”,做到“户有卡村有册、乡镇有簿、县有电子档案。”

(康 谊)

【整乡推进扶贫总投资3407万元】 年内,市扶贫办建设林周县强嘎乡、松盘乡,曲水县曲水镇,当雄县当曲卡镇,堆龙德庆县德庆乡、马乡,尼木县塔荣镇、续迈乡,墨竹工卡县唐加乡,达孜县唐嘎乡等10个乡镇的39个整乡推进扶贫项目。整乡推进项目总投资3407万元,其中投入财政扶贫资金2464万元。

(康 谊)

【贫困户安居工程】 年内,协同市安居办开展贫困户安居工程建设工作。改善贫困群众的住房条件,使1000户贫困群众住上安全适用的房屋。

(康 谊)

【完成2013—2015年8个整乡推进规划】 年内,完成林周县春堆乡、阿郎乡,墨竹工卡县尼玛江热乡,达孜县雪乡,曲水县达嘎乡、南木乡,尼木县普松乡、尼木乡共8个整乡推进扶贫开发规划。

(康 谊)

【扶贫培训9960人次】 年内,按照“民生安市”战略和《拉萨市农牧民培训规划(2008—2015)》文件要求,推进“四业”工程。投入资金603.68万元,进行空港物业,面点烹饪,银行大厅引导员,民俗雕刻、民俗绘画、藏草垫制作等技能培训28期9960人次,培训合格率达到100%。实现创业40人,转移就业1940人,其中订单培训转移就业率达85%以上,人均年增收6000元以上。

(康 谊)

【扶贫农发直通车行动】 年内,市县两级扶贫部门积极开展“创先争优强基惠民扶贫农发直通车行动计划”工作,落实强基惠民工作队申报的项目,104家定点扶贫单位派出干部1617人,进驻57个贫困乡,开展送项目、送温暖活动。行业扶贫、社会扶贫共落实帮扶项目396个,总投资2.029亿元(含引进资金)。

(康 谊)

【扶贫实施方案初步完成】 年内,按照2300元的扶贫标准起草《拉萨市关于贯彻<中国农村扶贫开发纲要(2011—2020年)>的实施方案(征求意见稿)》,上报市政府审核。

(康 谊)

【实施土地治理项目7个】 年内,实施土地治理项目7个,总投资8135万元。其中生态环境建设项目1个,当雄县宁中乡农业综合开发土地治理项目;高标准农田建设项目6个,分别为曲水县聂当乡农业综合开发土地治理项目(存量资金)、达孜县章多乡肯堆岗农业综合开发项目、林周县强嘎乡农业综合开发土地治理项目(存量资金)、墨竹工卡县唐加乡农业综合开发土地治理项目、林周县强嘎乡农业综合开发土地治理项目(增量资金)、曲水县聂当乡农业综合开发土地治理项目(增量资金)。土地治理总规模4066.67公顷,其中高标准农田建设2066.67公顷、草场治理1333.33公顷、人工种草666.67公顷;黄牛改良0.5万头。改善灌溉面积1533.33公顷,新增灌溉面积373.33公顷,新增粮食142.62万千克,新增油料23.55万千克,新增优质牧草529.5万千克,新增蔬菜3万千克,项目区新增种植业总产值1557.87万元。

(康 谊)

【实施产业化项目10个】 年内,落实财政资金1296万元,实施以种植养殖类、农畜产品加工类等产业化经营项目10个,分别是堆龙德庆县60栋温室蔬菜生产基地续建项目,堆龙德庆县1000吨优质糌粑加工扩建项目,堆龙德庆县15万千克藏鸡产品加工新建项目,堆龙德庆县100头奶牛养殖续建项目,达孜县60栋温室蔬菜生产基地续建项目,林周县强嘎乡50万千克糌粑加工新建项目,堆龙德庆县28栋温室蔬菜生产基地新建项目,林周县30栋温室蔬菜生产基地新建项目,曲水县30栋温室蔬菜生产基地新建项目,拉萨市经济开发区年产5万千克蔬菜种植新建项目。扶持龙头企业2家、扶持农牧民专业经济合作组织7个,共建温室220栋。

(康 谊)

【农用科学技术推广】 年内,大力推广先进、成熟、适用的农牧业实用技术,引导农牧民根据市场需求调整种植养殖结构,培训农牧民10100人次,科技示范推广2066.67公顷,农发区科技贡献率达45%以上。

(康 谊)

【强基础惠民生活动】 年内,市扶贫办驻林周县连布村工作队紧紧围绕“五项任务”,开展各项工作。

截至年底,累计投入资金400余万元。改善连布村广大群众生产生活条件。驻村工作队获得自治区级先进工作队荣誉称号。

(康 谊)

【民族团结先锋活动】 年内,开展共产党员民族团结先锋活动,组织17名党员和强嘎乡连布村17户贫困党员结对帮扶,帮助贫困党员寻求致富门路。为17户贫困户捐款1.11万元。

(康 谊)

拉萨市扶贫开发领导小组办公室
(拉萨市农业综合开发办公室)

党组书记 孙伟华
主　　任 拉巴顿珠

气　　象

【概　况】 年内,拉萨市各地年平均气温在0.2℃至9.5℃之间,与历年平均值相比墨竹工卡偏低6.1℃,其余各地正常略高。各地年降水量总量在308.3毫米至440毫米之间,与历年同期相比尼木基本正常,其余各地偏少。各地年日照时数在2881小时至3333小时之间,尼木和拉萨分别偏多231小时和102小时,其余各地偏少。冬季(2011年12月至2012年2月)各地平均气温在-5.9℃至1.4℃之间,各地气温均正常略偏高;降水量当雄正常,其余各地偏少。2月,拉萨、墨竹工卡、尼木和当雄月平均气温均超过历史同期值,分别为3.8℃、1.4℃、1.1℃和-4.0℃。春季(3至5月)各地平均气温在3.0℃至10.2℃之间,各地气温均正常略偏高;降水量各地正常略偏少;日照时数拉萨尼木偏多,其余各地正常。夏季(6至8月)各地平均气温在11.4℃至16.9℃之间,各地正常;降水量在239.8毫米至334.3毫米之间,各地正常均偏少;日照时数尼木正常,其余各地均偏少。6月份各地月平均气温分别为拉萨18.1℃、尼木17.1℃、墨竹工卡16.1℃、当雄12.4℃,与常年同期值相比,均偏高2℃左右。秋季(9至11月)各地平均气温在2.4℃至9.6℃之间,各地正常。尼木降水偏少,其余各地特少。日照时数墨竹工卡正常,其余各地偏多。

(赛珍巴桑)

【主要气候事件】 2月8日,雅鲁藏布江中游河谷地带出现大风扬沙天气,拉萨市17时大气污染程度达重污染(主要是悬浮颗粒物)。2月20日至26日,北部当雄出现连续6天的大风天气,其中24日达到九级大风(24m/s);沿江一线出现4~6级左右阵风。5月10日,受北部冷空气和南部暖湿气流的共同影响,拉萨市当雄以南区域普遍出现小到中雨,其中尼木、堆龙、林周和达孜的降水量都超过10毫米。

(赛珍巴桑)

【雷电灾害】 6月16日,尼木县小学供电线路遭受雷击,导致线路短路,致使小学住宿楼3台电视、两台电脑,2台DVD播放器烧毁。

(赛珍巴桑)

【强降水、冰雹、洪涝和泥石流灾害】 6月18日至19日,当雄县羊八井地区出现强降水过程,国道109羊八井路段出现多处山体滑坡造成车辆拥堵,当雄县宁中乡堆林村拉曲河近100米的河堤被大水冲垮。7月15日,墨竹工卡县唐加乡东布岗村优组发生泥石流,约6066.67公顷油菜、青稞受灾。7月17日,尼木县吞巴乡吞普村、普松乡普松村周边出现强降水和冰雹并引发泥石流造成次生灾害,经初步统计,吞巴乡吞普村共造成牲畜死亡215只(其中绵羊190只,山羊25只),农田被淹746.67公顷;普松乡普松村死亡绵羊36只。7月22日和8月3日,墨竹工卡县扎西岗乡朗杰林村出现暴雨、冰雹并引发泥石流造成次生灾害,18.67公顷农田受灾70%,冲毁水渠100米、受损房屋1间。8月30日尼木县普松乡出现暴雨、冰雹,致使普松乡曲水村8组、普松村6组共2.67公顷油菜、1.23公顷青稞受灾,绝收青稞0.07公顷。9月4日、9月5日墨竹工卡县甲玛乡连续两日普降大雨,9月5日的降雨伴有冰雹,引发泥石流造成次生灾害,农田受灾面积9.07公顷,其中龙达村7.47公顷油菜、青稞受灾,赤康村0.13公顷青稞受灾,孜孜荣村1.47公顷油菜受灾。

(赛珍巴桑)

【开展人工影响天气作业】 年内,加强人影培训和装备的管理。6月至9月,在曲水、达孜、林周、尼木、墨竹工卡县等地共实施防雹作业400余次,使用防雹弹5000余发、增雨弹150余发,最大限度地保护粮食安全。在2012年“拉萨雪顿”开幕式当天,成功实施人工消雨作业。达孜县唐嘎乡、墨竹工卡县扎雪乡、曲水县达嘎乡、林周县卡孜乡、尼木县尼木乡5个人工影响天气标准化作业点建设项目全部竣工并投入使用。

（巴　桑）

【气象服务工作】 年内，推进在堆龙德庆县、曲水县、林周县、达孜县、城关区等无气象主管机构设立气象办事机构的事宜。解决尼木县法院拟建楼房影响气象探测环境的问题。市民服务中心气象窗口受理防雷图纸审核127件，办结127件，办结率100%；办理施放系留气球作业许可61件。

（巴　桑）

【科研人员研发项目获奖】 年内，由市气象局技术人员参与承担的《山地土地利用及土地覆盖变化研究—以西藏拉萨地区为例》科研课题获得拉萨市科学技术二等奖。

（巴　桑）

【发布农业气象情报】 年内，开展冬小麦、春青稞等作物发育期的观测。完善为农服务周年服务方案，实地大田调查近34人次，在农事关键期发布《农田增墒简报》《作物长势调查报告》《作物生长后期大田调查报告》《春青稞收割预报》《拉萨市2012年冬小麦适宜收获期预报》《拉萨市主要农区粮食趋势预报》，共发布定期农业气象情报48期，非定期农业气象情报15期，设施农业气象服务周报25期。

（次仁多吉　巴　桑）

拉萨市气象局

党组书记、局长　杨政兴

交通·邮电

交通运输

【概　况】 年内,拉萨市建设农村公路项目27个,建设投资2.9亿元,建设里程245.3千米。

(张彦凯　陈晶华)

【召开公路养管工作会议】 4月23日,拉萨市召开公路养管工作会议。会上,市交通运输局与省道管养单位、各县(区)签订目标责任书。

(张彦凯)

【拉萨公交实现无人售票】 7月1日,拉萨公交全面实行无人售票。

(张彦凯　白玛曲珍)

【落实公交场站建站土地】 7月,娘热公交场站2.67公顷建设用得到批复;8月,东嘎公交场站2.67公顷建设用地得到落实;9月,纳金客运枢纽站2.33公顷建设用地得到批复;12月,拉萨市首个公交首末站—羊达乡公交首末站0.67公顷建设用地得到批复。

(张彦凯　白玛曲珍)

【城乡客运发展规划通过初审】 10月,拉萨市编制完成《拉萨市城乡客运发展规划》,11月2日通过初审。

(张彦凯　白玛曲珍)

【落实综合客运枢纽场站建设有关事项】 10月,拉萨市综合客运枢纽场站建设项目被交通运输部纳入国家公路运输枢纽规划中,此项目由交通运输部投资建设。12月,市政府批准该项目53.33公顷建设用地。

(张彦凯　白玛曲珍)

【检查道路养护情况】 11月4至5日,自治区国省干线公路互检组对拉萨市管养的省道S202、S302和农村公路的养护管理情况进行实地检查,拉萨市的养护管理工作得到肯定。

(张彦凯)

【尼木县帕古乡至麻江乡公路通过验收】 11月9日,拉萨市尼木县帕古乡至麻江乡公路工程通过交工验收。该项目位于拉萨市尼木县帕古乡、麻江乡境内,全线按现有四级公路标准建设,全长28.12千米,设计速度20千米/小时,其中S304线3.13千米路段路基宽度7.5米,路面宽度6米,其余24.99公路路段路基宽度6.5米,路面宽度4.5米,全线铺筑沥青混凝土路面。该项目2010年11月6日开工,2012年6月20日完工。

(张彦凯　陈晶华)

【达孜县曲尼帕大桥通过验收】 11月14日,拉萨市达孜县曲尼帕大桥通过交工验收。该项目位于拉萨市达孜县章多乡境内,大桥及接线总长3336米,其中大桥全长338.2米。全线采用四级公路技术标准,设计速度20千米/小时,桥梁宽度采用净6.5+2×0.5米。该项目2010年11月9日开工,2012年6月10日完工。

(张彦凯　陈晶华)

【城关区娘热乡仁青蔡村2组、7组公路通过验收】 11月21日,拉萨市城关区娘热乡仁青蔡村2组、7组公路工程通过竣工验收。该项目路线起点位于娘热油路与灌溉渠交叉处,终点位于矿业公司,路线全长

2.465千米，全线采用四级公路技术标准进行建设，设计速度20千米/小时，路基宽度5.5米，路面宽度4.5米，桥涵设计荷载采用公路—II级，全线铺筑沥青混凝土路面。该项目2012年8月1日开工，2012年10月5日完工。

（张彦凯　陈晶华）

【工业园公路改建通过验收】 11月21日，拉萨市城关区蔡公堂乡工业园公路改建工程通过竣工验收。该项目路线起点位于蔡公堂乡白定村白定小学南侧围墙，终点位于洛康萨村，路线全长1.837千米，全线采用四级公路技术标准进行建设，设计速度20千米/小时，路基宽度6.5米，路面宽度5米，桥涵设计荷载采用公路—II级，全线铺筑水泥混凝土路面。该项目2011年6月5日开工，2011年8月30日完工。

（张彦凯　陈晶华）

【达孜县德庆镇白纳村公路通过验收】 11月21日，拉萨市达孜县德庆镇白纳村公路工程通过竣工验收。该项目路线起点位于金叶敬老院，终点位于白纳村，路线全长4.5千米，全线采用四级公路技术标准进行建设，设计速度20千米/小时，路基宽度6.5米，路面宽度5米，桥涵设计荷载采用公路—II级，全线铺筑沥青混凝土路面。该项目2011年8月15日开工，2012年6月5日完工并交付使用。

（张彦凯　陈晶华）

【国道318线至新仓村公路通过验收】 11月22日，拉萨市达孜县德庆镇国道318线至新仓村公路工程通过竣工验收。该项目路线起点位于G318线，途经矿泉水厂，终点止于新仓村村委会，路线全长6.32千米，全线采用四级公路技术标准进行建设，设计速度20千米/小时，路基宽度6.5米，路面宽度5米，桥涵设计荷载采用公路—II级，全线铺筑沥青混凝土面层。该项目2012年6月10日开工，2012年9月30日完工。

（张彦凯　陈晶华）

【省道202线淹没改线段公路通过自验】 11月29日，拉萨市旁多水利枢纽交通恢复专项工程省道202线淹没改线段公路工程通过行业部门自验。该项目起于日布村，接当雄方向老路（K31+000），止于打隆沟加德贡日安置点附近，与林周方向老路及绕坝公路相接，路线全长23.54千米。全线按三级公路标准建设，设计速度为30千米/小时，路基宽度7.5米，路面宽度6.5米，全线桥涵设计汽车荷载采用公路-II级。路面采用12厘米厚天然砂砾面层。该项目2011年3月17日开工建设，2012年5月底完工。

（张彦凯　陈晶华）

【唐古乡至省道202线公路通过自验】 11月29日，拉萨市旁多水利枢纽交通恢复专项工程唐古乡至省道202线公路通过行业部门自验工作。该项目位于拉萨市林周县旁多乡和唐古乡境内，起点位于唐古乡，途经热振寺、江多村、江穷村、乌鲁龙村，终点位于省道202线K31+000处，路线全长50.64千米，全线按四级公路技术标准进行建设，设计速度为20千米/小时，路基宽度6.5米，路面宽度4.5米，桥涵设计汽车荷载采用公路-II级。大坝至仁木段5.01千米和热绒至恰扎段公路5.4千米作为第二期段外工程一并实施，两段公路路线总长10.41千米，按四级公路技术标准进行建设，设计速度为20千米/小时，路基宽度4.5米，路面宽度3.5米，桥涵设计汽车荷载采用公路-II级。该项目2011年4月15日开工，2012年5月底完工。

（张彦凯　陈晶华）

【扎雪乡至阿朗乡公路工程通过验收】 12月5日，拉萨市墨竹工卡县扎雪乡至林周县阿朗乡公路工程通过交工验收。该项目路线起点位于墨竹工卡县扎雪乡政府所在地，途经若贡村、乌纳冈村，终点位于林周县阿朗乡，全长30.34千米。全线按三级公路标准建设，设计速度30千米/小时，路基宽度6.5米，路面宽度4.5米，桥涵设计荷载采用公路—II级。该项目2010年9月10日开工，2012年9月15日完工。

（张彦凯　陈晶华）

【夺底乡维巴村公路改建通过验收】 12月9日，拉萨市城关区夺底乡维巴村公路改建工程通过交工验收。该项目位于夺底乡维巴村境内，路线起点距清真寺约60米，终点位于维巴村维巴组，路线全长2.685千米，全线采用四级公路技术标准进行建设，设计速度20千米/小时，主线路基宽度6米，路面宽度5米，桥涵设计荷载采用公路—II级，全线铺筑水泥混凝土路面。该项目2012年7月10日开工，2012年11月10日完工。

（张彦凯　陈晶华）

【南嘎村至嘎东组（旅游道路）公路通过验收】 12月13日，拉萨市堆龙德庆县东嘎镇南嘎村至嘎东组（旅游道路）公路工程通过交工验收。该项目路线起点位于南嘎村，终点止于嘎东组，路线全长2.34千米，全线采用四级公路技术标准进行建设，设计速度20千米/小时,路基宽度6.0米,路面宽度4.5米,桥涵设计荷载采用公路—II级,桥面宽度5.0+2×0.5米,全线铺筑水泥混凝土路面。该项目2012年7月3日开工,2012年10月20日完工。

(张彦凯　陈晶华)

【龙珠岗大桥通过验收】　12月20日,拉萨市墨竹工卡县扎雪乡龙珠岗大桥通过交工验收。该项目位于拉萨市墨竹工卡县扎雪乡境内,大桥及接线总长1.222千米,其中大桥全长160米。全线采用四级公路技术标准,设计速度20千米/小时,路基宽度6.5米,路面宽度5.5米,桥梁宽度采用净6+2×0.6米。该项目2011年9月1日开工,2012年11月30日完工。

(张彦凯　陈晶华)

【理顺道路运输管理体制】　年内,开展一系列理顺体制准备工作。11月底,道路运输管理职能基本理顺。

(张彦凯)

【寺庙道路通达工程】　年内,完成25座寺庙完全不通公路和12座寺庙季节性不通公路的通达任务。拉萨市进行道路等级提升并完成23座寺庙的通畅建设任务。寺庙道路公路总里程达70.8千米,工程批复投资9457万元。

(张彦凯　陈晶华)

【30辆新公交车投放运营】　年内,拉萨市购置30辆新公交车投放客运市场。4月11日,在柳梧新区广场举行新公交车投放仪式。

(张彦凯　白玛曲珍)

拉萨市交通运输局

党组书记　觉　根

局　　长　张　明(11月免)

邮　　政

【概　况】　年内,实现邮政业务收入4065.05万元,较上年增长14.58%;邮政业务总量完成4163.33万元,较上年增长23.66%;全员劳动生产率达18.20万元/人。2012年,拉萨市邮政局服务质量用户评价综合满意度为90.65分。全年邮政业务(邮务类、代理金融类、代理速递物流类)发展成效显著。其中邮务类(函件、包件、报刊发行、集邮)完成2903.51万元,同比增长15.32%;代理金融类业务收入180万元;代理速递物流类业务收入472.39万元,同比增长8.8%。

(刘　琼)

【乡邮服务】　年内,投递农牧区、乡、村赠阅报刊种类有《西藏日报》(藏文版)、《人民日报》(藏文版)、《拉萨晚报》(藏文版)、《高原新农村》《西藏政报》(藏汉文版)、《半月谈》(藏文版),全年共计投递1186.25万份。7县27个乡邮政局(所)建设项目得到批复,其中完成5个乡邮网点的选址建设。更新乡邮投递车辆7辆,为乡邮员配发、更新交通工具、办公用品、日常用具,举办乡邮员的业务技能、职业道德、文明用语等培训。召开农牧区邮政通信管理专题会议,部署工作,表彰先进乡邮员。全市乡邮服务工作辐射7县1区的9个镇、48个乡、269个行政村,对县城所在地和附近的乡镇、行政村实行逐日投递班次;对其他乡及行政村实行周1班、周2班、周3班,全市农牧区乡镇通邮率达到100%,村村通邮率达到90%以上。

(刘　琼)

【安全生产】　年内,签订《2012年安全生产目标管理责任书》《2012年消防安全责任书》等一系列安全生产责任书,制定《2012年综治安全生产工作安排》。对重点部门、重点岗位、生产场地等开展安全隐患大排查、大检查13次,对薄弱环节和突出问题,查漏补缺,现场整改,全年未发生资金、消防、人员、车辆等各类安全事故。

(刘　琼)

【经营管理】　年内,完善绩效考核办法,构建岗位责任建设体系,完善分配机制和人力资源的盘活。实施“五大战略”:管理提升战略、信息支撑战略、中心发展战略、公共关系战略、经济协同发展战略。调整优化营投平台和后台支撑系统。

(刘　琼)

【服务质量监督】　年内,举办、参加业务宣传9次,累计参加宣传人数260人。全年解决邮政服务问题10件,用户对问题解决满意度达93分。

(刘　琼)

【网络能力建设】 年内,做好电子化支局系统改造、集邮业务系统三期工程上线、办公系统维护等工作。抓好报刊发行、分销配送系统、营业网点接入量收系统工作,实现后台管理与前台电子化支局系统的对接。做好量收系统二期工程使用,完善营业前台收寄应用系统与邮区中心局生产作业系统的紧密衔接。

（刘　琼）

【营投平台建设】 年内,对全市营业网点进行整体规划,加大对营业网点调整建设和装修改造力度。做好邮政营业信息管理系统改造、使用、维护,以及邮件收寄件人全名址录入工作。抓好市区骨干投递网建设,对重点单位、重点客户和业务量大的投递服务点提供专段、专车、专人投递服务。推行综合投递平台与分层个性化投递运作模式,对竞争性业务实行分频次、分层次、个性化投递。加强投递生产场地的整治改造,以及投递服务点、单位收发室等投递末端的建设与管理。加强邮政编码和基础地址库工作,建立健全邮编名库管理体制和维护机制,确保基础地址库的准确率、规范率达到99%,组织机构准确率达到100%、规范率达到98%。

（刘　琼）

【为基层服务】 年内,签订《2012年度党风廉政建设责任书》。面向一线,采取现场办公会、专题调研、事项督办等形式,共商解决阻碍业务发展的实际问题。选派第二批驻村工作队,帮助拉鲁居委会做实事,扶贫帮困,建图书室、赠送各类知识、科技、文化、报纸等上百种。获得拉萨市"创先争优强基础惠民生优秀组织单位"的荣誉称号。

（刘　琼）

【人力资源培训】 年内,集团公司组织全国邮政县支局长远程培训项目,全局10人参加。自办和送培的各类培训42期,培训人数289人次。开展岗位说明书编写工作,构建岗位责任建设体系。强化职业技能鉴定工作,全局持证上岗率达80%。组织分配好新进员工岗前培训各项任务。

（刘　琼）

【工会工作】 年内,开展"送温暖、献爱心"活动22次,累计发放金额30.10万元。组织实施"职工素质教育工程"和"业务技能岗位练兵"活动。

（刘　琼）

拉萨市邮政局

党委书记、局长　何　云

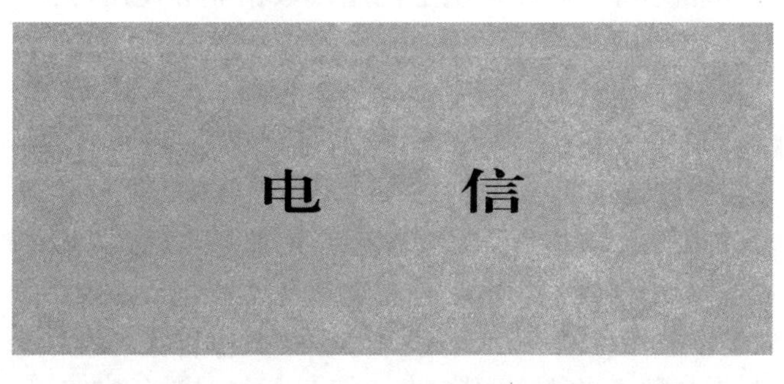

电　信

中国电信拉萨分公司

【概　况】 2012年,中国电信拉萨分公司在网固定电话用户(含好易通)15.1万户,电信固定电话用户普及率达到26.2户/百人;移动电话用户17万户,电信移动电话普及率为29.5户/百人。

（昌　幸）

【与市公安局签约平安二期项目】 2月12日,拉萨市公安局与中国电信拉萨分公司签订拉萨市视频监控与指挥调度系统建设(二期)项目协议,实现监控报警资源共享,全面建立打、防、控、管一体化、全方位的社会治安防范体系。

（昌　幸）

【与市电视台携手打造拉萨手机新闻】 4月21日,中国电信拉萨分公司与拉萨市电视台联合举办"拉萨手机新闻"开通仪式。"拉萨手机新闻"系统由拉萨电视台与中国电信拉萨分公司合作研发,采用B/S架构开发平台,基于中国电信3G移动网络,以流媒体技术实现点对点的视频、图片、文字传输,标志着拉萨市广播电视行业和手机新兴媒体事业发展史上的新突破。

（昌　幸）

【完成全市乡级视频会议系统建设】 5月22日,堆龙德庆县羊达乡乡级视频会议系统正式调通,标志着中国电信拉萨分公司在全区率先完成区、市、县、乡四级联动视频会议系统项目建设,对地方政府进一步提高行政办事效率、节能减排、提高信息化应用水平具有重要意义。

（昌　幸）

【实现CDMA网络行政村100%覆盖】 5月22日,中国电信拉萨分公司建成开通堆龙德庆县德庆乡门堆村基站,标志着拉萨电信在全区率先实现CDMA网络行政村全覆盖,其中3G信号覆盖率超过85%,农牧区网络质量和服务能力大大提高。

(昌 幸)

【邀请人大、政协代表走进电信】 9月18日,围绕“走出去、请进来,询意见、征建议,提升服务,迎十八大”等内容,中国电信拉萨分公司举办“走进央企、走进电信”活动,主动邀请拉萨市人大、政协委员和相关领导深入经营、网络服务一线,参观指导工作。

(昌 幸)

【举办应急通信联合演练】 11月1日,中国电信拉萨分公司与中国电信西藏分公司传输局共同举办应急通信联合演练,通过IP城域网核心设备故障和重要客户接入线路中断两个模拟场景演练,进一步提高中国电信在突发事件应急通信保障和响应能力。

(昌 幸)

【“数字城管”项目通过验收】 12月13日,由中国电信拉萨分公司承建的“数字城管”项目通过验收。数字化城市管理系统一期工程由北京援藏,总投资1900多万元,于2011年6月启动,2011年底基本建成,2012年投入试运行。工程建设内容包括指挥中心、供电系统、设备机房、平台系统、12319呼叫中心和前端监控点位等。该系统可实现与公安部门资源共享,并具有自动跟踪、综合越界分析等功能,进一步丰富了拉萨市城市管理手段。

(昌 幸)

【启动智力援藏项目】 年内,在对口援藏单位中国电信股份有限公司浙江分公司支持下,采取共享经营技术经验成果、双方管理业务骨干人员深层次交流和组织高端客户到浙江观摩电信新兴业务等措施,促使援藏方式从“输血”向“造血”转变,提升企业综合运营能力。

(昌 幸)

中国电信拉萨分公司

党委书记 冯文勇
总 经 理 土登穷穷

中国移动拉萨分公司

【概 况】 年内,拉萨市辖7县1区,所辖63个乡7个镇214个行政村,光缆网络实现全覆盖。拉萨境内传输光缆线路一干长388.68皮长千米。二干长932.19皮长千米。承载着一干西部环及二干。本地网七县光缆全长437.31皮长千米。拉萨中国移动用户数为70万人,普及率达到120%。

(叶 倩)

【开展“5·17信息通信与女性”主题活动】 5月17日,中国移动拉萨分公司联合阜康医院,开展“信息通信与女性”主题电信日活动,现场办理营销活动80余户、新入网用户60余户,西郊营业厅业务办理量比前日增长35.2%。

(叶 倩)

【开展VIP个性化联谊活动】 5月19日,各区县分公司分别于开展《第一期VIP客户象棋比赛》;6月24日,开展《冰爽六月激情相拥—VIP客户联谊活动》;8月26日,开展《8月酷爽—VIP客户答谢会》VIP客户联谊活动。共200位VIP客户参加联谊活动,通过活动的开展提升了公司形象。

(叶 倩)

【开展“惊喜大转盘”常态化营销】 7月中旬,中国移动拉萨分公司开始开展“惊喜大转盘”常态化营销活动,活动开展3个月实现累计办理彩铃、短信包、流量包、来电提醒共2579户。

(叶 倩)

【手机冲浪助手助推计费流量增长】 8月,中国移动拉萨分公司开展“享免费业务,抽IPHONE4S”活动,引导和培养80000手机上网用户数据业务使用习惯。该活动外呼业务开通成功率最高达98%,开通冲浪助手用户的计费流量平均提升3.54M。

(叶 倩)

【实施校园项目合作】 9月3日至14日,在拉萨各类高校集中开展“我的地盘到哪儿都是自己人”主题校园营销活动。“礼炫今夏”发展高校用户232户,“新学季用移动WLAN”发展56户,“惊喜大转盘”重点业务抽大奖办理966户,“手机加油站”为3583个用户成功下载各类手机应用软件。

(叶 倩)

【试点手机平销模式】 9月,中国移动拉萨分公司首次进行“裸机销售”试点工作。截至10月底,共销售1364部。

(叶 倩)

【做好日常网络优化工作】 年内,定期对现网核心参数进行一致性检查,保障网络稳定运行。随着1800基站不断入网,对900M、1800M基站覆盖进行调整,对新增BSC基站,结合拉萨城区特点进行合理规划lac边界。

(叶 倩)

中国移动拉萨分公司

党委书记、总经理 郭文权

中国联通拉萨分公司

【概　况】 截至年底，中国联合网络通信有限公司拉萨分公司（简称“拉萨联通”）共有员工200余人。公司设有综合部、财务部、市场销售部、集团客户事业部、运维维护部、网络建设部共六个职能部门和根据地域划分的四个经营部和六个营业部，下属网点65个。

（赵莹莹）

【用户100%实名入网】 年内，公司增加实名制客户资料信息稽核，年度完成新增客户100%实名制登陆，补录客户信息5万余条。

（赵莹莹）

【加快网络建设】 年内，拉萨所有3G基站全部开通HSPA+，达到全网覆盖。经测试验证HSPA+能够带来更高的系统容量；更高的用户吞吐量，上行速率峰值达到10M，下行速率峰值达到20M，下载速率最高达到20M；降低用户数据的传输时延，使用户更满意。

（黄　森）

【引领3G应用】 年内，多次组织3G课堂，“精彩WO体验”、IPhone俱乐部等活动。

（赵莹莹）

【开创终端商盟新模式】 年内，发挥W网3G社会化终端优势并盘活拉萨地区终端市场为目的牵头成立终端商盟。拉萨联通提供起步资金对合作伙伴进行扶持与激励，要求加入终端商盟必须具备在售支持WCDMA网络制式的3G终端不低于20款。经过终端商盟运营，在售支持WCDMA网络制式的3G智能终端达到市场份额的70%—80%。

（赵莹莹）

中国联通拉萨分公司

总经理 拉巴旺久

金融·保险

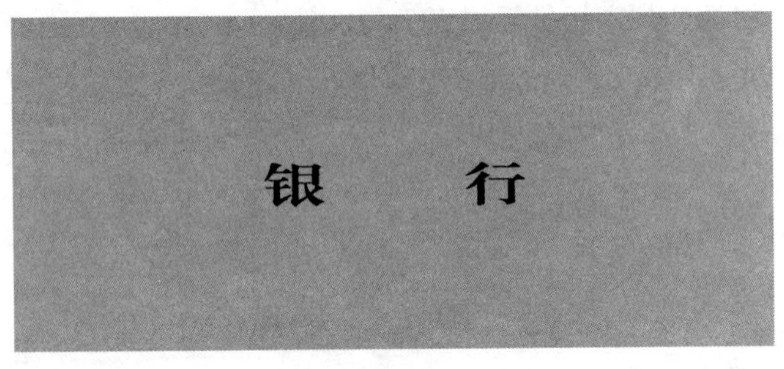

银　　行

中国人民银行拉萨中心支行

【概　况】　年内,中国人民银行拉萨中心支行(以下简称“人行拉萨中心支行”)紧扣地方经济社会发展实际,进一步加强“窗口”指导,改善金融服务水平,引导辖区各金融机构切实抓好优惠货币政策的贯彻和落实,不断增加信贷投放,优化信贷结构,支持地方经济加快发展和产业转型升级。2012年拉萨市金融运行平稳,发展态势持续向好。截至年末,拉萨市金融机构本外币各项存款余额1307.84亿元,比年初增加200.54亿元,增长18.11%;各项贷款余额454.64亿元,比年初增加138.59亿元,增长43.85%。

(吴　玲)

【落实特殊优惠货币政策】　年内,向商业银行下达2012年信贷计划指标,明确各行新增信贷指标。先后出台《2012年信贷指导意见》《关于进一步加大农牧信贷投入支持农牧区春耕备耕的通知》《关于进一步加强扶贫贴息贷款管理工作的通知》《关于进一步做好西藏水利改革发展金融服务的意见》《关于金融支持文化大发展大繁荣的指导意见》等一系列区域信贷政策。转发《人民银行、发展改革委、旅游局、银监会、证监会、保监会、外汇局关于金融支持旅游业加快发展的若干意见》,要求辖区各金融机构积极探索金融支持旅游业发展的路径和措施、支持现有旅游类上市公司、促进旅游业保险市场加快发展,推动西藏旅游业率先实现跨越式发展。进一步推动涉农、中小企业信贷政策导向效果评估工作,对辖区银行业金融机构涉农信贷政策导向效果和中小企业信贷政策导向效果进行全面、客观地评估,提升政策导向力,促进农牧区、中小企业贷款投放力度的加大。通过按季召开金融运行分析会,不定期召开商业银行机构座谈会,深入各行督导各银行业金融机构切实落实好特殊优惠货币政策,合理调控信贷投放节奏和重点。

(吴　玲)

【推进跨境贸易人民币结算工作】　年内,加大同市内外贸企业的联系,做好跨境贸易人民币结算政策宣传工作,共发放跨境贸易人民币结算政策宣传手册200余份,接待咨询人数达50余人。牵头组织召开跨境贸易人民币结算座谈会,与相关单位一道分析辖区人民币结算工作中的问题及难点,提出进一步有效推进此项工作的思路、措施和路径等。全年全区累计办理跨境人民币结算业务75.55亿元,同比增长1.07倍。

(吴　玲)

【加强金融风险监测】　年内,人行拉萨中心支行加强重点领域和热点问题风险监测分析,及时掌握重点领域风险状况。组织召开西藏辖区“影子银行体系”工作座谈会,加强与在藏各担保机构、典当行、小额贷款公司等机构的信息交流与沟通。研究制定《西藏自治区银行业金融机构稳健性评估办法(暂行)》,组织完成对中行、工行区分行的银行业金融机构稳健性现场评估工作。制定出台《西藏自治区金融机构突发事件应急预案演练方案》,开展西藏自治区金融稳定突发事件应急演练。

(吴 玲)

【推进外汇重点领域改革】 年内,组织召开由商务、税务、海关、工商、国资委和银行参加的货物贸易外汇管理制度改革推广工作座谈会。加大非现场监管工作力度,依托外汇综合服务平台实现对重要数据的全过程实时监测。联合商务、工商等部门,对全区60家外商投资企业和1家境外投资企业开展外汇网上联合年检,参检率和通过率均达到100%。集中对12家涉外企业的逾期未核销情况和3家外汇指定银行的资本金结汇情况进行专项调查及检查。

(吴 玲)

【丰富征信系统信息】 年内,人行拉萨中心支行机构信用代码推广应用工作顺利推进。采集全区住房公积金缴存、企业环境违法、拖欠工资等非银行信息,征信系统信息不断完善。中小企业和农牧区信用体系建设稳步推进。截至年末,企业征信系统共收录全区企事业单位及其他经济组织6473户,个人征信系统收录全区自然人约105万人。全年为全区2374户以前未与银行建立信贷关系的中小企业建立信用档案,农户小额信用贷款档案建档面达92%以上。1至12月,企业征信系统累计提供查询6683次,个人征信系统累计提供查询14万余次。

(索朗央珍)

【提升支付清算服务】 年内,人行拉萨中心支行开展全区支付清算系统风险排查,连续7年无重大事故发生。推进银行卡助农取款服务试点工作。改善公务卡用卡环境,确保公务卡在所有的POS上都能刷卡消费。2012年,大额支付系统、小额支付系统、支票影像交换系统、电子商业汇票系统、同城票据交换系统运行稳定,业务处理准确无误,业务量稳步增长,共处理业务120.24万笔、金额16190.21亿元,与2011年同比分别增长30.24%和25.17%。

(索朗央珍)

【加大反洗钱工作力度】 年内,人行拉萨中心支行完善反洗钱工作联系单位制度。对14家金融机构及其分支机构进行反洗钱现场检查。协助公安机关进行反洗钱、反恐怖融资行政调查20次,申请跨省协查1次。

(索朗央珍)

【完善国库管理】 年内,人行拉萨中心支行健全完善国库内控机制,制定14项制度办法。国库会计数据集中系统在西藏全辖成功上线,横向联网系统向3个地区推广,实现地市级全辖覆盖,银行卡刷卡缴税业务在拉萨市成功实现。加强日常会计核算业务处理,及时、准确地办理预算收入的收纳、报解和入库。保证新旧系统各项账务数据一致和年终决算的顺利推进。

(索朗央珍)

【强化货币发行管理】 年内,人行拉萨中心支行科学、合理编制2012年发行基金调拨计划,做好发行基金调运。截至年末,全区现金净投放74.17亿元。合理搭配券别,加强残损币的清分销毁工作。加强反假币工作,全年假人民币收缴量同比下降18.91%。

(索朗央珍)

中国人民银行拉萨中心支行

党委书记、行长 旺 堆(8月免)

党委书记、行长 郭振海(8月任)

农行西藏分行营业部

【概 况】 截至年底,全辖本外币各项存款余额406.74亿元,同比增加28.58亿元,增长7.56%;本外币各项贷款余额136.95亿元(含票据融资),同比增加30.68亿元,增长28.87%。年内,区分行营业部累计投放贷款(不含贴现)77.2亿元,重点营销了华能、华电、电信、青铁、水利等大型客户。

(韩梅润)

【三农业务】 截至年底,累计投放涉农贷款11.11亿元,累计收回9.87亿元,期末贷款余额达17.97亿元,同比增加1.24亿元,增长7.47%。现有信用乡镇达45个,信用村180个,累计发放贷款证60105张,发证面97.24%,使用率97.44%。推广金穗惠农卡产品,全年共发放惠农卡16218张。累计培育涉农小企业97家,年内新培育涉农小企业20家。

(韩梅润)

【个人金融业务】 截至年底,个人网银新增5765户,个人贵宾客户新增2782户,借记卡发卡量新增52864张,企业网银新增131户,手机银行新增2295户,电话银行新增10608户,消息服务新增35130户,转账电话新增255户。

(韩梅润)

【中间业务收入】 年内,区分行营业部实现中间业务收入5154万元。服务功能和服务手段日趋多样化,代理保险、基金、银行卡、电子银行等业务得到全面发展,黄金业务进一步巩固。发展国际业务,推进本外币一体化经营进程。

(韩梅润)

农行西藏分行营业部

党委委员、副行长兼营业部党委书记、总经理

赵永亮

中国银行西藏区分行

【概　况】 年内,中国银行西藏分行本外币资产余额395.42亿元,较年初增加82亿元;负债余额391.16亿元,较年初增加79.83亿元。人民币存款余额386.78亿元,较年初新增78.49亿元。人民币贷款余额118.23亿元,较年初新增33.19亿元,余额首次突破百亿元大关。实现净利润5.07亿元,同比增加1.88亿元。国际结算和跨境人民币业务四大行市场份额持续保持在90%以上。2012年,在拉萨市新设3家网点,营业网点数增至16家。在拉萨的人民币存款余额为313.16亿元,占全辖总量的79.2%;贷款余额111.36亿元,占全辖总量的94.2%。

(郗振雷)

【服务创新】 年内,推广现金管理、工商E线通、招标通、工薪贷等传统优势产品。发展票据融资业务。开办新业务,首次叙做金融机构外币同业存放、远期结售汇、福费廷、票据转出、票据商务通等新业务。投产财税库银项目。在全区率先开展福农卡和小额助农取款业务。优化业务流程,完成25项同城集中,开展10多项业务流程整合,有近50万笔业务迁移到中后台。

(郗振雷)

【渠道建设】 年内,在拉萨建设开发区、柳梧、八一路三个新网点,建设三家自助银行;在拉萨市投放56台自助设备,是2011年的7倍。着手实施网点软件转型,开发计价管理系统。分步推广服务流程导入,持续提升网点经营管理水平。

(郗振雷)

【风险内控】 年内,信贷不良余额1686万元,不良率0.14%,持续保持公司类零不良、个金类低不良的良好态势。履行稽核职能,服务战略实施和业务转型。现场检查和非现场检查相结合,网点现场检查率达80%以上。全行无一人参与民间借贷和非法集资。开展"不规范经营"专项整治活动。

(郗振雷)

【队伍建设】 年内,通过"走出去、请进来"等不同形式,开展员工、网点主任和中层管理者培训,全年共有5884人次接受了不同形式培训。建立三级管理人才培养制度,充实五个专业序列后备人才队伍,开展管理生选拔与培训工作。

(郗振雷)

【党建工作】 年内,各级党员管理者深入基层,倾听群众意见,切实帮助基层解决实际问题。在具备条件的分支机构普遍建立起基层党组织。在西藏金融系统率先成立青年联合会。

(郗振雷)

中国银行西藏区分行

党委书记、行长　李瑞强

中国建设银行股份有限公司西藏自治区分行

【概　况】 年内,中国建设银行股份有限公司西藏自治区分行(以下简称建行西藏区分行)一般性存款余额485.97亿元,比年初增长76.99亿元,增幅18.8%;一般性存款日均余额435.73亿元,比上年新增80.1亿元。其中对公存款余额386.8亿元,比年初增长57.12亿元,增幅17.3%;个人存款余额99.16亿元,比年初增长19.86亿元,增幅25.1%。各项贷款余额161.44亿元,比年初新增46.82亿元,增幅40.8%。不良贷款额为1.787亿元,不良率1.11%,较年初下降1.78个百分点。

(雷　勇)

【批发业务】 年内,对公存款余额386.8亿元,比年初增长57.12亿元,增幅17.3%;其中对公贷款余额145.62亿元,比年初新增45.45亿元,增幅45.37%。与区内同业合作为拉萨市暖心燃气热力有限公司发放外部银团贷款;开办电票转贴现业务;开通工商验资通系统;开办首笔托管业务,托管自治区财政厅创业基金管理中心创业投资基金;发展财险业务,与人保、平安保险、安邦保险等保险公司签订保险业务合作协议,并推出代理车险业务。

(雷　勇)

【零售业务】 年内,个人存款余额99.16亿元,比年初增长19.86亿元,增幅25.1%。个人贷款余额15.82亿元,比年初新增1.38亿元,增幅9.54%。私人银行业务完成总行计划的205.56%;个人网银、手

机银行、企业网银新增活跃客户保持同业领先。全年实现特色黄金产品销售78.64公斤,全年实物黄金销售175.74公斤。

(雷 勇)

【机构改革】 年内,深化组织机构改革实施方案,强化批发条线和零售条线的管理职能,建立健全条线管理工作机制,充分发挥条线委员会在业务管理、资源配置方面的能动性;发挥基层机构业务发展主渠道作用,建立网点功能分类管理机制,根据各支行所处的区域特点、客户结构和未来发展趋势对城区支行实行差别化定位,将城区支行划分为全功能、多功能、个人特色支行,充分调动网点经营的积极性;明确客户划分,提高支行专业化经营管理能力,建立起客户分层管理机制,加强客户经理队伍建设。

(雷 勇)

【提升服务功能】 年内,新增拉萨开发区支行、柳梧支行、日喀则新区支行、昌都芒康县支行共4个网点,完成日喀则山东北路分理处、昌都三江分理处、山南雅江支行、拉萨夺底路支行等5个网点的装修,阿里分行筹建工作进展顺利。新建自助银行1个,新增自助设备61台,新增收单商户208家,新增EPOS终端177台,投入运营POS终端1449台。

(雷 勇)

中国建设银行股份有限公司西藏自治区分行

党委书记、行长 韩文贞

中国工商银行西藏分行

【概 况】 年内,各项存款余额55.8亿元,较年初增加27.6亿元、增长97.5%;各项贷款余额83.1亿元,较年初增加63亿元、增长313.8%;全年实现中间业务收入843万元,较上年增加463万元、增长122%。全年实现拨备前利润2.27亿元、拨备后利润1.32亿元、净利润0.97亿元,分别较上年增长284%、262%、279%。

(李 伟)

【业务工作】 年内,分行领导带队,到北京、四川、青海等相关分行,带上重点项目主动上门开展联动营销。截至年底,分行公司贷款余额较上年6月末增长15倍,贷款投放领域涉列铁路及公路施工、火电及水电建设、青藏电力“天路”建设、矿产资源开发、旅游项目、商贸流通等领域。年内,从财政部门获得贷款特殊费用补贴10340万元。

(李 伟)

【机构建设】 年内,扩大服务网络,完成林芝支行筹建和开业工作。增设营销机构成立机构业务部,并将市场营销部更名为公司业务部。充实客户经理队伍,从2011年6月份的8人增加到25人。加强绩效考核,推行管理人员绩效合约。

中国工商银行西藏分行

党委书记、行长 彭正江

中国邮政储蓄银行拉萨市支行

【概 况】 中国邮政储蓄银行拉萨市支行于2008年1月28日成立。下辖六个内设部门、一个营业部、十二个城区支行和一个县级支行。是继农、中、建之后成立的第四家商业银行。成立五年多来,逐步形成以本外币储蓄存款为主体的负债业务;以国内、国际汇兑、转账业务、银行卡业务、代理保险及证券业务、代收代付、代理承销发行、兑代销开放式基金、提供个人存款证明服务及保管箱服务等多种形式的中间业务;以及小额信贷等为主渠道的资产业务;网上银行、手机银行、信用卡等业务也在不断充实邮储银行拉萨市支行的业务类型。2012年,先后被中国邮政集团公司授予“全国邮政用户满意企业”、被中国人民银行授予“反洗钱先进集体”等光荣称号。2012年5月22日,拉萨市支行荣获2011年全区金融工作先进集体荣誉称号。

(孙宗麟)

【加快网点渠道建设】 年内,邮储银行拉萨市支行进一步加快渠道建设步伐,加大投入,网点优化升级,完成网点的装修改造和迁址工作;实施自助终端标准化改造、增加ATM、存取款一体机;新增网银终端体验机。截至年底,建成面积在300平方米以上的标杆性旗舰网点2个,全行14个网点中,7个网点均为总行级别的“示范”网点。

(孙宗麟)

【开展规范化服务】 年内,以示范网点建立流程管理的文化,开展服务整治工作,软硬件同时着手全面提升服务能力。通过对网点硬件设施的增配和改造、通过组织培训小组到网点拉网式培训、考核、组织检查小组现场检查、抽查监控录像、形成文件通报机制、严肃处理有理由投诉、循环开展“神秘人检查”等措施,督促员工学习业务、熟练掌握业务办理流程,缩短客户排队等候时间、改善前台服务、提升客户满意度。2012 年,在全区银行业协会“良好银行”评比中,邮储银行拉萨市支行营业部、大楼支行荣获“良好银行”称号。

(孙宗麟)

【增强风险管控能力】 年内,继续补充完善《案件责任追究制度》、《案件风险排查制度》、《金融员工违法违规行为处罚办法》等制度,落实银监会操作风险“十三条”、“十个联动”、“六个重点”,把握重点人员、重点环节、重点岗位的监督、检查,开展内控制度建设和制度执行力的检查活动。落实岗位轮换,亲属回避和强制休假三项制度和授权管理制度执行情况的监督检查,对制度执行不力、有章不循、屡查屡犯行为纳入个人积分管理并进行严肃处罚。邮储银行拉萨市支行扎实开展案件防控工作,确保实现银行成立四年无案件发生,被总行授予“2011 年度案件防控先进单位”称号。

(孙宗麟)

【服务“三农”】 年内,开拓服务“三农”、服务中小企业信贷市场。研究金融改革发展中的突出问题和薄弱环节,维护全区金融稳定,确保不发生系统性、区域性的金融风险。

(孙宗麟)

【力助小微企业】 年内,针对小微企业融资需求的特点,邮储银行拉萨市支行相继推出小额贷款业务、个人商务贷款业务、小企业法人贷款业务,丰富小微企业金融服务的产品体系,帮助小微企业节省利息开支,降低融资成本,同时满足小微企业资金需求“短、小、频、急”的要求。

(孙宗麟)

中国邮政储蓄银行拉萨市支行

党组书记、行长 索朗旺堆

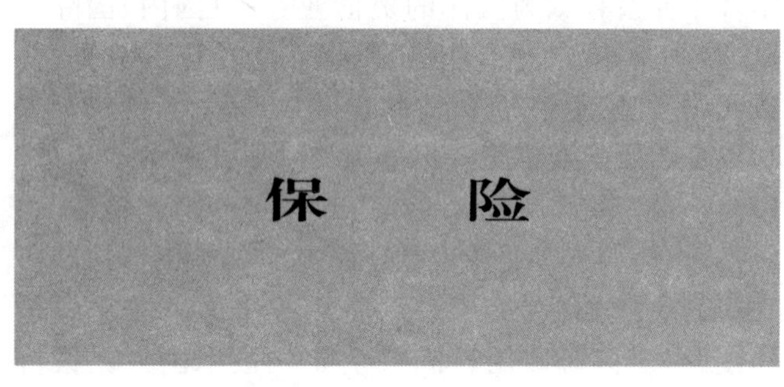

中国人保财险西藏分公司

【概 况】 年内,拉萨市共处理农牧民大病(额)补充医疗保险案件 34 笔,赔付总额 138.5 万元。拉萨全年已结案件数 19568 件,未结案件数 4149 件;已结赔款 21,128.9 万元,案件处理率达 92.56%。农险方面:养殖业赔付 613 万元,种植业赔付 679.8 万元,农房赔付 1313.3 万元。

(郝匀嘉)

【涉农保险】 年内,开展涉农保险业务。截至年底,政策性涉农保险拥有种植业、养殖业、能繁母猪、农房、农用机动车辆和农牧民大病补充医疗保险共计 6 个险种。

(郝匀嘉)

【PICC 保险服务卡】 年内,中国人保财险西藏分公司通过多种方式向全区各行各业干部职工和农牧区群众发放藏汉双语的保险服务卡。该保险服务卡包含投保方式、理赔程序、保费优惠政策、新型保险业务等介绍,通过人性化设计,使客户更快捷了解保险业务,且每张服务卡都印有一名人民保险员的姓名和电话。

(郝匀嘉)

中国人保财险西藏分公司

党委书记、总经理 孙国新

中国人寿保险股份有限公司西藏自治区分公司

【概 况】 年内,中国人寿保险股份有限公司西藏自治区分公司全年总保费突破 1.24 亿元,同比增长 27.22%。其中个险销售渠道全年完成保费 6462.49 万元,同比增长 39.80%;银行保险渠道全年完成保费 4081.88 万元,同比增长 23.22%;团体业务渠道全年完成保费 1908.79 万元,同比增长 3.30%。

(贺恩建)

【提高服务水平】 年内,完成日喀则地区分公司筹建;充分发挥 95519 电话服务平台;成功举办“中国人寿杯”第二届少年儿童绘画比赛及第一届有奖征文比赛。

(贺恩建)

【承担社会责任】 年内,开展自治区创先争优强基础惠民生驻村活动，与当地群众修缮一条约5公里的山路，新建、搬迁4座便民桥。开展各类公益活动，回馈社会，看望、慰问孤儿，组织捐款捐赠，合计投入3.4万余元。

（贺恩建）

中国人寿保险股份有限公司
西藏自治区分公司

党委书记、总经理　李　爽

中国平安财产保险股份有限公司西藏分公司

【概　况】 年内，平安保险西藏分公司实现保费收入7777万元，赔款支出3649万元，保费增速29.5%，赔款件数7324件，保额达246亿。

（贺美娜）

【网点建设】 11月，成立日喀则、那曲支公司。

（贺美娜）

【公益活动】 年内，捐赠昌都地区察雅县烟多镇若普村平安希望小学40万元。驻村工作队为纳尔乡孜村和德庆村的实际情况申报项目、修建通水渠、安装广播系统、水管等。获得日喀则市2012年度先进工作队表彰。

（贺美娜）

中国平安财产保险股份有限公司西藏分公司

总经理　吴　琦

旅　　游

综　　述

年内,拉萨累计接待国内外旅游者650.89万人次,比2011年同期增长26.53%,实现旅游收入65.48亿元,比2011年同期增长28.12%。旅游业直接就业2.73万人,间接就业11.49万人,旅游经济就业总人数达到14.33万人。截至年底,拉萨共有旅行社102家,旅游汽车公司23家,旅游车辆3705台,星级宾馆(饭店)、家庭旅馆及社会旅馆共计477家,客房18284间,床位39365张,持证导游2500人。

(杜　巍)

旅游推介

【参加北京国际旅游博览会】 5月20日至6月5日,参加北京国际旅游博览会。向国内外宣传拉萨旅游,提升拉萨旅游品牌形象,重点宣传拉萨社会发展、旅游现状、接待能力和旅游环境状况,以北京为基地,打开环渤海旅游客源市场。

(杜　巍)

【参加少数民族文化旅游艺术节】 年内,拉萨市人大常委会副主任次仁旺久带队,组织市旅游局、文化局、民宗局和财政局等部门,参加第二届中国·呼和浩特少数民族文化旅游艺术节。拉萨重点参加民族服饰展演和旅游摄影展活动。

(杜　巍)

【参加广东国际旅游产业博览会】 年内,西藏自治区旅游局组织七地(市)旅游局参加在广东举办的国际旅游产业博览会。拉萨作为重要旅游目的地,在博览会现场设置大型户外广告,组织民族歌舞表演,发放冬季旅游宣传资料2万份,宣传“阳光冬季、魅力拉萨”旅游产品。

(杜　巍)

【参加在台湾举办的国际旅游博览会】 年内,参加在台湾举办的国际旅游博览会。拉萨作为重要旅游目的地,在博览会现场设置大型户外广告,发放旅游宣传资料1万册。

(杜　巍)

大型活动

【与东方航空公司签署战略合作协议】 6月7日，拉萨市人民政府与东方航空公司战略合作签约仪式在拉萨饭店举行。自治区党委常委、常务副主席秦宜智，自治区党委常委、拉萨市委书记齐扎拉，民航总局副局长李军，拉萨市人民政府市长多吉次珠，民航西南、华东、西北管理局主要领导、市委、市政府主要领导出席签约仪式。拉萨市人民政府市长多吉次珠和东方航空股份公司营销总监、客运营销委总经理董波签署了《拉萨市人民政府与东方航空公司战略合作协议》。

（杜　巍）

【第七届纳木措徒步大会举办】 8月14日至20日，第七届纳木措徒步大会举办。自治区党委常委、拉萨市委书记齐扎拉，自治区副主席丁业现，拉萨市委副书记、市长多吉次珠出席启动仪式。来自全国各地的摄影爱好者、徒步爱好者、外国友人、媒体记者、经济、文化界名人等200余人共同出席开幕式。大会期间举办徒步行走、湖边露营、篝火晚会、公益行走等活动。

（杜　巍）

【全国旅游援藏工作座谈会召开】 8月30日，全国旅游援藏工作座谈会在拉萨召开。国家旅游局党组书记、局长邵琪伟，西藏自治区人大常委会主任向巴平措出席座谈会并讲话，国家旅游局党组副书记、副局长王志发主持座谈会，各省市旅游局局长参加会议。

（杜　巍）

【纳木措国家公园挂牌】 10月23日，在纳木措景区入口举行纳木措国家公园挂牌仪式。自治区旅游局副局长孙永平，拉萨市人民政府副市长占堆，拉萨市旅游局、当雄县人民政府、拉萨布达拉旅游文化集团有限公司负责人出席会议。

（杜　巍）

【拍摄幸福拉萨宣传片】 年内，拉萨市投资400万元，与中央电视台合作拍摄拉萨旅游宣传片“美丽家园·幸福拉萨”。

（杜　巍）

旅游管理

【召开全市诚信旅游建设推进大会】 年内，召开全市诚信旅游建设推进大会。拉萨市人民政府副市长马新明同志作了重要讲话。会议宣读了《拉萨诚信旅游建设实施方案》，市旅游局与各旅游协会签订了诚信服务责任书。各县（区）和市直部门负责人、核心区便民警务站、旅游服务督导员、各旅游协会以及导游和司机代表共计300余人参会。

（杜　巍）

【开展旅游联合执法检查】 年内，组织旅游、公安、卫生、工商、税务等部门开展旅游联合执法活动，重点打击“倒卖门票、欺客宰客、强迫购物”等恶劣经营行为。共开展联合执法检查127次，组织开展“打击倒票”、“旅游安全防范”、旅游购物店专项整治等旅游市场专项整治行动12个，共查处违规导游46个，发现违规旅行社21家，非法拉客人员38名，与公安部门共同抓获倒卖布达拉宫门票人员22名，规范旅游市场秩序。据市场抽样调查显示，98.2%的游客对西藏旅游环境和服务质量表示满意，73%的游客有意重游西藏。

（杜　巍）

【设立旅游服务督导员】 年内，在全市135个便民警务站和大昭寺设立旅游服务督导员，开展旅游指南和咨询服务工作。全年受理旅游咨询投诉共158起，受理并成功调解旅游纠纷46起，挽回游客经济损失2.7万元，协助旅游部门抓获“黑导”32个。

（杜　巍）

【受理旅游投诉】 年内，共受理旅游咨询投诉800起，受理并成功调解旅游纠纷146起，办结率达到100%，挽回游客经济损失12.27万元。

（杜　巍）

【开设游客绿色通道】 年内，拉萨市旅游局与拉萨市公安局联合设立“游客绿色通道办公室”。公安局负责审核旅游团队的游客身份信息，旅游局负责审核旅行社服务标准、团队价格。通过两个部门的密切配合,形成维护社会稳定和维护旅游市场秩序的双重工作机制。截至年底共登记备案旅游团队27138个,游客581789名。

(杜　巍)

【深化旅游体制改革】　年内,推行“三权分立”机制,建议成立纳木措景区管理委员会和八廓古城管理委员会,规范旅游开发与保护工作。截至年底,纳木措景区管委会筹备组和古城管委会已经分别成立。

(杜　巍)

【实施旅游产业惠民富民工程】　年内,拉萨市旅游局争取各级资金和援藏资金,编制夺底乡、娘热乡、塔杰乡、桑木村、江村等5个乡村旅游规划,出台《拉萨市发展乡村旅游的实施办法》,促进旅游与农牧业的融合。

(杜　巍)

【拉萨市旅馆业协会成立】　年内,拉萨市旅馆业协会成立,620家旅游企业入会。

(杜　巍)

【开办农牧民旅游从业人员培训班】　年内,举办农牧民旅游从业人员培训班8期,结合培训学员实际,从旅游政策与法规、西藏简史和民俗、客房管理、讲解员业务、酒店服务礼仪等理论方面对学员进行培训,全年培训农牧民1140人。

(杜　巍)

【景区等级评定】　年内,布达拉宫成功申报国家5A级景区,实现拉萨市5A级景区零的突破,全市新增A级景区1处,达到11处。

(杜　巍)

【酒店星级评定】　年内,全市新增星级饭店6家,达到132家,新评家庭旅馆6家,达到131家。

(杜　巍)

【制作旅游宣传资料】　年内,拉萨市旅游局整合旅游资源,开发具有高原和民族特色的旅游产品,制作了旅游台历5000册,玩转拉萨、历史文化游、拉萨精品线路等宣传折页1万册。

(杜　巍)

拉萨市旅游局

党组书记　董天林
局　　长　江　华

科技·教育·体育

科　技

【概　况】 2012年,全市科技工作按照“建平台、攻专项、促转化、广普及”工作要求,在提升农业科技水平、发展高原特色工业、建设农村科技服务体系、提高科技知识覆盖面、培养现代新型农牧民等方面取得新成绩。年内,共安排科技资金3816万元,实施74项科技项目,有20余项科技项目通过结题验收,10余个项目达到区内领先科技水平,为全市经济社会的跨越式发展提供有力科技支撑。

（李新林）

【科技兴农】 年内,争取国家科技部、自治区科技厅和江苏省对口援助支持科技富民强县、农业科技成果转化、星火计划、全区重点科技计划、援藏项目资金1677万元,安排27项农业科技项目。引进设施农业智能环境群测监控技术、农业自动气象站、工厂化育苗等技术,在拉萨国家农业示范园区蔡公堂和岗德林分园区应用。支持林周、堆龙德庆、达孜、当雄发展紫色马铃薯、设施花卉、设施油桃和牦牛短期育肥等特色产业发展。开展高原仔猪繁育、生猪科学养殖、牦牛改良、牛羊越冬饲料研发等方面科技工作。引进园林树种、药用金银花、西藏四季玫瑰、甜玉米、马铃薯等新品种及种植技术。转化青稞沙炒机、拉萨白鸡、青稞高产新品种、太阳能产品等科技成果。在曲水县曲水镇茶巴朗村建成50栋高效日光温室。建成100栋高效日光温室的曲水草莓基地。

（李新林）

【科技创新】 年内,落实企业研究与开发资金1592万元,安排企业创新项目31项,以西藏特色农作物为原料,开发出青稞原浆啤酒、青稞醋、紫薯粉条、抗缺氧功能性饮料等特色饮食品。围绕奶牛饲养业发展,研发出牛泌乳期专用饲料和食用菌培养基饲料。以青稞和藏药材为原料,研发出青稞红曲降脂保肝茶、青稞降糖咀嚼片、吉雪唐康降糖颗粒、藏药材消毒湿巾等医药卫生产品。提升藏毯洗毯、羊绒精梳、高原陶瓷坯体底釉生产等技术工艺。同时,做好企业、项目申报、知识产权等方面的技术服务。

（李新林）

【科普工作】 年内,落实科普专项资金96.33万元,培训经费84.78万元,争取国家科协、自治区科协和科技厅支持科普资金135万元,共316万元。开展13场科普宣传活动,编印农牧业生产科学种植与养殖图书和光盘2万册,订阅《西藏科技报》2097份,创建科普示范小区、科普活动站、青少年科普活动室等6个科普活动场所,新建LED科普昼夜电子显示屏2个,对1600名农牧民群众进行实用技术培训。曲水县茶巴朗天地瓜果蔬菜种植农村专业技术协会、堆龙德庆县岗德林生猪繁育养殖科普示范基地、城关区统建和仙足岛科普示范小区获得国家科协以奖代补支持。达孜县、林周县、堆龙德庆县农牧民桑吉、桑古、旺堆巴珠获科普带头人奖励。

（李新林）

【科技特派员工作】 年内,新增自治区农牧民科技特派员120名,新增拉萨市专家科技特派员30名,全市科技特派员总数达到567名,全市224个行政村平均拥有2名以上的科技特派员,在全区率先实现建制村科技特派员全覆盖。曲水县南木乡江村农牧民科技特派员边巴,引进西瓜新品种及种植技术,成立鑫赛瓜果种植销售合作社,注册“鑫赛”曲水西瓜商标,促进曲水县瓜果产业发展。

(李新林)

【科技援藏】 年内,江苏省省长助理、省科技厅厅长徐南平率厅有关负责人到拉萨考察调研科技援藏工作。共争取江苏省科技系统援助经费245万元,实施科技援藏项目11项。邀请江苏省陶瓷制作、知识产权代理、科技情报服务等方面10专家到拉萨指导工作。“江苏科技援藏模式创新与长效机制研究”,通过江苏省科技厅验收。“郎庆阿塔”颗粒通过国家食品药品监督管理局药物临床试验审批。

(李新林)

【政策法规修订】 年内,完成《拉萨市科学技术进步奖奖励办法(试行)》的修订工作。

(李新林)

【科技奖励】 年内,全市举办第六次科学技术进步奖评审工作,评出《青稞红曲制备工艺研究》《机械化青稞沙炒设备研制》《二十五味珊瑚丸的毒理学研究》等14项获奖成果。

(李新林)

【自身建设】 年内,市科技局签订了党风廉政责任书,实行了“一岗双责”制度,促进了反腐倡廉工作的开展。选派科技干部前往内地开展政治与业务知识培训16人次。

(李新林)

【强基惠民】 年内,选派4名驻村工作队员,累计为达孜县邦堆乡邦堆村争取项目资金近400万元,其中科技局安排资金达65万元。全局干部职工走访慰问达50人次,捐款捐物近5万元。邦堆村党支部被评为“县先进党支部”。

(李新林)

拉萨市科技局

局　长　黄前敏

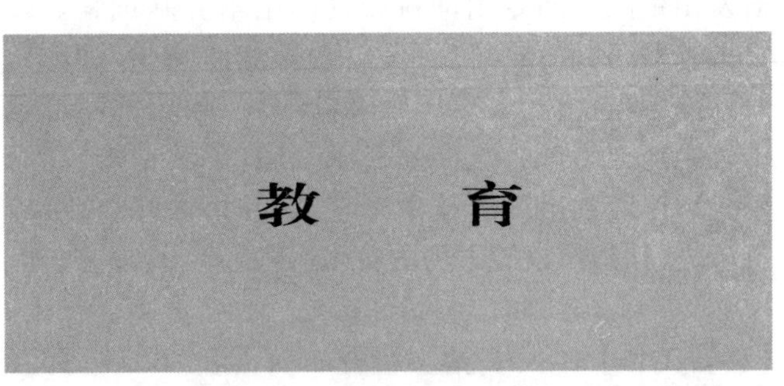

教　育

【概　况】 年内,全市有各级各类学校205所,在校生共105651人。其中高等师范专科学校1所,在校生2742人。普通高中6所,完全中学1所,在校生13000人;初中14所,在校生20911人;完全小学85所,在校生48028人;幼儿园55所,在校生9005人;特殊教育学校1所,在校生177人。十二年一贯制学校1所(军区八一校),在校生1976人;巴扎育才小学在校生317人;彩泉福利小学在校生73人;民办幼儿园39所,在园幼儿9422人。全市高中阶段毛入学率达到82%。初中毛入学率达到101.68%、巩固率达到99.26%。小学适龄儿童入学率达到99.80%、巩固率达到100%。学前教育阶段毛入园率达到70.6%。青壮年文盲率控制在1%以内。全市中小学、幼儿园共有教职工8655人(含退休人员1128人,其他143人),专任教师共计6645人。其中,教育部门办学校教职工7799人(中学2764人,小学3454人,幼儿园260人,特校50人,退休人员1128人,其他143人),专任教师6222人(中学2595人,小学3380人,特校43人,幼儿园204人)。民办学校教职工共856人(高中84人,初中35人,小学85人,幼儿园652人),专任教师423人(中学77人,小学68人,幼儿园278人)。全市高中、初中、小学专任教师学历合格率分别为98.67%、99.83%、99.33%。

(宋晓婧)

【教育教学管理】 2月15日,拉萨市召开全市教育工作会议。完成拉萨市各县(区)教学点撤并方案、拉萨市集中办学方案、关于邀请北京江苏两省市援建两所十二年一贯制学校的项目建议书以及拉萨市基础教育学校分级管理办法等制度的起草和部分制度的意见征求工作。与各县(区)政府、教育部门签订教育目标责任书,实施“双线”目标责任制、严格落实“四书”制、推行“整班移交”等一系列制度措施,发展学前教育,推进学前三年行动计划;推进教育改革试点项目,截至年底,全市融入性教育试点增至8个;全市基础教育学校(不含幼儿园)共招收新生21072人,其中市区义务教育阶段学校(原市直7所初中、6所小学和城关区14所中小学)共招收新生7967人,流动人口子女为4198人,占市区初中、小学新生总数的52.7%。

(宋晓婧)

【拉萨教育城项目启动】　2月15日，拉萨教育城项目正式启动。自治区党委常委、拉萨市委书记齐扎拉，自治区教育厅厅长宋和平，市委副书记、市长多吉次珠出席。教育城选址在318国道以北、拉萨河堤以南、百淀中心路以东、丹青路以西，规划建设用地666.67公顷。采取一次性控地、一次性报批；整体规划、总体设计；突出近期、兼顾长远；分期建设、逐步发展的建设理念。现完成拉萨教育城一期征地259.6公顷，预计二期征地133.33公顷。进驻教育城的项目共有12个，其中市级项目7个，市外项目2个，江苏援藏项目1个。截至年底，一期开工建设有拉萨市中等职业技术学校，拉萨市教师培训中心等10个项目，总建筑面积482095平方米，总投资197821万元，完成了教育城7条道路设计和评审工作，道路总长8.762公里，总投资2.67亿元。

（宋晓婧）

【义务教育阶段学校及市实验幼儿园移交城关区】　8月31日，拉萨市属义务教育阶段学校及市实验幼儿园移交城关区人民政府仪式在市教育局举行。拉萨市人大常委会副主任、市教育局（体育局）党委书记平措朗杰，拉萨市副市长计明南加，市教育局（体育局）局长张勤，城关区副区长尼玛仓决，城关区教育局领导，市教育局各科室负责人以及各移交学校校级领导参加了仪式。拉萨市教育局（体育局）局长张勤和城关区人民政府副区长尼玛仓决签订《拉萨市属义务教育阶段学校及市实验幼儿园移交城关区人民政府管理协议书》。

（宋晓婧）

【出台《关于加快教育改革和发展的意见》】　年内，市委、市政府出台《关于加快教育改革和发展的意见》。指出教育改革的基本原则：坚持解放思想、实事求是、因地制宜；着眼重点领域、关键环节、瓶颈因素；立足统筹谋划、顶层设计、整体推进；坚持遵循规律、促进公平、提高效率；注意改革力度、责任落实、上下联动。目标要求：到2014年，形成三大“格局”：形成分级管理、体制顺畅、机制优化、责任明确、管理有效的学校管理格局；形成布点科学、资源集聚、现代安全、功能完善、效益突出的学校建设格局；形成配置合理、运行规范、内涵提升、质量一流、均衡发展的教育发展格局。“十二五”期间：各级各类学校基本建设达到国家标准。所有城镇学前三年幼儿入园率达到85%，农牧区学前两年“双语”教育普及率达到60%。义务教育阶段：小学入学率达到99.8%，初中入学率达到99.5%，视力、听力和智力残疾儿童义务教育阶段入学率达到85%以上；高中阶段毛入学率达到86%以上。

（宋晓婧）

【党建工作】　年内，教育局系统党的基层组织已有137个，覆盖面100%。完成局系统“创先争优”群众评议工作和全市教育系统党支部分类定级工作；对市直各校开展基层组织建设年工作情况进行督导检查，将局党委和实验小学党支部定为“基层组织建设年”宣传点；组织开展局系统基层组织建设年整改提高晋位升级工作，对市直7所学校党支部工作进行综合考评，确定考核名次；在全局系统开展“八看、一算账、一揭批、四增强”、“爱国、团结、和谐、发展、文明”及民族团结主题教育宣讲活动；开展庆祝中国共产党建党91周年活动，召开全市教育系统党建工作经验交流会；组织局系统干部师生认真学习宣传贯彻中共十八大精神，建立各县（区）教育局、机关和市直各校学习宣传贯彻中共十八大信息联系点，制作宣传展板7块。

（宋晓婧）

【基层建设年活动】　年内，开展调查摸底、分类定级，整改提高、晋位升级，考核验收、总结表彰等各项工作。新发展党员205人，36名预备党员按期转正；新申请入党337人，确定入党积极分子255人；召开全市教育系统庆“七一”基层党建工作经验交流会。市直各校共开展表彰奖励活动17次，表彰优秀党务工作者6人、优秀共产党员81名；推荐1个基层党组织、1名共产党员参加全区先进基层党组织和优秀共产党员评选，1个学校党组织获得全市先进基层党组织称号、3名党员被评为全市优秀共产党员、3所学校党支部被评为开展创先争优活动先进单位。推荐市实验小学、林周县中学党总支作为全国教育系统中小学党建工作典型；推荐局党委、市实验小学作为全区教育系统基层组织建设年宣传点；市北京中学的党建工作成为区市基层组织建设年领导小组宣传和推广的一个典型。

（宋晓婧）

【党风廉政建设】　年内，拉萨市教育局与各县（区）教育局、市直各校、机关各科室分别签订《党风廉政建设目标责任书》《基层党建工作责任书》《机关作风与效能建设目标责任书》。加强局系统回流人员的管理，对局系统回流人员进行核查、教育谈话、签订责任书、制定整改方案，并将相关材料上报市纪检委。印发《拉萨市教育局打击严重刑事犯罪和整治社会治安突出问题专项行动矛盾纠纷排查工作方案》《区党委老干部局关于做好党的十八大期间老干部信访工作的通知》,开展相关学习贯彻落实活动。协助市纪委对局系统惩防体系建设5年工作进行督查和调研,并按要求完成迎接国家督查工作。

(宋晓婧)

【巩固"两基"成果】　年内,继续与各县(区)政府、教育部门签订教育目标责任书,实施"双线"目标责任制、严格落实"四书"制、推行"整班移交"等一系列制度措施,使得国检成果得到有效地巩固。全市小学适龄儿童入学率、初中入学率均保持国检时水平。

(宋晓婧)

【落实教育民生工程】　年内,制定出台《拉萨市暂住人口子女就学管理暂行办法》和《拉萨市防止义务教育阶段学生辍学管理办法》。2012年秋季,市区学校招收流动人口子女4157人,占市区新生总数的56.5%;通过教育行政部门协调解决无法正常入学的流动人口子女524人。加强对"三包"经费使用情况的监督管理。推行招考"阳光工程"。加强教师职称评聘管理。贯彻落实《拉萨市中小学教师系列中初级职称评聘暂行规定》。加强对教育基本建设的管理,完成教育基建总投资4.6525亿元。重点治理教育乱收费。制定《拉萨市减轻市区小学生课业负担过重的若干规定》。

(宋晓婧)

【教学点撤并】　年内,拉萨市共有小学86所,教学点59个。按照"一乡一校"的原则(人口较多乡镇保留2所学校),通过3年时间逐步整合为73所小学,撤并59个教学点,总投资约4.382亿元。截至年底,当雄县23个教学点、墨竹工卡县14个教学点、尼木县2个教学点、林周县8个教学点、堆龙德庆县12个教学点,总共59个教学点,全部完成撤并。

(宋晓婧)

【德育工作】　年内,制定并实施《关于进一步加强中小学学科教学中渗透德育内容的工作意见》,完成《拉萨市青少年思想政治教育和学校德育工作机制(试行)》的起草。将3月定为全市教育系统"学雷锋活动月",举办市直学校教师和学生规范舞比赛,组织全市中小学生参加"3·28"西藏百万农奴解放纪念日各项庆祝活动、清明节"祭奠革命英烈"系列活动、纪念五四运动93周年暨建团90周年系列活动、"三关爱"活动、国防教育活动、"放飞梦想—航空科普知识教育系列活动"等;参加自治区《盛世礼赞》大型演出,完成《在祖国的怀抱里》—朝霞工程演出,协助教育厅筹备"喜迎十八大、颂歌献给党"大型演出;组织师生开展"民族团结先锋活动",观看爱国影片;组织全市中小学生参加"走进北京,感恩祖国"、科技营、消防营等夏令营活动;开展法律进校园活动;举办"关爱青少年"普法讲座,开展"青春与法同行"法治教育系列活动,完成"六五"普法2011—2012年资料的收集整理和上报;召开学校心理健康教育现场会。

(宋晓婧)

【教育惠民政策】　年内,实施教育惠民政策。2012年秋季学年起,"三包"经费标准在原年人均2200元基础上提高200元,达到年人均2400元。市农牧区义务教育阶段学校学生营养改善计划标准为每生每天3元,每年按200天核定,共计每生每年600元。下达中职学生"三包"、免学费和思想政治工作费等各项经费共计962.37万元。对587名符合资助条件的大学生予以资助,228名大学生接受普通高校家庭经济困难新生入学项目资助,发放资助金179000元;2012年中央专项彩票公益金润雨计划(家庭经济特别困难幼儿教师资助项目),17名幼儿教师享受该项资助,资助标准为每人每年1万元;拉萨市第一小学和拉萨市特殊教育学校20名优秀教师、20名优秀学生和20名贫困学生获得阴法唐西藏教育基金会奖励与资助,共发放资金5万元;向82名师范和涉农涉矿类等高校免补专业学生发放学生免费报到回执单。完成长江商学院EMBA十九期学员西藏公益行捐助仪式,收到价值105万元的物资和183万元资金,以及50名家庭贫困小学生的资助款18万元。安排拉萨市特殊教育学校15名残疾儿童享受2012年度残疾人事业专项彩票公益金助学项目。

(宋晓婧)

【教科研工作】　年内,完成《拉萨市片区教研实施方案》《拉萨市教研科研管理办法》《拉萨市教研所管理意见》。收集整理《拉萨教育发展简史》,指导墨竹工卡县中学《优化农牧区初中物理课堂教学方法实验》校内教辅材料的编写,指导市四中、纳金小学《"少教多学"在学科教学中的运用》课题研究。深入各高中进行课程开设、学分认定等工作的检查指导,参加自治区普通高中新课程高考方案的制定修改。《拉萨教育》共出版发行12期藏汉文版。举行拉萨市2011—2012年度教师赛课活动,组织教师参加区市各类教学观摩课、研讨会;组织优秀教师参加全区和全国的赛课。广西友谊小学语文教师王文艳在"全国第九届小学青年教师阅读教学观摩活动"西藏选拔赛中获特等奖、全国赛中获一等奖;参加西藏自治区首届小学教师教学大赛的25位教师,6人获现场课与录像课一等奖,其余19人分获二、三等奖;市四高教师陆彭飞的课堂教学展示课在第三届"中语杯"中青年教师课堂教学观摩研讨会上获二等奖。

(宋晓婧)

【教育信息化建设】 年内,完成2012年西藏自治区乡镇小学计算机网络教室项目建设工作,27间计算机网络教室已建成,项目总投资810万元,全市新增学生用计算机1350台;堆龙丰台小学交互式电子白板教学试点项目建成并投入使用,实现多媒体教学班班通;市一中10间交互式电子白板教室也已建成并投入使用。全市投入420余万元建设55间交互式电子白板教室;组织3所学校申报全国百所数字校园示范校;安排13名县(区)电教负责人员参加自治区培训,名县(区)、各学校针对信息技术开展专项培训共计200人次;狠抓网络安全工作,及时对教育系统网络安全情况进行检查,制定校园网络建设安全指南和网络及信息安全知识培训方案。

(宋晓婧)

【职教和民办教育】 年内,市区内中职班毕业982人,153名中职毕业生参加对口高职考试,录取149名,普通高考本科录取36人,专科录取59人;其他毕业生中实现就业561人,就业率达76%。2012年内地中职班招生215人,区内中职班招生467人。组织各县(区)职教中心参加"文明风采"竞赛活动。组队参加全区职业技能大赛,获得3个一等奖,2个三等奖,3个优秀教师指导奖;参加全国职业技能大赛获得6个金奖,2个优秀教师指导奖,10个银奖,10个铜奖,2个优秀奖;参加教育部第六次全国民族教育工作会议,为"全国民族地区职业院校学生技能作品展"提供20余件作品。完成林周、墨竹工卡、当雄、尼木、城关区等5县(区)职教实训基地设备政府采购招标工作,完成达孜县、堆龙德庆县和曲水县实训基地建设项目申报工作,总投资1080.0782万元。年内,农牧民技能培训开班14班次,培训农牧民667人,投入培训资金163.93万元,帮助110名农牧民实现就业。对13所局辖民办学校进行年检,责令2所年检不合格学校(均为试办)停止招生,并吊销试办许可证。执行招生广告审批备案制度和教师招聘政审制度。对拉萨市8家私立儿童福利机构进行调查,全面掌握私立儿童福利机构儿童受教育情况。召开全市民办教育协会会议,对在拉萨市已批复成立和申请成立的民办教育机构进行全面梳理和清查。

(宋晓婧)

【完成各类招生考试工作】 年内,完成研究生、全国高等教育自学考试、计算机等级考试、英语等级考试、教师教育技术水平考试、全国成人高校统一招生考试、普通高考、中考、小考(内地西藏初中班)等的报名、审查、考试和招录工作。累计服务考生24148人次,其中研究生考试人数1039人、全国高等教育自学考试人数2598人、计算机等级考试人数853人、英语等级考试人数77人、教师教育技术水平考试人数204人、全国成人高校统一招生考试人数2946人、普通高考人数6419人、普通中考人数7103人。内地西藏初中班2909人。

(宋晓婧)

【学校安全卫生工作】 年内,将学校安全、卫生等各项工作纳入工作计划,做好学校食堂、食品清理工作,及时清除过期变质食品,对各县(区)校内商店物品检查力度,杜绝群体性食物中毒事件发生。加强建筑安全工作,组织有关部门、人员深入局辖学校建筑工地,检查施工单位安全防范措施落实情况,教育引导学生不到施工现场玩耍,督促在校施工队加强务工人员管理,在工地旁建立隔离带、防护网,做好警示牌,对发现存在的安全隐患及时整改。起草《拉萨市〈校车安全管理条例〉实施细则》。配齐配足消防设施和器材,排查消防设施设备的安全隐患。加强学校特种设备隐患排查整治工作,对学校特种设备所存在的安全问题进行及时整改。加强防灾疏散安全演练,截至年底,安全疏散演练已进入常态化。

(宋晓婧)

【干部队伍建设】 年内,对市直20所学校校级领导班子及成员进行考核,民主推荐副科级后备干部,协助市委组织部完成对局系统优秀干部民主推荐考察工作,向市委组织部上报《2011年度干部选拔任用工作情况报告》,修订完善《市直各中学校长队伍管理办法》。认真做好离退休干部审批申报、异地安置等工作。职工参加各级各类培训达6批次。30名校级领导参加拉萨市人才"115"校长培养工程。

(宋晓婧)

【师资队伍建设】 年内,全市累计选派2681人次参加市级以上业务技能培训,市级培训1186人次,自治区级培训128人次(到国外参训4人),国家级培训1367

人次(远程培训1045人,到国外参训3人);参训教师中:教育管理人员115人次(国家级11人,区级4人),一线教师2256人次;其中,落实拉萨市人才“115”培养工程,举办首批中小学学科教学带头人及骨干教师培养对象培训班、江苏省优秀教师“送教进藏”培训活动,参培学员800余人。累计安置306名新分大学生,其中幼儿教师195人,小学教师38人,中学教师73人。完成40名“三支一扶”支教人员安置工作。完成第四批466名教师资格网上认定工作。完成2011年度中教高级职称推荐和中初级职称评审工作,择优推荐64名教师参加自治区高评会评审,召开中小学教师系列中初级职务评审会,通过549位教师中级职称和市直学校104位同志初级职称任职资格。

(宋晓婧)

【教育基础建设】 年内,共组织实施项目154个,总投资达36062万元。其中跨年工程项目52个,总投资15329万元;2012年新建项目74个,总投资14183万元;市政府教育配套资金安排附属工程及配套项目27个,总投资5650万元;江苏援藏项目1个,总投资900万元。跨年工程项目包括2011年20所幼儿园建设项目、边远地区学校教工宿舍项目6个、农村义务教育薄弱学校改造项目4个、“两基”迎国检义务教育阶段改善办学条件专项经费项目2个、拉萨市师范附小幼儿园建设项目、5所农村初中改造工程、红军小学校安工程以及2011年复工项目13个。

(宋晓婧)

拉萨市教育局(体育局)

党委书记 康娜美朵

局　　长 张　勤

拉萨师范高等专科学校

【概　况】 年内,拉萨师范高等专科学校围绕“人才培养、科学研究、社会服务和文化传承创新”现代大学的职能,突出科学发展、特色发展、内涵发展一个主题,强化提升人才培养质量、创新教育发展模式一条主线,努力实现师资队伍水平、人才培养质量、科研服务能力、学校管理水平四个方面的明显提升。截至年底,拉萨师范高等专科学校占地面积13.67公顷,共有正式在编教职工232人,全日制在校学生2740人。

(郭掌印)

【财务工作】 4月,试行学校二级财务管理,做到财务公开透明。强化内部监督,加强财务报销制度建设,进一步规范财务报销程序。

(王　博)

【党建工作】 年内,制订《中共拉萨师范高等专科学校委员会2012年工作要点》《2012年党委理论中心组学习计划》,制定《2012年党建工作责任书》《2012年党建工作考核办法》《党风廉政建设责任书》。坚持每周一党员党支部学习、每周三全校教职工政治学习制度。

(王　博)

【维护社会稳定和社会治安综合治理】 年内,完善并与各部门签订《学校目标管理责任书》和《综合治理责任书》。定期、不定期对学校常住人口和流动人口进行摸底排查,登记造册。对校园网络,由专职网络管理员进行管理。严格执行24小时轮流值班、带班制度,实行校园内24小时保卫巡逻制度,对学生宿舍、食堂、锅炉房、水塔、实验室、教室、图书馆等重点部位,加强巡逻、排查。增强保卫力量,聘请保安2人。加强对食品安全、饭菜价格稳定、宿舍、教室安全、交通安全的监督和管理。完成国家级平安校园创建优秀成果奖申报工作。

(王　博)

【校园文化建设】 年内,共投入29万元,用于校园文化硬件建设。在校园主干道制作永久性宣传栏28块,在各教学楼、宿舍楼楼道内安装镜框、张贴名人名言,在各班级内张贴了中国地图、世界地图,制作光荣榜边框,统一为各教学楼、办公楼界定名称、安装标贴,添置校内路段指示标识。开展“形势政策教育月”活动;5月,开展“法制教育月”活动;6月,开展“师德教育月”活动;7月,开展“爱国卫生月”活动;8月,开展“文明用语月”活动;9月,开展“民族团结月”活动;10月,开展“教学大比武月”活动;11月,开展“才艺、技能展示月”活动。

(郭掌印)

【教育教学科研成果】 年内,每月编发一期《科研信息》。举办科研讲座和学术沙龙,促进教师间的学习和交流。编印《教师科研指导手册》、《2008—2011年学校优秀科研项目介绍》。完成省部级科研课题5项,校级科研课题20项,立项校级科研课题12项。广大教师在权威期刊发表论文2篇,在核心期刊发表论文14篇,发表省级论文14篇,出版著作1部。

(郭掌印)

【师资队伍建设】 年内,拓宽人才引进渠道和形式,通过培养、引进、双聘(不求所有、但求所用)等途径,加快高层次人才队伍建设。举办拉萨师专第三届教学大比武活动,评出一等奖1人、二等奖2人、三等奖3人。

（王　博）

【“外力助校”战略】　年内,密切同东北师范大学、苏州大学、首都师范大学、南京师范大学四所对口支援高校联系,7月中旬在拉萨师专召开对口支援工作年度会。年初,选派3人到丹麦哥本哈根大学进一步洽谈形成性研究和第三期合作相关事宜。9月,选派4名数学教师和5名英语教师分到北京、上海同丹麦哥本哈根大学开展数学教学、英语教学项目交流合作。

（郭掌印）

【后勤服务工作】　年内,在校园20公顷预留地上征得土地2.67公顷,用于明年兴建教职工周转房。兴建完成江苏省援建交钥匙工程大学生活动中心,并交接使用。维修第一教学楼、第二教学楼、第9栋学生公寓,铺设大学生活动中心前广场石板路面,兴建校训石文化景观、乒乓球馆、新校区主干道水泥路、体育系学生实训基地、学校行政仓库、排球场1个、篮球场1个,增容学校变压器。

（王　博）

拉萨师范高等专科学校

党委书记　加永桑丁

校　　长　范春文

教育改革

【概　况】　2012年,全市教改开工项目102个,总投资需求54086.93万元,其中国家和自治区投资19121万元,市教改资金7510.5万元,县财政投入18088.93万元,援藏投入9366.5万元。

（张玉虎）

【教育城建设】　年内,根据拉萨市人民政府《关于拉萨教育城建设用地规划选址的批复》,完成《拉萨教育城概念性城市设计及修建性详细规划》、《拉萨教育城控制性详细规划》。在拉萨市东城新区百淀片区,拉萨河以南、318国道以北、纳金大桥南段东西两侧,近期用地为200公顷,中期为333.33公顷,远期为666.67公顷。截至年底,完成拉萨教育城一期征地259.6公顷,完成地上附着物补偿款11654.68万元和征地补偿款55205.2052万元兑付工作。进驻教育城并开工建设的一期项目有:拉萨市中等职业技术学校一期工程、拉萨市青少年综合实践基地、拉萨市教师培训中心、北京援建十二年一贯制学校、江苏援建十二年一贯制学校、园丁苑6个项目。

（张玉虎）

【教育改革改项目】　年内,完成59个教学点的撤并工作。完成市直初中、小学、幼儿园移交城关区人民政府进行管理等相关工作。

（张玉虎）

【教育体制改革】　年内,完成《防止义务教育阶段学生辍学管理办法》《市属义务教育阶段学校及市实验幼儿园移交城关区人民政府管理的实施方案》的公布实施工作。完成《学校食品安全管理办法》《校长队伍建设与管理办法》《教师队伍建设与管理办法》《学校常规管理办法》《学校教研管理办法》《各级各类学校分级管理制度》《教育资源均衡配置管理办法》《关于城区义务教育阶段学校重新划定招生片区工作实施方案》的起草和征求意见工作。

（张玉虎）

体　　育

【概　况】　年内,体育局下设体育科1个行政科室、行政人员2人,事业在编10人,借调4人。拉萨市体育局加强学校体育和群众体育工作,举办和组队参加体育比赛。开展阳光体育运动、体育传统项目学校创建活动,发展拉萨市重点少年业余体校,举办拉萨市第七届中学生运动会,举办拉萨市校园足球联赛(小学组)。围绕“阳光健身”主题,举办2012年中国拉萨雪顿节马术表演暨传统体育竞技赛,开展系列群众体育活动。扩大拉萨市体育彩票管理中心规模,在承担拉萨市48个网点的管理和销售工作的同时,完成新增人员的配备,不断布局新的网点,到年底拉萨市体彩中心标准店完成建设并投入使用。组队参加全区第十届中学生运动会,组队参加全区太极拳比赛暨全民健身展示大会。

（德　庆）

【举办拉萨市第七届中学生运动会】　5月5日至7日,拉萨市体育局在自治区高等职业技术学院(北郊分院)举办拉萨市第七届中学生运动会。共有22个代表团600余名运动员同场竞技。北京中学、外语学校、第二高级中学分获团体甲组一、二、三名，堆龙德庆县中学、江苏中学、当雄县中学分获乙组一、二、三名，第四高级中学获“甲组道德风尚奖”，第六中学、第七中学、林周县中学获“乙组道德风尚奖”。32人次破13项市级纪录。

(德　庆)

【举办“全国青年迎青奥”拉萨站长跑活动】 5月16日，“激扬青春与青奥同行”全国青年迎青奥长跑活动拉萨站启动仪式在江苏中学体育场举行。近3000名师生在青奥会会旗的引领下，参加长跑活动。

(德　庆)

【参加青少年体育俱乐部管理人员培训】 5月7日至11日，拉萨市体育局派3人参加2012年第一期青少年体育俱乐部管理人员培训班。

(德　庆)

【参加体校校长培训】 4月8日至19日，拉萨市重点少年业余体校校长边巴参加内地部分省市体校考察学习，分别对西安、重庆、成都三地的体校进行考察和学习。

(德　庆)

【参加青少年足球锦标赛】 7月2日至10日，组队参加在日喀则地区举办的2012年全区U—13青少年足球锦标赛。拉萨市代表队获得团体第三名，其中来自吉崩岗小学的多吉旺堆获得本届锦标赛的“最佳射手”称号。

(德　庆)

【参加全区第十届中学生运动会】 7月9日至18日，组队参加在山南地区举办的全区第十届中学生运动会。拉萨市代表队取得男子足球甲组第一名，男子足球乙组第二名，田径甲组团体第一名，田径乙组团体第二名，团体总分第二名的好成绩。男子篮球乙组和田径队荣获体育道德风尚奖。

(德　庆)

【参加全国青少年校园足球夏令营活动】 8月4日至10日，组队参加由中国足协校足办在青海省西宁多巴赛区举办全国青少年校园足球夏令营活动。拉萨市代表队取得初中组第四名、小学组第四名的成绩。其中来自第四中学的索朗仁青同学获得“中学男子铜靴奖”和“希望之星”称号，广西友谊小学的嘎瓦多吉同学获得“小学男子甲组铜靴奖”，师范附小的贡觉多吉同学获得“希望之星”称号，当巴小学的旦增赤列同学和第一小学的旦尼同学获得“优秀小裁判奖”。拉萨市代表队获得“优秀组织管理奖”、“精神文明奖”、“才艺表演一等奖”；拉萨市教练员边巴次仁、强巴次仁及边巴获得“优秀指导员奖”。

(德　庆)

【参加全区太极拳比赛】 8月8日，组队参加2012年全区太极拳比赛暨全民健身展示大会。来自全区各地市和区直机关共8个代表队近百名运动员参赛，拉萨市代表队女子队以全场最高分9.2分获女子团体第一名，男子队获得男子团体第二名，4名运动员分别获得个人表演奖。

(德　庆)

【举办雪顿节马术表演】 8月17日，在拉萨赛马场举办“2012年中国拉萨雪顿节马术表演暨传统体育竞技赛”，232人参加比赛，其中押加48人，抱石头40人，拔河144人。押加分为65公斤级和100公斤级，65公斤级决出前三名、100公斤级决出前三名，抱石头比赛决出前六名，拔河比赛决出前四名。

(德　庆)

【参加全区少年业余体校比赛】 9月13日至18日，组队参加在山南地区举办的2012年全区少年业余体校摔跤、田径部分项目的比赛。拉萨市重点少年业余体校代表队取得全区团体第三名，其中女子乙组1000米获得个人冠军，其他每项赛事均获得各类名次。

(德　庆)

【举办校园足球联赛】 10月3日至8日，拉萨市体育局举办2012年拉萨市校园足球联赛(小学组)。此次联赛共有11所小学近1500多名运动员参加。广西友谊小学、第三小学、师范附小分获团体一、二、三名，海萨小学、曲水县完小获得“校园足球最佳团队奖”，来自师范附小的运动员嘎瓦多吉和旦增多杰分获“最佳射手”和“最佳守门员”称号，第一小学的运动员落旦获得“最佳球员”称号。

(德　庆)

【举办社会体育指导员培训班】 10月9日至12日，拉萨市体育局在城关区江苏中学体育馆举办2012年拉萨市社会体育指导员培训班。来自拉萨市市直各单位、各县(区)体育局、市区各学校的70余名学员参加开班仪式和本期培训。

(德　庆)

【少年业余体校荣获全国业余训练先进单位】 12月，拉萨市重点少年业余体校荣获由国家体育总局颁发的全国业余训练先进单位奖项。

(德　庆)

【体彩中心标准店投入使用】　年内，在承担拉萨市48个网点的管理和销售工作的同时，完成新增人员的配备，不断布局新的网点。12月，完成拉萨市体彩中心标准店的建设并投入使用。

（德　庆）

【拟定拉萨市全民健身实施计划】　年内，拉萨市体育局拟定《拉萨市全民健身实施计划(2011年—2015年)》。

（德　庆）

拉萨市体育局

局　长　张　勤

文化·新闻

文化新闻出版文物

【概 况】 年内,拉萨市文化新闻出版文物工作按照“充分发挥首府城市文化首位度作用”总要求,以“文化兴市、产业强市”战略为抓手,以满足人民群众日益增长的精神文化需求为根本出发点和落脚点,突出根本任务,提升社会主义核心价值体系的引领力;巩固文化阵地,提升意识形态领域的战斗力;推进文化惠民,提升公共文化服务的辐射力;繁荣创作生产,提升社会主义精神文化产品的供给力;抓传承发展,提升特色文化产业的竞争力,有力推动文化领域各项工作上台阶上水平。在年内的相关考核中,获全国“扫黄打非”先进集体、全国农家书屋优秀单位、第三次全国文物普查目标超额完成奖、全区民间艺术团文艺调演金奖、全区文物工程管理先进集体、全区贝叶经保护工作先进单位、全区文化市场综合治理工作第一名、全市维稳综治工作先进集体、中国拉萨雪顿节先进集体、市创建全国文明城市先进单位、拉萨市“平安单位”建设先进集体、市基层党建工作先进党支部等荣誉。

(侯鹏举)

【开展非遗申报评比及普及工作】 3月,完成第四批自治区级非物质文化遗产名录申报工作;5月25日完成第四批拉萨市级非物质文化遗产名录项目及项目传承人申报、评审和公布工作;6月,完成拉萨市第五批国家级珍贵古籍名录申报工作;12月底编制完成《拉萨舞蹈艺术》、《拉萨非物质文化遗产小学教材》等非遗书籍。

(侯鹏举)

【新闻出版】 4月26日,开展“4·26”知识产权日侵权盗版及各类非法出版物集中销毁活动,销毁盗版图书、音像制品等16万余件,各类非法赌博机78台;7月25日,组织开展拉萨市软件正版化知识培训班;8月6日,举办完成“首都新闻出版界援建拉萨益民书屋、支援拉萨新闻出版工程和京藏手拉手读书活动”,受赠价值360万元的图书;11月底,完成市直机关软件正版化安装调试工作。

(侯鹏举)

【公共文化服务体系基本建成】 年内,争取中央和自治区补助资金、市县配套资金,完成8个县级综合文化活动中心、14个乡镇综合文化站的文化资源共享工程服务点设备的购置安装和54个乡镇(办事处)文化站、5个民间艺术团、5个新华书店、4个民间艺术团排练场建设的前期工作,完成231个寺庙书屋建设。

(侯鹏举)

【完成系列重大文艺演出】 年内,完成2012年春节、藏历新年《我们的节日》主题下乡演出,6月24日拉萨市加强和创新社会管理,8月17至25日“幸福拉萨、文化雪顿”开闭幕式、全区首届藏戏大赛、藏戏展演、藏地音乐高峰论坛、幸福城市市长论坛、8月30日全国民营企业家拉萨行、9月16日拉萨市“民族团结颂”活动等重大文艺演出。

(侯鹏举)

【开展品牌文化活动】 年内,建立拉萨市文化活动辅导员制度,组织市群艺馆、歌舞团等文艺单位业务骨干,深入拉萨市各县(区)开展群众文化活动指导。

"幸福拉萨规范舞"系列群众文化活动形成文化品牌。全年开展大型群众性文艺活动19次,参加人数11万多。

（侯鹏举）

【开展4项文艺创作活动】 年内,选送5幅作品参加全国"五个一工程"作品展,1幅作品入选。6月,完成《幸福路上60年》二度创作和音乐歌舞表演剧《青稞飘香》前期创作。8月,拉萨市市歌征集、初审工作完成。

（侯鹏举）

【参加国内文化交流】 年内,参加苏州国际旅游文化节、青岛旅交会、"第二届中国·呼和浩特少数民族文化旅游艺术节服饰展演"、北京旅博会等国内外著名旅游文化推介活动。完成大型音乐史诗剧《文成公主》在京的排练和演出任务。

（侯鹏举）

【推进文化产业建设】 年内,建成国家级文化产业示范基地2个、自治区级文化产业示范基地5个。完成56家古院落传说、宗教、户名、地址等资料收集。大型实景剧《文成公主》等工程进展顺利。截至年底,图书销售额达1800万元,实现利润120万元。

（侯鹏举）

【整顿文化市场】 5月31日打掉2家大型涉黑涉黄非法印刷窝点,依法取缔非法经营场所123家,收缴非法、盗版音像制品、图书58万余张(盘、册),对违规经营的175家场所做出停业整顿、暂扣文化经营许可证处理。年内,制定人员管理、激励约束、协作协调、内部管理等12项制度,对文化市场举报受理、日常巡查、案件办理、裁量标准、执法责任等做出具体规定;实施"扫黄打非·珠峰工程",开展整治"藏独"反动出版物及宣传品专项行动,宣传文化市场清理整治和打击"黄、赌、毒"行动重大意义。全年开展文化市场专项整治和"扫黄打非"等检查行动4500次,检查文化娱乐场所10000余家(次),受理并办结各类举报案件23起。

（侯鹏举）

【开展文化遗产保护】 年内,与县(区)签订文物安全责任书,实行文物安全一票否决制,确保文物安全。2月底,完成2013年中央预算内投资计划编报工作。6月9日,完成全国第七个"文化遗产日"宣传活动。6月,完成拉萨市全国重点文物保护单位和自治区级文物保护单位内寺庙管委会新建综合服务用房选址及设计方案的上报工作。6月底,完成大昭寺安消防工程技术交底并开工。7月底,完成第六批自治区级文物保护单位(共计56处文物保护单位)申报材料的整理、补充、上报等工作。9月3日,编制完成曲贡遗址保护规划并通过自治区评审。7月至9月,完成全区爱国主义和民族团结教育基地关帝格萨尔拉康一期维修竣工、相关文物归还和陈列展示工作,9月17日揭牌对外开放。8月,完成全国文化文物援藏工作会议拉萨市文物项目申报工作。

（侯鹏举）

【加强和创新社会管理】 年内,创新制定"1+2+Y"的《拉萨市文化市场监管工作机制》,形成组织领导机制、舆论宣传机制、信息通报机制、属地管理机制、联合执法机制、专项整治机制、行业自律机制、社会监督机制等12项机制,8月印发全市范围学习。

（侯鹏举）

广播·影视

拉萨文化(新闻出版、文物)局

党组书记　王秀梅

局　　长　王德隆

【概　况】 年内,拉萨市拥有市级电视台1座、市级人民广播电台1座(调频广播),市有线电视模拟网1套,县级电视转播台5座、县级调频广播台6座、县级有线电视网6套。电视台日播出节目18小时,拉萨人民广播电台日播出节目14小时20分钟,拉萨有线电视网络传输有线电视节目47套,有线电视用户达1.6万户。全市拥有市级电影发行放映培训机构1个,三星级城市数字电影院1座,县电影管理站8个,流动电影放映队43个,农牧区电影放映点816个(其中室内放映点43个、室外放映点773个),年均放映场次1万场以上。农牧区广播电视"户户通"和寺庙广播电视"舍舍通"设备共计达75055套。

（格桑卓玛　次旦卓嘎）

【在全区率先实现广播影视进寺庙工程】 1月至3月,通过直播卫星、有线数字、无线数字三种方式实现全市所有线电视"舍舍通",协助完成哲蚌、色拉、甘丹、楚布4座寺庙影队建立工作,其他寺庙纳入农村电影放映工程。拉萨市在全区率先实现广大播影视进寺庙全覆盖。

（格桑卓玛　次旦卓嘎）

【录制完成藏历新年电视文艺晚会】　2月13日，拉萨市2012年藏历水龙新年电视联欢晚会《畅享幸福放歌拉萨》完成录制，藏历新年在西藏电视台藏语卫视频道、汉语卫视频道及拉萨电视台播出。

（格桑卓玛　次旦卓嘎）

【市领导调研指导拉萨市广播影视工作】　3月22日，西藏自治区党委常委、拉萨市委书记齐扎拉到拉萨市广播电视台视察调研，提出“增加两个电视频道”、“争创全区一流广播电视媒体”的目标要求。

（格桑卓玛　次旦卓嘎）

【荧屏点亮3·28】　“3·28”西藏百万农奴解放纪念日期间，市广播电视台黄金强档安排播出大型专题节目《跨越》及反映西藏题材的40集电视剧《雪域天路》，选出反映西藏题材的优秀影片《格达梅林》《孔繁森》《农奴》《红河谷》《高原》《暴风中的雄鹰》等进行广播。

（格桑卓玛　次旦卓嘎）

【广播影视工作会议召开】　3月30日，全市广播影视工作会议召开。总结2011年全市广播影视工作，安排部署2012年全市广播影视工作。

（格桑卓玛　次旦卓嘎）

【东方红电影院完成重建并开始试营业】　4月20日，东方红电影院开始试营业。影院2010年通过招商引资的方式，与西藏那曲地区朗赛经贸有限公司达成合作协议，由朗赛公司出资对东方红电影院进行了重建，建成集餐饮、娱乐、住宿、观影为一体的三层综合大楼，其中第二层的数字电影院经过重建、现共有两个厅，每个厅93个座椅，两个厅均采用高量金属影幕，美国7.1声道防音设备，并铺有阻燃尼龙地毯。

（格桑卓玛　次旦卓嘎）

【“拉萨电视新闻手机看”系统正式开通】　4月24日，拉萨电视台与电信拉萨分公司合作，成功研发并投入使用了融移动通信及广播电视技术为一体的“拉萨电视新闻手机看”系统，实现“哪里有电信3G手机用户，哪里就能观看电视《拉萨新闻》”的目标。

（格桑卓玛　次旦卓嘎）

【举办拉萨市青年歌手电视大奖赛】　4月25日，“2012年拉萨市青年歌手电视大奖赛”总决赛在拉萨电视台演播厅举行。20名选手进入决赛，决出民族、通俗、原生态唱法一等奖各1名，民族、原生态唱法二等奖各1名，通俗唱法二等奖2名，民族唱法、原生态唱法三等奖各1名，通俗唱法三等奖3名。

（格桑卓玛　次旦卓嘎）

【交流活动】　5月，江苏省广播电视总台分两批选派4名(2男2女)电视播音主持骨干到拉萨市广播电视台开展为期6个月的新闻播音援藏交流工作。

（格桑卓玛　次旦卓嘎）

【举办拉萨市广电技术培训班】　5月6日至5月30日，首届广播电视专业技术培训班在北京举办，全市八县(区)文广局、市广播电视台的广电技术骨干18人参加了广播电视设备维护管理、广播电视安全播出管理、广播电视设备维修技能等方面的综合培训。

（格桑卓玛　次旦卓嘎）

【开展优秀影片巡回展映活动】　7月底至8月中旬，由拉萨市电影公司和八县(区)电影管理站联合组成6个放映队，共抽调13名电影放映员和4辆流动电影放映车，在墨竹工卡、林周、尼木、曲水、当雄5县的农村电影放映点共放映电影104场(次)，观影观众达8118人(次)。

（格桑卓玛　次旦卓嘎）

【举办第四届“雪顿之星”全国歌手大奖赛】　8月15日，第四届“雪顿之星”全国歌手大奖赛决赛在拉萨电视台演播厅举行。大赛分别在新疆、内蒙古、宁夏、广西、江苏、北京、青海、云南、甘肃、四川和西藏七地(市)设立推荐点，6月中旬，在中国藏族音乐网设立报名点。最终比赛决出特等奖1名，一等奖1名，二等奖2名，三等奖3名，优秀奖6名以及最佳上镜奖、最佳表演奖、最佳人气奖各1名。

（格桑卓玛　次旦卓嘎）

【在全区率先实现广播电视“户户通”全覆盖】　9月，拉萨市全面完成了全市无法通电的253户农牧民群众“户户通”便携式太阳能直播卫星一体机设备的安装调试工作，标志着拉萨市在全区率先实现了农牧区广播电视“户户通”全覆盖。

（格桑卓玛　次旦卓嘎）

【举办全市广播电视安全播出培训班】　10月，开展全市广播电视安全播出及广电技术短期培训，各县(区)文广局负责人、各转播台负责人、技术骨干30余人参加培训。

（格桑卓玛　次旦卓嘎）

【编制实施广播影视进寺庙项目设备管理办法】　10月底，联合市委统战部、市民族宗教事务局编制完成《拉萨市广播影视进寺庙项目设备管理办法》，并颁布实施。

（格桑卓玛　次旦卓嘎）

【拉萨人民广播电台自办节目】　年内，自办《拉萨新闻》（藏汉语版）、《新闻快报》、《相约西藏》、《雪域印象》、《音乐地带》、《午间共享》、《宝贝计划》（藏汉语版）等9档栏目年播出1834小时，占年播出节目时长的35%，其中《拉萨新闻》（藏语版）、《相约西藏》（藏语版）、《雪域印象》（藏语版）3档为译制类节目，年播出630小时，占年播出节目时长的28%。

（格桑卓玛　次旦卓嘎）

【农村电影放映】　年内，完成农牧区电影公益放映1.2万多场，观影人数达108万多人次，超额完成国家规定的放映任务。

（格桑卓玛　次旦卓嘎）

【开展新增电视频道申报工作】　年内，制定完成拉萨藏语综合频道和拉萨文化旅游频道和拉萨文化旅游频道的《可行性报告》、《节目审查播出管理规定》、《安全传输与播出方案、技术方案》及《筹备工作方案》，通过国家广电总局批准开办藏语综合频道和文化旅游频道。新增电视频道于2013年3月底开播。

（格桑卓玛　次旦卓嘎）

【拉萨市电视台自办节目】　年内，自办《拉萨新闻》（藏汉语版）、《新闻现场》、《零距离》（访谈类）、《格桑梅朵》（少儿类）、《警方热线》（法制类）、《天气预报》、《生活第1线》（经济类）等8档栏目，年播出自办节目1530小时，占年播出节目时长的23.6%，其中《拉萨新闻》（藏语版）为译制节目，年播出90小时，占年播出节目时长的1.39%。

（格桑卓玛　次旦卓嘎）

【开展广播电视大巡查】　年内，开展三次全市广播电视“村村通”、“户户通”、“舍舍通”大巡查，深入查看全市七县一区偏远的28个乡（镇）、103个自然村（组）、244户农牧民群众家庭和30座寺庙560余间僧舍直播卫星设备的运行情况，争取市财政投入，为农牧民群众购置发放价值近20万的广播电视“户户通”、“舍舍通”设备零配件，确保全市广播电视播出绝对安全。

（格桑卓玛　次旦卓嘎）

【完成中共十八大期间广播电视安全播出任务】　年内，全市各县（区）共计投入资金639480元，对所辖的安全播出供配电系统和机房线路进行改造，完成监控设备的安装，配备了USP电源、发电机等设备，制定《十八大广播电视安全播出应急预案》，完成了中共十八大广播电视安全播出工作。

（格桑卓玛　次旦卓嘎）

拉萨市广播电影电视局

党组书记　索　群

局　　长　韩　阳

拉萨市广播电视台

台　　长　关建华

拉萨晚报

【概　况】　年内，拉萨晚报社全体干部职工砥砺奋进、开拓创新、锐意进取，以新闻立报为宗旨，坚持“三贴近”原则，紧紧围绕市委、市政府的中心工作，以科学发展观为统领，始终坚持正确的舆论导向，始终坚持团结稳定鼓劲、正面宣传为主的方针，在抓看点和可读性上狠下功夫，在版式美化上狠下功夫，在做好、做大、做强时政新闻上不断探索，在办好、办活、办精都市新闻上不断进取，正确处理正面宣传与舆论监督的关系，为市委、市政府的中心工作服好务，满足了广大读者日益增长的精神文化需求。

（牛　军）

【做好本地时政要闻报道】　年内，设立“创先争优强基础尽心竭力惠民生”栏目，通过图文并茂的形式深入报道各派驻工作队开展“八看、一算账、一揭批、四增强”主题教育活动。8月份开始，推出《喜迎党的十八大胜利召开拉萨党建工作巡礼》《喜迎党的十八大胜利召开县区委组织部部长谈党建》《科学发展成就辉煌以优异成绩喜迎党的十八大》栏目。推出《幸福拉萨规范舞学跳活动》《党旗飘扬》《科学发展成就辉煌》《强基惠民和谐发展》《全国民营企业家西藏行活动》《迎接全国城市文明程度指数测评活动》《六城同创惠民生》栏目及宣传口号。做好“第22个民族团结月”宣传报道工作，每月刊登民族团结公益广告。推出《共同团结奋斗共同繁荣发展深入开展第22个民族团结月活动》《我身边的民族团结故事》等栏目。

宣传报道大型史诗音乐剧《文成公主》,刊发稿件13篇,配发图片26张,刊发公益广告4个整版。

(牛 军)

【深入宣传中共十八大】 10月中旬,制定《党的十八大宣传报道方案》,并加大"喜迎党的十八大胜利召开"栏目和稿件的推出。11月中旬至12月底,陆续推出《学习好贯彻好落实好党的十八大精神》《千名干部进农家宣讲党的十八大》等栏目。

(牛 军)

【全方位展示拉萨市发展新面貌】 年内,拉萨市供暖试点工程正式启动,晚报推出《这个冬天很温暖——关注民生工程》栏目。推出"寻访百岁老人,见证今昔巨变""舌尖上的拉萨""聚焦中高考""冬游西藏进行时""听民声、解民忧——政风行风热线系列报道""这个冬天很温暖""2012年十二件民生实事""文明拉萨"等一系列专题报道。

(牛 军)

【服务读者,做好生活类报道】 坚持"贴近实际、贴近群众、贴近生活"这一宗旨,做好生活服务类、汽车专版等宣传报道。旅游版块最大限度地减少国内旅游内容,将3个版全部改为本地旅游。时尚版块进一步细化内容,整理出时尚潮流、服饰、美容美发等多个主题。在数字、健康、楼市、教育等版块中,通过"新闻落地",推出本地市民喜闻乐见的好报道。

(牛 军)

【做好体育热点报道】 年内,文体部顺利完成晚报杯全国围棋赛的策划和实施工作,与拉萨市教体局联合主办"拉萨市少儿围棋赛"。精心策划伦敦奥运会赛事的报道,对赛事进行深度详尽地报道,设立《英雄风采》《独步天下》《江湖百态》《五环情》等栏目。

(牛 军)

【提高藏文版办报质量,增加版面信息量】 藏编部对本部门编发的稿件始终严格把好政治关、文字关,始终坚持维护祖国统一、民族团结、反对分裂的政治立场。藏文报纸经过多年的探索、磨炼、版面的设计、翻译水平及内容的可读性都有很大的提高。

(牛 军)

【继续推进驻村工作】 拉萨晚报社先后选派两批共9名队员到墨竹工卡县甲玛乡赤康村开展驻村工作,投资5万余元给2户贫困户新盖住房;投资1.5万元给3户贫困户购买3台拖拉机;投资7000元为2户贫困户购买2头改良奶牛;投资5万元给11户群众解决吃水问题;投资1万元给3户贫困户开设商店;投资3万元给赤康村三个小组新购3台砂炒青稞机,新盖磨面房;投资3万余元给赤康村4个村小组建设群众活动场所和购买藏式柜子、床、卡垫、草垫等;投资1.2万元给4个村小组购买液晶电视机播放器等;投资1万余元给4户贫困户购买新家具和电器;工作队还从活动经费中拿出1万余元解决8名贫困在读大学生的生活费。藏历年前,报社组织干部职工及党员为驻村点贫困户进行捐款活动,在报社干部职工捐款2.1万元的基础上,报社补贴1万元为30户贫困户送去价值1.6万元的大米、面粉、酥油、砖茶等慰问品和每户500元的现金,为贫困户过好祥和的藏历新年提供保障。在报社的统一安排下,社会新闻部积极同内地相关慈善机构联系,给驻村点群众争取到价值8万余元的4000套过冬衣物。工作队争取的赤康村3条农田灌溉水渠获得立项,项目资金到位。

(牛 军)

【完成征订和发行工作】 年内,市委、市政府实施拉萨晚报藏文版全覆盖工程,在顺利完成日常征订、发行及赠送报纸工作的基础上,出色地完成每期63000余份报纸覆盖工程的运送工作。

(牛 军)

拉萨晚报社

总 编 辑 刘 斌

医药·卫生

综 述

2012年,拉萨卫生加快推进医药卫生体制改革,认真贯彻"民生安市"战略要求,启动实施全民健康体检和在编僧尼健康体检工作,救治113名先心病患儿。在全区率先提倡妇幼"零死亡"。全市法定传染病总发病率较上年下降4.11%。启动实施国家免费孕前优生健康检查项目。顺利通过全国爱卫会办公室创建国家卫生城市专家组暗访。围绕中央首长视察西藏工作、全国企业家协会西藏行、56个民族代表西藏行、中国拉萨雪顿节、拉萨市加强和创新社会管理论坛会圆满完成各项医疗保健、卫生应急、食品安全保障任务。全年未发生重特大食品、药品安全事故。年内,组织100名卫生专业技术人员到北京培训、组织45名寺庙医务人员进行医疗技术基础培训、组织30名基层藏医进行实践技能培训。

(格桑卓玛)

医药卫生体制改革

【概　况】 按照国务院《关于深化医药卫生体制改革的意见》、《西藏自治区深化医药卫生体制改革2012年重点工作方案》,及医改工作"保基本、强基层、建机制"总体要求,突出重点,统筹兼顾,因地制宜,积极协调卫生项目建设、医改资金补偿和医保报销等环节的工作,使医改工作深入推进。

(格桑卓玛)

【农牧区医疗保障覆盖率达100%】 年内,拉萨市农牧区基本医疗保障制度框架完全建立,覆盖率达到100%。农牧区医疗制度财政补助标准由2011年的年人均260元提高到300元,农牧民群众年累计报销封顶线由不低于5万元提高到不低于6万元,人均筹资额达21.25元,筹资率达99.98%,同比上升0.16%。全年国家及各级政府下拨免费医疗经费共9084.11万元,全市农牧区医疗基金支出共计4415万元。落实和完善农牧民大病补充医疗保险,自2011年7月执行农牧民大病补充医疗保险制度以来,全市共290680名农牧民群众参加统一投保,参保率达到100%,赔付金额为76.96万元。

(格桑卓玛)

【基层医疗机构实行"零差率"药品销售政策】 年内,乡镇卫生院、社区卫生服务中心、村卫生室实行"零差率"销售政策,药品品种得到完善和补充,基层医疗机构配备基本药品502种不等,其中藏药占95%,结束以药补医的历史,减轻农牧民群众医药负担。

(格桑卓玛)

【实现公共卫生服务均等化】 年内,实施全民健康体检和建立健康档案工作,体检率达到100%。为农牧区育龄妇女补服叶酸4271盒,农牧区妇女乳腺癌检查1753例,宫颈癌检查4757例,农牧区适龄应检妇女常见病检查率72%。开展“贫困白内障患者复明工程”工作,完成918例复明手术。全市八县(区)卡介、脊灰、白百破、麻风(麻疹)、麻风腮(麻腮)、乙肝首针、A群流脑、A+C群流脑、甲肝等9类疫苗接种率均达到99%以上,其中乙肝首针应接种10806人,实种10793人,首针接种率为99.88%,及时接种率为86.13%,全程接种率99.88%。

(格桑卓玛)

【市人民医院完成等级评审】 年内,拉萨市人民医院完成等级医院评审。

(格桑卓玛)

强基惠民活动和民生工程

【概　况】 年内,局系统各级党组织帮助基层党组织和群众投入资金145万元,完成城乡居民和在编僧尼免费健康体检,0至18岁先心病患儿免费筛查和救治,111个行政村卫生室建设,0至6岁儿童免费健康体检;市县医院投入110万元用于残疾人绿色通道等全区重点民生工程和市政府12件民生项目。

(格桑卓玛)

【完成在编僧尼免费健康体检并建立健康档案】 5月,启动全市282座寺庙持有宗教教职人员证僧尼免费健康体检及建立健康档案工作,体检率达100%。

(格桑卓玛)

【完成城乡居民免费健康体检并建立健康档案】 6月,启动七县一区城乡居民和农牧民群众免费健康体检工作,应检341868人,完成340935人,体检率达99.94%。

(格桑卓玛)

【完成113名先心病患儿救治工作】 年内,开展对0至18岁先心病患者筛查141955人,筛查率达100%,通过援藏和中华慈善总会等渠道开展免费救治手术113人,完成自治区卫生厅救治100人的指标。

(格桑卓玛)

疾病预防控制与卫生监督

【概　况】 2012年,落实各项防控措施,全市法定传染病总发病率较上年下降4.11%,市区医疗机构传染病疫情漏报率为1.34%。卫生监督覆盖率100%。

(格桑卓玛)

【传染病防治】 年内,继续保持无脊髓灰质炎状态。完成性病、艾滋病暗娼哨点监测800人,未发现HIV感染者。结核病管理率达100%。

(格桑卓玛)

【健康教育】 年内,共开展各级各类健康教育培训工作5余次,受训1668人,开展各类宣传活动17次,发放宣传资料3467种23500余份,播放音像制品20次,健康教育受益人数达8000多人。

(格桑卓玛)

【饮用水、餐具、空气质量监测】 年内,监测287份水样,合格率为91%。抽检餐具2280样,合格率为82.6%。抽检室内空气质量36样,合格率为100%。

(格桑卓玛)

【食品安全风险监测】 年内,抽检超市、餐饮业熟肉制品、腌腊肉制品、凉拌制品、饮料156样。

(格桑卓玛)

【公共场所卫生监督】 年内,924个公共场所纳入公共场所卫生监督量化分级管理范畴,建档率为90.8%,完成等级评审和挂牌578户。

(格桑卓玛)

妇幼卫生和社区卫生

【概　况】 年内，拉萨市在全区率先提倡“零死亡”，妇幼两个死亡率显著下降，孕产妇住院分娩和农牧区适龄应检妇女常见病检查率大幅度提升。继续贯彻落实农牧区医疗制度和农牧民大病补充医疗保险制度。城关区7个社区卫生服务中心全部竣工，其中4个社区卫生服务中心启动并投入使用。

（格桑卓玛）

【妇幼卫生】 年内，严格控制“两个死亡率”，率先在全区提倡妇幼“零死亡”，完善孕产妇住院分娩和婴儿住院“绿色通道”，实行孕产妇住院分娩和婴儿住院费用100%报销的优惠政策，以及农牧民孕产妇住院分娩补助政策。孕产妇住院分娩率达到91.9%，为农牧区育龄妇女补服叶酸4271盒，农牧区妇女乳腺癌检查1753例，宫颈癌检查4757例，农牧区适龄应检妇女常见病检查率达72%。

（格桑卓玛）

【社区卫生】 自2009年建设的城关区7个社区卫生服务中心项目于2012年全部竣工，其中4个社区卫生服务中心启动并投入使用。

（格桑卓玛）

卫生基础建设

【概　况】 全市基本实现行政村有卫生室、乡有卫生院、县有标准化卫生服务中心、社区有卫生服务站中心的目标，2012年已实施和争取实施卫生项目186个，计划总投资3.22亿元。

（格桑卓玛）

【县级卫生基础建设】 年内，堆龙德庆县、当雄县卫生服务中心建设项目完工并交付使用；曲水、达孜、堆龙三县卫生监督所建设项目完工并交付使用；曲水、林周急救站建设项目完工并交付使用。

（格桑卓玛）

【乡级卫生基础建设】 年内，曲水县南木林乡卫生院、墨竹工卡尼玛江热乡卫生院、旁多乡中心乡镇卫生院建成并投入使用。

（格桑卓玛）

【村级卫生基础建设】 年内，完成111个行政村卫生室建设项目，每个行政村卫生室投资13万元（其中3万元为配套资金），总投资为1443万元。

（格桑卓玛）

爱国卫生和创建国家卫生城市

【概　况】 年内，拉萨市创国卫各项指标在西藏自治区卫生城市创建指标的基础上得到了新的提升，完成国家卫生城市的申报和创建专题片制作工作，于2012年8月迎接全国爱卫办专家组暗访，拉萨市顺利通过暗访考核，并进入创国卫工作技术评估阶段。

（格桑卓玛）

【开展爱国卫生月活动】 4月，驻市各单位开展以“爱国卫生人人参与，健康生活人人享有”为主题的全市爱国卫生月活动。

（格桑卓玛）

【病媒生物防治】 年初，市财政投入80万元，拉萨市与四川省爱民灭鼠除虫卫生防病有限公司合作，于6月27日至7月27日，开展病媒生物防治工作。共投入人工980人/次，车辆298车/次。8月8日至9日，自治区爱卫办组织自治区疾控中心和自治区地病所专家对拉萨市2012年开展病媒生物防治工作进行技术考评检查验收，“四害”密度控制在全国爱卫办〔1997〕5号文件的要求范围。

（格桑卓玛）

【创建卫生家卫生城市督导】 6月8日，召开迎接全国爱国卫生运动委员会办公室专家督导工作部署会议。6月11日,召开拉萨市创建国家卫生城市工作汇报会。6月12日,全国爱国卫生运动委员会办公室专家对拉萨市创卫档案工作、市容环境、食品安全、传染病防治、病媒生物防治工作进行督导检查。6月13日,市政府召开创建国家卫生城市督导反馈会议。

(格桑卓玛)

【甜茶馆卫生整治】 7月9日,召开拉萨市创建国家卫生城市开展甜茶馆卫生和食品安全整治工作动员大会。市甜茶馆卫生和食品安全整治工作领导小组成员单位领导和市辖甜茶馆业主260余人参加会议。8月25日,市委副书记、市长多吉次珠对拉萨市甜茶馆专项整治工作进行现场督导检查。经拉萨市甜茶馆卫生和食品安全整治领导小组审核,12月4日市创卫办对第一批基本达到《拉萨市开展甜茶馆卫生和食品安全整治工作方案》要求,验收合格的237家甜茶馆升级改造进行政府补助资金兑现。

(格桑卓玛)

【创建卫生家卫生城市专家暗访】 8月23日至26日,全国爱国卫生运动委员会办公室暗访专家组对市区城市环境卫生、居民区、农贸市场、餐饮、五小行业、长途汽车站、火车站、城中村及城乡接合部卫生等重点场所进行为期4天的暗访调研,肯定拉萨市创建国家卫生城市工作成效,同意通过暗访,并提出整改意见和整改重点。9月28日,市政府召开拉萨市创建国家卫生城市工作全国爱卫办暗访情况反馈暨整改安排部署动员大会。

(格桑卓玛)

【创建卫生家卫生城市专家暗访整改】 10月15日,拉萨市创卫办组织对暗访通报整改意见落实情况进行督导检查。10月19日,西藏自治区爱卫办专家考核组实地考核验收创卫暗访整改落实情况,充分肯定暗访问题整改落实工作成效,对迎接全国爱卫办专家组技术评估提出要求。

(格桑卓玛)

【创建国家卫生城市资料收集】 10月22~29日,按照《国家卫生城市标准》对照资料收集标准审核各单位基础资料。10月31日,召开专题档案资料收集培训会议,逐条逐项明确各成员单位资料收集任务。

(格桑卓玛)

计划生育与优生优育

【概　况】 年内,开展全国"婚育新风进万家活动"第四阶段示范市工作,落实"一孩、双女"户困难家庭扶助制度和西藏特殊子女家庭特别扶助制度,抓好国家免费孕前优生健康检查项目,加强对流动人口计划生育服务与管理工作。

(格桑卓玛)

【婚育新风进万家活动】 年内,开展"婚育新风进万家活动",自行开发的《致新拉萨人》流动人口政策问答和服务指南,获得全国人口和计划生育宣传品征集推介活动文图类折页二等奖。年内,共开展宣传131次,发放各类宣传册(画)16种,发放免费避孕药具及常见病药品30种,价值金额455979元。在城关区实施"同心、西藏幸福家庭工程"发放103个"婴儿大礼包"和200个"文化大礼包"。

(格桑卓玛)

【人口和优生优育惠民政策】 年内,落实西藏自治区农牧区"一孩、双女"户困难家庭扶助制度和西藏特殊子女家庭特别扶助制度,把握政策,扎实细致做好资格确认、申报、审核、公示信息录入、资金测算和发放工作。全年共4435人受益于"两项制度",受益资金4564440元。

(格桑卓玛)

【国家免费孕前优生健康检查项目】 年内,拉萨市3个县区被确定为国家免费孕前优生健康检查项目县区。成立由副市长次仁央宗牵头组成的拉萨市免费孕前优生健康检查项目领导小组,并成立技术专家指导小组。印制国家免费孕前优生健康检查藏汉宣传手册5万余份。先后34次深入县乡开展督导、指导和培训。全市确定目标人群1944人,共完成检查建档2042人,检查覆盖率105%,在全区率先完成孕前优检任务。筛查出高危人群138人,筛查率为6.8%。检查异常27人,进行一对一告知并给予治疗。

(格桑卓玛)

【流动人口服务和管理】 年内,共为3479名流动人口育龄妇女免费进行普查普治;为1523名流动育龄妇女免费出具孕(环)情检查证明,免费金额45690元;办理《流动人口婚育证明》51本,下发催办通知单20462份,出具男方婚育证明61份;在全区率先开展流动人口一孩生育证办理工作,落实"首接责任制"。

(格桑卓玛)

食品、药品安全

【概　况】　年内,提升食品、药品监管和服务水平,食品、药品市场秩序进一步规范,公众饮食用药安全得到有效保障,全年未发生重特大食品、药品安全事故。

(格桑卓玛)

【多种措施开展食品安全监管】　年内,全市共有获证食品生产加工企业49家;流通环节食品经营户6755户,其中超市153户、食品商店5624户、兼营食品场所978户;餐饮服务单位1762家,学校食堂99个;上规模畜禽养殖基地17个。市政府组织召开食品安全工作专题部署会和专项协调会6次;市政府分管领导带队开展食品市场检查工作5次;市食安办组织食品市场联合执法检查工作8次,受理并协调相关监管部门处置食品安全举报事件16起,对7件拉萨市主要领导批示的食品安全问题进行调查处置。出台《拉萨市食品安全举报奖励办法(试行)》等规范性文件。各级食品安全监管部门在宣传活动中设置咨询点60余个,市摆放食品安全宣传展板(画)300余块,接受群众咨询6000余人次,发放食品安全法等宣传材料40余种5万余册(份),悬挂横幅及张贴标语200余(幅),开展法律宣传进校园、进社区、进农牧区、进企业等活动120余次,新闻媒体报道食品安全整治工作情况80余次。

(格桑卓玛)

【药品安全监管】　年内,按照《药品经营质量管理规范》(GSP)出动执法人员200余人次,完成市区132家药品零售企业和17家药品批发企业的GSP跟踪检查任务,监督检查覆盖面达100%。严格执行药械市场准入审批,受理行政许可事项共102件,办结率100%。严格实施GSP认证8家。高效处理投诉举报严肃查处违法案件,立案22起药品、医疗器械、食品违法案件,没收物品货值金额12456元,罚款32250元。接到内地省市协查函82件,协查结果及时进行复函;受理药械投诉举报5起,全部在规定时限内调查并回复投诉举报人。

(格桑卓玛)

藏医药事业

【概况】　2012年,坚持"藏西医并重"的方针,藏医药事业得到继承和发展,藏医专科能力和队伍建设取得新的突破,藏医藏药诊疗技术广泛应用于治疗高血压、慢性萎缩性胃炎、风湿性关节炎等疾病并取得成效。

(格桑卓玛)

【藏医机构建设】　年内,加快藏医药专科建设。完成林周县藏医院能力建设设备采购,采购经费22.6万元。

(格桑卓玛)

【藏医教育培训】　年内,完成13名学员为期3个月的藏医执业医师转岗培训工作。完成82名师承人员审核工作。

(格桑卓玛)

医疗机构

【概　况】 年内,拉萨市共有驻市医疗机构244家,其中公立医院15家(自治区级医院4家、部队医院2家、市直医院9家),民营医院13家,营利性门诊部和诊所216家。

(格桑卓玛)

【卓玛医院】 6月8日,西藏卓玛医院成立,医院有员工146人,医疗卫生人员115人,病床位95张。年内,慰问各大寺庙、便民警务站、阿里措勤县农牧民送医,送药价值总计52000元。

(格桑卓玛)

【拉萨市人民医院】 截至年底,医院共有干部职工329人,占地面积6.67公顷,医用建筑面积3.6万平方米,固定资产超亿元。医院现开放床位240张,医疗服务辐射拉萨七县一区70余万各族人民群众,服务半径延伸达120公里。2012年,门急诊120389人次,同比增长15.5%;病床使用率93.5%,同比上升2.5%;手术1764台次,同比上升17.4%,全年无重大医疗投诉,无医疗差错及医疗事故。

(格桑卓玛)

【拉萨市妇幼保健院】 截至年底,医院建筑面积8589平方米,人员编制86人,床位编制60张,实际开放39张。全年收治住院病人1137人,同比增长1.15%;保健门诊68848人次,疾病门诊39271人次,同比增长5.1%。

(格桑卓玛)

【西藏阜康医院】 截至年底,医院占地面积约5000平方米,病床位编制70张、实际开放床位120张,医、技、护、后人员211名。全年接诊各类门急诊病例约186000人次,治愈率85%,病床使用率130%,抢救危急重病例3900余例,开展各类大、中手术4100余台。

(格桑卓玛)

【现代妇产医院】 年内,医院进行第二次规模升级,由拉萨现代妇科医院更名为现代妇产医院。截至年底,医院有员工约85人。2012年,医院组织医技人员在琅赛、太阳岛等小区开展义诊活动共20次,免费发放药品共计3400余元,义诊现场免费体验150人次。11月,自治区血液中心血库告急,医院响应区血液中心号召,组织全体员工参加义务献血1次。

(格桑卓玛)

【拉萨阳光泌尿生殖医院】 截至年底,医院总建筑面积6000平方米,有中高级职称的达30余人。3月9日医院组织全体员工参加献血,4月14日首届国际妇科与不孕症微创峰会正式举行,5月25日医院第二届护理部技能操作比赛拉开帷幕,7月"拉萨维多利亚整形美容医院项目"正式启动,8月"拉萨阳光妇产医院"项目正式启动,9月21日参加敬老院活动,10月9日拉萨阳光泌尿生殖医院首期素质拓展训练营正式展开。

(格桑卓玛)

【拉萨广升医院】 截至年底,医院医疗用房面积5100平方米,住院部开设床位100张,其中普通病床70张,VIP高级贵宾馆病房30套,配备中心供氧。拥有无菌净化层流手术室、配备专用救护车,成立院外抢救小组,建立生命绿色生命通道,实行24小时候诊。

(格桑卓玛)

拉萨市卫生局

党组书记　次旦朗杰(12月免)
　　　　　杨　如　军(12月任)
局　　长　扎西德吉

城市建设·管理

住房和城乡建设

【概 况】 年内,拉萨市住房和城乡建设局深入推进"城市建设创一流"各项工作,促进城镇化进程和城乡统筹协调发展加快推进,促进行业服务、管理、保障与和谐安全工作全面提升,围绕重点项目实施、保障性住房建设与管理、小城镇规划建设、行业服务与监管、不断推进"六城同创"、机关作风效能建设和干部队伍建设及党的建设各项工作等重点开展工作。

(刘 娟)

【城镇基础设施建设步伐加快】 年内,以供暖供气、道路桥梁、重点场站建设为抓手,先后实施市政工程17项,总投资达40亿元,比上年增长235.29%。实施供暖供气工程,如期实现40%的目标任务。实施贡布堂路、扎基东路、加荣路、民兵训练基地市政道路、十条便民路、千佛崖栈道、纳金大桥、次角林大桥、人行天桥、柳梧新区东环快速干道、柳梧新区商业路、柳梧新区为民路、东二路、西二路、学府路、当热东路等路桥工程。实施拉萨综合展馆、西藏会展中心、市级救灾物资储备库、东噶水厂、民兵训练基地、给排水管网改造、环卫工人休息室等重点市政公用设施项目。启动总投资12亿元,集特色风貌保护、建筑节能、给排水、消防设施、强弱电、环卫设施、标识标牌改造提升与供暖工程一体的"老城区保护工程"。全市各县(区)共投入资金4.55亿元,实施46个县城、乡(镇)基础设施建设项目。发挥城投融资平台作用,为重点市政建设项目融资3.74亿元,成功启动次角林大桥首个市政类BT合作项目。

(刘 娟)

【住房保障工作深入推进】 年内,3089套保障房项目基本建成,完成投资2.44亿元。贯彻落实《关于进一步加强保障性安居工程建设和管理的实施意见》;抓住入住审核、合同管理、租金缴纳、物业服务、动态跟踪等主要环节;组织降低门槛后的廉租房配租入住,入住率提高到93%;及时提高干部职工住房公积金缴存比例2个百分点,住房公积金归集3.84亿元,贷款1.5亿元,支取1.08亿元。以公共租赁房为切入点,建立建构并行模式,其中企业代建1006套,市场统购560套,政府统建6488套;以政府限价房为主渠道,建立个人投资主导模式,启动教育城园丁苑保障性安居房项目,总户数1498户,总投资6.8亿元;以干部职工周转房为突破口,积极探索公有房产权转让模式。

(刘 娟)

【加强市场监管服务】 年内,共备案、开标、评标、定标招标项目237项412个子项,中标金额36.65亿元,工程交易额比上年增长177%;对3起投标单位违规投标行为进行查处。全年招投标领域举报件数比上年下降50%;通过公开招标,有效降低建设项目成本,节约项目资金约1000余万元。强化各类资质管理,严格初审施工企业资质、园林二级资质、工程勘察设计资质共106件,审核施工企业安全生产许可证48件,办理园林三级资质、商混预拌资质、农牧民施工队资质证共23件。严格执行施工许可证制度和竣工备案制度,全年下达整改通知书177件。推动房地产信息化建设,搭建房地产二级市场平台,优化房地产市场环境,完成房地产开发投资6.78亿元,比2011年增长14%,实现商品房销售27.4万平方米,比2011年增长25%,商品房均价回升至每平方米3700元,比上年增长16%;扎实推进房地产交易与权属登记一体化服务,全年完成房屋初始登记、转移登记、注销登记等1.2万余件;强化物业服务监管,着力推进"三级联动"物业管理机制建设,严格市场准入关、选聘方式关、项目服务等级关,有效改善物业服务质量。年内,全市物业服务企业39家,物业服务从业人员1365人,商品房住宅小区物业管理覆盖率达100%。成功举办"2012年度西部物业发展论坛"。

（刘　娟）

【加强安全生产监督管理】　截至年底,共受理报监项目235个,一次性验收合格率达到99%,重点跟踪督办薄弱项目8个,查处典型质量事故1起。委托市质监站负责全市建筑领域安全生产监督管理,全市建筑施工安全生产事故和死亡人数达到"双控"目标。

（刘　娟）

【开展"双清欠"工作】　截至年底,共接待农民工上访案件151件,涉及民工人数8825人,共清理出拖欠民工工资约1.1亿元,协调解决农民工上访案件148件,兑现农民工工资1.02亿元,清理兑现拖欠民工工资率达97%。

（刘　娟）

【办结行政审批和议案、提案】　年内,共受理各类行政审批242件,办结率100%。办理市人大代表建议议案、市政协提案共32件,满意率达到100%。

（刘　娟）

【强基惠民活动深入推进】　年内,全系统先后选派32名干部驻村,投入资金500.6万元,为群众办实事115件。

（刘　娟）

【援藏工作扎实有效】　年内,援助近3亿元资金用于改善拉萨市城市基础设施建设。技术、智力、人才援助力度不断加大。援藏干部继承发扬"老西藏"精神,在城乡建设、招投标、房地产业发展等方面做大量卓有成效的工作,发挥"传、帮、带"作用;建立招投标信息平台,实现招投标工作数字化办公;按照市委提出的关于"产业强市"的战略指导思想,为推动拉萨市建筑建材产业发展,帮助拉萨市编制《拉萨市建筑建材产业发展规划》。

（刘　娟）

住房和城乡建设局

党组书记　张贵国
局　　长　格桑平措

市容环境

【概　况】　年内,作为承担西藏自治区首府城市市政市容、环境卫生等重要职责的市政市容管理委员会,紧紧围绕市委、市政府的部署安排和推进市政市容管委会各项工作任务,并在此基础上,以"六城同创"为抓手,以维护稳定为根本,全面开展阶段性工作。

（黄　伟）

【维护道路桥梁】　年内,维修路面1.2万平方米,维修人行道2.1万平方米,清洗刷新绿化带及人行道栏杆14.95万米,清理乱石渣土220吨,除冰500平方米。对拉萨大桥和柳梧大桥的桥面、栏杆、灯柱、花坛、限高龙门架等进行不间断维护,全年维修刷新栏杆、花盆5次,维修桥梁路灯4次,清洗加固伸缩缝10次,维修限高龙门架15次,绢花装饰大桥拱门个。

（黄　伟）

【疏通维护下水道】　年内,清理内涝渣土1221吨,更换检查井套300套、雨水井200套,金珠西路雨水井条石186条,更换朵森格路雨水井286米。

（黄　伟）

【保证市区路灯亮化率】　年内,修理维护路灯1.1万盏、处理路灯突发事故200起、调正路灯开关时间30次。

（黄　伟）

【维修维护道路栏杆及公交站台设施】　年内,维修出新道路栏杆14.95万米;对市区156座公交站台进行了日常维护。

（黄　伟）

【营造欢乐祥和的节日氛围】　为喜迎春节、藏历新年、国庆、中共十八大,在全市范围内悬挂灯笼、国旗、彩旗、中国结等装饰物。在布达拉宫草坪上绢花装饰藏式吉祥八宝、五谷斗等图案。

（黄 伟）

【强化对公厕和果皮箱的日常监管力度】 年内，对全市157座公厕进行巡查，对卫生不达标、内部设施损坏、未能按照公厕管理规定进行管理的，会同城关区环卫局进行整改。对全市果皮箱加大监督检查力度，对人为损坏的果皮箱进行维修、拆除和更换，更换190个、维修153个，增设具有民族特色的果皮箱190个。查处乱倒乱堆渣土车辆26台，对34处乱倒、乱堆建筑垃圾进行了平整和清运，清理垃圾11万吨。

（黄 伟）

【建设数字化城管系统】 年内，数字化城管系统一期工程建成。全年共接到“96310”和“6386395”两个热线举报4564起（监控发现877起、监督员上报1580起），其中：部件796起（市容环境类158起、公共设施类513起、道路交通类42起、园林绿化类83起），事件类3768起（市容环境类558起、施工管理类148起、街面秩序类2691起、宣传广告类83起、扩充类别类54起、突发事件类234起）；移交相关部门处理2073起，各执法支队受理案件2491起；对内部值班和手台电话联系、手台点名各项事宜通知2593次，15629人；完成更换104期LED宣传内容。

（黄 伟）

【完成老旧小区等环境整治】 年内，完成布达拉宫、大昭寺、小昭寺等历史文化保护区周边环境整治工作以及罗布林卡、龙王潭等知名公园和宇拓路商业步行街、夺森格路、北京路、江苏路等路段的环境整治工作。

（黄 伟）

【推行渣土运输车辆全密闭管理】 年内，下发《城区建筑工地管理文明施工责任书》；严格审查渣土运输车辆是否符合全密闭技术要求，加大对渣土运输车辆的检查执法力度。

（黄 伟）

【规范全市燃气行业】 年内，与24家燃气企业签订《2012年度拉萨市燃气安全生产目标责任书》。1月和9月联合市质量技术监督局、市安全生产监督管理局、市公安消防支队、市工商行政管理局对全市24家燃气企业进行了检查。5月派两名干部到北京北京学习燃气供暖行业和建设施工的监督管理知识，6月派一名干部到内地调研，撰写《到西宁等四市燃气供热行业管理工作调研报告》，向全市范围发放10155份《拉萨市城镇居民供暖入户抽烟调查表》。

（黄 伟）

【开展强基惠民活动】 年内，市政市容管理委员会选派8人组成工作队，分别进驻达孜县德庆镇白纳村和桑珠林村开展强基惠民活动。

（黄 伟）

【建立和完善制度建设】 年内，《拉萨市户外广告管理办法》和《拉萨市公共厕所管理办法》以政府令形式下发，完成《拉萨市洗车场管理办法》、《拉萨市城市排水办法》和《拉萨市污水处理费管理办法》立法草案稿的上报。开展了3月份的“综治宣传月”活动、5月份的“第20个城市节水宣传周”活动、6月5日的“世界环境日”法制宣传、12.4法制宣传。发放各类宣传资料8200多份（册），多次出动宣传车辆进行流动宣传。

（黄 伟）

【提高行政审批效能】 年内，对14项行政审批项目进行认真清理，确定2名行政审批窗口工作人员，全年年办理各项行政审批882件。其中户外广告类498件；垃圾准运177件；道路挖掘78件；排水许可34件；临时占道40件；道路开口30件；改装城市供水设施5件；改动城市道路照明设施核准4件；洗车场备案12件；工地备案3件；燃气许可1件。各类审批办结率达99%，接待业务咨询1200余人次。

（黄 伟）

城管综合执法

【概 况】 年内，城管执法工作以环境秩序服务保障为重点，以重大活动、敏感节点、秩序治理和服务保障为抓手，开展隐患排查、综合整治、检查验收和全面防控工作。

（黄 伟）

【查处违法行为】 年内，累计处理各类案件1008起，其中一般程序处罚案件74起，简易程序处罚案件934起。

（黄 伟）

【加强户外广告管理力度】 年内，重点对户外广告、城市“牛皮癣”和小广告进行清理整治。协调全市各户外广告、LED显示屏户主开展创城宣传工作。安排委属各单位各支队,对全市"牛皮癣"进行集中清理和粉刷,并要求相关单位对各自范围内的非法小广告进行自行清理。

【督促落实"门前三包"责任制】 年内,对市区内出现的店外经营、乱堆乱放、乱挂乱晒、乱倒污水等影响市容环境的行为,按照"门前三包"责任制的要求,督促驻市各单位、广大市民参与城市管理,加大监督力度,对市区内存在的一些长期影响城市市容环境的老大难问题,多次开展集中清理整治工作。

(黄　伟)

拉萨市市政市容管委会

党组书记　杨革峰

主　　任　强巴江才

环境保护

【概　况】 年内,拉萨市环保局紧紧围绕市委、市政府确定的环保中心工作,深入贯彻落实科学发展观,坚持从全局和战略的高度出发,认真落实环保部和环保厅决策部署,以环保优化发展为重点,以创建国家环保模范城市为核心,优化产业发展为重点,加强环境执法监管,加强环保队伍建设。

(德　央　邓若冰)

【推进"创模"工作】 3月9日,召开创建环保模范城市行动动员大会。自治区党委常委、拉萨市委书记齐扎拉、自治区人大常委会副主任宋善礼、自治区政协副主席索朗卓玛及驻市相关区直部门、市直各部门、各县区政府、环保局局长共300余人参加会议。3月10日,举行军警民共创拉萨国家环保模范城市行动启动仪式,来自驻藏部队官兵、学校教师、社区居民、机关部门、学生及社会志愿者近千人参加启动仪式。启动仪式后,齐扎拉一行到拉鲁湿地植树。利用"4·18"城市卫生清洁日、"三关爱"自愿宣传、"5·12"防灾减灾宣传、"6·5"世界环境日宣传、"9·22"城市无车日开展各类宣传。制定发放《拉萨市禁止一次性发泡塑料餐具、塑料购物袋管理办法》、《保护环境随手可做的100件小事》、《拉萨市机动车污染物排放监督办法》、《拉萨市创建国家环保模范城市倡议书》等环保及"创模"宣传资料。

(德　央　邓若冰)

【督办污染整治】 5月,对各县共20家涉矿企业进行环境检查,重点对拉萨市列入关闭的3家和挂牌督办限期整改的8家选矿厂进行检查。会同堆龙、尼木、曲水县环保局组成环境执法检查组,对拉日铁路沿线(拉萨段)取料场、弃渣场进行专项执法检查。全年共对全市48家重点监督企业及160余家排污单位进行环境执法检查,对存在问题的5家企业下发限期整改通知并督促其整改完毕。专线检查4个集中式饮用水源地,认定水源地保护情况良好,饮用水水质全部达到国家标准。重点对拉萨市100多家餐饮宾馆行业进行环境执法检查,在对其油烟治理提出安装隔油池、油烟净化器等环保设施的同时,对废油脂必须建立台账定向回收,防止废油脂回到百姓餐桌,责成30余家饭店、宾馆安装隔油池,对10余家饭店、宾馆提出整改。

(德　央　邓若冰)

【优化服务】 年内,加强项目"三同时"管理,重点建设项目的环境影响评价执行率达100%。审批项目365个,其中环境影响评价报告书12个、报告表86个、登记表271个,核发排污许可证188份。完成"9+5"项目垃圾储放池工作。截至年底,除曲水县雄色寺和林周县桑丹寺项目外,均已完工。全市八县区的寺庙管理委员会业务用房建设项目的环评工作全部完成。2月9日市政府第一次常务会议审议通过,从4月1日起开始施行《拉萨市禁止一次性发泡塑料餐具塑料购物袋管理办法》,2005年3月25日拉萨市人民政府发布的《拉萨市禁止生产、销售、使用一次性发泡塑料餐具、塑料袋管理办法》同时废止。配合拉萨市旅游文化公司制定拉鲁湿地三期保护工程规划,修建拦污纱网、闸门,安装变压器,购买皮划艇,清理北干渠沉砂池、北干渠、中干渠、南干渠垃圾,加固两个观景台,安排20人24小时巡逻拉鲁湿地各重点部位。

(德　央　邓若冰)

【打击环境违法行为】 年内,出动环境保护执法人员240余人次,执法车辆137车次,对全市40家重点排污企业、150余家排污单位、17个农贸市场及19家大型超市进行环境执法检查,发现其中24家排污企业存在环境问题,要求20家企业限期整改,并处罚7家企业。查获并没收一次性塑料袋3.5吨左右,免费发放环保布袋8000

余个。健全机制,完善12369投诉热线。年内,接到群众举报61起,处理率达到100%,办结率95%以上排查环境矛盾纠纷12起,其中重信重访4起,化解12起。办理人大建议政协提案2件。

（德　央　邓若冰）

【环境监测工作有序开展】 年内,加大尾气检测的监管力度,对检测中心进行专项检查,规范检测中心的技术、设备使用,并对监测站管理人员进行调整,全年共对4370台车辆进行尾气检测。

（德　央　邓若冰）

【推进生态建设步伐】 年内,收到4个县上报7个村建立自治区级生态乡镇、生态村的申请。尼木县吞达村获得自治区级生态村。《拉萨河源头重要生态功能保护区保护规划一期建设项目可行性研究报告》和《拉萨周边湿地生态功能保护区建设项目初步设计》通过评审。对“三渠一河”及湿地范围开展2次大清淤,清理沉沙池两个,清除泥沙及垃圾98588立方米,清理流沙河4公里,清除泥沙48000立方米。截至年底,清理共投入资金70.76万元。

（德　央　邓若冰）

【强基惠民活动】 年内,拉萨市环保局抽调1名副局长及干部共5人到墨竹工卡县门巴乡贴朗村开展驻村工作,为贴朗村群众送去大米、面粉、酥油、茶、药品及拉萨市环保局干部职工捐款等慰问物资及资金共计21.76万元。拉萨市环保局与市卫生局联合,组织拉萨华仁门诊、神猴藏药等单位的10位医护人员到门巴乡贴朗村开展“送医送药”下乡活动。协调相关部门以及县、乡、村落实各类资金141.68万元,主要用于道路、桥梁、草场网围栏、危房改造和扶贫济困等建设。

（德　央　邓若冰）

拉萨市环境保护局

党组书记　谭树辉

局　　长　多布青

防震减灾

【概　况】 年内,全市防震减灾工作按照“预防为主,防御与救助相结合”的工作方针,积极弘扬防震减灾文化,提高防震减灾意识,不断加强科普知识的宣传教育,紧紧围绕“教育一个孩子、影响一个家庭、带动整个社会、确保一方平安”的工作目标扎实开展工作。

（陈国明）

【参与安居工程竣工验收】 4月,会同拉萨市农牧民安居工程领导小组各成员单位,对拉萨市曲水县、达孜县、林周县的部分农牧民安居工程进行检查验收,对抗震方面进行验收,并就抗震方面存在的薄弱环节提出相关意见和建议。

（陈国明）

【加强地震工作监测】 年内,拉萨市地震局积极与上级业务部门协调沟通,加强与自治区地震局监测预报中心和自治区地震局拉萨地震台、地磁台对全市震情的宏观监测,建立通信保障机制,确保一旦发生震情,在第一时间内掌握情况,及时向市委市政府等相关部门汇报,同时注重做好重大节日、敏感日期间的震情跟踪,为市委、市政府决策和拉萨市经济社会的发展提供服务。

（陈国明）

【开展防震减灾科普宣传】 “5·12”防灾减灾日,市地震局联合区地震局、市教育局等相关单位,在拉萨市第三小学开展防震减灾科普宣传活动。

（陈国明）

拉萨市地震局

局　长　边巴卓玛

人力资源与社会保障

综　　述

2012 年,全市新增就业再就业(包括就业困难群体及“3545”人员)7541 人,超额完成全年目标任务的135%;城镇登记失业率为 2.6%;拉萨籍应届高校毕业生就业率达到 99.5%。被国务院授予“全国创业先进城市”。社会保险参保人数达到 37.54 万人,养老、医疗、生育、工伤、失业保险分别新增 4620 人、15607 人、6601 人、5600 人、984 人。人才发展体制机制不断完善,人才服务体系进一步健全,干部队伍配置日趋合理;劳动关系调处达到 3 个 100%,即督促检查的企业职工劳动合同签订率达到 100%,劳动人事争议案件结案率达到 100%,劳动监察举报案件结案率达 100%。

(党培治)

人力资源

人事人才

【为农业发展银行选拔人才 50 余人】 4 月,首次为农业发展银行从高校毕业生中选拔人才 50 余人。

(党培治)

【引进急需紧缺人才 39 名】 4 月至 5 月,在全区首次到兰州、西安、重庆等城市“211”院校引进工程造价、法医学、公路桥梁、广播电视等急需紧缺人才 39 名。

(党培治)

【开展西部地区首府城市人才工作研讨会】 6 月,在拉萨首次召开西部地区首府城市人才工作研讨会,邀请国家人社部、北京市、天津市、西安市、西宁市、乌鲁木齐市、重庆市、昆明市、南宁市、贵阳市、成都市和自治区其他地(市)组织、人社部门领导、人才工作专家学者 100 余人参加,签署了《西南人才联盟城市促进人才向拉萨集聚协议框架》和《西部地区企业人才相互交流协议框架》,就促进西部地区企业人才科学、高速流动,加强西部地区特别是西南地区人才资源开发区域性合作达成初步协议。

(党培治)

【选拔 14 名优秀党支部书记进入公务员队伍】 7 月,在全区率先组织实施从优秀村(居)党支部书记中选拔 14 名优秀村党支部书记进入公务员队伍。

(党培治)

【召开全市公务员奖励表彰大会】 8 月底,首次在全区召开“全市公务员奖励表彰大会”,对 5 家“模范公务员集体”、15 名“人民满意公务员”进行表彰,为 19 名优秀公务员记三等功。

(党培治)

【在全区范围内开展优秀干部选调工作】 8 月至 9

月,首次在全区范围内选调390余名优秀干部充实到各县(区)、市直各单位。

(党培治)

【开展干部队伍培训】 年内,选派6名分管加强和创新社会管理工作的县(区)长参加"2012年福建—西藏社会管理专题培训班"。开展跟班实践业务培训600余人次,跟踪市司法局组织开展干部选岗位、负责人选干部的"双选"工作,为推进行政机关干部轮岗交流打基础。

(党培治)

【侧重向边远艰苦地区派遣人才】 年内,侧重面向艰苦边远地区派遣人才,共派遣高校毕业生3059人,调配公安干警1524人充实到基层派出所和便民警务站。

(党培治)

【军转干部管理服务】 年内,建立成都、华东、西安、云贵、拉萨、重庆、华中7个QQ群,搭建全区首个自主择业军转干部网络化管理平台,实现档案信息电子化管理。成立成都、重庆、西安、拉萨、昆明5个自主择业军转干部党支部。

(党培治)

【开展事业单位岗位设置改革】 年内,在组织拉萨市3家事业单位实施岗位设置试点工作的基础上,对教育、卫生、农牧190名事业单位工作人员进行岗位认定。

(党培治)

【加强专业技术人才队伍建设】 年内,通过初审、考察,共委托、推荐参加专业技术资格评审初、中、高级人员852人。选派9名特殊培养学员到内地各培养单位培训学习。成功推荐1名2012年度享受国务院政府特殊津贴人选。

(党培治)

劳动关系

【劳动监察案件处理】 年内,共调处劳动监察案件404起5336人,为劳动者追回工资4937.09万元。对1568家用工单位办理了用工年审登记备案手续,督促用工双方签订劳动合同21120份。

(党培治)

【处理劳动人事纠纷】 年内,受理劳动争议案件168起416人,涉及金额832.62万元,共为劳动者追回工资、误工费、生活费、工伤赔偿、补缴社会保险等合计585.24万元。

(党培治)

【实施建筑企业缴纳民工工资保证金制度】 年内,对全市83家建筑施工企业缴纳民工工资保证金、员工人数、签订劳动合同、履行劳动合同、建立规章制度、缴纳社会保险、工资支付、工时休息、非法使用童工、最低工资标准执行等情况及劳动用工登记备案进行专项检查。督促83家建筑施工企业缴纳民工工资保证金4432.6万元,督促缴纳工伤保险321.26万元。

(党培治)

【开展"春暖行动"专项检查】 年内,在全市范围内开展"春暖行动",对中介机构、建筑施工企业等进行日常检查,涉及17166人,下达限期整改令74份。

(党培治)

【工资审批】 年内,完成全市机关公务员、事业单位管理人员、专业技术人员3万余人次的工资正常晋升、(职称)变动、级别变动、各种固定、浮动等工资审批。完成2011年从驻藏部队拟退役士兵和已退役士兵中公开考录的1804名人民警察(其中大中专毕业生738人)的工资定级工作。

(党培治)

【工资试调查工作】 年内,从拉萨234家各类企业中抽取西藏酒钢天龙矿业发展有限公司等97家企业,分别开展了企业人工成本、企业在岗职工工资情况调查和企业薪酬调研工作。保质保量完成了6000余名公务员工资试调查工作,并荣获全区2011年度公务员工资水平试调查工作一等奖。

(党培治)

社会保障

就　业

【高校毕业生就业服务】 年内,通过公务员招录、开展引导性培训、高校毕业生专场招聘会、就业见习、推荐到北京和江苏就业等方式,积极促进高校毕业生就业。高校毕业生求职登记1982人次,发放区外就业路费补贴和生活补贴9200元；对12家就业见习基地进行了调整补充，推荐179名高校毕业生参加就业见习，发放见习生活补助99.5万元；举办高校毕业生招聘活动4场次，组织530家单位1500名高校毕业生进行双向选择，达成就业意向101人；与自治区人社厅、江苏省人社厅、北京市人社局签订了《北京、江苏两省市对口援藏协议框架》，组织召开2场“就业援藏——北京、江苏面向西藏籍高校毕业生专场招聘会”，积极协调拉萨籍高校毕业生区外就业工作，达成就业意向114人。

（党培治）

【帮助困难家庭高校毕业生就业】　年内，推荐安置66名困难家庭高校毕业生通过公益性岗位实现就业，发放公益性岗位补贴31.68万元；全力开展离校未就业高校毕业生实名制登记，帮助400余名离校未就业高校毕业生通过市场实现就业。有就业愿望的困难家庭高校毕业生就业率达100%，拉萨籍高校毕业生基本实现就业。

【农牧民职业技能培训】　年内，大力加强职业技能培训，落实面向全体劳动者的职业培训制度和培训补贴政策，结合全市基础设施建设、安居工程、乡村旅游等特色项目实施开办高收入工种技能培训班125期，向上级业务部门争取投入培训资金1800多万元，培训农牧民、城镇失业人员7440名，就业5428人，就业率达76%。

（党培治）

【就业公共服务体系不断完善】　年内，开发就业岗位8485人，消除零就业家庭19户19人，继续保持城镇零就业家庭动态清零，职业介绍成功6069人，农牧区劳动力转移就业16.7万人次6.14万人，转移收入3.74亿元，各项目标任务超额完成。

（党培治）

【举办小型人力资源洽谈会和大型专场招聘会】　年内，为高校毕业生、农民工、残疾人、退伍军人、失业人员求职就业和用人单位招用人员提供全方位服务，全年共举办12期小型人力资源洽谈会和3期大型专场招聘会（“春风行动招聘会”、“一区四园”招聘会、公益性岗位专场招聘会），提供就业岗位7530个，达成就业意向3013人。

（党培治）

【职业技能鉴定】　年内，职业技能鉴定656人，其中初级473人，中级121人，高级62人。

（党培治）

社会保险

【社会保障体系建设】　年内，社会保险工作重点从制度全覆盖转向人员全覆盖，全市城镇职工基本养老保险参保人数2.27万人、新型农村养老保险参保人数17.46万人、城镇居民养老保险参保人数1.93万人（其中寺庙僧尼4454人），全市职工医疗保险参保人数3.89万人、居民医疗保险参保人数5.46万人（其中寺庙僧尼4605人）、职工生育保险参保2.79万人，工伤保险2.5万人，失业保险参保1.24万人。

（党培治）

【社会保险政策实现全覆盖】　年内，全市182个寺庙全部纳入现行城镇居民社会养老保险覆盖范围，参保率达到99%。铁路专职护路人员、失地农牧民、半脱产兽医和半脱产教师等群体逐步纳入养老保险范围。全市工伤保险从国有企业范围扩展到非参公事业单位职工，矿山、建筑等高危行业人员、个体工商户、医疗、生育保险待遇逐步提高，参保人员在政策范围内的报销比例提高，职工、居民医保支付率分别达到92%、71%。

（党培治）

【工伤保险】　年内，全市工伤保险从国有企业范围扩展到非参公事业单位职工、矿山、建筑等高危行业以及个体工商户，参保单位1300家2.5万人，新增扩面5600人，征缴工伤保险费929万元，支付工伤保险待遇131人566万元。

（党培治）

【失业保险】　年内，全市失业保险参保人数1.24万人，新增扩面984人，征缴失业保险金1700万元。

（党培治）

拉萨市人力资源和社会保障局
拉萨市公务员局

党组书记　彭丽华

局　　长　徐海元

社会生活

综　　述

年内，制定《朗堆村2011—2014三年发展规划》、《朗堆村驻村工作实施方案》、《朗堆村维稳应急突发事件预案》、《朗堆村2012—2015党员发展规划》，梳理问题8条，形成工作信息62篇，建立家庭台账132户，建立完善相关制度7项，发展党员4名，培养入党积极分子5人。建立村级联防队3个，制定维稳应急预案，开展矛盾排查52人次，调处草场纠纷1次，排查解决各类隐患28件，对重点人员进行帮扶教育5人次。投资37万元的蚌青多农桥、投资20万元的短期育肥项目、投资10万元的修建牲畜暖圈项目、10座人畜通用桥项目、投资30万元的人畜饮水工程。为47岁的德庆旺姆、病重的查色争取帮扶对象，解决后顾之忧；为拉珍积极协调，将其送进尼木县福利院安享晚年；为18户应保未保低保户多方衔接，落实低保资金；为1名困难学生送去助学金1000元；投入资金5.3万元为村里购买冬季麸皮饲草20吨；投入经费3万元，开展农牧民技能培训；慰问困难群众、三老人员等，送去慰问金4万元。

年内，落实“一岗双责”制度。1月，与局属单位、科室、商户及租户签订《社会治安综合治理目标责任书》《消防管理目标责任书》。3月，选派10名干部进驻当雄县龙仁乡进行15天的铁路护路工作。3月，开展“综治宣传日”活动，设立“加强和创新社会管理努力实现西藏长治久安”民政宣传点。6月，开展“安全生产咨询日”活动。8月，投入49000元在局机关安装16个摄像头。9月，开展“9·16”平安西藏宣传日活动。10月，积极参加市综治委组织开展的为期两天的综治干部培训。10—11月，选派10名干部进驻当雄县龙仁乡进行为期1个月的十八大期间铁路护路任务。12月，开展“12.4”全国法制宣传日活动。

（宋焕玉　陈莎莉）

社会救助

【城乡低保】　年内，全市共有城乡低保对象40850人，城镇低保标准达到月人均400元，农村低保标准达到年人均1600元，低保标准走在全区前列。全年发放城镇低保金3745.29万元，月人均补助水平达到289.7元，发放农村低保金1403.28万元，月人均补助水平达到59.75元。为31979名城乡低保对象、五保对象落实一次性慰问金1296.4万元；为40825名城乡低保对象、五保对象落实物价联动机制价格补贴资金1140.52万元。先后10次为13396名城镇低保对象、26095名农村低保对象、1331名五保对象发放低收入人群物价联动机制价格补贴771.93万元。

（吴洪军　李彦鹏）

【城乡医疗救助】 12月14日,在全区率先实施拉萨市"一站式"即时结算试点工作启动仪式,开创医疗救助新模式。医疗救助标准由2011年的年人均6万元提高到10万元。全年共救助城镇困难居民458人,落实救助资金246.05万元,比2011年同期增长90%;救助农牧区特困群众1866人,落实救助资金857.85万元,比2011年同期增长76%。资助842名五保对象参加农牧区合作医疗,落实参保资金1.98万元。

(吴洪军 李彦鹏)

【五保集中供养】 截至年底,全市有敬老院、福利院43所,床位数1418个;有五保老人1376人,集中供养1046人,集中供养率达到76%。五保供养标准达到年人均4320元,高出全区供养标准1920元,在此基础上,县一级财政进一步提高五保供养标准,集中供养标准平均达到年人均7000元,分散供养标准达到年人均4458元。全年共下拨五保供养资金576.24万元,其中:自治区财政转移支付资金225万元,市财政配套资金257.5万元,县级财政配套资金93.74万元。年底,开展以"关爱·责任·形象"为主题的"农村五保供养服务机构规范化建设"活动,在全区属首例。

(吴洪军 李彦鹏)

【专项救助】 年内,落实2824人城乡困难群众临时生活救助资金258.10万元;为326户城镇低收入居民、低保对象开展廉租房及租赁补贴审核工作。为全市23名2011年考上区外高校符合资助条件的特困生兑现一次性教育资助资金9.8万元;完成符合条件就读于区内、外学校的449名学生教育资助资金的审批、申报。51名城乡刑释解教人员纳入城乡低保范围,落实低保金13万元;2905名寺庙僧尼纳入城市低保范围,落实低保金968.66万元。

(吴洪军 李彦鹏)

【流浪乞讨人员救助】 年内,共救助各类救助人员8894人,其中三无人员7418人,生活无着自愿求助185人,流浪乞讨353人,云游僧尼938人;区外5523人,区内3371人;汉族734人,藏族8022人,其他少数民族138人;未成年人470人;提供返乡车票2030人;落实救助经费204万余元。年内,市救助管理站专人、专车实行全天候不间断街头主动救助;与卫生部门联合建立流浪乞讨人员医疗救治"绿色通道";配合公安部门做好"三无"人员、云游僧尼服务管控工作。

(吴洪军 李彦鹏)

救灾救济

【防灾减灾】 5月12日,开展以"弘扬防灾减灾文化,提高防灾减灾意识"为主题的第四个"防灾减灾日"活动,65个协办单位、驻市部队、区、市直减灾委成员单位531人参加,发放宣传资料43000余份。西藏军区总医院为市民免费义诊,发放药品。移动、电信、联通运营商向公众发布"防灾减灾日"公益短信。积极开展"四个一"活动(阅读1本关于防灾减灾书籍,观看1部涉及灾害的影视作品或听一堂防灾减灾讲座,分享1次避险经历,开展1次家庭灾害风险隐患排查)。组织拉萨市公安消防支队60名官兵和800余名师生在北京中学开展防灾避灾自救演练活动。12月12~13日,举办拉萨市首期灾害信息员培训班,全市各县(区)分管民政工作的县(区)长,民政局长、局灾害信息员、乡(镇)、村(社区)的320名灾害信息员参加培训。

(巴桑卓嘎)

【救灾救济】 年内,全市18个乡镇发生不同程度的洪涝、风雹、泥石流、蝗虫等自然灾害,受灾人口2182户,11195人;农作物受灾面积782公顷,其中农作物成灾面积517公顷,农作物绝收面积265公顷;房屋倒塌2间,受损91间;紧急转移安置34人;因灾死亡牲畜462头(只),其中305只羊、157只藏鸡,造成直接经济损失达1257.65万元。年初,区民政厅安排自然灾害救助补助资金680万元,其中市级补充救灾基金专户300万元,市区应急救济和临时救济80万元,下拨各县(区)300万元。临时救助34.50万元;因灾房屋重建、维修22.31万元;因灾贫困户生活救助14.7万元;因灾贫困户慰问17.95万元;采购救灾储备物资125.92万元;采购救灾储备粮食40.3万元。冬春期间为3690户14319名受灾群众解决冬令春荒救济口粮57.25万公斤,折合资金300.3万元。全年未发生一起因灾缺粮群众上访事件,未发生截留、挪用、私分自然灾害救助款物。

(巴桑卓嘎)

【5个救灾物资储备库建成启用】 年内,投资1187万元的拉萨市救灾物资储备仓库项目、投资117万元的墨竹工卡县救灾物资储备仓库、投资134万元的当雄县救灾物资储备仓库项目、投资133万元的林周县救灾物资储备仓库项目、投资120万元的尼木县救灾物资储备仓库项目建成启用。

(巴桑卓嘎)

【2个县区政府公开采购救灾物资】 年内,林周县政府公开采购43万元救灾储备物资,在县粮食局协议储备30万元的粮食,储备260顶帐篷、150张铁床、200床棉被、200套衣裤、200张床垫、300只手电筒、200把铁锹、10000斤青稞、20000斤面粉、21500斤大米、100条砖茶。当雄县政府采购82.92万元救灾储备物资,储备帐篷50顶、棉褥500床、砖茶500条、十字镐200个、铁锹200把、墨镜500副。

(巴桑卓嘎)

双拥优抚安置

【创建双拥模范城】 3月16日,在布达拉宫广场举行拉萨市荣获全国第六次双拥模范城荣誉称号庆祝仪式;开展"军警民双拥共建"、"军爱民、民拥军"主题活动。5月23日,拉萨市召开第六次双拥工作总结暨表彰大会,38名模范单位和25名先进个人受表彰。制作双拥先进事迹书籍。开展8次军警民共建共保服务一条街活动。开展清明节祭扫活动及烈士资料遗物的搜集、整理。拉萨烈士陵园红色遗迹项目上报国家发改委。

(仓 决)

【拥军优属】 年内,审核签订180余名优抚对象子女减免学费手续。召开各类军民座谈会12余次,举办联谊、文艺演出等活动6次。"三大节日"、"八一"建军节,走访慰问12个驻市部队、基层部队、10个执勤点官兵,250名退伍老兵、44户重点优抚对象,赠送慰问金162.5万余元。接待昆明市双拥办主任郭振松带领的考察组一行21人到拉萨市考察指导双拥创建工作。完成近年来双拥工作纪实的撰写并通过西藏日报、拉萨晚报等新闻媒体进行宣传。

(仓 决)

【拥政爱民】 年内,驻市部队为市民修理各种电器和农机600余台(件),打扫卫生出动900余人(次),清运垃圾100余吨,为群众6000余人(次)免费医疗,收治地方病人1万人(次),医疗免费体检上千万元,参加各种抢险救灾近60余次,抢运各种物资100多吨。

(仓 决)

【优抚安置】 年内,共落实各类抚恤和生活补助资金288万余元。接收军休干部36人。"三大节日"、"八一"建军节召开军休人员座谈会,发放购物卡和慰问金180余万元。落实医疗费100余万元,发放工资等经费3600万余元。为293名军休人员交纳600余万元医疗保险金。为57名2009年应征入伍义务兵家属发放优待金和待安置期间生活补助11万元。组织全市60名2011年退役士兵开展了为期一个月的职业教育和技能培训。完成2011年度57名退役士兵安置工作。

(仓 决)

福利事业

【老龄事业】 年内,开展百岁老人、特困老人及空巢老人慰问活动,发放慰问金5万元。4月1日召开拉萨市老龄工作委员会第一次全体会议。5月10日、8月10日和9月20日先后组织达孜县驻拉萨退休党支部、当雄县驻拉萨党支部、曲水县驻拉萨退休党支部在市老干部活动中心举办三期《中华人民共和国老年人权益保障法》和《西藏自治区实施(中华人民共和国老年人权益保障法)办法》专题讲座,312余名离退休老人参加。7月30日组织三支老年文艺队前往岗巴拉英雄雷达站进行节前慰问演出。开展以"真情暖夕阳,爱满日光城"主题的重阳节活动。推荐的拉萨市老干局老年文艺队11月29日晚在北京进行第三届中国老年文化艺术节颁奖暨《红叶风采》大型文艺晚会汇报演出,获得全国优秀节目奖。组织6支老年文艺队对墨竹、尼木、曲水、当雄等县敬老院进行慰问演出和走访慰问演出,送去慰问金2万元。新办老年优待证247人次,办理高龄老人寿星证18本。为3844名高龄老人发放健康补贴1234800元。

(高小丽 塔 青)

【儿童福利事业】 年内,出台《拉萨市关于加强孤儿基本生活保障工作的实施意见》。市、县(区)共发放孤儿基本生活保障金6278880万元。办理儿童福利证119本。83个单位开展捐资助孤活动,捐款261.224万元。完成拉萨市儿童福利院维修、设施采购、公益性岗位招聘,启动工作基本就绪。中国拉萨SOS儿童村孩子贡觉赤列在西藏自治区第十届中学生运动会男子200米比赛中获得第一名;次仁洛珠在西藏自治区第十届中学生运动会男子乙组铅球比赛中获得第一名;贡觉多吉在全国初中数学联合竞赛中荣获三等奖;格桑群培在全国高中数学联合竞赛中荣获三等奖。1月9日,儿童村圆满接待美国环球旅游老人团一行73人到村参观。联系《帮锦梅朵》栏目组走进儿童村,鼓励孩子们积极参与《帮锦梅朵》栏目组拍摄的春节特别节目《欢乐总动员、开心过大年》;联系拉萨市歌舞团走进儿童村,丰富孩子的文化生活。浙江警校、清华大学、江苏奔牛高级中学等学生走进拉萨SOS儿童村,进行献爱心、送温暖"三下乡"社会实践活动。

(高小丽 塔 青)

【拉萨市社会福利院】 年内,制定环境卫生整治工作实施方案;健全完善租房流动人口入住信息;医务室购买1万多元的药品,3月与军区总医院协调,为老人办理免费医疗卡。

(高小丽 塔 青)

基层政权和社区建设

【政权和社区建设】 年内,制定下发《关于印发<关于做好城市社区党风廉政建设工作的意见>的通知》,与市纪委联合下发《拉萨市社区党风廉政建设工作联席会议制度》。7月30日,自治区人大常委会副主任马如龙、自治区民政厅副厅长刘家杰一行到拉萨市调研社区建设情况和草拟修改《中华人民共和国城市居民委员会组织法》的意见和建议。3月至10月,成立社区志愿者、巾帼服务队、民兵、巡逻队等民间自治组织,定期开展社区服务活动。建立便民服务站、综合服务站、调解室、图书室、文化活动室、粮油加工店、健身活动场所等,完善便民服务管理制度。12月,上报《曲水县关于推进农村社区建设试点工作实施方案》。

(高小丽)

【行政区划】 1月至3月,制定《中华人民共和国政区大典—西藏分卷(拉萨)编纂工作实施方案》。协调解决林周县与当雄县边界草场纠纷,签订草场使用协议书。开展第三轮行政区域界线第二阶段联检工作,完成城关—达孜线、达孜—扎囊线、墨竹工卡—工布江达线、墨竹工卡—扎囊线、尼木—班戈线、尼木—曲水线、尼木—浪卡子线、堆龙德庆—当雄线、堆龙德庆—林周线、堆龙德庆—贡嘎线、堆龙德庆—曲水线等11条边界线联检工作。

(高小丽)

【地名管理】 2月1日至20日,对城区主干道及乡(镇)、村(居)、组的门牌进行统计、核实、编号,全市共登记133831个门牌。对神力时代广场、直机关统建周转房3个小区进行调查、审核、上报、公示;对新建20个公园、游园名称进行实地调查核实,广泛征求意见上报市政府。完成《〈西藏百科全书〉拉萨分卷》内容的修改,上报市委宣传部。

(高小丽)

行政事务管理

【民间组织管理】 6月7日至6月9日，由市政法委、市法制办等23个单位组成工作领导小组，开展拉萨市“民间组织”清查工作，建立翔实的资料。年检25家社会团体，4家民办非企业单位。新成立拉萨市节庆协会、拉萨市消费者协会、拉萨市旅店业协会和西藏传统手工艺技能培训学校。

（高小丽）

【婚姻登记】 年内，全市结婚登记9563对，离婚819对，补办2436对。

（高小丽）

【收养登记管理】 年内，共办理收养22例，解除收养关系的1例。

（高小丽）

【殡葬管理】 年内，共办理殡葬事宜13件。

（高小丽）

【加强和创新社会管理工作】 年内，成立加强和创新社会管理工作领导小组。制定四个长效机制，即：拉萨市特殊人群帮扶工作机制、拉萨市社会组织服务管理工作机制、拉萨市流浪乞讨人员救助管理工作机制和拉萨市社会福利事业工作机制。5月29日，对63名城关区各乡、街道民政助理员、各村（社区）民政委员、试点单位居民事务联络员进行民政业务知识培训。制定《特殊人群帮扶工作演练方案》和《流浪乞讨人员救助工作演练方案》，在城关区鲁固社区居委会进行演练。

（高小丽）

项目建设

【7个“十二五”民政项目完工】 年内，全市“十二五”54个民政项目完工7个，总投资2270.55万元。分别是：投资1187万元的拉萨市救灾物资储备库、117万元的墨竹工卡县救灾物资储备库、134万元的当雄县救灾物资储备库、120万元的尼木县救灾物资储备库、133万元的林周县救灾物资储备库、264.91万元的堆龙德庆县救灾物资储备库、314.64万元（自治区福彩公益金305万元，县政府配套解决9.64万元）的曲水县社会福利院改扩建项目。

（肖卫荣　王美泉）

【中央专项彩票公益金项目】 年内，十二五中期调整项目总投资10250万元。分别是：投资6600万元的拉萨市儿童福利院扩建项目、600万元的拉萨市流浪未成年人救助保护中心、2250万元的15个拉萨城区灾害应急避难场所、450万元的城关区3个街道社区服务中心、350万元的城关区7个社区服务站。

（肖卫荣　王美泉）

【江苏省对口援助项目】 8月7日至12日，江苏省民政厅副厅长钮学兴带领江苏省四个地（市）民政局领导来拉萨考察对接援藏项目。江苏省民政厅确定：“省民政厅对口支援拉萨市本级，江苏省四个地（市）民政局对口支援拉萨四个县”。江苏省民政厅同意援建拉萨市儿童福利院扩建项目600万元，拉萨市柳梧新区流浪未成年救助保护中心建设项目200万元。苏州市民政局为林周县确定阿朗乡、唐古乡两个乡级救灾物资储备仓库投资估算604万元。镇江市民政局确定为达孜县新建民政综合服务大楼，总投资估算为2000万元。泰州市民政局为曲水县社会福利院解决落实建设资金150万元。南京市民政局为墨竹工卡县援助资金20万元。

（肖卫荣　王美泉）

【北京市对口援助项目】 年内，北京市民政局已基本同意本市申报的五大类39个子项目，总投资约4462.7万元。项目主要有：投资637.2万元堆龙德庆县和当雄县两个未保中心项目、635万元拉萨市救助管理站维修改造项目、1600万元20个农村社区综合服务中心建设项目、599万元3个乡级8个村级救灾物资储备仓库建设项目、991.5万元5个城市社区老年人日间照料中心试点建设项目。

（肖卫荣　王美泉）

拉萨市民政局

党组书记　何春林

局　　长　扎西白珍

残疾人事业

【概　况】 年内,拉萨市残疾人联合会以落实残疾人重点民生项目为抓手,不断创新工作思路,抓住工作重点,努力进取、真抓实干、开拓创新,切实落实各项残疾人工作的阶段目标任务,残疾人康复、维权、教育、就业和社会保障各项工作取得了新的发展和成效,有力地推动拉萨市残疾人事业跨越式发展和全面进步。2012年,拉萨市残联获“全国残疾人事业统计工作先进集体”奖;在“创先争优强基惠民生活动”中,获“拉萨市创先争优强基惠民活动优秀组织单位”奖,市残联驻村工作队获“自治区先进驻村(居)工作队”称号,副理事长格桑平措被评为自治区级“先进驻村(居)工作队员”,扎西降村被为城关区级“优秀驻村工作队队员”;央金拉姆获“全国残疾人事业统计工作先进个人”荣誉称号;罗雪梅获得“拉萨市民族团结进步先进个人奖”;贡桑卓嘎荣获“拉萨市维护社会稳定和社会管理综合治理工作先进个人”奖。

(贡桑卓嘎)

【创先争优强基惠民和基层建设年活动】 年内,为社区解决办公经费1.5万元。制定《工作队工作纪律》、《工作队工作经费、项目资金管理制度》等7项规章制度,共计66条,设置《创先争优强基惠民活动大事记栏》、《经费开支公示栏》、《活动宣传栏》等。拉萨市残联工作队帮助社区选好配强“两委”班子,重点选好居党支部书记和居委会主任;帮助社区两委班子建立、完善《社区党支部工作职责》等11项制度,共计89条;开展创建“五个好”党支部、争做“五带头”优秀共产党员活动,兑现帮扶资金18600元;加强党员队伍建设,确定入党积极分子3名,发展正式党员3名,发展团员5名。工作队与社区“两委班子”成员、治保人员同值班、同巡逻、同清查,确保夏萨苏社区“三不出”。制定《“八看”“一算账”“一揭批”“四增强”活动实施方案》,召开群众大会5次、党支部会议8次、党员大会7次、居民小组长会议9次,入户率100%。举办“感党恩、跟党走,新旧西藏对比展览”活动4次。为社区争取到6万元培训资金,开办车辆驾驶技术培训班。投资55万元建设“夏萨苏社区家政便民服务中心”。帮助社区残疾人实现就业,向相关单位推荐7名残疾人就业。开展走访慰问、送温暖活动11次,落实资金54540元。制定发放《驻夏萨苏社区工作队便民服务联系卡》。为患癌低保家庭“雪中送炭”,解决医疗费2000元,并协调落实患者儿子从2011年12月起享受低保政策。“全国助残日”期间在社区举办“慰问困难残疾人暨关爱残疾人专题文艺汇演”。通过协调,争取到“扶贫济困、献爱心”慰问项目,落实资金4万元。实施三座居民大院下水道改造维修项目,落实资金6970元。落实“短、平、快”项目,改造4座居民大院的供电线路,落实项目资金17990元。

(贡桑卓嘎)

【实施残疾人民生项目及残疾人相关补贴】 年内,实施“阳光家园计划—智力、精神和重度残疾人托养服务项目”,为1050名智力、精神和重度残疾人落实资金63万元;实施残疾人机动轮椅车燃油补贴,为400名肢体障碍的残疾人落实资金10.4万元;实施农村贫困残疾人危房改造“阳光安居工程”项目补贴,为70户农村贫困残疾户发放42万元;实施贫困残疾人家庭无障碍改造项目补贴,为30名贫困残疾人发放10.5万元;实施市政府民生项目特困残疾人生活补贴,为4350名特困残疾人发放资金261万元;实施残疾人全纳教育工作专项经费,从全市教育经费中为拉萨市接收400名残疾学生随班就读的112所学校补助全纳教育工作专项经费40万元。

(贡桑卓嘎)

【开展康复服务】 年内,完成俄杰塘社区康复服务站改扩建工作,完成尼木县、林周县、达孜县、堆龙德庆县、当雄县残疾人社区康复服务站建站工作;做好残疾人基础调查和康复需求调查工作,完成全市0—16岁共计606名残疾儿童少年的调查、统计、筛查和登记造册工作,通过筛查完成辅助器具适配的肢体残疾人60人,接受人工耳蜗植入复查病例5例的筛查登记,助听器配置323人。完成全市0—16岁810名残疾少儿康复、教育、就业、生活调查工作,建立完整的康复服务档案。全年残疾儿童接受康复训练及家访服务1621人次,转介唇腭裂儿童实施修复手术11例,脑瘫残疾儿童转介康复训练11例,肢残儿童假肢安装3例,辅助器具适配13例,开展基层残疾人社区康复指导员、乡村医生的培训工作。协调自治区残联,将62名乡村医生的培训列入全区康复人才培训计划内，完成全市乡村医生培训50人，完成社区康复示范乡镇的乡长、村书记、村妇女主任培训44人，残疾人社区康复指导员培训累计54人次，残疾人家长互助小组培训累计207人次。

（贡桑卓嘎）

【做好残疾人就业和教育工作】 年内，落实《拉萨市按比例安置残疾人就业及就业保障金征收管理办法》文件精神，全年完成全市党政机关、事业单位97.2%和企业单位81.9%的审核和征收工作。从各县（区）筛选报送165名有就业愿望和劳动能力的残疾人参加自治区残疾人劳动就业培训中心举办的“残疾人专场招聘会”，有46名残疾人成功应聘。全年完成求职登记322人，就业推荐225人/次，84名残疾人成功实现就业。新增达孜县完小和堆龙德庆县乃琼镇中心完小作为全纳教育示范学校。目前，八所示范学校已全部挂牌，学校内随班就读的残疾学生共有143名，占全市随班就读残疾学生总数的35.8%；为全市接收残疾学生随班就读的学校落实残疾人全纳教育工作经费共计40万元。筛选确定32名盲聋哑残疾儿童，待拉萨市特殊教育学校改扩建工程完成后，帮助推荐其入学。

（贡桑卓嘎）

【开展残疾人维权工作】 年内，开展法律宣传，办结侵权事件2件。

（贡桑卓嘎）

【加强第二代《残疾人证》核发管理规范】 年内，拉萨市残联复审通过共办理残疾人证1747本，累计办理残疾人证8100多本。

（贡桑卓嘎）

拉萨市残疾人联合会

理 事 长　央金卓嘎

区情县情

城 关 区

概 况

城关区位于西藏自治区中部偏东南的雅鲁藏布江支流拉萨河下游城关区段南北两岸,东与达孜县接壤,南与山南地区贡嘎县和扎囊县毗邻,西与堆龙德庆县紧靠,北与林周县相依。城区面积58万平方千米,行政区域东西跨距28千米,南北跨距31千米。下辖4各乡、8个办事处、51个村(居)委会。辖区总人口44.2362万人,其中常住人口19.5283万人,流动人口24.7079万人,区属总人口5.5443万人。

2012年,全区地区生产总值(GDP)完成151.84亿元,同比增长12.6%。全区固定资产投资完成38.38亿元,同比增长41.3%,社会消费品零售品总额达到34.6亿元,同比增长20.1%;地方财政一般预算收入达到4.63亿元,同比增长22.4%;城镇居民人均可支配收入达到19545元,同比增长10.7%。农牧民人均纯收入达到9477.61元,同比增长16%。城镇登记失业率控制在2%以内。全区经济发展呈现出速度加快、结构优化、效益提升的态势。

2012年国民经济和社会发展

经济建设

农作物总播种面积达到1443.87公顷,其中粮食播种面积427.93公顷,粮食总产量达到0.2501万吨,粮食单产389.55公斤,经济作物播种面积915.8公顷,其中蔬菜面积为672公顷,饲草播种面积100.13公顷,机耕完成1203.6公顷;粮、经、饲比例从上年的32:58:10,调整为30:63:7。蔬菜产量达到6.08万吨。各类牲畜存栏达到25956头(只、匹),实现新生仔畜成活率达到97.7%、出栏率37.3%;猪牛羊肉产量0.1105万吨;奶产量0.5636万吨;禽蛋产量16.2吨。

全年实现工业总产值17944.6万元,实现工业销售产值17938万元、工业增加值5669.9万元、工业税收314万元、工业投入9082万元。鼎业面粉厂等一批规模以上工业企业实现工业销售收入4652万元,同比增长2.8%,占全区工业销售收入的26%。

城乡建设和管理

全区固定资产投资完成39.69亿元,总投资4.5147亿元。其中本级财政预算投资2.6998亿元,上级财政投资1.8142亿元(包括援藏投资4480万元)。加荣西路市政道路、城关区第三幼儿园附属设施、农牧局综合楼及附属设施、拉鲁便民桥维修、俄杰塘社区基础设施改造等工程全面完工。分步实施12个自建小区基础设施改造工程,居民群众生产生活条件进一步改善。启动56个古建大院整体开发和升级改造,顺利开展供暖供气入户工程,积极配合老城区综合整治,夺底沟、娘热沟整体开发工作扎实开展;11所中小学改扩建及2所幼儿园建设项目有序推进,加快中国旅游文化创意园区建设步伐,招商引资协议资金107亿元,顺利完成教育城253.33余公顷土地征收工作。其他教育、文化、卫生建设项目得到有力推进。全年项目建设得到全面提速提升。

投入45万元新发展300户庭院经济，投入571万元新建大棚温室106栋。完成5家农家店布点及挂牌，新建1家商贸中心，完成119个农牧民自产自销产品摊位入点工作。家电家具下乡工程实现销售总额325.89万元，全年造林347.25公顷，新增农牧民专业合作组织4个，培训农牧民人数1823人，劳务输出5450人，实现劳务收入达到8600.6万元。

科教文卫事业发展

探索建立教育优质均衡发展体系，全面实施《城关区师资队伍建设"十百千"行动计划》，正式认定首批名教师、学科带头人和骨干教师97名。深化医疗体制改革，启动3个社区医疗卫生服务中心，公共卫生服务水平得到进一步提升。八廓社区卫生服务中心为9000余名城乡居民开展免费健康体检。全区城镇居民享受药品"零差价"、免费免疫规划、健康教育、妇幼保健等基本公共卫生服务。完成46945名居民群众及531名僧尼提供免费健康体检，并建立健康档案工作。纳金乡成功创建成为西藏自治区第一个"省级卫生乡镇"；投入180余万元对395户甜茶馆整治升级改造。

旅游产业发展

全年旅游接待总人数达499.89万人次，同比增长25%，其中一日游接待人数达317.32万人次，同比增长16%，占旅游总接待人数的63%；实现旅游综合收入12.4亿元，同比增长49%。全年新增5家宾馆饭店，1处旅游景区。安装"古城导视系统"道路指示标牌和古建大院门牌，古城旅游基础设施进一步完善，娘热乡加尔西村游客接待中心附属工程、夺底乡洛欧村巴斯度假村改扩建工程、夺底乡维巴村游客接待中心附属工程等项目稳步推进。抓紧实施娘热等三个乡在内的20户"好客藏家"采购项目。

民生事业发展

全年组织开展各类就业服务，动态消除零就业家庭，全年新增就业人数506人。建立社会救助和保障标准与物价上涨挂钩联动机制，实现城市低保标准由每人每月360元提高到每人每月400元；农村低保重点保障对象、特殊保障对象、一般保障对象标准分别由每人每月1070元、772元、564元提高到1220元、876元、617元。8341名困难群众领取生活保障金2177.54万元，全年医疗救助困难群众461人，救助金额达245万元。五保对象供养标准由每年每年2400元提高到4320元。福利院老人平均供养标准达到每人每月1500元。积极开展医疗救助、临时救助、住房救助和流浪乞讨人员救助；落实按比例安置残疾人就业政策，兑现落实残疾人生活补贴、机动轮椅燃油补贴、危房改造补助资金。统筹城乡社会保障体系建设，2012年区政府十件民生项目全部兑现。统计、粮食、档案、人防、妇女儿童、福利慈善事业等各项工作都取得了新成绩。

民主法治建设

修订城关区集体企业改制程序、国有资产管理暂行条例、招商引资新政、产业园区规划、总部经济框架协议等一系列经济发展新政策、新规定；城关区本级行政事业单位公务车辆管理办法加快完善，公车改革步伐稳步推进；拟定城关区项目基本建设管理办法，项目建设管理进一步规范；拉萨城发实业有限公司成立，经营性资产市场化运作有序推进；构建社会管理创新信息化支撑体系，进一步明确"三级平台、四级管理"框架，形成"1+5+X"网格力量，试点工作初见成效；顺利实现市直13所学校及公安工作移交，政府职能进一步完善；人大代表、政协委员、法律人士列席区政府会议，公众参与、专家论证和政府决策相结合的决策机制进一步完善；深入开展"基层建设年"、"创先争优强基础惠民生"活动，第一、二批驻村工作队顺利实现工作交接，城关下沉力量推动科学发展、促进社会和谐、造福各族人民的能力进一步提高。自觉接受区人大及其常委会的法律监督与工作监督，积极支持区政协履行职能，安排办理人大代表议案建议、政协委员提案专项经费1000万元，办理十届人大六次会议人大代表议案意见建议50件，政协七届五次会议政协委员提案23件，办理十一届人大一次会议人大代表议案意见建议71件，政协八届一次会议政协委员提案44件，办理答复率达100%；注重加强社会管理和公共服务，政府公共服务能力和依法行政能力进一步提高；扎实推进政务、村务公开，区政府门户网站实现全面改版；干部离任审计、工程招投标制度得到进一步落实，实现了工程招投标零投诉、民工工资零拖欠、安全事故零发生；修改完善目标考核办法，建立健全激励机制，机关和干部工作作风得到改进；加强税收征管，严格非税收入管理，深化国库集中支付制度改革，扩大政府采购范围，厉行节约，严格控制三公经费；廉政建设和反腐败斗争逐步深入，扎实开展"小金库"治理、工程建设领域突出问题整治，严肃查处违法违纪行为，政府自身建设和管理提高到新水平。

拉萨市城关区

区委书记 普布顿珠
区人大常委会主任 马永青
区长 彭祎涛
区政协主席 李怀伟

(张光明)

堆龙德庆县

概 况

堆龙德庆县位于西藏自治区中南部,距首府拉萨10余千米,系雅鲁藏布江中游及其支流拉萨河下游。东临城关区、林周县,南与曲水县、贡嘎县交界,西与尼木县接壤,北紧靠当雄县。行政区域面积为2704.25平方千米,耕地面积5545.95公顷。境内地形以高原山地为主,地势为西北高、东南低、中间夹着堆龙河谷宽谷区,平均海拔4500米,平均气温4℃,年平均降水量420毫米,年均无霜期100天,年平均日照2839小时,属高原性季风气候。2012年辖2个建制镇5个乡。全县行政村34个,总人口48696人。

2012年国民经济和社会发展

国民经济

全县完成生产总值16.45亿元,比2011年增长14.7%,人均实现生产总值3491元,比2011年增加167元。实现社会消费品零售总额4.08亿元,同比增长20%。实现地方财政一般预算收入2.23亿元,同比增长52.4%,提前三年完成“十二五”末财政收入目标。农村经济稳步发展,实现农业增加值1.32亿元,比2011年增长12.4%。第二产业实现增加值10.16亿元,比2011年增长57.36%。第三产业实现增加值5.52亿元,比2011年增长20%。全县粮食总产2473.2万公斤,同比增长0.6%,牲畜年末存栏总数10.93万头。全县金融机构各项存款余额达到19.24亿元,增长23%;各项货款余额4.67亿元,增长38%。

人民生活

城镇居民人均可支配收入17455元,比上年增长10.85%;城镇居民人均消费性支出6930元,比上年增长10.11%;实现农村居民人均纯收入7559.54元,比2011年增长18.2%;农村居民人均生活消费支出3728元,比2011年增长12.29%。

项目建设

全年共实现基本建设项目181项,总投资19.29亿元。其中新建项目165项、竣工123项,续建项目16项、竣工12项。基本建设项目中,农牧林水建设66项、社会事业项目19项、维稳能力保障及政权建设项目18项,保障性住房建设项目9项、受授建设项目2项、城镇基础设施建设项目1项。顶嘎寺等7个寺管会办公楼和5座寺庙通达公路、县卫生服务中心、检法两院办公楼及职工周转房建设等工程全面竣工。拉萨经济开发区B区824户群众搬迁安置主体工程基本完成,小区道路、给排水、绿化、亮化等附属配套设施工程整体推进,波玛路拆迁建设工程全面推进,109国道二期工程完成招投标,公安局搬迁项目上报国家发改委。

城市建设亮点纷呈。承接拉萨市“东延西扩南跨、一城两岸三区”城市发展战略,着力加强区域融合,加快推进市政建设。德庆大道完成路面铺设,道路链接效果初步显现,数字城管投入使用,城区承载能力不断提高,服务功能日益完善。分区规划制定出台,东嘎新区和柳梧新区分区规划纳入拉萨市城市总体规划范围,东嘎新区包括乃东片区和羊达片区,规划总面积87平方千米,柳梧新区分区包括柳北片区和柳中片区,规划总面积66平方千米。分区规划出台及经开区B区征地工作启动。

新农村建设

新农村建设成效明显,城乡居民收入差距逐步缩小。东嘎村、桑木村、南嘎村等11个行政村家庭人均纯收入突破万元大关,“万元村”占全县行政村比例达32.3%。以安居工程为突破口的新农村建设加快推进,全年投入7400万元,完成860户群众安居新房建设,210户群众住房得以配套提升,受益人口5200多人。农村人畜安全饮水工程完成540户、1731人的安全饮水问题。完成南嘎村等6个点村容村貌整治工程、6个村通油路工程及12个村委会改扩建工程。本级财政投入1400余万元完成了42项民生工程,有效解决了一批涉及面广的民生实事。项目扶贫落实12个,总投资1036万元,扶持贫困户786户,户均增收3200元。

社会事业

教育投入力度进一步加大,县级财政投入由上年的20%提高到25%，达到3659万元，办学条件得到改善，教师的岗位津贴和超课时补助标准全面提高，教育发展的软硬环境得到同步优化，教育教学质量稳步提升。学校布局调整不断完善，投入1.99亿元（本级财政7904万元）实施22项教改项目，完成3年建设任务的74.36%，12个村级教学点撤并工作顺利完成。投入4410万元配套维修原扶能高级中学，整合中等职业教育和人社培训资源，成立了全区第一个上规模的职业技能培训中心。

文化事业日益繁荣兴盛，公共文化服务网络不断完善。现有县级文化馆1个，农家书屋38个，寺庙书屋29个，乡级综合文化站2个，村级文化室34个。农家书屋建设率先在桑木村、通嘎村和岗德林村开展数字管理试点工作，桑木、通嘎农家书屋管理员荣获2012年"全国优秀农家书屋管理员"称号。文艺队伍在原有11支藏戏队、1支离退休干部艺术队和1支农民工艺术团的基础上，新组建县民间艺术团、桑木村民间艺术团。完成楚布羌姆、楚布十二汉乐市级非物质文化遗产的申报工作，完成《八大药师王》《金刚经》等藏文古籍普查工作。文化、文物、广电、新闻出版等工作在全市、全区乃至全国名列前茅。

公共卫生服务体系不断完善。全县新农村合作医疗参合率100%，办理住院报销2840人次，报销补偿金额691.97万元，孕产妇住院分娩率达到95%，婴儿死亡率控制22‰以内。"一村一卫生室"建设工作扎实开展，投资260万元新建20个村卫生室，确保农牧区方圆5千米内有1名医技人员巡诊。投资2194.94万元县卫生服务中心续建项目顺利完工。重大传染病和地方病防治工作有效增强，结核病治愈率达100%。实施了卫生监督所建设、地方病防治能力建设等项目，促进了医疗环境的改善和治疗水平的提高。

社会保障

深入推进以业育人、以业安人、以业管人、以业富人等"四业工程"，全年从农牧民群众中招收288名专职护路队员。全年开展农牧民各类就业技能培训10期，培训660人，就业率达到95%。社会保险工作稳步推进，养老保险退休金发放率、失业保险参保率均达到100%，全县631名非参公事业单位人员均纳入了工伤保险。城镇低保工作实行动态管理，共发放城乡低保、医疗救助等各类社会救助资金808万元，五保户供养标准由上年的2200元提高到4320元。保障性住房建成40套周转房、30套廉租房、96套公租房，续建完成2011年76套周转房。蝉联"全国双拥模范县"七连冠和"全区双拥模范县"八连冠。

受援工作

受援工作深入推进，项目援藏工作力度加大，投资方向由原来的市政工程、设施农业向城镇基础设施和现代设施农业拓展，争取援藏资金1140万元、援藏项目资金2500万元、援藏物资折合260万元。先后选派本县72名行业技术骨干前往内地考察进修、挂职锻炼。

综合治理

深入开展"八看、一算账""一揭批、四增强""感党恩"主题教育活动，全面落实区、市党委和政府一系列维护社会稳定工作安排部署，实现了"三无、三不出"目标。不断加强和创新社会管理，全年投入600多万元专项资金开展了网络化管理工作。加强和创新寺庙管理，"六建""六个一""9+5"工作深入开展，"两险一保"覆盖面不断扩大，396名僧尼全部参加医疗保险，97%的僧尼参加养老保险，390名僧尼纳入低保。

堆龙德庆县

县委书记 于海波
县人大常委会主任 达娃次仁
县长 安央金
县政协主席 郭志锋

（赵建科）

墨竹工卡县

概　况

墨竹工卡县位于西藏中部、拉萨河中上游,地理坐标为北纬29°8′、东经91°77′。东与林芝地区工布江达县相邻,西靠拉萨市达孜、林周两县,北连那曲地区嘉黎县,南接山南地区乃东县,交通区位优势较为明显,川藏公路(318国道)横穿而过。县域面积5492平方千米,人口5万余人,平均海拔4200米以上,辖7乡1镇40个行政村。墨竹工卡县素有“天边之乡”的美誉,野生动植物资源有黑颈鹤、斑头雁、虫草、雪莲花、红景天等,矿产资源有铜、铅、锌、金、钼、大理石等。境内名胜古迹众多,旅游资源得天独厚,距今850多年历史的直孔替寺闻名国内外,具祛病美容效用的日多温泉、德仲温泉和有财神湖之称的思金拉错等自然景观独具魅力,直孔水磨糌粑、斯布牦牛等农畜产品驰名区内外,以松赞拉康、松赞干布纪念馆、霍尔康庄园、甲桑古道徒步为重点的藏王松赞干布出生地甲玛景区已完成松赞干布纪念馆建设并于2010年8月底对游客开放。

墨竹工卡县在西藏自治区、拉萨市党委和政府的坚强领导下,在南京市的无私援助下,墨竹工卡县高举中国特色社会主义伟大旗帜,深入贯彻落实中央第五次西藏工作座谈会精神和中央、区、市会议精神,按照市委、市政府“五大战略”目标任务和“三提速”要求,以科学发展观为主题,以转变经济发展方式为主线,团结带领全县各族干部群众抢抓机遇、攻坚克难、真抓实干,经济社会发展取得了令人振奋的新成就。

2012年国民经济和社会发展

经济发展

年内,墨竹工卡县地区生产总值完成12.63亿元,同比增长14.8%;一般性财政预算收入完成1.45亿元,同比增长48.7%;社会固定资产投资完成36.39亿元,同比增长184.3%;社会消费品零售总额达到0.38亿元,同比增长86.5%;税收实现2.8053亿元,同比增长20.4%;农牧民人均纯收入达到6910.37元,同比增长18.4%。

农牧业

年内,墨竹工卡县大力培育农牧业主导产业和支柱产业,引进大型藏香猪养殖屠宰企业1家,新增农牧民专合组织6家,形成以“公司+基地+农户”、“合作社+农户”的产业化种养殖模式,大力推广以温室蔬菜种植、庭院经济种植、藏青杨育苗、藏香鸡规模养殖等能快速助推农牧民增收的特色农牧业项目。年内,全县新增日光温室200栋,达到509栋;新增庭院经济示范户300户,达到600户;落实播种面积5238.28公顷,粮经饲比例由2011年的70：18：12调整为75：23：2;青稞产量2001.6万公斤,粮油总产量达到2639.8万公斤,较上年增产186.06万公斤,其中粮食2352.385万公斤,油菜287.415万公斤。年末牲畜存栏达到21.38万头(只、匹),适母率达到51.8%,成畜死亡率控制在1%之内,总增率31%,出栏率36.72%,新生仔畜成活率97.2%,肉产量达0.68万吨,同比增长1.5%。

矿产业

年内,全县实现工业销售产值10.47亿元,工业增加值6.07亿元,工业税收2.2亿元,工业投入29.84亿元,同比分别增长46.4%、54.8%、35%、251%。围绕建设“矿业强县”目标,按照“科学、规模、高效、环保、安全”的原则,先后引进中国黄金集团、四川宏达集团等全国500强企业对全县20多个小型矿点进行整合,提高资源利用率,最大限度地变资源优势为发展优势,形成华泰龙、巨龙、天仁“三大矿区”格局。截至年底,完成华泰龙一期投资35亿元,投产两年已实现税收2.3亿元;完成巨龙矿区、天仁矿区300多户农牧民的搬迁,并做到“零上访”;深化和谐矿区建设。以打造生态矿区、平安矿区、富民矿区为着力点继续推动和谐矿区建设。努力构建生态矿区,坚持环保先行,注重在保护中开发、在开发中保护,时刻掌握矿产企业环保工作情况,有效规避“先污染后治理”;努力构建平安矿区,落实安全责任,妥善化解矛盾,2012年以来,墨竹工卡县矿产企业未发生任何安全生产事故和大的矛盾纠纷;努力构建富民矿区,采取用工本地化、补偿制度化、责任公益化、运输组织化的“四化联动”方式,矿产企业累计带动全县1087名农牧民群众就业,达到企业、地方、群众共赢的目的,其中在华泰龙公司就业的农牧民群众人均年收入可以达到4.5万元。

旅游业

结合旅游资源的分布和开发潜能,引进和依托运作公司,加快开发以吐蕃人文历史和牧区自然风光为核心的甲玛景区、以藏传佛教文化体验为核心的直孔景区、以高原温泉沐浴和高原神湖风光为核心的日多景区、以休闲度假为核心的嘎则温泉度假区，形成以甲玛景区、直孔景区、日多景区和嘎则温泉度假区为重点的旅游业发展格局。截至年底，“四大景区”内的甲玛松赞干布纪念馆已对外开放运营，总投资3700万元的甲玛霍尔康庄园将于2013年初对外运营。以提升墨竹旅游美誉度、扩大墨竹旅游影响力为目的。2012年成功举办第二届“甲桑古道徒步游活动”。以增加农牧民收入为目的，在全县范围内开办农(牧)家乐5户，并进一步规范家庭旅馆、农(牧)家乐管理，提高经营户旅游服务质量。2012年，全县旅游从业人员达到670人，接待游客57万人次，实现旅游收入1120万元，同比分别增长21.54%、28.95%。

项目建设

秉持抓项目就是抓经济、抓发展、抓跨越的理念，成立以县长为组长的项目发展领导小组，以项目建设带动经济跨越。积极争取项目，集中力量争取国家“十二五”期间支持西藏发展的重大项目，下功夫抓好对口援建项目。加快实施项目，抓紧与有关部门进行对接，尽快完成项目论证审批工作，积极做好征地补偿等基础工作，保证项目早开工、早建成、早见效。高质高效建设项目，精心组织、科学施工、强化监管，确保建成精品工程、民心工程，经得起实践和历史的检验。年内，争取到中央项目投资4.96亿余元，企业项目投资33.1亿余元，总投资44.1亿余元的200个项目中已开工建设188个。

招商引资

不断增强“为企业服务”意识，以企业的关注为导向，以满足企业的需求为核心，以解决企业的问题为重点，不断优化招商引资的行政服务环境和各类政策，千方百计增强投资吸引力，让企业投资在墨竹、发展在墨竹、受益在墨竹。年内，完成招商引资29.84亿元，同比增长231.55%。按照“思想更解放、胆子更大、政策更实、环境更好、步子更快”的原则，大力发展民营经济，全年新增工商企业5家、个体工商户50户。

社会稳定

始终把维护社会稳定作为首要政治任务，牢固树立“发展是政绩，稳定也是政绩”的观念，严格落实中央和区市党委、政府对达赖集团斗争的方针，逢会必讲维稳，安排举措必先考虑维稳，立足于抓早、抓小、抓快、抓好，严密安排部署维稳各项措施，确保十八大和各个敏感时期社会持续稳定、全面稳定，确保全县全年“三不出”。

创先争优强基础惠民生活动

结合学习宣传十八大再一次掀起新旧西藏对比热潮，农牧民群众清晰知晓达赖集团政治上的反动性、宗教上的虚伪性、手法上的欺骗性，深刻明白“团结稳定是福、分裂动乱是祸”的道理，纷纷签订不参加“法会”的承诺书，为维稳工作打下良好的群众基础。

建设“四业工程”

深入推进农牧民技能技术培训和劳动力转移就业工作，年内，完成农牧民技能技术培训4400人，特别是对40名重点人员进行驾驶技术培训，实现转移就业1060人，让农牧民更加思安求进。

农牧民安居

加快推进以安居乐业为突破口的社会主义新农村建设，道路、电话实现村村通，安全饮水自然村普及率达96%，人口普及率达94%，通电率达98.5%，乡镇全部实现通油路，累计完成7216户安居工程建设，完成1149户安居工程提升改造，完成4873户沼气建设，完成8个行政村村容村貌整治。全面完成2012年900户民房改造、770户提升改造、6个村村容村貌整治工作。出台《关于实施十大工程促进农牧民增收的意见》，抓好农牧民技能技术培训和劳动力转移就业工作，不断开辟就业渠道、增加就业岗位，有效做好就业服务、提升就业能力，推进矿山企业就业本地化，着力从自主创业、转移就业等方面增加农牧民收入，努力做到户户有门路、人人有活干、经常有收入。年内，培训农牧民4400人(其中转移技能培训1400人，实用技术培训2990人，创业培训10人)。已安排就业人数达1060人，其中县内实现就业达900人、县外实现就业达160人。

发展教育

从2012年起教育支出保持占到全县财政总支出的25%，截至年底，全县教育投入3418.75万元。全县小学入学率达99.33%、小学巩固率达100%、初中学生入学率达99.03%、初中巩固率达99.78%、县城幼儿入园率达87.51%、农村幼儿入园率达43.38%。县财政今年共向2008—2011届的544名在校大学生发放资助金165万元。截至年底，已完成14个教学点的撤并，总投资1.46余亿元的7个教改项目已开工建设，县乡小学的改扩建进展顺利，县乡村三级幼儿园的新建全面动工。

卫生事业改革发展

初步建成卫生设施和功能相对齐全的县乡村三级医疗卫生服务体系，“两网”医疗点达到58个，全县农牧民全部享受农牧区医疗保障制度。全面深化医药卫生体制改革,基本药品"零差率"销售覆盖率达100%。在县医院开通孕产妇、0—1岁儿童、残疾人就医绿色通道,组织4批20名先心病儿童赴南京医治。大力实施高危孕产妇住院期间营养供给工程,并在县人民医院正式开设高危孕产妇待产区,每年安排20万元专项工作经费,全年接诊高危孕产妇82人,未发生孕产妇死亡事故。截至年底,全县医管筹资率、住院分娩率、医疗机构门诊量均有所上升,法定传染病总发病、婴儿死亡率均有所下降。

文化建设

年内,完成2个村级文化活动站建设,完成40个村小组村级广播站建设,完成第二批24座寺庙书屋建设、寺庙书屋实现全覆盖,县新华书店完成主体建设,县民间艺术排练场所、甲玛兵器博物馆项目通过评审,广播电视覆盖率达98.8%。

建有6支文艺表演队,组织由松赞民间艺术团和90名群众编演的原生态大型歌舞节目《吉琼美央》,参加西藏电视台举办的2012年藏历新年晚会。

年内,累计组织3.5万余名干部群众学跳"幸福拉萨·规范舞"130余次、举办"庆祝国庆、喜迎十八大"幸福拉萨规范舞集体展演活动,投入22万余元开展"三下乡"活动,投入69.5万元用于各驻村工作队与群众开展"与民同乐·共度藏历新年"活动,放映电影1807场次,观影人数9.6万余人。

社会保障

提高社会保险参保率,新型农村医疗保险参保率达98%,新型农村社会养老保险实现全覆盖;新农保基础养老金月人均提高5元,全年落实基础养老金本级提高部分资金22万余元。大力实施社会救济,"五大社会保险"扩面786人,城乡低保实现应保尽保,年内,新争取实施总投资1245.4余万元的扶贫项目32个,惠及1254户,为每户增收2600元。加大社会福利保障力度,建成1个福利院和2个敬老院,农村"五保"集中供养率达95.16%,五保集中供养对象生活补助标准提高到每人每月660元;建设公租房100套,维修周转房172套,改造棚户区95户。建立大病爱心救助基金,制定《城乡困难群众重特大疾病医疗救助实施办法》,对患重特大疾病家庭实施救济,有效缓解群众因重大疾病造成的家庭困难。逐步提高机关后勤辅助人员工资待遇,从2012年6月份开始,全县后勤辅助人员工资标准由每人每月950元提高到1200元。

墨竹工卡县

县委书记　林　涛
县人大常委会主任　洛　桑
县　长　林　生
县政协主席　魏东飞

（王小芬）

当　雄　县

概　况

当雄县藏语意为"选择出来的好地方",素有"拉萨北大门"之称,位于藏南与藏北的交界地带,平均海拔高度4200米,总土地面积1.23万平方千米,可利用草场面积937.2公顷。全县总户数11279户,总人口49829人,其中牧业人口45612人。牲畜年末存栏41.34万头(只),仔畜成活数11.56万头(只),成畜死亡数2373头(只),出栏数24.21万头(只),肉产量8261.19吨,奶产量4451.61吨,山羊绒产量7.97吨。当雄县背依念青唐古拉山,直面羌塘草原,又是青海到西藏的必经之路,交通优势明显,战略地位十分重要,有据可查的历史可追溯到吐蕃时期,历史渊源非常悠久。由于藏北特殊的环境气候条件的限制,当雄一带的牧民世代过着游牧生活。唐代,松赞干布就曾将当雄地区划给他的亲属恰热进行管理,是西藏统一后较早的部落之一。

2012年国民经济和社会发展

主要经济指标

地区生产总值完成7.44亿元,增长11.9%;地方财政一般预算收入完成1.22亿元,增长43.2%;全社会固定资产投资完成10.41亿元,增长43%;牧民人均纯收入达到7717.8元,增长24.8%;城镇居民人均可支配收入达到13674元,增长7.50%;社会消费品零售总额达到0.58亿元,增长20.8%;实现工业销售产值5.64亿元,增长45.38%;工业税收完成6131.21万元,增长30.45%。

旅游业

成功举办以"神山圣湖、幸福行走"为主题的第七届拉萨纳木措国际徒步大会和当雄赛马场旅游景点开业暨冬季旅游推介会。纳木措国家公园成功挂牌。全县各景区共接待国内外游客64.5万人次,实现旅游综合收入8043万元,分别增长47.9%、54.4%;参与旅游的牧民达到766户2845人,增长43.2%;旅游业带动相关产业实现收入2.32亿元,增长17.17%。招商引资工作取得新突破。全县招商引资项目10个,协议总资金25.82亿元,实际到位资金5.89亿元。

基础设施建设

完成2011年度44套周转房、24套廉租房以及2012年度50套公租房和60套周转房维修建设任务。加快教改项目和15个村级卫生室建设任务。实施并完成县卫生服务中心等项目;实施县级政权机关综合用房等建设项目;实施县城“三化”工程;集中开展县城专项整治活动。完成自然村公路、寺庙公路通达工程,新增通车里程147.8千米。

民生工作

2012年市政府确定涉及当雄县的8件民生实事基本完成。实施农牧民安居工程及沿线提升改造工程建设1131户。完成4个点的人居环境和村容村貌整治及当曲卡镇当曲三组新农村基础设施建设任务。完成“四大”寺庙和249户1569人的人饮供水任务。基层医务工作者和乡村医生实现全覆盖,农牧区合作医疗覆盖率达100%。完成7个乡镇文化站建设任务;放映电影1320场次;广播电视覆盖率分别达到98.7%、97.5%。

和谐当雄

完成三大节日、全国“两会”、萨嘎达瓦等敏感时期和重要节点的维稳任务。县六乡两镇司法所正式挂牌,“六五”普法教育深入推进,法律“七进”工作成效明显,法律援助力度加大。积极助推“护城河”工程建设和支持拉萨“创模”活动。完成三个公安检查站建设任务,实施三个乡派出所建设项目。扎实推进寺庙“六建”、“六个一”和“9+5”工作。信访工作成效显著,一批事关群众切身利益的问题得到有效解决。大力开展交通安全专项整治工作,全年交通事故死亡人数11人,与死亡控制指标相比下降42.1%。工矿、商贸领域继续保持“无事故、零死亡”的良性发展态势。

当雄县

县委书记 于波
县人大常委会主任 康加贵
县长 尼玛(9月免)
旦增尼玛(9月任)
县政协主席 周雅林

(旦增克珠)

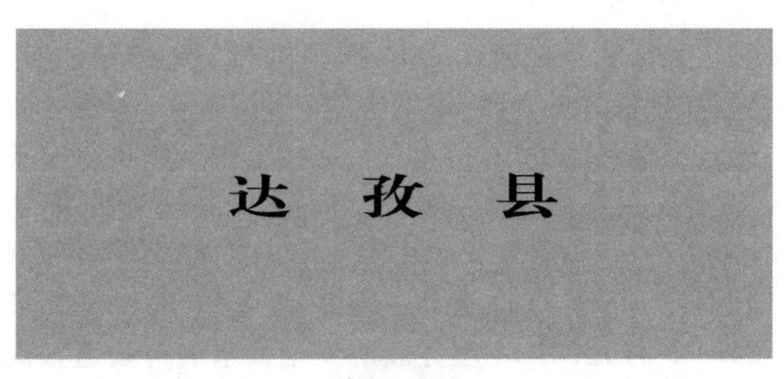

达孜县

概况

2012年,全县完成地区生产总值6.95亿元,同比增长12.7%;完成全社会固定资产投资9.05亿元,同比增长42.5%;完成地方财政一般预算收入0.55亿元,同比增长92.1%;完成税收收入1.3亿元,同比增长125.1%;实现农牧民人均纯收入6753.16元,同比增长15.3%。全县税收收入实现翻番,其他主要经济指标在全市目标绩效考核中取得优异成绩,先后获得国家级荣誉7个、自治区级荣誉8个和市级荣誉41个。

2012年国民经济和社会发展

工业经济

全县完成工业销售18亿元,同比增长113.3%,完成目标任务的180%;实现工业增加值5.91亿元,同比增长113.5%,完成目标任务的171.3%;实现工业税收1.3亿元,同比增长125.1%,完成目标任务的154.76%;实现工业投入6.74亿元,同比增长59%,完成目标任务的119.82%;解决就业近3000人,完成目标任务的160.86%。

招商引资

新引进企业57家,同比增长185%,全县跟踪信息208个,拟投资额达25.4亿元,实际到位资金4.8亿元,同比增长61.5%,完成目标任务的111.63%。

农牧业

落实农作物播种面积4580公顷,实现农作物产量154.23万吨,肉类、奶类产量分别达到0.27万吨和0.24万吨。大力实施藏青320种子田建设133.33公顷,开展高产创建标准化种植1666.67公顷,测土配方1.6万吨,有效地提高农田产出率,保障了粮食安全。

园区建设

全年完成销售收入18.02亿元,同比增长

113.3%;实现工业增加值5.91亿元,同比增长113.5%;实现工业投入6.74亿元,同比增长59%。全年新引进企业57家,同比增长185%,投资额达25.4亿元,实际到位资金5.9亿元,同比增长97%;重点加大项目跟踪力度,全年跟踪项目信息208个。达孜工业园区管委会、罗占民族手工艺发展有限公司负责人分别受到国务院表彰并荣获"全国就业先进工作单位"和"全国就业创业优秀个人"称号。

旅游产业

着重打造旅游品牌。甘丹寺、查叶巴寺、桑阿寺等县域境内的旅游胜地已成为推介达孜的重要载体。塔杰乡"金色池塘"等度假村受到人们的青睐,成为前来休闲、度假的首选。全年旅游人数突破20万人次,实现旅游收入520万元,同比增长29%。

教育事业

全县制定《达孜县加快教育教改和发展工作实施方案》,各项工作有序开展。高度重视校园安全工作,在节假日和敏感日实行领导带班制、24小时值班制、零报告制和校园巡视制,为辖区各学校安装摄像头近100个,组织交通、法院、公安、卫生等部门在各学校举办各类知识讲座,安排专项资金17500元对学校消防、食品卫生、饮水安全等隐患进行整改,完善学生应急疏散撤离方案,并组织演练,最大限度地保证学生安全。截至年底,全县财政性教育支出899万元,占财政一般预算收入的22.12%,农牧民子女全部享受"三包"政策,已落实"三包"经费443.23万元,营养餐经费119.82万元。全县小学适龄儿童入学率100%,巩固率100%,初中学生入学率99.75%,巩固率100%,开工建设14座幼儿园。

社保民政事业

全县社会保险扩面653人,完成全年目标任务370人的176%,其中参加养老保险人数181人,扩面29人;新农保参保率达99.50%,参保人数13623人;参加失业保险人数653人,扩面44人;参加工伤保险人数955人,扩面181人;参加生育保险人数1188人,扩面94人;参加城镇居民医疗保险人数746人,扩面211人;参加城镇职工医疗保险人数1349人,扩面94人。开展各类职业技能培训班12期,培训812人,培训合格率达95%,培训就业率达85%以上,全县新增就业人员787人,完成年初任务260人的300%。农牧民转移就业及引导性培训1500人,职业指导520人,职业介绍504人,成功344人,组织协调职业技能鉴定105人次,城镇登记失业率控制在1.9%以内。安排高校毕业生见习岗位25个,发放见习补贴61750元,坚持对困难户和"零就业家庭"实行就业援助制度,实施城镇零就业家庭动态消零。

现代农业建设

全县投入资金2594万元,加大对现代科技农业产业示范园基础设施建设,新建的718栋日光温室已顺利完成;争取发展庭院经济资金45万元,发展示范户300户,其中塔杰乡巴嘎雪村45户、邦堆乡255户,并在示范户内种植葡萄苗1078棵,水蜜桃苗910棵,目标任务完成率均为100%。新增农牧民专业合作组织27家,是上级下达目标的13.5倍,批复扶持资金225万元,全县注册经济合作组织达到73家,参加组织人数7860人。全年开展农牧民各类实用生产技能及农牧民就业创业技能培训42期,培训农牧民3599人,农村剩余劳动力转移15060人次,实现转移输出收入8287.65万元,全部超额完成目标任务。

扶贫工作

截至年底,完成25个扶贫项目的60%。在章多乡推广实施的"借畜还仔"项目得到项目区群众很好的口碑,并在全区范围内推广。建立达孜县贫困户档案系统,摸清致贫原因为缺劳力、缺资金、因病、因学,农户需求集中为发展养殖业,发展服务业和技能培训。

"9+5"工作

为全县各寺庙发放14面国旗和179幅领袖像,国旗、领袖像进寺庙、进僧舍率达到100%;为各寺庙配发平板液晶电视机144台,广播电视卫星接收设备179套,可接收频道50个,广播电视进寺庙率达100%;为寺庙建立文化书屋14座,发放200多种书刊上千册;各寺庙通电、通路率达到100%;投资841.35万元,对14座寺庙的安全饮水进行改造。截至年底,各重要寺庙已基本完成。投资18万元建设5个寺庙温室大棚,并全部投入使用;投资11万元为各寺庙建设垃圾池,并全部投入使用。

基层党建

积极开展学习型机关、学习型干部创建活动,将"民族团结"活动与"创先争优"、机关干部下村等工作融会贯通、同步开展,切实为群众办实事、解难事;精心组织开展"基层建设年"活动。选派人员组成10个驻村工作组,深入农户家中和田间地头,认真了解社情民意,切实为群众办实事、解难事。共建立《民族团结结对卡》1000余份。加强领导班子思想政治建设。围绕创建"学习型"机关,健全完善理论学习制度，组织各级领导干部认真学习党的十七届五中、六中全会精神、中央第五次西藏工作座谈会精神等，并将学习成效作为衡量领导干部思想政治素质的重要依据。对村“两委”班子开展集中考核，全面掌握村“两委”班子的整体运转情况及班子成员个人情况，综合评定考核等次，并对落实援藏经费8万余元，开展村两委班子成员的培训，培训率达到100%。县政府始终坚持把贯彻落实党风廉政建设责任制摆到全县各项工作的重要位置。责任分解到位。在确定每年党风廉政建设目标任务的情况下，对责任范围内的党风廉政建设具体工作进行具体安排，明确5乡1镇和县直各单位的目标任务和领导责任。责任追究到位。不断完善党风廉政建设责任制考核办法，坚持实行党风廉政建设“一票否决”制。为确保各项工作有序推进，定期不定期对5乡1镇和县直各单位党风廉政建设和反腐败工作开展情况进行检查，对发现的问题及时提出整改意见和建议，确保党风廉政建设各项工作落到实处。坚持以建立健全惩治和预防腐败体系建设为统领，以制约和监督权力为核心，以提高制度执行力为抓手，紧紧围绕反腐倡廉中心工作和容易滋生腐败的关键环节，在深入调研的基础上，结合全县实际，狠抓各项制度的建立、完善和落实工作。注重在制度建设上下功夫。以惩治和预防腐败体系建设为抓手，加强“廉政制度建设”；以机关作风和行政效能建设为抓手，加强机关作风和行政效能制度建设；以形成制度整体合力为抓手，加强“相关部门联合制度建设”。注重在制度完善和创新上下功夫。与时俱进完善制度，针对全县面临的新形势、新任务、新要求，对以前出台的全部制度进行认真梳理，对不利于全县经济社会事业发展和工作开展的相关制度进行完善。坚持把增强党员党性、提高拒腐防变能力作为党员干部勤政廉政教育的出发点和落脚点。抓好常规性教育。在要求全县干部职工深入学习党的重要理论知识和方针政策的同时，充分利用电视、广播、宣传栏等媒介，深入开展正面典型教育、警示教育和岗位廉政教育。抓好针对性教育。对新提拔干部和轮岗交流领导干部进行廉政谈话，组织新提拔干部参观拉萨法纪警示教育基地；根据实际情况，对部分党员领导干部进行诫勉谈话。深入开展廉政文化建设活动。坚持以纪检监察宣传专栏为平台，通过网络、期刊、报纸等媒体，搜集大量的反腐倡廉重大理论知识、廉政心得体会、廉政文化论文、廉政漫画等内容，向广大干部职工进行宣传。

达孜县

县委书记	李忠法
县人大常委会主任	达　娃
县长	阿努次仁
县政协主席	郝　静

（仓姆拉　拉　珍　杨　翠）

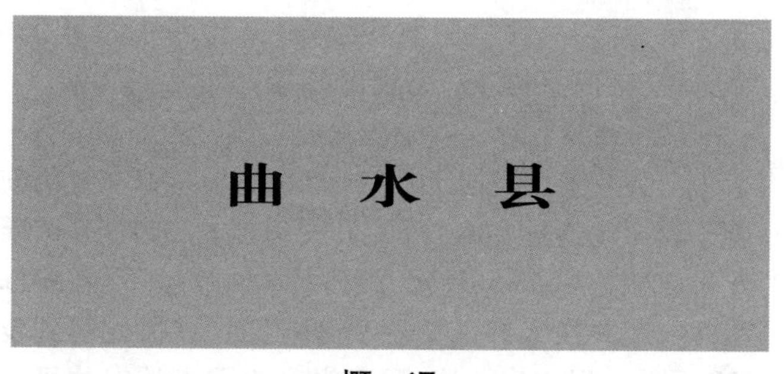

曲　水　县

概　况

曲水县位于自治区首府拉萨市的西南部。居北纬29°14′~29°36′，东经90°21′~90°04′之间，地处雅鲁藏布江和拉萨河交汇处，318国道横贯全境，是内地空港至拉萨的重要窗口和门户。全县总面积1632.9平方千米，耕地面积4272.84公顷。全县最高海拔5912米，最低海拔3500米，县城海拔3568米。全县辖5乡1镇、17个行政村、128个村民小组。全县共有34912人，其中农业人口32418人。是一个典型的以农业为主，牧业为辅的农业县。

2012年，实现地区生产总值6.23亿元，增长12.3%。全社会固定资产投资完成11.43亿元，增长37.9%。地方财政本级一般预算收入完成0.54亿元，增长69.8%；税收收入完成8326万元，增长63.25%。社会消费品零售总额达到1.41亿元，增长27.2%。农牧民人均纯收入达到6838.78元，增长16.5%；城镇居民可支配收入达到14800元，增长12.12%。

2012年国民经济和社会发展

农业发展

全县农作物总播种面积为6160公顷，其中粮食作物面积3053.33公顷，占总播种面积的50%；经济作物面积1600公顷，占总播种面积的26%；饲草作物面积1506.67公顷，占总播种面积的24%。全县粮食作物产量指标为2500万公斤，实际产量2509.18万公斤（单产478.5公斤），同比指标增长0.37%。全县牲畜存栏10.17万头（只、匹），出栏率达39.1%；

肉类产量3350吨,完成指标的101.5%;奶类产量4600吨,完成指标的100%;山羊绒总产量1.36吨,完成指标的100.7%;禽蛋总产量完成142吨,完成指标的107.6%;全县成畜死亡率为0.98%;新生仔畜成活率为96.5%;出栏率为39.6%;牲畜良种覆盖率为5.4%。落实粮食直补和综合直补资金218.66万元、农机具购置补贴442.83万元、农用柴油补贴170.82万元,新增农机具1422台(套),耕、种、收机械化水平分别达到83.5%、83%、71.2%。新增443栋日光温室、4个马铃薯储藏窖,400户庭院经济示范户种植和培训工作顺利完成。不断扩大土豆、高原西瓜、设施蔬菜等特色农作物种植,粮、经、饲比例调整为50:26:24。实施草场承包119993.33公顷,草场承包率达100%。投资近200万元,实施农村安全饮水工程,解决了331户1744人安全饮水问题。实施的国家级星火计划(特菜项目)和市级特菜两个项目,总投资45万元,其中国家投资30万元,市科技局配套15万元。项目在曲水镇和南木乡两个乡镇实施,种植的品种主要有五大种类:彩色辣椒、樱桃萝卜、樱桃西红柿、水果黄瓜、迷你冬瓜。两个项目点均已试种成功。

工业发展

全县工业经济完成工业总产值80950万元,同比增长34.92%,完成目标任务的120.46%;完成工业增加值24508万元,同比增长33.92%,完成目标任务的120.85%;完成工业销售收入63358万元,同比增长34.00%,完成目标任务的120.16%;上缴税金5400万元,同比增长36.71%,完成目标任务的120.00%。全年招商引资累计到位资金达56500万元,同比增长20.21%,完成目标任务的120.21%;全县工业投入达61300万元,同比增长98.32%,完成目标任务的113.52%;共洽谈项目30个,汽车标签、青稞制品加工、牦牛肉制品加工等26个项目成功签约,其中新建项目17个,总投资57.50亿元,实际到位资金28700万元;续建项目9个,总投资104.85亿元,实际到位资金24000万元。投资2800万元实施了县城园区滨江路建设项目。办理江苏尚德电力有限公司百兆瓦级光伏并网发电、廊坊新奥光伏集成有限公司200兆瓦光伏并网发电和阿特斯(中国)投资有限公司20兆瓦太阳能并网发电三项重大项目前期手续。

生态建设

全县春季造林完成总面积4172.32公顷,其中重点区域造林完成141.79公顷,周边造林绿化工程400公顷(造林200公顷、封育200公顷),退耕还林工程荒山荒坡造林370公顷,高原生态安全屏障防护林项目造林1000公顷,高原生态安全屏障封沙育草2084公顷,四旁义务植树176.52公顷,育苗面积13.33公顷,318国道绿化建设项目14.67公顷,才纳乡机场专用路区域绿化二期完成造林16.92公顷,完成年初任务的105.1%,造林成活率达到85%以上。在才纳乡租用耕地4.33公顷,总投资91万元的3000余株雪桃,长势良好;在才纳乡试种的4.93公顷烟叶,采收烤烟约25000斤。曲水县名优经济林核桃种植项目计划种植核桃20.07公顷,实际完成20.13公顷;在才纳乡成功试种0.67公顷100万株郁金香。全县森林生态效益补偿基金项目面积为39654.47公顷,兑现资金达178.44万元。县政府小区绿化面积达15000平方米,绿化总投资100万元;同时对县城内4个便民警务站的房前屋后进行了绿化,对318国道及扬州路进行了补植补造红叶李(直径5厘米以上)360株,柳树(直径5厘米以上)520株。

项目建设

全年开复工项目244个,其中曲水县西部土地开发整理项目、茶巴拉水土流失综合治理及水保科技示范园区、才纳辅道、农村人居环境建设、政务接待中心改扩建等14个续建项目在年初顺利复工建设,完成投资8201.37万元。聂当乡德吉村农业开发、德吉干渠、才纳乡至协荣村乡村道路贯通工程、茶巴拉小学改扩建、县人民医院医技房维修、泰州路东段等230个新建项目顺利实施,完成投资107698.63万元。

农村建设

全县共安排安居工程指标680户,其中农牧民安居工程新建指标380户,配套提升指标300户,按照安居新建户每户5万元、配套提升每户2万元的标准,区、市共投入补助资金2500万元,县级配套到位150万元。以农房改造、配套提升为重点的农牧民安居工程项目涉及全县5乡1镇、17个行政村、122个村民小组,受益人口达2240人,人均建筑面积达40平方米。安居房户型采用《西藏农牧民安居工程通用图集》中建筑面积在100平方米—250平方米的常规户型,新建房屋均以石木、砖混结构为主、具备良好的抗震性,同时安居房达到了“六个一”要求,即一间会客厅、一间厨房、一个卫生间、一间薪炭房、一座沼气池、一个水泥院。水利方面4个续建项目均完工,总投资为3639.38万元。新建项目10个,总投资4738

万元。茶巴朗水保综合治理示范园区项目、2012 年小型农田水利第一、二批建设项目、2012 年曲水县山洪灾害非工程措施建设项目、聂当德吉干渠项目、茶巴拉水库水毁应急工程和寺庙供水工程建设项目的实施,有力促进了农牧区群众生产生活条件改善。

农村改革试验区建设

5 月,曲水县农村改革试验区正式启动,标志着试验区各项工作进入了实质性的推进阶段。曲水县财政调剂 200 万元作为试验区活动资金,其中 50 万元用于土地确权工作。工商部门注册完成了曲水县吉如合作联社,合作联社达 25 家。完成了全县 119993.33 公顷草场承包工作,草场承包证书颁发到户。按照允许突破的原则,曲水县制定了《西藏曲水县农村改革试验区政策性农业保险实施办法(试行)》和《西藏曲水县农村改革试验区农村土地流转实施办法(试行)》。在自治区联席会议上确定的相关项目,实施 3 个。马铃薯标准化种植基地水利配套建设项目纳入自治区农田水利重点县;666.67 公顷马铃薯中低产田改造项目得到区市农发部门的批准;茶巴拉乡核桃种植基地建设项目得到区林业厅的同意,在项目资金未到的情况下,通过群众自筹、垫资等多方筹措资金,种植核桃苗 2700 余株,种植防护林柳树 3000 余株,并在基地四周架设了网围栏。新引进落户涉农企业 3 家,分别是西藏岗措土特产有限公司、西藏天禾食品科技有限公司、西藏宝莱土特产有限公司。才纳乡国家现代农业示范园建设项目完成 53.33 公顷的牧草种植试验,20.13 公顷青稞标准化种植。县农村改革办公室协同强基惠民办公室,积极争取项目 26 个,项目总投资 1929.6 万元。

社会保障

全年共举办农牧民实用技能培训 15 期,参加培训人数为 1111 人,其中计划内培训 9 期,共计 870 人(就业引导性培训 1 期 400 人、蔬菜种植培训 1 期 50 人、岗位技能提升培训 1 期 100 人、地毯编织培训 1 期 60 人、钢筋工培训 1 期 50 人、酒店服务与管理培训 1 期 50 人、水电工培训 1 期 50 人、采石采砂技能培训 1 期 50 人、汽车驾驶培训 1 期 60 人)。计划外培训 6 期,共计 241 人(岗位技能提升培训 2 期 60 人、手工编织培训 1 期 55 人、传统染织培训 1 期 46 人、养殖技能培训 1 期 50 人、民族歌舞培训 1 期 30 人)。年内,结业培训 13 期,完成培训人数1031人,培训合格率达99%,未结业培训 2 期 80 人(采石采砂技能培训 50 人、民间歌舞培训 1 期 30 人)。开展职业介绍 1092 人,职业介绍成功 598 人,开发就业再就业岗位 417 个,农牧民劳动力转移就业 2.306 万人次,农牧民劳动力转移实现收入 10801.27 万元,城镇登记失业率控制在 1.17% 以内。参加职工养老保险人数为 289 人,新增参保人数为 29 人,征缴基金 175.83 万元。参加职工基本医疗保险人数为 1372 人,新增参保人数为 119 人,征缴基金 551.1 万元。参加失业保险人数为 726 人,新增参保人数为 82 人,征缴基金 100.53 万元。参加工伤保险人数为 938 人,新增参保人数为 226 人,征缴基金 21.05 万元。参加生育保险人数为 1147 人,新增参保人数为 119 人,征缴基金 22.07 万元。参加城镇居民基本医疗保险人数为 749 人,征缴基金 21.45 万元。参加城镇居民养老保险人数为 181 人,征缴基金 6.2 万元。参加僧尼养老保险人数为 243 人,征缴基金 3.4 万元。参加新型农村社会养老保险人数为 20532 人,征缴基金 270.53 万元。全县城市低保对象 294 户、337 人,农村低保对象 804 户 2517 人,农村五保供养对象 244 人,城乡医疗救助 497 人次,全县 3560 名困难群众得到经常性社会救助,约占全县总人口的 11%;落实城乡低保资金 324.4 万元,农村五保供养资金 141.1 万元,医疗救助资金 100.2 万元;为 2667 名困难群众落实一次性生活补贴 64.9 万元。年内下拨各类救灾救济款 20 万元;为 364 名寿星老人发放高龄健康补贴 11.87 万元;为 20 名散居孤儿发放资金 14.4 万元;为福利机构供养孤儿发放资金 15.6 万元;为 8 名重点优抚对象发放伤残抚恤金 5.12 万元;为 2012 年度义务兵发放优待金 2.55 万元。全县共有残疾人 1135 人,其中享受特困残疾补贴 560 人,每人每年 600 元,共计发放33600元;享受阳光家园补贴 146 人,每人每年 600 元,共计发放 87600 元;享受机动车燃油补贴 86 人,每人每年 260 元,共计发放22360元;享受危房改造 3 人,每人2500元,共计发放 7500 元;残疾人无障碍设施资金 4 户,每户 3500 元,共计 14000 元。

教育卫生

农牧区学前一年儿童受教育率达91.1%,农牧区学前二年儿童受教育率达 70%,农牧区学前三年儿童受教育率达 60%,城镇学前三年儿童受教育率达 99.4%。初中入学率达 98.81%,初中在校生巩固率达 99.47%;小学入学率达 100%,小学在校生巩固率达 100.04%。总投资 5503 万元,实施了聂当乡小学 2 栋学生宿舍楼和 1 栋教师宿舍楼、才纳乡小学教工宿舍楼和塑胶跑道运动场、12 所幼儿园建设、茶巴拉小学改扩建项目县中学食堂和塑胶跑道项目、4所小学食堂和1栋教师宿舍项目、各校附属工程建设等项目。投资51万元(包括两个村卫生室的设备款)新建热堆村和协荣村卫生室。投资13万元(其中县政府投资5万元),在6个寺庙设立了卫生所,并配备了相关的医疗设备和药品,同时完成了僧尼体检工作。投资91.02万元维修县急救中心,投资55万元维修和改扩建卫生监督业务用房、南木乡卫生院。

文化宣传

大力实施广电“村村通”“户户通”,全年维修“户户通”设备7000余次,升级近14000次,保证广大群众及时看到45套电视节目,听到4套广播节目;为偏远乡村59户无电用户安装太阳能发电卫星锅;为县域内各寺庙安装了卫星直播地面接收设备,在僧舍配备了21寸电视机,在集体活动场配备40寸电视机。全县广播电视人口覆盖率分别达98.85%和99.7%。农村电影放映场次达1450场次。完成总投资420万元的乡(镇)文化站(室)前期选址和立项工作。在保护文物过程中,投资1700多万元的热堆寺维修项目和投资300多万元的卓玛拉康南寺——贡布拉康维修项目完成立项工作;投资500多万元的卓玛拉康维修项目正在实施。以“我们的节日”为主题,开展“红红火火过新年”和“我们的节日——清明、端午、中秋”等活动,开展慰问社会弱势群体、老干部、老职工活动,组织返乡青年开展普法宣传教育,组织群众开展打牛角、拔河、跳锅庄,举办新旧西藏图片对比展览,组织机关干部职工和各中小学校师生开展“网上祭英烈”活动。组织开展“日行一善”“岗位学雷锋、争做好员工”“续写雷锋日记”等主题活动和敬老志愿服务、爱幼志愿服务、关爱农民工志愿服务、助残志愿服务等。深入各乡镇开展“三下乡”集中服务行动,全县开展“三下乡”活动270多场,受益群众70847人(次)。深入开展学先进活动,举办了曲水县“金淑萍同志先进事迹报告会”,在全县范围内开展了向金淑萍同志学习活动。举办了“社会主义核心价值观、弘扬老西藏精神暨民族团结宣讲报告会”,机关干部职工200余人聆听了报告;组建宣讲团深入五乡一镇开展民族团结宣讲,受教育群众1500余人。举办了庆祝第22个民族团结月暨庆国庆迎十八大文艺演出活动。

民生实事

完成市政府《关于认真落实2012年12个民生项目的通知》中涉及曲水县的有七项民生项目:幼儿园建设项目;最低工资标准由950元提高到1200元;解决原集体制工作住房补贴(经统计,曲水县没有集体制工人);0至6岁儿童免费体检,同步建立健康档案;提高城乡最低生活保障标准;新建卫生室;县医院设立残疾人就医绿色通道。

法制宣传

组织5乡1镇基层32名妇女干部,传达中共十七届六中全会和区、市、县第八次党代会精神,宣传《中华人民共和国宪法》《中华人民共和国婚姻法》《中华人民共和国妇女权益保障法》《中华人民共和国未成年人保护法》等基本法律法规。在达嘎乡为基层妇女讲解《中华人民共和国婚姻法》《中华人民共和国妇女权益保障法》《中华人民共和国劳动法》以及法律援助等相关法律法规内容,发放《法律援助宣传手册》《维护稳定知识读本》《中华人民共和国宪法》以及由曲水县司法局自行编撰的《六五普法读本》等各类法律法规宣传资料共计300份。深入扎西岗寺、卓玛拉康、娘南寺等寺庙开展法制宣传教育活动,在僧尼中广泛开展了爱国主义教育、形势教育和法制宣传教育。利用三下乡宣传活动,深入5乡1镇开展以《宪法》为主的各类法律法规知识宣传教育活动,受教育群众达5000人。为辖区内城东、城西、城北、城中四个便民服务站送去《法律援助明白卡》、《道路交通事故赔偿》、《拉萨市房屋租赁暂行管理办法》藏汉文版本及《农牧民常用法律知识读本》等各类普法资料600本。为迎接中共十八大胜利召开,深入茶巴拉乡柏林村开展民族团结进步月宣讲活动,向群众讲解了《拉萨市民族团结进步条例》为主的法律法规知识和惠民政策。年内,曲水县5乡1镇司法所正式挂牌成立。

驻村工作

曲水县共计5乡1镇17个行政村,下派驻村工作队共17个。其中,自治区财政厅派驻工作队4个,分别驻于才纳村、茶巴朗村、曲水村、曲甫村;拉萨市党校派驻工作队1个,驻于色甫村;拉萨市财政局派驻工作队1个,驻于色达村;其余11个村由曲水县派驻工作队。全县各驻村工作队组织群众宣讲中共十八大精神160场次,入户宣讲4038次,发放中共十八大精神宣传学习资料13795份,撰写学习心得体会373份,开办十八大专题宣传栏38期。17个驻村工作队均成立了党支部,协助乡镇党委和村委党支部按照“五个好”党支部要求大力实施“三个培养”工程。将党员培养成致富能手28人,将致富能手培养成党员30人，将党员及致富能手培养成后备村干部36人，新发展党员142人，培养入党积极分子239名，组织基层干部外出考察学习16次227人次，建立健全党员档案1054宗；健全了各种村规民约及各项制度，驻村工作队协助村“两委”建立完善各项制度215项，除此之外驻村工作队还积极申请各种帮扶资金，帮助49名党员创办了经济实体，改善了村“两委”的办公条件。各驻村工作队积极配合当地党委、政府和各职能部门，组织建立民兵联防队132个，组织维稳演练29次，帮助建立维稳机制104条，制定应急处突预案50余份；建立健全安全防范机制、纠纷调解机制，协助有关部门和村“两委”排查化解各种矛盾纠纷70余次，排查安全隐患85次；召开维护祖国统一的反分裂专题会议115次，深入农牧民群众家中走访1455次，了解群众所想与群众交心谈心2796次。各驻村工作队帮助各村认真梳理上报50万元以下“短、平、快”项目，经上级强基惠民办筛选，确定了17个建设项目，实现了一村一项目。与此同时，各相关部门也积极发挥作用，努力争取自治区强基惠民活动计划外资金和项目，共争取计划外项目73个、总投资达5583.12万元。各驻村工作队将中央关于西藏的方针政策和区党委关于推进跨越式发展和长治久安的新举措通过“八看”“一算账”“一揭批”“四增强”等活动，在2148户农牧民群众中开展宣讲，发放宣传资料25852份。举办新旧对比图片展105次，放映爱国主义电影124场，组织以身说法33场。结合“六五”普法规划，开展普法教育57次，涉及群众13127人次。组织党员干部开展城乡环境综合整治活动72次，涉及金额268.6万元。筹资兴建乡村卫生室1个。为农家书屋捐赠书籍7000余册。组织群众植树造林136.46公顷。看望慰问困难群众159次，涉及金额36.7万元。开展其他惠民利民活动87次，投入资金113.26万元。

基层党建

开展基层组织建设年活动，在全县81个基层党组织中，评选出12个先进党组织、61个一般党组织、8个后进党组织。通过整改，全县12个先进党组织得到有效的巩固提高；61个一般党支部中，有44个党组织顺利实现晋位升级；8个后进党组织均转化为一般党支部。活动中，建立了县党员活动中心1个、乡级党员活动中心6个、村级活动室17个。共产党员民族团结先锋活动中，全县共产党员围绕“一宣讲、两结对、三连心、四恳谈、五解难”活动主题，广泛与群众结民族团结对子，全县党员与党员、党员与群众结对1536对；开展宣讲35场次，受教育党员群众达20000人次，向党员群众发放民族团结宣传材料15000份，全县党员累计深入群众家中，入户与群众恳谈、交心达12300次，发放慰问品、慰问金合计16.3万元，解决群众矛盾纠纷121起。编制藏汉双语《日常文明用语手册》260册。评选“民族团结示范户”17户，评选市级民族团结先进集体2个，先进个人2名。针对驻县非公企业规模逐步扩大，外来务工技术人员中党员增多，以及农村合作组织中农牧民党员逐年增多的趋势，在多次深入调研的基础上，结合非公企业和农村合作组织党员分布情况，采取属地管理、单独组建和依托组建等方式，先后在3家符合条件的非公企业和7个农村合作组织中建立了党组织。在符合建立党组织的“两新”组织中，均建立了党支部，覆盖面达100%。在暂不符合组建党组织条件的非公企业中建立群团组织，全县共建立团组织15个，妇女组织18个，工会组织20个。年内，共新建党支部6个，其中机关党支部1个，农村合作社党支部5个。全县共发展农村党员199名，培养入党积极分子594名。全县农村党员占全县农牧民总人口的5.9%，实现了“有3户以上群众的居住点至少有一名党员”。在县政府、人大换届，政协成立，乡镇政府、人大换届中，交流使用干部56名，其中平职交流24人（县乡交流10人），提拔使用32人。同时，注重将政治素质高、工作能力强，群众普遍认可的干部选派到乡镇担任乡镇党政一把手，全县6个乡镇党政正职“一藏一汉”的配备率达100%。全县共选派了51名干部到村锻炼，27名干部担任村“两委”班子职务，占村“两委”成员总数的24%。全县共分配毕业生116名，公务员101名、专业技术人员15名。挂牌启用了县城老干部活动中心。

平安建设

全县共召开维稳工作会议63次，综治联合会议18次，接受上级维稳督查工作12次，对各乡（镇）、各单位、各部门维稳工作开展情况进行督察50余次。公安局共受理刑事案件21起，破获18起，破案率达86%，刑事拘留23人、劳动教养1人，提捕案件11件23人，批捕案件10件21人，批捕率91%，1件2人为不予批捕案件。起诉案件11件21人，起诉率100%，抓获网上追逃人员1人。全县共发生治安案件19起，同比下降69%，查处19起（其中调解7起），查处率达100%，行政拘留26人，罚款13人。无危安案件发生。县检察院受理公诉案件14起25人，不起诉1

件1人。县法院共受理各类案件127件195人,其中民事收案104件,结案97件(调解94件,判决3件);刑事案件14件24人,结案14件,结案率100%;执行案件14起,执结12件(执行和解10件,执行和解率83%,自动履行2件),未结2件,执结率达86%。共抽调77名干部参加到驻寺工作组中,共组织寺管会成员学习相关法律法规96次,3072人次参加。全县共发生各类矛盾纠纷573起,调解率100%,调解成功率99%,无一起群体性事件和越级上访事件、无涉法涉诉信访积案。县法院共审结各类民事案件104件,调解94件,调解率达90%。县司法局共办理劳资、家庭婚姻、农田赔偿等法律援助案60起,其中通过调解办理的案件有56起,调解成功率100%;诉讼程序办理的案件有4起。县人社局共受理劳资纠纷19起,调解16起,调解率84%,调解成功率达100%,涉及人数214人,共帮助农民工追回被拖欠工资300.53万元。年内共授予38个单位为平安单位,其中有18个行政单位、3个部队、1个中直单位、6所学校、1座寺庙、1家企业、2个行政村。

曲水县

县委书记 周广智
县人大常务委员会主任 罗桑
县长 孙宝祥
政协主席 李维生

(冯立柱)

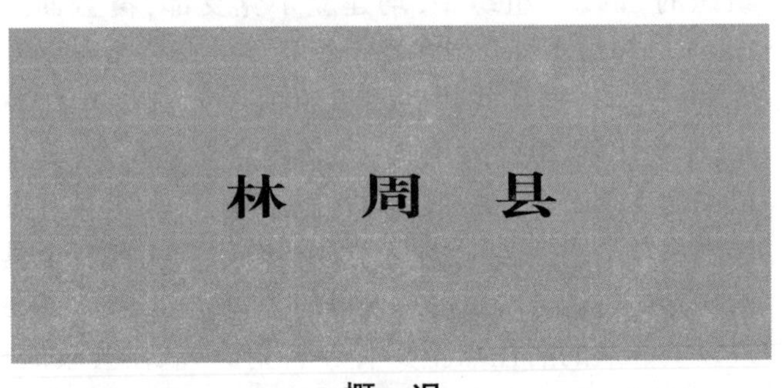

概 况

林周,藏语意为"天然形成的沃土",位于拉萨市东北,县城驻地距离市区65千米(直线距离28千米)。全县辖9乡1镇45个行政村,12283户60497人,国土面积4512平方千米。念青唐古拉山支脉——恰拉山横贯全境,将林周县分割为南北两大部分。北部素有"三河一流"的美称,即热振河、达龙河、乌鲁龙河、拉萨河流域,平均海拔4200米,以牧业生产为主。南部平均海拔3860米,是拉萨市的主要粮食生产基地。

林周县山水毓秀、人文历史底蕴深厚,全县分布有黑颈鹤保护区、白唇鹿保护区等国家级和自治区级自然保护区5个,有自治区级重点文物保护单位6个,著名的藏传佛教寺庙热振寺坐落在千年古柏丛中,周围有风光秀美的热振国家级森林公园,凸显着青藏高原独特的自然人文风光。

2012年实现县级生产总值10.17亿元,同比增长10.4%;财政收入实现快速增长,全年完成一般预算收入0.59亿元,同比增长54.4%;实现社会消费品零售总额0.58亿元,同比增长26.1%;完成全社会固定资产投资10.08亿元,同比增长76.2%;农牧民人均纯收入达6355.32元,同比增长15%;全县2012年招商引资实际到位资金2.53亿元,同比增长28.9%。

2012年国民经济和社会发展

农业发展

全县农作物播种面积11353.33公顷,粮油播种面积10793.33公顷,粮油生产总量达到0.645亿公斤,全县粮、经、饲比例为65.3∶10.4∶24.3;牲畜存栏总量达到25.7万头(只、匹),全年牲畜出栏率为42.6%,肉类总产4248.08吨,奶类总产3507.5吨,羊毛绒总产84.09吨,禽蛋总产79.33吨,农畜产品商品率达到50.7%。林周正式被批准成为国家级农业综合开发县,并荣获2012年度全国粮食生产先进县。完成总投资1820万元的400栋高效日光温室建设,开工建设总投资800万元的"澎波半细毛羊"和"牦牛良种繁育"设施养殖业项目;完成投资1295万元购置各类农业机械1301台(套),成立2个农机合作专业社;投资1000万元逐步对1113.33公顷青稞生产基地进行农田改造;实施完成庭院经济示范户150户;新增农牧民专业合作社6家;全年累计培训农牧民群众2900人,累计劳务输出15767人次,实现现金收入1.05亿元。

工业经济发展

全县实现工业销售收入2.183亿元,同比增长21.26%;实现工业增加值1.349亿元,同比增长17.32%;实现工业税收1453万元,同比增长32.1%。

旅游业发展

全县接待游客18563人次,同比增长25%;实现旅游收入256.7万元,同比增长0.7%。建设完成总投资200万元的强嘎乡黑颈鹤观鸟台、总投资740万元的热振国家森林公园基础建设项目。

城乡建设

开工建设项目131个,完成固定资产投资7.5亿元。其中续建项目27项(农牧林水9个,交通能源3个,社会事业7个,政权建设项目3个,援藏项目1个,工业项目4个),新建项目104项(农牧林水27个,交通能源7个,社会事业27个,政权建设项目4个,援藏项目4个,工业项目12个,市政基础设施1个,房建项目15个,商贸流通6个,其他1个)。援藏项目开工建设3个,总投资2853万元的45个扶贫开发项目开工43个,其中完工10个,扶贫开发项目实施覆盖1801户7876名贫困人口。

年内,投资3650万元的950户安居工程完成870户;投资1400万元的7个农村人居环境建设和环境综合整治项目主体工程全面完工;总投资271.17万的农村安全饮水工程,于8月开工建设。45个行政村和38个寺庙实现书屋全覆盖,总投资180万元的新华书店完工,总投资850万元的10个乡镇综合文化站进入开工阶段。2011年续建58套职工周转房现进入装修阶段,2012年投资1838万元的第一期24套职工周转房建设和104套廉租房主体工程完工。第二期56套职工周转房开工建设。年内,在城东新区扩大建设项目投入力度,投资2717.92万元的林周县农产品科技示范推广中心已完成施工进度的80%,投资1002.29万元的公安业务用房主体工程已全面完工,投资196万元的林周县档案馆已完成施工建设任务。已完成旁多水利枢纽工程3733.33公顷土地征地工作。顺利完成一期170户1130人的搬迁建卡、群众安置和补偿协议书签订工作,已确定二期170户1026人的搬迁安置去向,截至年底,建房工作已完成。

落实育苗13.33公顷,植树造林1974.21公顷。清理出闲置土地11宗、面积21480平方米。联合检查共收缴塑料袋8万余个,建立草原生态保护补助奖励机制工作和全县水利普查、住房普查、农村宅基地确权工作有序推进。

教育 文化 卫生

全县中、小学入学率分别达99.08%和99.24%,巩固率都达100%;落实"三包"经费1766.19万元,完成年初预算的100%。全县教育基建项目投资达到1.4亿元,其中县财政用于教育领域资金达2431万元。

向全县98%的干部群众普及幸福拉萨规范舞,深入开展感党恩主题教育活动和新旧西藏对比活动共计1149场次,发放《迎接党的十八大宣传提纲》等学习读物3500余本,建成农家书屋45个和寺庙书屋38个。全年开展"文化下乡"活动138场次,观众累计达9万余人次;播放电影1700余场;以黑颈鹤民间艺术团为代表的各类表演团体共计65个;广播电视综合覆盖率达到99%以上;投资180万元的建设新华书店;投资850万元建设10个乡(镇)综合文化站;投资60万元维修县文化活动中心。林周县纳连扎寺获全区贝叶经保护工作先进单位称号,并荣获全区第三次全国文物普查宣传奖(先进集体称号)。

全县参加农牧区医疗农牧民人口总数达56208人,参合率99.9%;新建并投入使用26所村级卫生室,覆盖面达到100%;全民体检57857人,0—18周岁儿童体检13711人,体检率95%以上;僧尼体检734人,体检率96%。强化免疫接种及补种儿童14659名;开展各类巡诊30多次,接诊群众3000多人。孕产妇入院分娩率达到95%、死亡率94/十万,婴幼儿死亡率14.1‰。实地检查食品药品单位750户次,没有发生重大食品药品安全事故。

社保 民政

全县职工养老保险参保达到277人,新增20人,征缴养老金168.9039万元,参保率为100%。僧尼养老保险参保743人,参保率为98.6%;失业保险参保人数达到910人,工伤保险参保人数达到1704人,生育保险参保人数达到1937人,新型农村养老保险参保人数为33279人,参保率为93.37%,60岁以上参保人数为5733人,居民医疗保险参保人数达到1911人,城镇居民养老保险参保人数为614人。

落实5818名低保户低保资金706.13万元,落实355名城乡医疗救助对象救助资金184.76万元,落实困难群众临时救助资金16.02万元,落实71名孤儿生活保障金51.12万元,落实困难群众节前慰问金28万元;落实城乡低保"三大节日"一次性慰问金247.08万元,发放残疾人补贴40.8万元。建成投资133万元的抗灾救灾物资储备仓库,公开采购43万元救灾储备物资,救灾应急款460000元。出资16万元改善县敬老院居住条件,建成了北部敬老院。截至年底,林周县共有孤寡老人145名,其中入院供养86人,分散供养59人。全县共实现再就业1259人,城镇登记失业率为1.9%。

民主法制建设 政府管理和自身建设

接受县人大和政协的监督,完成76件人大代表意见办理工作。基层组织建设年各项工作扎实推进,进一步提升各级基层党组织的战斗力。设立了1个社会服务管理综合指挥中心,10个分中心,46个工作站,183个工作网格,并将寺庙、机关单位、学校设为分指挥中心直属网格,实现了全覆盖、无盲区、无空白点的网格化管理格局。“六五”普法教育深入推进,法律“七进”工作成效显著。全县调解组织共受理各类纠纷44件,调处成功44件,调解率100%,成功率100%。

林周县

县委书记 钱文辉
县人大常务委员会主任 边巴
县长 次仁顿珠
县政协主席 吕贵声

(梅青松)

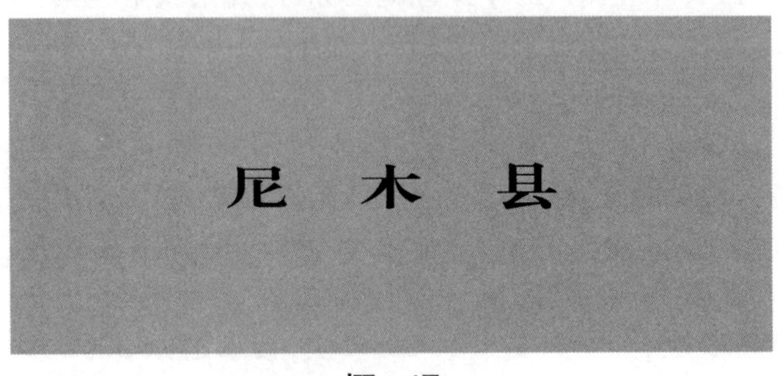

尼木县

概况

尼木县位于自治区首府拉萨市的西南部,北纬29°44′,东经90°14′,地处雅鲁藏布江中游北岸,318国道横穿尼木县吞巴乡。全县总面积3275.8平方千米,平均海拔4000米,县城海拔3780米。全县辖7乡1镇、32个行政村、127个村民小组。全县共有34044人,其中农业人口29772人。

2012年,实现地区生产总值4.08亿元,增长11%。地方财政本级一般预算收入完成0.25亿元,增长65.5%;税收收入完成3306万元,增长10.61%。社会消费品零售总额达到0.24亿元,增长26.3%。农牧民人均纯收入达到6449.98元,增长15.2%;城镇居民可支配收入达到18086元,增长11%。

2012年国民经济和社会发展

农业发展

全县耕地面积2786.67公顷,农作物总播种面积为2440公顷,完成粮油产量1372.75万公斤,比上年增产18.75万斤,超市指标22.75万斤。投资90万元实施人工种草与天然草地改良300公顷,每亩产草达3000余公斤。全县牲畜存栏14.46万头(只、匹),出栏率达48.7%;牲畜良种覆盖率4.47%,禽流感免疫密度100%。奶类产量0.37万吨,比市指标增加0.03万吨;山羊绒总产量1.26吨,比市指标增加0.06吨;禽蛋总产量完成91.4吨,比市指标增加3.4吨;牲畜良种覆盖率4.47%,比市指标增加0.02%。争取援藏资金481.85万元引进优质牦牛3000头,进行农田灭鼠546.67公顷,有害生物灾害损失率控制在3%以内。全县成畜死亡率为1.1%,比市指标降低0.1%;新生仔畜成活率为96.5%,比市指标增加0.8%;出栏率为48.7%,比市指标增加5.4%;全面落实各项强农惠农政策补助资金440.12万元,其中落实良种补贴79.12万元、农机具购置补贴320万元、农机三项作业补贴资金41万元。积极办理涉农保险,让群众自愿投保,减少生产损失,发放理赔资金268222.21元,涉及农牧户854户。

生态建设

共完成直属造林1505.51公顷,其中实施重点区域造林18.84公顷,周边地区造林绿化100公顷,义务植树43.33公顷,退耕还林荒山荒地造林333.33公顷,高原生态安全屏障建设项目(防沙治沙)1000公顷,育苗10公顷。全县实施森林生态效益补偿工程管护面积(重点公益林)为25735.53公顷,每年管护费115809元(每亩每年3元),涉及7乡1镇28个行政村,护林员为265人。在曲林村河心滩,首次实现冬季造林,使用沙棘苗10000株。

项目建设

全年开复工项目77个,总投资109336.76万元,其中政府投资23321.21万元,社会投资30800万元,劳务投入1409.78万元,共完成投资49314.72万元。全县完成固定资产投资49315万元,同比增长30.4%,比市里目标任务增长2.7%。共实施“十二五”规划项目34个,总投资14208.3399万元,完成投资11473.7万元。启动实施一批夏曲段防洪工程、普松灌区、县城防洪堤、县完小搬迁、廉租房、公租房、干部职工周转房等重点项目。

农村建设

根据《拉萨市2012年农牧民安居工程实施方案》,对安居工程实施的基本原则、总体目标和实施方式、配套措施、职责分工、实施步骤、组织领导做全面部署。年内尼木县900户安居建设任务,提升改造

300户。建设总资金为9600.75万元,其中区、市补助资金3600万元、占总投资的37.5%,县级补助资金300万元,占总投资的3.1%,群众自筹资金5351.25万元,占总投资的55.7%,银行贷款649.5万元,占总投资的6.7%。截至年底,全县共完成安居工程537户。安居房户型采用《西藏农牧民安居工程通用图集》中建筑面积在100平方米—250平方米的常规户型,新建房屋均以石木、砖混结构为主、具备良好的抗震性,同时安居房达到了"六个一"要求,即一间会客厅、一间厨房、一个卫生间、一间薪炭房、一座沼气池、一个水泥院。乌米农业综合开发示范区、2012年小型农田水利建设项目、2012年尼木县山洪灾害非工程措施建设项目、聂玉村干渠项目的实施,有力促进了农牧区群众生产生活条件改善。

社会保障

全年共举办农牧民实用技能培训11期,参加培训人数为1116人,其中就业引导性培训1期,共计600人;宾馆服务员培训1期,40人;砌筑工培训1期40人;汽车驾驶培训2期,120人(二季度汽车驾驶培训1期,60人;普松汽车驾驶培训1期,60人);水电工培训,60人;藏式古典建筑培训,60人;家政岗位技能提升培训,50人;截至年底,已结业培训10期,完成培训人数1055人,培训合格率达95%。开展职业介绍418人,职业介绍成功263人。开发就业再就业岗位377人。各类社会养老保险参加人数达20430人,其中,新型农村养老保险应保15182人,实际参保15102人,征收参保金152万元,参保率99.47%;城镇居民养老保险187人,征收保险金2.6万元;职工养老保险参保365人,征收参保金650万元;僧尼养老保险参保191人;职工医疗保险参保1332人,居民医疗保险参保574人,参保率100%,僧尼医疗保险应保204人,实保204人(包括60岁以上僧尼);失业保险参保590人,征收参保金83.14万元;生育保险参保1148人,征收参保金17.47万元;工伤保险参保737人,征收参保金21.9万元。全年共发放救助资金802.11万元,包括以下方面的资金:对城镇低保300户340人,落实低保金114.221万元,年前一次性生活补贴11.52万元;农村低保824户3140人,落实低保金221.76万元,221.7629万元,其中向2012年新增的农村低保246户补发36.403万元,年前一次性生活补助39.2万元;对残疾特困家庭440户,落实生活补贴26.4万元(每户一年生活补贴600元);对12名孤儿落实生活补贴8.64万元(每人每月生活补贴600元);对169名五保户,落实五保供养资金73.008万元;对重点6名优抚对象落实抚恤金7.24万元。

教育卫生

农牧区学前一年儿童受教育率达92.2%,农牧区学前二年儿童受教育率达72%,农牧区学前三年儿童受教育率达61%,城镇学前三年儿童受教育率达99.3%。初中入学率达95.37%,初中在校生巩固率达98.61%;小学入学率达99.73%,小学在校生巩固率达99.25%。总投资2071万元,完成尼木县中学食堂及400米塑胶运动场、尼木乡完小教学综合楼、异地搬迁重建的县完小教学综合楼及200米塑胶运动场、尼木乡完小和续迈乡完小整体改造工程及2所学校信息化建设试点等项目建设。截至年底,尼木县新建16个村级卫生室,市政府为每个标准化村卫生室投资13万元(其中县政府投资4.3万元),建设标准面积为71平方米。同时,每个村卫生室建设配套资金3万元,在原有的建筑面积上扩大43平方米,达到114平方米。

文化宣传

大力实施广电"村村通"、"户户通",全年安装新增"户户通"设备884个(其中新增户767户、无电户117户),维修设备1980个、升级调试3700多个,保证广大群众及时看到45套电视节目,听到4套广播节目;为偏远乡村39户无电用户安装太阳能发电卫星锅;为县域内各寺庙安装了卫星直播地面接收设备,在僧舍配备25寸电视机,在集体活动场配备40寸电视机。全县广播电视人口覆盖率分别达92.87%和93.71%。农村电影放映场次达1684场次。以"中国梦"为主题,开展"红红火火过大年"和"我们的节日—清明、端午、中秋"等活动,开展慰问社会弱势群体、老干部、老职工活动,组织返乡青年开展普法宣传教育,组织群众开展打牛角、拔河、跳锅庄,举办新旧西藏图片对比展览,组织机关干部职工和各中小学校师生开展"网上祭英烈"活动。组织开展"日行一善"、"岗位学雷锋、争做好员工"、"续写雷锋日记"等主题活动和敬老志愿服务、爱幼志愿服务、关爱农民工志愿服务、助残志愿服务等。开展"三下乡"活动315多场,受益群众49877人(次)。举办了"社会主义核心价值观、弘扬老西藏精神暨民族团结宣讲报告会",机关干部职工300余人聆听了报告;组建宣讲团深入七乡一(镇)开展民族团结宣讲,受教育群众1700余人。举办了庆祝第22个民族团结月暨庆国庆迎"十八"大文艺演出活动。

民生实事

完成市政府《关于认真落实2012年12个民生项目的通知》中涉及尼木县的七项民生项目:幼儿园建设项目;最低工资未准由950元提高到1200元;解决原集体制工作住房补贴(经统计,曲水县没有集体制工人);0至6岁儿童免费体检,同步建立健康档案;提高城乡最低生活保障标准;新建卫生室;县医院设立残疾人就医绿色通道。尼木县政府投资1200余万元,完成12件民生实事。县财政投入教育资金1002万元,占财政收入的40.8%,社保民政工作稳步推进,社会保障覆盖范围不断扩大,五大保障扩面工作显著。积极开展医疗救助,深入开展弱势群体关爱行动和双拥共建,全年落实各类救助金共计802.11万元。保障房建设如期进行,环保国土工作重点突出,“三同时”执行率和规划环境影响评价执行率均100%,农村宅基地确权登记发证工作顺利推进。

法制宣传

组织7乡1镇基层47名妇女干部,传达十七届六中全会和区、市、县第八次党代会精神,宣传了《中华人民共和国宪法》《中华人民共和国婚姻法》《中华人民共和国妇女权益保障法》《中华人民共和国未成年人保护法》等基本法律法规。在尼木乡为基层妇女讲解了《中华人民共和国婚姻法》《中华人民共和国妇女权益保障法》《中华人民共和国劳动法》以及法律援助等相关法律法规内容,并发放了《法律援助宣传手册》《维护稳定知识读本》《中华人民共和国宪法》以及由尼木县司法局自行编撰的《六五普法读本》等各类法律法规宣传资料共计280份。深入卓瓦曲碘寺、根堆拉康、比如寺等寺庙开展法制宣传教育活动,在僧尼中广泛开展了爱国主义教育、形势教育和法制宣传教育。利用三下乡宣传活动,深入7乡1镇开展以《宪法》为主的各类法律法规知识宣传教育活动,受教育群众达4000人。为辖区县城内4个便民服务站送去《法律援助明白卡》《道路交通事故赔偿》《拉萨市房屋租赁暂行管理办法》藏汉文版本及《农牧民常用法律知识读本》等各类普法资料500本。为迎接中共十八大胜利召开,深入曲林村开展民族团结进步月宣讲活动,向群众讲解了《拉萨市民族团结进步条例》为主的法律法规知识和惠民政策。年内,尼木县7乡1镇司法所正式挂牌成立。

基层党建

基层组织建设年活动中,在全县32个行政村党组织中,评选出6个村,22个一般村,4个后进村;在55个机关事业单位党组织中,评选出7个先进组织,43个一般组织,5个后进组织。全县87个党组织中,已有27个步入先进行列,9个后进党组织全部完成整顿转化,并把2名优秀的村党支部书记推荐选拔为乡镇公务员。通过整改,全县7个先进党组织得到有效的巩固提高;43个一般党支部中,有32个党组织顺利实现晋位升级;5个后进党组织均转化为一般党支部。活动中,建立了县党员活动中心1个、乡级党员活动中心6个、村级活动室17个。共产党员民族团结先锋活动中,全县共产党员围绕“一宣讲、两结对、三连心、四恳谈、五解难”活动主题,广泛与群众结民族团结对子,全县党员与党员、党员与群众结对1398对;开展宣讲32场次,受教育党员群众达19866人次,向党员群众发放民族团结宣传材料15000份,全县党员累计深入群众家中,入户与群众恳谈、交心达10897次,发放慰问品、慰问金合计15万元,解决群众矛盾纠纷107起。评选“民族团结示范户”17户,评选市级民族团结先进集体2个,先进个人2名。在符合建立党组织的“两新”组织中,均建立了党支部,覆盖面达100%。在暂不符合组建党组织条件的非公企业中建立群团组织,全县共建立团组织14个,妇女组织16个,工会组织33个。共发展党员198名,积极分子952名。选举产生人大班子成员15名,县政府班子成员7名,选举产生新一届检法两院院长。配齐配强乡(镇)人大、政府班子,共配备乡(镇)长8名,乡(镇)人大主席8名,副乡(镇)长35名。选举产生政协主席1名、副主席2名。同时,注重将政治素质高、工作能力强,群众普遍认可的干部选派到乡镇担任乡镇党政一把手,全县6个乡镇党政正职“一藏一汉”的配备率达100%。

平安建设

全县共召开维稳工作会议60次,综治联合会议16次,接受上级维稳督查工作12次,对各乡(镇)、各单位、各部门维稳工作开展情况进行督察50余次。公安局共受理刑事案件15起,破获8起(其中1起故意伤害案、1起故意损毁财物案、1起入室盗窃、1起组织卖淫嫖娼罪、1起盗窃铁路器材、1起盗窃路财案、1起盗窃拖拉机电瓶案、1起盗窃油料案件),抓获犯罪嫌疑人35人、其中刑事拘留16人、取保候审3人、劳动教养6人、移送起诉2人,破案率达72%,发案率同比下降60%,破案率与2011年同期相比上升6.3%,抓获4名以打麻将赌博人员4人,收缴赌资2975元,每人罚款500元。尼木县32个驻村工作队共建立完善相关制度307条，开展基层组织调研78次，形成调研报告38篇，把46名党员及23名致富带头人培养成村组干部，75名致富带头人培养成党员。截至年底，全县32个驻村工作队共开辟宣传栏91期，参观人次13581人；举办新旧图片展80次，参观人次15976；放映爱国影片57场次，参观人次15976人；组织参观爱国主义教育基地21次，参观人次448人；举办文体活动52次，参观人次10672人。全县共发生各类矛盾纠纷48件，调解率100%，调解成功率99%，无一起群体性事件和越级上访事件、无涉法涉诉信访积案。县人民法院共受理各类案件427件，结案417件，综合结案率达97.7%。其中民商事案件361件，刑事案件4件，执行案件62件。确认基层人民调解委员调解案件20件，调处非诉性纠纷84件，依法为确有困难的当事人减免诉讼费用56031.17元，有效减轻当事人的诉讼负担，保障当事人的诉讼权益。

尼木县

县委书记 袁新民
县人大常务委员会主任 洛桑赤列
县长 赵涛
政协主席 余凤萍

（徐家伟）

柳梧新区管委会

概况

柳梧新区作为《拉萨市城市总体规划》“东延西扩南跨，一城两岸三区”的重要组成部分和将来拉萨市的城市副中心之一，是拉萨市充分发挥青藏铁路辐射带动作用，构建西藏现代化城市典型示范区的重要城市新区。自2007年11月管委会正式挂牌成立以来，在市委市府的坚强领导和全市人民的大力支持下，基础设施进展迅速，建设速度明显加快。目前，北组团启动区的道路网络骨架基本形成，招商工作成效显著，一批带动作用明显的招商引资项目相继落户，重大建设项目迅速推进，新区呈现出加速发展的良好局面。

2012年，实现地区生产总值完成7.66亿元，同比增长11.2%；地方财政一般预算收入完成3.2亿元，同比增长94.4%；全社会固定资产投资完成17.44亿元，同比增长31.6%；招商引资实际到位资金13.48亿元，同比增长15%。

2012年国民经济和社会发展

固定资产投资增长迅速

全年共计建设项目47个，完成投资成17.44亿元，同比增长32%，主要有：中国黄金集团华泰龙公司总部、金川集团办公楼、拉萨国际总部城一期、拉萨之窗一期、拉萨市群众文化体育中心、德吉罗布儿童乐园、柳梧新区污水处理厂、生态景观带及水系、红军小学、广场东西路、海湾路、西藏银行干部职工周转房、阿一实业君泰大厦等。

财税收入快速增长

按照新区总部经济定位，继续加大金融服务业和总部经济招商力度，地方财政一般预算收入完成3.2亿元，同比增长106%，财政保障能力显著增强，财政收支平稳运行。

招商引资成效显著

全年招商引资实际到位资金13.48亿元，同比增长15%。通过市委市政府举办的全国民营企业家西藏行活动，签约2个项目，协议资金14.5亿元。与江苏泰州医药高新技术产业园区管委会签订“十二五”时期对口支援与合作框架协议。

商贸服务业发展迅速

随着新区基础设施不断完善，招商企业不断落户，商业氛围增强，吸引力增加，全年新增工商企业70余家，个体工商户90余户。

城市管理进一步提升

城市功能日趋完善，基本形成三纵五横的交通主干网络，实现了管线入地、雨污分流，给排水系统日臻完善，强弱电配套建设完成，网络通信全面覆盖，供暖供气项目加快实施。新区教育、科技、文化、卫生及商贸服务、星级酒店等配套设施部分建成或在建，城市功能逐步完善，吸引力进一步增强。围绕全市“六城”同创工作，投入894万元对世纪大道、北京大道、通站路三条市政主干道进行了美化亮化，提升新区生态园林绿化品位，加强城市环境卫生整治，树立了新区对外窗口的良好形象。

柳梧城投公司运行良好

2011年9月，拉萨市柳梧新区城市投资建设发展有限公司经市政府批准正式成立,注册资本金1.8亿元。通过市场化手段和商业运作,公司推出拉萨之窗、拉萨国际总部城两个项目,总投资近10亿元,总占地面积9.4万平方米,总建筑面积近20万平方米,有30余家企业确定入驻总部城。

援藏工作扎实推进

由北京市援建的拉萨市群众文化体育中心项目,总投资7.3亿元,主要建设内容包括一场两馆(体育场和体育馆、牦牛博物馆),主体工程建设进展顺利。拉萨市德吉罗布儿童乐园总投资7500万元,其中北京援藏资金2500万元,北京首旅集团投资2500万元,柳梧城投公司投资2500万元,已完成80%建设任务。柳梧医院项目前期工作正在有序推进。

强基惠民深入人心

派出8名同志开展对口柳梧乡柳梧村和桑达村的强基惠民活动,针对两村村情和失地群众的特点,投入资金100.7万元,通过下村入户、政策宣讲、同唱红歌、组织捐款、影片放映、慰问贫困党员和特困户、感恩教育、健康体检等,实施两村公共广播、绿化苗木、购置车辆、争取公益性岗位、解决饮水困难、捐资助学等项目6个。荣获全市"创造争优强基惠民"优秀组织单位、市级先进驻村工作队和自治区级先进驻村工作队员等荣誉称号。

社会管理初见成效

通过积极探索,社会管理工作迈出新步伐,始终保持对失地群众生活、项目建设中当地劳力的使用和柳梧村车队管理、采砂取土等容易引发群体性事件的高度敏锐性,面对不同的利益诉求,采取情理法相结合的方式,妥善化解各类矛盾纠纷,确保敏感节日和重点日期的社会局势稳定,为推进新区建设提供根本保障。

柳梧新区管委会

党工委书记　石文江
主　　　任　郑丰才

(吕洪波)

人 物

受地厅级以上表彰的先进集体名录

获奖单位	获奖名称	表彰时间	授予单位
市人力资源和社会保障局	全国创业先进城市	2012.7	国务院
市安全生产监督管理局	2012全国安全生产月活动先进单位	2012	国务院安委会
市外事办公室	服务国家总体外交突出贡献奖	2012.6	外交部
市人民对外友好协会	人民友谊贡献奖	2012.5	中国人民对外友好协会
市中级人民法院司法警察支队	全国法院司法警察执法规范化活动先进单位	2012.12	最高人民法院
市检察院公诉一处	全国优秀公诉团队	2012.5	最高人民检察院
市检察院计划财务装备处	全国检察机关“两房”建设先进集体	2012.8	最高人民检察院
市委宣传部	优秀讲师团	2012	中央宣传部
市自来水公司	全国“安康杯”竞赛优胜班组奖	2012.1	中华全国总工会
市自来水公司西郊水厂	全国“安康杯”竞赛优胜班组奖	2012.4	中华全国总工会
市八一农场	2011年度全国“安康杯”竞赛优胜单位	2012.4	中华全国总工会、国家安全生产监督管理总局
拉萨中支	全国第三届职工艺术节金奖	2012.9	中华全国总工会
市政管委养护处	全国“工人先锋号”	2012.9	中华全国总工会
市妇联	全国城乡妇女岗建功先进集体	2012.2	中华全国妇女联合会
市信访局	全国妇女创先争优先进集体	2012.3	中华全国妇女联合会
拉萨中支宣传群工部	全国巾帼文明岗	2012.12	中华全国妇女联合会
市公安局城关分局金珠西路所	全国公安机关执法示范单位	2012.1	公安部
市公安局看守所	全国公安机关爱民模范集体	2012.3	公安部
市公安局城关分局北京中路所	全国优秀公安基层单位	2012.3	公安部
市公安局城关分局	全国“清剿火患”战役成绩突出县级公安局	2012.4	公安部
市公安局治安支队	全国“清剿火患”战役成绩突出公安派出所	2012.4	公安部
市公安局警务督察支队	全国“清剿火患”战役成绩突出公安派出所	2012.4	公安部

续表1

获奖单位	获奖名称	表彰时间	授予单位
市公安局经侦支队涉众大队	“清网行动”成绩突出集体	2012. 4	公安部
市公安局经侦支队一大队	“清网行动”成绩突出集体	2012. 4	公安部
市公安局政治部	东西合作素质强警行动计划成绩突出集体	2012. 11	公安部
市民宗局	2012 年荣获国家宗教局先进集体称号	2012. 12	国家宗教局
市民政局	全国民政系统信访工作先进集体	2012. 9	民政部
市民政局	全国双拥模范城	2012. 1	全国双拥工作领导小组民政部、中国人民解放军总政治部
市委组织部	全国机构编制工作先进集体	2012. 1	人力资源和社会保障部、中央编办
市中级人民法院	全国模范法院	2012. 1	人力资源和社会保障部
市档案局(馆)	全国档案系统先进集体	2012. 2	人力资源和社会保障部、国家档案局
市民政局	全国老龄系统先进集体	2012. 4	人力资源和社会保障部、全国老龄工作委员会
市信访局	全国信访系统先进集体	2012. 7	人力资源和社会保障部、国家信访局
市统计局、国家统计局拉萨调查队	全国统计系统先进集体	2012. 8	人力资源和社会保障部、国家统计局
市卫生局党组	全国医药卫生系统创先争优活动党建工作品牌特色奖	2012. 8	卫生部
市妇幼保健医院	全国医药卫生系统创先争优活动党建工作品牌特色奖	2012. 8	卫生部
林周县	全国粮食生产先进县	2012	农业部
市工商局城中工商分局	全国工商系统“2011 年度诚信市场创建活动先进单位”	2012	国家工商总局
市地震局	全国市(县)防震减灾综合考评先进单位	2012. 12	中国地震局
市档案局(馆)驻岗德林村工作队临时党支部	全区创先争优先进基层党组织	2012. 6	自治区党委
市财政局	2010—2012 年全区创先争优先进单位	2012. 6	自治区党委
拉萨兴民商贸有限公司	全区创先争优先进基层党组织	2012. 6	自治区党委
市政管委	全区创先争优先进基层党组织	2012. 6	自治区党委
市检察院驻松盘村工作队	全区创先争优活动先进集体	2012. 11	自治区党委、自治区政府
市档案局(馆)驻堆龙德庆县乃琼镇岗德林村工作队	自治区深入开展创先争优强基础惠民生活动第一批先进驻村工作队	2012. 11	自治区党委、自治区政府
市民宗局	自治区 2011—2012 年创先争优强基惠民活动优秀组织单位	2012. 11	自治区党委、自治区政府
市国土资源规划局	自治区创先争优强基础惠民生活动优秀组织单位	2012. 11	自治区党委、自治区政府
市人力资源和社会保障局	自治区创先争优强基础惠民生活动优秀组织单位	2012. 11	自治区党委、自治区政府
市发展和改革委员会	全区“两基”工作先进单位	2012. 12	自治区党委、自治区政府
市财政局驻八廓街道鲁固社区工作队	先争优强基惠民活动第一批先进驻村(居)工作队	2012. 12	自治区党委

续表 2

获奖单位	获奖名称	表彰时间	授予单位
市财政局驻达嘎乡色达村工作队	先争优强基惠民活动第一批先进驻村(居)工作队	2012.12	自治区党委
市财政局	优秀组织单位	2012.12	自治区党委
市科科技局驻村工作队	自治区驻村(居)先进工作队	2012.12	自治区党委、自治区政府
市农牧局	自治区创先争优强基惠民活动优秀组织单位	2012	自治区党委、自治区政府
市农牧局驻墨竹工卡县邦达村工作队	自治区创先争优强基惠民活动先进驻村工作队	2012	自治区党委、自治区政府
市妇幼保健医院	2012 年度全区创先争优基层党组织奖	2012	自治区党委
市卫生局	2012 年度城乡居民暨在编僧尼免费健康体检先进集体	2013.1	自治区党委、自治区政府
市卫生局	2012 年全区维稳综治工作先进集体	2013.2	自治区党委、自治区政府
市卫生局工作队	全区创先争优强基惠民活动先进驻村工作队	2013.2	自治区党委、自治区政府
市人力资源和社会保障局	自治区实施妇女儿童规划先进集体	2012.2.1	自治区政府
市一小便民站	全区"清剿火患"战役成绩突出便民警务站	2012.4	自治区政府
市夺底乡便民站	全区"清剿火患"战役成绩突出便民警务站	2012.4	自治区政府
市公安局城关分局北京所	全区"清剿火患"战役成绩突出公安派出所	2012.4	自治区政府
市公安局城关分局夺底所	全区"清剿火患"战役成绩突出公安派出所	2012.4	自治区政府
市公安局城关分局国保大队党支部	全区创先争优先进基层党组织	2012.8	自治区政府
市工商局	全区碘盐推广工作先进集体	2012.8	自治区政府
市商务局	全区碘盐推广工作先进集体	2012.8	自治区政府
市环保局	全区环境保护先进集体	2012.9	自治区政府
市经济技术开发管委会	2012 年全区创先争优强基础惠民生活动优秀组织单位	2012.12	自治区政府
市安全生产监督管理局	2011 年度安全生产目标先进单位	2012	自治区政府
拉萨中支	2011 年度信息报送工作达标单位	2012.3	自治区政府办公厅
市信访局	全区信访先进集体	2012.7	自治区党委办公厅、自治区政府办公厅
市信访局	全区维护稳定工作先进集体	2012.12	自治区党委办公厅、自治区政府办公厅
市中级人民法院	目标考核先进集体	2012.1	自治区高级人民法院
市中级人民法院	全区法院目标考核第一名	2012.1	自治区高级人民法院
市检察院反贪局	全区检察机关先进集体	2012.1	自治区检察院
市检察院计划财务装备处	全区检察机关先进集体	2012.1	自治区检察院
市检察院办公室	全区检察机关先进集体	2012.1	自治区检察院
市检察院政工人事处	全区检察机关先进集体	2012.1	自治区检察院
市委组织部	全区党内统计优秀报表单位	2012.3	自治区党委组织部
拉萨晚报社	2011—2012 年度全区新闻宣传工作先进集体	2012	自治区党委宣传部、自治区新闻工作者协会
拉萨晚报社	《大型史诗音乐剧,文成公主系列报道》评为全区优秀新闻作品三等奖(作者:向代文)	2012	西藏自治区党委宣传部

续表 3

获奖单位	获奖名称	表彰时间	授予单位
市委统战部	2012 上半年全区统战部门信息报送工作先进单位一等奖	2012. 9	自治区党委统战部
市委统战部	2012 年优秀组织奖	2012. 12	自治区党委统战部
市委统战部	2012 年全区统战部门信息报送工作先进单位	2013. 2	自治区党委统战部
市人民医院妇产科	全区“三八红旗集体”	2012. 3	自治区妇联
市妇联	全区“妇女之家”建设先进单位	2012. 12	自治区妇联
市民宗局	2012 年社会管理综合治理宣传月活动优胜单位	2012. 3	自治区综治委
市统计局中支统计研究处	2011 年度部门统计综合奖	2012. 2	自治区统计局
市统计局、国家统计局拉萨调查队	全区统计调查工作先进集体一等奖	2012. 11	自治区统计局、国家统计局西藏调查总队
市统计局、国家统计局拉萨调查队	全区年度统计报表综合评比三等奖	2012. 11	自治区统计局、国家统计局西藏调查总队
市公安局监管处(一等奖)	全区公安监管部门绩效考核先进集体	2012. 1	自治区公安厅
市公安局看守所(一等奖)	看守所安全管理工作综合考评先进集体	2012. 1	自治区公安厅
市公安局看守所	全区标兵所	2012. 1	自治区公安厅
曲水县看守所	看守所工作成绩突出先进集体	2012. 1	自治区公安厅
市公安局办公室	2011 年度全区公安机关动态信息工作先进集体	2012. 2	自治区公安厅
市民宗局	2011 年度先进集体	2012. 1	自治区民宗委
市民宗局	全区民族宗教信息工作先进集体	2012. 1	自治区民宗委
市财政局	2011 年度财政总决算编制先进单位一等奖	2012. 11	自治区财政厅
市财政局	2011 年度预算执行先进单位一等奖	2012. 11	自治区财政厅
市财政局	2011 年度部门决算编制先进单位二等奖	2012. 11	自治区财政厅
市财政局	2011 年度信息报送工作先进单位三等奖	2012. 11	自治区财政厅
市财政局	2011 年度财政供养人员信息系统工作先进单位三等奖	2012. 11	自治区财政厅
市财政局	2011 年度乡镇财政决算报表先进单位二等奖	2012. 11	自治区财政厅
市财政局	2011 年度地方政府性债务工作先进单位一等奖	2012. 11	自治区财政厅
市财政局	2011 年度国有企业月报先进单位一等奖	2012. 11	自治区财政厅
市财政局	2011 年度集体企业财务决算报表先进单位一等奖	2012. 11	自治区财政厅
市财政局	2011 年度国有企业财务决算先进单位一等奖	2012. 11	自治区财政厅
市财政局	2011 年度财政财政支农专户综合决算、农村经济运行分析及月报先进单位一等奖	2012. 11	自治区财政厅
市财政局	2011 年度财政发农、扶贫决算先进单位一等奖	2012. 11	自治区财政厅
市财政局	2011 年度财政固定资产投资决算报表先进单位一等奖	2012. 11	自治区财政厅
市人力资源和社会保障局	全区 2011 年度医疗保险基金会计报表二等奖	2012. 10	自治区财政厅、人社厅、卫生厅
市人力资源和社会保障局	全区 2011 年度医疗保险统计报表一等奖	2012. 10	自治区财政厅、人社厅、卫生厅

续表 4

获奖单位	获奖名称	表彰时间	授予单位
市卫生局	全区社会保障资金预算三等奖	2012.11	自治区卫生厅、财政厅、社保厅
拉萨师范高等专科学校	2012年全区国家通用语言文字工作先进集体	2012	自治区教育厅
市人力资源和社会保障局	2012年度失业保险扩面征缴先进集体	2012.12	自治区人社厅
市人力资源和社会保障局	2012年度企业职工基本养老保险扩面征缴先进集体	2012.12	自治区人社厅
市人力资源和社会保障局	2012年度就业工作先进集体	2012.12	自治区人社厅
市人力资源和社会保障局	2012年度城镇职工基本医疗保险扩面征缴工作先进集体	2012.12	自治区人社厅
市人力资源和社会保障局	2012年全区人力资源社会保障系统政务信息先进集体	2013.3	自治区人社厅
市人民医院	自治区2012年度医保工作先进集体	2012.12	自治区人力资源和社会保障厅
中国电信拉萨分公司	2012年度全区促进高校毕业生就业先进集体	2012.12	自治区人力资源和社会保障厅
市农牧局	“2011年度农牧业基本建设项目工作一等奖”、“农产品质量安全工作一等奖”、“农牧民增收工作二等奖”、“粮食生产二等奖”	2012	自治区农牧厅
西藏帮锦镁朵工贸有限公司	2011年度农牧业产业化经营龙头企业先进单位	2012	自治区农牧厅
堆龙德庆县岗德林蔬菜种植农民专业合作社	2011年度农牧业产业化经营专合组织先进集体	2012	自治区农牧厅
市卫生监督所	全区卫生监督工作先进集体	2012.8	自治区卫生厅
市卫生局	全区妇幼卫生年报工作二等奖	2012.11	自治区卫生厅
市卫生局	全区卫生财务年报编制评比工作二等奖	2012.11	自治区卫生厅
市卫生局	全区卫生统计调查工作二等奖	2012.11	自治区卫生厅
市审计局	国道318、319沿线旅游设施审计项目被评为全区优秀审计项目	2012	自治区审计厅
市审计局	全区审计信息评比中被评为二等奖	2012	自治区审计厅
市广电局	全区广播影视基层统计先进集体	2012.2	自治区广电局
市工商局城西工商分局	全区工商系统创先争优活动先进基层党组织	2012	自治区工商局
当雄县工商局	西藏工商系统创先争优活动先进基层党组织	2012	自治区工商局
市质量技术监督局	组织机构代码系统文明服务窗口	2012.4	全国组织机构代码管理中心
市质量技术监督局	全区质量技术监督系统2011年度先进集体	2012.1	自治区质量技术监督局委员会、自治区质量技术监督局
市质量技术监督局	全区质量技术监督系统2011年度特种设备安全工作先进集体	2012.1	自治区质量技术监督局委员会、自治区质量技术监督局
拉萨师范高等专科学校	2012年全区创先争优活动先进单位	2012	自治区文明委
拉萨师范高等专科学校	2012年拉萨市创建全国文明城市先进单位	2012	自治区文明委

续表 5

获奖单位	获奖名称	表彰时间	授予单位
市民宗局	《驻村工作图片展》中荣获优秀奖	2012. 11	自治区强基办
市工商局驻墨竹县朗杰林驻村队	2012 年度全区创先争优强基惠民先进集体	2012	自治区强基办
市人口计生委	2012 年全区人口计生和优生优育工作先进集体	2013. 1	自治区人口计生委
市委组织部	2012 年度自治区精神文明先进集体	2012	自治区精神文明指导委员会
拉萨晚报社	2012 年度全区新闻出版工作先进集体	2012	自治区新闻出版局
市爱卫办	全国爱国卫生运动 60 周年先进集体	2012. 12	全国爱国卫生运动委员会
市委组织部	全区实施“天平基础工程”先进集体	2012. 1	西藏自治区实施“天平基层基础工程”领导小组
拉萨兴民商贸有限公司	2006 年—2010 年全区法制宣传教育先进单位	2012. 7	西藏自治区法制宣传教育工作领导小组
市委宣传部	2006—2010 年全区法制宣传教育先进集体	2012. 8	西藏自治区法制宣传教育工作领导小组
市委宣传部	2006—2010 年全区法制宣传教育先进集体	2012. 8	西藏自治区法制宣传教育工作领导小组
拉萨晚报社	2006 年—2010 年全区法制宣传教育先进集体	2012	西藏自治区法制宣传教育工作领导小组
拉萨中盛工贸有限公司	全区国有企业创先争优先进单位	2012. 6	全区国有企业创先争优活动指导小组
西藏圣城建设集团有限公司二建司	全区国有企业创先争优先进单位	2012. 6	全区国有企业创先争优活动指导小组
市教育局	全国教育督导先进集体	2012. 2	教育部教育督导团办公室
拉萨中支	货币市场管理工作优秀奖	2012. 3	中国人民银行金融市场司
拉萨中支	金融支持区域经济发展工作优秀奖	2012. 3	中国人民银行金融市场司
拉萨中支统计研究处	2011 年度优秀学会工作奖	2012. 4	中国人民银行研究局
拉萨中支统计研究处	2012 年金融教育优秀研究成果论文类三等奖	2012. 11	中国金融教育发展基金会
拉萨中支货币政策分析小组	2011 年中国区域金融运行报告组织宣传优秀奖	2012. 11	中国人民银行货币政策司
拉萨中支外汇管理处	外汇检查系统外汇管理知识技能大比拼活动二等奖	2012	国家外汇管理局
拉萨中支外汇管理处	外汇年检工作优秀分局	2012	国家外汇管理局
拉萨中支外汇管理处	国际收支间接申报工作先进分局	2012	国家外汇管理局
拉萨中支外汇管理处	贸易信贷抽样调查与国际收支网上申报工作先进分局	2012	国家外汇管理局
拉萨中支统计研究处	2011 年度成都分行青年文明号	2012. 4	成都分行
拉萨中支国库处、宣传群工部	2010—2011 年度成都分行先进基层党组织	2012. 6	成都分行

续表 6

获奖单位	获奖名称	表彰时间	授予单位
市农牧局	全国植保信息暨农药械推广工作先进集体	2012	中国植保信息交流暨农药械交易会组织委员会
拉萨晚报社	《藏民的开犁节》(组图)获中国晚报摄影学会优秀新闻类图片奖;赵超构新闻奖(摄影类)一等奖(作者:程朱荣)	2012	中国晚报摄影学会、中国晚报协会
拉萨晚报社	《金叶敬老院里的幸福时光》获赵超构新闻奖一等奖(作者:邓晋伟)	2012	中国晚报协会
拉萨晚报社	《草原盛会》获中国晚报摄影学会年度新闻图片奖银奖;赵超构新闻奖(摄影类)二等奖(作者:程朱荣)	2012	中国晚报摄影学会、中国晚报协会
拉萨晚报社	《鹤翔高原》获中国晚报摄影学会年度新闻奖铜奖(作者:程朱荣)	2012	中国晚报摄影学会
拉萨晚报社	《百年老宅 北京从康》获赵超构新闻奖三等奖(作者:程朱荣)	2012	中国晚报协会
拉萨晚报社	《为他人喝"彩"》获全国体彩征文优秀奖(作者:向代文)	2012	中国体彩中心
市委宣传部	2011 年度社会治安综合治理工作先进集体	2012. 1	市委、市政府
市检察院法警大队	全市综治先进集体	2012. 1	市委、市政府
市检察院	全市平安单位	2012. 1	市委、市政府
市发展和改革委员会	2011 年度社会治安综合治理工作先进集体	2012. 1	市委、市政府
市广电局	拉萨市 2011 度综合治理工作先进集体	2012. 1	市委、市政府
市中级人民法院	全市综治先进集体	2012. 1	市委、市政府
市公安局(三等奖)	2011 年度市直机关作风和行政效能建设工作先进集体	2012. 2	市委、市政府
市公安局	2011 年度办公室督察工作先进集体	2012. 2	市委、市政府
市公安局办公室	2011 年度办公室综合工作先进集体	2012. 2	市委、市政府
市公安局城关分局	2011 年度全市民族团结进步模范集体	2012. 2	市委、市政府
市公安局国保支队	2011 年度全市民族团结进步模范集体	2012. 2	市委、市政府
市发展和改革委员会	2011 年度信访工作先进集体	2012. 2	市委、市政府
市财政局	2011 年度社会治安综合治理先进集体	2012. 2	市委、市政府
市工商局	2011 年度信访工作先进集体	2012. 2	市委、市政府
市政管委	2011 年度铁路护路联防工作先进集体	2012. 2	市委、市政府
市政管委	2011 年度信访工作先进集体	2012. 2	市委、市政府
市环保局	2011 年度信访工作先进集体	2012. 2	市委、市政府
萨市中级人民法院	全市信访工作先进集体	2012. 2	市委、市政府
市发展和改革委员会	2011 年度支持全市工业经济发展先进部门	2012. 3	市委
市财政局	2012 年度市(中)直机关作风和行政效能建设工作先进集体	2012. 3	市委、市政府
市财政局	全市环境保护工作先进集体	2012. 3	市政府
市工信局(国资委)	2011 年度全市工业和信息化建设先进单位	2012. 3	市政府

续表7

获奖单位	获奖名称	表彰时间	授予单位
“一区三园”领导小组办公室	2011年度全市工业和信息化建设先进单位	2012.3	市政府
市工信局信息资源中心	2011年度全市工业和信息化建设先进单位	2012.3	市政府
市工信局中小企业服务中心	2011年度全市工业和信息化建设先进单位	2012.3	市政府
拉萨中盛工贸有限公司	拉萨市2010—2012年创先争优先进基层党组织	2012.3	市委
拉萨兴民商贸有限公司	全区国有企业创先争优先进单位	2012.3	全区国有企业创先争优活动指导小组
市工商局	2011年度支持全市工业经济发展中工作先进部门	2012.3	市政府
市质量技术监督局	在2011年度支持全市工业经济发展中被评为先进部门	2012.3	市政府
市政管委	2011年度拉萨市民族团结进步模范集体	2012.3	市委、市政府
市环保局	2011年度支持全时工业经济发展先进部门	2012.3	市政府
市委宣传部	2011年度拉萨市民族团结进步模范集体	2012.4	市委、市政府
市委宣传部	拉萨市2011年度市直机关作风和行政效能建设综合考评一等奖	2012.4	市委、市政府
市公安局指挥中心	拉萨市模范公务员集体	2012.4	市委、市政府
市民宗局	2011年度拉萨市民族团结进步模范集体	2012.4	市委、市政府
市发展和改革委员会	2011年度全市调研工作先进集体	2012.4	市委、市政府
市发展和改革委员会	2011年度拉萨市督查工作先进集体	2012.4	市委、市政府
市发展和改革委员会	2011年度拉萨市民族团结进步模集体	2012.4	市委、市政府
市财政局	全市民族团结进步模范集体	2012.4	市委、市政府
市工信局(国资委)	2011年度拉萨市民族团结进步模范集体	2012.4	市委、市政府
市工信局(国资委)	2011年度市直机关作风和行政效能建设综合考评二等奖	2012.4	市委、市政府
市工信局(国资委)	2011年度全市安全生产先进单位	2012.4	市政府
市工商局	2011年度市直机关作风和行政效能建设综合考评三等奖	2012.4	市委、市政府
市质量技术监督局	2011年度拉萨市民族团结进步模范集体	2012.4	市委、市政府
市质量技术监督局	2011年度全市安全生产先进单位	2012.4	市政府
市国土资源规划局	2012年度全市信访工作先进集体	2012.4	市委、市政府
市扶贫办	2011年度拉萨市民族团结进步模范集体	2012.4	市委、市政府
市政管委	2011年度全市安全生产先进单位	2012.4	市政府
中国电信拉萨分公司	拉萨市2011年度民族团结进步模范集体	2012.4	市委、市政府
市人力资源和社会保障局	拉萨市民族团结进步模范集体	2012.4	市委、市政府
市中级人民法院	全市保密工作先进集体	2012.4	市委、市政府
市中级人民法院	全市信息工作先进集体	2012.4	市委、市政府
市中级人民法院	全市机关作风和行政效能建设工作二等奖	2012.4	市委、市政府
市公安局交警支队驻村队	驻村工作队先进集体	2012.5	市委、市政府

续表 8

获奖单位	获奖名称	表彰时间	授予单位
市财政局	拥政爱民、爱国拥军模范单位	2012.5	市委、市政府
市政管委	2011—2012 年创先争优强基惠民活动优秀组织单位	2012.5	市委、市政府
市人力资源和社会保障局	拉萨市爱国拥军模范单位	2012.5	市委、市政府
团市委	拉萨市 2010—2012 年创先争优活动先进单位	2012.6	市委
市妇联	2010—2012 年度创先争优先进基层党组织	2012.6	市委
市公安局	全市实施妇女儿童发展规划先进集体	2012.6	市委、市政府
市检察院政工人事处	拉萨市 2010—2012 年创先争优先进基层党组织	2012.6	市委
市检察院驻松盘村工作队	拉萨市基层建设年先进集体	2012.6	市委、市政府
市档案局(馆)驻岗德林村工作队临时党支部	拉萨市 2010—2012 年创先争优活动先进基层党组织	2012.6	市委
市外事办公室	拉萨市创先争优活动先进单位	2012.6	市委
市发展和改革委员会	2011—2010 全市实施妇女儿童规划先进集体	2012.6	市政府
拉萨兴民商贸有限公司	拉萨市 2010—2012 年创先争优先进基层党组织	2012.6	市委
市工商局	拉萨市 2011—2012 年度创先争优强基础惠民生活动先进优秀组织单位	2012.6	市委、市政府
市统计局、国家统计局拉萨调查队	全市实施妇女儿童规划先进集体	2012.6	市政府
市商务局	拉萨市 2010—2012 年创先争优活动先进单位	2012.6	市委
市扶贫办	拉萨市 2010—2012 年创先争优活动先进单位	2012.6	市委
市扶贫办	拉萨市 2010—2013 年创先争优先进基层党组织	2012.6	市委
市卫生局	2012 年全市环境保护工作先进集体	2012.6	市政府
市公安局刑警重案大队	先进基层党组织	2012.7	市委、市政府
市公安局刑警支队重案大队	先进基层党组织	2012.7	市委、市政府
市财政局驻城关区鲁固社区工作队临时党支部	2010—2012 年创先争优先进基层党组织	2012.7	市委
市人力资源和社会保障局	拉萨市 2010—2012 年创先争优先进基层党组织(驻尼木县普松村工作队临时党支部)	2012.7	市委
市委组织部	拉萨市创建全国文明城市工作先进单位	2012.8	市委、市政府
市委宣传部	拉萨市创建全国文明城市工作先进单位	2012.8	市委、市政府
市委宣传部	拉萨市模范公务员集体	2012.8	市委、市政府
市委宣传部	拉萨市创建全国文明城市工作先进单位	2012.8	市委、市政府
团市委	拉萨市创建全国文明城市工作先进单位	2012.8	市委、市政府
市公安局便民警务支队	爱国拥军模范单位	2012.8	市委、市政府
市财政局	创建全国文明城市先进单位	2012.8	市委、市政府
市工信局(国资委)	拉萨市创建全国文明城市工作先进单位	2012.8	市委
市工信局(国资委)	拉萨市 2011—2012 年创先争优强基础惠民生活动中评为优秀组织单位	2012.8	市委

续表9

获奖单位	获奖名称	表彰时间	授予单位
市统计局、国家统计局拉萨调查队	拉萨市创建全国文明城市工作先进单位	2012.8	市委、市政府
市商务局	拉萨市创建全国文明城市工作先进单位	2012.8	市委、市政府
市气象局	拉萨市科学技术二等奖	2012.8	市政府
市八一农场	拉萨市创建全国文明城市工作先进单位	2012.8	市委、市政府
市交通运输局	拉萨市创建全国文明城市工作先进单位	2012.8	市委、市政府
中国移动拉萨分公司	拉萨市创建全国文明城市工作	2012.8	市政府
市教育局	拉萨市创建全国文明城市工作先进单位	2012.8	市委、市政府
市广播电视台	授予创建全国文明城市"先进单位"称号	2012.8	市委、市政府
中国电信拉萨分公司	拉萨市创建全国文明城市工作先进单位	2012.8	市委、市政府
市人力资源和社会保障局	拉萨市创建全国文明城市工作先进单位	2012.8	市委、市政府
市卫生局	拉萨市创建全国文明城市工作先进集体	2012.8	市委、市政府
市政管委	拉萨市创建全国文明城市工作先进单位	2012.8	市委、市政府
市委宣传部	拉萨市2011—2012年创先争优强基惠民活动优秀组织单位	2012.9	市委、市政府
市委宣传部	拉萨市2011—2012年创先争优强基惠民活动先进驻村(居)工作队	2012.9	市委、市政府
市公安局	拉萨市创建全国文明城市工作先进单位	2012.9	市委、市政府
市公安交警支队	拉萨市创建全国文明城市工作先进单位	2012.9	市委、市政府
市公安城关分局	拉萨市创建全国文明城市工作先进单位	2012.9	市委、市政府
市民宗局	拉萨市2011—2012年创先争优强基惠民活动优秀组织单位	2012.9	市委、政府
市发展和改革委员会	2011—2012年度创先争优强基惠民活动优秀组织单位	2012.9	市委、市政府
市工商局	拉萨市2011—2012年创先争优强基惠民活动优秀组织单位	2012.9	市委、市政府
市商务局	拉萨市2011—2012年创先争优强基惠民活动先进驻村(居)工作队	2012.9	市委、市政府
市政管委	2011—2012年创先争优强基惠民活动优秀组织单位	2012.9	市委、市政府
市政管委	2011—2012年创先争优强基惠民活动优秀组织单位	2012.9	市委、市政府
市政管委	2011—2012年创先争优强基惠民活动优秀组织单位	2012.9	市委、市政府
市政管委养护处	2012年度拉萨市民族团结进步模范集体	2012.9	市委、市政府
市公安局机关驻村	先进驻村(居)工作队	2012.10	市委、市政府
市水利局	2012年全市妇女工作先进集体	2012.10	市委、市政府
市国土资源规划局	2012年度全市维稳综治工作先进集体	2012.11	市委、市政府
市委宣传部	2012年度民族团结先进集体	2012.12	市委、市政府
市委统战部	2012年全市民族团结进步模范先进集体	2012.12	市委、市政府
市委统战部	2012年全市维稳综治工作工作先进集体	2012.12	市委、市政府

续表 10

获奖单位	获奖名称	表彰时间	授予单位
市信访局	拉萨市民族团结进步模范集体	2012.12	市委、市政府
市信访局	全市维稳综治工作先进集体	2012.12	市委、市政府
市政协	2012 年度全市维稳综治工作先进集体	2012.12	市委、市政府
团市委	2012 年度拉萨市民族团结进步模范集体	2012.12	市委、市政府
团市委	2012 年度全市维稳综治工作先进集体	2012.12	市委、市政府
市妇联	2012 年度拉萨市民族团结进步模范集体	2012.12	市委、市政府
市档案局(馆)	全市民族团结先进集体	2012.12	市委、市政府
市工商局	2012 年维稳综治先进单位	2012.12	市委、市政府
市商务局	2012 年度全市维稳综治工作先进集体	2012.12	市委、市政府
市国土资源规划局	2012 年度拉萨市民族团结进步模范集体	2012.12	市委、市政府
市经济技术开发管委会	2012 年度全市维稳综治工作先进集体	2012.12	市政府
市经济技术开发管委会	在产业城市工作中功勋卓越授予拉萨市模范公务员集体荣誉称号	2012.12	市政府
市林业绿化局	铁路护路先进集体	2012.12	市委、市政府
市水利局	2012 年“社会治安综合治理先进集体”	2012.12	市委、市政府
市扶贫办	2012 年度全市维稳综治工作先进集体	2012.12	市委、市政府
市八一农场洛堆分场	拉萨市 2012 年度民族团结进步模范集体	2012.12	市委、市政府
市科技局	拉萨市民族团结进步模范集体	2012.12	市委
市教育局	2012 年度维护社会稳定和社会管理综合治理工作先进集体	2012.12	市委
市广电局	2012 年度拉萨市民族团结先进集体	2012.12	市委、市政府
市人力资源和社会保障局	2012 年度全市维稳综治工作先进集体	2012.12	市委、市政府
中国电信拉萨分公司	拉萨市 2012 年度维护社会稳定和社会管理综合治理工作先进集体	2012.12	市委、市政府
市委组织部	2012 年度民族团结先进集体	2012	市委、市政府
市中级人民法院	全市党风廉政先进集体	2012	市委、市政府
市工商局	全市创先争优活动先进基层党组织	2012	市委
市工商局	拉萨市创建全国文明城市工作先进单位	2012	市委、市政府
市工商局机关党总支	2010—2012 年创先争优先进党组织	2012	市委
当雄县工商局	共产党员先锋岗	2012	市委
市工商局驻墨竹县朗杰林驻村队	2010—2012 年创先争优先进党组织	2012	市委
市审计局	全市环境保护工作先进集体	2012	市政府
市安全生产监督管理局	2011 年度全市安全生产先进单位	2012	市政府
市安全生产监督管理局	2011 年度全市工业和信息化建设先进单位	2012	市政府
市邮政局	拉萨市民族团结进步模范集体、拉萨市第二批卫生先进单位	2012	市委、市政府

续表11

获奖单位	获奖名称	表彰时间	授予单位
拉萨师范高等专科学校	2012年拉萨市(中)直机关作风和行政效能建设综合考评一等奖	2012	市委
拉萨晚报社	2012年度拉萨市巩固全国文明城市创建成果工作先进单位	2012	自治区精神文明建设指导委员会、市委、市政府
拉萨晚报社	拉萨市创建全国文明城市工作先进单位	2012	市委、市政府
市卫生局	2012年全市维稳综治工作先进集体	2013.2	市委、市政府
市委统战部	2012年都度全市(中)直机关作风效能综合考评一等奖	2013.3	市委、市政府
市工信局(国资委)	在2011年度支持全市工业经济发展中被评为先进部门	2013.3	市政府
市委统战部	2012年度全市综合工作先进集体	2013.3	市委、市政府
市统计局、国家统计局拉萨调查队	全市年度机关效能建设综合考评二等奖	2013.3	市委、市政府
市统计局、国家统计局拉萨调查队	全市环境保护工作先进集体	2013.3	市政府
市科技局	拉萨市特派员管理工作先进集体	2013.3	市政府
市卫生局	2012年全市中(直)单位机关作风和效能建设综合考评三等奖	2013.3	市委、市政府
市人力资源和社会保障局	拉萨市2012年度市(中)直机关作风和行政效能交涉综合考评一等奖	2013.3	市委、市政府
市住建局	全市巩固全国文明城市创建成果工作先进单位	2013.5	自治区精神文明建设指导委员会、市委、市政府
市住建局	全市环境保护工作先进集体	2013.3	市政府
市住建局	全市安全生产先进单位	2013.5	市政府
市委组织部	政协第九届拉萨市委员会提案办理工作先进单位	2012.7	市政协
市交通运输局	政协第九届拉萨市委员会提案办理工作先进单位	2012.7	市政协
市教育局	政协第九届拉萨市委员会提案办理工作先进单位	2012.7	市政协

注：由于各单位资料提供不全，可能有遗漏。

受地厅级以上表彰的先进个人名录

姓名	性别	民族	工作单位	获奖名称	表彰时间	授予单位
旦增卓玛	女	藏	卓玛医院	全国就业、创业优秀个人奖	2012.7	国务院
胡　建	男	汉	拉萨市人社局	全国新型农村和城镇居民社会养老保险先进个人	2012.9	国务院
刘玉梅	女	汉	拉萨市人民检察院	“2012年全国检察机关两房”建设先进个人	2012.8	最高人民检察院
靳军民	男	汉	市委组织部办公室	2012年度全国组织系统优秀网络宣传员	2012.3	中央组织部
德吉卓嘎	女	藏	中国电信拉萨分公司	“神华神东杯”《中华人民共和国职业病防治法》知识竞赛个人优秀奖	2012.10	国家安全生产监督管理总局、中华全国总工会
洛松曲珍	女	藏	中国电信拉萨分公司	全国城乡妇女岗位建功先进个人	2012.3	中华全国妇女联合会
达　娃	女	藏	拉萨市妇联	全国妇联系统创先争优先进个人	2012.6	中华全国妇女联合会
戴晓梅	女	汉	城西工商分局副局长	全国妇联创先争优先进个人	2012	中华全国妇女联合会
戴晓梅	女	汉	城西工商分局副局长	全国三八红旗手	2012	中华全国妇女联合会
次仁白珍	女	藏	市卫生局	2012年度全国妇女儿童保障权益先进个人	2013.2	中华全国妇女联合会
向巴彩喜	女	藏	拉萨市妇联	全国妇女儿童工作委员会先进个人	2012.6	国务院妇儿工委办
王　磊	男	汉	局刑警重案大队	全国公安系统优秀人民警察	2012.3	公安部
普布次仁	男	藏	尼木县局治安大队	全国公安系统优秀人民警察	2012.3	公安部
高文宏	男	汉	分局夺底所	全国“清剿火患”战役先进个人	2012.4	公安部
马丽萍	女	汉	局经侦支队	全国公安机关经侦部门“清网行动”先进个人	2012.4	公安部
旺　杰	男	汉	局特警支队(领导)	全国特级优秀人民警察	2012.2	人力资源和社会保障部
尼玛卓嘎	女	藏	市经济技术开发区管委会	全国青年岗位能手	2012.2	共青团中央、人力资源和社会保障部
刘　阳	男	汉	市住建局	全国住建系统先进工作者表彰大会先进工作者	2012.12	国家人力资源社会保障部、国家住建部
扎西次仁	男	藏	市卫生监督所	全国首届卫生监督技能竞赛个人综合优秀奖	2012.9	卫生部、中华全国总工会
张育彤	女	汉	市妇保院	2012年度全国医药卫生系统创先争优活动先进个人	2012.8	卫生部
吴守义	男	汉	市药监局	2012年度全国医药卫生系统创先争优活动先进个人	2012.8	卫生部
央金卓嘎	女	藏	市信访局	1. 全国信访系统优秀信访局长 2. 全区维护稳定先进个人	2012.7 2012.12	1. 国家信访局 2. 自治区党委办公厅、自治区政府办公厅
赖晓琴	女	汉	市发改委	国家发改委先进个人	2012.12	国家发改委
徐小珍	女	汉	拉萨市中级人民法院刑一庭	全国法制宣传教育先进个人	2012.1	司法部、中央组织部

续表 1

姓名	性别	民族	工作单位	获奖名称	表彰时间	授予单位
次旺晋美	男	藏	拉萨市国土资源规划局	全国国土资源系统纪检工作先进个人	2012.7	国土资源部
丹　旺	男	藏	拉萨市交通运输局	2011—2012 年度全国交通运输依法行政先进个人	2012.9	交通运输部
次旦卓嘎	女	藏	市广电局	获得 2011 年度全国广播影视基层统计工作先进个人	2012.2	国家广电总局
边巴扎西	男	藏	市广电局	获得 2011 年度全国广播影视村村通工程先进工作者	2012.3	国家广电总局
次　仁	男	藏	市扶贫办	全国扶贫基金会爱心包裹先进工作者	2012.3	国务院扶贫基金会
马芝蕾	女	汉	市政管委	2011 年度三八红旗手	2012	北京市政府
向海菊	女	藏	拉萨市中级人民法院赔办	全区优秀驻村工作队员	2012.2	自治区党委、自治区政府
次仁平措	男	藏	拉萨市中级人民法院刑二庭	全区优秀驻村工作队员	2012.2	自治区党委、自治区政府
田文升	男	汉	基索所	自治区优秀驻寺干部	2012.4	自治区党委
马荣清	女	回	市档案局	全区民族团结模范个人	2012.5	自治区党委、自治区政府
赵金花	女	汉	拉萨市妇联	西藏自治区创先争优强基础惠民生活动先进驻村(居)工作队员	2012.11	自治区党委、自治区政府
格桑巴珠	男	藏	拉萨市人民检察院	全区创先争优活动先进个人	2012.11	自治区党委、自治区政府
朗杰卓玛	女	藏	市民宗局	全区优秀驻村工作队员	2012.11	自治区党委、自治区政府
马荣清	女	回	市档案局	自治区深入开展创先争优强基础惠民生活动第一批先进驻村工作队长	2012.11	自治区党委、自治区政府
侯廷远	男	汉	市发改委	自治区深入开展创先争优强基惠活动第一批先进驻村(居)工作队员	2012.11	自治区党委、自治区政府
德　吉	女	藏	市工信局(国资委)	在自治区创先争优强基础惠民生活动中,评为先进驻村(居)工作队员	2012.11	自治区党委、自治区政府
张　林	女	汉	拉萨市国土资源规划局	自治区创先争优强基础惠民生活动先进个人	2012.11	自治区党委、自治区政府
张晓琳	男	汉	市扶贫办	自治区级创先争优强基惠民活动中被评为“先进驻村工作队员”	2012.11	自治区党委、自治区政府
边　巴	男	藏	拉萨市气象局	自治区深入开展创先争优强基础惠民生活动第一批先进驻村(居)工作队员	2012.11	自治区党委、自治区政府
王红杰	男	汉	拉萨市八一农场	自治区深入开展创先争优强基础惠民生活动第一批先进村(居)工作队员	2012.11	自治区党委、自治区政府
何晓玲	女	汉	拉萨市交通运输局	自治区升入开展创先争优强基础惠民生活动第一批先进驻村(居)工作队员	2012.11	自治区党委、自治区政府
次仁朗杰	男	藏	拉萨市救助管理站	自治区先进驻村工作队员	2012.11	自治区党委、自治区政府
杨栋章	男	汉	市委组织部组织科	2012 年度全区基层建设年先进工作者	2012.12	自治区党委

续表 2

姓名	性别	民族	工作单位	获奖名称	表彰时间	授予单位
洛桑次仁	男	藏	拉萨市人民检察院	2012 年区维稳工作先进个人	2012.12	自治区党委、自治区政府
唐守成	男	汉	拉萨市中级人民法院法警队	自治区维稳工作先进个人	2012.12	自治区党委、自治区政府
吴剑平	男	汉族	拉萨市财政局	先进驻村(居)工作队员	2012.12	自治区党委
次仁罗布	男	藏	中国电信拉萨分公司	全区深入开展创先争优强基础惠民生活动第一批先进驻村(居)工作队员	2012.12	自治区党委、自治区政府
段荣印	男	汉	拉萨市旅游局	2012 年度“优秀驻村工作队队长”称号	2012.12	自治区党委、自治区政府
李汉中	男	汉	市科技局	自治区先进驻村工作队员	2012.12	自治区党委、自治区政府
宋碧玉	女	汉	市卫生局	全区创先争优强基惠民活动先进驻村工作先进个人	2012.12	自治区党委、自治区政府
石大庆	男	汉	市政管委	先进驻村工作队员	2012	自治区党委、自治区政府
罗　布	男	藏	市卫生局	2012 年度城乡居民暨在编僧尼免费健康体检工作先进个人	2013.1	自治区党委、自治区政府
普布次仁	男	藏	市卫生局	2012 年度城乡居民暨在编僧尼免费健康体检工作先进个人	2013.1	自治区党委、自治区政府
次仁白珍	女	藏	市卫生局	2012 年度城乡居民暨在编僧尼免费健康体检工作先进个人	2013.1	自治区党委、自治区政府
何思春	男	汉	分局夺底所	全区“清剿火患”战役成绩突出公安民警	2012.4	自治区政府
赤　列	男	藏	分局吉日所	全区“清剿火患”战役成绩突出公安民警	2012.4	自治区政府
张培丰	男	汉	分局北京所	全区“清剿火患”战役成绩突出公安民警	2012.4	自治区政府
丹增维色	男	藏	德吉北路便民站	全区“清剿火患”战役成绩突出公安民警	2012.4	自治区政府
顿　旦	男	藏	西藏大学便民站	全区“清剿火患”战役成绩突出公安民警	2012.4	自治区政府
米玛多吉	男	藏族	拉萨中支	全区金融工作先进个人	2012.5	自治区政府
扎　西	男	藏	市疾控中心	全区碘盐推广工作先进个人	2012.8	自治区政府
谭淑娟	女	汉	拉萨市环保局	拉萨市环境保护先进工作	2012.9	自治区政府
泽　旦	男	藏	拉萨市国税局	全区创先争优强基惠民先进个人	2012.10	自治区政府
刘海滨	男	汉族	拉萨中支	先进驻村工作队队员	2012.11	自治区政府
普布次仁	男	藏族	拉萨中支	先进驻村工作队队员	2012.11	自治区政府
仓　决	女	藏	拉萨市民政局优抚安置科	自治区征兵先进个人	2012.11	自治区政府、西藏军区
邓若冰	女	汉	拉萨市环保局	拉萨市环境保护先进工作	2012	自治区政府
普布次仁	男	藏	拉鲁湿地管理局	第二次全区环保工作先进个人	2012	自治区政府
李玉福	男	汉族	拉萨中支	2011 年度信息报送工作先进个人	2012.3	自治区政府办公厅
李秀莲	女	汉	市信访局	全区信访先进个人	2012.7	自治区党委办公厅、自治区政府办公厅

续表 3

姓名	性别	民族	工作单位	获奖名称	表彰时间	授予单位
彭朝晖	男	藏	市信访局	1. 拉萨市成功创建全国文明城市先进个人 2. 全区维护稳定先进个人	2012. 8	1. 自治区精神文明建设指导委员会、自治区党委办公厅、自治区政府办公厅 2 自治区党委办公厅、自治区政府办公厅
贡　嘎	男	藏	拉萨市中级人民法院民一庭	全区优秀法官	2012. 1	自治区高级人民法院
强巴旦增	男	藏	拉萨市中级人民法院刑一庭	全区裁判文书制作优秀奖	2012. 11	自治区高级人民法院
巴桑琼	女	藏	拉萨市中级人民法院编译室	全区裁判文书翻译优秀奖	2012. 11	自治区高级人民法院
加央去珍	女	藏	拉萨市中级人民法院赔办	全区方队演练嘉奖	2012. 11	自治区高级人民法院
索朗晋美	男	藏	拉萨市人民检察院	全区检察机关民族团结进步模范个人	2012. 5	自治区检察院
郭　英	女	汉	拉萨市人民检察院	2012 年全区检察机关侦查监督岗位练兵第二名	2012. 7	自治区检察院
周　瑜	女	汉	拉萨市人民检察院	全区检察机关监所检察业务知识竞赛业务标兵	2012. 9	自治区检察院
靳军民	男	汉	市委组织部办公室	2012 年度全区网络宣传先进个人	2012. 12	自治区党委组织部
靳军民	男	汉	市委组织部办公室	2012 年度中国组织人事报优秀通讯员	2012. 9	中国组织人事报
土登群培	男	藏	拉萨市委统战部	藏胞调研优秀成果奖	2012. 1	自治区党委统战部
单增郎杰	男	藏	拉萨市委统战部	2012 年上半年全区统战部门信息报送工作获优秀信息员	2012. 9	自治区党委统战部
黄胜琴	女	汉	拉萨市委统战部	2012 年上半年全区统战部门信息报送工作获优秀信息员	2012. 9	自治区党委统战部
许兴成	男	汉	拉萨市委统战部	2012 年全区优秀涉宗干部	2012. 12	自治区党委统战部
次仁吉	女	藏	拉萨师范高等专科学校	自治区优秀团员、拉萨市优秀辅导员	2012	自治区团委
德　吉	女	藏	拉萨师范高等专科学校	优秀团志编制先进个人	2012	自治区团委
洛桑更才	男	藏	拉萨师范高等专科学校	团区委“我与驻村对话”征文比赛一等奖	2012	自治区团委
旦增卓玛	女	藏	卓玛医院	西藏自治区三八红旗手	2012. 3	自治区妇女联合委员会
杨　炜	男	汉	拉萨市中级人民法院执行局	区政法委授予三等功	2012. 12	自治区委政法委
丁秀英	女	藏	拉萨市民政局政工人事科	自治区第六次全国人口普查先进个人	2012. 12	自治区统计局
次仁德吉	女	藏	国保支队	2011 年“518”专项工作个人嘉奖	2012. 4	自治区公安厅
尼玛玉珍	女	藏	看守所	2011 年度全区监管部门先进个人	2012. 5	自治区公安厅

续表 4

姓名	性别	民族	工作单位	获奖名称	表彰时间	授予单位
洛桑达娃	男	藏	尼木县看守所	2011 年度全区监管部门先进个人	2012.5	自治区公安厅
杜开清	男	汉	堆龙县看守所	全区公安监管系统先进个人	2012.5	自治区公安厅
杜建强	男	汉	堆龙县看守所	全区公安监管系统先进个人	2012.5	自治区公安厅
张延君	男	汉	当雄县看守所	全区公安监管系统先进个人	2012.5	自治区公安厅
次 仁	男	藏	林周县看守所	全区公安监管系统先进个人	2012.5	自治区公安厅
高 巍	男	汉	市局办公室	2011 年度全区公安机关动态信息工作先进个人	2012.5	自治区公安厅
农美扎巴	男	藏	局机关驻村队	驻村工作队先进个人	2012.5	自治区公安厅
红 爱	男	藏	恰才岗警务站	优秀学员	2012.6	自治区公安厅
龚红梅	女	汉	墨竹县局	优秀学员	2012.6	自治区公安厅
高 军	男	汉	拉萨师范高等专科学校	自治区维稳工作先进个人	2012	自治区教育厅
巴桑拉姆	女	藏	拉萨师范高等专科学校	自治区优秀团干部	2012	自治区教育厅
党培治	男	汉	拉萨市人社局	2012 年全区人力资源社会保障系统政务信息先进个人	2013.3	自治区人社厅
扎西次仁	男	藏	市卫生监督所	2012 年度全区卫生监督工作先进个人	2012.8	自治区卫生厅
仓 啦	女	藏	市广电局	荣获全区广播影视西新工程决算先进工作者	2012.2	自治区广电局
普布卓玛	女	藏	城中工商分局登记科	全区工商系统创先争优活动优秀共产党员	2012	自治区工商局
刘华娟	女	汉	城东工商分局登记科	全区工商系统创先争优活动优秀共产党员	2012	自治区工商局
慈成央培	男	藏	市审计局	拉萨市创建全国文明城市先进个人	2012	自治区文明委、市委、市政府
苏士勇	男	藏	拉萨市委统战部	自治区级优秀驻村工作队员	2012.1	自治区强基办
达瓦次仁	男	藏	市广电局	荣获自治区创先争优强基惠民活动第一批先进驻村(居)工作队员	2012.9	自治区强基惠民办
次 仁	男	藏	拉萨市统计局、国家统计局拉萨调查队	全区优秀驻村工作队员	2012.12	自治区强基办
陈建琼	女	汉	拉萨市统计局、国家统计局拉萨调查队	全区优秀驻村工作队员	2012.12	自治区强基办
次 仁	男	藏	市扶贫办	全区扶贫工作先进个人	2012.4	自治区扶贫办
曲 达	男	藏	市食药局	全国爱国卫生运动 60 周年先进个人	2012.12	全国爱国卫生运动委员会
母先华	男	汉	市卫生局	全国爱国卫生运动 60 周年先进个人	2012.12	全国爱国卫生运动委员会
边巴穷达	女	藏	市发改委	价格认证先进个人	2012.10	国家发改委价格认证中心
旦增晋美	男	藏	拉萨师范高等专科学校	自治区先进驻村工作队员	2012	自治区创先争优办公室
米玛次仁	男	藏	拉萨师范高等专科学校	自治区先进驻村工作队员	2012	自治区创先争优办公室

续表5

姓名	性别	民族	工作单位	获奖名称	表彰时间	授予单位
尼　珍	女	藏族	拉萨中支	2006—2010年全区法制宣传教育先进个人	2012.8	自治区政府法制宣传教育领导小组
刘　胜	男	汉	拉萨市统计局、国家统计局拉萨调查队	全区第六次全国人口普查工作先进个人	2012.11	西藏自治区第六次全国人口普查领导小组办公室
刘玉堂	男	汉	拉萨市统计局、国家统计局拉萨调查队	全区第六次全国人口普查工作先进个人	2012.11	西藏自治区第六次全国人口普查领导小组办公室
平措旺堆	男	藏	拉萨市统计局、国家统计局拉萨调查队	全区第六次全国人口普查工作先进个人	2012.11	西藏自治区第六次全国人口普查领导小组办公室
白　涛	女	回	拉萨市统计局、国家统计局拉萨调查队	1、全国“企业一套表”联网直报工作先进个人;2、市民族团结先进个人	2012.12	1、全国“企业一套表”工作领导小组办公室;2、市委、市政府
索朗班丹	男	藏	拉萨市统计局、国家统计局拉萨调查队	1、全国“企业一套表”联网直报工作先进个人;2、全区第六次全国人口普查工作先进个人	2012.12	1、全国“企业一套表”工作领导小组办公室;2、西藏自治区第六次全国人口普查领导小组办公室
申延东	男	汉	拉萨市统计局、国家统计局拉萨调查队	全国“企业一套表”联网直报工作先进个人	2012.12	全国“企业一套表”工作领导小组办公室
龙友敏	女	汉	拉萨市统计局、国家统计局拉萨调查队	1、全国“企业一套表”联网直报工作先进个人;2、全区第六次全国人口普查工作先进个人	2012.12	1、全国“企业一套表”工作领导小组办公室;2、西藏自治区第六次全国人口普查领导小组办公室
索朗卓嘎	女	藏	拉萨市统计局、国家统计局拉萨调查队	全国“企业一套表”联网直报工作先进个人	2012.12	全国“企业一套表”工作领导小组办公室
包金灿	男	汉	拉萨市统计局、国家统计局拉萨调查队	全国“企业一套表”联网直报工作先进个人	2012.12	全国“企业一套表”工作领导小组办公室
米玛次仁	男	藏	拉萨市统计局、国家统计局拉萨调查队	全国“企业一套表”联网直报工作先进个人	2012.12	全国“企业一套表”工作领导小组办公室
德　吉	女	藏族	拉萨中支	2011年中国区域金融运行报告优秀执笔人	2012.11	中国人民银行货币政策司
梅春杰	男	汉族	拉萨中支	2010—2011年优秀党务工作者	2012.6	成都分行
蒋建军	男	汉族	拉萨中支	2010—2011年度成都分行优秀共产党员、中国人民银行创先争优优秀共产党员	2012.7	成都分行、中国人民银行
宋　颂	女	汉族	拉萨中支	2010—2012年度成都分行巾帼建功标兵	2012.2	成都分行工会
索朗央珍	女	藏族	拉萨中支	2011年度《中国金融》组稿三等奖	2012.3	《中国金融》编辑部

续表 6

姓名	性别	民族	工作单位	获奖名称	表彰时间	授予单位
牛小芳	女	汉	拉萨市财政局	全市环境保护工作先进个人	2013.2	市政府
扎　桑	女	藏	市民宗局	全市民族团结先进个人	2012.2	市委、市政府
谢雪梅	女	汉	拉萨市财政局	2011 年度信访工作优秀信访工作者	2012.2	市委、市政府
周　波	男	汉	拉萨市财政局	2011 年度社会治安综合治理先进个人	2012.2	市委、市政府
牛小芳	女	汉	拉萨市财政局	2012 年度全市科技工作先进个人	2012.2	市政府
易　旸	男	汉	市工信局(国资委)	在 2011 年度信访工作中,成绩突出,被评为优秀信访工作者	2012.2	市委、市政府
德　央	女	藏	拉萨市人社局	拉萨市教育“两基”工作先进个人	2012.2	市委、市政府
李英春	男	汉	市发改委	全市招商引资先进个人	2012.3	市政府
卢载贵	男	汉	市工信局(国资委)	2011 年度招商引资先进个人	2012.3	市政府
仓　琼	女	藏	拉萨市统计局、国家统计局拉萨调查队	全市维稳工作先进个人	2012.3	市委、市政府
吴丽霞	女	汉	拉萨市环保局	拉萨市环境保护先进工作	2012.3	市政府
曾德清	女	汉	拉萨市环保局	拉萨市环境保护先进工作	2012.3	市政府
嘎　旦	女	藏	拉萨市环保局	拉萨市环境保护先进工作	2012.3	市政府
琼　吉	女	藏	拉萨市旅游局	拉萨市公务员“个人三等功”	2012.3	市委、市政府
马荣清	女	回	市档案局	全市民族团结进步先进个人	2012.4	市委、市政府
慈仁尼玛	男	藏	拉萨地毯公司	2011 年度拉萨市民族团结进步模范个人	2012.4	市委、市政府
卓　嘎	女	藏	中国电信拉萨分公司	拉萨市 2011 年度民族团结进步模范个人	2012.4	市委、市政府
吕　佳	女	汉	拉萨市中级人民法院办公室	机要工作先进个人	2012.4	市委、市政府
索朗晋美	男	藏	拉萨市人民检察院	全市民族团结进步个人	2012.4	市委、市政府
高　巍	男	汉	市局办公室	2011 年度办公室信息工作先进个人	2012.5	市委、市政府
王显才	男	汉	分局	2011 年度办公室信息工作先进个人	2012.5	市委、市政府
吴　伟	男	汉	刑警支队	2011 年度全市民族团结进步模范个人	2012.5	市委、市政府
尼玛次仁	男	藏	特警支队	2011 年度全市民族团结进步模范个人	2012.5	市委、市政府
罗红梅	女	藏	拉萨市人社局	拉萨市爱国拥军模范个人	2012.5	市委、市政府
小达娃	男	藏	刑警大队	先进党代表	2012.6	市政府
央　宗	女	藏	监管处	全市实施妇女儿童发展规划先进个人	2012.6	市政府
陈小平	男	汉	特警支队	拉萨市人民政府满意公务员	2012.6	市委、市政府
洛桑罗布	男	藏	刑警支队	拉萨市人民政府满意公务员	2012.6	市委、市政府
任玉萍	女	汉	拉萨市财政局	全市实施妇女儿童发展规划先进个人	2012.6	市政府
其米卓嘎	女	藏	市工信局(国资委)	在全市 2010—2012 年创先争优活动中被评为优秀共产党员	2012.6	市委
李汉中	男	汉	市科技局	拉萨市创先争优优秀共产党员	2012.6	市委
洛桑玉珍	女	藏	拉萨市妇联	拉萨市创建全国文明城市先进个人	2012.7	市委、市政府

续表7

姓名	性别	民族	工作单位	获奖名称	表彰时间	授予单位
魏建军	男	汉	交警驻村	优秀共产党员	2012.7	市委
达娃次仁	男	藏	大昭寺	拉萨市2012年上半年优秀驻寺干部	2012.7	市委、市政府
次仁多吉	男	藏	章多所	拉萨市2012年上半年优秀驻寺干部	2012.7	市委、市政府
魏建军	男	汉	局交警支队驻村	优秀共产党员	2012.7	市委
许兴成	男	汉	市委统战部	拉萨市优秀公务员	2012.7	市委、市政府
高　军	男	汉	拉萨市财政局	优秀共产党员	2012.7	市委
黄　华	女	汉	拉萨市交通运输局	拉萨市成功创建全国文明城市先进个人	2012.7	市委、市政府
孙　磊	男	藏	市广电局	荣获创建全国文明城市先进个人	2012.7	市委、市政府
李艳红	女	汉	市委组织部编办	2012年度拉萨市创建全国文明城市先进个人	2012.8	市委、市政府
邓剑锋	男	汉	市委组织部人才科	2012年度拉萨市科技进步奖	2012.8	市政府
洛桑平措	男	藏	市编译局	拉萨市成功创建全国文明城市先进个人	2012.8	市委、市政府
普布卓玛	女	藏	市政协	拉萨市成功创建全国文明城市工作先进个人	2012.8	市委、市政府
洛　色	男	藏	团市委	拉萨市创建全国文明城市工作先进个人	2012.8	市委、市政府
格桑央宗	女	藏	团市委	拉萨市创建全国文明城市工作先进个人	2012.8	市委、市政府
仁增白姆	女	藏	团市委	拉萨市创建全国文明城市工作先进个人	2012.8	市委、市政府
文　丽	女	汉	团市委	拉萨市创建全国文明城市工作先进个人	2012.8	市委、市政府
苗永霞	女	汉	刑警支队	爱国拥军模范个人	2012.8	市委、市政府
邓玉君	女	汉	拉萨市人民检察院	拉萨市成功创建全国文明城市先进个人	2012.8	市委、市政府
王　慧	女	汉	拉萨市人民检察院	拉萨市人民满意公务员	2012.8	市委、市政府
次仁扎西	男	藏	市档案局	拉萨市创建全国文明城市工作先进个人	2012.8	市委、市政府
王　颖	女	汉	市发改委	2012年度拉萨市成功创建全国文明城市先进个人	2012.8	市委、市政府
任玉萍	女	汉	拉萨市财政局	创建全国文明城市先进个人	2012.8	市委、市政府
林晓红	女	汉	拉萨市财政局	创建全国文明城市先进个人	2012.8	市委、市政府
次仁平措	男	藏	市工信局(国资委)	拉萨市创建全国文明城市先进个人	2012.8	市委
普　布	女	藏	市扶贫办	创建全国文明城市拉萨市先进个人	2012.8	市委、市政府
巴　桑	男	藏	拉萨市气象局	2012年度拉萨市成功创建全国文明城市先进个人	2012.8	市委、市政府
次仁多吉	男	藏	拉萨市气象局	拉萨市第六次科学进步二等奖	2012.8	市政府
钟维翠	女	汉	拉萨市八一农场	拉萨市创建全国文明城市工作先进个人	2012.8	市委、市政府
胡士权	男	藏	拉萨市交通运输局	拉萨市211—2012年度创先争优强基础惠民生活动先进驻村(居)工作队员	2012.8	市委、市政府
白玛曲珍	女	藏	拉萨市交通运输局	拉萨市成功创建全国文明城市先进个人	2012.8	市委、市政府
谭丽华	女	汉	市科技局	拉萨市创建全国文明城市先进个人	2012.8	市委、市政府

续表 8

姓名	性别	民族	工作单位	获奖名称	表彰时间	授予单位
次　多	男	藏	市广播电视台	荣获创建全国文明城市先进个人	2012.8	市委、市政府
格桑曲珍	女	藏	市广播电视台	荣获创建全国文明城市先进个人	2012.8	市委、市政府
曾志强	男	汉	市广播电视台	荣获创建全国文明城市先进个人	2012.8	市委、市政府
次仁玉珍	女	藏	市广播电视台	荣获创建全国文明城市先进个人	2012.8	市委、市政府
拉巴次仁	男	藏	市广播电视台	荣获创建全国文明城市先进个人	2012.8	市委、市政府
尹美玲	女	汉	市卫生局	拉萨市创建全国文明城市工作先进个人	2012.8	市委、市政府
加永登巴	男	藏	市人民医院	拉萨市创先争优强基础惠民生活动优秀驻村工作队员	2012.8	市委
索朗来措	男	藏	市人民医院	拉萨市创先争优强基础惠民生活动优秀驻村工作队员	2012.8	市委
彭丽华	女	藏	拉萨市人社局	拉萨市实施妇女儿童规划先进个人	2012.8	市政府
马　军	男	汉	拉萨市人社局	拉萨市创建全国文明城市工作先进个人	2012.8	市委、市政府
冯文勇	男	汉	中国电信拉萨分公司	拉萨市创建全国文明城市工作先进个人	2012.8	市委、市政府
向海菊	女	藏	拉萨市中级人民法院赔办	拉萨市人民满意公务员	2012.8	市委、市政府
强巴拉姆	女	藏	拉萨市中级人民法院政治部	三等功	2012.8	市委、市政府
次仁央吉	女	藏	拉萨市委统战部	2012 年民族团结先进个人	2012.9	市委、市政府
旦　曲	男	藏	市编译局	拉萨市先进驻村工作队员	2012.9	市委、市政府
达　瓦	男	藏	市政协	拉萨市 2011—2012 年创先争优强基础惠民生活动先进工作队员	2012.9	市委、市政府
冯京厂	男	汉	交警支队	拉萨市创建全国文明城市工作先进个人	2012.9	市委、市政府
拉　琼	男	藏	交警支队秩序科	拉萨市创建全国文明城市工作先进个人	2012.9	市委、市政府
平　措	男	藏	交警支队巡逻大队	拉萨市创建全国文明城市工作先进个人	2012.9	市委、市政府
旦　增	男	藏	交警支队城东大队	拉萨市创建全国文明城市工作先进个人	2012.9	市委、市政府
聂连清	男	汉	交警支队城西大队	拉萨市创建全国文明城市工作先进个人	2012.9	市委、市政府
次仁多吉	男	藏	交警支队城北大队	拉萨市创建全国文明城市工作先进个人	2012.9	市委、市政府
万章德	男	汉	交警支队城南大队	拉萨市创建全国文明城市工作先进个人	2012.9	市委、市政府
杨荣峰	男	汉	便民支队林廓北路站	拉萨市创建全国文明城市工作先进个人	2012.9	市委、市政府
红　爱	男	藏	便民支队恰彩岗站	拉萨市创建全国文明城市工作先进个人	2012.9	市委、市政府
余远生	男	汉	便民支队药王山站	拉萨市创建全国文明城市工作先进个人	2012.9	市委、市政府
扎西顿珠	男	藏	便民支队纳金中路站	拉萨市创建全国文明城市工作先进个人	2012.9	市委、市政府
刘训成	男	汉	便民支队罗布林卡站	拉萨市创建全国文明城市工作先进个人	2012.9	市委、市政府
格　单	男	藏	便民支队市电台站	拉萨市创建全国文明城市工作先进个人	2012.9	市委、市政府
格桑次仁	男	藏	分局便衣大队	拉萨市创建全国文明城市工作先进个人	2012.9	市委、市政府
巴桑罗布	男	藏	分局便衣大队	拉萨市创建全国文明城市工作先进个人	2012.9	市委、市政府

续表9

姓名	性别	民族	工作单位	获奖名称	表彰时间	授予单位
扎西顿珠	男	藏	分局便衣大队	拉萨市创建全国文明城市工作先进个人	2012.9	市委、市政府
刘乃保	男	汉	分局便衣大队	拉萨市创建全国文明城市工作先进个人	2012.9	市委、市政府
宋国煊	男	汉	分局便衣大队	拉萨市创建全国文明城市工作先进个人	2012.9	市委、市政府
次仁措姆	女	藏	局指挥中心	拉萨市创建全国文明城市工作先进个人	2012.9	市委、市政府
郝芳丽	女	汉	局刑警支队	拉萨市创建全国文明城市工作先进个人	2012.9	市委、市政府
索朗央金	女	藏	局政治部老干科	拉萨市创建全国文明城市工作先进个人	2012.9	市委、市政府
卓　玛	女	藏	局办公室机要科	拉萨市创建全国文明城市工作先进个人	2012.9	市委、市政府
邬苏曼	男	回	局网安支队	拉萨市创建全国文明城市工作先进个人	2012.9	市委、市政府
桑　嘎	女	藏	局治安支队	拉萨市创建全国文明城市工作先进个人	2012.9	市委、市政府
多吉次仁	男	藏	局特警支队	拉萨市创建全国文明城市工作先进个人	2012.9	市委、市政府
嘎　旺	男	藏	拉萨市人民检察院	全市民族团结进步个人	2012.9	市委、市政府
				全市创先争优优秀共产党员	2012.9	市委、市政府
彭叶清	男	汉	市工信局(国资委)	市级“先进驻村工作队员”	2012.9	市委
韩新强	男	汉	拉萨市中级人民法院执行局	全市优秀驻村工作队员	2012.9	市委、市政府
张灵娟	女	汉	拉萨市中级人民法院立案庭	拉萨市民族团结先进个人	2012.9	市委、市政府
军　国	男	汉	拉萨市中级人民法院刑二庭	拉萨市民族团结先进个人	2012.9	市委、市政府
刁海峰	男	汉	便民支队国际城东桥站	全市共产党员民族团结先锋活动先进个人	2012.10	市委、市政府
齐新河	男	汉	局机关驻村队	先进驻村(居)工作队队员	2012.10	市委、市政府
魏建军	男	汉	交警支队驻村	先进驻村(居)工作队队员	2012.10	市委、市政府
次旦平措	男	藏	拉萨市国税局	拉萨市创先争优强基惠民先进个人	2012.10	市委、市政府
王　颖	女	汉	市发改委	拉萨市创先争优强基惠民活动先进个人	2012.11	市委、市政府
刘长江	男	汉	市发改委	全市消防先进个人	2012.11	市政府
强巴旦增	男	汉	拉萨市国土资源规划局	拉萨市创先争优强基础惠民生活动先进个人	2012.11	市委、市政府
黄文斌	男	汉	市委组织部干部监督科	2012年度拉萨市维稳综治工作先进个人	2012.12	市委、市政府
洛桑平措	男	藏	市编译局	全市维稳综治工作先进个人	2012.12	市委、市政府
旺　堆	男	藏	市政协	拉萨市民族团结进步模范个人	2012.12	市委、市政府
郑雁北	男	汉	团市委	2012年度全市维稳综治工作先进个人	2012.12	市委、市政府
达　娃	女	藏	拉萨市妇联	2012年全市优秀正县级干先进个人	2012.12	市委、市政府
和继香	女	纳西	拉萨市妇联	2012年全市维稳综治工作先进个人	2012.12	市委、市政府
洛桑次仁	男	藏	拉萨市人民检察院	2012市维稳综治工作突出	2012.12	市委、市政府
罗布顿珠	男	藏	拉萨市人民检察院	2012市维稳综治工作突出	2012.12	市委、市政府

续表10

姓名	性别	民族	工作单位	获奖名称	表彰时间	授予单位
加　措	男	藏	拉萨市委统战部	2012年民族团结先进个人	2012.12	市委、市政府
江　措	男	藏	拉萨市人民检察院	2012市维稳综治工作突出	2012.12	市委、市政府
尼　珍	女	藏	市民宗局	全市民族团结先进个人	2012.12	市委、市政府
刘雨林	男	汉	市工信局(国资委)	在2012年全市维稳综治工作中成绩突出	2012.12	市委、市政府
旦增白珍	女	藏	拉萨市国税局	优秀团干部	2012.12	市委、市政府
旦增白珍	女	藏	拉萨市国税局	拉萨市创建全国文明城市先进个人	2012.12	市委、市政府
张春兰	女	汉	拉萨市国税局	2012年度民族团结进步模范个人	2012.12	市委、市政府
何昆峰	男	汉	拉萨市林业绿化局	拉萨市综治先进个人	2012.12	市委、市政府
许金花	女	汉	拉萨市林业绿化局	拉萨市民族团结先进个人	2012.12	市委、市政府
达杰次仁	男	藏	拉萨市水利局	拉萨市水利先进工作者	2012.12	市政府
弟达娃	男	藏	拉萨市八一农场	拉萨市2012年度维护社会稳定和社会管理综合治理工作先进个人	2012.12	市委、市政府
旦增赤列	男	藏	拉萨市中级人民法院行装处	全市维稳工作成绩突出奖	2012.12	市委、市政府
洛罗占堆	男	藏	拉萨市中级人民法院法警队	全市维稳工作成绩突出奖	2012.12	市委、市政府
孙　静	女	汉	拉萨市中级人民法院综治办	全市维稳工作成绩突出奖	2012.12	市委、市政府
唐守成	男	汉	拉萨市中级人民法院法警队	全市维稳工作成绩突出奖	2012.12	市委、市政府
杨雪锋	男	汉	市质监局	2012年度维护社会稳定和社会管理综合治理工作先进个人	2012.12	市委、市政府
冯文勇	男	汉	中国电信拉萨分公司	拉萨市2012年度维护社会稳定和社会管理综合治理工作先进个人	2012.12	市委、市政府
庞晓梅	女	汉	市工商局企业科	招商引资"先进个人"	2012	市政府
惠秀娟	女	汉	市工商局副局长	拉萨市创建全国文明城市工作先进个人	2012	市委、市政府
拉　珍	女	藏	市局办公室	拉萨市创建全国文明城市工作先进个人	2012	市委、市政府
程言洪	男	汉	市局办公室	拉萨市创建全国文明城市工作先进个人	2012	市委、市政府
普布卓玛	女	藏	城中工商分局登记科	2011年度全市民族团结进步模范个人	2012	市委
李达明	男	汉	城中工商分局局长	拉萨市创建全国文明城市工作先进个人	2012	市委、市政府
刘华娟	女	汉	城东工商分局登记科	优秀共产党员	2012	市委
沈士虹	男	汉	市审计局	拉萨市社会综合治理工作先进个人	2012	市委、市政府
黄兴奎	男	汉	市审计局	拉萨市民族团结进步模范个人	2012	市委、市政府
尼玛卓嘎	女	藏	管委会	拉萨市环境保护工作先进个人	2012	市政府
魏建军	男	汉	公安局	拉萨市优秀共产党员、拉萨市优秀驻村队员	2012	市委
黄前敏	女	藏	市科技局	拉萨市民族团结进步先进个人	2012.12	市委、市政府
拉巴多吉	男	藏	市卫生局	2012年度全市维稳综治工作先进个人	2012.12	市委、市政府
卓　拥	女	藏	市药监局	2012年全市维稳综治工作先进个人	2012.12	市委、市政府

续表 11

姓名	性别	民族	工作单位	获奖名称	表彰时间	授予单位
焦兴青	女	汉	拉萨师范高等专科学校	拉萨市师德标兵	2012	市政府
宋 巍	男	汉	拉萨师范高等专科学校	拉萨市优秀教师	2012	市政府
达瓦卓玛	女	藏	拉萨师范高等专科学校	拉萨市优秀教师	2012	市政府
马芝蕾	女	汉	市政管委	2011 年度招商引资中评为先进个人	2012	市政府
马芝蕾	女	汉	市政管委	2011 年度拉萨市民族团结进步模范个人	2012	市委、市政府
施仁新	男	汉	市政管委	2012 年度招商引资先进个人	2012	市政府
小尼玛	男	藏	市政管委	2011 年度社会治安综合治理工作先进个人	2012	市委、市政府
尼玛普芝	女	藏	市政管委	创建全国文明城市“先进个人”	2012	市委、市政府
王雪峰	男	汉	市政管委	创建全国文明城市“先进个人”	2012	市委、市政府
龚晓丽	女	汉	市政管委	创建全国文明城市“先进个人”	2012	市委、市政府
米玛扎西	男	藏	市政管委	创建全国文明城市“先进个人”	2012	市委、市政府
明码旦增	男	藏	市政管委	创建全国文明城市“先进个人”	2012	市委、市政府
旦增旺久	男	藏	市政管委	创建全国文明城市“先进个人”	2012	市委、市政府
德吉卓嘎	女	藏	市政管委	创建全国文明城市“先进个人”	2012	市委、市政府
周 阳	女	汉	市政管委	创建全国文明城市“先进个人”	2012	市委、市政府
杨金亮	男	汉	市政管委	创建全国文明城市“先进个人”	2012	市委、市政府
赵海山	男	汉	养护处	创建全国文明城市“先进个人”	2012	市委、市政府
次仁群宗	男	藏	养护处	创建全国文明城市“先进个人”	2012	市委、市政府
魏 鑫	男	汉	自来水公司	创建全国文明城市“先进个人”	2012	市委、市政府
谷彦鹏	男	汉	自来水公司	创建全国文明城市“先进个人”	2012	市委、市政府
强 桑	男	藏	市环卫局	创建全国文明城市“先进个人”	2012	市委、市政府
周保全	男	汉	市环卫局	创建全国文明城市“先进个人”	2012	市委、市政府
格桑尼玛	男	藏	市环卫局	创建全国文明城市“先进个人”	2012	市委、市政府
德庆卓嘎	女	藏	拉萨市环保局	拉萨市招商引资工作先进工作	2012	市政府
大米玛	男	藏族	拉萨中支	先进驻村工作队队员	2012. 9	日喀则地委
旦增罗布	男	藏	市广播电视台	作品《故乡藏歌》在“第二十八次全国藏语广播电视节目交换会暨第十三届全国藏语广播电视节目评析会”中被评为文学专题制作类一类节目	2012. 7	中国广播电视学会少数民族广播电视研究会藏语广播电视节目评析会
达瓦卓嘎	男	藏	市广播电视台	在“第二十八次全国藏语广播电视节目交换会暨第十三届全国藏语广播电视节目评析会”中被评为播音主持三类	2012. 7	中国广播电视学会少数民族广播电视研究会藏语广播电视节目评析会
旦增晋美	男	藏	市广播电视台	作品《绿松石》在“第二十八次全国藏语广播电视节目交换会暨第十三届全国藏语广播电视节目评析会”中被评为广播剧编辑一类节目	2012. 7	中国广播电视学会少数民族广播电视研究会藏语广播电视节目评析会

注:由于各单位资料提供不全,可能有遗漏。

附　　　录

拉萨市2012年国民经济和社会发展统计公报

拉萨市统计局
国家统计局拉萨调查队
2013年5月2日

2012年，全市上下按照“三提速”的工作要求，认真贯彻落实区市党委政府的一系列决策部署，突出把握稳中求快的总基调，审时度势、超前谋划，扎实苦干、提速跨越，全力实施“五大战略”，充分发挥首府城市首位度作用，各项工作取得重大进展，国民经济保持平稳较快发展，社会局势保持和谐稳定。

一、综　　合

经济增长：初步统计，2012年全市实现地区生产总值（GDP）260.04亿元，比上年增长12.2%。其中：第一产业增加值10.78亿元，增长3.4%；第二产业增加值90.70亿元，增长17.2%；第三产业增加值158.56亿元，增长9.6%。第三产业中，交通运输、仓储和邮政业增加值5.76亿元，下降4.0%；批发零售业增加值14.33亿元，增长9.1%；住宿餐饮业增加值9.35亿元，增长13.4%；金融业增加值35.48亿元，增长24.1%；非营利性服务业增加值62.29亿元，增长9.0%。

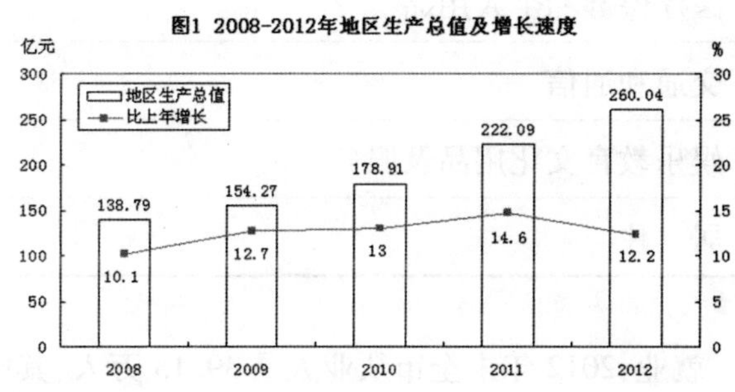

产业结构：2012年三次产业比重依次为4.1%、34.9%、61.0%，分别拉动经济增长0.3、5.0和6.9个百分点。与上年相比，第一产业比重下降0.4个百分点，第二产业比重提高1.0个百分点，第三产业比重下降0.6个百分点。

价格：2012年居民消费价格总指数（CPI）比上年上涨3.2%，其中食品价格上涨6.8%。

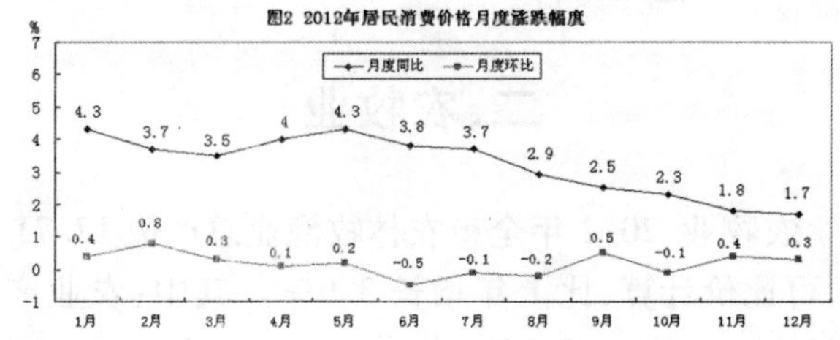

表1　　2012年居民消费价格涨幅

指　　标	比2011年上涨(+)下降(-)(%)
居民消费价格总指数	+3.2
食　品	+6.8
其中:粮食	+1.7
肉禽及其制品	+11.8
蛋	-0.4
水产品	+1.8
菜	+13.8
干鲜瓜果	+7.9
烟酒及用品	+1.3
衣　着	+4.3
家庭设备用品及维修服务	+1.5
医疗保健和个人用品	-0.1
交通和通信	+1.2
娱乐教育文化用品及服务	+0.3
居　住	+0.9

就业:2012年末全市从业人员39.13万人,其中:农村从业人员15.96万人,城镇新增就业7541人,年末城镇登记失业率控制在2.0%。

民营经济:年末全市工商部门登记的私营企业达2920户,从业人员59010人,分别比上年增长19.7%和2.7%,注册资本达472719.4亿元,增长44.6%;工商部门登记的个体户37231户,从业人员81428人,分别比上年增长3.17%和8.85%,注册资本达171074.71亿元,增长14.19%。

二、农牧业

农牧业:2012年全市农林牧渔业总产值17.71亿元,可比价计算,比上年增长3.9%。其中:农业产值7.52亿元,增长2.5%;林业产值0.39亿元,增长18.5%;牧业产值9.4亿元,增长5.0%;渔业产值0.01万元,下降31.0%;农林牧渔服务业产值0.39亿元,下降4.0%。

种植面积:全年农作物总播种面积3.85万公顷,比上年增加0.06万公顷。粮食种植面积2.61万公顷,与上年持平。其中:青稞种植面积16508.03公顷,比上年增加56.88公顷;小麦种植面积8996.85公顷,比上年增加4.01公顷;油菜种植面积3939.77公顷,比上年增加121.34公顷;蔬菜种植面积4626.75公顷,比上年增加596.5公顷。

畜禽及水产品产量:年末牲畜存栏总头数135.42万头(只、匹),其中,大牲畜存栏70.06万头,猪出栏3.08万头;肉类产量3.14万吨,与上年持平;禽蛋产量583.61吨,增长105.2%;奶产量3.28万吨,增长3.0%;水产品产量155.24吨,与上年持平。

表 2 **2012 年主要农畜产品产量**

产品名称	产量(吨)	比 2011 年增长(%)
粮 食	174310.43	0.2
其中:青 稞	101817.11	2.7
小 麦	70610.58	0.9
油 料	13224.69	-2.2
蔬 菜	228745.66	16.9
肉 类	31431.75	-0.2
其中:牛羊肉	29301.41	-0.1
奶 类	32787.44	3.0
其中:牛 奶	30711.13	3.5

农机及化肥施用:2012 年末全市拥有农业机械总动力 104.63 万千瓦。全年农用化肥施用量 1.7 万吨。

三、工业和建筑业

工业:2012 年全部工业增加值 32.3 亿元,比上年增长 19.3%。规模以上工业增加值 26.98 亿元,增长 19.5%,其中,市属企业增加值 14.26 亿元,增长 14.6%。

2012 年末,全市共有规模以上工业企业 45 家(其中 2 家为停产状态),同比增长 15.4%;全年规模以上工业产品销售率为 96.1%,比上年下降 2 个百分点。其中:国有工业企业产品销售率为 97%,非国有工业企业产品销售率为 95%。

图3 2008-2012年工业增加值及增长速度

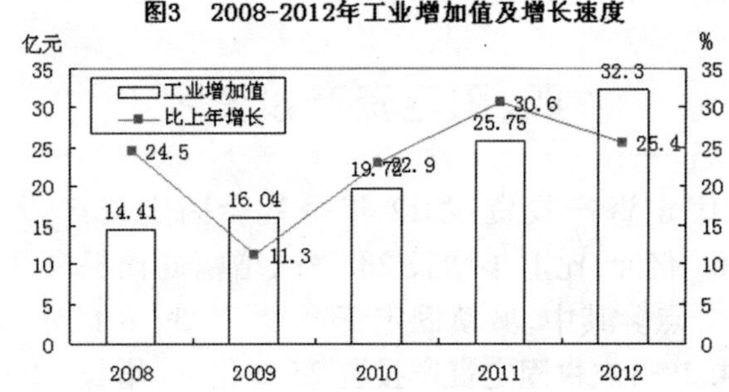

表 3 **2012 年规模以上工业增加值分类情况**

指 标	增加值(万元)	比 2011 年增长(%)
规模以上工业企业	269799.8	19.5
其中:国有企业	98213.9	9.5
集体企业	5746.3	4.9
股份合作企业	0	0
股份制企业	146536.7	29.0
外商及港澳台商投资企业	19303	18.6
其他经济类型企业	0	0

指　　标	增加值(万元)	比2011年增长(%)
其中:轻工业	83520.5	9.0
重工业	186279.4	25.0
其中:私营企业	101452.4	37.2

表4　2012年规模以上工业企业主要产品产量

产品名称	单　位	产　量	比2011年增长(%)
水　泥	万吨	136.42	8.2
中成药	吨	224.8	15.3
发电量	万千瓦小时	95368.4	-4.9
啤　酒	千升	143009.4	-6.2
自来水	千升	11534.7	9.6
瓶装饮用水	吨	87653.9	6.1

建筑业:2012年全市建筑业增加值58.4亿元,比上年增长16.1%。

四、固定资产投资

固定资产投资:2012年全社会固定资产投资285.05亿元,比上年增长28.3%,增幅同比提高2.4个百分点。其中,城镇固定资产投资259.8亿元,增长24.2%;农村固定资产投资25.2亿元,增长94%。在全社会投资中市属固定资产投资213.36亿元,增长43.6%。

图4 2008-2012年固定资产投资及增长速度

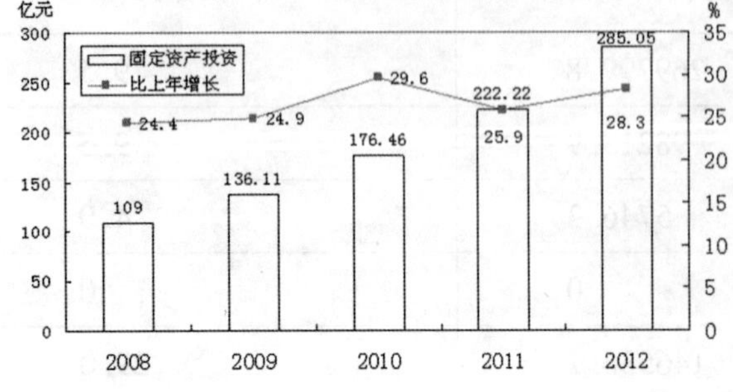

城镇固定资产投资中:中央项目固定资产投资95.9亿元,下降30.2%;地方项目固定资产投资163.91亿元,增长129.5%;

第一产业投资7.23亿元,下降36.9%;第二产业投资97.49亿元,增长46.6%,其中:工业投资82.94亿元,增长40.4%;第三产业投资180.33亿元,增长25.0%。三次产业投资的比重依次为2.5%、34.2%和63.3%。

国有投资153.33亿元,下降3.1%,非国有投资131.72亿元,增长106.1%。

房地产开发:全年房地产开发投资5.44亿元,比上年增长25.7%。房地产开发施工房屋面积19.83万平方米,比上年下降50.7%;全年房屋竣工面积8.17万平方米,商品房销售面积2.57万平方米。

表 5 **2012 年全社会固定资产投资额**

指　　标	投资额(万元)	比 2011 年增长(%)
全社会固定资产投资	2850534	28.3
农、林、牧、渔业	72302	-36.8
采矿业	399606	658.7
制造业	223003	-32.9
电力、燃气及水的生产和供应业	206768	0.5
建筑业	145548	96.7
交通运输、仓储和邮政业	558253	-6.1
信息传输、计算机服务和软件业	67801	46.3
批发和零售业	76482	280.1
住宿和餐饮业	204726	75.6
金融业	13809	229.3
房地产业	176423	40.6
租赁和商务服务业	19032	355.5
科学研究、技术服务和地质勘查业	12533	886.1
水利、环境和公共设施管理业	162983	-36.7
居民服务和其他服务业	28428	261.5
教育	115108	126.1
卫生、社会保障和社会福利业	24011	21.5
文化、体育和娱乐业	102024	14.1
公共管理和社会组织	241694	130.4

五、国内贸易

消费品零售:2012 年末,全市共有限额以上企业 50 家,同比增长 13.6%;全年完成社会消费品零售总额 124.56 亿元,比上年增长 18.5%。限额以上贸易企业零售额 38.19 亿元,比上年增长 8.6%,在全市社会消费品零售总额中所占比重为 30.7%。

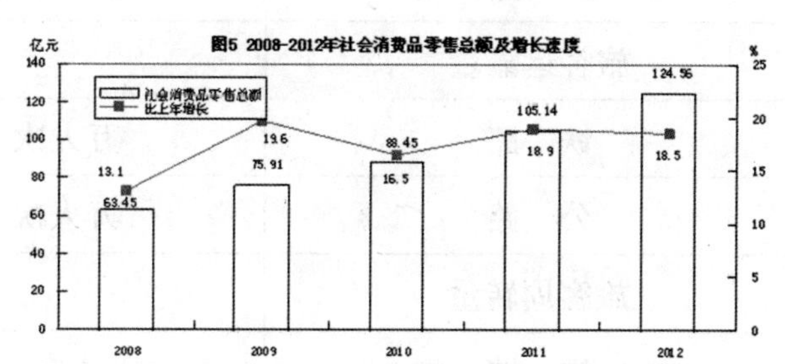

表6 2012年社会消费品零售总额

指　　标	总　额(亿元)	比2011年增长(%)
社会消费品零售总额	124.56	18.5
分城乡:城镇	111.63	22.8
其中:城区	100.11	17.9
乡村	12.92	-9.2
分行业:批发零售	106.51	15.9
住宿餐饮	18.04	36.1

六、对外经济

进出口贸易:2012年全市外贸进出口总额33.3亿美元,比上年增长154.7%。其中:出口额32.61亿美元,增长188.0%,其中本地产品3700万美元,占总出口的1.1%;进口额0.69亿美元,同比下降60.9%。

招商引资:全年新引进项目220个。实际到位资金78.3亿元,增长35%。

七、交通、邮电和旅游

交通运输:2012年末全市公路线路里程3886公里。

表7 2012年铁路、公路运输量与周转量

指　　标	单　位	2012年	比2011年增长(%)
货物运输量			
铁　路	万吨	84.63	74
公　路	万吨	248	-34.8
货物周转量			
铁　路	万吨公里	199523.5	33.2
公　路	万吨公里	89818	8.2
旅客运输量			
铁　路	万人次	98.75	-10
公　路	万人次	534	30.4
旅客周转量			
铁　路	万人公里	102521.4	-2.2
公　路	万人公里	33149	21

注:铁路运输为西藏地区口径。

邮电：全年完成邮电业务总量128326.89万元，比上年增长71.6%，其中邮政业务总量4163.33万元，增长23.7%；电信业务总量124163.56万元，增长21.8%。年末固定及移动电话用户总数达到20.23万户，其中：移动电话用户93.56万户，新增加11.11万户。

旅游：2012年全市接待海内外游客650.83万人次，比上年增长26.5%。其中：国内游客64.48万人次，增长28.2%；入境游客6.0万人次，下降48.3%。全年旅游总收入65.48亿元，增长28.1%；旅游外汇收入2457.96万美元，降低41.9%。

八、财政、金融和保险

财政：2012年全市完成公共财政预算收入（财政一般预算收入）34.36亿元，增长46.6%。其中：税收收入29.74亿元，增长39.0%，增值税、营业税、资源税、企业所得税、个人所得税五大税种税收26.52亿元。

图6 2008-2012年财政一般预算收入及增长速度

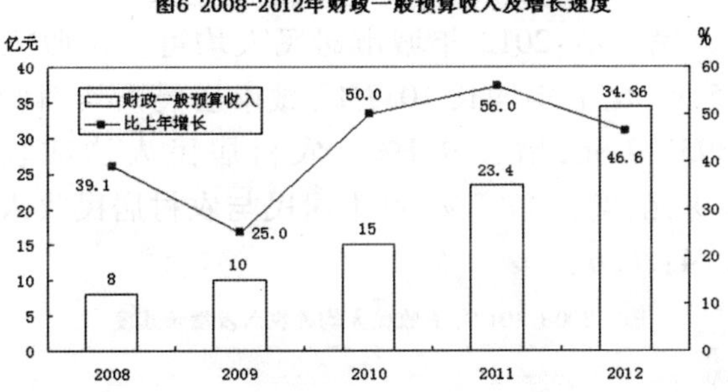

全年执行一般预算支出106.9亿元，比上年增长41.4%。农业、教育、科技等各项重点支出以及事关民生的支出得到较好保障，其中农林水事务支出7.95亿元，增长23.5%；教育支出15.29亿元，增长19.0%；科学技术支出0.43亿元，增长61.3%；社会保障和就业支出4.0亿元，增长3.1%；医疗卫生支出3.85亿元，增长49.5%；节能环保支出0.43亿元，增长17.5%；文化体育与传媒支出1.34亿元，增长77.5%；城乡社区事务支出5.34亿元，增长40.8%；一般公共服务支出21.43亿元，增长60.6%。

金融和保险：截止2012年末全市金融机构本外币各项存款余额1307.84亿元，比年初增长18.1%；本外币各项贷款余额454.64亿元，比年初增长43.9%。人民币各项存款余额1304.19亿元，增长17.9%；人民币各项贷款余额454.35亿元，增长43.9%。在人民币贷款中，中长期贷款余额294.05亿元，增长47.1%；短期贷款余额87.73亿元，增长53.3%。保险业全年保费收入为64951.67万元，增长16.8%。

截止2012年末人民币个人储蓄存款余额223.83亿元，比年初增长25.54%。

九、城市建设

基础设施建设：2012年，以供暖供气、道路桥梁、重点场站建设为抓手，先后实施市政工程建设17项，总投资达40亿元，比去年增加235.3%。

年末市区供水管道长度达733.15公里，同比增长0.7%；全年自来水公司总供水11640.23万立方米，其中：生产运营用水5007.5万立方米，公共服务用水16.6万立方米，家庭居民用水490.8万立方米，其他用水3652.8万立方米，免费用水153.37万立方米。公交运营线路网长度528.8公里，年客运量6772万人次。

城市绿化：2012年全市建成区共实施园林绿化工程1项，全市共有公园58个，其中，综合性公园1个，街头游园39个，街旁绿地18块。

十、教育、文化、卫生

教育：2012年末共有高等院校6所（其中高职院校1所），中等职业学校1所，普通中学14所，小学87所，幼儿园94所，特殊学校1所。

2012 年各类学校学生数(2012－2013 学年)

表 8 单位:人

指　　标	招　生	在校生	毕业生
研究生	254	658	126
普通高等教育	9336	27898	8404
中等职业教育	135	502	51
普通高中	9455	28556	3639
初　中	7199	21497	7622
普通小学	8884	49388	7440
特殊教育	29	177	23
学前教育	10742	18427	5354

全市小学学龄儿童入学率达 99.8%,巩固率达 101.4%;初中生入学率达 101.68%,巩固率保持在 99.26%。高中阶段毛入学率为 82%。

文化:2012 年末全市共有艺术表演团体 52 个,博物馆 1 个。全市广播综合人口覆盖率为 97.4%,电视综合人口覆盖率为 97.44%。继续实施农村电影放映工程,全年完成农牧区电影公益放映 1.2 万场次,观影人数达 108 万多人次。

卫生:年末共有卫生机构 451 个(含村卫生室),医疗床位 2325 张。每千人拥有医疗床位 4 张。各类卫生技术人员 3552 人,其中:执业(助理)医师 1541 人。每千人拥有卫生技术人员 6 人。

十一、环境保护和安全生产

环境质量:市区二级以上空气质量天数为 364 天,空气质量优良率达 99.5%;集中式饮用水水源地水质达标率保持 100%。市辖区内水质达到相应水体环境功能要求(100%),全市跨界断面出境水质达到 100% 要求。

安全生产:2012 年亿元 GDP 生产安全事故死亡人数为 0.31 人,下降 4.7%。全年各类安全生产事故死亡 79 人,同比上升 1.3%,其中,道路交通事故死亡 75 人,工矿商贸事故死亡 2 人,分别下降 1.4% 和上升 50%。

十二、人民生活和社会保障

人民生活:2012 年城市居民人均可支配收入为 19545 元,比上年增长 10.7%;城市居民人均消费支出 13952.7 元,增长 9.1%。农村居民人均纯收入 7082.1 元,增长 17.7%;城市居民与农村居民收入比为 73.4:26.6。

图7 2008-2012年农牧民人均纯收入及增长速度

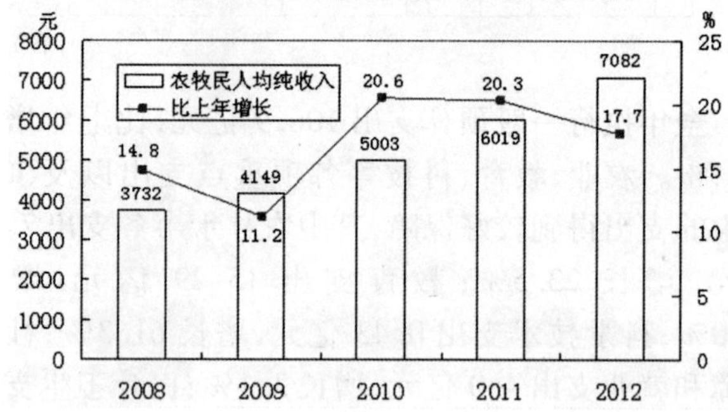

图8 2008-2012年城镇居民人均可支配收入及增长速度

社会保障:市属城镇职工参加养老保险的人数为2.8万人,新型农村养老保险的人数17.27万人。参加基本医疗保险3.9万人。参加失业保险的人数为1.24万人。参加工伤保险的人数为2.5万人。参加生育保险的职工人数2.8万人。城市居民最低生活保障继续加强,城市低保覆盖人口达到1.48万人;农村低保覆盖人口达到2.61万人。年末全市救济农村五保供养1376人,其中,集中供养1046,城乡医疗救助2619人,其中城镇527人,农村2092人。

注:

1、本公报数据为初步统计数据。

2、地区生产总值及各产业(行业)增加值指标绝对数按现价计算,增长速度按可比价格计算。

3、对外贸易、交通、邮电、旅游、财政、金融、保险、文化、卫生、教育、社会保障等方面的数据均由相关职能部门提供。

4、规模以上工业企业是指年主营业务收入2000万元及以上的全部法人工业企业;限额以上批发企业是指年销售额在2000万元及以上的企业,零售企业是指年销售额在500万元及以上的企业;住宿餐饮企业是指年营业额在200万元及以上的企业。

5、涉及2012年常住人口数据,均根据本年度全市1‰人口抽样调查情况进行推算的数据进行计算的。

后　记

根据市委、市政府统一安排,2月4日,市政府办公厅印发了关于编纂《拉萨年鉴(2013)》的通知,根据通知精神,各单位立即行动起来,安排专人负责编写年鉴资料。5月底,各单位编纂稿件基本完成。7月中旬,经市地方志办公室工作人员编辑修改整理形成初稿。

5月16日至17日,拉萨市地方志办公室邀请北京市地方志办公室市志指导处处长运子微、宣传培训处处长王国英、区县志指导处处长尹树国三位地方志、年鉴专家在拉萨举办了全市第二届地方志(年鉴)编修知识培训班,三位专家从地方志资料的收集整理、地方志书编纂基础知识、年鉴撰稿等方面做了全面生动的讲解。

7月底,我们将编纂好的《拉萨年鉴(2013)》初稿,送至北京市地方志办公室。北京市地方志办公室主任王铁鹏非常重视,立即组织谭烈飞、王国英、运子微、尹树国、沈红岩、韩枫、王鹏、王颖超等10多位经验丰富的专家从体例结构、文字内容等方面进行认真修改,王铁鹏主任对全书进行最后一次全面审核调整和把关。同时,北京方志出版社也对整部年鉴做了认真审核。

为了进一步提高年鉴质量,11月13日,曹志明副秘书长主持召开了《拉萨年鉴(2013)》评审会,重点从保密、数据、反映情况是否全面等方面进行了认真审查,并根据大家提出的意见做了认真修改。

11月25日,又分别将编印好的《拉萨年鉴(2013)》最后一稿呈送给市委、市人大、市政府、市政协等26位领导进行征求意见。根据自治区党委常委、市委书记齐扎拉作出"年鉴一定要从政治上思考、谋划,切忌只见树木,不见森林"的重要批示和各位领导提出的修改意见做了认真细致的修改,补充了大量文字、图片资料。

本年鉴编辑出版工作得到北京市地方志办公室大力支持和鼎力相助,为此表示衷心感谢。

由于编辑人员缺少,编纂水平有限,粗疏、缺漏或错误在所难免,欢迎各级领导和广大读者批评指正。

拉萨市委党校（拉萨市行政学院）

3月22日，西藏自治区党委常委、拉萨市委书记齐扎拉到市委党校检查指导工作

4月17日，中共拉萨市委党校，举行春季开学典礼，市委常务副书记焦建俊出席并讲话

5月15日，市委党校现场教学基地挂牌仪式在柳梧新区举行

5月25日，全市干部教育周末大讲堂活动正式启动

拉萨市优秀中青干部培训班开学暨市委党校秋季开学典礼

8月13日，市委组织部、市委党校、市人力资源和社会保障局联合举办拉萨市劳动关系和劳动保障培训研讨班

党组书记　史　勇

2012年，拉萨市审计局人员编制52人，在编46人，领导职数6名。设有办公室、法规科、财政金融审计科、基本建设投资审计科、行政事业审计科、经济责任审计科、经贸企业审计科、农业与资源环保审计科、信息中心。

年内，市审计局共完成审计项目19个，审计总金额1,006,999万元，查出违规违纪资金39,109.02万元，提出审计建议46条，被审计单位采纳46条。审计工作在规范全市经济秩序、推动依法行政、促进增收节支、维护群众利益、促进党风廉政建设、保持社会稳定和促进拉萨经济社会科学发展等方面发挥了积极的作用。

局长　次　旦

党组书记史勇、局长次旦慰问尼木县塔荣村困难群众

江苏省审计厅向拉萨市审计局援助资金

党组书记史勇检查驻村工作

开展双拥工作　慰问部队官兵

拉萨市档案局（馆）

局（馆）长　马荣清

拉萨市档案局（馆）长马荣清与苏州市档案局局长肖芃商谈档案异地备份事宜

市档案局（馆）深入县（区）开展档案安全检查

市档案局（馆）举办档案业务培训

市档案局（馆）驻村工作队宣传中共十八大精神

拉萨市档案局（馆）驻村工作队开展“八看”、“一算账”、“一揭批”、“四增强”感党恩主题教育活动

拉萨市公安局

党委书记　龚会才

局长　次仁旺堆

雪中执勤的女交警

金盾护两会

市委副书记、政法委书记张延清检查环拉萨“护城河”工程及全市道路交通安全管理情况，并慰问坚守岗位的一线民警

市委常委、公安局党委书记龚会才慰问一线民警

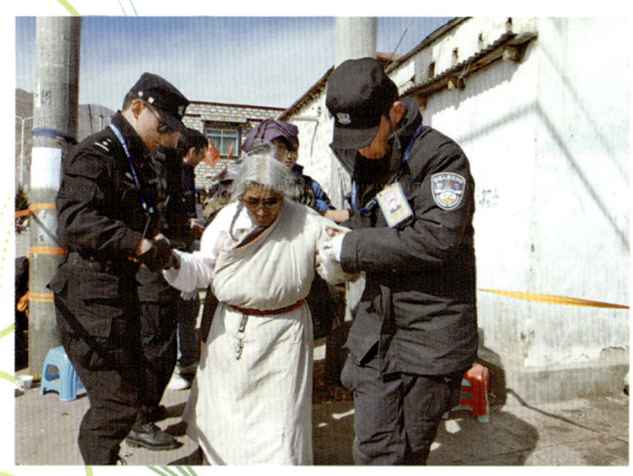

搀扶老人

夜间110指挥中心

严打整治行动收缴管制刀具

特警巡逻

民警在中共十八大期间执勤

民警在中共十八大期间执勤

拉萨市检察院

党组书记、检察长　田建设

军事训练

市检察院党组班子全体成员

春节、藏历新年来临之际，检察长田建设看望慰问基层检察干警

春节、藏历新年来临之际，检察长田建设慰问退休老干部

4月1日，检察长田建设与干警一起参加义务植树活动

检察长田建设检查指导院维稳下沉工作

拉萨市中级人民法院

党组书记、院长　马 方

11月16日，拉萨市中级人民法院领导在当雄县检查中院“护铁”工作

2月15日，拉萨市中级人民法院驻村工作队开展扶贫慰问活动

9月27日，拉萨市中级人民法院举行“民族团结先锋活动”专题讲座

10月23日，拉萨市中级人民法院召开决胜中共十八大维稳动员部署大会

9月7日，拉萨市中级人民法院党组成员、副院长张瑜、刘景文被西藏大学聘为法学教授

5月9日，拉萨市中级人民法院法官在林周县江夏乡中心小学开展法制讲座

9月7日，拉萨市中级人民法院在未成年人法庭开庭审理未成年人犯罪案件

5月2日，拉萨市中级人民法院举行“集结在党旗下”党史知识竞赛

拉萨市司法局

党组书记　蔡严林

局长　次培

江苏省司法厅与拉萨市司法局对口捐赠仪式

举行章多村贫困大学生助学金发放仪式

开展爱国卫生集体劳动

推进“六五”普法宣传教育活动

拉萨市公安消防支队

西藏自治区党委书记陈全国看望慰问布达拉宫模范消防大队官兵

2012年以来，拉萨市公安消防支队在市委、市政府和消防总队以及政法、公安系统的坚强领导下，以打赢中共十八大消防安全保卫战为目标，落实维稳工作责任，创新社会消防管理，着力打造现代化高原首府消防铁军和监督执法铁军，夯实政工、后勤两大保障，创新求实，真抓实干，实现了消防工作和部队建设的新突破，确保了社会局势、火灾形势和部队内部的总体稳定，截至2012年年底，拉萨市共发生火灾80起，死亡0人，受伤3人，直接财产损失387.8万元。全年，全市消防部队共接警2470起（其中，扑救火灾80起，抢险救援74起，公务执勤2241次，社会救助70次，其它接警出动5次），出动2473次（含增援），出动车辆3799辆次，出动警力19461人次，抢救被困人员93人。

全市各级政府共组织开展各类专项整治活动144次，消防部门共排查社会单位1.58万余家次，发现火灾隐患1.79万处，督促整改火灾隐患及消防安全违法行为1.87万余处，下发《责令改正通知书》6171份，《临时查封决定书》166份，实施各类行政处罚339起，责令“三停”单位160家，累计罚款96.15万元，行政拘留35人。

西藏自治区常务副主席洛桑江村观看消防技能汇报表演

西藏自治区常务副主席吴英杰考察消防宣传一条街活动

拉萨市人民政府召开消防工作联席会

综合应急救援演练图集

成功扑救“5·9”木材加工厂火灾

拉萨市八一农场

党委书记　索朗次仁

场长　毛玉军

①国家农业部农垦局局长李伟国、自治区农牧厅总农艺师高玲、拉萨市副市长次仁央宗与农场领导班子合影

②副市长果果考察八一农产品市场工作

③农场全体管理人员

④美朵小区退休基地道路改造工程验收现场职工群众为场领导赠送锦旗、敬献哈达

⑤7月31日，拉萨市八一农场建场60周年庆祝大会

⑥农场全体干部职工学习贯彻中共十八大精神

拉萨市发展和改革委员会

党组书记　赵亚萍

常务副主任　达 娃

拉萨市发改委是主管全市国民经济和社会发展的综合职能部门，担负着研究提出经济社会发展战略目标和重大政策、措施，编制全市经济社会发展中长期规划和年度计划，编制重点项目计划，审批管理权限内固定资产投资项目，协调产业发展、招商引资、经济体制改革和宏观经济运行，负责物价监测、价格认证、市场监管、价格举报调处等。同时兼管市粮食局，工作千头万绪，责任重大。委机关现有干部职工73人，其中副地级1人，县级10人。委机关内设10个职能科室，下设粮食局（二级单位）。

5月，西藏自治区主席白玛赤林在区政府秘书长高扬、市长多吉次珠等领导陪同下考察拉日铁路建设施工现场

10月，自治区党委常务副书记吴英杰与曲水县主要领导、中铁十九局负责人共商铁路施工协调事宜

9月22日，区党委常委、拉萨市委书记齐扎拉出席教育城开工典礼

4月2日，市长多吉次珠等领导出席江苏援建的拉萨市当热路东段修建工程开工典礼

2012年底，副市长、市发改委主任刘志强带领领导班子成员慰问驻市武警官兵

①2012年底，市发改委党组书记赵亚萍、常务副主任达娃深入林周县阿朗乡检查指导基层基础工作，并与乡村干部亲切交谈

②市发改委通过党组理论中心组、宣传报告会等形式加强理论学习，提高思想认识，增强业务本领

③落户拉萨经济技术开发区招商项目—西藏青稞酒业有限公司现代化生产线

④桥址原貌

⑤2012年国家以工代赈项目—尼木县麻江乡唐忠桥

拉萨市民政局

党组书记　何春林

局长　扎西白珍

6月，西藏自治区主席白玛赤林，副主席孟德利，拉萨市委副书记、市长多吉次珠一行考察市民政局局属单位工作

6月，西藏自治区党委常委、常务副主席洛桑江村到中国拉萨SOS儿童村看望慰问全体孤儿

2012年藏历新年期间，西藏自治区党委常委、拉萨市委书记齐扎拉看望慰问武警拉萨支队官兵

11月，拉萨市民政局党组书记何春林慰问城乡低保户

6月，拉萨市民政局局长扎西白珍主持“2011年度退役士兵职业技能培训班”开班仪式

5月，市民政局开展“5·12防灾减灾日”宣传活动

12月，拉萨市城乡医疗救助“一站式”即时结算试点启动授牌仪式

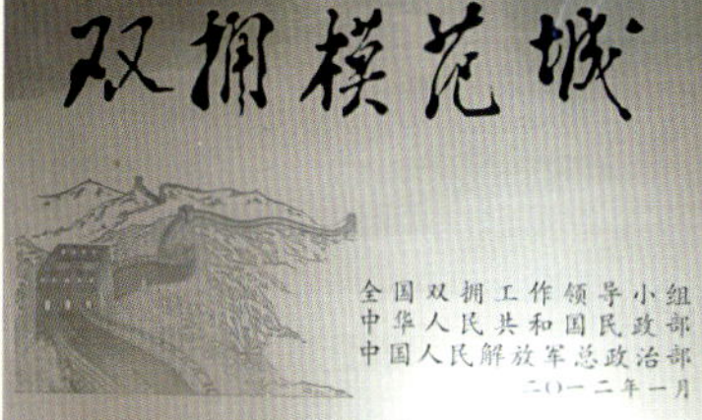

全国民政系统信访工作

先进集体

中华人民共和国民政部
二○一二年九月

拉萨市外事办公室

党组书记、副主任　张文生

党组副书记、主任　朗杰卓玛

西藏自治区党委常委、拉萨市委书记齐扎拉会见美国设计师伍德·本杰明·查韦斯

拉萨市副市长次仁旺堆向以色列贝特谢梅什市市长阿布特布赠送礼品

拉萨市外事办党组书记张文生陪同尼泊尔驻拉萨总领事一行参观考察拉萨经济技术开发区

外事办主任朗杰卓玛陪同外宾参观城关区实验幼儿园

越南西北地区指导委员会干部代表团参观农牧民安居工程

拉萨市代表团随团赴韩日学习考察新农村建设

拉萨市常务副市长陈文陪同外宾参观大昭寺

拉萨市国家税务局

党组书记其美陪同区国税局局长袁庆杰考察柳梧分局

局长葛程蓉陪同区国税局副局长格桑次仁在北城分局开展调研

税务干部在拉萨市国税局所得税业务技能竞赛考场

2012年，拉萨市国税局按照拉萨市关于“充分发挥首府城市首位度作用”的总要求和努力打造西藏税收管理试验田的目标任务，在全市国税系统大兴开拓创新之风，力推务实创新之举，在税源管理、依法治税、队伍建设、行政管理等方面积极探索，大胆实践，充分发挥税收职能作用，为促进拉萨市经济社会发展、调整产业结构、保障和改善民生发挥了积极作用。2012年全市国税系统累计组织税收各项收入267690.49万元，较上年同期增收68514.9万元，同比增长34.4%，完成全年奋斗目标的127.47%。

围绕专业化管理思路，积极探索建筑安装企业、矿产企业、百货超市行业、定期定额户等有效的行业税收管理模式，充分发挥以票控税作用，加大信息管税力度，建筑业和采矿业管理实践材料由区国税局批转全区国税系统学习参考。深入推进依法行政，出台《规范税务行政处罚自由裁量权实施办法》，细化自由裁量权执行标准，最大限度减少执法随意性。推出《零距离》电视访谈、公交站台宣传等新颖的税收宣传方式，以税收收入突破20亿元为契机，首次在《西藏日报》《中国税务报》刊登专版，开展多角度、全方位、立体式宣传。不折不扣执行各项税收优惠政策，落实“双减负”目标，推行POS机缴税业务、增设办税服务网点、下放审批权限，努力为纳税人提供办税便利。

加强干部队伍建设，进一步规范机构设置，完善激励与流动机制。深入推进学习型组织建设，在内地高校自主办班，开展所得税业务技能大比武、“每季一测、每年一考”、“推荐一本书”、优秀论文评比、创新思路征集等活动。全面推行“廉政监督卡”制度，在堆龙县局设立廉政警

纳木措乡小学生用上了市国税局援建的热水房

表彰优秀党员

向110便民警务站赠送税收宣传品

税务干部下户检查

示教育基地，以清风正气为税收工作保驾护航。坚持为民服务宗旨，深入落实基层联系点制度。扎实开展创先争优强基惠民活动，分批派驻工作队到驻地帮扶，验收完成四个强基惠民项目，派驻干部进驻城关区纳如社区开展工作，贯穿全年做好维稳值班工作，为中共十八大的胜利召开提供保障。创新税务文化活动载体，升华文明创建成果，荣获市（中）直机关作风和行政效能建设工作二等奖、全市民族团结进步模范集体等各级各类多项表彰。

党组书记其美与下沉工作组合影

拉萨市水利局

党组书记　韩云拴

局长　欧阳莉萍

2012年，水利工作紧紧围绕经济强市和社会主义新农村建设大局，突出民生水利、安全水利、资源水利和环境水利四大任务，大力加强水利基础设施建设和项目前期工作，扎实推进管理制度创新，狠抓工程建设管理，着力解决水利与农牧业生产之间的现实矛盾，全年累计完成水利投资3.7亿元。

加快项目落实，谋划了水利项目七大类、39项，全年落实水利投资达到4.4亿元，同比增长54.7%。其中续建、新建项目15个，完成投资1.6亿元，同比增长65%。落实规划外项目—拉萨河景观工程和桑益沟防洪工程开建工作。

完成林周县澎波灌区规划、松古河中小河流治理工程的设计；尼木县城防洪堤、尼木县东风灌区、普松灌区、夏曲河中小河流等工程的设计。在做好防洪堤工程、灌区工程设计的同时，配合成都市水利勘测设计院完成了拉萨市重点项目拉萨河工程的初步设计和可行性研究报告。配合文成公主实景演艺场办公室完成了演艺场周边水文报告及排洪渠的设计工作。

全市水利基本建设投资重点以城市防洪、中小河流治理、山洪灾害防治、农田水利建设、农村饮水安全和水土保持等民生水利工程为主。年内重点项目共31个，总投资为4.8亿元，其中已实施完成项目10个，总投资1.1亿元。新开工项目有流沙河防洪工程，完成投资2550万元，澎波中小河流治理项目，完成投资1370万元，城镇防洪体系不断完善。

年内，新建饮水点56处，其中自流引水29处、机井23处、大口井4处，解决1.4万农牧民和2556人农村师生的饮水安全。

认真落实防汛抗旱行政首长责任制，修改补充完善应急预案，重点水库（水电站）安全度汛预案和山洪灾害防治预

水利局党组书记韩云栓、局长欧阳莉萍陪同自治区副主席坚森检查指导工作

水利局党组书记韩云栓、局长欧阳丽萍慰问驻村工作队

水利局局长欧阳莉萍在工地现场检查工作

水利局党组书记韩云拴在3号闸工地施工现场检查工作

水利局局长欧阳莉萍在流沙河防洪整治工程开工仪式上讲话

案，及时储备和调拨防汛抢险物资（编织袋7万条、铁丝10吨、编织铁丝网200张和石料等），成立检查组赴七县一区检查督促防汛抗旱工作，同时对拉萨河纳金乡嘎巴段至七一农场全长20余公里堤防进行拉网式检查，对险工险段进行加固维修，清理拉萨河左右岸河道周边建筑垃圾、生活垃圾7吨，投入资金8万元。成功应对主汛灾情，确保汛期堤防无一决口，水库无一垮坝。

新开工建设重点灌区达孜县琼普灌区和曲水县聂当乡德吉干渠工程，完成投资996万元。完成达孜县小型农田水利建设工程重点县建设任务，完成投资1470万元。曲水县国家级小型农田水利建设工程重点县项目立项审批，计划投资1411万元。结合创先争优强基础惠民生活动，实施面上小型农田水利建设工程81处，完成投资3823.7万元，同比增长280%，创历史新高。年新增和改善有效灌溉面积近2.6万亩。

拉萨市水利在拉萨七县一区57个乡镇261个行政村（253个行政村、8个社区）开展水利普查工作，共发放普查表3306张，收回3306张；普查名录数2918个。市水利普查工作得到了上级有关部门的肯定和高度评价，在各阶段任务指标考核中实现了全区领先。

年内，第六批援藏干部积极与江苏省水利厅、淮委联系，拟建设“拉萨水利工程质量监测中心”。截至年底，已筹措资金450万元，前期准备工作均已完成。

拉萨河香嘎段防洪堤

拉萨市人力资源和社会保障局
（拉萨市公务员局）

党组书记　彭丽华

市委组织部副部长、局长　张文泉

区人社厅厅长马相村、市委副书记贾沫微到北京市面向西藏籍高校毕业生专场招聘会现场考察

市委常委、常务副市长陈文深入林周县检查寺庙僧尼养老保险落实情况

8月31日，市长多吉次珠在全市公务员表彰大会上为获奖者颁奖

①②
③④

①就业援藏—北京市面向西藏籍高校毕业生专场招聘会
②市人社局组织召开西部地区首府城市人才工作研讨会
③市人社局开展“送医、送药、送健康”活动
④市人社局认真落实专技人员赴内地考察学习民生项目

8月14日，第七届纳木措徒步大会启动仪式在布达拉宫广场举办

拉萨市旅游局

2012年，拉萨累计接待国内外旅游者650.89万人次，比2011年同期增长26.53%，实现旅游收入65.48亿元，比2011年同期增长28.12%。旅游业直接就业2.73万人，间接就业11.49万人，旅游经济就业总人数达到14.33万人，截至年底，拉萨共有旅行社102家，旅游汽车公司23家，旅游车辆3705台，星级宾馆（饭店）、家庭旅馆及社会旅馆共计477家，客房18284间，床位39365张，持证导游2500人。

5月19日，国家旅游局，拉萨市旅游局在宇拓路开展旅游宣传活动，自治区党委常务副书记郝鹏询问拉萨旅游产业发展情况

8月14日，第七届纳木措徒步大会启动仪式在布达拉宫广场举办，市委书记齐扎拉出席启动仪式，并在赛旗上签名

①② ③④ ⑤⑥

①8月30日，国家旅游局局长邵琪伟在八廓街进行走访调研
②10月23日，在纳木措景区入口举行纳木措国家公园挂牌仪式
③10月23日，在纳木措景区入口举行纳木措国家公园挂牌仪式
④9月28日，副市长占堆带队检查拉萨旅游市场
⑤10月3日，副市长占堆带队检查拉萨旅游手工艺产品生产情况
⑥8月14日，第七届纳木措徒步大会启动仪式在布达拉宫广场举办

拉萨市 住房和城乡建设局

党组书记　张贵国

局长　格桑平措

2012年，以供暖供气、道路桥梁、重点场站建设为抓手，先后实施市政工程17项，总投资达40亿元，比上年增长235.29%。全面实施供暖供气工程。在党中央、国务院的亲切关怀和自治区党委、政府的高度重视下，期盼已久的拉萨城市供暖工程正式开工建设，作为西藏和平解放以来单项投资规模最大的重大民生项目，在时间紧、任务重、涉及广、难度大的情况下，广泛借助区内外资源，举全市之力抓项目前期、资金筹措、施工建设、政策研究、民意支持、安全运行，如期实现40%的目标任务。大力推进城市路桥建设。实施了贡布堂路、扎基东路、加荣路、民兵训练基地市政道路、十条便民路、千佛崖栈道、纳金大桥、次角林大桥、人行天桥、柳梧新区东环快速干道、柳梧新区商业路、柳梧新区为民路、东二路、西二路、学府路、当热东路等路桥工程。加快市政公用设施建设。实施了拉萨综合展馆、西藏会展中心、市级救灾物资储备库、东嘎水厂、民兵训练基地、给排水管网改造、环卫工人休息室等重点市政公用设施项目。切实加大老城区保护力度。启动了总投资12亿元，集特色风貌保护、建筑节能、给排水、消防设施、强弱电、环卫设施、标识标牌改造提升与供暖工程一体的“老城区保护工程”。加快推进小城镇建设。2012年，全市各县（区）共投入资金4.55亿元，实施了46个县城、乡（镇）基础设施建设项目。融资渠道得到拓宽。充分发挥了城投融资平台作用，为重点市政建设项目融资3.74亿元，吸引了企业投资参与建设，成功启动了次角林大桥首个市政类BT合作项目。

各级政府切实承担起了保障房建设主体责任，抓住了土地供应、资金配套、

自治区人大主任向巴平措、自治区副主席宫蒲光、拉萨市市长多吉次珠参加纳金大桥工程奠基仪式

拉萨市东嘎水厂工程奠基仪式

龙王潭城市景观

朵森格路—群艺馆

朵森格路—审计厅

林郭东路南段—公安厅商品房

林郭东路—商务局商品房

北京东至北京中路—赛康百货

天海路—建材市场商品房

当热中路—电建公司

金珠西路—农行

罗布林卡路—兰泽汽贸

建设进度、施工质量、建设规模五个重点环节，确保了2011年2932套保障房续建项目全部完成，完成投资3.5亿元。2012年，3089套保障房项目基本建成，完成投资2.44亿元，入住率提高到93%。及时提高干部职工住房公积金缴存比例2个百分点，住房公积金归集3.84亿元，贷款1.5亿元，支取1.08亿元。以公共租赁房为切入点，积极建立建构并行的模式，其中企业代建1006套，市场统购560套，政府统建6488套。以政府限价房为主渠道，积极建立个人投资主导模式，启动了教育城园丁苑保障性安居房项目，总户数1498户，总投资6.8亿元。以干部职工周转房为突破口，积极探索公有房产权转让模式。

2012年，共受理各类行政审批242件，办结率100%。认真办理市人大代表建议议案、市政协提案共32件，满意率达到100%。强基惠民活动深入推进，全系统先后选派32名干部驻村，投入资金500.6万元，为群众办实事115件，7名驻村干部受到市、县表彰，4个单位被评为驻村工作队先进集体。

拉萨市林业绿化局

党组书记　占堆

局长　宋留柱

拉萨市林业局在2002年升格为独立的正县级单位，2009年更名为拉萨市林业绿化局，主要职责为组织、协调、指导、监督全市造林绿化工作、湿地保护工作、荒漠化防治工作，野生动植物资源的保护和合理开发利用、森林防灾工作、公园建设和管理；负责林业系统自然保护区、森林公园的监督管理，承担推进林业改革职能，统筹协调创建国家生态园林城市，推进城市生态园林建设等职责。2009年机构改革中，原拉萨市建设局所属事业单位拉萨市园林局（科级建制，事业编制99名，科级领导职数3名，经费来源为全额拨款）整体划转至拉萨市林业局，变更为拉萨市林业绿化局。2010年5月，宗角禄康公园管理办公室（科级建制，事业编制4名，科级领导职数1名，经费来源为全额拨款），从原市政市容管理委员会整体划转至拉萨市林业绿化局。全局行政编制19名，其中县级领导职数5名，科级领导职数11名；事业编制136名，科级领导职数12名。内设行政机构5个，分别为办公室、造林绿化科、资源林政管理科、森林公安局、政工人事科；参照公务员管理单位2个：野生动物保护管理局、林政检查站；事业单位4个：市中心苗圃、林业勘察设计所、市园林

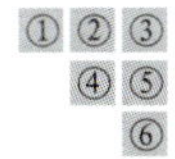

①自治区领导检查验收春季造林成果
②森林武警官兵参加植树造林活动
③局领导带领干部职工参加义务植树活动
④机场路两侧区域绿化成果
⑤河坝林公园摆放鲜花一景
⑥罗布林卡广场

局、宗角禄康公管理园办公室；1个临时性机构：创园办。2002年成立了拉萨市武警森林大队。

全局共有干部职工456人，其中局机关56人，园林局324人，宗角禄康公园76人，人员身份包括公务员、事业干部、集体工、公益性岗位、临时工等。高级职称3名，中级职称6名，初级职称10名。目前全市七县一区都有林业管理机构，其中林周、墨竹、曲水为正科级林业局，城关、达孜、堆龙、尼木为副科级林业局；当雄挂靠在畜牧局。

工作人员救助受伤的黑颈鹤

拉萨市农牧局

日光温室中挂满果实的西瓜蔓

拉萨市副市长次仁央宗带队到各县（区）检查验收拉萨市建立草原生态保护补助奖励机制工作

党组书记书记其美旺姆在墨竹工卡县邦达村驻村期间指导群众开垦荒地

拉萨市农牧局局长刘俊博到基层检查春季重大动物疫病防控工作

年内，拉萨市根据自然资源禀赋和农牧业产业特点，发展壮大特色农产品和优势产区，形成以曲水县、堆龙德庆县、林周县等县为主青稞生产基地，面积为1.631万公顷，青稞产量为10.18万吨。形成以堆龙德庆县岗德林蔬菜生产基地、林周县现代农业示范区等集中连片设施农业基地13个，设施蔬菜面积发展到0.12万公顷。发展壮大以城关区、达孜县、堆龙德庆县等城市近郊区为中心的奶牛养殖业，高产奶牛存栏17900头。发展林周县彭波半细毛羊养殖基地，存栏6.8万余只。形成堆龙德庆、达孜、尼木县为基地的藏鸡养殖产业带，藏鸡养殖70万余只。新建城关区嘎巴村生猪养殖场和墨竹工卡县天牧庄园藏猪养殖场2个，全市生猪出栏8.82万头。壮大以当雄县龙仁乡郭庆村牦牛育肥专业合作社、林周县卡孜乡牦牛育肥专业合作社为主的牦牛育肥产业带，基地出栏育肥牦牛4万余头。

年内，全市粮食产量17.43万吨（包含豆类），其中青稞产量为10.18万吨；各类蔬菜产量24.1万吨，其中设施农业产量10.78万吨；肉、奶、蛋产量分别为3.79万吨、4.05万吨、770.56吨。

拉萨市农技人员为参加2012年全区种植业现场会的各位代表介绍拉萨市种植业生产经验

半细毛羊养殖基地

农业机械收割现场

青稞标准化生产基地

拉萨市农业综合开发办公室

党组书记　孙伟华

主任　拉巴顿珠

年内，共建设扶贫农发项目276个，比2011年增加120个，增加了77%；项目总投资2.89亿元，国家投资2.2亿元，分别比2011年增长62%、69%。其中扶贫开发项目231个，总投资1.68亿元，国家投资1.29亿元；农业综合开发项目17个，总投资1.15亿元，国家投资0.85亿元；扶贫培训项目28期，投入培训资金600万元。自治区扶贫办对拉萨市扶贫开发工作给予了充分肯定，并给予920万元的项目奖励资金。荣获“2011年度拉萨市民族团结进步模范集体”“拉萨市2010—2012年创先争优活动先进单位”“2012年度全市维稳综治工作先进集体”等荣誉。

国务院扶贫办主任范小建调研拉萨扶贫工作

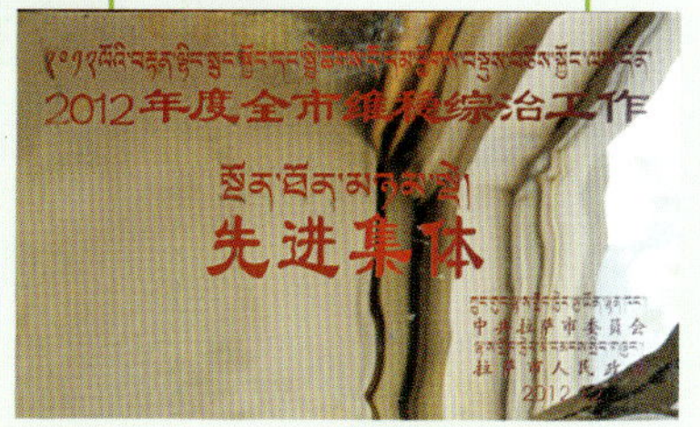

主任拉巴顿珠检查指导驻林周县连布村工作队创先争优强基惠民工作

拉萨市粮食局

局长 宗金贤

局长宗金贤检查林周县粮食收购工作

拉萨市粮食局领导到龙仁村慰问困难党员

江苏省粮食局、拉萨市粮食局对口援藏座谈会

北京市粮食局与拉萨市粮食局签订了《北京市粮食局与拉萨市粮食局关于对口支援西藏粮食流通工作框架协议书》《北京市粮食局对口支援西藏拉萨市粮食局项目协议书》

拉萨市卫生局

8月，卫生部部长陈竺在副市长次仁央宗和区、市两级卫生部门主要领导陪同下到拉萨市达孜县检查指导全民健康体检工作

2012年，拉萨市通过中华慈善总会和北京、江苏援藏渠道完成对113名先天心脏病患儿的救助工作，图为卫生局局长扎西德吉一行为到内地救治患儿送行

6月，拉萨市启动城乡居民免费健康体检和建立健康档案工作，图为正在等候体检的农牧民

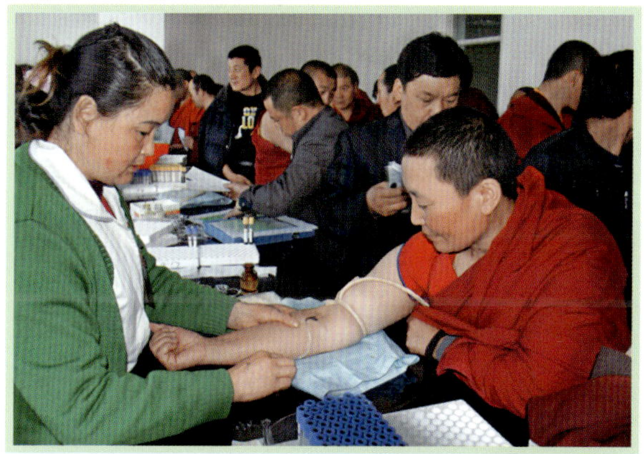

5月，拉萨市启动282座寺庙在编僧尼免费健康体检和建立健康档案工作，图为医务人员采集体检血样现场

2012年，拉萨市新建111个行政村卫生室，图为完成基础建设的行政村卫生室

拉萨市食品药品监督管理局

8月，召开拉萨—江苏食品药品监管援藏工作座谈会

药监执法人员深入药品经营企业开展执法检查

拉萨市人口和计划生育委员会

9月19日，国家人口计生委科学技术研究所专家组到林周县旁多乡开展皮埋调研

4月24日，拉萨市人口计生委召开军地计划生育管理工作协调会

拉萨市疾控中心

西藏自治区副主席德吉考察拉萨市疾病预防控制工作，副市长次仁央宗和区、市两级卫生部门主要领导陪同

拉萨市妇幼保健院

7月28日，北京市卫生局领导到市妇幼保健院检查指导工作

11月23日，市妇幼保健院召开创建“二甲妇幼保健院”动员大会

拉萨市教育局

2012年全市教育工作会议

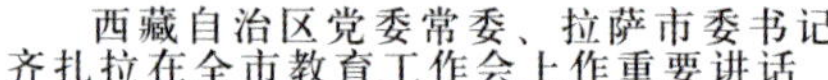
西藏自治区党委常委、拉萨市委书记齐扎拉在全市教育工作会上作重要讲话

市委副书记、市长多吉次珠主持全市教育工作会议

表彰“两基”先进集体和先进个人

2012年2月15日上午，全市教育工作会议在市政府会议中心召开。自治区党委常委、拉萨市委书记齐扎拉，市委副书记、市长多吉次珠等领导出席会议。会议由多吉次珠市长主持，齐扎拉书记发表重要讲话。

会议认真贯彻了全国、全区教育工作会议精神和《国家中长期教育改革和发展规划纲要》（2010—2020年），全面总结教育工作，科学分析教育工作面临的形势，研究部署教育改革发展方向，全面开创具有拉萨特色的教育事业改革和发展的新局面，全力推动教育事业优先发展、科学发展，加快把拉萨教育建成西部地区一流。

齐扎拉书记发表重要讲话，他就深入贯彻落实党中央、国务院和自治区党委、政府重大决策部署，结合拉萨实际，对全市教育改革和发展提出了三点意见：一要充分认识推进教育改革和发展的重大意义；二是全面推进拉萨教育事业改革和发展；三是为推动全市教育事业科学发展而奋斗。

多吉次珠市长就深入贯彻落实此次会议精神，提出了三点要求，一要迅速行动，认真传达学习精神；二要攻坚克难，努力开创拉萨教育新局面；三要狠抓落实，确保各项目标任务顺利完成。

2012年全市教育工作会议召开

拉萨教育城项目

2012年2月拉萨教育城项目正式启动。近年来，特别是“十一五”时期以来，在自治区党委、政府的高度重视和坚强领导下，在自治区教育厅的大力支持和具体指导下，在北京、江苏两省市的无私援助下，在全市各有关方面的共同努力下，拉萨市教育事业实现了新的历史性跨越，现代教育体系日趋完善，师资队伍不断发展壮大，教育投入和经费保障大幅度提高，办学条件显著改善，教育教学水平明显提升。新的形势给拉萨市教育事业提出了新的要求，更给教育事业跨越式发展带来了新的机遇。

2月15日，自治区、拉萨市主要领导参加拉萨教育城项目启动仪式

西藏自治区党委常委、市委书记齐扎拉、自治区教育厅厅长宋和平、市委副书记、市长多吉次珠共同触摸项目启动球

学生代表参加拉萨教育城项目启动仪式

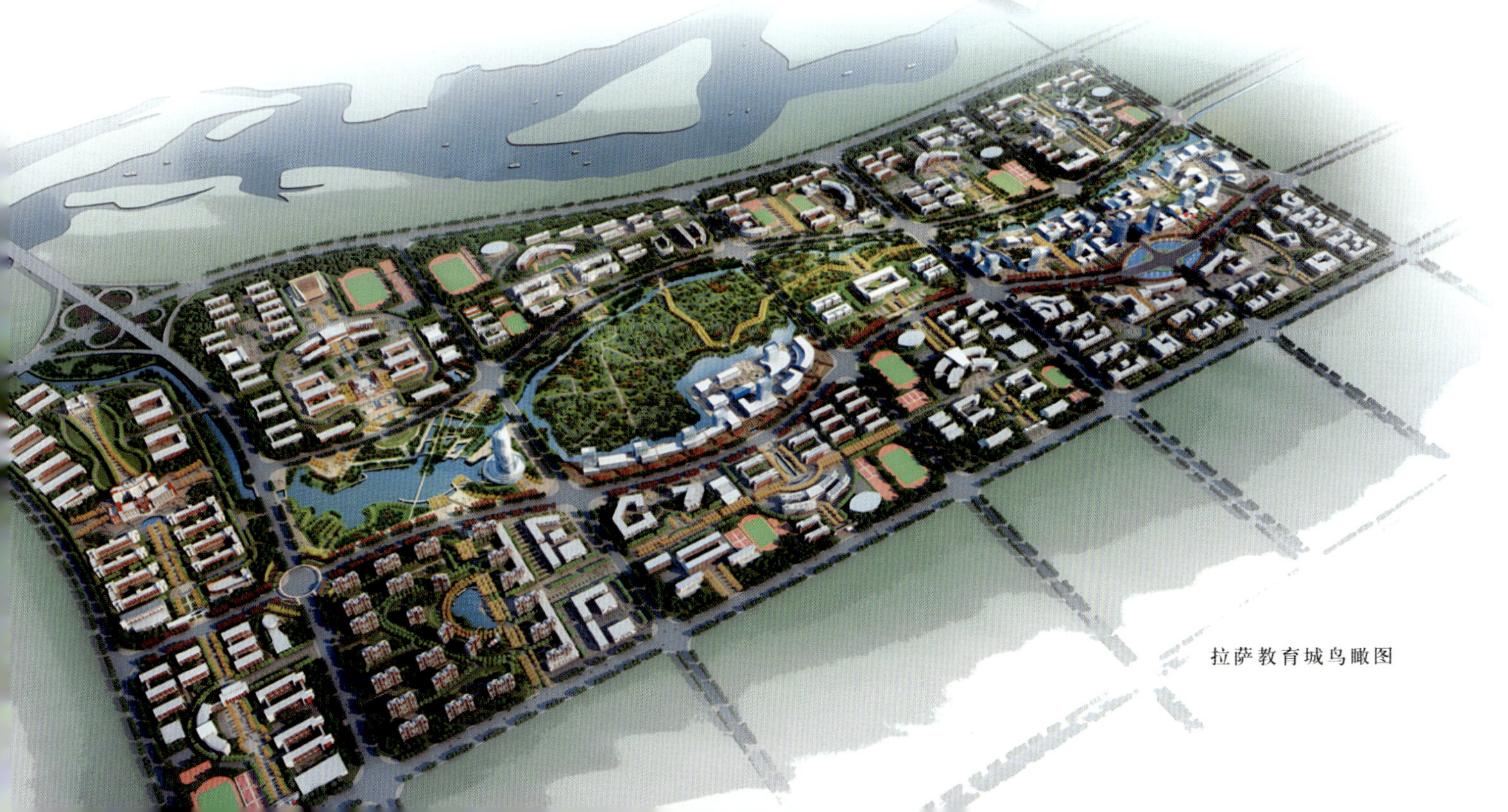

拉萨教育城鸟瞰图

大型音乐史诗剧《文成公主》北京大剧院演出圆满成功

拉萨市文化局

党组书记　王德隆

市委常委、宣传部部长马新明，副市长占堆检查拉萨文化市场，王德隆陪同

党组书记王德隆深入强基惠民驻村点（堆龙德庆县东嘎镇桑木村）调研

积极开展“三下乡”文艺演出

西藏自治区党委常委、拉萨市委书记齐扎拉，拉萨市市长多吉次珠出席“幸福拉萨”规范舞汇演活动

选派优秀舞蹈老师指导“幸福拉萨”规范舞动作

9月16日，拉萨市民族团结文艺演出

“我们的节日”龙王潭公园文艺表演

“幸福拉萨、文化雪顿”藏戏大赛

“迎八一”建军节军民联谊会文艺演出

幸福拉萨规范舞汇演

拉萨市科技局

局长　黄前敏

副市长次仁央宗为赴内地培训考察的农牧民特派员送行

江苏省科技厅厅长徐南平向市科技局捐赠2012年援藏资金

市科技局向县（区）驻村工作队赠送青稞沙炒机

市科技局对农牧民科技特派员进行实用技术培训

表彰全市科技工作先进集体

拉萨市环境保护局

国家环保部生态司相关领导检查拉鲁湿地保护区建设情况

书记多布青考察华泰龙矿区污染源在线监控项目建设情况

局长李维生考察西藏危险废物处置中心建设情况

拉萨市环境保护工作暨创模预评估动员大会

拉萨市创建国家环境保护模范城市预评估顺利通过

在墨竹工卡县开展党的惠民政策宣传

拉萨市安全生产监督管理局

党组书记　白玉峰

局长　孙文斌

自治区交通厅副厅长索朗群培，市安监局局长孙文斌检查高争民爆物品生产企业安全工作

市政府副秘书长贡扎曲旺，市安监局常务副局长王中堂在中石油加油站检查危险化学品经营单位安全防护措施

拉萨市安全生产监督管理局内设机构4个，分别是办公室、监管一科、监管二科、职业健康科。

2012年6月，在市委、市政府的正确领导和自治区安委会的大力支持下，安监局组织各县（区）、市安委会各成员单位以科学发展观为统领，坚持“安全第一、预防为主、综合治理”的方针，以深入扎实开展“安全生产年”活动为主线，突出“科学发展、安全发展”这一主题，紧密结合打击严重刑事犯罪和整治社会治安突出问题专项行动、“打非治违”专项行动及加强和创新社会管理工作，面向基层、面向企业、面向群众，开展了安全生产知识、宣传及安全生产月活动启动仪式、收看全国“安全生产月”活动视频、安全生产事故警示周（6月4日至10日）、安全生产宣传咨询日（6月10日）、安全文化周（6月11日至17日）、安全生产应急预案演练周（6月18日至24日）等一系列丰富多彩、形式多样、富有实效的活动，不断掀起“安全生产月”活动高潮，提高了广大干群特别是企业从业人员的安全意识和素质，营造了良好的舆论氛围，推进了基层安全文化建设，达到了以活动推动安全生产工作的目的。安全宣传咨询日共有43家单位参加此次宣传，出动宣传人员180人，流动宣传车1台，悬挂宣传横幅110条，摆放各类展板125个，发放宣传资料30000余份。各县也在辖区主要街道相继开展了“安全生产月咨询日”活动。2012年拉萨市安全监管局再次被国家六部委评为“全国安全生产月”活动先进单位。

市安监局局长孙文斌在林周县检查矿山企业安全生产工作

市安监局副局长拉巴次仁在烟花爆竹销售店检查烟花爆竹市场安全工作

拉萨市质量技术监督局

自治区质监局局长李迎春（右一）、副局长格桑占堆（左一）、市质监局局长郑宏凯（左二）突击检查农贸市场计量器具规范使用情况

市质监局开展三月综治宣传月活动

为确保中共十八大期间特种设备生产安全运行—区市两级质监部门开展专项检查

市质监局开展电梯安全知识专题宣传活动

市质监局开展节前送温暖活动

质监雷锋志愿队深入田间地头现场讲解农资产品识假辩解技巧

拉萨市质监局坚持走有中国特色、西藏特点的发展路子，突出稳中求快的经济发展总基调，牢牢把握发展和稳定两件大事，坚持“依法行政、严格把关、服务经济、保讲发展”的工作方针，实现了综合管理、行政执法和服务水平的全面提升。

拉萨市广播电影电视局

区党委常委、拉萨市委书记齐扎拉（左三），区党委常委、宣传部部长董云虎（左五），拉萨市委副书记、市人大常委会主任洛桑旦巴（左一）等领导在僧舍向僧人了解广播影视进寺庙情况

区、市党委、政府领导及僧尼代表在甘丹寺参加拉萨市先进文化进寺庙全覆盖总结暨甘丹寺广播影视进寺庙开通仪式，宣布拉萨市率先在全区实现广播影视进寺庙全覆盖

拉萨市广电局党组书记索群（左二）、局长韩阳（左三）到曲水县热堆寺僧舍了解拉萨市广播电视进寺庙设备安装调试运行情况

拉萨市拥有市级电视台1座，市级人民广播电台1座（调频广播），市有线电视模拟网1套，县级电视转播台5座，县级调频广播台6座，县级有线电视网6套。拉萨电视台10频道和拉萨人民广播电台FM91.4频率信号通过无线发射方式覆盖拉萨市区及堆龙德庆县、达孜县两县县城，通过拉萨电视台新闻上下传输系统覆盖拉萨市林周、当雄、尼木、墨竹、曲水五县县城。拉萨电视台日播出节目18小时，拉萨人民广播电台日播出节目14小时20分钟，拉萨有线电视网络传输有线电视节目47套。全市拥有市级电影发行放映培训机构1个，三星级城市数字电影院1座，县电影管理站8个，流动电影放映队43个，农牧区电影放映点816个（其中室内放映点43个、室外放映点773个），年均放映场次1万场以上。农牧区广播电视“户户通”和寺庙广播电视“舍舍通”设备共计达7万余套，农牧区广播电视“户户通”及广播影视进寺庙均在全区率先实现了全覆盖。

林周县唐古乡桑旦林寺的尼姑们参加广播电视直播卫星设备安装调试培训，并领取直播卫星设备

拉萨市商务局

党组书记　旺 杰

局长　范红英

2012年，拉萨市商务局认真把握商务发展的新形势、新任务、新特点，积极探索，加快转变商务发展方式，牢牢抓住城镇和乡村两个消费市场不放松，努力统筹好国际、国内两个市场，以合理规划、加快项目建设为基础，以改造提升传统流通服务业和发展现代流通服务业为突破口，以强化市场监管和规范经济秩序为手段，锐意进取、狠抓落实，商务主要经济指标稳步上行，实现平稳较快发展。

2012年，全市累计实现社会消费品零售总额124.55亿元，同比增长18.5%。完成进出口贸易总额332958万美元，占全区的97.23%，同比增长154.67%。其中：出口326113万美元，与2011年同期相比增长188.02%；进口6845万美元，与2011年同期相比下降60.92%。贸易顺差为319268万美元，同比扩大2.33倍。

隆重纪念百万农奴解放纪念日

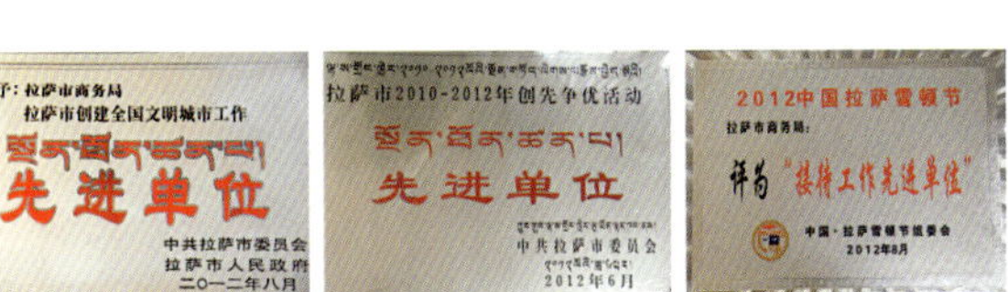

2012北京“西藏（拉萨）商品大集”启动仪式

拉萨市企业参加南京第七届跨国零售集团采购会

拉萨市妇女联合会

党组书记、主席　达　娃

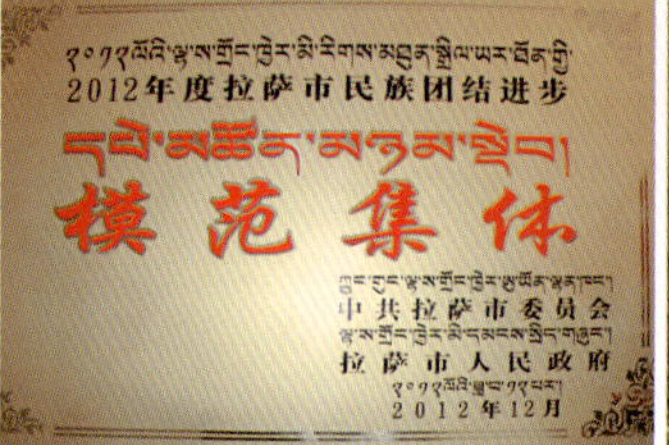

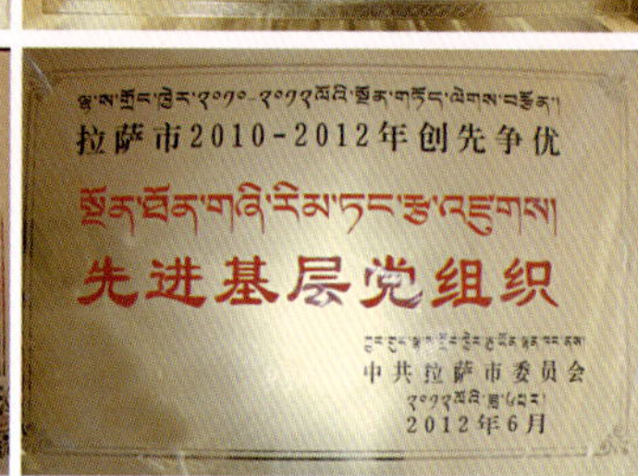

大地之爱·母亲水窖项目验收

“三八”妇女节慰问市公安局工作人员

家教中心成立暨授牌仪式

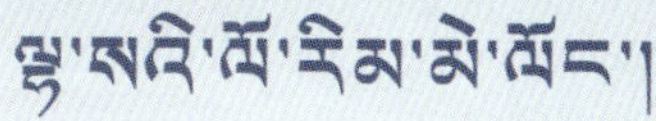

拉萨市残疾人联合会

理事长　央金卓嘎

区、市领导考察市残疾人联合会学雷锋宣传点

市领导参观市残疾人联合会就业服务中心唐卡绘展示厅

“阳光家园计划—智力、精神和重度残疾人托养服务项目”。每人每年以600元标准予以补贴。2012年为1050名智力、精神和重度残疾人落实资金63万元。

残疾人机动轮椅车燃油补贴。每人每年以260元的标准予以补贴。2012年为400名肢体障碍的残疾人落实资金10.4万元。

农村贫困残疾人危房改造“阳光安居工程”项目补贴。此补贴2008年标准为每户2500元，自2011年起标准为每户6000元，2011年为70户农村贫困残疾户发放了42万元。

贫困残疾人家庭无障碍改造项目补贴。每人每年以3500元标准予以补贴。2011年为30名贫困残疾人发放了10.5万元。

市政府民生项目特困残疾人生活补贴。每人每年600元的标准发放。2012年为4350名特困残疾人发放资金261万元。

残疾人全纳教育工作专项经费。按每接收一名残疾学生补贴1000元的标准安排工作经费补助。2012年从全市教育经费中为本市接收了400名残疾学生随班就读的112所学校补助全纳教育工作专项经费40万元。

2012年，拉萨市残疾人联合会获“全国残疾人事业统计工作先进集体”奖。在“创先争优强基惠民生活动”中，拉萨市残疾人联合会获“拉萨市创先争优强基惠民活动优秀组织单位”奖，市残疾人联合会驻村工作队获“自治区先进驻村（居）工作队”称号。

①②
③④

①开展康复示范点互助活动
②市残联副理事长格桑平措带领工作人员进行入户调查
③市残联工作人员向群众发放宣传资料
④全市残疾人招聘会现场

拉萨市气象局

党组书记、局长　杨政兴

8月18日，中国气象局副局长矫梅燕在拉萨市气象局检查指导工作

11月28日，拉萨市气象服务座谈会召开

人工影响天气标准化作业点建设（图为新建尼木县尼木乡人工影响天气标准化作业点）

10月25日，建立墨竹工卡县扎西岗乡温室大棚自动气象观测站，为设施农业提供气象服务

开展气象科普知识宣传活动（图为8月29日，在墨竹工卡县扎雪乡中心小学开展防雷电等气象灾害防御科普讲座）

8月17日，中国气象局矫梅燕副局长在当雄县气象局检查指导工作

拉萨交通运输管理分局

党组书记　扎桑

局长　宋世良

自治区文明办为“的哥”颁发文明出租车顶灯

受表彰的“的哥”们

执法检查

拉萨运管分局组织开展“学雷锋”志愿服务活动

拉萨市2012年文明出租车队

城关区人民法院

党组书记、院长　索朗慈仁

国家发改委调查督导组一行到城关区法院检查指导工作

自治区高级人民法院党组成员、拉萨市中级人民法院党组书记、院长马方到城关区法院考察综合审判楼建设情况

城关区人民法院以邓小平理论、“三个代表”重要思想、科学发展观为指导，始终坚持“三个至上”指导思想和“为大局服务，为人民司法”工作主题，牢固树立能动司法理念，全面深化社会矛盾化解、社会管理创新和公正廉洁执法，为拉萨实施“五大战略”及深入开展“十个城关”建设营造良好的法制环境。先后荣获“全国模范法院”“全国文化建设示范单位”“全国法院信息化建设先进集体”“全国法院司法警察先进大队”等荣誉称号。一起调解案例被选入全国法院优秀调解案例，一份裁判文书被最高院评为全国法院优秀裁判文书；获得自治区级荣誉称号2个，市级荣誉称号3个；3名干警获得国家级表彰，28名干警分别获得自治区、拉萨市、城关区授予的表彰。

3月28日，城关区人民法院组织干警开展唱红歌感党恩活动

①②
③④

①城关区法院党组书记、院长索朗慈仁与美国联邦最高院首席大法官朗顿在法庭上交流

②3月8日，城关区法院组织干警到扎西孤儿院献爱心、送温暖

③5月1日，城关区人民法院开展庆五一、迎五四全院运动会

④2012年城关区法院喜迎春节、藏历年联欢会

拉萨市城关区社会福利院

2月，自治区党委常委、常务副主席洛桑江村到福利院同入住老人共庆藏历新年

2012年，城关区社会福利院青年文艺队在重阳节为入住老人表演文艺节目

2012年，自治区党委书记陈全国到城关区社会福利院院检查指导工作

西藏武警总队副政委马小俊到城关区社会福利院看望慰问入住老人及工作人员

拉萨市城关区社会福利院隶属城关区民政局，位于城关区蔡公堂乡政府大院南侧，北与318国道接壤，占地面积2511平方米，总建筑面积5395.16平方米，现有员工35人，养员64人，其中1位属于自费老人，是城关区养老服务的老年福利机构。

在自治区、拉萨市及城关区三级党委、政府的高度重视下，在自治区民政厅、拉萨市民政局的关心支持下，城关区社会福利院于2006年开始筹建，2009年7月30日开工建设，2011年5月竣工验收。项目总投资2770万元，其中自治区民政厅下拨资金850万元，城关区本级财政自筹资金1920万元。福利院内配有医疗室、理发室、浴室、餐厅、洗衣房、茶馆、多功能活动室、休息室等八大功能设施及露天健身器材，部分服务设施还向居民群众开放，是西藏自治区础设施最为完备的社会福利院。院内共有老人床位89张，其中孤寡老人、五保老人床位73张，自费养老16套房间。整个福利院绿化面积达55%，院内空气清新、环境幽雅，采取集中供养和老年公寓相结合的运营模式，根据老年人的身体状况提供自理、半护理、全护理和托养服务，实行“以人为本，服务老人”的办院宗旨，坚持以科学、规范的管理，热情、周到的服务为理念，为广大老人提供了一个安享晚年的乐园，是老年人颐养天年的温馨之家。

城关区社会福利院全体老人合影

拉萨市城关区

城关区位于西藏自治区中部偏东南的雅鲁藏布江支流拉萨河下游城关区段南北两岸，东与达孜县接壤，南与山南地区贡嘎县和扎囊县毗邻，西与堆龙德庆县紧靠，北与林周县相依。城区面积58万平方千米，行政区域东西跨距28千米，南北跨距31千米。下辖4个乡、8个办事处、51个村（居）委会。辖区总人口44.2362万人，其

市委常委、区委书记　普布顿珠

区长　彭祎涛

中常住人口19.5283万人，流动人口24.7079万人，区属总人口5.5443万人。

2012年，城关区地区生产总值（GDP）完成151.84亿元，同比增长12.6%；社会消费品零售总额达到113.52亿元，同比增长15.7%；地方公共财政收入达到4.63亿元，同比增长22.4%；城镇居民人均可支配收入达到19545元，同比增长10.7%。农牧民人均纯收入达到9477.61元，同比增长16%。城镇登记失业率控制在2%以内。全区经济发展呈现出速度加快、结构优化、效益提升的态势。

9月13日，西藏自治区党委书记陈全国陪同中央综治办领导考察雄嘎社区创新型社会管理工作

2月15日，西藏自治区党委副书记、常务副主席吴英杰，副主席格桑次仁到社区考察年货市场

10月8日，西藏自治区副主席甲热·洛桑丹增到仓姑寺检查指导文物保护及消防安全工作

12月15日，西藏自治区党委常务副书记郝鹏到社区检查指导工作

市长多吉次珠检查维稳工作开展情况

12月5日，市委常委、宣传部部长马新明到城关区委宣传部考察工作

①② ③④

①7月31日，市委常委、区委书记普布顿珠到西藏公安边防总队慰问
②11月6日，城关区区长彭祎涛夜间维稳督查
③6月14日，北京市东城区党政代表团到城关区考察指导工作
④11月8日，城关区各界集中收听收看党的十八大开幕式

9月29日，城关区迎接党的十八大维护社会稳定总动员总部署大会

城关区喜迎十八大专题文艺演出

蔡公堂乡农机冬播

城关区廉租房

城关区社会福利院一角

城关区奶牛养殖基地

幸福拉萨、魅力城关旅游宣传册

拉萨市 堆龙德庆县

县委书记　于海波

市政协副主席、县长　安央金

堆龙德庆县位于西藏自治区首府拉萨10余公里处，地处雅鲁藏布江中游及其支流拉萨河下游。东临城关区、林周县，南与曲水县、贡嘎县交界，西与尼木县接壤，北靠当雄县。行政区域面积为2704.25平方公里，耕地面积5545.95公顷。境内地形以高原、山地为主，地势为西北高、东南低、中间夹着堆龙河谷宽谷区，平均海拔4500米，平均气温4℃，年平均降水量420毫米，年均无霜期100天，年平均日照2839小时，属高原性季风气候。2012年辖2个建制镇、5个乡。全县行政村34个，总人口48696人。

2012年全县完成生产总值16.45亿元，比2011年增长14.7%，实现社会消费品零售总额4.08亿元，同比增长20%。实现地方公共财政收入2.23亿元，同比增长52.4%，提前三年完成“十二五”末财政收入目标。农村经济稳步发展，第二产业实现增加值10.16亿元，比2011年增长57.36%。第三产业实现增加值5.52亿元，比2011年增长20%。全县粮食总产2473.2万公斤，同比增长0.6%，牲畜年末存栏总数10.93万头。全县金融机构各项存款余额达到19.24亿元，增长23%；各项货款余额4.67亿元，增长38%。

全年城镇居民人均可支配收入17455元，比2011年增长10.85%；城镇居民人均消费性支出6930元，比2011年增长10.11%；实现农村居民人均纯收入7559.54元，比2011年增长18.2%；农村居民人均生活消费支出3728元，比2011年增长12.29%。

全年共实现基本建设项目181项，总投资19.29亿元。其中新建项目165项、竣工123项，续建项目16项、竣工12项。基本建设项目中，农牧林水建设66项、社会事业项目19项、维稳能力保障及政权建设项目18项，保障性住房建设项目9项、受援建设项目2项、城镇基础设施建设项目1项。顶嘎寺等7个寺管会办公楼和5座寺庙通达公路、县卫生服务中心、检法两院办公楼及职工周转房建设等工程全面竣工。

新农村建设成效明显，城乡居民收入差距逐步缩小。东嘎村、桑木村、南嘎村等11个行政村家庭人均纯收入突破万元大关，“万元村”占全县行政村比例达32.3%。以安居工程为突破口的新农村建设加快推进，全年投入7400万元，完成860户群众安居新房建设，210户群众住房得以配套提升，受益人口5200多人。农村人畜安全饮水工程完成540户、解决了1731人的安全饮水问题。

教育事业得到优先发展，教育投入力度进一步加大，县级财政投入由上年的20%提高到25%，达到3659万元，办学条件得到改善，教师的岗位津贴和超课时补助标准全面提高，学校布局调整不断完善，实施了22项教改项目，完成了3年建设任务的74.36%，12个村级教学点撤并工作顺利完

8月26日，国土资源部部长徐绍史，西藏自治区主席白玛赤林，拉萨市委书记齐扎拉等到普信矿业检查指导工作

1月20日，西藏自治区党委副书记吴英杰到羊达乡检查指导工作

10月2日，西藏自治区党委常委、区政协党组书记、副主席、区统战部部长公保扎西到朗杰色康寺检查指导工作

5月3日，西藏自治区人大副主任周春来考察县住房建设管理情况

县委书记于海波陪同自治区党委常委、市委书记齐扎拉检查全县维稳工作

1月31日，市长多吉次珠考察堆龙德庆县羊达乡温室大棚

相聚共青林，保护母亲河活动

7月29日，县委书记于海波慰问驻县部队

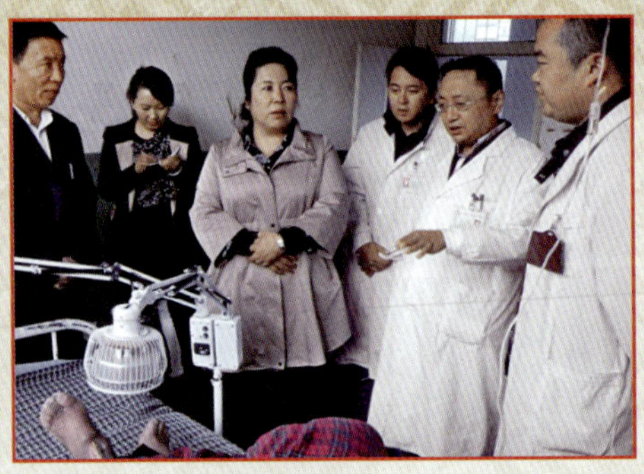

10月10日，县委副书记、县长安央金慰问帮扶对象

8月20日，北京市朝阳区政协班子考察团到堆龙德庆县检查指导工作

7月27日，班禅活佛一行在县羊达乡通嘎村考察工作

县领导到地头查看麦子长势情况

各乡镇、村“妇女儿童之家”挂牌

成。投入4410万元配套维修了原扶能高级中学，整合中等职业教育和人社培训资源，成立了全区第一个上规模的职业技能培训中心。

文化事业日益繁荣兴盛，公共文化服务网络不断完善。现有县级文化馆1个，农家书屋38个，寺庙书屋29个，乡级综合文化站2个，村级文化室34个。农家书屋建设率先在桑木村、通嘎村和岗德林村开展数字管理试点工作，桑木、通嘎农家书屋管理员荣获2012年“全国优秀农家书屋管理员”称号。文艺队伍在原有11支藏戏队、1支离退休干部艺术队和1支农民工艺术团的基础上，新组建了县民间艺术团、桑木村民间艺术团。完成楚布羌姆、楚布十二汉乐市级非物质文化遗产的申报工作，完成《八大药师王》《金刚经》等藏文古籍普查工作。文化、文物、广电、新闻出版等工作在全市、全区乃至全国名列前茅。

公共卫生服务体系不断完善。全县新农村合作医疗参合率100%，办理住院报销2840人次，报销补偿金额691.97万元，孕产妇住院分娩率达到95%，婴儿死亡率控制22‰以内。“一村一卫生室”建设工作扎实开展，投资260万元新建

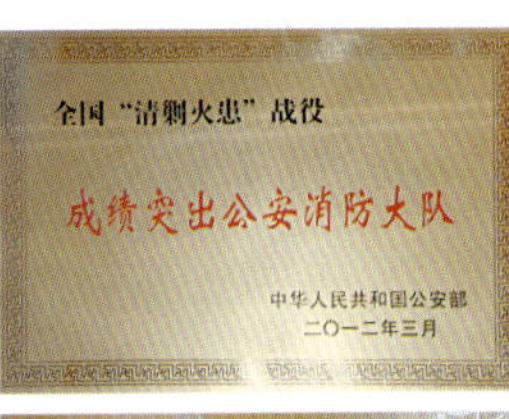

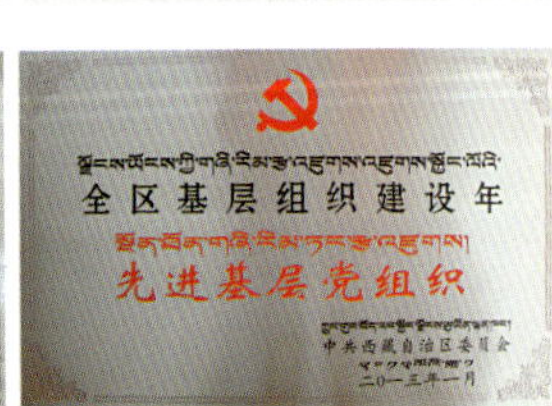

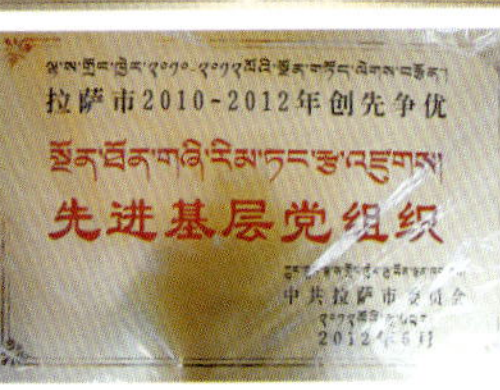

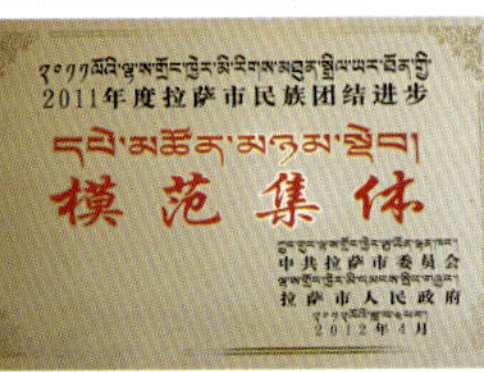

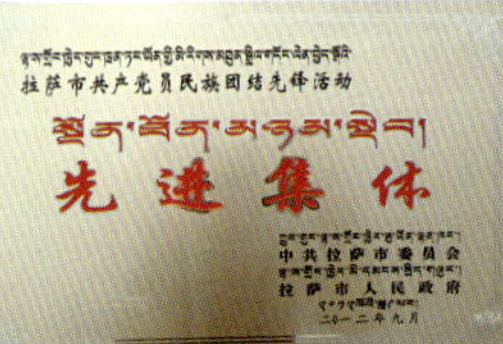

安居工程

20个村卫生室，确保农牧区方圆5公里内有1名医技人员巡诊。投资2194.94万元县卫生服务中心续建项目顺利完工。重大传染病和地方病防治工作有效增强，结核病治愈率达100%。实施了卫生监督所建设、地方病防治能力建设等项目，促进了医疗环境的改善和治疗水平的提高。

深入推进以业育人、以业安人、以业管人、以业富人等“四业工程”工作，全年从农牧民群众中招收288名专职护路队员，缓解了就业压力，促进了社会稳定。全年开展农牧民各类就业技能培训10期，培训660人，就业率达到95%。社会保险工作稳步推进，养老保险退休金发放率、失业保险参保率均达到100%，全县631名非参公事业单位人员均纳入了工伤保险。城镇低保工作实行动态管理，共发放城乡低保、医疗救助等各类社会救助资金808万元，五保户供养标准由上年的2200元提高到4320元。保障性住房建成40套周转房、30套廉租房、96套公租房，续建完成2011年76套周转房。双拥工作成果丰硕，蝉联“全国双拥模范县”七连冠和“全区双拥模范县”八连冠。

受援工作深入推进，项目援藏工作力度加大，投资方向由原来的市政工程、设施农业向城镇基础设施和现代设施农业拓展，争取援藏资金1140万元、援藏项目资金2500万元、援藏物资折合260万元。先后选派本县72名行业技术骨干前往内地考察进修、挂职锻炼。

深入开展“八看、一算账”“一揭批、四增强”“感党恩”主题教育活动，全面落实区、市党委和政府一系列维护社会稳定工作安排部署，谋长久之策，行固本之举，实现了“三无、三不出”目标。不断加强和创新社会管理，全年投入600多万元专项资金开展了网络化管理工作。加强和创新寺庙管理，“六建”“六个一”“9+5”工作深入开展，“两险一保”覆盖面不断扩大，396名僧尼全部参加了医疗保险，97%的僧尼参加了养老保险，390名僧尼纳入了低保，从根本上确保了社会持续和谐稳定。

8月20日，北京市朝阳区政协主席辛燕琴代表北京市朝阳区政协、北京国际城市论坛基金会捐赠字典

县境机场快速路湿地绿化项目

驻县部队举办军地联谊文艺演出

拉萨市墨竹工卡县

县委书记　林 涛

县长　林 生

6月14日，中央加快转变经济发展方式第十检查组在墨竹工卡县检查指导工作

10月23日，西藏自治区党委常委、常务副主席秦宜智到墨竹工卡县考察强基惠民工作

1月30日，西藏自治区党委常委、市委书记齐扎拉到墨竹工卡县检查指导工作

10月29日，市长多吉次珠到墨竹工卡县望慧问寺管会干部，并考察工作

7月28日，西藏自治区党委常委、纪委书记金书波到墨竹工卡县检查强基惠民工作

9月3日，县委书记林涛调研教改项目进展情况

9月25日，县长林生看望慰问环卫工人

墨竹工卡县位于西藏中部、拉萨河中上游，地理坐标为北纬29° 8′、东经91° 77′，平均海拔4200米以上，东与林芝地区工布江达县相邻，西靠拉萨市达孜、林周两县，北连那曲地区嘉黎县，南接山南地区乃东县，交通区位优势较为明显，川藏公路（318国道）横穿而过。县域面积5492平方公里，人口5万余人，辖7乡1镇40个行政村。墨竹工卡县素有“天边之乡”的美誉，野生动植物资源有黑颈鹤、斑头雁、虫草、雪莲花、红景天等，矿产资源有铜、铅、锌、金、钼、大理石等。境内名胜古迹众多，旅游资源得天独厚，距今850多年历史的直孔替寺闻名国内外，具祛病美容效用的日多温泉、德仲温泉和有财神湖之称的思金拉错等自然景观独具魅力，直孔水磨糌粑、斯布牦牛等农畜产品驰名区内外，以松赞拉康、松赞干布纪念馆、霍尔康庄园、甲桑古道徒步为重点的藏王松赞干布出生地甲玛景区已完成松赞干布纪念馆建设，并于2010年8月底对游客开放。

墨竹工卡县在西藏自治区、拉萨市党委和政府的坚强领导下，在南京市的无私援助下，高举中国特色社会主义伟大旗帜，深入贯彻落实中央第五次西藏工作座谈会精神和中央、区、市会议精神，按照市委、市政府“五大战略”目标任务和“三提速”要求，以科学发展观为主题，以转变经济发展方式为主线，团结带领全县各族干部群众抢抓机遇、攻坚克难、真抓实干，经济社会发展取得了令人振奋的新成就。年内，全县地区生产总值达12.63亿元，同比增长14.8%；公共财政收入完成1.45亿元，同比增长48.7%；全县税收实现2.8亿元，同比增长20.17%；农牧民人均纯收入达到6910.37元，同比增长18.4%。

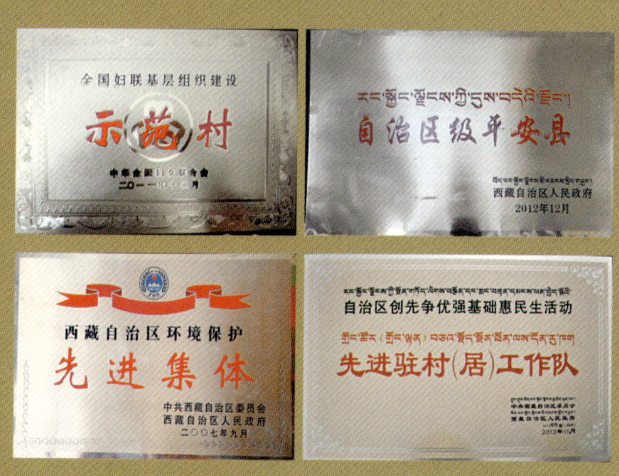

8月1日，全国工商联副主席刘沧龙赴墨竹工卡县天仁矿业公司检查调研工作

9月12日，区党委常委公保扎西、齐扎拉赴墨竹工卡县出席华泰龙公司全国民族团结进步创建活动示范企业揭牌仪式

9月18日，西藏自治区主席白玛赤林到墨竹工卡县出席华泰龙甲玛二期建设工程启动仪式

10月18日，举办农民工文艺汇演

①②③
④

①墨竹工卡县设施农业
②农牧民使用一体化收割机进行秋收
③8月13—16日，墨竹工卡县举办第二届甲桑徒步活动
④墨竹工卡县日多乡农牧民群众安居房

拉萨市当雄县

县委书记 于 波

县长 旦增尼玛

当雄县藏语意为“选择出来的好地方”，素有“拉萨北大门”之称，位于藏南与藏北的交界地带，平均海拔高度4200米，总土地面积1.23万平方公里，可利用草场面积937.2公顷。全县总户数11279户，总人口49829人，其中牧业人口45612人。牲畜年末存栏41.34万头（只），仔畜成活数11.56万头（只），成畜死亡数2373头（只），出栏数24.21万头（只），肉产量8261.19吨，奶产量4451.61吨，山羊绒产量7.97吨。当雄县背依念青唐古拉山，直面羌塘草原，又是青海到西藏的必经之路，交通优势明显，战略地位十分重要，有据可查的历史可追述到吐蕃时期，历史渊源悠久。由于藏北特殊的环境气候限制，当雄一带的牧民世代过着游牧生活，是西藏统一后较早的部落之一。

成功举办以“神山圣湖、幸福行走”为主题的第七届拉萨纳木措国际徒步大会和当雄赛马场旅游景点开业暨冬季旅游推介会。纳木措国家公园成功挂牌。2012年，全县各景区共接待国内外游客64.5万人次，实现旅游综合收入8043万元，分别增长47.9%、54.4%；参与旅游的牧民达到766户2845人，增长43.2%；旅游业带动相关产业实现收入2.32亿元，增长17.17%。招商引资工作取得新突破。2012年，年内全县招商引资项目10个，协议总资金25.82亿元，到位资

1月6日，当雄县第一届政协委员合影

金5.89亿元。

2012年地区生产总值完成7.44亿元，增长11.9%；地方公共财政收入完成1.22亿元，增长43.2%；全社会固定资产投资完成10.41亿元，增长43%；牧民人均纯收入达到7717.8元，增长24.8%；城镇居民人均可支配收入达到13674元，增长7.5%；社会消费品零售总额达到0.58亿元，增长20.8%；实现工业销售产值5.64亿元，增长45.38%；工业税收完成6131.21万元，增长30.45%。

左图：9月1日，西藏自治区党委副书记、人大常委会主任向巴平措在当雄县调研

右图：10月17日，西藏自治区党委副书记、人大常委会主任向巴平措考察高寒两用温棚建设情况

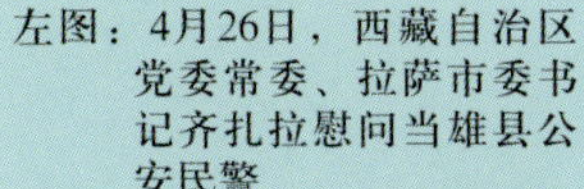

左图：4月26日，西藏自治区党委常委、拉萨市委书记齐扎拉慰问当雄县公安民警

右图：7月25日，拉萨市委常务副书记贾沫微在当雄县检查工作

左图：4月26日，县委书记于波在康玛寺与僧人亲切交谈

右图：9月4日，县长尼玛带头进行街道环境卫生整治

7月1日，当雄县举办建党91周年庆祝活动

①②
③④

①1月4日，当雄县召开第一届政协会议
②举行当雄县赛马场旅游景点开业暨冬季旅游推介会
③拉萨市“四业工程”——当雄县人力资源招聘会现场
④当雄县人社局烹饪培训班

6月28日至7月15日，县草原站术人员对当雄县0.55万公顷草场进行了灭虫工作

7月1日，当雄县开展中共建党91周年庆祝活动

7月9日，当雄县开展“八看、一算账、一揭批、四感恩”主题教育宣讲活动

全县机关妇女开展“3·28”西藏百万农奴解放纪念日活动

马术表演

牧民驾校培训

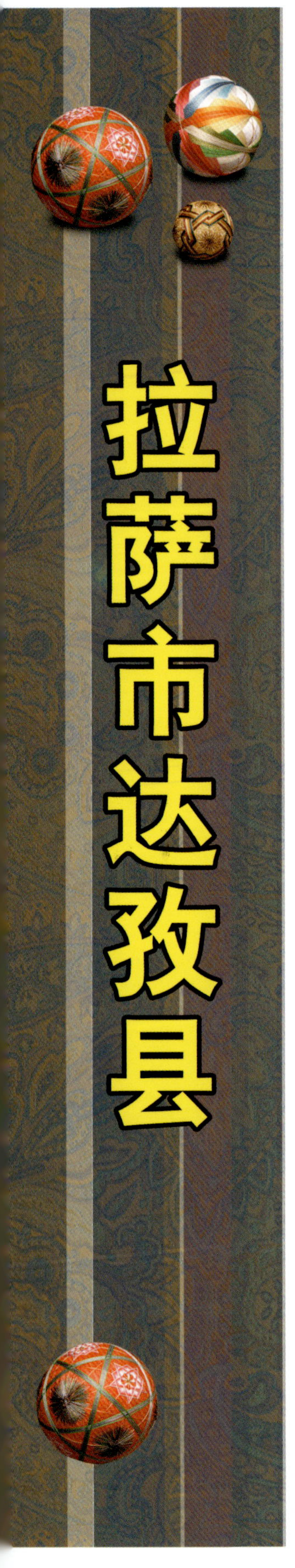

拉萨市达孜县

县委书记　李忠法

县长　阿努次仁

达孜，藏语意为“虎峰”。达孜宗初建于1354年。1959年民主改革后，原达孜宗、德庆宗合并为达孜县，隶属于拉萨市。

达孜县城距拉萨市20公里，属近郊县。全县平均海拔4100米，河谷最低海拔3730米，年平均气温7.5℃，年平均日照3065小时，年平均降雨量450毫米。全县总面积1373平方公里，耕地面积0.46万公顷。县内珍贵动植物种类繁多，矿藏资源共享。达孜县优美的山水、田园风光有着很高的旅游观光价值。县境内共有寺庙、日追拉康14座。其中始建于公元15世纪初，已有600多年历史的黄教格鲁派六大寺之首的甘丹寺，在宗教、建筑、艺术等方面都占有重要的地位。1961年被列为全国重点文物保护单位；始建于公元7世纪，已有1500多年历史的叶巴寺，也是西藏历史上有名的寺庙之一，在信教群众中影响较大。

达孜县辖五乡一镇，共20个行政村，131个村民小组，32000余人。农牧业为全县国民经济主体，主要农作物有小麦、青稞、油菜、萝卜、土豆等；畜牧业以牦牛、黄牛、绵羊、藏鸡、肉鸭等养殖为主。随着黄牛改良、生猪养殖、奶牛养殖、藏鸡养殖等项目的不断实施，优质、高效、特色畜牧业的快速发展，达孜县农畜产品产业布局趋于合理，产品质量不断提高，市场竞争力也不断增强。

全年完成地区生产总值6.95亿元，同比增长

国家工信部部长苗圩到达孜工业园区调研考察

12.7%；完成全社会固定资产投资9.05亿元，同比增长42.5%，完成地方公共财政收入0.55亿元，同比增长92.1%，完成税收收入1.3亿元，同比增长125.1%；实现农牧民人均纯收入6753.16元，同比增长15.3%。

全区环境监测和执法业务用房奠基仪式现场

8月21日，卫生部长陈竺一行调研拉萨市达孜县塔杰乡卫生院

西藏自治区党委常委、市委书记齐扎拉为老人赠送婚礼礼金并送去祝福

西藏自治区党委常委、宣传部部长董云虎参观文化产业企业

县长阿努次仁考察“三秋”工作

达孜县公安局落实加大安全隐患排查工作力度

5月30日，镇江市中级人民法院、达孜县人民法院在塔杰乡巴嘎雪村一组幼儿园联合举行“庆六一献爱心”活动

12月10日，德庆镇向农牧民群众兑现2011年度草场补助奖励资金

县妇联为唐嘎乡琼仓尼姑送医送药

2012年1月，为达孜县社会福利院（金叶敬老院）10对老人举办集体婚礼

2012年8月底，县委宣传部协助开展全国文化志愿者边疆行（重庆志愿团慰问演出）活动

9月18日，拉萨海关捐赠桑竹林完小仪式

8月8日，发放农机购置补贴

2012年11月初，达孜县开展喜迎中共十八大宣传文化系列活动

开展幸福拉萨规范舞学跳活动

拉萨市曲水县

市委常委、县委书记　周广智

县长　孙宝祥

曲水县位于拉萨市的西南部，境内以雅鲁藏布江断裂(北界断裂)为界，以北的大部分地区地层属冈底斯—念青唐古拉地层区拉萨—察隅分区，可进一步分为北部的拉萨小区和南部的曲水小区；以南的局部地区（茶巴拉乡一带）的地层为喜马拉雅地层区雅鲁藏布地层分区朗杰学小区。居北纬29° 14′ ～29° 36′ ，东经90° 21′ ～90° 04′ 之间，地处拉萨河下游与雅鲁藏布江中游交汇的曲水宽谷上，南临雅鲁藏布江，与山南地区的浪卡子县和贡嘎县隔江相望，西面和西北与尼木县、当雄县接壤，北侧和东北侧与曲水县毗邻。全县东西长68公里，南北宽39.75公里。土地总面积1648.5平方公里。

曲水县北高南低，南北高差悬殊，地形复杂气候变化大，植物种类较多。境内主要植被以高寒草甸植被为主，其次是高寒灌丛草甸植被、高寒草原植被、温性草原植被、山地灌丛草原植被以及少量的灌丛植被。

全县水域面积31.5平方公里，占总面积的1.88%，境内有九个湖泊：拉隅果措、那扩措、措穷、冈桑拉措、昂措、普措庆、曲水措、措锅错、那穷措。较大河流9条：雅鲁藏布江、拉萨河、热堆沟、茶巴拉沟、南木沟、曲甫沟、色甫沟、察巴朗沟、色麦沟。主干渠11条，总长120公里。区域支流河谷落差大，水流急。曲水县只有才纳乡一条小河由东向西流入拉萨河，其余小河均由西北向东南流入拉萨河或雅鲁藏布江，其中色普曲，曲甫曲等水资源丰富。雅鲁藏布江泽南沟口曲水河段，年径流量230亿立方米，其雨水、融水、地下水补给分别占年径流量的45%、20%、35%。水源充沛，适宜牧、工、农、林、渔等行业用水。雅鲁藏布江丰水期在6月至9月，占全年径流总量的70%以上。枯水期11月至次年4月，仅占总流量的20%～30%。径流量年变化小，变差系数在0.27～0.18之间。全县地下水十分丰富，平均深埋5米～10米处，含人体有害物质少。同时，还有许多泉水出露，故曲水县天然水资源丰富。

曲水县属于温带半干旱气候，年平均气温7.5℃，极端最高气温29.4℃。月平均最高气温22.5℃(6月)。极端最低气温－16.5℃。月平均最低气温－10.2℃ (1月)。平均日较差14.5℃，年平均相对湿度45%，最小相对湿度为零，年平均降水量444.8毫米。最大日降水量41.6毫米／日，降水量主要集中在5月至9月。占全年降水量的85%以上。年平均蒸发量2205.6毫米，约为降水量的5倍。年平均日照时数3007.7小时，日照百分率为68%。随着海拔的升高，温度降低(温度降低推算：海拔每增高100米，温度约下降0.6℃左右)。年降雪平均8.3天，最多19天，年雹日数平均6.2天，最多16天，最少1天。南受印度洋暖流，北受西伯利亚寒流的影响，冬夏、昼夜气候温差大，冬春时干旱多风，风季一般从10月中旬开始到次年5月中旬结束，年平均风速每秒2.1米，极大风速达32.3米，风沙日数每年6天，最多达27天。全年无霜期平均231天，霜期134天，无霜期最长253天，最短200天左右，初霜期一般在10月初，终霜期4月底至5月中旬，主要灾害性气候为水灾、旱灾、雹灾、涝灾、虫灾、风灾。

矿产资源：已发现的矿产包括钼矿、铜矿、金（砂金）矿、铁矿、铅锌矿、刚玉、石榴石、石墨、红柱石、高岭

6月，市长多吉次珠到曲水县考察农作物收成情况

6月15日，西藏自治区财政厅书记吾金平措调研驻村工作队工作

6月12日，县委书记周广智考察县中学内地西藏班考试考场

8月24日，县长孙宝祥与泰州市政协主席王守法一行合影

7月16日，县委书记周广智、县长孙宝祥、政协主席李维生参加种植业现场会

6月17日，县委书记周广智、县长孙宝祥考察南木乡灾情

6月4日，县委书记周广智陪同次央市长考察青稞标准化种植示范基地

5月17日，县长孙宝祥参加国家农田改革试验区启动仪式

4月26日，曲水县第十二届人大第一次会议当选领导合影

土、石灰岩、花冈石等10余种。由于地质勘查程度皆很低，区内矿产资源尚未得到开采。代表性矿点有：达布铜钼矿、娘归刚玉矿、娘归石榴石矿点。植物资源：曲水县境内有高等植物72科225属424种，其中苔藓植物5科9属11种，蕨类植物7科8属10种，裸子植物2科2属3种，被子植物58科206属400种。主要木本植物有香柏、圆柏属、杨、柳、杜鹃花、忍冬、栒子、蔷薇、绣绒菊、小檗属等，大部分是曲水灌丛植被的主要组成部分。主要牧草植物有禾本科、莎草科、蔷薇科和豆科等。药用植物主要有川贝、大黄、虫草、高山党参、臭党参、红景天、川藏沙参、黄芪、雪莲、蒲公英、半夏、小檗、刺参、麻黄、夏枯草、独一味、藏黄芪、车前、曼佗罗等100余种藏医药所用植物及多种中草药植物。农业集中在海拔4400米以下亚高山带河谷地区，一年一作，主要作物有冬小麦、春小麦、青稞、豌豆、蚕豆、油菜、马铃薯、大白菜、小白菜、莲花白、莴笋、菠菜、芹菜、韭菜、辣椒、大蒜、南瓜等，产量较高。经济林木有苹果树、梨树、桃树等。造林树种有杨树、柳树、榆树等。动物资源：曲水县独特的气候、多样的地貌特征和自然条件为多种动物栖息繁衍提供了良好的生态环境，特别是冬季在藏南谷地有大量的越冬候鸟，成为多种野生动物种群的栖息地。家养动物主要有牦牛、黄牛、犏牛、马、绵羊、山羊、猪、狗、猫、鸡、鸭等，主要家禽为鸡，并以当地藏鸡为主。野生动物主要有雪豹、白唇鹿、狐、鼬、麝、岩羊、兔、旱獭、野鸡、野鸭、林鸟类，以及蛙、蜥、鱼类等。

全县经济持续较快发展，经济发展质量和效益不断提高。其中，地区生产总值完成6.23亿元，同比增长12.3%；全社会固定资产投资完成11.43亿元，同比增长37.9%；公共财政收入完成0.54亿元，同比增长69.8%；社会消费品零售总额完成1.41亿元，同比增长27.2%。

①②
③④

①曲水县南木乡江村羌嘎宾敦旅游合作社室内展厅
②大棚蔬菜
③6月1日，达嘎中心小学“六一”活动
④5月27日，县完小运动会

曲水县国家级非物质文化遗产协荣仲孜（牦牛舞）

拉萨市林周县

县委书记　钱文辉

县长　次仁顿珠

林周，藏语意为天然形成的沃土。位于拉萨市东北，县城驻地距离市区65公里（直线距离28公里）。全县辖9乡1镇，45个行政村，12283户60497人，县域面积4512平方公里。念青唐古拉山支脉一恰拉山横贯全境，将林周县分割为南北两大部分。北部素有“三河一流”的美称，即热振河、达龙河、乌鲁龙河、拉萨河流域，平均海拔4200米，以牧业生产为主。南部平均海拔3860米，是拉萨市的主要粮食生产基地。

林周县山水毓秀、人文历史底蕴深厚，全县分布有黑颈鹤保护区、白唇鹿保护区等国家级和自治区级自然保护区5个，有自治区级重点文物保护单位6个，著名的藏传佛教寺庙热振寺座落在千年古柏丛中，周围有风光秀美的热振国家级森林公园，凸显着青藏高原独特的自然人文风光。

在苏州市的无私援助下，坚持以邓小平理论、“三个代表”重要思想和科学发展观为指导，坚持以中共十八大精神为引领，坚持维护社会稳定和保护生态环境两条底线，坚定不移抓发展、实实在在惠民生、竭心尽力保稳定、扎扎实实抓党建，全县经济社会保持了跨越式发展的良好势头。

2012年，全县完成生产总值10.17亿元，同比增长10.04%。投资规模稳步扩大，项目运行良好，全年完成全社会固定投资10.08亿元，同比增长76.2%。财政收入实现快速增长，全年完成公共财政收入0.59亿元，同比增长54.4%。农牧民生产生活水平日益提高，人均纯收入达到6355.32元，同比增长15%，其中劳动力输出转移15767人次，实现收入1.05亿元。全县2012年招商引资实际到位资金2.53亿元，同比增长28.9%。

5月16日，尼泊尔国家农业部考察团到林周县考察

8月26日，国家农业部部长韩长赋到林周县参观现代农业

11月12日，西藏自治区党委常委、副书记吴英杰到林周县检查指导工作

4月24日，西藏自治区党委常委、政协党组书记、副主席、统战部部长公保扎西出席政协林周县第一届委员会第一次会议

3月16日，县委书记钱文辉接受拉萨电视台采访

10月8日，县长次仁顿珠检查指导现代农业示范区建设工作

7月12日，江苏省国泰集团董事长张子燕一行到林周县参观考察

4月23日，中国人民政治协商会议林周县第一届委员会第一次全体会议召开

3月16日，林周县重点项目奠基仪式

林周县非物质文化遗产春堆藏戏

林周县非物质文化遗产唐古乡热振卓舞

干部群众学跳幸福拉萨规范舞

中共十八大期间，林周县黑颈鹤民间艺术团演出《扎西雪》

2012年扶贫项目建设场地

新农村示范点白定新村

农机收割

农业部青稞万亩高产创建示范区

拉萨市尼木县

县委书记　袁新民

县长　赵涛

尼木县地处雅鲁藏布江中游北岸，系前后藏结合部，距拉萨市约140公里，是一个以农业为主的半农半牧县。全县地域面积3275.8平方公里，平均海拔4000米，辖32个行政村，127个自然组。辖七乡一镇(包括塔荣镇、吞巴乡、续迈乡、普松乡、帕古乡、麻江乡、卡如乡、尼木乡)，其中农业乡（镇）6个、半农半牧乡1个（帕古乡）、纯牧业乡1个（麻江乡）。塔荣镇为县城驻地，海拔3809米。矿产业为全县经济支柱产业，藏鸡养殖业为农牧业特色产业。

尼木县属高原温带半干旱季风气候区，四季分明，夏季雨水集中，辐射强，年日照时数2947.2小时。年无霜期100天左右。年降水量324.2毫米。自然灾害主要有干旱、山洪，泥石流，虫灾，霜冻和冰雹。

尼木县矿产资源主要有铜、钼、泥炭等，野生动植物资源主要有豹子、狗熊、猞猁、獐子、黑颈鹤、贝母鸡、野鸡及贝母、虫草、黄连、雪莲等。

因尼木位于拉萨和日喀则中间节点，民俗、文化兼具两地风格。作为藏文字的发源地，文化氛围浓厚，民风淳朴。被誉为“尼木三绝”的吞巴藏香、雪拉藏纸和普松雕刻享誉区内外。藏文创始人吞弥·桑布扎故居位于尼木县吞巴乡吞达村境内，距今有1300多年的历史，2007年被评为自治区级文物保护单位。近年来，尼木县以吞弥·桑布扎故居和藏香文化为依托，努力打造吞巴旅游品牌，2012年，通过招商引资，引进了吞巴旅游服务中心、吞巴非物质文化博览园等景区建设项目，年内已初具规模。

2012年，全县地区生产总值达到4.08亿元，增长11%；完成固定资产投资4.95亿元，增长31%；社会消费品零售总额达0.24亿元，增长26.3%；农牧民人均纯收入达到6449.98元，增长15.2%；城镇居民可支配收入达18086元，增长11%；公共财政收入完成0.25亿元，增长65.5%；工业增加值达到3643万元，税收突破3000万元大关。

9月14日，国家发改委稽查办专项稽查组到尼木县稽查

10月22日，西藏自治区主席白玛赤林到尼木县慰问贫困户

9月7日，西藏自治区党委常委、纪委书记金书波考察吞巴水磨长廊

9月10日，市长多吉次珠检查吞巴旅游项目建设情况

2月21日，县委书记袁新民，县委常务副书记、政协主席余凤萍与僧人亲切交谈

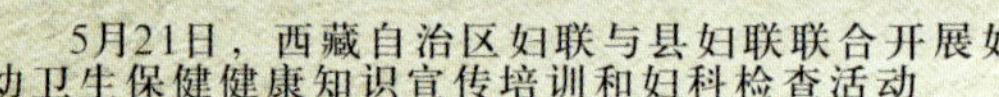
5月21日，西藏自治区妇联与县妇联联合开展妇幼卫生保健健康知识宣传培训和妇科检查活动

5月23日，西藏自治区科技三下乡活动在尼木县举行

6月11日，西藏自治区“强基惠民”第一巡回检查组到尼木县检查指导工作

8月26日，尼木县2011年至2012年创先争优强基础惠民生活动总结表彰大会

流动法庭法制宣传活动

①尼木县环保局组织全县干部开展"五一"大扫除清洁县城活动
②3月28日，庆祝西藏百万农奴解放日
③3月12日，植树节义务植树
④验收人工种草项目
⑤10月11日，尼木县"喜迎十八大颂歌献给党"文艺汇演
⑥10月20日，开展慰问活动

拉萨市柳梧新区管委会

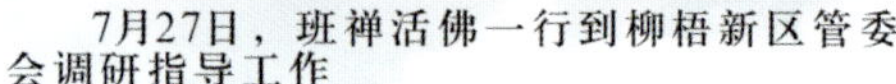

7月27日，班禅活佛一行到柳梧新区管委会调研指导工作

9月25日，西藏自治区党委常委、拉萨市委书记齐扎拉考察拉萨市群众文化体育中心

拉萨市委副书记、市长多吉次珠考察拉萨市群众文化体育中心

地区生产总值超额完成。2012年，完成地区生产总值7.66亿元，同比增长11.2%。

财政收入稳步增长。2012年，柳梧新区地方财政收入奋斗目标为2.9664亿元，实际完成3.2亿元，超额完成全年目标任务。

固定资产投资增长迅速。2012年，新区固定资产投资目标任务为17.2亿元，通过加快拉萨群众文化体育中心、德吉罗布儿童乐园、生态景观水系、西藏银行干部职工周转房、阿一实业君泰大厦等重点项目的同时，加大拉萨国际总部城、西藏银行等项目的投资力度，全年实际完成17.44亿元。

8月8日，拉萨市委副书记、市长多吉次珠考察德吉罗布儿童乐园项目建设情况

8月8日，泰州市副市长孔德平参观柳梧新区规划展览馆

8月1日，柳梧新区管委会党工委书记石文江慰问公安干警

3月20日，柳梧新区管委会组织干部职工义务植树

2月9日，柳梧新区管委会主任郑丰才带队慰问柳梧乡桑达村困难群众

拉萨国际总部城、拉萨之窗项目开工奠基仪式

柳梧新区管委会“三八”妇女节文艺汇演

招商引资成效显著。2012年，新区招商引资到位资金任务为12亿元，实际完成13.48亿元。雪顿节期间，新区通过市委市政府举办的全国民营企业家西藏行活动，签约2个项目，协议资金14.5亿元。与江苏泰州医药高新技术产业园区管委会签订“十二五”时期对口支援与合作框架协议。加之招商引资力度不断加大，柳梧城投公司拉萨国际总部城、拉萨之窗项目开盘，超额完成全年目标。

新增工商企业快速增长。根据年初目标任务，新区2012年新增工商企业10家，个体工商户30户。截至年底，新区新增工商企业73家，个体工商户103户。

拉萨经济技术开发区

党工委书记　黄羽天

主任　郭瑞祥

全国政协委员、中国佛教协会副会长班禅额尔德尼·确吉杰布考察开发区

拉萨经济技术开发区是西藏唯一一家国家级经济技术开发区，总规划面积5.46平方公里，分为A、B两区，A区面积为2.51平方公里，B区面积2.95平方公里，其中，A区为首期用地已开发建设完成，B区于2012年3月全面启动。年内，开发区完成税收28.19亿元，同比增长104%；实现工业总产值10.81亿元，同比增长104%；工业增加值3.73亿元，同比增长143%；实现工业销售产值10.15亿元，同比增长160%。

截至年底，开发区注册企业754家，注册资金115.32亿元。年内引进企业357家，同比增长82%，注册资金47.32亿元，实际招商引资到位资金13.46亿元，同比增长31%；新增固定资产投资19.26亿元，增长121%。

截至年底，开发区已落地建设企业76家，总投资达79亿余元，已投产运营项目有西藏天地绿色饮品有限公司、西藏娃哈哈食品有限公司、西藏天知生物科技开发有限公司、中国石油青海油田LNG公司、西藏金采科技股份有限公司、西藏珂尔信息技术有限公司等35个，续建项目有西藏高原天然水有限公司、西藏月王生物技术有限公司、西藏修正医药销售有限公司、西藏诺迪康药业有限公司、西藏彩轮藏药有限公司等24个，新开工项目有西藏同贺铜业有限公司、西藏天佑德青稞酒有限公司、西藏高原之宝牦牛乳业有限公司、西藏藏之梦地毯有限公司等17个。拉萨开发区高原特色产品品牌和产业集聚效益已初具雏形。

年内，开发区继续完善A区基础和配套设施，B区开发建设于3月29日全面启动，涉及柳东路、乃岗路、拉青路和园区南路等市政道路13条，总长18.76公里，总投资11.3亿元。年底，柳东路已经基本完成了工程建设任务，玻玛路的建设由堆龙德庆县交由开发区后，完成工程量的10%，其余的11条市政道路地下管网埋设完成，路基已经形成，累计完成总工程量的60%。开发区由A区分片开发进入到A、B两区联动开发、整体发展的新阶段。

年内，开发区在各入区企业的保安、保洁、用工等岗位上解决失地农民就业800多人，定期不定期地从失地农民中征聘劳务输出人员达10000多人次，创收350多万元。在东嘎村失地群众兴办的经济实体中，村委会所得利润100万元。开发区按照东嘎村委会和广大失地群众的要求，结合村委会所在地沿街，地理位置相对优越，为东嘎村修建了沿街

完善的基础设施

商品房项目，总投资1110万元，总建筑面积4412平米，这是开发区为增加失地群众收入兴建的又一富民项目，有效的推动了社会主义新农村建设，为全面实现建成小康社会目标打下良好基础。

年内，开发区两个驻村工作队按照区市党委的要求，认真开展创先争优强基础惠民生活动，全面落实“五项任务”，提高村基层组织为民服务能力，抓好集体经济的发展，投资430万元为墨竹工卡县唐家乡莫冲村修建了综合办公区，包括“两委”综合办公楼、路面硬化、院庭绿化、无塔供水、厨房、戏台等，出资30万元，为会议室、各办公室、阅览室等配备了办公桌椅、电脑等日常办公用品。为堆龙德庆县乃琼镇色玛村投资50万元建设了人畜饮水工程和投资15万元修建了寺庙道路，强基惠民活动取得一定实效。

①②③
④⑤⑥

①自治区党委常委、拉萨市委书记齐扎拉参加开发区B区市政道路开工奠基仪式
②自治区工会在开发区企业举行“五送”活动
③开发区为东嘎村修建的沿街商品房投入使用
④开发区为东嘎村送去兴办企业所得利润100万元
⑤春节、藏历新年慰问贫困户
⑥完善的服务设施

拉萨经济技术开发区综合办公楼

拉萨市八廓古城管理委员会

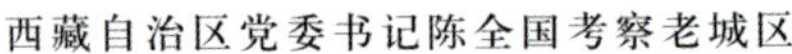
西藏自治区党委书记陈全国考察老城区

书记　多 吉

主任　闫卫东

拉萨市八廓古城管理委员会位于拉萨市区中心区域，管辖面积1.33平方公里，区域内居住着藏、汉、回、门巴等20多个民族，常住人口35489人，流动人口21728人。党政机关14家，企事业单位180家（含学校14家、医院3家），寺庙23座，其中以藏传佛教文化驰名中外的大昭寺、小昭寺位于古城区域内。八廓古城区是拉萨优秀民族文化核心区、历史文化沉淀集中区、世界文化遗产保护区，八廓街被国家评为历史文化名街。区市党委、政府从服务群众生活、保护世界文化遗产和维护社会稳定出发，全面凸显古城功能，定位为居民生活地、信教群众朝佛地、高端旅游地。

2012年7月3日，西藏自治区党委常委会议研究决定，成立拉萨市八廓古城管理委员会，为拉萨市人民政府派出机构，正县级，城关区党委、政府对其管理。7月23日，拉萨市八廓古城管理委员会正式挂牌成立。8月15日，管委会班子及人员全部到位。

拉萨市八廓古城管理委员会内设5个正科级机构，即办公室、社会管理综合治理办公室、流动人口服务和管理科、宗教事务管理科、文化旅游管理科；下设2个副县级机构，即八廓古城公安局、八廓古城市政市容和规划管理局；下派3个派出机构，即八廓街道办事处、吉崩岗街道办事处、吉日街道办事处，管辖15个社区居委会。

拉萨市八廓古城管理委员会主要职责：贯彻落实自治区、拉萨市、城关区党委、政府关于推进经济发展、维护稳定、社会管理和保护建设的决策部署，根据授权，统一协调所辖区内行政、公安、寺庙管理等机构，重点加强社会管理和矛盾排查、化解工作，统筹协调区域内经济发展、维护稳定、社会管理和保护建设等各项工作。

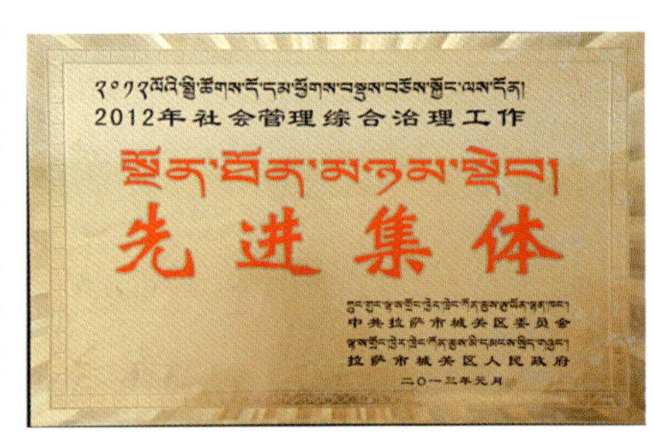

管委会揭牌仪式

管委会办公楼

管委会大门近景

拉萨师范高等专科学校

6月2日，西藏自治区党委常务副书记郝鹏，西藏自治区党委常委、组织部部长梁田庚，西藏自治区党委常委、拉萨市委书记齐扎拉到学校检查工作

11月14日，西藏自治区党委副书记、常务副主席吴英杰，自治区党委常委、政法委书记邓小刚，自治区副主席、教工委书记孟德利，拉萨市委副书记、市长多吉次珠到学校检查工作

11月7日，自治区教育厅厅长宋和平到学校检查安全稳定工作

拉萨师专党委书记加永桑丁、校长范春文为自治区常务副书记郝鹏、自治区党委常委、拉萨市委书记齐扎拉讲解学校党建工作开展情况

拉萨师范高等专科学校始终坚持高举中国特色社会主义伟大旗帜，以邓小平理论、“三个代表”重要思想、科学发展观为指导，深入贯彻落实中共十八大精神、区党委、市委八届三次全委会议精神，解放思想、改革创新、与时俱进，围绕“人才培养、科学研究、社会服务和文化传承创新”现代大学的职能，突出科学发展、特色发展、内涵发展一个主题，强化提升人才培养质量、创新教育发展模式一条主线，努力实现师资队伍水平、人才培养质量、科研服务能力、学校管理水平四个方面的明显提升。拉萨师范高等专科学校占地面积13.67公顷，共有正式在编教职工232人，全日制在校学生2740人。

党委副书记、校长范春文检查2012年学校新生军训工作

拉萨外语学校

西藏自治区教育厅副厅长朱赟、拉萨市副市长计明南加到学校检查指导工作

拉萨市委常务副书记贾沫微到学校检查指导工作

拉萨外语学校建成于2003年11月，是由西藏自治区教育厅、拉萨市人民政府批准，为进一步提升拉萨市高中办学水平，实现高中教育在共同基础上的特色发展，填补西藏公办外语特色学校的空白，突出英语特色教学而成立的普通高级中学。2012年，全校有来自全区的在校生1240人（全部住校），22个教学班。

近几年来，在上级领导和教育主管部门的大力关心支持下，学校领导班子认真执行党的教育方针、政策，坚持“三个有利于”的治校原则，通过“一个重点建设、四种办法促进”进一步加强学校师资队伍建设，以“将学校建在有创造思想和书香气质的园林里”为目标，进一步改善学校硬件条件和校园环境。在教学中，经过长期的实践和研究，学校还成功总结出一整套针对农牧区学习基础薄弱学生特点的教学方法和德育策略，全面启动了“道德课堂、实效教学”教学综合改革和学生“星级评价”促进体系。通过更为科学、合理地制定教学计划，调整教学结构，学校教学成绩和管理水平不断提升，在2012年高考中，学生上线率和升学率均达到了历史最好成绩。

除了教学上的巨大突破，在其他方面也是硕果累累：2011年被评为拉萨市“平安单位”，2012年被评为“拉萨市共产党员民族团结先锋活动先进集体”，2012年参加第七届拉萨市中学生运动会获得团体总分第二名。

外籍教师为学生授课

丰富的课外活动——参观西藏自治区图书馆

丰富的校园生活——学生乐队正在排练

丰富的校园生活——正在参加趣味运动会的学生

尊重主体 关注差生 减负增效 教育合一

拉萨市第一中学

洋思教学法创立人，河南永威学校校长蔡林森（右二）和拉萨一中书记普布次仁（左二）共同举起“友好学校”锦旗

洋思专家在拉萨一中讲学

洋思中学副校长刘金玉与拉萨一中教师交流

拉萨市第一中学建校于1958年，是拉萨市的一所老牌学校。2011年，学校积极响应教育体制和素质教育改革的要求，大胆引进江苏省洋思中学“先学后教，当堂训练”的教学模式，并结合学生实际，开始了该模式在西藏的本土化研究。

一、模式说明

“先学后教，当堂训练”是一种教学模式，也是一种教学法。它主要包括三个环节：“先学”，即学生看书（读书）、检测；“后教”，即学生更正、学生讨论、最后教师点拨；“当堂训练”，即当堂完成作业。

二、实验目的

推行“先学后教，当堂训练”的教学模式，旨在进一步发挥学生主观能动性，充分体现学生的主体地位，让学生学会学习；通过“四清”（即堂堂清、日日清、周周清、月月清），真正关注差生，帮助每个学生进步，进而实现教育公平；通过打造高效课堂，少给或不给学生留课外作业，切实做到减轻学生课业负担，促进学生全面、健康发展。

三、实验步骤

2011年初，学校与洋思中学建立了结对共建关系，先后选派五批教师分别到洋思中学和河南永威学校实地学习，并邀请洋思中学教育专家来学校讲学。专门设立课改办公室，研究制定了《学习洋思教学模式工作方案》，8月，在2011级新生中开设三个试点班，取得了较好效果，得到了学生家长和社会的认可。2012年8月，洋思教学试点在学校七、八两个年级全面铺开。

四、有效经验

1. 领导高度重视，率先垂范。学校领导把洋思教学课改工作作为学校生存、发展的头等大事，不仅带头学习理论知识，积极转变观念，集思广益探索课堂教学，亲自制订课改的相关管理机制和实施方案，还把走进课堂听课评课、指导教师上课作为一项常规工作，以评促教，以评促学。

2. 以达标考核为抓手，夯实课堂教学。抓教学质量，就要切实向课堂要效益。在试点中，学校始终坚持以课堂教学为突破口，不仅要求教师反复学习、讨论洋思课堂教学模式及本学科具体操作方法，还要求人人能上“达标课”（要求严格按洋思模式及其操作方法进行课堂教学，由达标课认定组成员认定），不达标者进入下一轮考核，直到达标为止。

3. 注重规范，促进学生行为养成。传统教学，学困生多，一个重要原因，就在于学生行为习惯差。洋思课堂，小到回答问题、书写作业及学生的坐

拉萨一中教师上达标课

①校长丁亚丽组织洋思教学法理论学习
②听课认定小组在听课
③达标课评课
④拉萨一中教师在河南永威学校与校长蔡林森交流

姿，都有规范而严格的要求。在老师们的努力下，试点班学生大多养成了如下习惯：学生的课堂坐姿端正，能根据自学要求进行紧张的学习；发言前自觉举手，无群言堂现象；回答问题时姿态大方，声音洪亮；注意倾听同学发言，有不同意见即举手；作业有规范格式，批改有进一步要求，不仅有分数，还要评定整洁度等等。

4. 加强“四清”，责任心到位。应试教育下的老师，为了升学率，关注的往往是学优生，洋思教学法则讲究“转差培优”，强调教师用爱心、耐心、责任心，抓好“四清”的同时，更加关注学困生，多关心、多了解、多鼓励，使其从思想上和学习上都得到转化和提高，真正实现教育公平。

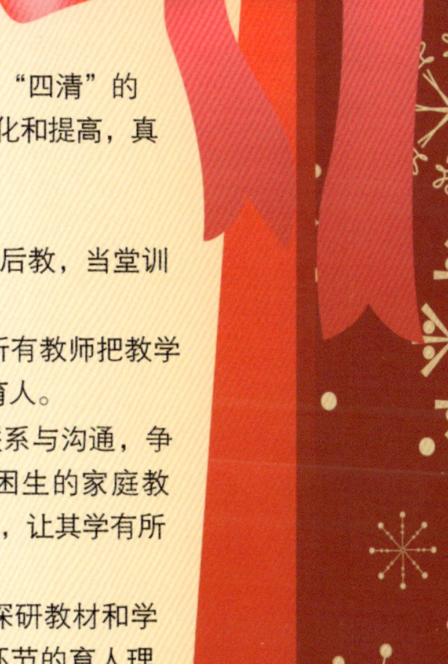

五、今后努力方向

1. 进一步引进永威学校的“教书育人责任制”，“包”字进校园，促进“先学后教，当堂训练”的课堂教学模式深入落实。

2. 群策群力、齐抓共管，引导所有教师把教学和教育工作有机结合，真正做到教书育人。

3. 利用家校通平台，多与家长联系与沟通，争取家长的配合，保障学生尤其是学困生的家庭教育，确保对每一个学生都不离不弃，让其学有所得，得有所进。

4. 重视文本，立足文本，深研教材和学生，准确把握洋思教学法每一环节的育人理念和知识传承技能，真正让洋思教学法在一中进而在西藏落地开花、结出硕果。

拉萨市第二中学

西藏自治区党委常委、市委书记齐扎拉听取教研工作汇报

校长才央卓玛为西藏自治区教育厅厅长马升昌介绍学校情况

拉萨市委副书记、市长张延清到学校检查指导工作

拉萨市委常委、城关区委书记普布顿珠到二中检查指导工作

拉萨市第二中学自1982年建校以来，经过几代人艰苦创业，规模由小到大，设施逐步得到完善，已成为一所初具规模的初级中学。30多年来，既为上一级学校输送了大批优秀人才，也为社会培养了许多合格的建设者和接班人，为拉萨市的基础教育作出了贡献，这些成绩的取得，都得到了上级教育部门和各级领导的肯定。

多年以来，学校领导班子在市教育局和城关区教育局党委的正确领导下，始终坚持以邓小平理论和“三个代表”重要思想、科学发展观为行动指南，全面贯彻中共十八大精神和党的教育方针，以“政府为我办学校，我办学校为社会”为宗旨，紧紧围绕“欲教书，先育人”这一办学理念，突出抓好“班子建设、队伍优化、德育创新、安全维稳、学校发展”等工作，努力把学校建设成为“平安校园、和谐校园、书香校园、人文校园”。以整体优化为原则推进学校教育事业的全面发展，开创了学校工作的新局面，取得了较好的成绩。

学校始终高度重视师资队伍建设。抓师德建设，促精神文明建设；抓机制建设，充分调动广大教师的工作积极性；抓师资培训，促教师业务能力的提升。

学校犹如一个大家庭，校领导关心教职工的生活，通过为广大教职工办实事，送温暖，关心教职工的身体健康等，营造了和谐的校园环境。学校为了让学生德智体美全

温暖的集体

向最美教师—宋玉刚学习

教师绑腿跑比赛

精彩的文艺表演

仔细探究化学问题

参观德育长廊

跳跃

绑腿跑比赛

阳光体育-长跑

跳远

面发展，在组织好教学的同时，积极开展各种文体活动，进一步丰富了全校学生的校园文化生活。

学校将继续加大教育教学力度，改善办学条件，真抓实干，不断创新，为“办人民满意的学校”而不懈努力！

赛课

拉萨江苏中学

团结 求实 创新 奉献

副书记、副校长　葛颖

副校长　姚莉蓉

拉萨江苏中学始建于1978年，前身为拉萨市第五中学，学校于1999年9月更名为拉萨江苏中学。学校占地面积70000余平方米，建筑面积30000余平方米，绿化面积44000余平方米。学校现有42个教学班，在校生总数2436人，住校生1492人。有教职工189人，其中专任教师181人。国家级优秀教师及先进教育工作者9人，自治区、拉萨市、城关区级优秀教师和先进教育工作者64人、骨干教师38人。

学校秉承“团结 求实 创新 奉献”的校训，坚持“为学生终身发展而奠基”的办学理念，坚定“文化立校，科研强校”的办学思想。学校结合西藏特点，积极开展校园文化建设，进

校园一景

表彰优秀，树立榜样

西藏自治区党委副书记吴英杰到学校检查指导工作

行了“建设具有藏民族特色的学校文化”课题研究，并且通过组建学生社团，引导学生自觉参与校园文化建设；为全面实施素质教育，培养德智体全面发展的合格人才，学校开设了晨跑、课间跑操、跆拳道、武术、健美操、堆谐、锅庄等课余活动课；创建了钢琴、电子琴、架子鼓、曼陀铃等课余音乐兴趣班；成立了民族舞、文学社、记者站等学生社团。

学校与时俱进，务实创新，深化教育改革，全面推进素质教育，各项工作取得了丰硕成果。先后获得国家级“科研先进集体”，国家级“全民健身先进单位”；获得各级“先进基层党组织”“优秀党支部”“先进学校”“文明学校”“先进集体”“教育教学管理奖”“平安单位”“平安校园”等荣誉称号。

三十载春华秋实，三十载锲而不舍。江苏中学始终以质量求生存、以创新铸特色，坚持德智培育为先，学生成才为本，紧紧围绕学校教育教学中心任务，团结一致、再接再厉、勤奋务实、开拓进取，努力为拉萨的教育事业作出新的贡献。

西藏自治区领导到学校参加全区少代会

拉萨市委常委、城关区委书记普布顿珠到学校检查指导工作

师生一起献歌给党听

通过德育体验中心，强化德育实效

拉萨 特殊教育学校

党支部书记　宁红兵

校长　李林

西藏自治区党委常委、拉萨市委书记齐扎拉、拉萨市代市长张延清一行到学校检查指导工作

团结协作的领导班子

拉萨特殊教育学校于2000年12月1日正式挂牌成立，是西藏第一所以盲、聋哑、轻度智障残疾学生为主要教育对象的综合性特殊教育学校。

建校13年以来，学习一直坚持正确的办学方向，遵循党和国家的教育方针和特殊教育规律，并结合西藏实际，积极探索努力实践适合当地学生学习、生活、就业的新方法新途径。目前，学习设有学前部、小学部、初中部和职教部，还将在未来两年内设立高中部，办学体系已基本完善。在校学生191人，设13个年级17个教学班，办学规模逐步扩大，办学成绩日益彰显，先后培养出了世界冠军、全国冠军、西藏第一批聋人大学生和第一批职业中专生，成功输送了15名学生赴上海聋哑青年技术学校就读高中，28名学生走向社会顺利就业。

建校来，学校一直以特教“六心”（即：爱心、信心、恒心、耐心、精心、倾心）为师德标准，创建了一支朝气蓬勃、甘于奉献、勇于开拓、业务精湛的师资队伍。学校现有正式教职工49人，专任教师42人，高级教师3人，中级教师14人，初级教师25人。其中研究生学历3人，学历达标率100%；教师队伍中获国家级奖9人、区级奖7人，市级奖11人。

学校遵循“以学生发展为本，在课程实践中注重残障学生的潜能开发，增强特教课改的自主性和校本化”的办学宗旨，构建了“学文化、学技术、成材就业”三位一体的教育体系。根据特殊教育教学大纲开足开齐各类课程，并结合自治区的实际情况，增设了藏语文课程，自主研发了1—6年级藏语文校本教材。

发挥首府城市首位度作用，先向后为日喀则、山南、那曲、昌都四地培训特殊教育教师达50多人次，有利推动和促进了西藏特殊教育事业的发展。而学校也先后被评为

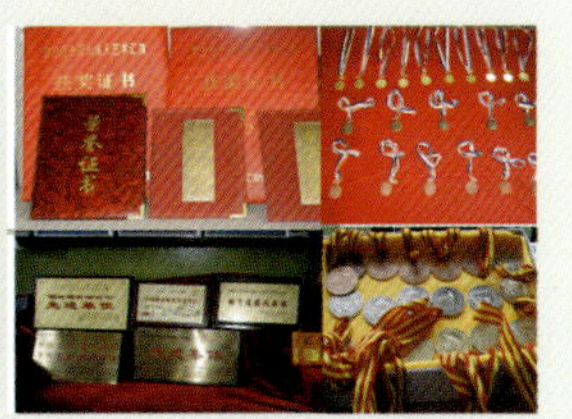

荣誉

副校长　达 瓦

副校长　贵桑朗珍

“全国特殊教育先进单位”“全国群众体育先进单位”“自治区残疾人康复工作先进集体”“区市教育系统先进基层党组织”“拉萨市平安学校”“拉萨市民族团结模范先进集体”。

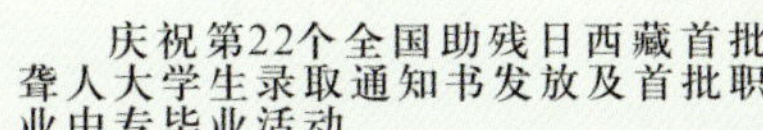

庆祝第22个全国助残日西藏首批聋人大学生录取通知书发放及首批职业中专毕业活动

干净卫生的学生食堂

学生新宿舍

学校14名残疾学生、1名盲人教师，代表西藏参加了第七届全国残疾人艺术汇演成都赛区的比赛

乐学 健身 团结 创新

拉萨北京小学

拉萨北京小学位于金珠西路，是北京市人民政府拨款1500万元援建的一所小学，于2004年8月开始招生，校园占地面积25084平方米，总建筑面积8990平方米。

多年来，学校一直受到北京市、西藏自治区、拉萨市领导和社会各界的关心帮助。学校在狠抓教学常规管理、提升教学质量的同时以乐学、健身、团结、创新为校训开展了一系列的特色教育，设置了13个晨练组和9个特长班，提高了学生的学习兴趣，增强了学生的交际能力；还让学生学到了一技之长，陶冶了情操，磨练了意志，提高了素质，塑造了健康的人格，进一步夯实了学校素质教育的基础。

学生在校园中排练

学生们正在上体育课

学生参加2012年全民健身活动

全体师生欢庆六一儿童节

学生参加入队仪式

学校与某部队官兵进行1+1助学活动

学生参观博物馆

主任　格桑次仁

副主任　穷达卓嘎

打造精品　树立品牌

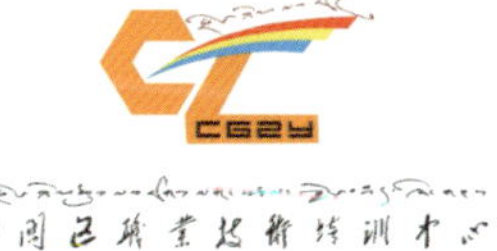

城关区职业技术培训中心

师生道德教育一参观西藏博物馆合影

中心承担甲流康复中心工作

保育员培训一手工课

学校概况：城关区职业技术培训中心创建于1997年，是一所集中等职业教育与各类短期培训为一体的综合性教育培训机构。其前身为城关区人才培训中心，位于江苏东路18号，占地面积4023平方米，建筑面积3469平方米，2008年正式挂牌为城关区职业技术培训中心。城关区职业技术培训中心现有教职工26人，拥有教学楼、宿舍楼、食堂、综合办公实训楼等基础设施，能容纳300人接受寄宿制教育。

中职教育：城关区职教中心为适应当今社会对高素质、精技能人才的需求，2008年经过多方努力，与江苏常州建立长期合作关系，开拓了“1+2”联合办学的新模式。

短期培训：城关区职教中心面向拉萨市，先后培训5000余人，职业技能就业率达98%。各类培训中通过考核的学员均颁发了由自治区劳动就业局印制的职业技能培训合格证书，为学员择业与就业提供了一定的技能保障。

荣誉称号：先后荣获由共青团中央、农业部、教育部、科技部、劳动和社会保障部、国务院扶贫办、民进中央联合颁发的“全国农村青年转移就业先进单位”；由自治区科技厅颁发的“自治区级综合科技示范区职业技能培训中心”；由城关区委、区政府颁发的“先进集体”；由拉萨市“四业工程”办公室颁发的“先进集体”等荣誉称号。

岗位素养培训一化妆课

中职生酒店管理专业实训

抓好党的建设　服务学校工作

拉萨市实验小学

党支部书记　达娃卓玛

校长　冯兴娟

校级领导班子(从左到右)副校长边巴次仁，党支部书记达娃卓玛，校长冯兴娟，副校长周林

拉萨市实验小学地处林廓东路，建校于1962年，目前有教职工143人，党员66人，预备党员4人，入党积极分子33人，党支部2个，在职教师党支部1个，退休党员组成的党支部1个。

近年来学校党建工作在区、市党委、教体局党委的正确领导下，高举邓小平理论伟大旗帜、以“三个代表”重要思想为指导，认真贯彻落实中共十八大精神，支部以“抓好党的建设，服务学校工作”为宗旨，全面加强班子、队伍、党风、校风四项建设，积极发挥学校党支部的政治核心作用，率领全体党员和教师，本着抓党建、促教学，加强领导，明确职责，突出重点，狠抓落实，努力推进学校党的建设，实现了学校教育和党的建设的共同发展，主要做法有：

一、抓学习，构建学习型教师组织

二、抓班子，进一步提高凝聚力

1.构建层级管理模式。

2.转变工作作风。

3.制定完善相关制度。

三、抓党建，做好党员教育管理工作

1.老党员要模范带头。

2.后备力量要着重培养。

3.全体党员要全心全意为民服务。

4.以“基层党建年”活动为中心，夯实基层基础

四、抓队伍，努力提高教职工素质

1.“送出去”学习先进的教育理念。

2.“校本培训”提高全体教师专业素质。

五、抓协调，充分发挥工青妇少的作用

1.以党建促工青妇工作。

2.构建“全程德育”的办学特色。

（1）以浓郁的校园文化育人。

（2）以丰富的主题活动育人。

（3）以丰富的校园文体生活为载体，实施素质教育。

学校党支部正是在各级政府、党委的正确领导下通过抓学习、抓班子、抓党建、抓队伍、抓协调打造了一个廉洁奉公的领导班子，形成了一支先锋模范的党员队伍，构建了一支学习型教师队伍，使得学校各项工作取得了可喜的成绩。

师德、师风报告会

西藏自治区党委书记陈全国到实验小学调研

西藏自治区党委常委、拉萨市委书记齐扎拉到实验小学调研

校级领导民族团结教育活动结对

党员参观博物馆

慰问退休教职工

党的知识竞赛获奖教师合影

手拉手学校调研活动

学生参观军史馆

五四推优入团

拉萨广西友谊小学

副市长计明南加到学校调研指导工作

学校教师参加民族团结月活动

拉萨广西友谊小学位于拉萨市夺底路30号，于1972年建校。2001年由广西壮族自治区对口支援，更名为拉萨广西友谊小学。学校教学设施齐全，功能完善，有小学生标准塑胶操场、篮球场、实验室、微机室、语音室、舞蹈室、音乐室、多功能厅、图书阅览室等配套设备和校园广播系统，同时在广西壮族自治区的大力支援下，学校教学班全部安装了多媒体投影及实物展台等设备，实现了“班班通”，为学生提供了广阔的实践与创新的舞台。

学校特点

学校注重校园文化建设，开展了形式多样、丰富多彩的活动，取得了骄人的成绩：2005年在西藏自治区“希望杯”暨拉萨地区第二届小学生足球比赛获得体育道德“风尚奖”；2009年教师参加拉萨市教育体育局组织的“庆七一、唱红歌”活动，荣获三等奖。2012年学生参加“拉萨市小学首届校园足球联赛”，荣获第一名。2013年学生参加“全国U-13成都校园足球冠军赛三等奖”。

德育教育

学校的德育工作以为学生的终身幸福和全面发展为出发点，充分挖掘出学生的思想内驱力，以行为习惯养成教育为抓手，以教师良好的思想品德和过硬的行为表率为突破口。

办学理念

做一个幸福快乐的人

办学目标

践行有效教育，提升办学品质

管理目标

热爱生活、学会感恩、爱校如家

合作口号

共同担当，共同成长

校训：植根生活，珍爱生命，尊重个性

校风：热爱生活，学会感恩，爱校如家

教风：亲近学生，为人师表，服务学生，乐于奉献。

学风：勤学善思，立志进取。

开展感恩教育

比球技、亮精神

56个民族一家亲

爱国教育签名寄语

城乡少年手拉手活动

立志做社会主义接班人

我入团、我光荣

感受书法国粹

拉萨广西友谊小学阳光体育冬季长跑启动仪式

西藏拉萨市城关区雪小学

办好人民满意的教育，让学生快乐学习、幸福成长！

书记、校长　赵丽娟

副书记、副校长　次卓嘎

副校长　米珍

全国妇联领导到学校检查指导工作

西藏拉萨市城关区雪小学始建于1959年11月，至今已有50多年的发展史。雪小学于1995年列入大庆62项工程之中，总投资360万，同年9月正式由布达拉宫脚下的雪城迁入现雪新村一号街。在党和各级政府领导的关怀下，雪小学已成为一所具有浓郁现代教育气息的小学。学校现占地面积10707.27平方米，学校绿意葱茏，环境优美。学校现有26个教学班，学生1354人，教师102人，师生中有藏族、汉族、回族、蒙古族、水族、白族、撒拉族等多民族组成，学校师资力量雄厚，专职教师102人，学历合格率100%，其中中教高级教师4人，小学高级教师42人，小学一级教师51人。自治区骨干教师2人，拉萨市骨干教师2人，城关区名师一人，学科带头人2人，骨干教师5人。自治区优秀班主任1人，拉萨市优秀班主任2人，城关区优秀班主任2人。荣获国家级奖励30人次，自治区奖励60人次，拉萨市奖励30人次。

办学思想：扎实落实党的教育方针，爱国主义教育是学校教育永恒的主题，做好办人民满意的教育，让学生快乐学习、幸福成长！

办学目标：全面发展、办出特色。走多元化办学的目标。为每个孩子打造个性成长的平台，抓好素质教育。

学校特色：1. 1993年组建的“少儿扎西雪巴艺术团”，在弘扬民族文化艺术上，做出了积极贡献。艺术团走出了校门、区门、国门，将灿烂的民族文化发扬光大。培养了孩子们积极向上、团结友爱、具有责任感的集体精神。2. 努力做好未成年人思想道德建设，关心青少年心理健康教育。3. 办好家长学校是学校、社会、家庭三位一体工作的平台和重点。

2001年荣获全国数学尝试教学先进单位、示范基地（国家数学教育研究会）

2006年荣获全国青少年心理健康教育示范基地（国家健康产业部）

全国示范家长学校

“全国红旗大队”称号

全国青少年心理健康教育示范基地

自治区三八红旗集体

先进集体

拉萨市“三八”红旗集体

邹鹰国旗护卫队

自治区常务副书记郝鹏、市委书记齐扎拉、城关区委书记普布顿珠、教体局局长中楚成一行到校慰问师生

城关区区长彭祎涛、副区长尼玛仓决、教体局副局长多吉优加到校指导工作

教师合影

参加青藏铁路通车仪式

少先队入队仪式

学校扎西雪巴少儿艺术团迎接中央代表团

2007年荣获全国红领巾优秀大队（共青团中央）

2009年荣获全国家庭教育先进集体（国家教育部、全国妇联）

2011年荣获全国第九届少数民族运动会表演二等奖（民运会筹委会）

2012年荣获全国五省市少儿文艺汇演优秀表演奖（文化部）五省市电视台2013年荣获全国青少年才艺电视展演小学组金奖（中国教育电视协会、国际舞蹈家协会）

拉萨市城关区海萨小学

团结　爱幼　争先　创新

校长　索朗顿珠

副校长　拉巴次仁

西藏军区司令部为学校捐资10万元用于购置办公用品

自治区主席白玛赤林等领导与海萨小学校师生共度六一儿童节

自治区副主席多吉次珠等领导与海萨小学校师生共度六一儿童节

大课间全体师生做广播体操、跳规范舞

海萨小学始建于1959年，占地面积21688平方米。地处拉萨东郊城乡结合部距离拉萨市区10千米处。原名城关区蔡公堂乡中心小学，下设三个教学点，分别是白定教学点、香卡教学点、次角林教学点。1998年拉萨市和北京市海淀区联合投资170余万元，新建学校综合教学、办公楼，学校正式更名为城关区海萨小学。目前小学在校学生505名，11个教学班级。基本上全部来源于农牧民家庭。幼儿园203名学生，9个教学班级，小学专任教师46名，小教高级职称教师18名，临时工14名（含幼儿园临时教师）。

这些年，通过上级政府和教育行政部门的大力投入学校基本实现了规范化、现代化、信息化。2010年海萨小学由城关区委区政府命名为城关区农村示范校。通过校本培训和邀请兄弟学校优秀教师到海萨小学校指导帮扶活动，近五年时间海萨小学教师走出去160多人次，从内地各省市和城关区内兄弟学校请进来专家及优秀教师50多人。

多渠道开展各种活动和争取各方面的支持。2007年，与西藏军区司令部联系，开展为期一周的春季开学军训，有声有色的军训使得海萨小学挂牌为“西藏军区司令部爱民小学”；2009年，海萨小学由拉萨市、城关区两级政府挂牌为“平安单位”；2010年，由于学校的各类兴趣小组第二课堂开展颇具特色，中央文明办和西藏自治区委宣传部联合把海萨小学命名为“拉萨市乡村少年宫学校”；2010年全自治区教育现场会在海萨小学召开；2011年，在海萨小学成功进行了“西藏自治区义务教育阶段学生营养改善计划启动仪式”活动。并把海萨小学挂牌为“自治区义务教育阶段学生营养改善计划试点单位”；同年，拉萨市建设局把海萨小学校挂牌为“园林式单位”；五月海萨小学荣获城关区政府“两基迎国检集体优秀奖”；2012年，六一儿童节之日，自治区主席白玛赤林同志亲临海萨小学与海萨小学700多名师生欢度节日；9月10日自治区副主席吴英杰亲临海萨小学，与海萨小学54名教职员工共同欢度第29个教师节。2012年，7月海萨小学校荣获“全国特色学校”称号；10月海萨小学校荣获“全国青少年足球活动布点学校”及“校园足球最佳团队奖”。

质量立校、科研兴校、特色强校、改革活校

城关区海淀小学

书记、校长　罗木秀

领导班子成员

自治区主席白玛赤林到校与学生共度六一儿童节

城关区海淀小学始建于1981年，学校座落于美丽而神奇的罗布林卡北侧。具有藏、汉、门巴多个民族团结象征的海淀小学，占地面积14240平方米。学校现有教学班15个（汉文班6个，藏文班9个），学生数为641人；教职工59人，平均年龄为34.6岁，其中女38人，男21人，藏族40人，汉族18人，门巴族1人，本科学历5人，大专学历47人，中专学历5人，中高2人，小教高级30名，初级23名，未聘3，工人1人，自治区级骨干教师2人，拉萨市级骨干教师3人，在城关区赛课中有9人获奖；在城关区教案设计比赛中有4人获奖；在城关区教师技能大赛中，获一等奖1人，获二等奖1人,获三等奖1人，获优秀奖3人。

在城关区党委、政府、教育体育局的领导下，在几任领导、几代教师的辛勤努力下，学校始终坚持以“三个面向”为指针，坚持以质量求生存，以特色谋发展，向管理要效益的办学宗旨，以创办名校为目标，以培育英才为己任，在继承中创新，在创新中发展，力求用先进的教育思想、现代的科学体系、现代的教育手段、规范的办学行为、科学的组织管理，优化学校人文环境，全面推进素质教育。体现了“质量立校、科研兴校、特色强校、改革活校”的治校方略和管理理念，使学校的各项工作蓬勃发展，教育教学质量、办学品位不断提升。

走廊文化

图书室

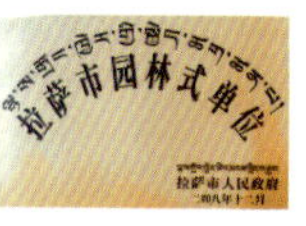

北京海淀区领导回访

校花样跳绳队

校腰鼓队

一年级新生入队仪式

吉崩岗小学

党支部书记、校长　德　央

副校长　毛卫中

城关区吉崩岗小学，位于拉萨市八廓北街与繁华的冲赛康市场隔路相望，北邻著名寺庙小昭寺，是一所城市居民子女和外来务工流动人员子女入学比较集中的完全小学。学校始建于1959年，迄今已有50年的历史，学校占地面积16420平方米，现有教学班级35个、学生1650人，在职教职工有123人。

自建校50年来，城关区政府对学校校园建设投资共约二千多万元，具体如下：2011年投资100万新建了办公楼，2005年投资200万元，新建了教学楼，2008年投资100万元新建了综合楼，2009—2010年相继投入了1000万元新建了设施先进的办公楼和多媒体教学楼，以及环形塑胶跑道等校内部附属设施。

多年来学校坚持“以教学为中心，德育放首位”的原则，坚持走“在改革中求发展”的道路，学校围绕“办学规范化、管理制度化、精细化、人性化、育人科学化、教学特色化”的目标，在教育教学过程中，注重把学生思想品德的教育，综合能力培养和智力开发有机结合起来，把科技兴趣活动及文娱体育活动作为教学的重要组成部分，面向全体学生，促进学生各个方面的发展，全面实施素质教育。

德育是学校教育教学工作的重要内容，学校进行的爱国、爱党、爱社会主义、爱集体、爱学校、爱亲人、爱他人、爱自己的“八爱教育”，让学生在“八爱教育”中学会做一个懂得爱、充满爱、愿意付出爱的好少年，长大后用爱服务于他人、服务于社会、服务于我们的国家。学校目前在教学过程中采用了智育、体育、美育等都要渗透德育，同时德育又要促进智育、体育、美育等发展，确立了“德育为首，多育并重”办学理念。

2012年雪域高原公益行活动现场

让每一个孩子都得到全面发展

自治区党委常务副书记吴英杰到学校调研

自治区党委常委、拉萨市委书记齐扎拉到学校参加公益行活动

自治区教育厅厅长宋和平到学校考察

市人大常委会副主任平措朗杰到学校调研

兄弟学校和片区居委会的相关领导到学校参加“六一”儿童节

城关区教育局教师节表彰大会（图为受表彰的学校教师）

学生参加广播操比赛

学生参加西藏电视台“道德模范”颁奖晚会

民族文化教育和爱国主义教育是学校的办学特色。学校民族文化气息浓厚，民族文化得到了弘扬，学生从小能形成良好的品德行为规范。增进民族团结、爱国、爱家、爱校的种子已在一批批学生中生根发芽。

近年在上级部门的正确领导和支持下，在全体教师的共同努力下学校教育质量稳步提高，在各方面都取得了喜人的成绩。先后被评为“全区红旗大队”、自治区“五四红旗团委创建单位”、拉萨市“文明学校”、“合格示范学校”、“家长学校”、城关区“德育先进学校”、“安全学校”、“巾帼文明示范岗”、“教学质量进步学校”、“校园文化示范点”“全国消防安全示范学校”特别是在3·14事件中学校党支部表现突出被自治区评为“优秀基层党支部”。全校师生决心再接再励，把学校建成城关区乃至拉萨市的一流学校。

城关区白定小学

城关区白定小学始建于2006年，位于距拉萨市区约13公里处的蔡公堂乡白定村，占地面积45807平方米。现设有7个教学班及4所学前机构，在职教职工30人（其中本科学历12人、大专学历14人、中专学历4人），在校学生295人（其中三包学生145人），幼儿在校生231名，该校是唯一一所从一年级开始住校的寄宿制学校。

学校始终坚持以“给学生最美好的童年，给人生最坚实的起步”为办学宗旨，狠抓发展机遇，内强素质，外树形象，在各方面都取得了可喜的成绩。并先后获得拉萨市及城关区“卫生学校”称号、城关区首届素质教育成果展示周“特色方队二等奖”、城关区青少年学生学唱爱国主义歌曲比赛“三等奖”、西藏第四次“少代会”主题队会“优秀表演奖”等多项奖项和荣誉称号。

学校还非常注重教师自身业务水平的发展，鼓励教师积极参加各类培训，以研讨促学习，以学习促发展。并有多名教师参加了国家级、省市地县级的各种教育培训活动，取得了优异的成绩。

书记、校长　尼玛元丹

原拉萨市委副书记、城关区委书记赤列多吉在学校“一年绿化一所学校”活动上发表讲话

发展中的白定小学

1+1助学活动

开展德育教育

“三包”学生食堂—我们的幸福生活

少先队入队仪式

拉萨广升医院

董事长　姚月娥

为牧区群众免费体检

热情服务民众

为农牧民送医送药

西藏卓玛医院有限责任公司

董事长　单增卓玛

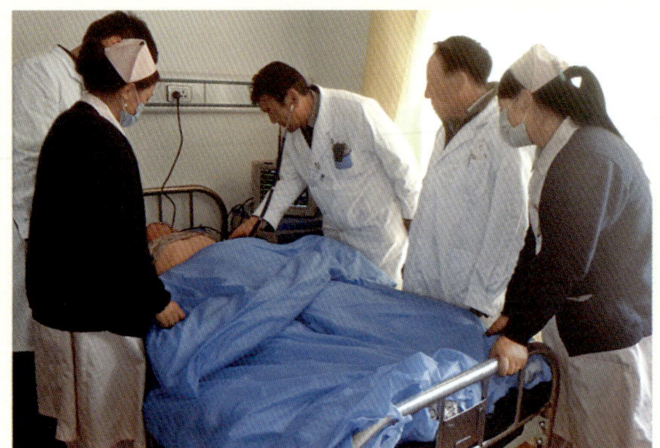
医生正在为患者检查身体

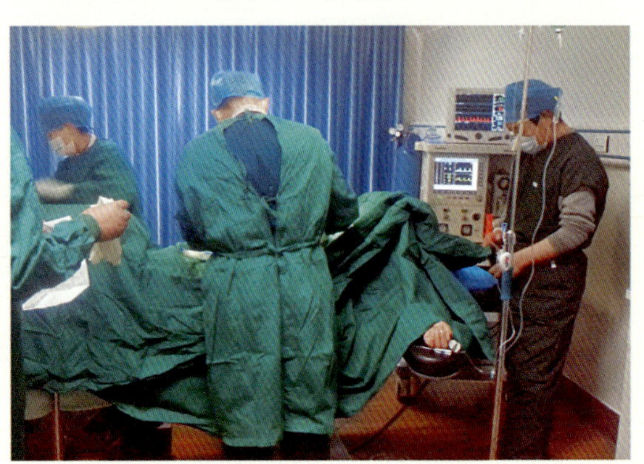
内囊切除术手术进行中

西藏卓玛医院党支部支委成员选举大会

2012年5月，自治区党委副书记、常务副主席吴英杰到卓玛医院检查指导工作

拉萨厚北医院有限公司

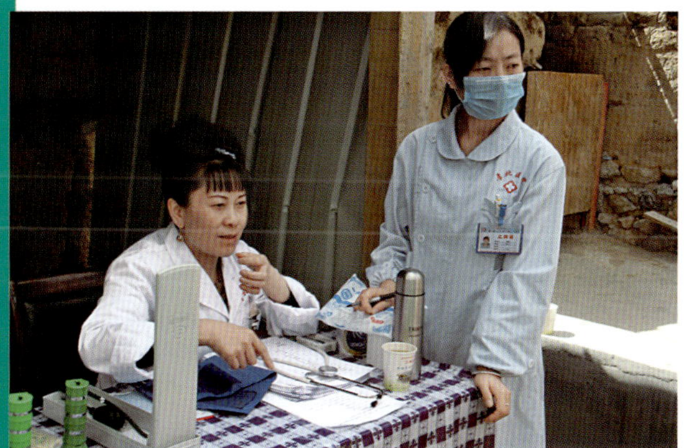

院长谭琼兰下乡为牧民免费义诊

自治区副主席德吉，自治区、拉萨市卫生系统领导到厚北医院考察工作

拉萨厚北医院有限公司董事长、拉萨市政协委员、拉萨市人民检察院人民监督员谭琼兰率医务人员到尼木县义诊

拉萨厚北医院有限公司根据国务院有关医改政策及大力发展民营医院的文件精神，为了解决拉萨地区广大人民群众看病难，看病贵的问题，于1992年厚北门诊部成立，位于拉萨市康昂东路武警招待所一楼，2008年拉萨厚北医院成立，位于拉萨市太阳岛一路18-20号，2010年拉萨厚兰医院成立，位于拉萨市八一路，总使用面积约1万余平方米，共有病房87间，床位163张，在职员工200余人，建院以来，在运营管理、诊疗技术、医疗服务等方面取得了长足发展，并始终坚持向平价医院方向发展，积极吸引优秀医护人员，用真诚的服务、精湛的技术，服务社会、服务广大患者，在满足患者多种需求的同时，竭尽全力打造和谐的医患关系，得到了广大患者的认可和好评。医院环境优雅舒适，内部全部采用地热供暖、中心供氧系统。医院设备齐全，配有500AmX光、彩超、心电图、麻醉机、多参数心电监护仪、全自动生化分析仪、经颅多普勒仪、奥林巴斯电子胃镜、宫、腹腔镜；妇科设备有：波姆光、红光、微波、嗅氧治疗仪、妇科治疗仪、盆腔冲洗仪等医疗设备。医院开设了：内科、儿科、妇科、外科、高原病科、皮肤泌尿科、中西医结合科、中医科、急诊科、口腔科、彩超、心电图室、化验室、X光室、麻醉科等临床科室。

医院实行24小时应诊制度，无假日医院。

1992年厚北门诊部成立，位于拉萨市康昂东路武警招待所一楼

2010年拉萨厚兰医院成立，位于拉萨市八一路

2008年拉萨厚北医院成立，位于拉萨市太阳岛一路18-20号

拉萨市自来水公司

春节前夕，自治区党委常委、拉萨市委书记齐扎拉带领拉萨市相关领导看望慰问北郊水厂员工

11月5日，市委常委、常务副市长斯朗尼玛带队到西郊水厂考察指导供水工作

7月27日，公司领导慰问军民共建单位

10月15日，林廓路中行门口管网抢修人员正在检修闸门

9月，水质化验人员正在对水质进行理化检测

拉萨市自来水公司成立于1979年，2010年以前隶属于拉萨市建设局，2010年2月1日根据市政府机构改革精神划转到市政市容管委会，属于自收自支事业单位企业化管理。公司下设十五个部门：药王山水厂、北郊水厂、西郊水厂、献多水厂、安装公司、管网所、营业所、水质化验室、微机调度室、生产技术设备科、供水稽查室、财务科、办公室、保卫科、工会。主要负责市区自来水的生产、供给及上水安装工程、市政管网维护等业务。公司目前正式员工总人数316人。

目前，四个水厂及五个泵站日供水能力超过30万吨，使用自来水人口数约45万人，供水普及率90%，城市供水面积达55平方公里，给水管网长度达733.15公里，2012年供水突破1.16亿吨。水厂水源主要含水层岩性为砂卵石，地下水资源丰富、采用地下集中式开采方式，生产工艺采用取水—排沙—沉淀—蓄水—消毒—配入城市供水管网。

年内，在市委、市政府及上级主管部门的关心支持下，自来水公司进一步创新企业管理，发挥好首府城市首位度作用，坚守工作岗位，确保全市人民饮用上安全、卫生的自来水。

按照2012年7月12日在柳梧新区管委会召开“关于解决柳梧新区饮用水问题”的专题会议和市长指示精神，市政市容管委会党组和自来水公司主要领导高度重视，会后立即进行了科学安排和周密部署。

为尽早实现柳梧泵站24小时供水，公司前期筹措160余万元建设了柳梧泵站；后期投入320余万元建设了西郊水厂至柳梧新区的跨河管道；于2012年自筹资金120余万元在柳梧泵站打造一眼深井、安装消毒设备及附属设施，从而保障了柳梧新区居民、单位生活、生产用水，目前已实现了24小时供水目标。

西藏高争建材股份有限公司

董事长　吴振华

总经理　达娃次仁

西藏自治区党委副书记吴英杰一行参观厂区

公司职工生活区

西藏高争建材股份有限公司坐落于历史文化古城——日光城拉萨（距拉萨市25公里），占地面积110万平方米。公司始建于1960年，是西藏自治区建厂最早，现今规模最大，最具实力的国有骨干企业，同时也是自治区建材行业的龙头企业。公司主要产品有硅酸盐水泥、普通硅酸盐水泥、复合硅酸盐水泥、中热硅酸盐水泥、道路硅酸盐水泥及其他特种水泥，同时还可以生产各种标号的商品混凝土，产品质量指标全部达到或优于国家标准。公司管理组织机构完备，技术力量、自动化水平在区内同行业中雄居榜首，下设西藏高争商品混凝土有限责任公司和日喀则高争水泥有限责任公司两大控股子公司。

通过50年的发展，公司册资金达3.8亿元，资产总额11.78亿元，净资产8.74亿元。员工总数1154人，其中具有大专以上学历人员153人，占职工总人数的13.37%，管理人员167人，销售人员30人，技术人员133人，生产人员814人，藏族职工579人，占员工总数的50.61%。目前公司党委下设5个支部，从事专职基层支部党务工作者有6名，党员总数222人，其中预备党员13名，在职党员184名。

公司生产的“高争”牌水泥率先在区内水泥生产行业中通过了ISO 9001质量管理体系认证。目前拥有通用、特种两大系列多种标号的水泥产品，已广泛用于国家及自治区多项重点工程，如：贡嘎机场、青藏铁路、那曲铁路物流中心、羊八井地热电站、柳梧大桥等，为西藏的基础设施建设和经济社会发展，尤其是对彻底改变西藏水泥工业结构，提高固定资产投资建设工程质量，降低区内固定资产投资成本和为西藏经济建设大型国家级重点工程所需优质高标号结构水泥，提供了强有力的支持和保障。

西藏自治区国资委书记次成甲措、区国资委副主任江村观看职工文艺演出

西藏自治区国资委主任余和平到公司驻村点慰问

西藏自治区安全监管局副局长拉增率区市县三级安全监管局相关处室负责人到公司检查指导工作

公司党委副书记苏云“七一”带领新党员进行入党宣誓

公司全景卷轴图

雪域高原创业路　惠民报国谱新篇

西藏华钰矿业股份有限公司

西藏华钰矿业股份有限公司成立于2002年，注册资金4.68亿元，主营铅、锌、铜等有色金属的开采、加工、销售及固体矿产勘察业务，具有固体矿产勘查乙级资质，公司已查明资源储量、采选矿及盈利能力均居区内矿业企业前列，现已形成集资源开发、地质勘查、矿山采矿与选矿、销售为一体的完整的矿业开发体系，自身经营已走上良性循环、滚动发展的道路。公司近年的经济指标大幅度递增，2012年度实现销售收入74100万元，实现利润34000万元，上缴税金18800万元，连年被西藏自治区评为纳税和安全生产先进企业。

董事长　刘建军

以人为本和谐共荣迎百年

公司的愿景是致力于成为全区最佳矿业企业，成就百年华钰的梦想，而公司员工是保证华钰成长为全区最佳矿业企业的关键因素，因此，公司在发展过程中始终坚持以人为本，努力创造机会让员工参与分享发展成果。

“软硬皆施”，保障员工福利。在硬件建设方面，公司为员工提供堪比星级酒店的住宿条件，并配套健身室、体育室、KTV室、娱乐休闲室等多种设施，最大限度的丰富员工的业余文化生活。在软件建设上，公司贯彻落实劳动法规和社会保障福利制度，与每位职工都签订了劳动合同，为职工缴纳“五险”及住房公积金；并从上至下建立责任明晰的绩效管理制度，制定具有市场竞争力的薪酬福利体系，明确员工年度薪酬增长办法等。

重点培养，实现员工价值。人才培养方面，公司与中国地质科学院勘查资源研究所、成都地质矿产研究所等单位建立人才联合培养机制，在项目合作的过程中学习先进的专业技术知识；与清华大学等科研院校建立了长期培训合作关系，根据公司实际生产需要，每年年底组织公司核心人员及业务骨干进行培训学习；公司还每年派遣技术骨干到内地同类矿山、选厂学习先进的管理经验和技术，拓宽眼界，加强先进采矿技术的实际运用；公司还定期开展内部专业培训，提升员工业务素质，并鼓励员工进行自我学习与知识分享，将员工的职业理想、价值目标和公司发展目标紧密结合起来，实现双赢。

文体双施，陶冶员工情操。公司设立了阅览室，定期开放；每年都开展“新年团拜会”、“中秋节联欢晚会”、“趣味运动会”、“摄影比赛”、“演讲比赛”等特色鲜明的主题活动，不断丰富员工的文体生活，有力地促进了企业文化建设。

公司把人才队伍建设作为企业文化建设的重要组成部分，通过在企业内部营造尊重人、塑造人的文化氛围，增强员工的归属感，激发员工的积极性和创造性，增强全体员工主人翁意识；鼓励职工家属赴西藏探亲，并组织家属免费外出旅游等，激发和调动了广大员工的爱岗敬业精神，树立了以“公司为家”的思想观念。

总部大厦

回报社会勇担社会责任

华钰公司始终秉持“两个保护、三个有利于”的原则，即：保护好与当地农牧民的团结、和谐的关系；保护好矿区的生态环境；有利于企业的效益增长；有利于促进地方的经济发展；有利于增加当地农牧民的经济收入。

公司一直致力于推动矿区地方经济的发展，以提高当地农牧民收入和生活水平为己任，公司安排当地农牧民就业300余人，安置大学生就业40余名，其中藏族大学生16名，每年临时用工千余人次，使农牧民年收入增加1500余万元。随着公司的发展壮大，公司与西藏高校的联系越来越多，并着手建立西藏高校人才培养实习基地，既解决公司发展过程中的人才瓶颈问题，也为西藏当地应届毕业生提供一个就业平台。

公司还投入大量资金，用于促进当地经济和社会公益项目的发展。公司建立之初，就制定了向贫困家庭“捐资助学”计划，每年开展捐资助学活动；捐资山南地区那木其村启动阳光棚项目；捐资帮助当地农牧民成立了石子加工厂等；资助当地建桥、修路及卫生院等公益设施；目前，已累计向矿区县、乡、村、组拨付公益项目及扶贫资金2000余万元。公司还协助当地村镇成立矿石运输车队，运输公司的矿石和精粉，仅此项措施就使农牧民年收入增加1000余万元，为当地农牧民脱贫致富及地方经济发展作出了积极贡献。

国土资源部部长徐绍史检查指导华钰山南分公司选矿厂工作

西藏自治区党委副书记郝鹏检查指导华钰山南分公司选矿厂工作

西藏自治区副主席多吉泽仁、国土厅厅长王峻检查指导华钰公司工作

行政管理中心党小组民主生活会

公司举办丰富多彩的职工文体活动

2012年华钰矿业助学捐赠仪式

西藏矿业发展股份有限公司

党委书记、董事长　曾泰

副董事长、总经理　戴扬

西藏矿业发展股份有限公司成立于1997年，同年7月在深圳证券交易所挂牌上市，是西藏自治区最大的国有控股、矿产资源勘探、开发企业。主营业务以铬、铜、锂等矿产品的开采、加工和销售为主。公司现有4家分公司、2家全资子公司、5家控股子公司、1个办事处。现资产总额26.11亿元，净资产22.10亿元。职工总数1323人。

公司通过ISO 9001：2000，ISO 140001；200004，GB/T28001-2001，质量、环境、职业健康安全认证。铬铁矿作为公司目前支柱产业，自20世纪60年代末涉足开发至今已有40多年历程，具有丰富的开发及管理经验，由此培养了一批精通铬铁矿生产、勘探的工程技术人员。公司“扎布耶盐湖二期建设项目”被列为自治区“十二”五规划重点建设项目，是世界三大百万吨级锂盐湖之一，在锂资源开发的基础上，同时还加大盐湖共生与伴生资源综合利用力度，实现扎布耶盐湖矿床的规模化开发。

公司目前已形成了集勘探、设计、多矿种开发为一体的综合矿山企业，实现了“铬、锂、铜、硼矿及酒店服务业”等多产业协同发展的格局。并拥有自营产品进出口贸易经营权，与国内十几家大型钢铁企业建立了长年稳定的供销业务关系，初步形成了以成都、重庆为中心，辐射华东、华南、华北各分支经营机构的营销网络体系。

公司深刻把握西藏自治区关于发展特色优势矿产业的指示精神，积极利用资本市场推进企业发展，相继完成了核心子公司的债务重组、引进战略投资者和上市公司的非公开发行工作，进一步优化了公司产业布局，加大了矿产资源的开发力度，加快了核心产业建设的步伐，公司的核心竞争力将进一步增强，实现了公司的可持续发展。

总经理戴扬在矿区向自治区领导汇报工作

扎布耶盐湖晒池提取锂产品

公司领导查看山南职工周房转改造工程

领导慰问驻村工作队

日喀则扎布耶盐湖锂资源开发二期工程建设项目开工奠基庆典

展示企业文化

拉萨普信矿业贸易有限公司

①②
③

①西藏自治区副主席多吉泽仁到公司选矿厂检查指导工作
②自治区政协副主席阿旺到公司调研指导工作
③国土资源厅厅长王峻在拉萨市国土规划局局长杨林陪同下到公司检查指导工作

国家发改委主任徐绍史在拉萨市市委书记齐扎拉陪同下到公司检查指导

拉萨普信矿业贸易有限公司于2000年4月在堆龙德庆县工商局注册成立。注册资金5000万元，经营列廷岗铁矿普查及开采、黑色金属的加工与销售。公司现有职工265人，其中中高级技术人员26人，已发展成为东为集团进入西藏开发资源的示范型企业。拉萨普信矿业贸易公司自落户拉萨市堆龙德庆县以来，始终坚持“科学开采与生态和谐”及“节约综合利用矿产资源”的原则，秉承诚信为本、利益共享的经营理念，积极打造专业的、领先的、具备可持续发展的品牌型资源开发企业。

矿区及选矿厂位于堆龙德德庆乡境内，总投资规模6亿余元，列廷岗矿区2006年在西藏自治区国土资源厅依法取得采矿权，后经三年的勘查工作，2009年取得采矿权，采矿权面积为2.4143平方公里，并初探明铁矿石的资源储量为1300余万吨，伴生有铜、铅、金、银、钼、等矿种，其中伴生铜金属具有很高的开发利用价值。该矿区具有成矿条件好、储量大、品位高、有害元素少，易选，伴生有色金属等特点，公司2011年度试生产期间共生产、销售铁精粉16.6万吨。铜金属量200吨。仅半年时间实现产值2.3亿元。2012年初已被列为西藏自治区“十二五”规划重点铁矿开发项目。同年，获得了拉萨市“创建和谐矿区先进企业”和堆龙德庆县委县政府“利税大户”的表彰。

公司以群众满意为出发点和落脚点，构建和谐稳定的矿区关系。在处理矿区当地群众利益关系上，积极依靠各级党委政府,努力把群众的根本利益实现好、维护好、坚持为群众办实事、办好事发展好。解决好实际问题。2011年度带动当地农牧民创收4400万元，解决就业530余人，上缴利税1700万元。两年多以来，公司在矿区周边，无偿为村民修建河堤2600米，清理河道30000多立方米、更换涵管50余根、出资建设卫星通讯基站1座、挖垃圾坑4座，修筑便民工程等投资120万元。公司无偿提供机械设备协助搞好当地基础建设，定期慰问农牧民贫困家庭。尽其所能最大限度与周边村民进一步加深了解，增强互信。

为更好深入贯彻建设生态和谐企业，公司在矿区强化生态环境保护意识，积极地实施环境影响评价、生态环境保护和恢复措施，投入150万元修建了国道通往厂区的水泥道路，公司投入300余万元对尾矿坝和弃土场进行了绿化，减少了杨尘污染，美化了矿区环境。

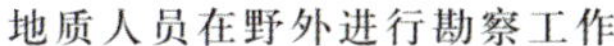
地质人员在野外进行勘察工作

公司领导“六一”慰问当地学生及教师

公司兑现补偿款及收益款

公司领导慰问矿区贫困户

公司购置的机械设备

矿山干选设备

浮选车间

磁选车间

西藏自治区地质矿产勘查开发局 第二地质大队

党委副书记、队长　曹林

党委书记、副队长　卓玛

大队领导班子

西藏自治区地质矿产勘查开发局第二地质大队，始建于1966年，隶属于西藏自治区地质矿产勘查开发局。是西藏现有地勘队伍中建队最早的地质队。现有在职职工255人，其中管理及服务人员130人，专业技术人员125人（中高级以上专业技术人员57人），技术人员占职工人数比例为49%。大队下设9个职能科室和5个二级经济实体（4院、1图文制作中心），现拥有固体矿产勘查甲级，地质钻探施工甲级，岩土工程勘察、水文地质勘察、工程测量乙级，地质灾害治理勘查乙级，地质灾害危险性评估、矿山地质环境影响评价乙级，地质灾害治理、施工、评估勘查乙级等各类资质。2005年通过ISO 9001质量体系、ISO 14001环境管理体系、GB/T28001职业健康安全管理体系认证。先后14次荣获省、部及以上表彰和奖励，33人次获得地、市级的表彰和奖励。1980年被地矿部授予“地质找矿功勋单位”荣誉称号；1983年被地矿部授予“有重大贡献地质队”的光荣称号；1985年被自治区授予高原第一个“职工之家”

队领导前往野外地勘项目检查工作

光荣称号；1992年被全国总工会授予“模范职工之家”称号；2007年被国土资源部授予“全国地质找矿先进集体”；《西藏自治区一江两河中部流域铬、金、铜成矿预测和“九五”至2010年地质工作布置建议》获1998年地矿部科技三等奖。

地勘工作遍布西藏各地区，涵盖金、银、铜、铅、锌、铁、铬铁、钼等多种矿产。

建队后发现并评价了罗布莎、香嘎山大中型铬铁矿床，“十一五”期间先后发现评价了驱龙特大型铜矿床，冲江、朱诺大型铜矿床；蒙亚阿、洞中拉中型铅锌矿床；查拉普、嘎拉勒大型岩金矿床和嘎绕中型砂金矿床等一批矿床。提交各类地质报告，科研论文二百多份。

在自治区党委、人民政府大力关怀、支持下，在区地勘局党委的正确领导和社会各届的关心、帮助下，通过全队历届班子成员和全队职工47年的辛勤耕耘，第二地质大队现已发展成为集地质矿产勘查，矿产品开发、岩土工程勘察、地质灾害勘察治理、工程测绘、物产业开发为一体的综合性地勘队伍。

秉承“老西藏”精神，发扬“地质三光荣”优良传统，以“诚信为本、质量取胜”的西藏第二地质大队，为将资源优势转换为经济优势，服务地方经济发展，愿携手国内外专业人士和有实力的企业，共同勘查开发西藏丰富的矿产资源，再创地质事业辉煌。

西藏自治区相关领导到二队检查指导工作

香卡山、罗布莎钻探施工现场

蒙亚啊矿区钻探施工现场

地质综合办公楼

拉萨远大建材有限责任公司

董事长、党支部书记　洛桑金巴

公司总经理次仁慰问柳东路警务站民警

拉萨远大建材有限责任公司（以下简称远大公司）是2000年10月经拉萨市工商行政管理局注册登记设立的有限责任公司，性质为非公企业。公司总部位于拉萨市堆龙德庆县东嘎镇青藏路17号，系一家生产经营水泥、页岩烧结砖为主，房地产租赁、物业管理和文化产业为辅的综合性中型民营企业。远大公司现有员工400人，其中95%以上是当地的藏族农牧民。截至2012年底，公司资产总额达到1.52亿元，累计上缴税金8000多万元，连续九年获得拉萨市、堆龙德庆县授予的“纳税大户”光荣称号。

远大公司下辖一个水泥厂、两个子公司和拉萨远大农民工艺术团。子公司为西藏红墙烧结砖有限公司和拉萨远大物业管理有限公司。公司水泥厂年设计水泥生产能力25万吨，主要产品为42.5RMPa普通硅酸盐水泥。红墙公司生产线年产页岩烧结砖6000万块（折合标准砖），主要产品为290×190×145mm页岩空心砖、240×115×90mm页岩多孔砖和240×115×53mm页岩烧结标砖等新型墙体材料。远大物业公司主要从事房地产租赁和物业管理。其经营的远大商厦是堆龙德庆县的商贸中心，远大停车场是拉萨市西郊最大的停车场和物流中心。远大农民工艺术团于2011年11月正式挂牌为西藏自治区农民工艺术团。

2006年和2011年，全国工商联和中华全国总工会两次联合授予公司“全国双爱双评先进企业”。2008年，公司获自治区总工会和区安监局组织的“安康杯”活动优胜奖。同年，公司进入拉萨市八强企业行列。2010年，中华全国总工会、自治区总工会授予公司“全国厂务公开民主管理先进单位”、“模范职工之家”。中共中央宣传部、文化部、国家广电总局、新闻出版总署等四部委，授予公司“县级文艺院团和民营文艺表演团体先进单位”和“服务农民、服务基层、文化建设先进集体”称号。2011年，西藏自治区授予公司“全区劳动关系和谐企业先进单位”称号。2010年，

自治区党委副书记郝鹏一行看望远大农民工艺术团全体演员

自治区原政协副主席央金等领导观看艺术团演出并慰问演员

堆龙德庆县委书记于海波、县长安央金到红墙公司检查指导工作

东嘎镇政府、桑木村等村委会向公司赠送锦旗

西藏红墙烧结砖有限公司外景

公司董事长兼总经理洛桑金巴荣获第二届西藏自治区道德模范—诚实守信模范奖。2011年7月，被评选为“60位感动西藏人物”。2011年9月，获得全国第三届道德模范—诚实守信模范提名奖。2012年荣获全国“五一”劳动奖章和全国“安康企业家”称号。中华全国总工会和国家安监局授予公司“安康杯”优胜单位。

农民工艺术团参加全国产业（行业）系统展演获奖汇报演出

远大公司水泥厂

西藏嘎吉林建筑（集团）有限公司

董事长　达嘎

西藏嘎吉林建筑（集团）有限公司，属股份制民营企业。其前身是1972年拉萨市城关区建筑三公司第七分队，目前已发展为：集房地产开发、建筑建材、观光旅游、休闲娱乐、餐饮酒店、物业管理、运输车队为一体的综合性企业。

公司下属五个全资子公司，包括母公司在内，注册资金总额6800万元。（其中：母公司西藏嘎吉林建筑有限公司注册资金1500万元，西藏嘎吉林房地产开发有限公司注册资金4500万元，西藏嘎吉林旅游开发有限公司500万元，西藏嘎吉林物业管理有限公司300万元，西藏嘎吉林建材有限公司300万元，尼木县嘎吉林建筑有限责任公司1000万元）公司以房屋建筑工程（二级资质）、市政公用工程、园林古建工程、装饰装修为主，建材生产为辅，立足于西藏高原多年来积累的公司品牌、信誉及过硬的施工能力，公司招投标中标工程数量逐年增加，仅2009年至今，承建的建设工程达233000平方米，产值达3.2亿元，国家投资项目12个。

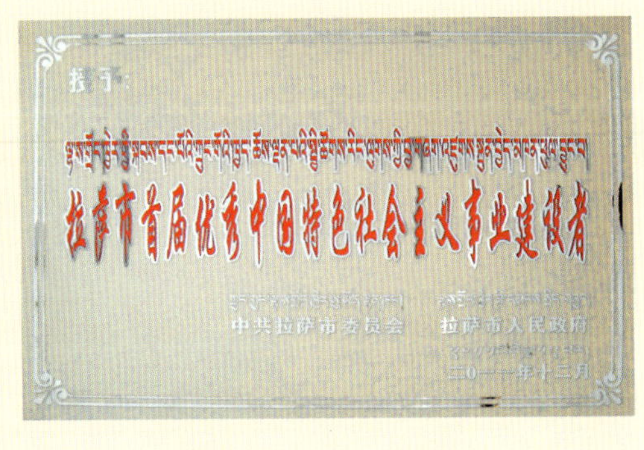

在人才储备方面，公司有员工86人（不包括季节性工人3000人），二级建造师共15人，高级工程师27人，初级会计师1人，顾问注册会计师2人，聘用专家顾问15名，其他持证上岗人员26人。

在公司资产方面，拥有储备土地346000m²，主要用于开发旅游版块，各类房产35000m²，仅土地及房产资产

娘热民俗风情园

可达3.5亿，对外融资性负债仅有建设银行贷款5000万元。另外，公司投资入股的东嘎水泥厂，占总股本的17%。公司下属有运输车队。

2003年，获得拉萨城关区建设局授予“先进单位”称号；

2004年，获得拉萨房地产协会授予的“精神文明奖”称号；

2005年，获得拉萨城关区委员会授予的“纳税大户”称号；

2005年，获得拉萨城关区政府授予的“诚信企业”称号；

2006年，获得拉萨城关区旅游局授予的“先进集体“称号；

2007年—2008年，荣获“扶贫助残，助在千秋”称号；

1999年—2010年元月，被夏萨苏社区党支部、居委会，丹杰林党支部，冲赛康党支部，策门林居委会，吉崩岗办事处，多次授予“扶贫帮困、功在千秋”荣誉称号；

2008—2009年度，被中国房地产业协会评为“诚信企业”；

2011年10月，被中共西藏自治区农村工作办公室、区农牧厅、区扶贫开发领导小组办公室，授予“公益爱心单位”；

2011年度，获西藏自治区纳税百强企业，房地产业纳税第一名。

娘热民俗风情园

位于拉萨市北郊娘热沟，园区总占地面积5万平方米，总投资6500万元，集民族特色、集观光旅游、休闲娱乐为一体，先后被国家有关部门评为“首批全国农业旅游示范点（全区独家）、AAA级国家旅游景区、国家级非物质文化遗产、拉萨市最佳民俗旅游景区”等。2011年被评为“AAAA级国家旅游景区”。

西藏嘎吉林大酒店

占地面积近5508平方米，建筑面积1.3万平方米，按四星级标准建设。该酒店现正装饰装修，计划于2013年7月底开业投入运营。

嘎吉林宾馆

位于拉萨市团结新村东门1号，占地面积6353.57m²，总建筑面积4000余平方米，设有客房60余间、高档床位120个，属西藏自治区首批涉外宾馆、拉萨市旅游接待重点单位。嘎吉宾馆打造了拉萨最具特色的“藏家宴”。

雪域宾馆

紧临拉萨大昭寺，属西藏自治区首批涉外宾馆、拉萨市旅游接待重点单位，被评★★宾馆。共接待归国藏胞以及印度、尼泊尔、美国、俄罗斯等国旅游者5万多人次。现正拆除重建为占地面积1628m²、建筑面积达4591平方米的“综合性旅游商场”，预计2012年9月份投入运营。

尧喜平康大院

位于拉萨老城区大昭寺北面的一座石木结构的藏式古建大院。当年，十一世达赖喇嘛克珠嘉措被正式认定为十世达赖喇嘛的转世灵童后，噶厦政府按照例规于1843年为其父母建造了这座3层高附带庭院的住所，起名为“平措康萨”，后来简称为“尧喜平康”，属旅游人文资源。

公司经过2年多时间，本着“修旧如旧”的原则，投资1200多万元对尧喜平康大院进行了修缮改造。现公司将进一步开发该项目，打造成一家古建文物保护大院具有不可复制的项目优势。

邦达仓文物古建大院

与尧喜平康大院情况类似。

香嘎林卡

占地163亩，位于纳金大桥南沿线，预计2014年度起陆续投资开发。

2009年3月，下属西藏嘎吉林房地产开发有限公司被中国房地产协会评为“2007—2008年度中国房地产诚信企业”。并以纳税额997万元，荣登“全区2009年度纳税百强企业排行榜排名43位”、“2009年度房地产业纳税二十强排行榜排名第四位”；已纳税额1567万元荣登“2011年度西藏自治区纳税百强排行榜第68位”。

娘热民俗风情园文艺表演

房地产项目一城关花园

雪堆白

西藏拉萨城关区古艺建筑美术公司

总经理　拉巴次仁

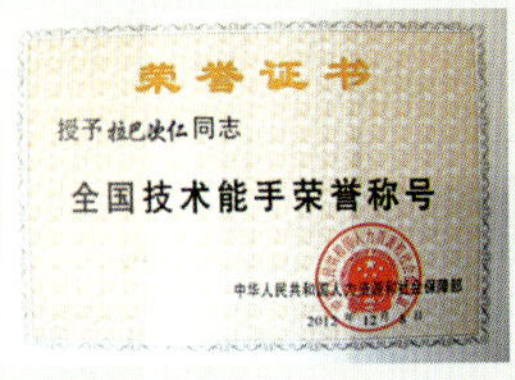

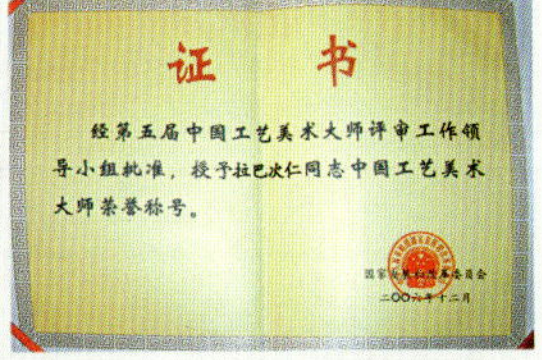

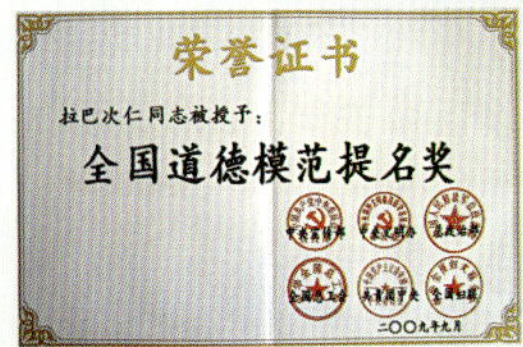

西藏拉萨城关区古艺建筑美术公司组建于1980年，经过30多年的拼搏，现已发展成为国家园林古建筑一级、古建筑文物维修二级、建筑二级资质等级的古建筑修复和维修、民族手工艺开发企业。总资产8000万元，注册资金2000万元。公司现有土建组、唐卡绘画组、金属雕刻组、木雕刻组、古艺建筑研究所、西藏传统手工艺技能培训学校、业绩图片展览厅、工艺美术大师作品展示厅等，现有职工340人，其中国家级工艺美术大师一名，高级美术师12名，专业能工巧匠100多人，具有丰富的实践经验和辉煌的成就。

公司成立以来先后承担完成了扎什伦布寺强巴佛殿、萨迦寺、夏鲁寺、拉萨三大寺、大昭寺、小昭寺、山南桑耶寺、阿里托林寺等众多名胜古迹的维修和修复工程以及北京中华民族园的拉萨八廓街和1999年昆明世博会西藏展区的格桑园主体工程。

特别是1989年至1994年公司承接并出色完成了世界历史文化遗产布达拉宫第一期维修工程，1990年江泽民总书记视察布达拉宫维修工程时，对公司的工作给予了高度评价。1994年党和国家领导人在中南海设宴表彰了布达拉宫文物保护修复工作中的有功人员，其中半数人员是公司代表。同年国家文物局、国家建设部授予公司“精神文明先进集体称号”。

公司先后获得了“西藏自治区文化产业示范基地”“一项国家级、四项自治区级非物质文化遗产”“西藏农牧民建筑技能培训基地”“全国民族用品定点生产企业”“国家文化产业示范基地”“西藏自治区级扶贫龙头企业”等荣誉称号。公司法人拉巴次仁荣获“西藏自治区诚实守信模范、全国诚实守信模范提名”“全国技术能手荣誉”称号。

在自治区党委、政府强基惠民政策感召下，在城关区党委、政府亲切关怀下公司党支部于2012年6月30日正式挂牌成立。为传承保护好西藏传统手工技术，走近大师、走近艺术，汲取营养、全面提高素质。2012年7月6日西藏传统手工艺技能培训学校进行了挂牌仪式。

勉唐派唐卡绘画技艺

拉萨木雕刻制作技艺（自治区级非物质文化遗产）

传统阿嘎夯打技艺（自治区级非物质文化遗产）

①②
③④

①3月30日，西藏自治区党委常委、宣传部部长董云虎、拉萨市政府常务副市长陈文参观城关区古艺建筑美术公司老艺人手工作品展厅

②7月6日，西藏自治区人社厅就业促进处、西藏自治区就业服务局、拉萨市人社局、拉萨市民政局、拉萨市强基办、城关区社保局等领导参加西藏传统手工艺技能培训学校挂牌仪式的同时参观城关区古艺建筑美术公司业绩图片展厅

③7月6日，西藏传统手工艺技能培训学校进行了挂牌仪式

④雪堆白金属雕刻制作技艺（自治区级非物质文化遗产）

手工艺是西藏传统文化大发展的命脉所系，关系到民族文化传承和发展。在当前自治区西藏文化大发展的情况下，城关区古艺建筑美术公司按照《拉萨市“十二五”文化发展规划纲要（2011—2015年）》，2012年开始公司对城关区蔡公堂乡白定工业园区投入资金将其建设为集生产、销售、宣传、展示、旅游休闲为一体的多功能文化产业园区。

多年来，城关区古艺建筑美术公司以发扬民族优秀文化为己任，立足西藏，肩负着企业的社会责任，精“艺”求精，发展壮大西藏民族手工业，做到了应尽的义务和应有的贡献。

公司一贯坚持主营业务突出、多种经营、联合发展的可持续发展道路。三十年来自治区党委和政府的坚强领导下，本着科学管理、与时俱进，把古老的西藏传统建筑和民族手工艺与先进的现代科学技术有机结合，以精湛的古艺技术，谱写新的发展史。

城关区古艺建筑美术公司大院

mansiela

西藏曼杰拉实业有限公司

董事长　王颖

董事长王颖随牧民到西藏林芝地区原始森林采摘野生土特产

西藏曼杰拉实业有限公司创建于2005年，是由中国中信集团旗下北京顺昌兴新能源技术咨询有限公司在西藏唯一投资注册的实业公司，是中国安华（集团）总公司第二大股东。公司董事长王颖出任中国安华（集团）总公司董事职务。公司注册资本为1000万元人民币，主要从事冬虫夏草、藏红花等西藏土特产的研发加工和品牌经营。

公司董事长王颖自2005年创业以来就努力争创西藏土特产第一品牌，2006—2010年在拉萨市宇拓路开始“曼杰拉”门店经营；2008年注册了“曼杰拉”商标，同时聘请西藏知名广告设计师设计LOGO；2010年起开始对公司各产品进行卫生检验备案；2012年高薪聘请意大利设计师以国际品牌的角度重新设计公司LOGO及包装,并规划旗舰店装修；2013年注册了“那草”商标。2013年5月，西藏曼杰拉实业有限公司在拉萨的第一家旗舰店将以崭新的面貌引领西藏土特产行业的品牌发展，立足西藏原生态，逐步实现“争创西藏第一、勇进内地市场”的企业目标。

以诚信铸就品牌

自成立以来，公司一直以“诚信第一”为经营理念，先后获得“国际信用协会会员单位”“AAA级诚信经营示范单位”“AAA级质量、服务诚信单位”“AAA级重合同守信用企业”等荣誉，为诚信经营做出了表率作用，同时也为顾客购买产品提供了信誉保障。在诚信第一的基础上，公司产品主要销往北京、上海、广东等省市，还远销中国香港、台湾等地区，得到了广大客户的好评和信赖。

董事长王颖参加清华大学高级总裁研修班拓展训练

农村合作社带动农牧民增收致富

董事长王颖以自己10余年积累的下乡收购虫草的经验得出虫草行业也适合“企业+农户+市场”的结论，提出在虫草产区建立农村合作社，通过扎根于西藏当地社会，与冬虫夏草等藏药主产区的农牧民建立良好的长期合作关系，保障了公司发展所需藏药原材料的优良供应。这不仅达到公司与农牧民间互利互赢的目标，也为促进当地群众增收、推动当地经济发展作出了积极的贡献。

满怀信心，展望未来

面向未来，西藏曼杰拉实业有限公司将牢牢把握和珍惜国家对西藏特色产业重点发展支持的历史机遇，依靠技术创新、制度创新和管理创新，以振兴民族医药事业为己任、以市场需求为导向、客户要求为准绳，以完善营销为动力、产品研发为手段，以藏药主导产业和相关产业链的不断扩张和延伸为主要途径，继续以做细、做精、做强主导优势产品为支撑，不断整合和优化产业和产品结构，进一步增强公司综合实力和核心竞争力，确保公司健康持续快速发展，逐步实现“成为独具特色的民族企业”的愿景目标，并为西藏经济更好地发展做出新的更大贡献！

公司地址：拉萨市北京西路8号环球大厦3－5号

①②
③④⑤

①董事长王颖亲自下乡到牧民家检验虫草
②在那曲农牧民家中收购虫草
③所有特产精益求精过专业设备检验过程
④拉萨旗舰店一角
⑤批发的那曲冬虫夏草

西藏金和矿业有限公司

公司法人　徐驷

西藏金和矿业有限公司是四川省农资集团（四川省委省政府扶持的大企业大集团）投资合作的有限责任公司，于2009年9月18日注册成立，注册资金5000万元人民币，是一家以勘查、开发、加工、销售铜、铅、锌等有色金属为主的公司，公司目前有采矿权的帮浦矿山一座，日处理原矿1000吨现代化选矿厂一座。公司各项规章制度健全，有完善的管理体系和雄厚的技术力量。

公司自2007年成立以来，截至2012年年底，创造税收累计12000余万元，为地方经济发展作出了积极贡献；直接、间接安排农村剩余劳动力就业总计约880人/次，为当地农牧民增收运输费1875万元、工资1800万元、草场补偿费105万元，累计3780万元，成为当地农牧民增收和劳动就业的一个重要渠道，为社会稳定和当地政府解决就业做出了积极的贡献。2012年公司荣获墨竹工卡县政府颁发的墨竹工卡县共产党员民族团结先锋活动先进集体、墨竹工卡县纳税大户、墨竹工卡县安全生产先进单位、墨竹工卡县超额完成任务奖四个荣誉奖项。

公司相信在各级政府及各职能部门的关心支持下，公司的经营管理将进一步得到提升。公司将以“质量第一、开拓创新、信誉至上”为企业宗旨，为地区经济的进一步发展作出贡献，为实现公司的目标而不断进取。

帮浦矿山生活区

唐加选矿厂废水处理池

唐加选矿厂生活区

唐加选矿厂浮选车间

西藏宁玛矿业有限公司

自治区市县各级领导到矿山检查指导工作

西藏宁玛矿业有限公司成立于2002年9月，主要从事有色金属矿开采和矿产品销售。公司成立以来，在各级政府及相关部门的关心、支持、帮助下，持续健康发展，现总资产达6000余万元，拥有墨竹工卡县玛拉沟措嘎、那布定两个矿点，主要开采矿种为铅锌矿，年产值4000多万元。

公司始终坚持“安全第一，预防为主，综合治理”的方针，以“抓安全促效益”出发，每年积极组织人员参加各项安全技术培训和安全管理培训，并对矿山从业人员进行安全技术、安全知识、安全操作规程培训；经常性对各矿洞进行安全检查、整改，增添安全设施设备等；对采、掘作业要求严格、规范，2012年矿山机械化使用程度已大幅提升，在实现机械化的同时，不断改进采掘工程技术，合理开发利用资源，发挥资源优势，提高经济效益；于2012年底已起动矿山安全生产“六大系统”安装工作。公司利用先进而适用的矿山开采技术加大开采力度，2012年铅锌矿产量9万余吨，实现工业总产值4000万元左右，销售收入4131万元，上缴各项税费603万元。

一手抓建设发展，一手抓环境保护，彼此促进，同步前行，走绿色矿山建设之路。为了有效的保护矿山生态环境，特对生活垃圾、生活污水进行了有效的无害化处理，利用废渣堆砌挡墙，杜绝扩大危害自然景观的生产活动，有效的保护了高原生态环境，使经济建设和环境保护相辅相承、和谐发展。

打造企业文化，增强凝聚力。为了丰富职工业余文化生活，推进企业安全文化建设，进一步增强职工安全意识、责任意识、忧患意识，促进企业的持续、有效、协调发展，于2012年6月在全矿区干部职工中举行了比赛形式不拘一格的“第二届安康杯”安全知识演讲活动；并于2012年8月26日，由公司上下全体员工自编自演，自搭会场，成功举办了“西藏宁玛矿业有限公司十周年庆典”活动，充分体现了宁玛人的智慧，体现了宁玛人团结一心，众志成城的精神，也体现出了宁玛矿业有限公司“安全、规范、和谐、高效”的企业文化。

公司在注重自身发展的同时，热心各类公益事业：捐赠扶贫款、赠送物资、捐资助学、修路筑桥、修缮庙宇等。2012年公益事业共计捐款32.5万元，以实际行动支援地方建设，创建和谐安定的社会环境。

公司上下全体员工将始终坚持“科学、高效、规模、环保、安全”的开发原则，不断加强公司自身建设，广泛地与同行业、企业交流，为社会创造更多的财富，为西藏的经济发展作出更大贡献。

第二届安康杯安全知识演讲竞赛

公司成立十年庆典

堆龙德庆县岗德林蔬菜

理事长　阿旺次仁

堆龙德庆县岗德林蔬菜种植农民专业合作社成立于2008年6月，由原堆龙德庆县蔬菜基地、堆龙德庆县蔬菜花卉农民营销协会延伸发展而来，实质运作达12年（2001—2012）。合作社位于堆龙德庆县乃琼镇岗德林村，紧临318国道，距堆龙德庆县县城3公里。合作社现有农户社员396户，管理人员20余人，其中理事会成员5人，法人代表阿旺次仁，合作社自成立来，连续5年获得自治区、市、县农牧民先进合作组织称号，党和国家领导人多次莅临合作社指导检查工作，其生产基地为国家级蔬菜标准园。

合作社在县委、县政府的正确领导下，在国家、地方各级人民政府、各有关部门的关怀和大力扶持下，至2012年底已形成106.7公顷设施农业区，获得80公顷无公害蔬菜产地认证；8个无公害蔬菜产品认证。合作社设施农业区内已运行的高效日光节能温室1260栋，建成蔬菜生产、储藏、初（深）加工生产线（含高原特色饮品加工生产线），公共设施配套，初步形成了集蔬菜种植（生产）、储藏、加工、销售的产业链条。2012年，合作社总资产达到4172万元，其中固定资产净值3858万元，资产负债率为零。

2012年，合作社生产无公害蔬菜785万公斤，年总产值3145万元（按2010年不变价计算）；年利润1300万元（其中返还农户社员1258万元）。2012年，合作社带动农户596户增收，户均增收2.11万元。“十二五”期末，合作社总资产可达到5000万元，年总产值1亿元（含蔬菜种植，农产品初、深加工），直接带动和辐射带动800户以上农户，让蔬菜产业惠及岗德林村全部农户及周边农户，为2020年前全面建成小康社会而努力。

中央政治局委员、书记处书记杜青林视察堆龙蔬菜基地

原自治区党委书记张庆黎陪同中央政治局委员、原国务院副总理回良玉视察堆龙蔬菜基地

中央政治局委员、原国务院副总理回良玉到堆龙蔬菜大棚视察种植情况

种植农民专业合作社

原全国人民代表大会副委员长热地考察堆龙蔬菜基地

农业部部长韩长赋到堆龙蔬菜基地考察

原自治区政府主席白玛赤林考察堆龙蔬菜基地

原自治区副主席次仁考察堆龙蔬菜基地

自治区党委常务副书记、区政府常务副主席吴英杰考察堆龙蔬菜基地

自治区副主席多吉次珠现场指导工作

堆龙德庆县委书记于海波陪同自治区党委常委、市委书记齐扎拉考察堆龙蔬菜基地

拉萨市副市长次仁央宗、堆龙德庆县县长安央金陪同自治区副主席坚才考察堆龙蔬菜基地

拉萨市达孜县玉雄

总经理　普布次仁

总经理普布次仁接受达孜县塔杰完小敬献锦旗

拉萨市达孜县玉雄建筑安装有限公司成立于2005年。达孜县土生土长的农民普布次仁在九十年代初期，从达孜县到拉萨市从商，本着吃苦耐劳的精神以及坚守承诺的信誉度，在国家实施扶农政策的良好时机，集中大量农牧民剩余劳动力，成立了达孜县玉雄建筑安装有限公司。公司占地面积约21300多平方米，职工共有80余人，其中工程师20人，建造师15人，会计师1人，其他技术工人30人。2011年公司成立了工会，2012年4月建立了党支部，党员4名，预备党员2名。

公司注册资金2100万元，固定资产1800万元，流动资金500万元，公司在六年内先后上缴税款230万元。资质三级，施工范围遍及市区各县城，在建筑过程中严格遵守施工制度的要求，保质保量完成施工建筑，深受广大客户的青睐，赢得了业内人士的一致好评。现建筑公司年收入为250万元，经济效益一直持续稳定发展。

在全区经济全面发展的良好势态下，公司也得到壮大发展，达孜县玉雄建筑安装有限公司现已在有关部门申请二级资质建筑、房建工程及市政公用工程，以此托宽公司的市场，使建筑公司取得了良好效益。

玉雄建筑安装有限公司在业绩年年攀升的大好情势下，仍一如继往的支持乡村发展，在达孜县唐嘎乡、塔吉乡等修路建桥和修建学校，在1998年那曲特大雪灾中，为那曲县羊吉乡捐出大量物资，还对拉萨市小昭寺、达孜县洛寺庙进行维修，玉树灾区及当雄灾区、塔杰小学、唐嘎完校教育事业捐款捐物，为塔杰乡武鸡村困难农民户修建房屋，先后捐款捐物48万元。在农闲时期还大量吸收剩余劳动力，为农牧民增加收入，发放工资2500万元，推动了当地经济发展。

在社会主义市场经济体制下，拉萨市达孜县玉雄建筑安装有限公司公司管理人员及全体员工将满怀信心，发扬吃苦耐劳的本色，努力开拓进取，愿与社会各界有识之士精诚合作、携手奋进，共创西藏美好的未来。

建筑安装有限公司

公司为达孜县唐嘎乡完小奉献爱心

公司为学生送来学习用品

公司办公楼

2011年修建的达孜县旬容北段市政工程

2010年修建的达孜县县级周转房

2009年修建的达孜县廉租房

拉萨市暖心燃气热力有限责任公司

总经理　劳明伟

公司2012年4月1日正式成立，系拉萨市政府直属国有企业，注册资金5000万元。公司设有总经理办公室、行政部、党群和劳资人事部、财务审计部、技术安全部、物资供应部、供暖部、供气部、市场客服部九个职能部门和一个销售分公司，企业员工总计80人，其中硕士学历1人，本科学历22人，大专学历15人。现有人员拥有项目管理、电子信息技术、市场营销、人力资源管理、行政管理等相关技能。

【供暖工程建设】拉萨市城市供暖试点工程总投资196亿元。2012年计划实施供暖居民小区114个，共计43000户。其中，拉萨市暖心燃气热力有限责任公司受拉萨市城市供暖工程项目建设指挥部委托，负责组织实施88个小区，总计31027户的户内壁挂炉供暖系统和天然气入户安装工程建设。

【智能燃气信息化系统建设】截至2012年12月31日，燃气主干管网同沟敷设通信光缆工作完成56公里；燃气主干管网及次干管网电子标识球共埋设154公里，并收集管网完整的地理信息资料，为GIS地理信息系统的建设提供准确的管网信息；确定9座各占地18平方米的自动控制阀室；完成35个小区的远传抄表系统建设运营工作。

①②
③④

①12月26日，国家发改委投资司副司长罗国三在市委副书记、市长多吉次珠陪同下，考察拉萨市城市供暖工程

②9月24日，西藏自治区党委书记陈全国率自治区有关部门负责人莅临乐业苑供暖户内安装试点工程视察工作

③9月29日，西藏自治区副主席宫蒲光率自治区有关部门负责人莅临乐业苑供暖户内安装试点工程视察工作

④12月26日，西藏自治区党委常委、拉萨市委书记齐扎拉率拉萨市有关部门负责人检查、指导拉萨市城市供暖工程建设情况

7月28日—30日上午暖心公司召开燃气具技术咨询会

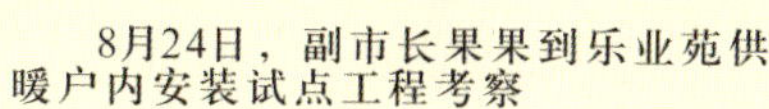

8月24日，副市长果果到乐业苑供暖户内安装试点工程考察

12月5日，拉萨市城市供暖试点工程开通（运行）仪式在拉萨市国家经济开发区举行

11月19日，尼威小区首次通气试验

【东城区输配监控中心建设】10月，完成东城区输配监控中心项目初设、概算书编制、地勘、环评工作，《建设项目选址意见书》审批到位。

【公司运营情况】一、2012年11月19日，“96188客户服务专线”成功开通，客户服务部将客户来电细分为业务咨询、业务投诉、壁挂炉、燃气灶具事宜等类别，确保迅速响应，并及时将用户的诉求反馈给相关业务部门，以求快速地为用户解决疑难。自开通以来共接听客户来电1787个，平均每天接听热线80个左右。协调、处理业务1699件，完成率95%以上。二、2012年11月尼威小区首次接通天然气，公司市场客服部开通组加班加点，坚持“供暖供气施工完成一个小区，通气供暖一个小区”。截止2012年12月31日，已通气小区达59个。三、公司抽调12名技术骨干成立两个供暖供气应急抢险分队，配备抢险装备，完善巡检机制，并制定了《关于成立应急抢险组小分队的方案（暂行）》。

【重要活动】12月5日，公司组织户内供暖系统建设施工单位工人代表200名、公司干部职工15名参加了拉萨市城市供暖开通（运行）仪式，并向区、市相关领导进行管道天然气、采暖情况进行了现场汇报。

西藏冉穆珠扎商贸有限公司

总经理 旺堆

公司代表参加北京劳模会议

西藏冉穆珠扎商贸有限公司位于墨竹工卡县城东侧318国道旁，公司资产突破1300万元。向国家上缴利税300万元，商品批发部零售已经发展到6家、宾馆1家，企业下属员工共有53名，工资待遇从2000至5600元之间，从1998年开始至今公司总经理旺堆先后为墨竹工卡县、林芝地区工布江达县和拉萨市城关区等地的贫困农牧民、城市困难居民，学校学生，企业困难职工、汶川地震捐款捐物折合人民币216万元。总经理旺堆在1998年度被墨竹工卡县委政府评为“十佳致富能手”。1999年被墨竹工卡县委、县政府评为“十佳致富带头人”。2000年被拉萨市委、市政府评为先进个人。2001年拉萨市委、市政府在“八七”扶贫攻坚工中成绩显著，被评为先进个人。2002年被林芝地委行署特授予非公有制经济先进个人荣誉称号。2003年被自治区工商行政管理局、自治区个体私营经济协会评为“诚信个体工商户”。2004年被自治区委员会、自治区人民政府评为全区民族团结进步先进个人。2005年获得“全国劳动模范”荣誉称号，2006年被拉萨市委评为市级优秀共产党员，2007年被评为政协拉萨市第八届委员会优秀提案人。2009年因在墨竹工卡县扶贫事业中作出积极贡献，被评为先进个人。2010年9月被拉萨市政协评为“优秀政协委员”。2011年十二月被评为拉萨市首届优秀中国特色社会主义事业建设者。2012年11月荣获全县民族团结进步“先进个人”。公司2012年12月荣获全国先进个体工商户荣誉称号。

与藏医药学院专家到甲玛慰问孤寡老人

扎西批发部藏医院帮助农牧民群众

慰问县环卫职工

慰问敬老院老人

慰问公安干警

送药下乡活动

西藏三鸣饲料有限责任公司

总经理 张月鸣

西藏拉萨三鸣饲料有限公司
校企合作先进单位
西藏职业技术学院
二〇一二年七月

西藏三鸣饲料有限责任公司是一家集科研开发、生产销售、技术服务于一体的综合性现代化饲料企业。公司位于圣城拉萨经济技术开发区昆山路6号。是自治区内第一家规模化饲料生产企业。并于2011年被拉萨市人民政府评为拉萨市农牧业产业化经营龙头企业，2012年被拉萨市人民政府评为拉萨市科技项目实施先进企业。

饲料机组

“打造高原饲料品牌，造福高原人民”是三鸣饲料公司不变的价值观。总经理张月鸣本着“以质为本、客户至上、人人增值、合作共赢”的经营理念，强化管理与市场整合，打造特色型产品，提供差异化增值服务，与高原人民携手共创美好未来！

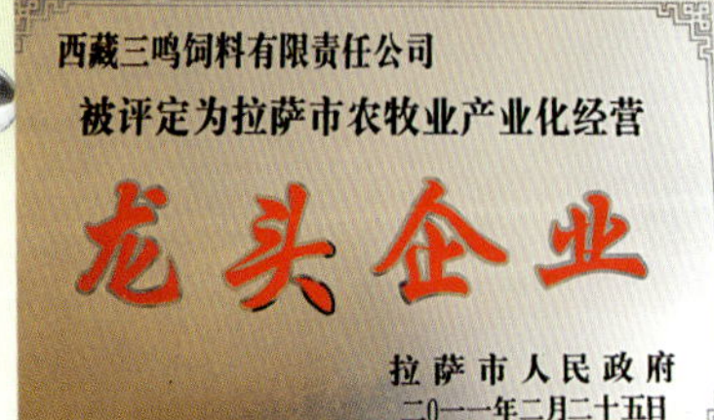

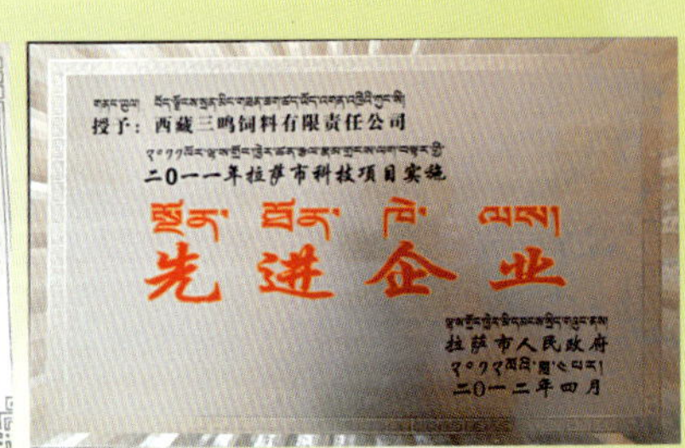

实地勘察

拉萨置地投资开发有限公司

总经理　包庆雨

拉萨置地投资开发有限公司经市委、市政府批准，于2012年3月注册成立，注册资本金1亿元。公司是集土地一级开发、投融资、市政基础设施建设为一体的国有独资企业。

根据市委、市政府指示精神，公司严格实行土地与政府性项目统一规划、统一征收、统一开发、统一供应、统一管理的“五统一”制度，扩大土地储备规模，有效增强政府对土地供应的调控能力，完善规划、建设和土地收储衔接配合制度，切实强化土地储备和一级开发管理，推动形成“储地—融资—建设”和“储地—整治—出让”“两个循环”，完善土地价格管理，提高土地资源市场化配置水平。同时，公司作为拉萨市土地开发实体化运作的主体和开发建设的主体，将代表市政府行使土地资产经营、管理和开发职责，充分发挥融资功能，引导银行资金、企业资金和社会资金投入土地一级开发，为储备土地的征地拆迁及土地一级开发筹集资金，发挥土地资源在政府投融资工作中的基础和杠杆作用，在直接不参与招商引资的前提下，最大限度为全市经济建设提供资金上的需求和保障。

2012年，公司承建的主要项目有拉萨教育城及中国西藏文化旅游创意园区的土地征收、拆迁补偿及基础设施建设等相关工作，总投资约为79亿元。其中：拉萨教育城总投资14亿元；中国西藏文化旅游创意园区总投资65亿元。

拉萨市常务副市长王晖到置地公司参加调研教育城及次角林近期工作情况

教育城施工现场

次角林实地勘察

教育城景观设计协调会议

西藏拉百商贸有限公司

2010年11月，拉萨百货举行“金鼎百货店”授牌仪式，自治区副主席邓小刚出席

拉萨百货与拉萨市非公党建捐款捐物慈善公益活动

民族团结月及“创先争优强基惠民”西藏拉百商贸有限公司前往尼木县帕古村慰问

西藏拉百商贸有限公司（简称：拉萨百货）位于宇拓路1号，是西藏历史最长、规模最大、知名度最高的高端百货商场。其前身是创建于1965年的拉萨市百货公司，在计划经济时期为拉萨经济社会的发展曾做出巨大的贡献。为适应市场经济发展需要，2008年11月16日成功改制为“西藏拉百商贸有限公司”。2007年通过ISO 9001质量体系认证；2009年通过ISO 14001质量环境管理体系认证；2009年元月被国家商务部评为西藏唯一一家金鼎百货店，2010年11月19日“金鼎百货店”升级改造并成功开业。2012年被国家工商总局评为“2011年度全国诚信示范市场”。

拉萨百货现拥有建筑面积47000平方米，经营面积31000平方米，引进国际、国内一线品牌占50%以上，其中国际品牌占25%，国内一线品牌占50%以上，经营品种达20多万个，已发展成为集主体百货、电子商务、休闲、娱乐、住宿等为一体的现代化购物商场。

截至2012年年底，在职职工106名，聘用及临时工1300余人。资产总额1.5亿。累计实现收入12.2亿元，累计实现利润5800万元，累计上缴税金7400万元，平均收入、利税增长幅度在20%以上，职工收入年平均增长15%以上。累计解决就业1300余人。

拉萨百货以“引领潮流消费传递时尚生活”为经营理念，服务于广大消费者，为促进拉萨市经济的繁荣，提升都市生活的品质而不懈努力。

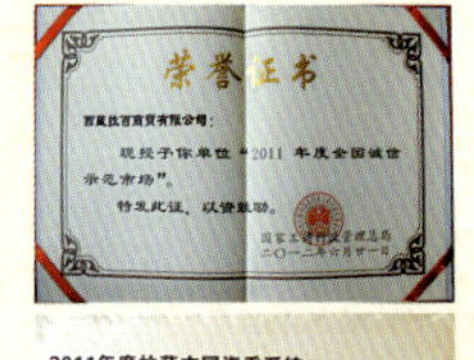

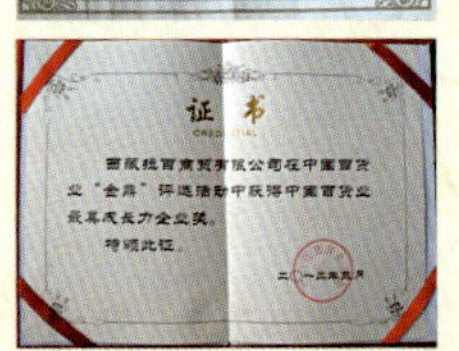

拉萨市公共交通总公司

公交文明劝导员热情服务

公交保洁人员清洗车辆

优质服务

拉萨市公共交通总公司是拉萨市唯一一家承担公交运营服务职能的国有企业，其前身是成立于1962年的拉萨市公共汽车队。目前为事业单位性质、企业化管理的国有企业。

公司实有干部职工1352人，其中退休干部职工100人，正式干部职工48人（包括11名水泥制品厂分流人员）。聘用职工1204人（绝大多数为中巴退市安置人员）。公司拥有四个公交场站，其中两处场站属于临时租借的场地。营运车辆312辆，营运线路26条，营运总里程为515千米。

擦洗公交站台

富有民族特色的公交车整装待发

西藏中金实业有限公司

蔡万山

西藏自治区工商业联合会（总商会）副会长
西藏那曲地区工商业联合会副主席
西藏自治区福建商会理事长
西藏那曲地区九届、十届政协委员
西藏自治区民族团结发展促进会常务理事
西藏中金实业有限公司董事长

西藏中金实业有限公司成立于2011年6月10日，前身是那曲地区万山珠宝商贸有限公司，是一家集珠宝首饰,工程地产，金银条投资于一体的私营公司。注册资金：1510万元人民币。是目前西藏地区最大珠宝零售商，是目前西藏地区珠宝行业唯一一家注册资金过千万企业，是目前西藏地区珠宝行业唯一一家年销售额过亿元企业。目前公司于西藏主要经营珠宝品牌有中国黄金，上海老庙黄金，中国银行贵金属，诚信可靠，公司地址位于拉萨市北京东路粮食局旁（赛康酒店对面）。

公司董事长蔡万山，汉族，1974年4月4日生，系西藏自治区工商联总商会副会长，西藏那曲地区工商联副主席，西藏自治区民族团结发展促进协会常务理事，西藏那曲地区九届，十届政协委员，西藏自治区福建商会理事。

董事长蔡万山创办西藏中金实业有限公司以来，以企业发展促进社会发展，以良好的企业经济效益来承担社会责任，规范纳税、合法经营，积极推动社会慈善事业。

“货真价实”的经营理念，“卓越品质，德达天下”的服务宗旨贯穿了整个西藏中金实业的经营理念。

拉萨专卖店中国黄金西藏旗舰店与百益百货分店，神力时代广场分店，独家代理上海老庙黄金和中国黄金，构成西藏最大的珠宝专卖店。是西藏唯一一家以售后赢得老百姓赞誉的珠宝零售店，凭借卓越的创新能力，精湛的工艺，齐全的品种，新颖的款式，诚心的为新老顾客服务。

公司直营分支机构7个，分布在全国4个省、自治区，现有员工200名，年产值过亿元，是西藏珠宝业界产品款式最齐全、从业人数最多、质量最有保障、售后服务最好、综合实力最强、发展规模最大的珠宝公司。

公司根据职责划分，设立了总经理办公室、人力资源中心、经营管理中心、财务中心、产品中心、客服中心共6个职能部门。负责整个西藏市场的渠道开拓及客户维护。

西藏中金实业有限公司以良好完美的企业形象得到区内广大消费者的赞誉和认可。公司多年来一直关注和积极参与社会公益活动。先后在那曲小学等地损赠10万元，帮助50名贫困学生完成学业，汶川地震，公司员工损赠5万元，企业捐赠30万元；玉树地震，公司除捐赠资金15万元以外，另特派员工前去救灾，带去物资2万元。为了鼓励那曲县教育发展，公司每年为考上大学的贫困生10名，每人损资学费3000元等等。在发展壮大的道路上，一步一个脚印，一步一个台阶。

西藏中金实业不断秉承以客户满意为中心，优质的产品、用心的服务、良好的售后博得了大众的信任和好评，在西藏树立起公司良好品牌。

自治区领导到公司检查指导工作

中国黄金99999高纯金西藏拉萨指定销售点

西藏中国银行贵金属合作单位

拉萨市银峰工贸有限公司

挤塑板

聚氨酯直埋预制保温管

热镀锌钢管

拉萨市银峰工贸有限公司是拉萨市规模最大的保温材料生产与销售于一体的企业，注册资金1200万元，主要经营外墙挤塑板、聚氨脂发泡管、各种型钢销售、岩棉管、岩棉板、超细玻璃棉管壳、型材硅酸铝、硅酸镁涂料、型材符合硅酸与涂料、型材等保温材料、钢模板、架管等机具租赁。

技术能力　拉萨银峰工贸有限公司技术力量雄厚，25名技术人员中，持中级以上职称及大学本科占60％，拥有热工、暖通、保温等专业工程师6名，高工1名，具备成熟的大型市政、矿山选矿厂供热网络及排水管的保温设计、施工组织、具有丰富的管理经验，能为客户提供前期技术咨询、系统设计、原材料的供应及安装售后一体化服务。

企业业绩　拉萨银峰工贸有限公司始终坚持“质量第一、信誉第一”的经营宗旨，藉此赢得了众多客户的信任，创造了良好的经营业绩，公司技术力量、施工组织管理能力和生产能力、供货及时、售后维护方面得到客户一致好评，先后承接的保温工程有：乌铁局集中供暖机组及管道、新疆矿务局、新疆天山股份有限公司（新疆水泥厂）、八一钢铁厂建筑公司、新疆通用机械厂、乌鲁木齐三宫热力公司、新疆玻璃制品有限公司、兰州炼油厂、宁夏化工厂、桂林电厂、云南思茅造纸厂、四川五通桥发电厂、那曲物流中心、西藏军区、西藏武警等。

在西藏市场，公司承接了中能矿业选矿厂管道保温工程、拉萨火车站取暖管道保温工作，并且在拉萨建盖了生产车间，供货质量达到国家标准，供货周期缩短。公司将再接再励，精诚团结，一如既往地发挥本行业的优势，为社会创造更多的精品工程。

中国移动拉萨分公司

2月20日，拉萨分公司总经理郭文权慰问便民警务站工作人员

5月，拉萨市地下管网经营有限公司和拉萨分公司合作签约仪式

拉萨分公司召开第二届一次职工代表大会

拉萨市辖7县1区，所辖63个乡7个镇214个行政村，光缆网络覆盖所有县乡镇行政村。拉萨境内传输光缆线路一干长388.68皮长千米。二干长932.19皮长千米。承载着一干西部环及二干。本地网七县光缆全长437.31皮长千米。拉萨中国移动用户数为70万人，普及率达到120%。

2012年度工作会议

2012年春节晚会

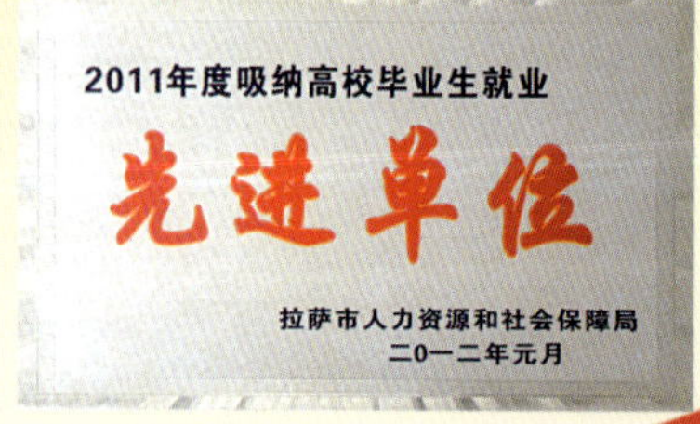
2011年度吸纳高校毕业生就业

先进单位

拉萨市人力资源和社会保障局

二〇一二年元月

中国联通拉萨分公司

微笑服务

堆龙德庆县经营部

公司开展“精彩WO体验”活动

中国联合网络通信有限公司拉萨分公司（简称“拉萨联通”）成立于2008年10月30日，是中国联合网络通信有限公司在拉萨设立的分支机构，根据地域归属划分为十个经营单元：四个城区经营部（东城区经营部、西城区经营部、北城区经营部、堆龙德庆县经营部）和六个县级经营部（尼木县经营部、达孜县经营部、曲水县经营部、林周县经营部、当雄县经营部、墨竹县经营部），拥有自有营业厅及合作营业厅网点58个。

拉萨联通始终把为用户提供优质通信服务作为己任，以用户感知为中心，全面深化“青年文明号”建设，着力创造服务差异化优势，不断提升服务水平。努力建立统一支撑公司全业务和3G业务、服务营销一体化、具备差异化服务竞争优势的客户服务工作体系。充分借助融合优势，大力发挥协同效应，夯实基础管理，提升网络质量，加快有效发展，提高用户满意度，增强综合实力，努力为广大用户提供更加高效优质的信息化服务。

校园活动中同学参与游戏竞赛

机房安全检查

中国农业银行股份有限公司西藏分行营业部

农行区分行党委委员、副行长兼区分行营业部党委书记、总经理　赵永亮

【金融服务】中国农业银行股份有限公司西藏分行营业部（农行拉萨市分行）共有机构69个，其中1个机关部门；7个城区一级支行，2个城区二级支行，7个城区一级支行营业部，2个城区二级支行营业部，15个分理处；7个县支行，7个县支行营业部，37个营业所。已设立44台离行式自助设备，78台在行式自助设备，28个助农取款服务点。

【业务概况】截至2012年年底，全辖本外币各项存款余额406.74亿元，同比增加28.58亿元，增长7.56%；本外币各项贷款余额136.95亿元（含票据融资），同比增加30.68亿元，增长28.87%。年内，区分行营业部累计投放贷款(不含贴现）77.2亿元，重点营销了华能、华电、电信、青铁、水利等大型客户。

【三农业务】截至2012年年底，累计投放涉农贷款11.11亿元，累计收回9.87亿元，期末贷款余额达17.97亿元，同比增加1.24亿元，增长7.47%。现有信用乡镇达45个，信用村180个，累计发放贷款证60105张，发证面97.24%，使用率97.44%。积极推广金穗惠农卡产品，全年共发放惠农卡16218张。累计培育涉农小企业97家，年内新培育涉农小企业20家。

【个人金融业务】截至2012年年底，个人网银新增5765户，个人贵宾客户新增2782户，借记卡发卡量新增52864张，企业网银新增131户，手机银行新增2295户，电话银行新增10608户，消息服务新增35130户，转账电话新增255户。

【中间业务收入】年内，区分行营业部实现中间业务收入5154万元。服务功能和服务手段日趋多样化，代理保险、基金、银行卡、电子银行等业务得到全面发展，黄金业务进一步巩固。积极发展国际业务，推进本外币一体化经营进程。

农行西藏分行银行卡助农取款服务启动仪式

区分行营业部第一届职工代表大会暨会员代表大会第六次会议

区分行营业部第三批驻村工作组出发仪式

区分行营业部贯彻实施春耕备耕金融服务工作

中国建设银行股份有限公司西藏自治区分行

8月，建行总行副行长胡哲一到西藏区分行调研

建行西藏区分行行长韩文贞携工作组到海拔5200米的驻村点慰问困难群众

截至2012年年底，中国建设银行股份有限公司西藏自治区分行（以下简称建行西藏区分行）一般性存款余额485.97亿元，比年初增长76.99亿元，增幅18.8%；一般性存款日均余额435.73亿元，比2011年新增80.1亿元。其中对公存款余额386.8亿元，比年初增长57.12亿元，增幅17.3%；个人存款余额99.16亿元，比年初增长19.86亿元，增幅25.1%。各项贷款余额161.44亿元，比年初新增46.82亿元，增幅40.8%。不良贷款额为1.787亿元，不良率1.11%，较年初下降1.78个百分点

［批发业务］

截至年底，对公存款余额386.8亿元，比年初增长57.12亿元，增幅17.3%；其中对公贷款余额145.62亿

2012年建行西藏区分行新春团拜会上各位行领导为大家献上新年贺词

善建者行

善建者不拔，善抱者不脱。——《道德经》

第一批驻村工作组整装待发，戴上洁白的哈达准备奔赴各驻村点

个人助业贷款及财富贷产品宣讲会

1月，拉萨柳梧支行在欢乐的氛围里顺利开业

6月，与西藏传媒集团报刊亭合作签字仪式

8月，参加“政风行风”热线活动直播现场

9月，在林芝举办水力发电项目专题研讨会

元，比年初新增45.45亿元，增幅45.37%。加大新产品推广力度，拓宽收入渠道，与区内同业合作为拉萨市暖心燃气热力有限公司发放外部银团贷款；成功开办电票转贴现业务；开通工商验资通系统；开办了首笔托管业务，托管自治区财政厅创业基金管理中心创业投资基金；积极发展财险业务，与人保、平安保险、安邦保险等保险公司签订保险业务合作协议，并推出代理车险业务。

[零售业务]

截至年底，个人存款余额99.16亿元，比年初增长19.86亿元，增幅25.1%。个人贷款余额15.82亿元，比年初新增1.38亿元，增幅9.54%。私人银行业务形势喜人，完成总行计划的205.56%;电子银行业务增长良好，个人网银、手机银行、企业网银新增活跃客户保持同业领先。全年实现特色黄金产品销售78.64公斤，全年实物黄金销售175.74公斤。

[机构改革]

按照深化组织机构改革实施方案，进一步强化批发条线和零售条线的管理职能，建立健全条线管理工作机制，充分发挥条线委员会在业务管理、资源配置方面的能动性；发挥基层机构业务发展主渠道作用，今年建立了网点功能分类管理机制，根据各支行所处的区域特点、客户结构和未来发展趋势对城区支行实行差别化定位，将城区支行划分为全功能、多功能、个人特色支行，充分调动网点经营的积极性；明确客户划分，提高支行的专业化经营管理能力，建立起了客户分层管理机制，加强了客户经理队伍建设。

[提升服务功能]

物理渠道和电子渠道建设快速推进。2012年新增了拉萨开发区支行、柳梧支行、日喀则新区支行、昌都芒康县支行共4个网点，完成了日喀则山东北路分理处、昌都三江分理处、山南雅江支行、拉萨夺底路支行等5个网点的装修，阿里分行筹建工作进展顺利。新建自助银行1个，新增自助设备61台，新增收单商户208家,新增EPOS终端177台，投入运营POS终端1449台。

中国工商银行股份有限公司 西藏自治区分行

自治区副主席多吉泽仁到区分行指导工作

中国工商银行副行长张红力参加区分行2012年党员领导干部民主生活会

中国工商银行首席风险官魏国雄到区分行指导工作

2012年，自治区分行立足从开门创业到提速发展新阶段，紧紧围绕“确保安全经营”和“推进跨越发展”两件大事，认真“坚持四个不动摇”，严格“落实六抓举措”，持续推进各项工作顺利开展。

【维稳工作扎实有效】一年来，分行认真落实自治区和拉萨市党委、政府工作部署，始终把维稳工作作为第一责任和硬任务，一丝不苟地抓好员工政治教育，一丝不苟地抓好维稳各项组织建设工作，一丝不苟地完善和落实维稳工作制度，一丝不苟地落实好各个敏感时期维稳工作措施，实现了“大事不出、中事不出、力争小事也不出”的维稳工作目标。

【各项业务稳步增长】截至2012年年末，分行各项存款余额55.8亿元，较年初增加27.6亿元、增长97.5%；各项贷款余额83.1亿元，较年初增加63亿元、增长313.8%；全年实现中间业务收入843万元，较上年增加463万元、增长122%。

【服务能力不断增强】为积极支持西藏及拉萨市经济社会发展，不断提升综合金融服务能力，分行十分注重人才队伍建设、渠道建设和金融服务创新。2012年，人员由开业之初的四十余人增加到百余人，物理网点由原来的一个，增加到两个，首次在拉萨以外的的地区林芝设立了支行。在拉萨市的网点布局日益优化，现已在拉萨市区建成了一个物理网点，五个离行及在行式自助银行网点。与此同时，分行不断创新金融服务，积极支持自治区及拉萨市重点项目。

【社会形象得到彰显】近年来，分行持续加大贷款投放力度，助力区域经济发展；不断延伸服务网络，提升金融服务能力；积极响应自治区党委创先争优强基惠民号召，派出工作组奔赴海拔4500多米的阿里地区扎达县曲松乡楚鲁松杰村开展驻村工作，认真落实“五项任务”。在2012年5月召开的自治区第一次金融工作会议上，分行获得了自治区政府授予的全区金融工作先进集体荣誉称号；7月，分行营业部连续第二次被评为“自治区银行业良好银行机构”；12月，分行被评为自治区创先争优强基础惠民生活动优秀组织单位；在自治区2012年民主评议行风测评中，分行在同业中名列第一。

在西藏自治区首届金融工作会议上区分行荣获先进集体荣誉称号

PICC 中国人保财险西藏自治区分公司

8月27日，中国保监会主席、党委书记项俊波在人保财险西藏分公司考察调研

5月23日，中国人保财险西藏分公司党委书记、总经理孙国新在山南地区琼结县慰问当地藏族农牧民

4月27日，全区强基惠民驻村工作队团体人身意外伤害保险签订仪式

中国人民财产保险股份有限公司是目前中国内地最大的非寿险公司，其前身是1949年10月20日成立的中国人民保险公司。

作为中国人民财产保险股份有限公司的分支机构，中国人保财险西藏自治区分公司自1987年成立以来，一直以“人民保险造福于民”为己任，不断提高自身服务能力。在区党委政府的坚强领导下、在上级公司的有力带领下，紧紧围绕区党委政府的中心工作，砥砺奋进，艰苦创业。认真贯彻落实“平时是朋友，患难之时更是朋友”的经营服务理念，秉承“风雨同行，至爱至诚”的核心价值观，坚决执行中央对西藏的保险低费率优惠政策，坚定不移地支持西藏地方经济建设。

经过26年的发展，中国人保财险西藏分公司机构由省级分公司发展到目前遍布全区7个地（市）的26个分支机构；从业人员由14人增至800余人，开办险种由单一的企业财产险发展到目前包括保障和改善民生的涉农保险、大额医疗补充保险、在藏户籍人员团体人身意外伤害保险等在内的100余个险种，在西藏自治区实现了保险全覆盖；保费收入也由成立初期的303万元到2012年的7.28亿元。

近几年来，中国人保财险西藏分公司以“党委信得过、政府靠得住、人民群众满意”为工作目标，积极响应区党委政府号召，深入开展强基惠民活动，扎实提高三农服务能力，仅2012年就承担风险责任7798亿元，共计支付理赔款3.3亿元。

人保财险西藏分公司还利用覆盖全区的保险服务网点，深入基层为广大农牧民群众和寺庙僧尼开展保险优惠政策宣讲，普及保险知识和服务，切实办好政策性涉农保险、农牧民大额补充医疗保险、“强基惠民办”投保的团体意外伤害保险、在藏户籍人员团体意外伤害保险、农牧民小额意外伤害保险等关系到各族群众切身利益的政府惠民工程，最大限度做好理赔服务工作，充分发挥保险的社会稳定器和经济助推器作用，在促进西藏经济跨越式发展和社会长治久安中自觉承担起中管国有保险企业的社会责任，为全区各族群众提供了坚强的保险保障。

人保财险西藏分公司在街头设点进行宣传资料发放和保险咨询

中国人寿保险股份有限分公司 西藏自治区分公司

党委书记、总经理　李　爽

驻村工作队队员救助当地群众

中国人寿西藏分公司保险宣传服务进社区

中国人寿保险股份有限公司西藏自治区分公司成立于2007年5月28日，是西藏自治区首家也是目前唯一一家人寿保险公司，公司目前拥有4个分支机构（拉萨、山南、林芝、日喀则）共计近500名员工和营销员。向全区各族人民及团体提供人寿、意外和健康保险产品，涵盖生存、养老、疾病、医疗、身故、残疾等多种保障范围，共有健康保障类、意外保障类、少儿类、养老类、理财类、团体保险等六类计百余个险种，全面满足客户在人身保险领域的保险保障和投资理财需求。西藏分公司成立以来，业务发展保持了强劲的发展势头，先后被中国人寿（集团公司）评为“文明单位”、“学习型组织先进单位”、“全区金融工作先进单位”。

2009年5月18日上午10：00时，中国人寿登山队成功登顶珠峰，在珠峰之巅展示中国人寿司旗

中国人寿自进驻西藏以来，一直致力于全方位地贴近西藏各族群众，参与地方经济建设和社会活动，服务和造福于西藏人民，推动西藏各项建设事业的发展。中国人寿保险股份有限公司西藏自治区分公司积极履行社会责任,在扶贫、济困、赈灾、助残、志愿者活动等社会公益方面总计捐款金额已超过200万元，充分体现了中国人寿作为企业公民的社会责任。

西藏国寿人将坚持以科学发展观为统领，深入学习贯彻落实党的十八大精神，以高度负责的精神、科学严谨的态度、不畏艰辛的意志、求真务实的作风，奋力推进新跨越，努力再创新辉煌，全力作出新贡献。

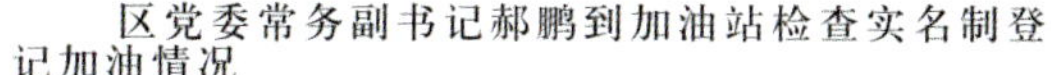
区党委常务副书记郝鹏到加油站检查实名制登记加油情况

拉萨市副市长刘志强到加油站检查指导工作

中国石油西藏拉萨销售分公司是中国石油天然气股份有限公司西藏销售分公司下设的地市级经营单位，主要在拉萨地区从事成品油批发和零售经营业务。

秉承“爱国、创业、求实、奉献”的企业精神，在拉萨市委、市政府的大力支持和中国石油的正确领导下，围绕“精品零售公司”建设，加快转变发展方式，细管理、抓安保、经营水平明显提升，抓控员、降成本、队伍结构稳步优化，抓文化、转作风、发展环境健康和谐，实现了企业又好又快发展。始终坚持“奉献能源，创造和谐”的企业宗旨，认真履行国有企业政治、经济和社会责任，为实现地方经济跨越式发展和社会长治久安发挥了积极作用。

展望未来，中国石油西藏拉萨销售分公司将以党的十八大精神为指导，结合区情、市情和企情，以效益效率为主题，以安全稳定为依托，以“效益好、效率高、管理精、服务优、形象佳、素质高”的国际水准加油站建设为工作思路，紧抓战略机遇，着力推进科学营销、着力推进网点建设，着力推进精细管理，着力推进队伍建设，着力推进党的建设，着力推进维稳建设，全面实施“效益领先、规模发展、市场主导、管理精细、素质优良、保障有力”的高原特色国际水准地市级销售企业建设战略。

中国石油西藏拉萨销售分公司党总支将以贯彻落实党的十八精神为主线，围绕企业和谐稳定发展主题，重点完善基层组织建设，大力推动“四好”领导班子建设，深入推进党风廉政建设，深化改善员工工作生活环境，深入推进充分发挥企业党组织的政治核心作用，为高原特色国际水准地市级销售企业建设战略实施提供坚强的思想保证、政治保证和组织保证。

中油西藏拉萨销售分公司新一届领导班子

加油站迎接各级领导团队检查指导工作

打造军事化管理销售团队—冬季岗位大练兵

中国平安财产保险股份有限公司西藏分公司

总经理 吴琦

中国平安保险(集团)股份有限公司于1988年诞生于深圳蛇口，是中国第一家股份制保险企业，至今已发展成为融保险、银行、投资等金融业务为一体的整合、紧密、多元的综合金融服务集团。2013年4月17日，中国平安凭借在公司规模、销售额、利润、资产及市值等方面的优异表现第九度入围美国《福布斯》杂志公布的最新“全球上市公司2000强”排行榜榜单，名列全球第83位，较去年晋升17位。

平安产险西藏分公司成立于2007年4月8日，西藏分公司的成立标志着中国平安完成了分支机构的全国布局。从2007年起，西藏产险保费年均增幅达到60%，2012年实现保费收入7832万，市场占有率从3.1%提高到10.5%，2013年一季度超额完成保费计划。

平安产险西藏分公司以社会责任为己任，积极参与各项社会公益活动和爱心善举，践行企业公民责任。从2009年开始，平安西藏分公司筹建落实的第一所希望小学“西藏林芝县八一镇平安希望小学”正式挂牌成立以来，又陆续在昌都、日喀则地区选址两所希望小学并已正式立项筹建；在拉萨“3·14”事件过后，公司及时制定特殊理赔政策，对遭受损失的平安客户支付人道援助性赔款达30多万元，并为此事件中的受害者积极捐款；在“5·12”汶川大地震灾情发生后，组织向灾区人民献血捐款活动，并购买了一批急缺药品物资空运至灾区，免费为西藏前往四川抗震救灾的救援人员无偿提供每人保额20万元的人身意外伤害保险，总保额达920万元的保险保障；“4·14”青海玉树地震，发起捐款活动并无偿赠送西藏救援小组人身意外伤害保险共计6680万元保额保障。2011年10月，西藏产险响应自治区号召，驻村工作队正式进驻日喀则市纳尔乡的德庆村和孜村，开展一系列帮扶活动，并获得日喀则市2012年度先进驻村工作队表彰。

巍巍的青藏高原，见证了平安保险西藏分公司在世界屋脊的激情跨越；高高的珠穆朗玛，见证了平安保险西藏分公司在世界之巅的艰苦卓绝。“专业经营、服务领先”，未来，平安产险将继续扎根西藏，调整业务结构，提升销售和服务能力，实现业务稳健发展、规模效益持续提升。

中国平安全国统一客服热线：95511

电销电话：4008-000-000转5

中国平安西藏分公司拉萨本部地址：

拉萨市金珠中路33号西农集团办公楼电话：0891-6825204

中国平安林芝中心支公司地址：

林芝地区八一镇新区和谐路电信大厦一楼电话：0894-5885595

中国平安那曲支公司地址：

那曲地区那曲县拉萨南路9号常青汽修厂电话：0896-3831369

中国平安日喀则支公司地址：

日喀则地区日喀则县扎德中路1号电话：0892-8835677

中国平安昌都中心支公司（筹建）地址：

昌都地区四川桥民典修理厂电话：0895-4831899

中国平安山南中心支公司（筹建）地址：

山南地区泽当镇安徽大道3号电话：0893-7823070

微笑服务

拉萨丰田汽车销售服务有限公司

拉萨丰田汽车销售服务有限公司始建于1987年，1991年正式被丰田汽车（中国）投资有限公司授权，成为西藏地区由日本丰田公司认定的特约维修服务中心，经过26年的发展，拉萨丰田公司已从单一的汽车维修，逐渐发展成为目前集多品牌汽车的整车销售，售后服务，零配件供应，市场信息反馈，汽车美容装饰，车友俱乐部为一体的多功能汽车服务类企业，已成长为西藏地区汽车行业的龙头企业。

目前公司有两个经营位置，分别位于拉萨市金珠中路36号和金珠西路169号。公司总占地面积近20000平方米，从业人员达170余人。根据西藏地区各中心城市相距较远的情况（几百公里到上千公里不等），公司为了方便地区上的客户购车、修车，截至2006年4月，已在那曲、林芝、日喀则三个地区建立了二级销售服务网点，在行业竞争中进一步提高了竞争优势。

公司在发展壮大的同时，始终牢记自己的社会责任，积极参与各项公益事业，公司成立26年来，在企业全体员工的不懈努力下，企业实现了高速跨越式发展。除代理有进口日本丰田系列，公司还代理了韩国现代汽车，华泰汽车，奇瑞汽车，麒麟汽车、比亚迪汽车、华晨汽车等国内外知名品牌，成为西藏地区最具综合服务能力的汽车专营企业。从2004年由拉萨市市政府组织的雪顿节开始至今，已经连续八年和雪顿节组委会进行了合作，先后无偿提供了韩国现代新胜达、奇瑞东方之子、奇瑞瑞虎、奇瑞A5等车辆作为雪顿节组委会的工作用车，为近年的雪顿节各项筹备工作提供了有力的帮助和支持。公司于2006年、2007年、2008年、2009年、2010年、2011年、2012年连续七年向堆龙德庆县的部分贫困妇女捐赠过藏历新年所需的大米、酥油等物品。公司每年向拉萨市二小十名贫困学生赠送学习用品，保障贫困学生顺利完成学业。公司将这些公益活动长期地进行下去，为构建“和谐西藏”尽一份绵薄之力。

西藏自治区地质矿产勘查开发局
第六地质大队

队党委书记普布次仁为前往野外一线工作的职工鼓舞士气

召开职工大会时队长张焕彬安排部署年度地质经济工作

西藏自治区地质矿产勘查开发局第六地质大队（以下简称地质六队）隶属西藏自治区地质矿产勘查开发局，属国有事业单位，成立于1980年。

地质六队地处西藏自治区堆龙德庆县青藏路11号，交通发达，青藏公路从队部大门前通过。全队现有在册职工243人，其中少数民族占35%，工程技术人员占31%（高级职称占3%、中级职称占6%、初级职称占22%）。固定资产净值超过3400万元。先后被区党委、区政府、国家民委授予“全区民族团结进步先进集体”“民族团结进步模范单位”“全国模范地勘单位”“全区安全生产先进企业”等荣誉称号。

地质六队现具有固体矿产勘查、勘查工程施工甲级资质、水、工、环地质调查、液体矿产勘查、地球化学勘查丙级资质、工程地质勘察及施工、工程测量乙级资质。找矿足迹遍布全西藏，涉及矿产资源近百种。

在中央决定实施西部大开发战略的今天，地质六队领导在“三个代表”重要思想的指引下，进一步贯彻落实科学发展观，开拓创新，团结进取，愿与有志于西藏地勘事业的人士精诚合作，共同创造西藏地勘业辉煌，为西藏社会经济的发展作出应有贡献。

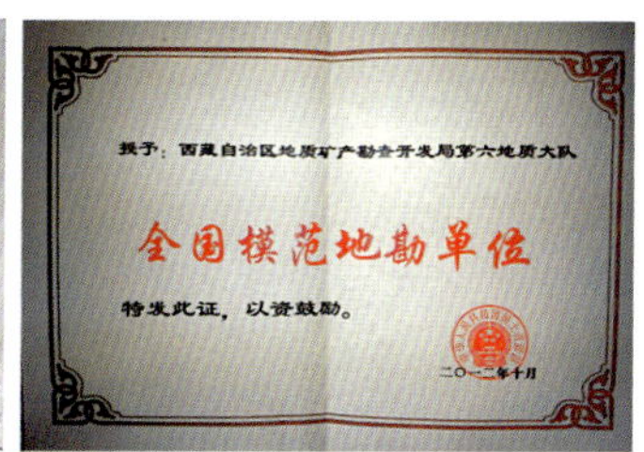

林周县钢源矿业有限公司

董事长　陈琳

林周县钢源矿业有限公司是2004年西藏拉萨市经招商引资在林周县工商局注册成立的一家矿业企业，属青海西宁钢源集团全资控股子公司。于2005年取得林周县春堆乡洛巴堆探矿权，2007年6月份取得采矿权。目前，探矿权普查面积为15.78平方千米，采矿权面积5.808平方千米，开采深度为4600m至4000m标高。采矿区已探明的0.78平方公里就有经评审核实的可采资源储量800多万吨，洛巴堆铁矿矿区铁矿整体开发资源储量预计中、大型以上，还伴生多金属矿。现正在进行60万吨改扩建工程建设。近年来西宁钢源集团公司的发展主导思想是："加大矿山建设投入，为藏区人民及当地经济发展作贡献。"

高品位矿石标本

矿山实景

选矿厂

拉萨天利矿业有限公司

西藏自治区主席助理丁业现会见云铜公司总经理杨超

拉萨天利矿业有限公司股权转让协议签订仪式现场

拉萨天利矿业有限公司于2009年7月18日重组成立，股东为云南铜业（集团）有限公司和四川冶金地质勘查院，股权比例为9：1；注册地为西藏拉萨市，注册资本金2.7亿元；在尼木境内拥有4个探矿权，总面积112.49平方千米；截至2012年年底已投入勘查资金1.7亿元，完成钻探进尺58703米，坑探进尺853米，累计探获333以上铜资源达百万余吨，是冈底斯成矿带典型斑岩型铜钼矿，单铜单钼规模均达大型。

公司始终坚持“高起点、大规模、现代化”建设理念，走“绿色、循环、和谐、持续”的发展道路，秉承中铝、云铜优良文化，以“创新创效回报股东，履行国企公民义务”为己任，着力“打造云铜资源战略西进平台、构建云铜重要原料基地”，努力把资源优势转化为经济社会优势，构建人与自然、人与社会的和谐发展！

为加速资源的勘查进程，天利人缺氧不缺精神，冰天雪地，依然战斗在生产一线

投身公益活动　构建和谐矿区

坚持“勘查中保护保护中勘查”原则，做到企业与自然的和谐发展

西藏鑫泰矿业有限公司

董事长　彭仕祥

总经理　彭光雄

西藏鑫泰矿业有限公司于2004年2月成立，公司位于拉萨市金珠西路西段的拉萨市国家级经济技术开发区内；公司注册资金5000万元；公司主要从事矿产资源的勘探、加工及销售，公司现有员工45人，各类专业技术人员25名，高级专业技术人员5人。公司现有总资产12000余万元，固定资产2000余万元。从公司成立起，一直致力于西藏矿产的勘探、开发工作，积极将西藏的矿产推向市场。

位于堆龙德庆县德庆乡哈弄铁矿项目，从2004年起,公司累计投资5500余万元对该项目进行勘探及配套建设工作,该项目已于2009年8月完成全部勘查工作，圈出两个矿体，进行了资源量计算，求得铁矿石（333）资源量1500余万吨。估算（334）资源量3500余万吨，（333+334）资源量共计5000余万吨。该项目的各项手续正在办理中。该项目的开发，将为堆龙德庆县提供300余个就业岗位，每年将为当地提供运输创收1500余万元，每年将上缴税收1000余万元。

公司积极关注民生、匡助教育，公司长期支助农牧区贫困学生，无偿为农牧区修筑道路。周济贫困，关注弱势群体，为农牧民提供力所能及的帮助，为农牧民提供就业岗位，帮助其脱贫致富。公司以“责任感”和“立信、立真、立责”为核心的价值观受到政府、民众及社会的广泛赞誉。

“以人为本，诚实守信”是公司经营发展的宗旨，“取之于社会，回报社会”是公司经营发展的核心理念。

铁矿样品

铜矿样品

选矿厂

西藏圣美家超市有限公司

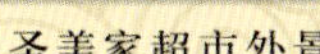

圣美家超市外景

万村千乡配送车

西藏圣美家超市有限公司，是一所综合性连锁商业零售企业和商品采购管理公司。其隶属于西藏圣旺经贸有限公司，是目前西藏地区最大的依托批发团购贸易，兼具终端零售功能的大型连锁超市。

在西藏政府的领导下，圣美家连锁超市，以致力于服务百姓的宗旨，以质量为立足之本，以服务为发展之源，凭借良好的信誉，不断推动圣美家终端零售取得良好的业绩，树立行业口碑。目前，圣美家连锁超市，已有在职员工200余人，总店占地8000平方米，营业面积占地4000平方米，在企业供应链管理、人员管理、信息化管理及空中供应系统的配建上已成规模，并以最具活力的发展状态，积极拓展行业份额。

西藏圣美家超市有限公司，在现有发展规模的基础上，设立多家直营门店，将形成以拉萨为中心，傍依强大的物流配送系统，实现其终端贸易性事业，以积极发展的姿态，辐射整个西藏，迅速实现市场运营模式的升级，强势拓展企业发展之路。

作为圣美家超市的母公司，圣旺经贸有限公司位于色拉路47号，成立于1997年，是目前西藏地区拥有包括百威啤酒、伊利牛奶、华夏系列红酒、五粮液年份酒、娃哈哈饮料、保乐力加洋酒、百加得冰锐、牵手果蔬饮料等系列国内、国际知名品牌西藏代理权的大型商品流通企业，并在西藏日喀则、昌都设立分公司，更将行业视角触及文化传播行业，力求传承西藏文化，为企业集团化发展之路积淀浓郁的人文气息。

“尽善尽美争做第一”是圣旺人不懈的追求，“尽心尽责用户至上”是圣旺人永远的承诺！公司将持续诚信、服务的发展理念，借助引进先进的科学力量，携手开拓广阔的供应商渠道，创新管理和运营模式，促建圣美家连锁超市的终端零售业，突飞猛进，为持续打造中国零售商业中的鳌头企业，不断努力。

圣美家超市有限公司员工表彰活动现场

西藏神力房地产开发有限公司

总经理　王道亮

西藏自治区副主席宫蒲光到神力时代广场指导工作

西藏神力房地产开发有限公司成立于2005年，注册资金1.5亿元，拥有房地产企业三级开发资质。在董事长林秀丽的带领下，公司先后开发拉萨市高端住宅小区“嘉和丽景”，并在2010成功取得拉萨青年路商业地块的同时成立以神力地产为核心的两大开发机构：神力商用、神力置地，由专业人才分别进行以商业地产、旅游地产、专业市场、写字楼及住宅、别墅、公寓项目的开发。

公司设有行政中心、财务核算中心、工程管理中心、规划设计中心、法务开发中心、企划营销中心等两大核心机构和六大职能部门，分别拥有各类专业人才65人，其中本科以上专业人才19人。

2013年由神力地产与拉萨城投联合开发的颐堤半岛及东城风情商业街即将开工，两项目总投资将超过8.5亿元，同时两项目均涉及高端酒店、酒店式公寓、写字楼、SOHO、商业步行街、高端商务会所以及社区医疗中心、幼儿园等市政配套项目。

由于西藏特殊的地理位置及较为脆弱的生态体系，公司坚持科学环保的开发原则，率先在其开发项目中整体采用LED照明系统，中水循环系统、太阳能储热系统等新型环保设备并计划将神力品牌与环保理念紧紧联系在一起，在未来开发项目中均通过科学设计，使产品更具有环保型，舒适性和功能性。神力地产将致力于通过环保型开发企业的标杆为西藏的经济建设作出更大的贡献。

西藏自治区党委常委、市委书记齐扎拉到神力时代广场考察指导工作

副市长果果到神力时代广场指导工作

陕西建工集团第六建筑工程有限公司

公司在建项目

陕西建工集团第六建筑工程有限公司是由原陕西省第六建筑工程公司于2009年12月整体改制而成的国有独资有限公司。创建于1952年，隶属于陕西建工集团总公司。具有一级房屋建筑工程施工总承包资质、一级市政公用工程施工总承包资质、一级建筑装修装饰工程专业承包资质、一级钢结构工程专业承包资质、一级园林古建筑工程专业承包资质和一级地基与基础工程专业承包资质。可承担大型工业与民用建筑、装饰工程、钢结构工程、地基与基础工程、公路工程、防水工程、市政公用工程、水利水电工程、园林古建筑工程和消防工程等。

公司成立60年来，为国家的经济建设和人民的安居乐业做出了较大的贡献，先后承建了电子、冶金、机械、航空、石油、轻纺、建材、科研、体育、医疗等行业的大中型工业与民用高层和超高层建筑工程项目，并在也门、喀麦隆、博茨瓦纳、日本等国家承包工程和劳务输出。

公司现有员工1098人，各类专业技术人员882人，其中，享受国务院特殊津贴专家1人，全国优秀项目经理（建造师）11人，正高级工程师2人，中、高级职称人员275人，国家一、二级建造师224人，造价工程师及造价员54人。公司机械装备先进，成龙配套，年生产能力30亿元以上，年承接任务能力50亿元以上。公司通过了质量、环境和职业健康安全管理体系“三合一”认证，合同履约率100%。公司先后被授予全国守合同重信用企业、全国优秀施工企业、全国用户满意施工企业、全国工程建设质量管理优秀企业、创鲁班奖工程特别荣誉企业、全国建筑业先进企业和中国建筑业最具成长性百强企业等荣誉称号。

公司坚持“经营重诚信、管理在创新、效益靠实干、发展凭思路”的经营理念，按照“立足陕西、辐射西北、面向全国、争创一流”的经营方针，积极开拓省外建筑市场，承接的工程南至海南，北至内蒙，东至浙江，西至新疆。企业完成总产值从2003年的3.03亿元提高到2011年的23.2亿元，承接任务从2003年的4.52亿元提高到2011年的38亿元，实现利税从2003年的227万元提高到2011年的8425万元。公司累计荣获国家优质工程“鲁班奖”4个，国家优质工程银奖3个，全军优质工程奖2个，兰州军区优质工程一等奖2个，陕西省“长安杯”奖25个，西安市“雁塔杯”奖20个，咸阳市“秦阳杯”奖3个，陕建集团“华山杯”奖16个，国家级新技术应用示范工程2个，国家实用新型专利3项，国家级工法3项，国家级QC成果6个，全国建筑施工安全文明工地之最1个，AAA级安全文明标准化诚信工地5个，省、市级文明工地146个。

公司以诚信为本，坚持“团结、求实、拼搏、奋进”的企业精神，愿与社会各界真诚合作、共谋发展。

天创源商品混凝土有限责任公司

操控室

公司生产线

零下22度施工现场

专业运输车队

公司总投资4000万元，占地16000多平方米，拥有国内一流的生产线和运输、泵送设备，厂区按国内一流标准建设，生产正规，管理规范，是西藏地区首家规划最大、生产运输能力最强、技术最领先的现代化、环保型、高效节能型的商品混凝土核心产业生产企业。

公司具备的生产能力：

主要设备：公司拥有上海鸿得利120型和180型两条生产线，均采用全电脑数字化控制，确保生产的产品配料精确、性能稳定、品质优良。其搅拌主机MA03000/2000SDYHO双卧轴搅拌机选用意大利明星产品SICO搅拌机，每小时可生产200m³混凝土，日生产、运输、泵送能力可达4000m³，年生产能力达100万m³以上。中联重科47m臂架泵车1台、上海鸿得利47m臂架泵车、上海鸿得利37m臂架泵车、上海鸿得利24m臂架泵车（扬程可达101米）各一台，山东临工装载机，中联重科混凝土运输车22辆，柳工牌混凝土运输车4辆。我公司设备先进，配套合理、齐全。

技术力量：公司是一家集团化商品混凝土公司旗下的龙头企业，有着多年的专业商品混凝土研发和生产经验，依托公司总部的培训基地，培养了一大批技术能手和业务骨干。我公司拥有国内专业的技术人员20余人，形成了一个十分稳定、过硬的技术团队，公司的技术带头人更是一位专业从事混凝土研发及应用的专家。我公司配备有西藏地区最为先进、试验设备最为齐全的试验室和标准养护室各一座，能独立承担各类混凝土的性能测试及原、辅材料的检测，并能完成新产品的研发试验。

公司依托强大的技术力量，有能力根据西藏地区不同的地质构、不同的气候环境、不同的实际应用范围，对不同等级、不同技术要求的商品混凝土进行技术研发。公司已将高科技的技术应用到商品混凝土的研发和生产中，已经改变了西藏地区商品混凝土的概念，翻开了西藏地区商品混凝土研发和生产崭新的一页。

公司技术部门针对在建工程的不同类型，均有一套科学的、系统的、完整的技术交底，给予了施工方有利的技术支持和保障，这在西藏地区商品混凝土企业中也属首次。

西藏中金新联爆破工程有限公司

总经理　罗明荣

炸药混装现场

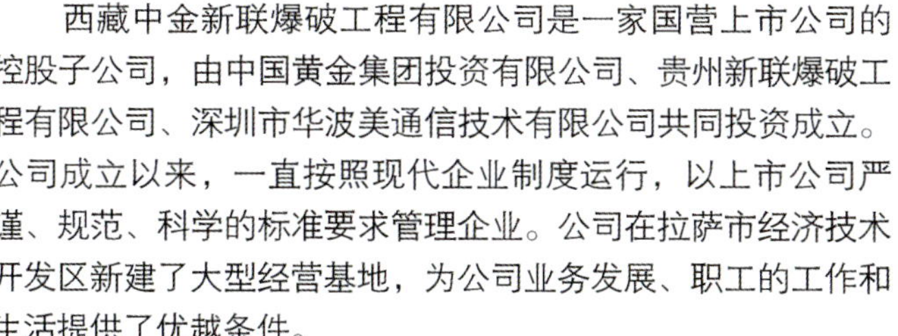
西藏中金新联爆破工程有限公司是一家国营上市公司的控股子公司，由中国黄金集团投资有限公司、贵州新联爆破工程有限公司、深圳市华波美通信技术有限公司共同投资成立。公司成立以来，一直按照现代企业制度运行，以上市公司严谨、规范、科学的标准要求管理企业。公司在拉萨市经济技术开发区新建了大型经营基地，为公司业务发展、职工的工作和生活提供了优越条件。

【经营范围】

1. 岩土工程：

①露天矿山剥（离）采（矿）工程、混装炸药爆破工程

②大型基础设施建设、能源开发项目的土石方工程

③市政建设岩土控制爆破工程

2. 拆除（爆破）工程：各类建（构）筑物的机械或（定向）爆破拆除

3. 爆破技术咨询、爆破技能培训、爆破振动监测、爆破安全评估与爆破工程监理

定向爆破

邦铺矿区全景图

西藏通泰投资（集团）有限公司

董事长　陈建瑶

企业集合票据推介会

通泰小贷与江苏商会信用贷款合作签约仪式

通泰小额贷款有限公司营业部

西藏通泰投资（集团）有限公司成立于2010年1月7日，总注册资金1.25亿元人民币，主要从事小微金融、新型建材、快消品、服务行业的投资，公司以“助力中小企业发展，推动西藏经济跨越”为宗旨，现下属子公司有西藏坤泰担保有限公司、西藏通泰典当有限公司、西藏通泰小额贷款有限公司等。

小额贷款业务：个人信用贷款、汽车贷款、个人消费贷款、住房贷款、中小企业抵押贷款、企业房产抵押贷款，资料完备，1~3个工作日即可办理；担保业务：地区联保、商户联保、工程及一般合同的履约保函、投标保函、预付款保函、支付保函，资料完备，一个工作日即可办理；典当业务：民品、动产、不动产抵（质）押典当业务，资料完备，1~2个工作日即可办理。

西藏通泰投资（集团）有限公司坚持全面落实科学发展观，以“通泰”为品牌，以强大的信誉为依托，依照国家法律、法规坚持以市场为导向，始终秉承“诚信、稳健、规范、高效、求实、创新”的经营理念，“以人为本、建卓越团队、创成功业绩”的管理理念和“热情、快捷、共享、共赢”的服务理念，以促进中小企业发展为己任，整合社会金融资源，关注企业融资需求，解决中小企业融资难题，扶持具有良好发展潜力的优秀中小企业成长，致力于为客户创造价值，持续超越客户的期望值，促进社会经济发展。

拉萨远丰新型建材有限公司

董事长　余存才

拉萨远丰新型建材有限公司成立于2010年2月2日，是曲水县招商引资企业。公司地址位于拉萨市曲水县聂当乡大菩萨工业园，占地26000多平方米，建有西藏地区最先进，规模最大的加气混凝土生产线，年生产能力20万立方米，项目总投资3884.08万元，总建筑面积11200m^2。公司现有员工85人，其中管理技术人员12人。生产过程全自动化操作，配方科学，流水线作业。

公司以"科技为依托，以品质为中心，以市场为导向"，在2011年投产之初完成销售收入2000余万元佳绩，荣获"西藏自治区社会主义优秀建设者"荣誉称号。

公司本着对社会高度负责任的态度，寻求可持续发展目标，带动西藏地区建筑建材行业转型，发展节能环保新型墙体材料。力争抓住十二五有利时机，将生产能力翻一番，达到年生产30万m^{3}的能力，满足市场需求，带动地方经济将不遗余力。企业文化建设进一步加强，基层组织得到巩固，加大员工福利投入，扩充企业软实力，增加员工归属感和荣誉感，为构建"幸福拉萨、绿色西藏"积极回报社会，扩大企业知名度。

生产车间员工安全操作

建材加气砖成品

生产车间

运输建材车辆

四川南部兴发建设工程有限公司

在建工程—曲松县完全小学附属工程

已完工程—格桑林卡

已完工程—中和国际城

中和国际城外景

四川南部兴发建设工程有限公司成立于2001年09月28日，在自治区党委、政府和区建设厅等部门的大力支持和领导下，经过10余年的发展，成为西藏自治区建筑工程行业的先进单位。

四川南部兴发建设工程有限公司是具有房屋建筑工程施工总承包二级；水利水电工程施工总承包二级；市政公用工程施工总承包二级；建筑装修装饰工程专业承包二级；土石方工程专业承包二级；防腐保温工程专业承包二级；钢结构工程专业承包二级；爆破与拆除工程专业承包三级（不含爆破）资质的施工企业，拥有雄厚的技术力量、先进的机械设备、经验丰富的专业施工队伍。

公司成立以来，在自治区党委、政府和区建设厅等部门的大力支持和领导下，始终坚持“质量第一、安全为重、信誉至上、用户满意”的建设施工经营宗旨；始终坚持“以质量求生存、以信誉求发展”的原则，建筑工程质量和效率的有效保证，企业信誉获得社会各界认可。

公司先后在区内承建了格桑林卡一、二期工程；拉萨市柳梧新区站前大街东段市政道路工程；亚东水文站工程等房屋、水利、市政等工程，所交工程全部达到合格标准。同时公司解决了广大农、牧民就业问题，提高了农牧民的年收入，受到了群众的好评，创造了业绩，铸造了成就。

西藏四全工贸有限公司

董事长　张四全

西藏四全工贸有限公司是一家集生产、加工、销售为一体的大型企业，公司位于拉萨市西郊和平路电力小区对面，占地面积10000余平方米；公司具有先进的冷作、焊接、表面处理、装配四个主要车间；车、洗、刨、焊、静电粉末喷涂精加工等设备齐全；各类工装、模具、检测等设备完好，性能优良，完全满足产品的生产和实验要求。西藏四全工贸有限公司，为民营股份制企业，公司创立于1998年，其前身为九九铁艺厂，经过几十年的发展，该厂已经发展成为西藏自治区唯一一家以高低压成套设备、电力设备配套产品为主要经营厂家。

公司领导小组现场指导工作

公司现有员工80人，高层管理人员由5人组成，中层管理人员13人，公司技术力量雄厚，高级工程师5人，中级工程师20人，专业技术人员35人。

公司全体人员始终以开拓创新的工作精神，锐意进取的工作态度，致力于为客户提供最优质的产品，坚持以“质量第一，满足顾客要求”为宗旨，凭借良好的生产条件、管理水平，雄厚的技术力量和完善的测试手段，不断开发新产品，现本公司生产的产品共计30余种，其中主要生产XGN17-40.5、KYN1-10、JYN2-10、GC5-10F、KYN-28、HXGN、XGN2、GCS、GGD等各型高低压开关柜、配电箱、配电屏、控制台等。随着企业的发展和市场的需求，公司坚持以国家的法律法规以及“3C”的工厂质量保证能力要求和ISO9001质量保证体系要求为依据，坚持有效运行，以不断开拓创新。

为了发展，公司提倡“以人为本、科技创新、真诚服务”的经营理念。凭着“质量是企业的生命，让用户满意是我们永恒的目标”的企业宗旨，多年来获得了客户及业界的认同。面对机遇和挑战，公司将一如既往的秉承“重质量”、“守信誉”的一贯宗旨，为用户提供更精更优更可靠的产品，竭诚欢迎广大客户前来洽谈业务，为电力事业的发展共创美好明天。

预装式变压器是当今陪电系统中最经济最实惠最科学最安全的一种新型陪电装置，具有结构紧凑占地少可靠性高安装简捷标准化系列性强易于环境协调使用灵活等特点，非常符合现代城乡配电网改造和发展的需要。特点（1）隔热性能好，抗暴晒。（2）机械强度高。（3）防腐蚀性强，不凝露。（4）防腐抗冻使用寿命可达50年（5）具有很好的防火阻燃隔热性（6）外形美观，与环境融为一体

KYN28A-12(GZSI-12)型金属凯装移开式交流封闭开关设备，配ABB公司VD4及国产VS1（ZN63A-12）真空断路器。本开关柜能满足GB3906 DL404 IEC-298等标准要求

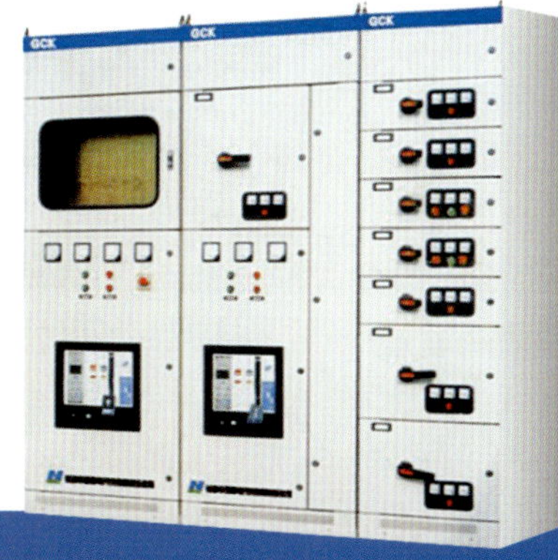

GCK型低压抽出式开关柜是两部联合设计组根据行业主管部门 广大电力用户及设计单位的要求设计研制出的符合国情 具有较高的技术性指标 能够适应电力市场发展需要并可与现有引进产品竞争的低压抽出式开关柜。本产品适用于发电厂 石油 化工 高层建筑等行业配电系统 作为三相交流频率为50（60）HZ 额定工作台电压为380（400）（600）V 额定电流为4000A及以下的发 供电系统中的配电 电机集中控制等

拉萨城关区亿鑫废旧回收有限公司

政协西藏自治区第十届委员会委员、公司总经理　李志清

自治区副主席董明俊参观全国节能减排先进企业展览

拉萨城关区亿鑫废旧回收有限公司成立于2008年，是商务部第二批再生资源回收体系建设试点单位。公司注册资金550万元，现有员工128人。其中各类高中级管理人员22人，拥有国家级认证资格的专业技术人员13人。

在区、市两级职能部门的大力支持和全体员工的共同努力下，公司规模不断扩大，已建成遍布拉萨城区，辐射周边县区的废旧物资回收体系，正逐步发展成为集回收、生产、仓储、物流为一体的综合型资源再生回收利用企业。其经营范围包括废旧金属交易、废旧塑料交易及深加工、废旧纸张回收利用、报废汽车拆解、仓储等产业。公司下设市场营销部（网络体系建设部）、技术开发部、经营核算部、安全环保部等经营部门。同时，为了改善了职工的工作、生活条件，提高职工的主人翁意识，增加公司员工的归属感，成立了工会、党支部、团支部、妇联等部门。2012年，公司完成固定资产投资1.7亿元，实现销售收入1.4亿元，处理各类再生资源8.28万吨，解决当地农牧民就业230人。

左图：西藏自治区政协副主席阿沛晋源与公司领导交谈
右图：区市领导参观再生资源街头展览

拉萨中原园林绿化有限公司

总经理　梁鹏超

拉萨中原园林绿化有限公司座落于拉萨堆龙德庆县乃琼镇，是专业性园林绿化公司，园林苗木已在全区广泛普及，总计向社会提供苗木数千万株，为绿化西藏美化雪域高原作出了突出贡献。

公司有苗圃基地二处，占地250余亩，品种达100多种，现有国内外名贵优质健壮木500余万株。架植在苗圃主要有高塔柏、雪松、金丝柳、垂柳、高杆万年青球、红叶李、红叶桃、连翘、樱花、珍珠梅、石榴树、榆叶梅、云杉、小叶女贞球、侧柏、月季、洒金柏、千头柏球、次柏球、红叶小檗、海棠、金叶女贞等苗木。

公司主要经营：花卉、苗圃种植、销售、园林绿化、图纸设计、市政工程绿化等绿化专项。

公司承建的绿化工程：机场、甲玛矿区、堆龙德庆县政府、拉萨水泥厂、拉萨森林大队、堆龙德庆县中学、日喀则森林大队、日喀则青岛路、和平机场、西藏人民广播电台等100余家单位的绿化工程均获评全优工程。

公司苗木基地一角

堆龙德庆县政府院内绿化

甲玛矿区绿化

阳光新城绿化

拉萨质量检测院绿化

职业技能学校

公司苗圃

雅喜实业

西藏雅喜实业有限公司

董事长张廷文慰问哲蚌寺敬老院老人

雅喜公司股东大会

员工歌咏比赛

西藏雅喜实业有限公司是自治区工商联直属会员企业。企业性质为非公有制，组建形成为有限责任公司。企业法人张廷文，注册资金2126万元，注册地址：拉萨市金珠西路，现有职工138人。企业通过了ISO 9001国际质量管理体系认证，西藏自治区党委政府授予"先进基层党组织"荣誉称号，西藏自治区政府授予"重合同守信用单位"荣誉称号，企业先后荣获"全国工程建设质量、安全、信誉AAA级企业"、全国民营企业思想政治工作先进单位、全国"工人先锋号"称号。公司董事长张廷文，MBA工商管理硕士研究生学历，现任西藏自治区政协第十届常委、自治区工商联第五届常委，区总商会副会长、区烹饪餐饮饭店协会副会长，先后荣获"全国关爱员工优秀民营企业家""自治区首届优秀中国特色社会主义事业建设者称号。"

公司拥有两个子公司、四个分公司，经营范围涉及工程建筑施工、房地产开发、金银珠宝及民族手工艺品、宾馆、茶园、商场服务管理等业务，是实力较强的综合性多元化实体企业。

企业以商场租赁管理为基础，兼顾宾馆、民族手工艺品、房地产开发、工程施工等业务，年经营收入3000多万元，上缴税收360多万元，公司商场商户达320余户，每年解决就业达2000多人次。

组织员工到林芝旅游

拉萨市城关区地毯厂

全国妇联副主席宋秀岩到城关区地毯厂考察指导工作

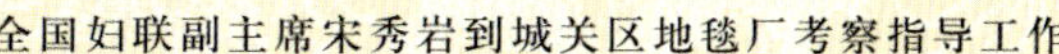
联合国副秘书长诺琳海泽女士到城关区地毯厂进行参观

拉萨市城关区地毯厂其前身为拉萨城关区综合一厂的藏毯生产车间，1992年正式成立为以生产藏式地毯和小型家用挂毯为主兼及各种卡垫、靠背、旅游纪念用品等的集体企业。生产藏毯的历史已有37年，是一个集纺染纱、后道加工、图案设计、产品研发等产、研、供、销一体化的外向型企业，已形成了“自我创新、自我发展、自我调整、自我完善”的一整套科学管理体系。

拉萨市城关区地毯厂现有企业职工108名，其中管理人员15名，女职工占企业总人数的66%，青年职工占95%，职工中70%为城市待业青年，30%来自农村。全厂占地面积6180平方米，工人年工资达到2.5万元。产品除了畅销国内各大省区和城市外，还远销美国、德国、英国、瑞士、韩国、日本等十几个国家和地区。

拉萨市城关区地毯厂在近年的发展过程中，先后获得一系列殊荣：企业被评为“全区出口地毯先进企业”；荣获“西藏自治区特色产品”称号；获全轻纺民族手工业优质产品证书、第五届亚太地区国际博览会金奖；被纺织工业部、国家民委、国家税务总局等授予“全国民族用品生产定点企业”；被拉萨市和城关区人民政府评为“组织和效益双优”奖；获得自治区人民政府颁发的“首届西藏名优新特产品”证书；被中华全国总工会评为“全国先进女职工集体”“全国人先锋号”“全国模范职工小家”；被拉萨市人民政府评为“八强企业”“龙头企业”；荣获拉萨市科学技术进步“一等奖”；被自治区总工会评为“全区工人先锋号”“全区模范职工小家”；荣获发展民族手工业“先进企业”；被拉萨市人民政府评为民族团结“模范集体”；被西藏自治区扶贫办评为西藏自治区级扶贫“龙头企业”等。同时，地毯厂多次参加了在区内外具有一定影响力的博览会和展览会通过积极参加国内各类经济贸易推荐会，极大地提高了地毯厂产品的知名度，国内外市场上打响了“雪毯花”品牌，取得了显著的品牌效益和经济效益。

织毯图片

职工文艺演出

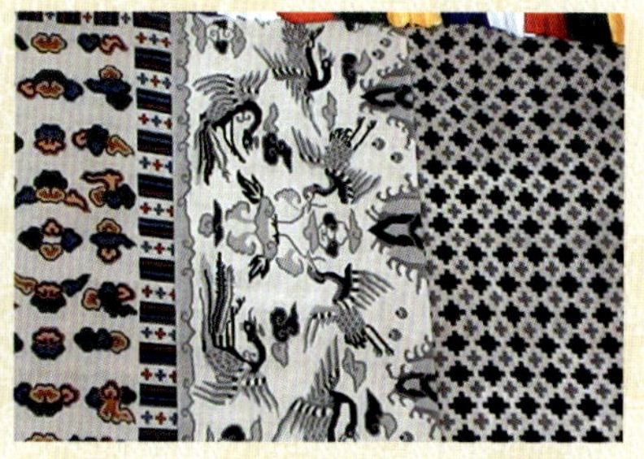
厂产品

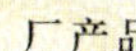

西藏帮锦镁朵工贸有限公司

董事长　韦亚平

国家工信部部长李毅中到公司指导工作

西藏自治区党委书记陈全国、拉萨市委书记齐扎拉到公司参观、考察指导工作

10月26日，西藏自治区主席白玛赤林到公司参观考察指导工作

西藏自治区人大常委会主任向巴平措到公司厂区检查指导工作

产品展示

西藏帮锦镁朵工贸有限公司于2004年7月正式挂牌成立，是一家民营企业，属拉萨市政府重点招商引资项目，位于拉萨市曲水县聂当乡工业开发区。注册资金2000万元，现有土地338亩。

经过近8年的不断发展，进一步壮大了公司的生产经营规模，提高了社会效益。目前企业拥有总资产7200多万元，现有员工200余人。各类织毯设备齐全，技术雄厚，品种繁多，质量过硬，年生产规模超过9万平方米，成为专业化藏毯生产企业、西藏最大的民族手工业生产厂家、藏毯产业核心企业。公司主营产品有地毯、卡垫、挂毯、坐垫及旅游纪念品，共200多个规格，近千个花色品种。产品全部采用藏北地区纯绵羊羊毛，手工精心纺织而成，使用进口染料，古朴结实，美观大方，经久耐用，不褪色，富有弹性，具有很高的使用价值和艺术收藏价值，并远销到美国、德国、英国、日本、土耳其、法国、意大利等国际市场。而2012年我公司生产销售收入达到近3500万元，收购原毛近2000吨，解决产地农牧民与周边农牧民农闲冬季临工（分检羊毛）达到20000人次，为农牧民增收近400万元。

在西藏自治区政府领导的重视、支持下，在公司所有员工共同努力的有利条件下，一个以先进的生产设备流水线为主的，崭新的“西藏帮锦镁朵工贸有限公司哈达制造厂”于2012年6月正式投产。

2008年西藏自治区乡镇企业管理局授予“发展民族手工业先进企业”称号。

2008年拉萨市人民政府授予“拉萨市农牧业产业化龙头企业”称号。

2008年全国妇女联合会授予“全国优秀创业女性特别贡献奖”称号。

2009年西藏自治区乡镇企业管理局授予“发展民族手工业先进企业”称号。

2011年拉萨市人民政府授予“拉萨市农牧业产业化经营龙头企业”称号。

2012年西藏自治区农牧厅授予“农牧业产业化经营龙头企业”称号。

2012年拉萨市“四业工程办”授予“先进集体”和“先进个人”称号。

2012年西藏自治区授予“农牧业产业化经营龙头企业先进单位”称号。

西藏罗占民族手工艺发展有限公司

西藏自治区主席白玛赤林到公司考察指导工作

西藏自治区人大常委会副主任阿登到公司展厅指导工作

西藏自治区党委组织部部长梁天庚、文化厅厅长尼玛次仁到公司考察指导工作

董事长罗布占堆在全国就业创业工作表彰大会上受到表彰

西藏罗占民族手工艺发展有限公司成立于2010年4月2日，公司前身为达孜县白纳5组的家庭企业，2010年由罗布占堆出资在达孜县工商行政管理局核准正式成立个人独资企业，2012年1月9日由罗布占堆和普次仁共同出资变更为有限责任公司，注册资本210万元，占地面积5333平方米，公司自成立以来，就开发西藏传统民族手工艺资源，打造民族品牌，引领民族文化为主导，先后开发了极具西藏地方特色的有着1500多年的历史“锻铜青铜铸造佛像成为西藏民族手工艺品行业中的一枝奇葩，特别是西藏锻铜佛像的成功开发，填补了西藏佛像雕刻艺术规模化发展的空白，其产品工艺和品质等得到了世界各国同仁的好评。公司的主打产品“锻铜佛像和青铜铸造工艺品”的雕刻工艺品于2010年正式成了自治区级非物质文化遗产，并得到了自治区文化部门的大力支持。公司经营的锻铜佛像、民族特色手工艺产品亦深爱国内外顾客的青睐，尤其受日本和台湾地区顾客的喜爱。特别是以西藏锻铜雕刻的各尊佛像均具有很高的艺术价值和收藏价值，公司多次应激参加内地相关机构举办的拍卖会和展览会还参加第六届中国工艺美术大师申报，每次参拍的作品均以不菲的价格得到成功拍卖，部分作品还被内地有关博物馆收藏。公司固定员工89人，其中当地农牧民员工80人。自公司成立以来，对佛像雕刻工艺及藏文化的挖掘、保护和延续起到了积极的作用，并对农牧民就业技能和促进农牧民增收，发展地方经济作出了积极的贡献。

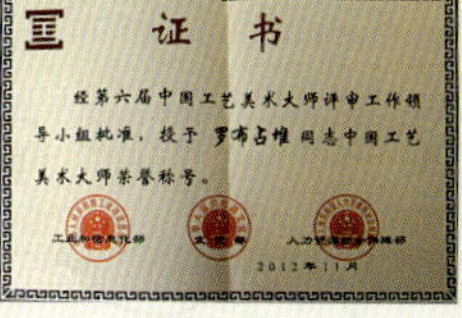

证书

经第六届中国工艺美术大师评审工作领导小组批准，授予 罗布占堆 同志中国工艺美术大师荣誉称号。

2012年11月

公司厂区一角

西藏阳光庄园农牧资源开发有限公司

西藏阳光庄园农牧资源开发有限公司成立于2005年6月，注册资金100万元，是西藏自治区牦牛肉加工行业首家取得国家质量技术监督总局食品生产许可证（QS认证）的企业。公司成立7年来，在自治区内市场销售良好。经过多年发展，企业固定资产达2300万元，年生产总值达1000万元以上。产品涵盖西藏牦牛肉深加工、调味品、高原蜂蜜、家畜家禽产品、农产品等行业；2011年，公司被拉萨市政府认定为“国家农业产业化拉萨市龙头企业培育对象”。

公司产品已辐射西藏全区并成功进入珠三角地区、长三角地区、北京、成都等国内主流市场，产品销售网络快速发展；“阿佳”品牌在西藏已家喻户晓，“阿佳”卤汁牦牛肉更成为西藏航空专供食品。

肉质鲜嫩、风味独特、口感绝佳

自在雪域，纯净阿佳

——千年传承的藏家秘制牦牛肉

西藏藏药集团股份有限公司

药品包装

西藏藏药集团是以1994年国家援藏重点工程项目（改扩建工程）为基础组建的股份公司。现为西藏自治区第一家现代剂型及第一家通过国家GMP认证的藏药企业，是国家级农牧产业龙头企业、西藏自治区高新技术企业、新型藏药高技术产业化示范工程单位、国家中医药管理局指定的民族药品定点生产企业。公司凭借西藏得天独厚的自然资源和自身强大的科研实力，成为集藏药研发、藏药材种植及贸易、藏成药产销等为一体的综合性企业，拥有胶囊剂、颗粒剂、口服液等多种剂型。

公司拥有“卓攀林”“利众院”“圣雅”三大品牌，生产的十味龙胆花颗粒(胶囊)、六味能消胶囊、大花红景天口服液、八味獐芽菜胶囊、独一味颗粒、宁心宝胶囊等产品是采用藏药经典名方与现代中药制剂技术相结合制成的藏药精品。

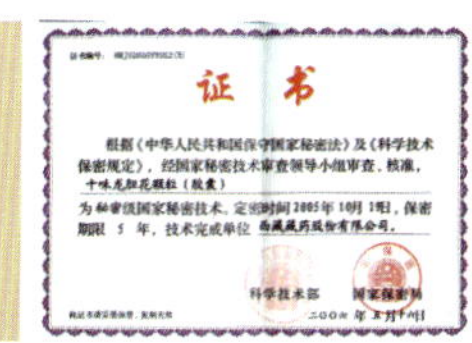

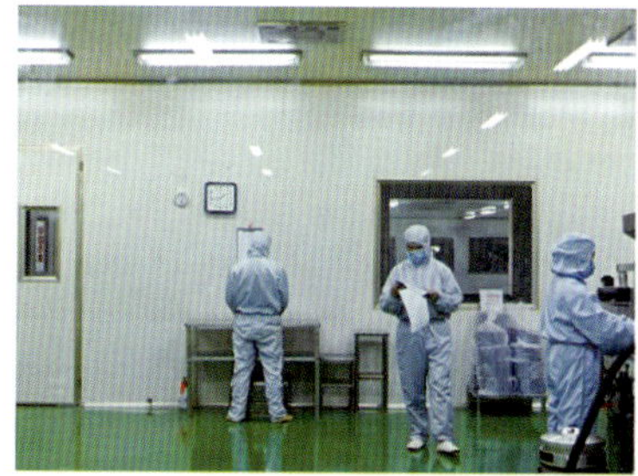
现代化的洁净车间

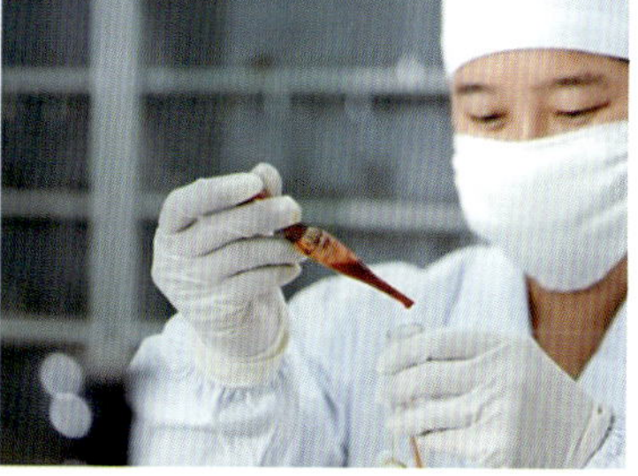
公司质量部员工正在进行检验

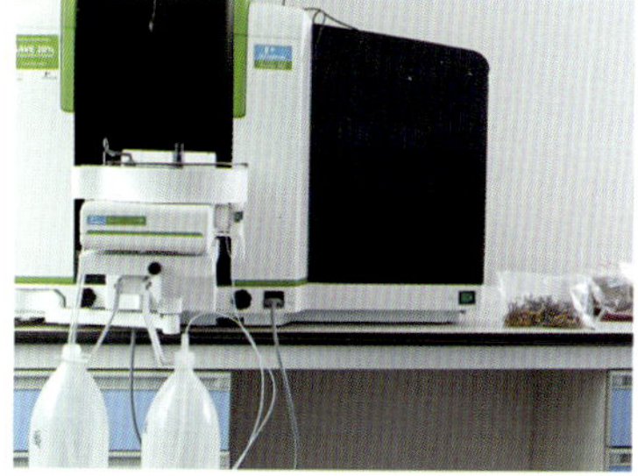
公司质量分析仪器

西藏甘露藏药股份有限公司

西藏甘露藏药股份有限公司挂牌仪式

董事长　贡嘎罗布

国家工信部部长李毅中到藏药厂考察指导工作

原西藏自治区党委书记张庆黎到新厂考察工作

西藏甘露藏药股份有限公司始建于公元1696年。其前身是拉萨药王山医学利众院制剂室。西藏和平解放后，在党和政府的关怀下，于1964年乔迁新址扩建，命名为“西藏自治区藏医院制药厂”。12月31日，原西藏自治区藏药厂正式挂牌改制为西藏甘露藏药股份有限公司。甘露藏药自成立以来，经几代藏医药传人薪火相传并不懈努力，已建设成为全国规模最大、历史最悠久、技术力量最雄厚的传统藏药生产企业。现拥有符合GMP条件的现代化生产线和一批高素质的科研（人称“药师坛城”）、管理人才。公司占地4万平方米，总建筑面积1.5万多平方米，拥有总资产2个亿。

公司选用生长在世界屋脊海拔4000米以上特殊生态环境下的地道藏药材，根据传统藏药的生产工艺，同时引进现代化的制药设备和国内中药厂家的技术专长进行生产。现可生产多达360多个品种的藏药产品，其中已取得批准文号的有55个。有15个品种列入《国家基本药物目录》，9个品种列入《国家医疗保险目录》。在国内外屡获殊荣的拳头产品“七十味珍珠丸”、“仁青常觉”等10个品种为“国家中药保护品种”。现有国家秘密技术品种1个。甘露秉承“敬爱苍生，传承文化，广结善缘，服务大众”的企业精神，所产藏药以配方正宗，用料地道，工艺精湛而著称于世。

党和政府对甘露藏药也有一个基本的评价。胡锦涛、江泽民、吴邦国、李岚清、李瑞环、贾庆林、周永康、俞正声等领导都曾来公司参观并给予巨大关怀和鼓励。世卫组织前总干事中岛宏一、德国前总理科尔、美国前总统卡特等海外嘉宾也来考察。经过几十年的发展，公司先后获得了“全国质量管理先进单位”，全国“守合同，重信用企业”称号，“西藏自治区著名商标”、“高新技术企业”和“纳税大户”的称号；2004年11月，公司的“甘露”商标被国家工商行政管理总局商标局认定为“中国驰名商标”，这项荣誉填补了中国藏药的空白，填补了西藏自治区的空白；2008年获得“全国工人先锋号”称号和“全国五一劳动奖状”；2011年公司被评为“国家级农业产业化龙头企业”；2012年西藏甘露藏药股份有限公司被国家安监局评为“安康杯优胜企业”等。

从几万元资产到现在的2亿元的规模，西藏甘露藏药股份有限公司走出了一条布满荆棘和坎坷的成功创业之路。面对新的挑战和机遇，我们将把握企业发展的良好契机，与时俱进，为建设创新型藏药企业而努力奋斗！

然康态®

源于自然 自然康态

西藏然康科技有限公司

以“源于自然，自然康态”的品牌理念，西藏然康科技有限公司组建于2009年6月，注册于拉萨经济技术开发区（在达孜征地30亩待建），主要经营：青稞麦绿素批发、零售；土特产、虫草销售；仪器设备购销；青稞食品、保健品研发；藏医药技术研发；新能源技术研发；虫草制品研发；西藏特色资源开发。

西藏然康科技有限公司为全球首家青稞麦绿素生产企业，为了提高产品品质和企业科研技术水平，公司已与多家技术先进的科研单位紧密合作。公司拥有中文“然康态®”和英文“ROKONG®”（含标志）两个商标，1项发明专利，1项省级科技成果，承担国家科技部项目3项，申请3项发明专利，产品为国家科技部创新基金项目产品、国家火炬计划项目产品，被评为2011年中国拉萨雪顿节指定产品、第十二届中国国际高新技术成果交易会优质产品奖。产品先后多次参加深圳高交会、北京科博会、河南郑交会、北京西藏商品大集、南京跨采会等大型国际展会进行宣传推广。

公司属于初创期，产品处于中试阶段，待生产线建成后，计划于2014年通过ISO9001质量管理体系认证，ISO14001环境管理体系认证和HACCP食品安全管理体系认证，并积极准备美国和欧盟的GMP认证，为产品的出口作好准备。

麦绿素作为全球第3代养生食品，正在风靡全球，为生物领域具有高技术含量的新兴产品，属于新兴产业之一。产品可营养细胞组织、强化细胞功能、修复受损细胞、再造健康细胞，是一种可被人体细胞直接吸收、同化的高碱、鲜活、浓缩的养生食品，是国家保健协会公布的当今世界上最安全、最有效的防病、治病的养生食品，是养生学界的重大突破，欧美市场已近30亿美元。

然康态牌青稞麦绿素是以雪域高原生产的青稞嫩苗为原料，利用国际先进技术，按照美国有机食品标准生产的产品，营养丰富，适宜各类人群长期服用。产品得益于西藏绿色无污染、日照强、昼夜温差大的成长环境，富含蛋白质、B1/C/E等多种维生素、叶绿素、多种活性酶以及钾、钙、铁、锌、镁等人体多种必备微量元素，具有提高人体细胞含氧量、清除自由基、延缓衰老、调理血糖、降低血压、改善肠胃、营养细胞、修复细胞、排毒养颜、均衡膳食等诸多功效，根据其主要成分含量的不同而具有不同的功效，并可开发出系列产品。

西藏正源生物科技有限公司

正源办公楼

十万级洁净车间

西藏正源生物科技有限公司成立于2010年5月，位于拉萨市堆龙德庆县工业园区，占地15000多平方米。现有十万级洁净装修GMP生产线三条。是一家集藏药材提取、藏医保健食品研究、生产、销售为一体的新兴科技型企业。

公司有较强的藏医药创新能力，公司现有商标3项，发明专利5项，正在申请3项发明专利，现有科技顾问4人，员工人数25人，本科以上学历8人，其中从事专业科研开发的科技人员6人；增加农牧民子女就业15人。

公司拥有藏药材砂生槐深加工基地、西藏藏医药研发公共服务平台。公司重视自身产品的研究开发，现有产品砂生槐生物碱、雪山筋络灵、藏传养发露、吉雪唐康颗粒。

西藏力源商贸股份有限公司

站长　王守伟

西藏力源商贸股份有限公司位于拉萨市墨竹工卡县境内，于2012年10月27在拉萨市墨竹工卡县工商行政管理局注册，为私营股份制有限公司，注册资金100万元。

根据我国加入世界贸易组织的承诺，中国成品油市场已经全面开放。面对成品油市场开放的机遇和挑战，西藏力源商贸股份有限公司按照国家商务部成品油管理办法的规定和要求适时加强经营力度，营造营销网络，不断加大占领市场的份额，努力把加油站的经营业务做大做强。

西藏力源商贸股份有限公司为当地大型工矿企业提供优质的油品和服务，欢迎各界光临！

加油站全体工作人员

干净整洁的加油站一角

公司例会

优质服务

加油站罐区

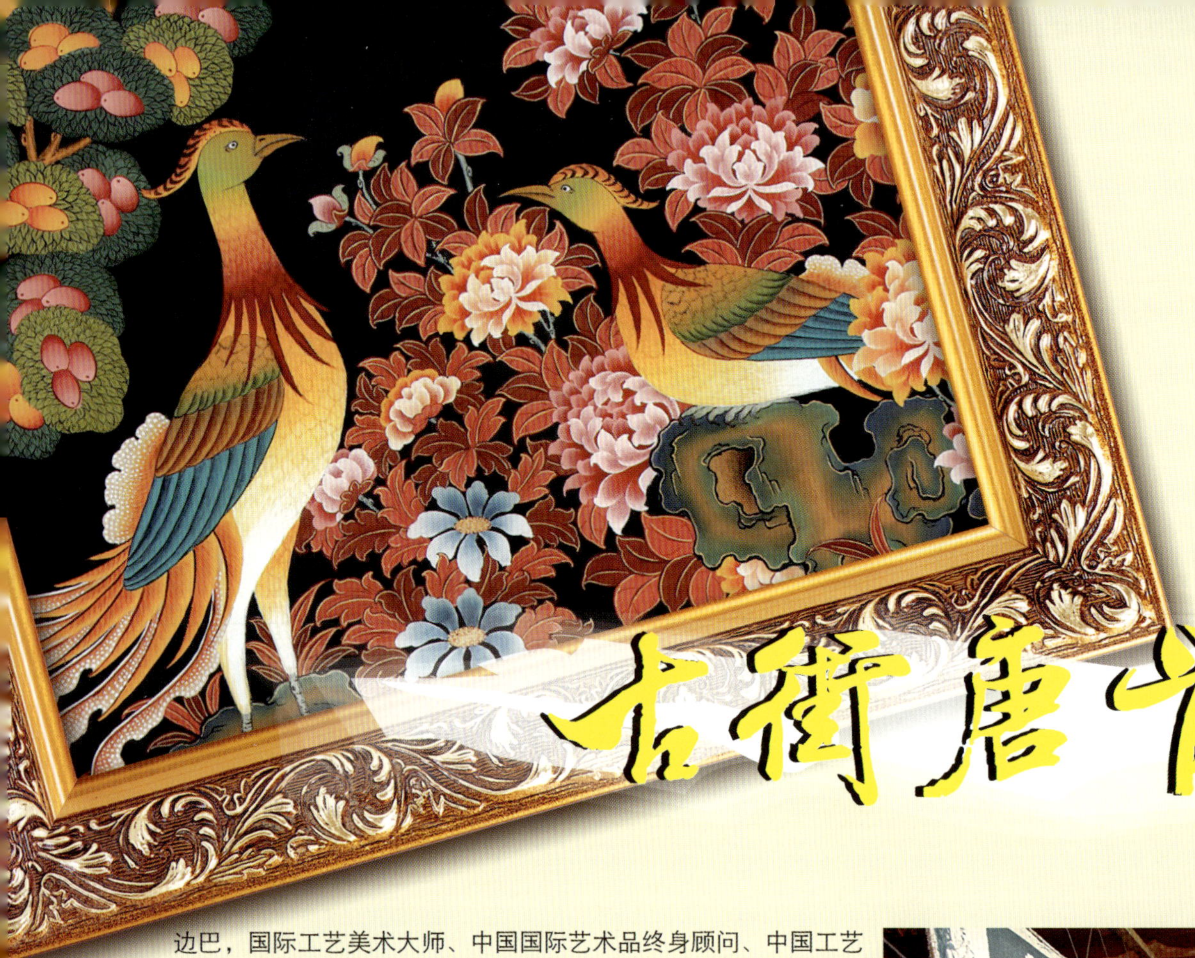

古街唐卡店

边巴，国际工艺美术大师、中国国际艺术品终身顾问、中国工艺美术协会常务理事、西藏工艺美术协会常务副会长、西藏拉萨市美术家协会副主席、西藏自治区美术家协会理。

从事唐卡绘制三十多年，作品近千幅，多次参展并获奖，其作品在国内外享有盛誉。多年来屡次从事布达拉宫、大昭寺，罗布林卡、桑耶寺等壁画、唐卡的修缮工作。

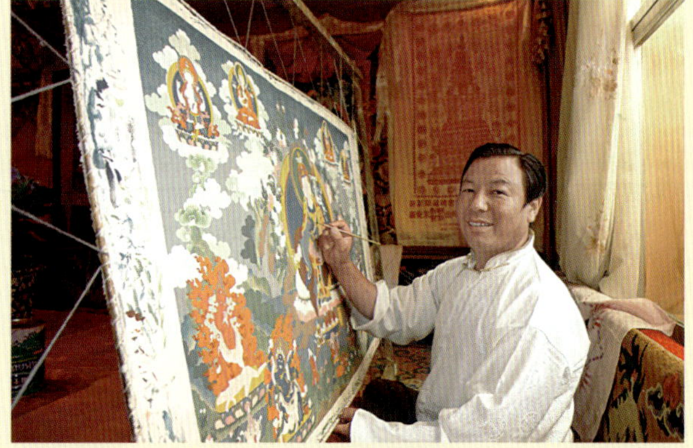

古街唐卡店总经理边巴作画现场

参展时段：

07年长春艺术博览会，参展作品数目13幅，被收藏7幅

09年杭州国际艺术博览会参展作品数目25幅被收藏10幅

10年广州，走进西藏（个展）组织者：西藏工艺美术协会主办

广东省工艺美术协会协办

参展作品数目70幅被收藏30幅

10年北京中国历史文化名街主题艺术展作品观音（国家收藏）

11年少数民族百花奖作品新农村（当代）（国家收藏）

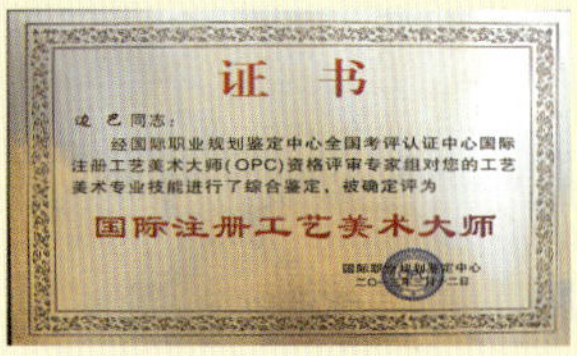

证书

边巴同志：

经国际职业规划鉴定中心全国考评认证中心国际注册工艺美术大师(OPC)资格评审专家组对您的工艺美术专业技能进行了综合鉴定，被确定评为

国际注册工艺美术大师

11年10月在第十二届中国工艺美术大师作品暨国际艺术精品博览会上“白度母”获得中国工艺美术精品奖。

95年西藏唐卡大全收录艺术家边巴72幅唐卡作品（占整数的三分之一），由西藏人民出版社05年出版发行。

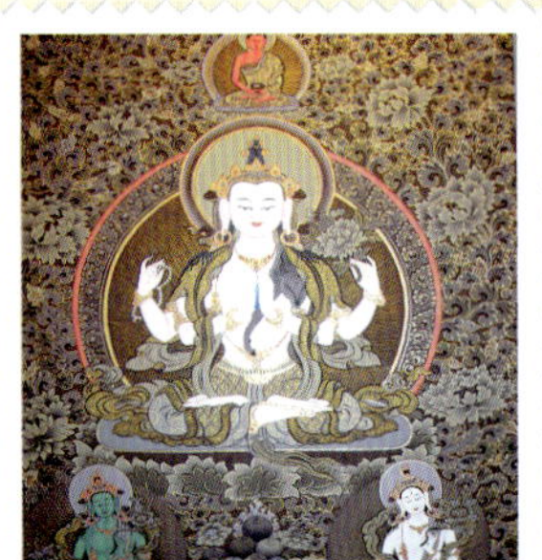

创新四壁观音

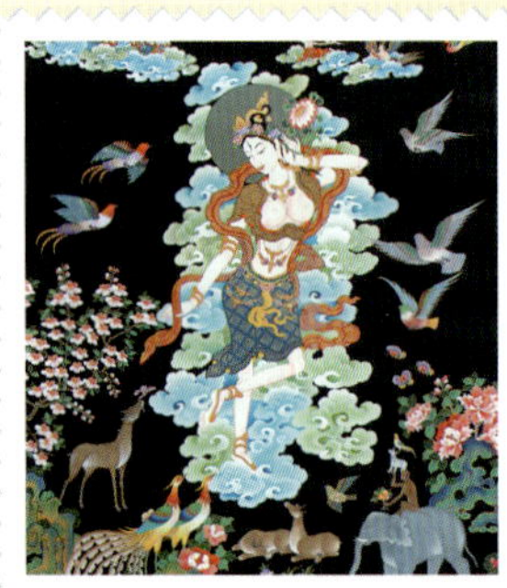

白度姆

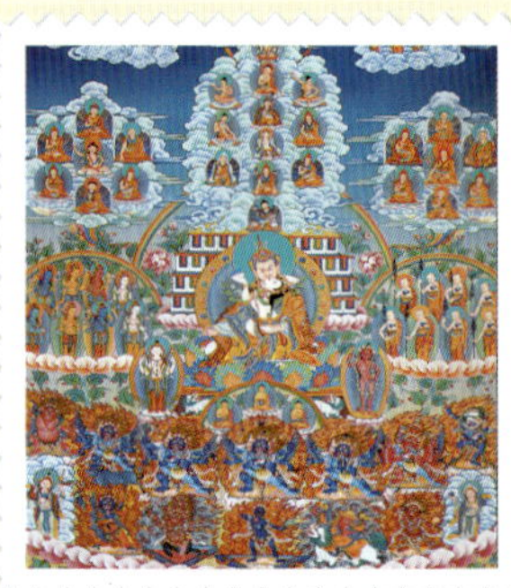

莲花生大师供奉图

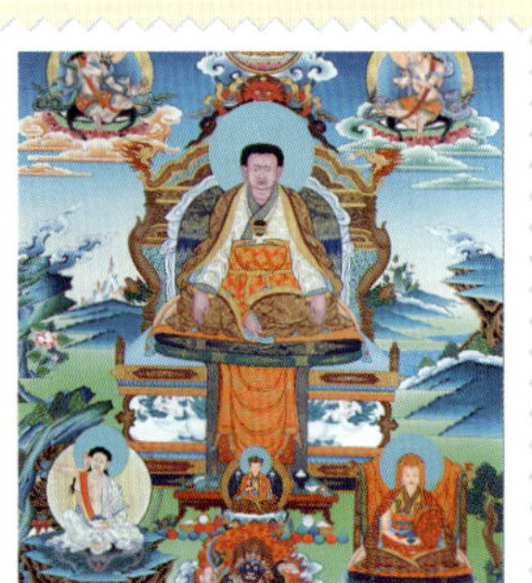

玛尔巴

地址：八廓东街5号古街唐卡店

西藏航鑫金属制品有限公司

董事长　林恰恰

总经理　陈诸清

西藏航鑫金属制品有限公司前身是西藏交通冶金公司钢铁厂，是西藏自治区唯一的一家钢铁企业。对西藏全区的废旧钢铁进行回收再利用，以避免对环境造成污染。我们于2009年通过技改搬迁到曲水县聂当乡工业园区落户建设。一期投资12000多万元，用地66000多平方米，采用国内先进的生产工艺，建设了标准厂房，配备了化学化验室和物理试验室、除尘装置等附属配套设备。2010年动工建设。到2011年底建成试生产。主要产品为：直径Φ6、Φ8、Φ10的盘圆和Φ12、Φ14、Φ16的螺纹钢筋。公司本着诚信经营的原则，在市场上享有较高的声誉。2012年，实现生产产值10200多万元。公司现有员工200多人，其中藏族员工有80多人，部分的解决了当地农牧民就业转移的问题。同时也增加了当地的税收，创造了就业机会，促进了当地的社会经济发展，为西藏的跨越性发展作出了贡献。

公司产品

生产车间

罗布工贸有限责任公司

董事长　罗布

市、县领导考察公司承建的寺管会综合业务用房

罗布工贸限责任公司从2007年成立至今，在县委、县政府的大力支持下，由初期注册资金500万元的一家民营企业发展成为目前注册资金3000万元。公司员工74人，流动员工580名，下设有：建筑施工队、物流中心、采沙场、及其租赁、餐饮及2013年正在实施开发中的温泉疗养度假村。

2007年公司组建团支部，现有团员45人。2008年建工会组织，工会会员由起初的26人发展到74人。2012年7月组建公司党支部，现有党员8人，由公司董事长任党支部书记，并建有党员活动室。

在公司领导的重视和全体员工的努力下，目前各个部门的经营状况良好，为维护职工的合法权益、加强职工队伍建设及提高企业的凝聚力、竞争力，公司领导定期不定期的组织员工开展学习有关国家法律、法规等相关政策，举办各种形式的知识竞赛等文体活动。公司领导不仅重视对职工的素质培养，在职工的健康和日常生活等方面也提供了更佳的环境和方便，并及时解决职工在生活各方面遇到的实际困难。同时公司员工以主人翁的精神爱岗敬业，团结拼搏，为公司创建一个又一个辉煌的业绩。

公司不断求新突变，发展企业经济，增加企业利润，解决了很多人的就业问题，特别是正在实施的温泉疗养度假村项目，度假村占地面积219亩，总投资1.2262亿元，新增就业450多名，促进了墨竹工卡县服务行业的发展。

公司致富不忘乡亲，公司始终没有忘记家乡父老乡亲及支持、帮助公司发展事业的当地政府，公司主动帮助弱势群体，把扶贫济困摆上公司的日程工作，从公司创建到现在，为墨竹工卡县的贫困户、教育系统、敬老院及灾区等先后共捐资捐物达人民币230余万元。

董事长罗布2007年被当选为拉萨市政协委员、墨竹工卡县人大代表；2008年3月被县总工会评为“企业先进生产工作者”；2009年6月

采沙场工作现场

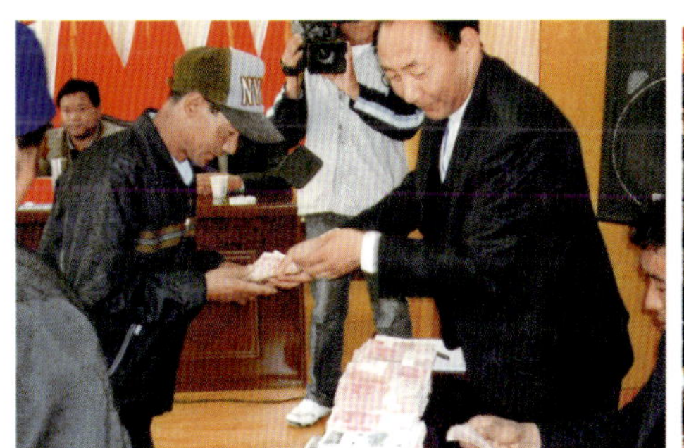

积极参加社会公益活动

公司董事长罗布接受新闻媒体采访

罗布被评为扶贫捐资先进个人；2009年9月授予全市创建和谐劳动关系“模范企业”；2009年12月罗布被市委和市政府授予全市民族团结进步“先进个人”荣誉称号；2010年1月被评为全国“安康杯”竞赛优胜企业；2010年3月被评为全区企业“模范职工小家”；2010年4月被评为墨竹工卡县总工会“模范职工小家”；2010年被县委、县政府评为“平安优胜企业”；2011年罗布被评为“西藏自治区首届优秀中国特色社会主义事业建设者”；2011年被评为全国“安康杯”竞赛优胜企业；2012年1月被评为全国“安康杯”竞赛优胜企业；2012年4月被市总工会评为优秀单位；2012年12月罗布被当选为拉萨市政协常务委员、自治区政协委员；2012年12月被评为墨竹工卡县民族团结进步先进集体；2012年12月被评为拉萨市民族团进进步“模范集体”。

物流中心

公司施工项目现场

城关区娘热乡农机修理厂

总经理　马哈哈

厂里自助研发生产的青稞磨机

先进的生产农具

厂区一角

始建于2005年6月21日，是拉萨市招商引资项目，注册资金近百万元，占地面积6800平方米，建筑面积3800平方米。

城关区娘热乡农机修理厂在当地政府部门的支持帮助下，近几年又陆续投资2500万元，用于购买设备和建造厂房。现已成为拉萨市农机修理及制造的优秀企业。

城关区娘热乡农机修理厂现有职工42人，其中藏族28人，并且积极响应党的号召成立了党支部，定期学习，讨论研究本厂今后发展方向和目标。

城关区娘热乡农机修理厂现有各分厂和车间，一、花艺加工制造车间；二、电动石磨制造车间；三、机床加工制造车间；四、还与郑州能源科技公司联办了拉萨分公司。

西藏圣央水资源开发有限公司

西藏圣央水资源开发有限公司于2011年4月在拉萨市林周县成立，企业注册资金5000万元，是林周县重点招商引资项目。企业占地规模36亩，拥有员工52人，其中本科学历10人，高级技术工人10人，拥有固定且独立的优质水资源基地。投资1800万元人民币从北京引进全自动最前沿生产设备，年生产矿泉水6万吨，在拉萨、成都、青岛拥有自己的销售网点，拥有销售团队20人，市场反应良好，一度出现脱销状况。

作为一家新进入矿泉水消费市场的企业，必须准确把握市场动态和目标消费群的消费心理，只有对自身所处的内外环境有了充分认识和科学合理的分析，才能更好地对藏御圣水进行准确的规划和定位，才能在激烈的竞争市场中，开拓出一片适合企业发展的新天地。

公司计划将市场划分为基地市场、重点市场、潜在市场3种市场。采用区域品牌扩张路线，先在青岛、成都、拉萨等重点市场做响品牌，然后向全国和重点区域市场渗透。为保证藏御圣水发展的持续性，市场扩张的速度会保持适度，稳扎稳打，在自身组织结构、管理制度、人力资源等方面逐步完善的基础上，按照既定的战略部署，实现稳步扩张。具体销售手段采用自建渠道与战略联盟相结合的方式。如泡茶水市场，可以重点与一到两家全国著名连锁茶馆结成战略联盟，借助其遍布全国的连锁店开拓市场，树立品牌，也有助于各地泡茶水市场的渠道建设。而高端瓶装水则可以和青岛啤酒经销商结成联盟，借助其高端渠道，实现瓶装水市场的突破。

文殊泉国家森林公园矿泉水生产基地

公司的宗旨是立足西藏服务全国，计划5年内在全国20个省50余城市有固定的销售渠道。

PH 8.0±1.0

天然弱碱性高山泉水

雪域西藏被誉为众水之源，藏御圣水取自海拔6200米的阿拉巴扎神山，水源地位于西藏热振国家森林公园的文殊圣泉（珍稀天然弱碱性高山自涌活泉）。至尊宗喀巴大师曾莅临圣地，念诵文殊菩萨心咒加持此水为文殊修行水，至今已有六百多年的历史。

圣地：离天空最近的西藏一直是人们心目中的圣地，而藏传佛教在佛教里也是独树一帜的，是世界佛教三大体系之一。位于佛教圣地拉萨的热振山是西藏的佛教名山。这里有著名的热振寺，同时也是国家森林公园，是佛教徒理想的修行之地。

圣人：至尊宗喀巴大师相传为文殊菩萨转世。宗喀巴的平生，在学问修持各方面都具有很高的造诣。对于教理，他总结大小乘、显密一切教诫理论，而自成一家之言。他所创的格鲁派至今为我国藏地第一大教派。藏语系统的佛教徒，大多崇奉他为教主。

圣泉：在热振山上有一股神奇的泉水，附近的人饮用此泉水，极少得病。并且长期饮用令人青春常驻，附近桑旦林寺的尼姑40多岁时依然皮肤光滑，看上去像20多岁一样。很多高僧途径此地，在此饮水后，心若静水，顿悟佛理。吸引许多人慕名前来。

圣水：至尊宗喀巴大师曾经慕名来到位于热振山下的神奇泉水。饮此泉水后，顿时感到心境怡然。于是念诵文殊菩萨心咒加持此水为文殊修行水，人称文殊圣水，至今已有六百多年的历史。从此以后，更多佛教徒慕名来此修炼，悟道。

西藏天知生物科技开发有限公司

西藏天知生物科技开发有限公司于2005年11月注册成立，注册资金1420万人民币。公司坐落于西藏自治区唯一的国家级经济技术开发区——拉萨市经济技术开发区内，为西藏自治区高新技术企业，西藏（成都）科技孵化器入驻企业，并获国家高交会组委会颁发的创新型企业称号。公司占地总面积约为26664平方米，其中绿化占地面积10665平方米，展厅、办公和质检占地面积8000平方米，生产车间占地面积8000平方米，洁净区达到10万级要求，拥有前处理提取浓缩生产线、硬胶囊生产线、饮片生产线3大类。

公司现有员工120人，其中研发人员占公司总人数的20%。公司主要从事食品、保健食品和生物制品的开发、生产与销售。公司拥有西藏自治区成立40周年大庆唯一指定产品一项及西藏自治区和平解放60周年大庆唯一指定产品一项，国家火炬计划项目一项，专利4项。公司目前在成都、拉萨、北京、香港设有分公司，在重庆、吉林等地均设有总经销商。海外市场，公司目前以香港分公司为中心，正在与台湾、澳门地区和东南亚国家商谈出口事宜。

公司已通过ISO 9001：2000质量管理体系认证、ISO 14001：2004环境管理体系认证及ISO 22000：2005食品安全管理体系，保健食品GMP认证（藏AGMP20100002）。计划于2012年通绿色食品和有机食品认证，并积极准备美国和欧盟的GMP认证。公司拥有一支科学严谨、富有创新精神的科研队伍，并与中国科学院、上海交通大学、西华大学、西藏大学医学院、成都中医药大学等国内众多高校及科研机构有着广泛而深入的交流与合作。

公司获得的部分荣誉：

○ 2005年西藏自治区成立40周年庆祝活动唯一指定产品

西藏自治区成立40周年领导小组办公室授予

○ 2006年国家火炬计划项目(2006GH021478)

科学技术部火炬高技术产业开发中心授予

○ 2007年高新技术企业

西藏自治区科学技术厅授予

○ 2008年成果转化优秀项目

中国国际高新技术成果交易会组委会授予

○ 2008年创新型企业

中国国际高新技术成果交易会组委会授予

班禅活佛一行到公司指导工作

西藏自治区原党委书记张庆黎考察天知生物公司

西藏自治区党委书记陈全国到天知生物公司调研

西藏自治区党委常务副书记、常务副主席吴英杰到公司考察

无菌化成品外包装

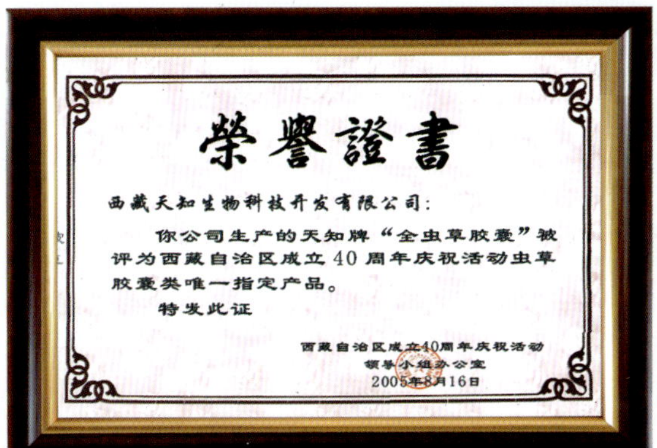

榮譽證書

西藏天知生物科技开发有限公司：

你公司生产的天知牌“全虫草胶囊”被评为西藏自治区成立40周年庆祝活动虫草胶囊类唯一指定产品。

特发此证

西藏自治区成立40周年庆祝活动
领导小组办公室
2005年8月16日

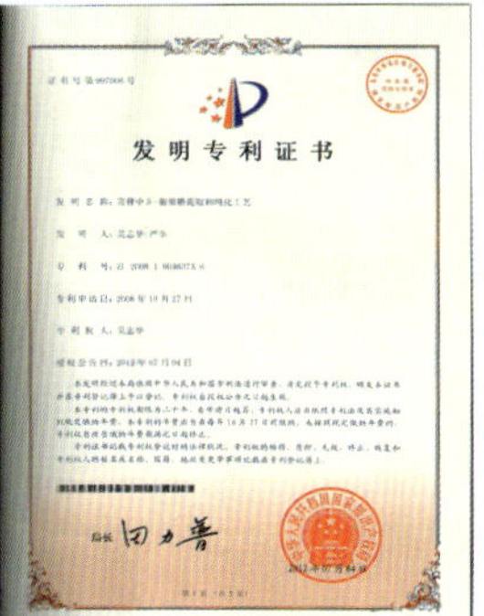

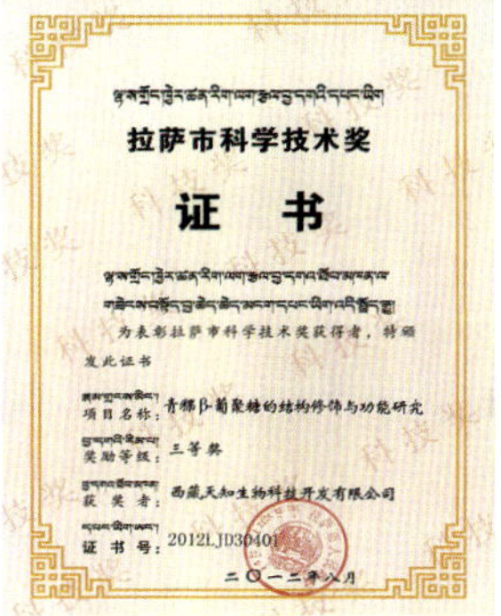

拉萨市科学技术奖

证　书

为表彰拉萨市科学技术奖获得者，特颁发此证书

项目名称：青稞β-葡聚糖的结构修饰与功能研究

奖励等级：三等奖

获奖者：西藏天知生物科技开发有限公司

证书号：2012LJD30401

二〇一二年八月

○　2009年西藏自治区高校毕业生就业见习基地

西藏自治区劳动和社会保障厅，西藏自治区人事厅授予

○　2010年西藏自治区保健食品GMP证书（藏AGMP20100002）

西藏自治区卫生厅授予

○　2011年西藏自治区和平解放60周年大庆活动唯一指定产品

西藏自治区大庆活动领导小组办公室授予

○　2012年青稞中β-葡聚糖提取和纯化工艺专利(ZL200810046375.6)

中华人民共和国国家知识产权局授予

协办单位

城关区政府
拉萨市发展和改革委员会
西藏矿业发展股份有限公司
拉萨普信矿业贸易有限公司
西藏华钰矿业股份有限公司
罗布工贸有限责任公司
西藏天知生物科技开发有限公司
中国农业银行股份有限公司西藏分行营业部

鸣谢单位

四川沙其矿业有限公司
西藏圣央水资源开发有限公司
林周县江夏乡财胜矿业有限公司
拉萨地方建筑工程有限公司
拉萨荣华副食品加工有限公司
南京振高建设建筑有限公司